U0717910

注音详解

古文觀止

〔清〕吴楚材 吴调侯 选注

牛冲 校注

凤凰出版社

图书在版编目（CIP）数据

注音详解古文观止 / （清）吴楚材，（清）吴调侯选注；牛冲校注. -- 南京 ： 凤凰出版社，2024.5（2024.8重印）
ISBN 978-7-5506-4175-4

Ⅰ. ①注… Ⅱ. ①吴… ②吴… ③牛… Ⅲ. ①《古文观止》—注释 Ⅳ. ①H194.1

中国国家版本馆CIP数据核字(2024)第060736号

书　　名　注音详解古文观止
著　　者　(清)吴楚材　吴调侯 选注　牛　冲 校注
责任编辑　蔡芳盈
特约编辑　彭子航
装帧设计　牛　冲
责任监制　程明娇
出版发行　凤凰出版社(原江苏古籍出版社)
　　　　　发行部电话025-83223462
出版社地址　江苏省南京市中央路165号，邮编：210009
印　　刷　苏州市越洋印刷有限公司
　　　　　江苏省苏州市吴中区南官渡路20号，邮编：215104
开　　本　880毫米×1230毫米　1/32
印　　张　24.25
字　　数　509千字
版　　次　2024年5月第1版
印　　次　2024年8月第2次印刷
标准书号　ISBN 978-7-5506-4175-4
定　　价　89.80元
　　　　　(本书凡印装错误可向承印厂调换，电话：0512-68180638)

再版前言

《古文观止》是清初康熙年间吴楚材、吴调侯叔侄为教授弟子作文而编选的一部讲义，凡12卷，共辑录先秦至明末名家作品222篇；每篇都有注释和评点，评注简明扼要，准确精当，今人注本大多不及，现在仍是学习古文的最佳读本，对学语文、学作文大有好处。为了解决古文艰深晦涩、难读难懂的问题，本书特对全部文章标注拼音，疑难字词详加注解，旨在方便诵读和学习。

一、本书底本为文学古籍刊行社1956年重排的映雪堂本。由于古文在传抄刊刻过程中，抄错刻错或有意删改，致使底本中绝大多数选文存在文字讹误。恢复文章原貌，是准确记诵、正确理解作品的基础，故本次再版，重新用有关史书或别集、总集逐字校勘原文，校正了讹、脱、衍、倒文字近千处（吴氏叔侄注明删节的除外），凡校改之处，均在校记中说明。

二、二吴原注及文章评点全部保留。对难字、难词、难句和难懂的典故、文言旧注，新增了释义，同时兼顾文言语法和有关人物史实的解释。注释力求确当，原注显系不当的，予以补正，个别径行改正。补注文字前加“㊟”，以与原注区分。为方便阅读，注文采用句中双行夹注形式排印。各篇文章的注解相对独立，不避重注。

三、正文逐字标注汉语拼音。以《汉语大字典》第二版为依据，同时参照《汉语大词典》《辞海》《辞源》《王力古汉语字典》等。同义异读的，根据《普通话异读词审音表》注音。“一”“不”二字标注连读变调，其他字一律标注本来的声调。底本直音和反切注音不予保留，极个别韵文韵脚，为了音节美保留叶韵。

四、本书用规范字排印。2013 年国务院发布的《通用规范汉字表》以外的字不做类推简化。少数人名、地名等，适当保留原来的繁体字。通假字、古今字不做改动，并在其后附相应通假字的本字或古今字的今字，用小号字印刷。

本书自 2013 年由新华出版社出版以来，受到广大读者的关注和欢迎，一再重印。本次修订过程中，凤凰出版社彭子航先生通校全稿，提出了许多宝贵的修改意见，做了大量的编校工作，谨此深表谢忱。再版书稿改由凤凰出版社出版发行。

校注者

2024 年 4 月 15 日

总　目

序

余束发就学时，辄喜读古人书传。每纵观大意，于源流得失之故，亦尝探其要领。若乃析义理于精微之蕴，辨字句于毫发之间，此衷盖阙如也。

岁戊午，奉天子命抚八闽，会稽章子、习子，以古文课余子于三山之凌云处。维时从子楚材，实左右之。楚材天性孝友，潜心力学，工举业，尤好读经史，于寻常讲贯之外，别有会心。与从孙调侯，日以古学相砥砺。调侯奇伟倜傥，敦尚气谊。本其家学，每思继序前人而光大之。二子才器过人，下笔洒洒数千言无懈漫，盖其得力于古者深矣。

今年春，余统师云中，寄身绝塞，不胜今昔聚散之感。二子寄余《古文观止》一编，阅其选，简而该，评注详而不繁，其审音辨字，无不精切而确当。批阅数过，觉向时之所阙如者，今则躨然以喜矣。以此正蒙养而裨后学，厥功岂浅鲜哉！亟命付诸梨枣，而为数语，以弁其首。

康熙三十四年五月端阳日　愚伯兴祚题

目　录

卷之一　周文

卷之二　周文

卷之三　周文

卷之四 秦文

卷之五　汉文

卷之六　汉文

卷之七　六朝唐文

卷之八　唐文

卷之九　唐宋文

卷之十 宋文

卷之十一　宋文

卷之十二　明文

古文观止卷之一

zhèng bó kè duàn yú yān

郑伯克段于鄢

zuǒ zhuàn yǐn gōng yuán nián

《左传·隐公元年》

初，郑武公娶于申，曰武姜，初者，叙其始也。郑，姬姓国。武公，名掘突。申，姜姓国。武姜者，姓姜而谥武也。〔补〕武：武公谥号。**生庄公及共叔段。**共，国名。段奔共国，故名共叔。**庄公寤（牾）生，**寤，犹苏也。寤生，言生之难，绝而复苏也。〔补〕寤生：逆生。**惊姜氏，故名曰寤（牾）生，**命名奇。**遂恶之。**一"遂"字，写尽妇人任性情况。〔补〕遂：于是，从此就。恶：憎恨。之：指庄公。**爱共叔段，欲立之，亟请于武公，公弗许。**恶庄公而因爱段，欲立为太子。亟请者，不一请也。庄公蓄怨，非一日矣。○以上叙武姜爱恶之偏，以基骨肉相残之祸。〔补〕亟：屡次。弗：不。**及庄公即位，为之请制。**制邑最险，姜请封段。〔补〕及：到了。庄公即位：指庄公开始成为郑国国君。之：指共叔段。**公曰："制，岩邑也，虢叔死焉。佗（他）邑唯命①。"**言制乃岩险之邑，昔虢叔居此，恃险灭亡，他邑则唯命是听。○庄公似为爱段之言，实恐段居制邑，太险难除。他邑虽极大，谅不若制邑之险，适可以养其骄而灭除之。"他邑唯命"，四字甚毒。〔补〕岩：险要。死焉：死于此。佗：代词，表示远指，别的，其他的。**请京，**京邑最大，姜请封段。**使**

居之，谓之京城大(太)叔。 邑大可以养骄，而不除亦必易制，故使居之。大叔者，张大其名，所以张大其心也。○庄公处心积虑，主于杀弟。封邑之始，已早计之矣。

祭仲郑大夫。**曰："都城过百雉，国之害也。** 邑有先君之庙曰都，城方丈曰堵，三堵曰雉。雉，长三丈、高一丈。言都城不可过三百丈也。[补]城：指城墙。国：国家。**先王之制，大都不过参(三)国之一，** 侯伯之国，其城长三百雉。大都，三分其国之一，不过百雉也。[补]国：国都。**中**省都字。**五**省国字。**之一，** 中都，五分其国之一，不过六十雉也。**小九之一。** 小都，九分其国之一，不过三十三雉也。**今京不度，非制也。** 京城过于百雉，不合法度，非先王之制。**君将不堪。"** 叔段据有大邑，将为郑害，庄公必不堪也。○祭仲一梦中人。[补]不堪：受不了。堪，能承受。**公曰："姜氏欲之，焉辟(避)害？"** 直称母姜氏而故作无可奈何语，毒声。[补]焉：疑问代词，怎么。**对曰："姜氏何厌之有？** 厌，足也。[补]何：哪。之：助词，作为宾语前置的标志。**不如早为之所，** 或裁抑，或变置。[补]为之所：动词"为"带双宾语结构。之，指共叔段，"为"的间接宾语；所，处所，"为"的直接宾语。犹言不如及早给段作出安排。**无使滋蔓！** 滋蔓，滋长而蔓延。**蔓，难图也。** [补]图：设法对付。**蔓草犹不可除，** 先出"蔓"字，后出"草"字，顿挫。[补]犹：尚且。**况君之宠弟乎？"** 言向后即欲为之所而不能。○梦中。

公曰："多行不义必自毙，子姑待之。" 毙，败也。滋蔓自多行不义，则必自败。"待之"云者，唯恐其不行不义，而欲待其行也。庄公之心愈毒矣，而祭仲终未之知也。[补]子：对对方的敬称，相当于"您"。姑：姑且。

既而大(太)叔命西鄙、北鄙贰于己。 鄙，边邑。贰，两属也。段命西、北二边之邑，两属于己，果行不义也。㊟既而：不久。公子吕郑大夫，字子封。曰："国不堪贰，君将若之何？国不堪使人有携贰、两属之心，君将何以处段。㊟将：打算。若之何：怎么办。欲与大（太）叔，臣请事之；先拗一笔。㊟事：侍奉。若弗与，则请除之，无生民心。"无使郑国之民，生他心也。○子封又一梦中人。㊟生民心：使动用法，使民生二心。公曰："无庸，将自及。"言无用除之，将自及于祸。○庄公实欲杀弟，而曰"自毙"，曰"自及"，故为段自作自受之语，毒甚。㊟自及：自己赶上〔灾祸〕。及，赶上。大（太）叔又收贰以为己邑，至于廪延。廪延，郑邑。前两属者，今皆取以为己邑，直至廪延，所侵愈多也。㊟至：到。子封曰："可矣。可正段罪。厚将得众。"厚，地广也。前犹贰己，故云"生心"；今直收贰，故云"得众"。○梦中。㊟得众：得人心。公曰："不义不昵，厚将崩。"昵，亲近也。不义于君，不亲于兄，非众所附，虽厚必崩。崩者，势如土崩，民逃身窜，直至灭亡。较"自毙""自及"，更加惨毒矣，而子封终未之知也。

大（太）叔完聚，完城郭，聚人民。㊟完：修筑，修缮。缮甲兵，缮，治也。㊟甲兵：铠甲和兵器。具卒乘，步曰卒，车曰乘。㊟具：备办，准备。将袭郑。掩其不备曰袭。○段至此不义甚矣。然庄公平日处段，能小惩而大戒之，段必不至此。段之将袭郑，庄公养之也。㊟郑：指郑国国都新郑。夫人武姜。将启之。启，开也，言欲为内应。○妇人姑息之爱，不晓大义，故欲启段。使庄公平日在母前能开陈大义，动之以至情，惕之以利害，夫人必不至此。夫人之启段，庄公陷之也。公闻其期，闻其袭郑之期也。○祭仲不闻，子封不闻，何独公闻？盖公含毒已久，刻刻留心，时时侦探，故独闻之也。曰："可矣！"三字写庄公得计声口，与上"可矣"句紧照，言这遭才好伐了。郑庄公蓄怨一生，到此尽然发露，不觉一句说出来。命子封帅（率）车二百乘以伐京。京叛大（太）

shū duàn　duàn rù yú yān

叔段，段入于鄢。　鄢，郑邑名。

gōng fá zhū yān

公伐诸鄢。　既命子封伐诸京，公又自伐诸鄢。两路夹攻，期在必杀。㊟

诸："之于"的合音字。

wǔ yuè xīn chǒu

五月辛丑，　㊟即隐公元年五月二十三日。

tài　shū chū bēn gōng

大太叔出奔共。　叙段事止此。

shū yuē

书曰：　㊟书：写，记载，此指《春秋》经之记载。

zhèng bó kè duàn yú yān

"郑伯克段于鄢。"　经文。下释经也。㊟郑

伯：指郑庄公。春秋时有公、侯、伯、子、男五等爵，郑属伯爵，故称郑伯。克：战胜。

duàn bú tì

段不弟悌　㊟不敬顺兄长。

gù bù yán dì

故不言弟；

rú èr jūn　　gù yuē kè

如二君，故曰克；　㊟此言庄公与叔段之战，可比两国国君之相战，庄公战胜，故用"克"字。

chēng zhèng bó

称郑伯，

jī　shī jiào yě　　wèi zhī zhèng zhì

讥失教也，谓之郑志。　庄公养成弟恶，故曰失教。郑志者，郑伯之志，在于杀弟也。○"郑志"二字，是一篇断案。

㊟讥：讥讽。

bù yán chū bēn　　nán zhī yě

不言出奔，难之也。　段实出奔，而以"克"为文，明郑伯志在杀段，难言其奔也。○释经止此。下遥接前文再叙。

suì zhì jiāng shì yú chéng yǐng

遂置姜氏于城颍，　置，弃也。城颍，郑地。

ér shì zhī yuē　　bù jí

而誓之曰："不及

huáng quán　　wú xiāng jiàn yě

黄泉，无相见也！"　黄泉，地中之泉也。立誓永不见母，将前日恶已爱段之忿，一总发泄，忍哉！㊟誓之：向她发誓。

jì

既

ér huǐ zhī

而悔之。　悔誓之过，是天性萌动。○"无相见也"以上，纯是杀机。"颍考叔"以下，纯是太和元气。"既而悔之"一句，是转杀机为太和的紧关。

yǐng

颍

kǎo shū　　wéi yǐng gǔ fēng rén

考叔　郑大夫。为颍谷封人，　时为颍谷典封疆之官。㊟封：疆界。

wén zhī

闻之，　闻其悔也。

yǒu xiàn yú

有献于

gōng

公。　或献谋，或献物。㊟有献：有所献。

gōng cì zhī shí　　shí shě ròu

公赐之食，食舍肉。　食而舍肉，挑其问也。㊟舍：放着。

gōng

公

wèn zhī

问之，　公问何故舍肉不食

duì yuē　　xiǎo rén yǒu mǔ

对曰："小人有母，　只四字，妙甚，直刺入心。

jiē cháng xiǎo

皆尝小

rén zhī shí yǐ　　wèi cháng jūn zhī gēng　　qǐng yǐ wèi zhī

人之食矣，未尝君之羹，请以遗之。"　善于诱君，使之自然心动情发。

㊟羹：带汁的肉。遗：赠送。之：指考叔母。

gōng yuē　　ěr yǒu mǔ wèi　　yī wǒ dú wú

公曰："尔有母遗，繄我独无！"　繄，语助也。

○哀哀之音，宛然孺子失乳而啼，非复前日含毒恶声。[补]尔：你。**颍考叔曰："敢问何谓也？"**佯为不知，妙。[补]敢：谦辞，犹冒昧。何谓：是什么意思。**公语之故，**公语以誓母之故。[补]语：告诉。**且告之悔。**且告以追悔无及之意。**对曰："君何患焉？**黄泉之誓，何足患焉。[补]患：忧虑。**若阙[掘]地及泉，隧而相见，其谁曰不然？"**隧，地道也。掘地使及黄泉，为地道以见母，便是相见于黄泉，谁以此说为背誓也。○天大难事，轻轻便解。[补]其：代词，犹此。然：指黄泉相见。**公从之。公入而赋："大隧之中，其乐也融融。"**赋，赋诗也。"大隧"二句，公所赋诗辞。融融，和乐也。则知其前之阴毒矣。**姜出而赋："大隧之外，其乐也泄泄。"**"大隧"二句，姜所赋诗辞。泄泄，舒散也。则知其前之隐忍矣。○从前一路刻毒惨伤之心，俱于"融融""泄泄"四字中消尽，摹写生色。**遂为母子如初。**叙姜氏止此。○"初"字起，"初"字结。

君子曰：左氏设君子之言，以为论断也。**颍考叔，纯孝也。爱其母，施及庄公。**推"爱"字妙。亲之偏爱，足以召祸；子之真爱，可以回天。[补]纯孝：至孝。纯，大。施：延伸。**《诗》曰："孝子不匮，永锡[赐]尔类。"其是之谓乎！**《诗·大雅·既醉》篇，言孝子之心无穷，又能以己孝感君之孝，而锡及其畴类也，其颍考叔纯孝之谓乎！○引诗咏叹作结，意致冷然。[补]匮：穷尽。"其是之谓乎"即"其谓是乎"，句意谓大概说的是这种情况吧。其，语气副词，表推测，大概。是，代词，这个，作"谓"的宾语。之，助词，作为宾语前置的标志。谓，说的是。

郑庄志欲杀弟，祭仲、子封诸臣，皆不得而知。"姜氏欲之，焉辟害""必自毙""子姑待之""将自及""厚将崩"等语，分明是逆料其必至于此。故虽婉言直谏，一切不听。迨后乘时迅发，并及于母。是以兵机施于骨肉，真残忍之尤。幸良心忽现，又被考叔一

番救正，得母子如初。左氏以纯孝赞考叔作结，寓慨殊深。

〔校记〕

①“佗”，原作“他”，据《春秋经传集解》《春秋左传注》改。

周郑交质

《左传·隐公三年》

郑武公、庄公为平王卿士。父子俱秉周政。(补)卿士：执政大臣，总管王朝的政事。**王贰于虢，**王病郑之专，欲分政与虢公。**郑伯**庄公。**怨王。**“贰”与“怨”，俱根心上来，伏下“信不由中”。**王曰：“无之。”**只用“无之”二字支吾，全是小儿畏扑光景。**故周郑交质。**质，物相质当也。君权替，臣纪废，自此极矣。(补)交质：古代列国互相派人为质，作为守信的保证。**王子狐为质于郑，郑公子忽为质于周。**平王子名狐，郑公子名忽。○先言王出质，而后言郑出质者，明郑伯逼王立质毕，而后聊以公子塞责，是恶平王先与人质也。**王崩，周人将畀虢公政。**畀，与也。将者，未决之辞。却为郑庄窥破。故王以三月崩，而祭足以四月寇，言其疾也。(补)天子死曰崩。畀：付托。**四月，郑祭足**即祭仲。**帅率师取温之麦。秋，又取成周之禾。**温，周邑名。成周，今洛阳县。○书温，又书成周者，四月犹温，秋则径入成周。写郑庄之恶，不唯无君，直是异样惨毒。**周郑交恶。**叙事止此。下皆左氏断辞。(补)交恶：互相憎恨仇视。交，互相。恶，憎恨。

君子曰："信不由中，质无益也。一句喝倒交质之非。㊟中：指内心。明恕而行，要之以礼，虽无有质，谁能间之？明则不欺，恕则不忌，所谓由中之信也。言本明恕而行，又以礼文，彼此要结，虽不以子交质，谁能离间之也。㊟明恕：明信宽厚。要：约束。苟有明信，推开一步说。㊟苟：如果。明信：诚心敬意。涧溪沼沚之毛，山夹水曰涧。水注川曰溪。方池曰沼。小渚曰沚。毛，草也，即下文所谓菜也。𬞟蘩蕰藻之菜，𬞟，大萍也。蘩，白蒿也。蕰藻，聚藻也。皆生于涧溪沼沚，可以为菜者。筐筥锜釜之器，方曰筐，圆曰筥，皆竹器。有足曰锜，无足曰釜，皆鼎属。潢污行潦之水，潢污，停水也。行潦，流水也。可荐于鬼神，可羞于王公，荐，祭也。羞，进也。〇以上七句，言至薄之物，犹可借明信以为祭祀燕享。而况君子结二国之信，行之以礼，又焉用质？此通言凡结信者，不得用质，非专指周郑也。〇上言要之以礼，此又言行之以礼，全是恶周郑交质之非礼也。《风》有《采蘩》《采𬞟》，《雅》有《行苇》《泂酌》，《采蘩》《采𬞟》，《国风》二篇名。义取于不嫌薄物。《行苇》《泂酌》，《大雅》二篇名。《行苇》篇，义明忠厚。《泂酌》篇，义取虽行潦可以供祭。昭忠信也。"此四诗者，明有忠信之行，虽薄物皆可用也。〇引诗作结。以"蘩""𬞟""苇""酌"等字，与"涧溪沼沚"十六字相映照。而仍以"忠信"字关应"信不由中"，风韵悠然。㊟昭：显扬。

通篇以"信""礼"二字作眼。平王欲退郑伯而不能退，欲进虢公而不敢进，乃用虚词欺饰，致行敌国质子之事，是不能处己以信，而驭下以礼矣。郑庄之不臣，平王致之也。曰"周郑"，曰"交质"，曰"二国"，寓讥刺于不言之中矣。

石碏谏宠州吁

《左传·隐公三年》

卫庄公娶于齐东宫得臣之妹，曰庄姜，东宫，太子宫也。得臣，齐太子名。○叙庄姜与太子同母，表其所生之贵也。与下嬖人紧照。美而无子，美于色、贤于德而不见答，终以无子。○四字深妙。卫人所为赋《硕人》也。《硕人》，《国风》篇名。国人以庄姜美而不见答，作《硕人》之诗以闵之。○引证冷隽。又娶于陈，曰厉妫，生孝伯，早死①。其娣戴妫生桓公，庄姜以为己子。妫，陈姓。厉、戴，皆谥也。妻之妹从妻来者曰娣。桓公虽非正出，然为正嫡所子，自然当立。○庄姜以为己子，应“无子”句。公子州吁，嬖人之子也。庄公嬖妾，生子名曰州吁。贱而得幸曰嬖。有宠而好兵，母嬖故有宠。“宠”字是一篇主脑。伏下“六逆”祸根。公弗禁。以宠故弗禁。庄姜恶之。纵其好兵，必致祸，故恶之。○以上叙庄姜贤美而不见答。所宠者乃嬖人之子州吁，卫国之祸，自此始矣，以起下文。㊟恶：讨厌，不喜欢。

石碏卫大夫。谏曰：“臣闻爱子，教之以义方，弗纳于邪。方，矩则也。《易》曰：“义以方外。”纳，使之入也。邪者，义之反。指好兵言。㊟谏：规劝。骄奢淫泆②，所自邪也。四者之来，宠禄过也。骄奢淫泆，乃邪之所自起。而所以有此四者，由宠禄之过。禄者，宠之实也。○以上推言宠之流弊，适所以纳子于邪，实非爱子也。㊟淫：淫荡。泆：放纵。宠禄：谓给予宠幸和富贵。将立州吁，乃定之矣；先拗一笔。若犹未也，阶之为祸。不定其位，势必缘宠而为祸。○四句，与“欲与大叔”数句，笔法相同。(补)犹：还。阶：导致。夫宠而不骄，骄而能降，降而不憾，憾而能眕者，鲜矣。眕，安重貌。言宠爱而不骄肆，骄肆而能降心，降心而不怨恨，怨恨而能安重，如此者少也。○此就人常情上，申言所自邪之义，以明州吁之必为祸也。(补)降：平抑心气。眕：稳重，克制。鲜：少。且夫以下推开一步，就庄姜、桓公与嬖人州吁，两两相对说。(补)且夫：犹况且，承接上文，表示更进一层的语气。贱妨贵，以爵言。(补)妨：妨害。少陵长，以齿言。(补)陵：陵辱。远间亲，以地言。(补)间：代替。新间旧，以情言。小加大，以势言。(补)加：加害。淫破义，以德言。所谓六逆也；此六者，皆逆理之事。君义，(补)义：谓符合道义。臣行，以在国言。(补)臣行：意谓臣行君之义。父慈，子孝，兄爱，弟敬，以在家言。所谓六顺也。此六者，皆顺理之事。去顺效逆，今宠州吁，其于六逆，则贱妨贵，少陵长；其于六顺，则弟不敬。是去顺而效逆矣。(补)效：效法。所以速祸也。(补)速：招致。君人者，将祸是务去，(补)是：助词，作为宾语前置的标志。务：必须，一定。而速之，无乃不可乎？”两“祸”字，应前“阶之为祸”。“君人”以下十六字，一气三转，词意恺切。(补)无乃：恐怕是。弗听。庄公不听。

其子厚与州吁游，(补)游：交游。禁之，应弗禁。不可。石厚不听。桓公立，乃老。谓告老致仕。○夫以石碏之贤，谏既不行于君，令复不行于子，命也。夫其见几而作，不俟终日，智矣哉。(补)老：辞官退休。

“宠”字，乃此篇始终关键。自古宠子未有不骄，骄子未有不败。

石碏有见于此，故以教之义方为爱子之法。是拔本塞源，而预绝其祸根也。庄公愦而弗图，辨之不早，贻祸后嗣，呜呼惨哉！

〔校记〕

① "早"，原作"蚤"，据《春秋经传集解》《春秋左传注》改。
② "洗"，原作"佚"，据《春秋经传集解》《春秋左传注》改。

臧僖伯谏观鱼
zāng xī bó jiàn guān yú

《左传·隐公五年》
zuǒ zhuàn yǐn gōng wǔ nián

春，公将如棠观鱼渔者。 *chūn gōng jiāng rú táng guān yú zhě*

如，往也。棠，鲁之远地。隐公将往棠地陈鱼而观之。鱼：捕鱼。

臧僖伯（公子彄）**谏曰："凡物不足以讲大事，其材不足以备器用，则君不举焉。** *zāng xī bó jiàn yuē fán wù bù zú yǐ jiǎng dà shì qí cái bù zú yǐ bèi qì yòng zé jūn bù jǔ yān*

物，鸟兽之属。讲，习也。大事，谓祀与戎也。材，谓皮革齿牙、骨角毛羽也。器用，军国之资。举，行也。此言君人之道，以军国祀戎为重，以游观宴乐为轻。○提出"君"字作主。三句，是一篇之纲领。不足：不能。以：用。讲：演习。

君将纳民于轨物者也。 *jūn jiāng nà mín yú guǐ wù zhě yě*

一定者，为轨。当然者，为物。○承上"君"字转下，见得君之所举，关系甚大。"轨"字承"凡物"句，"物"字承"其材"句。观下文自见。纳：使入，引导。轨物：轨范，准则。

故讲事以度轨量谓之轨， *gù jiǎng shì yǐ duó guǐ liàng wèi zhī guǐ*

轨有差等曰量。度：端正。轨量：法度。度轨量犹言揆正法度。

取材以章物采谓之物。 *qǔ cái yǐ zhāng wù cǎi wèi zhī wù*

物有华饰曰采。章：显示。

不轨不物，谓之乱政。乱政亟行，所以败也。 *bù guǐ bú wù wèi zhī luàn zhèng luàn zhèng qì xíng suǒ yǐ bài yě*

反收四句，以明"则君不举"之故。亟：屡次。

故春蒐、夏苗、秋狝、冬狩， *gù chūn sōu xià miáo qiū xiǎn dōng shòu*

蒐、苗、狝、狩，皆猎名。蒐，搜索，择取不孕者。苗，为苗除害也。狝，杀也。以杀为名，顺秋气也。狩，围守也。冬物毕成，获则取之，无所择也。**皆于农隙以讲事也。**（jiē yú nóng xì yǐ jiǎng shì yě）四时讲武，各因农力之闲。㊉农隙：农事闲暇之时。**三年而治兵，入而振旅，**（sān nián ér zhì bīng，rù ér zhèn lǚ）虽四时讲武，犹复三年而大习。出曰治兵，入曰振旅。振，整也。旅，众也。谓整众而还也。㊉治兵：练兵。**归而饮至，**（guī ér yǐn zhì）归乃告至于庙而饮。**以数军实。**（yǐ shǔ jūn shí）以计军徒器械及所获之数。**昭文章，**（zhāo wén zhāng）昭，著也。君、大夫、士，车服旌旗，各有文章。**明贵贱，**（míng guì jiàn）田猎之制，贵者先杀。所以明君、大夫、士、庶人之贵贱。**辨等列，**（biàn děng liè）辨上下之等第行列。坐作进退皆是也。㊉辨：分别。**顺少长，**（shùn shào zhǎng）出则少者在前，趋敌之义；还则少者在后，殿师之义。所谓顺也。㊉顺：顺次。**习威仪也。**（xí wēi yí yě）皆所以讲习上下之威仪也。○此一段，应“讲大事”句。**鸟兽之肉不登于俎，**（niǎo shòu zhī ròu bù dēng yú zǔ）谓不足登于俎，以供祭祀。㊉不登：不用。俎：祭祀时陈置牲体或其他食物的礼器。**皮革齿牙、骨角毛羽不登于器，**（pí gé chǐ yá、gǔ jiǎo máo yǔ bù dēng yú qì）谓不足登于法度之器，以为采饰。**则公不射①，古之制也。**（zé gōng bú shè，gǔ zhī zhì yě）君不亲射，此古先王之法制。○此一段，应“备器用”句。**若夫山林川泽之实，器用之资，皂隶之事，官司之守，非君所及也。”**（ruò fú shān lín chuān zé zhī shí，qì yòng zhī zī，zào lì zhī shì，guān sī zhī shǒu，fēi jūn suǒ jí yě）山林，谓材木樵薪之类。川泽，谓菱芡鱼鳖之类。所资取以为器用者，是贱臣皂隶之事，小臣有司之职，非君之所亲也。○ 此一段，应“君不举”句。㊉若夫：至于，表示另提一事。皂隶：贱役。及：参与。

公曰：“吾将略地焉。”（gōng yuē：wú jiāng lüè dì yān）言欲按行边境，不专为观鱼也。○饰说。㊉略地：巡视边境。**遂往，陈鱼而观之。**（suì wǎng，chén yú ér guān zhī）陈，设张也。公大设捕鱼之具而观之。**僖伯称疾不从。**（xī bó chēng jí bù cóng）

书曰：“公矢鱼于棠。”（shū yuē：gōng shǐ yú yú táng）矢，亦陈也。㊉矢鱼：使渔人陈设渔具，观其捕鱼。**非礼**（fēi lǐ）

yě qiě yán yuǎn dì yě
也，且言远地也。 非礼便是乱政。棠实他境，故曰远地。

隐公以观鱼为无害于民，不知人君举动，关系甚大。僖伯开口便提出"君"字，说得十分郑重。中间历陈典故，俱与观鱼映照。盖观鱼正与纳民轨物相反，末以非礼斥之。隐然见观鱼即为乱政，不得视为小节，而可以纵欲逸游也。

〔校记〕

①"公"，原作"君"，据《春秋经传集解》《春秋左传注》改。

zhèngzhuāng gōng jiè chì shǒu chén
郑庄公戒饬守臣

zuǒ zhuàn yǐn gōng shí yī nián
《左传·隐公十一年》

qiū qī yuè gōng huì qí hóu zhèng bó fá xǔ gēng chén
秋七月，公会齐侯、郑伯伐许。庚辰， （补）初一日。

fù yú xǔ
傅（附）于许。 三国之师，俱附于许之城下。（补）傅：迫近，逼近。

yǐng kǎo shū qǔ zhèng bó zhī qí máo hú yǐ xiān dēng
颍考叔取郑伯之旗蝥弧以先登， 蝥弧，旗名。

zǐ dū
子都 郑大夫，公孙阏。

zì xià shè zhī
自下射之， 恨考叔夺其车，故射之。

diān
颠。 颠，坠也。考叔坠而死。

xiá shū yíng
瑕叔盈 郑大夫。

yòu yǐ máo hú dēng zhōu huī ér hū yuē jūn dēng yǐ
又以蝥弧登，周麾而呼曰："君登矣！" 周，遍也。麾，招也。蝥弧，郑伯旗，故呼曰"君登"。（补）以：拿。

zhèng shī bì dēng
郑师毕登。 郑师见君之旗，故尽登城。

rén wǔ
壬午， （补）初三日。

suì rù xǔ xǔ zhuāng gōng bēn wèi
遂入许。许庄公奔卫。

qí hóu yǐ xǔ ràng gōng
齐侯以许让公， 齐不取。

gōng yuē jūn wèi xǔ bù gōng
公曰："君谓许不共（供），

谓许不供职贡。故从君讨之。许既伏其罪矣，虽君有命，寡人弗敢与闻。”鲁不取。(补)与闻：谓参与其事。与，参与。乃与郑人。郑庄始以三国之师同克许，难自专功，而佯让齐、逊鲁。及齐、鲁交让，而郑庄因受焉，是齐、鲁堕郑术中也。盖郑与许为邻，庄公眈眈虎视已久，一日得许，心满意足，又欲掩饰其贪许狡谋，故下文逐层商量，逐步打算，遂成曲曲折折、袅袅亭亭之笔。

郑伯使许大夫百里，奉许叔许庄之弟。以居许东偏，偏，边鄙也。○己弟叔段何在？而爱及他人之弟。特借此布置一番，是奸雄手段。(补)使：派遣。奉：事奉。曰：“天祸许国，鬼神实不逞于许君，而假手于我寡人。逞，快也。言许祸降自天，非我欲伐许也。(补)实：语助词，用以加强语意。逞：满意。假手：借他人之手来达到自己的目的。寡人唯是一二父兄同姓群臣。不能共亿，其敢以许自为功乎？共，给也。亿，安也。○就处常推出一层。(补)共亿：犹相安，和协。寡人有弟，叔段。不能和协，而使糊其口于四方，其况能久有许乎？糊口，寄食也。段出奔共国，故云寄食于四方。是怕人说，自开口先说。○就处变推出一层。吾子其奉许叔以抚柔此民也，以上追前，以下料后，只此句点题。(补)抚柔：安抚。吾将使获郑大夫，公孙获。也佐吾子。伏下。若寡人得没殁于地，天其以礼悔祸于许，以礼，如人以恩礼相遇。悔祸，悔前日之祸许，而转而佑之。根上“天祸许国”来。○十五字作一句读。若者，逆料之词。是说在自己身后者，明明自己在时，天未必其悔祸于许也。下乃紧承悔祸意，作两层写。(补)没：死。无宁兹许公复奉

其社稷，唯我郑国之有请谒焉，如旧昏〔婚〕媾，其能降以相从也。无宁，犹宁无也。兹，此也。言宁无此许公复奉许之社稷。唯我郑国之有所请告于许，如旧昏姻，许其能降心以从郑也。〇三十字作一气读。就有益于郑处，推出一层。【补】无宁：宁可。社稷：代称国家。社，土神。稷，谷神。唯：仅，只有。请谒：请求。谒，禀告。降：谓屈尊。**无滋他族，实逼处此，以与我郑国争此土也。**【补】滋：助长。实：助词，用以加强语意。逼：逼近。处：居住。**吾子孙其覆亡之不暇，而况能禋祀许乎？**言无长他族类，迫近居此，以与我郑国争此许地。吾子孙将颠覆危亡，救之不暇，而况能禋祀许之山川乎？精意以享曰禋。或谓“他族”，是暗指齐、鲁，似极有照应。但此是说在自己身后者，恐非专指齐、鲁也，玩“子孙”二字可见。〇三十三字作一气读。就有害于郑处，推出一层。【补】禋祀：祭祀。**寡人之使吾子处此，**居许东偏。**不唯许国之为，**应许公复奉其社稷。【补】不唯：不仅。**亦聊以固吾圉也。”**圉，边陲也。应“无滋他族，实逼处此”。〇三句总收上文。【补】聊：姑且。

乃使公孙获处许西偏，曰：“凡而器用财贿，无置于许。而，汝也。【补】乃：连词，表承接，于是。贿：财物。**我死，**应前“得没于地”。**乃亟去之。**乃，亦汝也。以无财物之累，可以速于去许。〇亦说在自己身后者，明明自己在时，汝一日不可去许也。【补】亟：急速。去：离开。**吾先君新邑于此，**新邑，河南新郑也。旧郑在京兆。庄公之父武公，始迁邑于河南。【补】邑：分封城邑居住。**王室而既卑矣，**周自东迁之后，日见衰微。【补】既：已经。卑：衰微。**周之子孙日失其序。**序，班列也。周序先同姓，后异姓。王室既卑，故子孙日失其序。**夫许，大〔太〕岳之胤也。**大岳，神农之后，尧四岳也。胤，嗣也。见许非周子孙，后未可量。

⑪胤
后代。 tiān ér jì yàn zhōu dé yǐ　wú qí néng yǔ xǔ zhēng hū
天而既厌周德矣，吾其能与许争乎？” 王室既
卑，子

孙失序，是天厌周德。而郑亦周之子孙，岂能与许争此地乎？此明公孙获不可久居许之意。○已上
两边戒饬之词。满口假仁假义，只为自家掩饰。绝不厌其词之烦。快笔英锋，文中仅有。⑪周德：指

周代的德治。其：表反诘，
相当于"岂""难道"。

jūn zǐ wèi zhèng zhuāng gōng　yú shì hū yǒu lǐ
君子谓郑庄公"于是乎有礼。 于是乎有礼者，见郑庄
一生无礼，唯此若有

礼
耳。 lǐ　jīng guó jiā　dìng shè jì　xù mín rén①　lì hòu sì zhě yě
礼，经国家，定社稷，序民人①，利后嗣者也。

四句，是礼之用。⑪
经：治理。序：安定。 xǔ　wú xíng ér fá zhī
许，无刑而伐之， 刑，法也。⑪无
刑：谓无视法度。 fú ér shě
服而舍

zhī　duó dé ér chǔ zhī　liàng lì ér xíng zhī　xiàng shí ér dòng wú
之，度德而处之，量力而行之，相时而动，无

lèi hòu rén
累后人， 六句，是说郑庄用礼。⑪舍：赦免。相时：观察时机。无
累后人：言没有拖累子孙。无，相当于"不"。累，拖累。 kě wèi zhī lǐ
可谓知礼

yǐ
矣"。 又断一句。言从外面看
去，真可谓知礼矣。

郑庄戒饬之词，委婉纡曲。忽为许计，忽为郑计，语语放宽，字字
放活。篇中三提"天"字，见事之成败，一听于天，己未尝容心于
其际。曰"得没于地"，曰"我死噬去"，俱从身后著想，可见生
前，断不容许吐气。更妙在用四个"乎"字，是心口相商，吞吞吐
吐，无从捉摸，真奸雄之尤。但辞令妙品，淘不多得。谓之有礼，
亦止论其事，未暇诛其心也。

〔校记〕

① "民人"，原作"人民"，据《春秋经传集解》《春秋左传注》改。

zāng āi bó jiàn nà gào dǐng

臧哀伯谏纳郜鼎

zuǒ zhuàn huángōng èr nián

《左传·桓公二年》

xià sì yuè qǔ gào dà dǐng yú sòng nà yú tài miào

夏四月，取郜大鼎于宋。纳于大（太）庙，宋华督弑殇公，恐诸侯讨己，故以郜国所造之鼎赂鲁。桓公至是取所赂之鼎于宋，纳于大庙。○曰“取”，曰“纳”，书法凛然。（补）郜：姬姓国，春秋时为宋所灭。

fēi lǐ yě

非礼也。受弑逆者之赂器，以污宗庙，非礼之甚也。○断一句。

zāng āi bó jiàn yuē jūn rén zhě jiāng zhāo dé sè wéi

臧哀伯鲁大夫，僖伯之子。**谏曰：“君人者，将昭德塞违，**

yǐ lín zhào bǎi guān yóu jù huò shī zhī gù zhāo lìng dé yǐ shì zǐ sūn

以临照百官，犹惧或失之，故昭令德以示子孙。言人君者，将昭明善德，闭塞邪违，以显示百官，如日月之临照焉，犹恐不能世守而弗失。故复以其德之最善者，昭著于物，以垂示子孙。○“昭德”“塞违”并提，是一篇主意。然“昭德”正所以“塞违”也，故下历言“昭德”之实。（补）令德：美德。令，善，美好。

shì yǐ qīng miào máo wū

是以清庙茅屋，清庙，肃然清净之庙也。茅屋，以茅饰屋也。

dà lù huó xí tài gēng bú zhì

大路（辂）越席，大路，祀天车，朴素无饰。越席，结草为席也。**大（太）羹不致，**大羹，大古之羹，肉汁也。不致，谓无盐梅之和也。

zī shí bú zuò

粢食不凿（糳），黍稷曰粢。凿，精米也。一石舂为八斗。（补）粢食：祭祀时用的以黍、稷所作的饭食。

zhāo qí jiǎn yě

昭其俭也。俭约不敢奢侈。○“昭令德以示子孙”者一。

gǔn miǎn fú tǐng

衮冕黻珽，衮，画衣。冕，冠也。黻，蔽膝也。珽，玉笏也。

dài cháng bī xì

带裳幅舄，带，革带。裳，下衣。幅，今之行縢，即裹脚也。舄，复履也。

héng dǎn hóng yán

衡紞纮綖，衡，维持冠者。紞，冠之垂者。纮，缨从下而上者。綖，冠上覆者。

zhāo qí dù yě

昭其度也。尊卑各有制度。○“昭令德以示子孙”者二。

zǎo lǜ bǐng běng

藻率鞞鞛，藻率，以韦为之，所以藉玉也。佩刀之鞘，上饰曰鞞，下饰曰鞶。**鞶厉游[旒]缨，**鞶，大带。厉，大带之垂者。游，旌之末垂者。缨，马饰。**昭其数也。**（zhāo qí shù yě）。尊卑各有等数。○“昭令德以示子孙”者三。**火龙黼黻，**火，画火也。龙，画龙也。黑与白谓之黼，黑与青谓之黻。龙，画于衣。火黼黻，绣于裳。**昭其文也。**上下各有文章。○“昭令德以示子孙”者四。[补]文：文采。**五色比象，**车服器械之有五色，皆以比象天地四方。[补]五色：东青、南赤、西白、北黑、天玄、地黄，玄出于黑，故六者有黄无玄为五色。比象：比拟象征天地四方。**昭其物也。**（zhāo qí wù yě）。大小各有物色。○“昭令德以示子孙”者五。**钖鸾和铃，**四者皆铃类，钖在马额，鸾在镳，和在衡，铃在旂。**昭其声也。**四者齐声，自然节奏。○“昭令德以示子孙”者六。**三辰旂旗，**三辰，日月星也，画于旂旗。交龙为旂，熊虎为旗。**昭其明也。**旂旗灿烂，象天之明。○“昭令德以示子孙”者七。**夫德，俭而有度，登降有数，文物以纪之，声明以发之，以临照百官。百官于是乎戒惧，而不敢易纪律。**（fú dé，jiǎn ér yǒu dù，dēng jiàng yǒu shù，wén wù yǐ jì zhī，shēng míng yǐ fā zhī，yǐ lín zhào bǎi guān。bǎi guān yú shì hū jiè jù，ér bù gǎn yì jì lǜ。）登降，谓有损益。纪，维也。发，扬也。纪律，纪纲、法律也。○总“昭德”作一收。戒惧而不敢易纪律，即所以“塞违”也。[补]文物：指礼乐制度。用文物明贵贱、制等级。声明：声音与光彩，喻声教文明。**今灭德立违，**（jīn miè dé lì wéi），今受赂立督，是不昭德而灭德，不塞违而立违。**而置其赂器于大[太]庙，**置，犹纳也。**以明示百官。百官象之，其又何诛焉？**（xiàng zhī，qí yòu hé zhū yān？）象，效尤也。诛，责也。○不可纳者一。**国家之败，由官邪也。**由百官之违邪。**官之失德，宠赂章也。**谓宠臣之受贿赂，章明而无所忌惮也。[补]章：章明。**郜鼎在庙，章孰甚焉？**（gào dǐng zài miào，zhāng shú shèn yān？）大庙，百官助祭之所。章明昭著，莫过于此。○不可纳者二。**武王克商，迁九鼎于雒[洛]邑，**九鼎，夏禹所铸。三代相传，以为有国之宝。武王克商，迁九鼎于成周之雒邑。

yì shì yóu huò fēi zhī ér kuàng jiāng zhāo wéi luàn zhī lù qì yú
义士犹或非之，义士，伯夷之属。而况将昭违乱之赂器于

tài miào qí ruò zhī hé
大太庙，其若之何？”其见非于义士必甚。○不可纳者三。○历言灭德立违之失，以见赂鼎当速出之于庙也。[补]若之何：怎么能。

gōng bù tīng
公不听。仍置大庙。

zhōu nèi shǐ wén zhī yuē zāng sūn dá qí yǒu hòu yú
周内史大夫官。闻之，曰：“臧孙达即哀伯。其有后于

lǔ hū jūn wéi bú wàng jiàn zhī
鲁乎！僖伯谏隐观鱼，其子哀伯谏桓纳鼎。积善之家，必有余庆，故曰“有后于鲁”。[补]有后：有后嗣。君违，不忘谏之

yǐ dé
以德。”桓公虽灭德立违，哀伯惓惓不忘谏之以昭德。○“昭德塞违”总结。

劈头将“昭德塞违”四字提纲，而“塞违”全在“昭德”处见。故中间节节将“昭”字分疏，见庙堂中何一非令德所在，则大庙容不得违乱赂鼎可知。后复将“塞违”意，分作三样写法，以冀君之一寤而出鼎，故曰“不忘”。

jì liáng jiàn zhuī chǔ shī
季梁谏追楚师

zuǒ zhuàn huángōng liù nián
《左传·桓公六年》

chǔ wǔ wáng qīn suí shǐ wěi zhāng qiú chéng yān
楚武王侵随，随，汉东姬姓国。使薳章楚大夫。求成焉，使之求平于随，诈也。[补]使：派遣。求成：求和。成，讲和。

jūn yú xiá yǐ dài zhī suí rén shǐ
军于瑕以待之。瑕，地名。楚军于此，以待随之报。[补]军：驻屯。随人使

shào shī dǒng chéng
少师董成。少师，随大夫。董成，主行成之事。[补]董：主持。

dòu bó bǐ yán yú chǔ zǐ yuē wú bù dé
鬬伯比楚大夫。言于楚子曰：[补]楚君始封为子爵，故称楚子。“吾不得

志于汉东也，我则使然。言不得志于汉东，是我失策使然。㊟汉东：这里指汉水以东的小国。使然：使其如此。我张吾三军，而被吾甲兵，以武临之，彼则惧而协以谋我，故难间也。张，侈大也。楚之失策，正坐此患，故不能得志。下乃为楚画策。㊟张：张大。被：装备。甲兵：铠甲和兵械，泛指兵器。临：攻伐。协：联合。间：离间。汉东之国，随为大。随张，必弃小国。小国离，楚之利也。张则不惧，离则不协，楚然后可以得志，故曰利。少师侈，随之少师，素自侈大。㊟侈：谓狂妄自大。请羸师以张之。”请藏其精兵，示以羸弱之卒，使少师忽楚，而愈自侈大。○三“张”字，呼应紧峭。㊟羸：弱也。熊率且比楚大夫。曰：“季梁随贤臣。在，何益？”言季梁在彼必谏，虽羸师无益于楚。鬬伯比曰：“以为后图，少师得其君。”言不徒为今日计。且随君宠少师，未必听季梁之言。王毁军而纳少师。毁军，羸师也。王从伯比之计。

少师归，请追楚师。随侯将许之。季梁止之，曰：“天方授楚，楚之羸，其诱我也。君何急焉？一句喝破毁军之诈。㊟方：正在。授：眷顾。臣闻小之能敌大也，小道大淫。小有道，大淫乱，然后小能敌大。所谓道，忠于民而信于神也。忠民、信神，是一篇主意。○承道。上思利民，忠也；祝史正辞，信也。祝史正辞，谓祝官、史官，实其言辞，而不欺诳鬼神。○又承“忠”“信”。今民馁而君逞欲，是无利民之忠。㊟馁：饥饿。祝史矫

举以祭，矫举，谓诈称功德以告鬼神。○是无正辞之信。**臣不知其可也。”**臣不知其小之可以敌大也。此断言楚不可追之意。**公曰：“吾牲牷肥腯，粢盛丰备，何则不信？”**牲，牛羊豕也。牷，纯色完全也。腯，肥貌。黍稷曰粢，在器曰盛。○上兼举忠民、信神。随侯单说信神，一边已忘却忠民了。故下归重民为神之主上。〔补〕肥腯：牲畜膘肥肉厚。粢盛：盛在祭器内以供祭祀的谷物。**对曰：“夫民，神之主也，是以圣王先成民而后致力于神。**信神只在忠民上看出。故下三“告”，皆关民上。成民，指养与教言。**故奉牲以告**祝史奉牲以告神。下仿此。**曰‘博硕肥腯’，**博，广也。硕，大也。言是牲广大而肥充。○告神只一句。下仿此。**谓民力之普存也，**告神以“博硕肥腯”者，谓民力之普遍安存，所以能如此也。**谓其畜之硕大蕃滋也，谓其不疾瘯蠡也，谓其备腯咸有也。**瘯蠡，疥癣也。三句俱承“民力普存”说。唯民力之普存，故其所养之畜，蕃大而无疥癣，咸备而不阙失。○答上“牲牷肥腯”句。〔补〕蕃滋：繁殖增益。疾：患病。备：齐备。咸：全，都。**奉盛以告曰‘洁粢丰盛’，谓其三时不害而民和年丰也。**〔补〕丰盛：指丰满的祭器，内装黍稷一类祭品。三时：春夏秋三个农忙时节。**奉酒醴以告曰‘嘉栗旨酒’，**以善敬之心，将其旨酒。〔补〕酒醴：泛指酒。醴，甜酒。嘉栗：形容酒佳美清醇。嘉，善，美好。栗，庄敬。旨酒：美酒。旨，美味。**谓其上下皆有嘉德而无违心也。**答上“粢盛丰备”句。“酒醴”一段是补笔。〔补〕违心：异心。**所谓馨香，无谗慝也。**牺牲、粢盛、酒醴，所以谓之馨香者，乃民德之馨香，无谗谀邪慝故也。○总一笔，答上“何则不信”句。○内用七个“谓”字、七个“也”字，顿挫生姿。末“所谓馨香”一句，直与上“所谓道”一句呼应。〔补〕馨香：散播很远的香气。谗慝：邪恶奸佞。**故务其**

sān shí
三时，

养以
成民。

xiū qí wǔ jiào
修其五教，

㉟五教：五常之教，指父义、
母慈、兄友、弟恭、子孝。

qīn qí jiǔ zú
亲其九族，

九族，上至高祖，下及
玄孙。〇教以成民。

yǐ zhì q yīn sì
以致其禋祀，

精意以享曰禋。〇致力
于神。㉟禋祀：祭祀。

yú shì hū mín
于是乎民

hé ér shén jiàng zhī fú
和而神降之福，

gù dòng zé yǒu chéng
故动则有成。

谓祭则受福，
战则必克也。

jīn mín gè yǒu
今民各有

xīn
心，

ér guǐ shén fá zhǔ
而鬼神乏主，

立"夫民，神之主"
句。㉟乏：没有。

jūn suī dú fēng
君虽独丰，

qí hé fú
其何福

zhī yǒu
之有？

收完
上文。

jūn gū xiū zhèng
君姑修政，

ér qīn xiōng dì zhī guó
而亲兄弟之国，

shù miǎn yú
庶免于

ràn
难。"

修政，指忠信而言。兄弟之国，谓汉东姬姓小国。言当与之亲而协，不可与之弃而离，
庶免于楚国之难也。〇又拢一笔。与鬬伯比之意暗合，妙。㉟姑：暂且。修政：修明政

教，治理好国家。
庶：庶几，希冀。

suí hóu jù ér xiū zhèng
随侯惧而修政，

chǔ bù gǎn fá
楚不敢伐。

应"惧"
字结。

起手将忠民、信神并提。转到民为神主。先民后神，乃千古不易之
论。篇中偏从致力于神处，看出成民作用来。故足以破随侯之惑，
而起其惧心。至其行文，如流云织锦，天花乱坠，令人应接不暇。

cáo guì lùn zhàn
曹刿论战

zuǒ zhuàn   zhuānggōng shí nián
《左传·庄公十年》

shí nián chūn ①
十年春①，

qí shī fá wǒ
齐师伐我。

㉟齐师：齐国的军队。
伐：攻打。我：指鲁国。

gōng jiāng zhàn
公将战，

cáo guì
曹刿

鲁
人。

qǐng jiàn
请见。

请见庄公，㉟
公：指鲁庄公。

qí xiāng rén yuē
其乡人曰：

ròu shí zhě móu zhī
"肉食者谋之，

yòu hé jiàn yān　guì yuē　ròu
又何间焉？”肉食，谓在位有禄者。间，犹与也。言在位者自能谋之，汝又何与其谋焉。(补)间：参与。刿曰：“肉

shí zhě bǐ　wèi néng yuǎn móu　nǎi rù
食者鄙，未能远谋。”肉食者所见鄙陋，其谋未能远大也。○“远谋”二字，是一篇关眼。(补)鄙：见识浅陋。乃入

jiàn　wèn　hé yǐ zhàn　gōng yuē
见②。(补)乃：于是。问：“何以战？”问何恃以与齐战。○问得峭。(补)何以战，即“以何战”。以，凭。公曰：

yī shí suǒ ān　fú gǎn zhuān yě　bì yǐ fēn rén
“衣食所安，弗敢专也，必以分人。”衣食二者，必分之冻馁之人，或者感吾之德，而可以战乎！(补)安：指安身。弗：不。专：独自享有。

duì yuē　xiǎo huì wèi biàn　mín fú cóng yě
对曰：“小惠未遍，民弗从也。”分惠未能遍及，民心不肯从上所使，未可恃以为战。

gōng yuē　xī shēng yù bó　fú gǎn jiā yě　bì
公曰：“牺牲玉帛，弗敢加也，必

yǐ xìn
以信。”牺牲，祭牲也。玉，苍璧、黄琮之类。帛，币也。此皆礼神之物。言祭祀之礼，不敢有加于旧，而祝史告神，必以诚信，或者感格神明，而可以战乎！(补)帛：缯帛，丝织品。加：夸大，虚报。信：实情。

duì yuē　xiǎo xìn wèi fú　shén fú fú yě
对曰：“小信未孚，神弗福也。”一时之小信，未能感孚于神。而神亦弗肯降之以福，未可恃以为战。(补)小信：小信用。孚：使信服。

gōng yuē　xiǎo dà zhī yù　suī bù néng
公曰：“小大之狱，虽不能

chá　bì yǐ qíng
察，必以情。”小狱，争讼也。大狱，杀伤也。情，实也。言小大之狱，虽不能明察，然必尽己之心以求其实，或者狱无冤枉，而可以战乎！(补)狱：指诉讼案件。情：实情，诚实。

duì yuē　zhōng zhī shǔ yě　kě yǐ yí zhàn
对曰：“忠之属也。可以一战。察狱以情，不使有枉，是能尽己之心，亦忠之一端也。君能尽心于民，则民宜尽心于君，庶可以一战。○“可以一战”，紧照“问何以战”。一“可”字，又与下四“可”字相应。(补)忠：谓尽力做好分内之事。属：种类，指表现。

zhàn zé qǐng cóng
战则请从。”若与齐战，则请从行。○“请从”，与上“请见”相应。(补)从：跟随。

gōng yǔ zhī chéng　zhàn yú cháng sháo
公与之乘，乘，兵车也。(补)庄公与曹刿同乘一辆兵车。之：指曹刿。战于长勺。长勺，地名。

gōng jiāng gǔ zhī　guì yuē　wèi kě　qí rén sān gǔ　guì
公将鼓之。公欲鸣鼓以进兵。刿曰：“未可。”齐人三鼓。刿

yuē　kě yǐ　qí shī bài jì　gōng jiāng chí zhī

曰：“可矣。”齐师败绩。大崩曰败绩。公将驰之。公欲驰车而逐齐兵。○“将鼓”“将驰”，与上“将战”相应。

guì yuē　wèi kě　xià shì qí zhé　dēng shì ér wàng zhī

刿曰：“未可。”下视其辙，登轼而望之，辙，车迹也。轼，车前横木。

yuē　kě yǐ　suì zhú qí shī

曰：“可矣。”遂逐齐师。两“未可”，两“可矣”，突兀相应。

jì kè　gōng wèn qí gù

既克，公问其故。公问刿不鼓，及下视、登望之故。○又与“问何以战”相应。㊟既克：已经战胜。既，已经。克，战胜。

duì yuē　fú zhàn　yǒng qì yě

对曰：“夫战，勇气也。㊟夫：助词，用于句首，表发端。

yì gǔ zuò qì　zài ér shuāi　sān ér jié　bǐ jié wǒ yíng　gù kè zhī

一鼓作气，再而衰，三而竭。彼竭我盈，故克之。言所以必待齐人三鼓之故。○未战论忠，将战论气，肉食人见不到此。㊟作气：鼓起士气。再：第二次。竭：穷尽。彼：指对方，即齐军方面。盈：充满，这里指士气正旺盛。

fú dà guó　nán cè yě　jù yǒu fú yān

夫大国，难测也，惧有伏焉。㊟难测：难以推测。伏：埋伏。

wú shì qí zhé luàn　wàng qí qí mǐ　gù zhú zhī

吾视其辙乱，望其旗靡，故逐之。”言所以下视、登望之故。○“克之”“逐之”，作两样写法。笔墨精采。㊟靡：倒下。

“肉食者鄙，未能远谋”，骂尽谋国偾事一流人，真千古笑柄。未战考君德，方战养士气，既战察敌情，步步精详，著著奇妙，此乃所谓远谋也。左氏推论始末，复备参差错综之观。

〔校记〕

①“十年春”，原缺，据《春秋经传集解》《春秋左传注》补。
②“乃”，原作“遂”，据《春秋经传集解》《春秋左传注》改。

齐桓公伐楚盟屈完
qí huán gōng fá chǔ méng qū wán

《左传·僖公四年》
zuǒ zhuàn *xǐ gōng sì nián*

春，齐侯以诸侯之师侵蔡。蔡溃，遂伐楚。
chūn *qí hóu yǐ zhū hóu zhī shī qīn cài* *cài kuì* *suì fá chǔ*

无钟鼓曰侵，有钟鼓曰伐。民逃其上曰溃。〇看齐来楚踪迹，便不正大。㊹以：率领。

楚子使与师言曰：
chǔ zǐ shǐ yǔ shī yán yuē

㊹楚子：指楚成王。使：派遣。与：跟，对。师：诸侯之师。

"君处北海，寡人处南海，唯是风马牛
jūn chǔ běi hǎi *guǎ rén chǔ nán hǎi* *wéi shì fēng mǎ niú*

不相及也，
bù xiāng jí yě

牛走顺风，马走逆风，两不相及，喻齐楚不相干也。㊹处：居住。北海、南海：泛指北方、南方。唯：句首语气词。

不虞君
bù yú jūn

之涉吾地也，何故？"
zhī shè wú dì yě *hé gù*

问得冷隽，绝不以齐为意。妙。㊹不虞：不料。涉：进入。

管仲对
guǎn zhòng duì

曰："昔召康公命我先君太公曰：
yuē *xī shào kāng gōng mìng wǒ xiān jūn tài gōng yuē*

召康公，周太保召公奭也。太公，吕望，齐始封之君也。

'五侯九伯，女汝实征之，以夹辅周室！'
wǔ hóu jiǔ bó *rǔ* *shí zhēng zhī* *yǐ jiā fǔ zhōu shì*

五侯，五等诸侯。九伯，九州伯长。〇一援王命，破"不相及"句。㊹五侯九伯：这里泛指所有的诸侯。实：语助词，用以加强语意。征：讨伐。夹辅：辅佐。

赐我先君
cì wǒ xiān jūn

履，东至于海，西至于河，南至于穆陵，北至
lǚ *dōng zhì yú hǎi* *xī zhì yú hé* *nán zhì yú mù líng* *běi zhì*

于无棣。
yú wú dì

履，所践履之地。穆陵、无棣，皆齐境。言其所赐之履，不限界地也。〇二宣赐履，破"涉吾地"句。

尔贡包茅不
ěr gòng bāo máo bú

入，王祭不共供，无以缩酒，寡人是征。
rù *wáng jì bù gōng* *wú yǐ suō jiǔ* *guǎ rén shì zhēng*

包，裹束也。茅，菁茅也。

《禹贡》："荆州贡菁茅。"缩酒，束茅立之祭前，而灌鬯酒其上，象神饮之也。征，问也。㊹入：献纳。

昭王南征而不复，寡
zhāo wáng nán zhēng ér bú fù *guǎ*

rén shì wèn
人是问。”昭王，成王孙也，南巡狩，渡汉水，船坏而溺死。○三举楚罪，破“何故”句。

duì yuē gòng zhī bú
对曰：“贡之不

rù guǎ jūn zhī zuì yě gǎn bù gōng jǐ
入，寡君之罪也，敢不共(供)给？〔补〕敢：岂敢。昭王之不

fù jūn qí wèn zhū shuǐ bīn
复，君其问诸水滨！”昭王时，汉水非楚境，故不受罪。○管仲问罪之词，原开一条生路，故对便一认一推，恰好。“问诸水滨”一语，近谑。〔补〕其：语气词。诸：“之于”的合音。水滨：水边。

shī jìn cì yú xíng
师进，次于陉。陉，楚地。颍州召陵县南有陉亭。〔补〕次：临时驻扎。

xià chǔ zǐ shǐ qū wán rú shī

夏，楚子使屈完楚大夫。如师。如，往也。使往齐师观兵势。

shī tuì cì
师退，次

yú shào líng
于召陵。屈完请盟故也。楚不服罪，故师进。楚既请盟，故师退。

qí hóu chén zhū hóu zhī shī yǔ
齐侯陈诸侯之师，与

qū wán chéng ér guān zhī
屈完乘而观之。乘，共载也。○写齐总不正大。〔补〕陈：陈列。齐侯曰：“岂不穀是为？先君之好是继，与不穀同好如何①？”不穀，诸侯谦称。言诸侯之附从，非为我一人，乃是寻我先君之好。未知汝楚君肯与我同好否？○此处一番和缓，后复一番恐喝，霸术往往如是。

duì yuē jūn
对曰：“君

huì yāo fú yú bì yì zhī shè jì rǔ shōu guǎ jūn guǎ jūn zhī yuàn
惠徼(邀)福于敝邑之社稷，辱收寡君，寡君之愿也。”徼，求也。言我以君之惠，而得徼社稷之福，使寡君见收于君，虽为君辱，实寡君之愿也。〔补〕敝邑：谦称自己的国家。社：土神。稷：谷神。辱：谦辞，犹言承蒙。收：接纳。

qí hóu yuē yǐ cǐ zhòng zhàn shuí néng yù zhī yǐ cǐ gōng chéng
齐侯曰：“以此众战，谁能御之？以此攻城，

hé chéng bú kè
何城不克？”前犹是挟天子以令诸侯，此直是挟诸侯以令诸侯矣。宜乎其穷于屈完之对也。〔补〕众：军队。克：攻取。

duì yuē
对曰：

jūn ruò yǐ dé suí zhū hóu shuí gǎn bù fú
“君若以德绥诸侯，谁敢不服？〔补〕绥：安抚。君若以

lì chǔ guó fāng chéng yǐ wéi chéng
力，楚国方城以为城，方城之山，可用为城。〔补〕方城：山名，在今河南叶县南、方城东北，西连伏牛山脉。城：城墙。

hàn shuǐ yǐ wéi chí
汉水以为池, 江汉之水,可用为池。⑪池:护城河。

suī zhòng wú suǒ yòng zhī
虽众,无所用之。" 齐桓说攻、说战,何等矜张。屈完只闲闲将以德、以力两路合来,一扬一抑,又何等安雅。

qū wán jí zhū hóu méng
屈完及诸侯盟。 "及诸侯盟",则非专与齐盟也,与篇首关应。⑪及:跟,同。盟:订立盟约。

齐桓合八国之师以伐楚,不责楚以僭王猾夏之罪,而顾责以包茅不入、昭王不复,一则为罪甚细,一则与楚无干。何哉?盖齐之内失德,而外失义者多矣。我以大恶责之,彼必斥吾之恶以对,其何以服楚而对诸侯乎?故舍其所当责,而及其不必责。霸者举动,极有收放,类如此也。篇中写齐处,一味是权谋笼络之态;写楚处,忽而巽顺,忽而诙谐,忽而严厉,节节生峰。真辞令妙品。

〔校记〕

① "如何",原作"何如",据《春秋经传集解》《春秋左传注》改。

gōng zhī qí jiàn jiǎ dào
宫之奇谏假道

zuǒ zhuàn xǐ gōng wǔ nián
《左传·僖公五年》

jìn hóu fù jiǎ dào yú yú yǐ fá guó
晋侯献公。**复假道于虞以伐虢。** 二年,虞师、晋师伐虢,灭下阳。至是又假道以伐虢。○下一"复"字,便伏下"一甚""可再"意。⑪复:又。假:借。

gōng zhī qí jiàn yuē guó yú zhī biǎo
宫之奇虞贤大夫。**谏曰:"虢,虞之表**

yě guó wáng yú bì cóng zhī
也; 表,外护也。言虢为虞之外护。⑪表:外围。**虢亡,虞必从之。** 虞失外护,则必与之俱灭。○事急故陡作险语。通篇著眼在此。

jìn bù kě qǐ kòu bù kě wán yì zhī wéi shèn qí kě zài
晋不可启,寇不可玩,一之谓为甚①**,其可再**

乎_{hū}？　玩，狎也。在昔为晋，在今为寇。在昔为启，在今为玩。晋不可启，故一为甚；寇不可玩，故不可再也。㊹启：抟发。玩：轻视。甚：过分。其：表诘问，犹岂。再：第二次。

谚所谓‘辅_{fǔ}车_{chē}相_{xiāng}依_{yǐ}，唇_{chún}亡_{wáng}齿_{chǐ}寒_{hán}’者_{zhě}，其_{qí}虞_{yú}、虢_{guó}之谓也_{zhī wèi yě}。”　辅，颊辅。车，牙车。言虞如牙车，如齿在里；虢如颊辅，如唇在表。虢存，则辅车相依；虢灭，则唇亡齿寒。○此言灭虢正所以自灭。应“虢亡，虞必从之”句。㊹谚：俗语。所谓：所说的。

辅：面颊。车：牙床。其：大概，恐怕。

公曰_{gōng yuē}：“晋_{jìn}，吾_{wú}宗_{zōng}也_{yě}，岂_{qǐ}害_{hài}我_{wǒ}哉_{zāi}？”　晋、虞，皆姬姓，故曰“吾宗”。

对曰_{duì yuē}：“大_{tài}〔泰〕伯_{bó}、虞_{yú}仲_{zhòng}，大_{tài}〔太〕王_{wáng}之_{zhī}昭_{zhāo}也_{yě}；　虞仲，即仲雍。二人皆太王之子、王季之兄

也。太王于周为穆，穆生昭，故太王之子为昭。大_{tài}〔泰〕伯_{bó}不_{bù}从_{cóng}，是_{shì}以_{yǐ}不_{bú}嗣_{sì}。　大伯不从太王剪商，与虞仲俱逊国而奔吴，是

以不嗣于周。而虞仲支子，别封西吴，是为虞之始祖。○此段只说虞固出于大王。虢_{guó}仲_{zhòng}、虢_{guó}叔_{shū}，王_{wáng}季_{jì}之_{zhī}穆_{mù}也_{yě}；

二人皆王季之子、文王之弟也。王季于周为昭，昭生穆，故王季之子为穆。仲封东虢，为郑所灭。叔封西虢，为今虢公始祖。为_{wéi}文_{wén}王_{wáng}卿_{qīng}士_{shì}，勋_{xūn}

在王室_{zài wáng shì}，藏_{cáng}于_{yú}盟_{méng}府_{fǔ}。　王功曰勋。盟府，司盟之官。二人皆有功于王室，文王与为盟誓之书，而藏于盟府。○此段乃说虢更亲于虞仲。㊹

卿士：周王朝的执政大臣。盟府：掌管盟约的官府。将_{jiāng}虢_{guó}是_{shì}灭_{miè}，何_{hé}爱_{ài}于_{yú}虞_{yú}？　虢比虞于晋，又近一世。晋既灭虢，何爱于

虞，而反不灭乎？○且_{qiě}进一层说。虞_{yú}能_{néng}亲_{qīn}于_{yú}桓_{huán}、庄_{zhuāng}乎_{hū}，其_{qí}爱_{ài}之_{zhī}

也_{yě}？　桓叔，始封于曲沃，庄伯其子也。献公乃桓叔曾孙、庄伯之孙。言晋、虞不过同宗，而桓、庄之族，为献公同祖兄弟，实至亲也。○倒句妙。若顺写，则将云“且晋爱虞，能过

于桓、庄乎”。桓_{huán}、庄_{zhuāng}之_{zhī}族_{zú}何_{hé}罪_{zuì}，而_{ér}以_{yǐ}为_{wéi}戮_{lù}，不_{bù}唯_{wéi}逼_{bī}乎_{hū}？

逼，贵近也。桓叔、庄伯之族无罪，而献公尽杀之，是恶其族大势逼也。㊹不唯：不就是因为。逼：威胁。亲_{qīn}以_{yǐ}宠_{chǒng}逼_{bī}，犹_{yóu}尚_{shàng}害_{hài}

之，况以国乎？”至亲而以宠势相逼，犹尚杀害之，况虞有一国之利，献公肯相容乎？○破“岂害我”句。补宠：贵宠。

公曰：“吾享祀丰洁，神必据我。”据，犹依也。言虞有神祐，晋虽欲害而不能。○写痴人如画。补享祀：指祭品。丰洁：丰盛而洁净。对曰：“臣闻之，鬼神非人实亲，惟德是依。鬼神非实亲近乎人，惟有德者，乃依据之。补实、是：助词，起把宾语提前的作用。故《周书》曰：‘皇天无亲，惟德是辅。’《蔡仲之命》篇辞。○“德”字引《书》一。补辅：辅助。又曰：‘黍稷非馨，明德惟馨。’《君陈》篇辞。○“德”字引《书》二。补黍稷：泛指五谷，为祭祀用物品。馨：香气远闻。明德：光明的德行。又曰：‘民不易物，惟德繄物。’《旅獒》篇辞。言祭者不改易其物，而神唯享有德者之物。繄，语助也。○“德”字引《书》三。补民：人。如是，总三《书》。则非德，民不和、神不享矣。民为神之主，神享要从民和看出。故带说此句。补享：享用祭品。神所冯凭依，将在德矣。冷语。妙。若晋取虞，而明德以荐馨香，补取：指灭掉。明德：彰明德行。荐：进献。馨香：指用作祭品的黍稷。神其吐之乎？”吐，不食其所祭也。言虞国社稷山川之神，亦享晋明德之祀，所谓“非人实亲，惟德是依”也。○破“享祀丰洁，神必据我”二句。

弗听，许晋使。宫之奇以其族行，恐惧晋祸，挈其妻子以奔曹。补以：率领。曰：“虞不腊矣。在此行也，腊，岁终合祭诸神之名。言虞不能及岁终腊祭，即在吾族既行，而遂灭也。○“腊”字根上“享祀”来。晋不更举矣。”即以灭虢之兵灭虞，不再举兵也。○说虢亡虞必从之，何等斩截。补更：再。

冬，晋灭虢。师还，馆于虞，㊟还：回来，馆：招待宾客居住的房舍，此处用如动词，犹言住宾馆。遂袭虞，灭之。执虞公。

宫之奇三番谏诤，前段论势，中段论情，后段论理。层次井井，激昂尽致。奈君听不聪，终寻覆辙。读竟为之掩卷三叹。

〔校记〕

①“谓”，原作“为”，据《春秋经传集解》《春秋左传注》改。

齐桓下拜受胙

《左传·僖公九年》

会于葵丘，寻盟，且修好，礼也。修睦以尊周室，故以为礼。㊟寻：重申。王使宰孔赐齐侯胙，宰，官。孔，名。胙，祭肉。异姓诸侯，非夏商之后，不赐胙。襄王使宰孔赐齐桓胙，盖尊之比于二王也。㊟使：派遣。曰：“天子有事于文、武，使孔赐伯舅胙。”有事于文、武，谓有祭祀之事于文、武之庙。天子称异姓诸侯，皆曰“伯舅”。〇本与下“以伯舅耋老”句连文，只因齐侯欲下拜，歇住，王命遂分两番说，错落入妙。㊟文武：周文王与武王。齐侯将下拜。将下阶拜，受天子之赐。〇插入一句，妙。孔曰：“且有后命。紧接。天子使孔曰：‘以伯舅耋老，加劳，赐一级，无下拜。’”七十曰耋。劳，功劳也。级，等也。言天子以伯舅耋老，且有功劳于王室，故进一等，不令下阶而拜。对曰：

tiān wēi bù wéi yán zhǐ chǐ
“天威不违颜咫尺。言君尊如天，其威严常在颜面之前。八寸曰咫。[补]违：离。咫尺：形容距离近。
xiǎo bái yú gǎn tān tiān zǐ zhī mìng wú xià bài kǒng yǔn yuè yú xià yǐ yí
小白余敢贪天子之命无下拜？恐陨越于下，以遗
tiān zǐ xiū gǎn bú xià bài
天子羞。敢不下拜？”小白，桓公名。陨越，颠坠也。公自称名，言我岂敢贪天子之宠命，不下阶而拜？恐得罪于天，而颠坠于下，适足以昭天子之辱。敢不下阶而拜乎？[补]敢：岂敢。
xià bài dēng shòu
下，句。拜；句。登，句。受。句。

看他一连写五个“下拜”。两“无下拜”与“敢不下拜”应，“将下拜”与“下，拜；登，受”应。

yīn yí shēng duì qín bó
阴饴甥对秦伯

zuǒ zhuàn xī gōng shí wǔ nián
《左传·僖公十五年》

shí yuè jìn yīn yí shēng huì qín bó méng yú wángchéng
十月，晋阴饴甥即吕甥。会秦伯，穆公。盟于王城。王城，秦地。秦许晋平之后，晋惠使郤乞召吕甥迎己，故会秦伯盟于此。

qín bó yuē jìn guó hé hū duì yuē bù hé
秦伯曰：“晋国和乎？”对曰：“不和。“不和”二字，对得骇人。
xiǎo rén chǐ shī qí jūn ér dào sàng qí qīn bú dàn zhēng shàn yǐ lì
小人耻失其君而悼丧其亲，不惮征缮以立
yǔ yě yuē bì bào chóu nìng shì róng dí
圉也，曰：‘必报仇，宁事戎狄。’小人，在下之人也。君，指惠公。亲，谓死于战者。征缮，征赋治兵也。圉，惠公太子名。言小人耻其君为秦所执，痛其亲为秦所杀，不惮征赋治兵，以立太子，曰：“必报秦之仇，宁事戎狄，而与之共图也。”[补]惮：畏惧。征缮：征收赋税，整顿武备。

君子爱其君而知其罪，不惮征缮以待秦命，曰：'必报德，有死无二。'君子，在上之人也。言君子爱其君，而知晋国之有罪，不惮征赋治兵，以待秦归晋君之命，曰："必报秦之德，惟有死而无二心也。"○初读"不和"二字，只谓尽露其短，今说出"不和"之故来，始知正炫其长。两边一样加"不惮征缮"四字，是制缚秦伯要著。**以此不和。"**又用"不和"二字作一束。笔法严整。

秦伯曰："国谓君何？"或死，或归。**对曰："小人戚，谓之不免；君子恕，以为必归。**小人不知事理，徒为忧戚，以为秦必害其君；君子以己之心度人之心，以为秦必归其君也。㊟戚：忧愁。恕：推己及人。**小人曰：'我毒秦，秦岂归君？'**毒秦，谓晋背施闭籴，毒害秦国也。○所以可戚。**君子曰：'我知罪矣，秦必归君。'**所以为恕。○即承上君子、小人说来。双开双合，章法极整，又极变。**贰而执之，服而舍之，**晋有贰心，而秦执之。晋既知罪，而秦舍之。㊟贰：背叛。服：服罪。舍：释放。**德莫厚焉，刑莫威焉。**舍之，则秦之德莫厚于此；执之，则秦之刑莫威于此。**服者怀德，贰者畏刑，**服秦者，怀秦之德；贰秦者，畏秦之刑。**此一役也，秦可以霸。**秦归晋君之役，使诸侯怀德畏刑，可以成霸业也。㊟役：事。**纳而不定，**若秦初纳晋君，今执之而不安定其位。**废而不立，**秦既执晋君，今不归而使之复立为君。**以德为怨，秦不其然。'"**是秦始有德于晋，而今则变德为怨，秦岂肯为此。○前两段，并述君子、小人意中事。"贰而执之"以下单就君子意中，一反一正歆动他。㊟其然：犹言如此。

秦伯曰："是吾心也。"入其彀中。**改馆晋侯，馈**

qī láo yān
七牢焉。牛、羊、豕各一，为一牢。将归之故加其礼焉。㊟改：更换。馆：客舍。馈：赠送。

通篇作整对格，而反正开合，又复变幻无端。尤妙在借君子、小人之言，说我之意，到底自己不曾下一语。奇绝。

zǐ yú lùn zhàn
子鱼论战

zuǒ zhuàn xī gōng èr shí èr nián
《左传·僖公二十二年》

chǔ rén fá sòng yǐ jiù zhèng sòng gōng jiāng zhàn dà sī mǎ
楚人伐宋以救郑。以宋襄公伐郑故。宋公将战，大司马

gù jiàn yuē tiān zhī qì shāng jiǔ yǐ jūn jiāng xīng zhī
固即子鱼。谏曰："天之弃商久矣，宋，商之后。君将兴之，公将图霸兴复。

fú kě shè yě yǐ fú tīng
弗可赦也已。"获罪于天，不可赦宥。○言不可与楚战。㊟也已：语气助词，表肯定。弗听。

sòng gōng jí chǔ rén zhàn yú hóng sòng rén jì
宋公及楚人战于泓①。泓，水名。○总一句。㊟及：介词，同，跟。宋人既

chéng liè chǔ rén wèi jì jì sī
成列，宋兵列阵已定。㊟既：已经。楚人未既济。楚人尚未尽渡泓水。○是绝好机会。㊟既：都。济：渡河。司

mǎ yuē bǐ zhòng wǒ guǎ jí qí wèi jì jì yě qǐng jī zhī
马曰："彼众我寡，及其未既济也，请击之。"

gōng yuē bù kě jì jì ér wèi chéng liè yòu yǐ gào
公曰："不可。"何意？既济而未成列，机会犹未失。又以告。

gōng yuē wèi kě jì zhèn ér hòu jī zhī sòng shī bài
省句法。公曰："未可。"又何意？既陈阵而后击之，宋师败

jì gōng shāng gǔ mén guān jiān yān
绩。大崩曰败绩。㊟陈：列阵。公伤股，门官歼焉。门官，守门之官，师行则从。歼，尽杀也。○二句，

写败绩不堪。
补股：大腿。

国人皆咎公。guó rén jiē jiù gōng
归咎襄公不用子鱼之言。补咎：责怪。公曰："君子不重gōng yuē　jūn zǐ bù chóng

伤，不禽擒二毛。shāng　bù qín　èr máo
重，再也。二毛，头黑白色者。言君子于敌人被伤者，不忍再伤；头黑白色者，不忍擒之。○二句引起。补二毛：指头发斑白的老人。古之为军也，不以阻隘也。gǔ zhī wéi jūn yě　bù yǐ zǔ ài yě
阻，迫也。隘，险也。言不迫人于险。○ 释上"不可"意。补为军：用兵。以：利用。阻隘：险要之处。寡人虽亡国之余，不鼓不成列。"guǎ rén suī wáng guó zhī yú　bù gǔ bù chéng liè
亡国之余，根"弃商"句来。鼓，鸣鼓进兵也。言不进兵以击未成阵者。○释上"未可"意。○寡固不可以敌众。宋公既不量力以致丧师，又为迂腐之说以自解，可发一笑。

子鱼曰："君未知战。zǐ yú yuē　jūn wèi zhī zhàn一句断尽。勍敌之人，隘而qíng dí zhī rén　ài ér

不列，天赞我也；bú liè　tiān zàn wǒ yě
勍，强也。强敌厄于险隘，而不成阵，是天助我以取胜机会。补赞：助。阻而鼓之，不亦可乎？迫而鼓进之，何不可之有？补阻：阻止。犹有惧焉。yóu yǒu jù yān
犹恐未必能胜也。○加一句，更透。○辨"不以阻隘""不鼓不成列"。且今之勍者，皆吾敌也。虽及胡耇，获qiě jīn zhī qíng zhě　jiē wú dí yě　suī jí hú gǒu　huò

则取之，何有于二毛？zé qǔ zhī　hé yǒu yú èr máo
胡耇，元老之称。言与我争强者，皆吾之仇敌，虽及元老，犹将擒之，何有于二毛之人？○辨"不禽二毛"。补胡耇：老人。何有：谓何必看重。明耻、教战，求杀敌也。伤未及míng chǐ　jiào zhàn　qiú shā dí yě　shāng wèi jí

死，如何勿重？sǐ　rú hé wù chóng
明设刑戮之耻，以教战斗，原求其杀人至死。若伤而未死，何可不再伤以死之？○辨"不重伤"。若爱重伤，则如勿伤；爱其二毛，则如服焉。chóngshāng　zé rú wù shāng　ài qí èr máo　zé rú fú yān
若不忍再伤人，则不如不伤之；不忍禽二毛，则不如早服从之。○再辨"不重伤，不禽二毛"，更加痛快。补爱：怜惜。如：不如。三军以利用也，sān jūn yǐ lì yòng yě
凡行三军，以

利而动。**金鼓以声气也。**兵以金退，以鼓进，以声佐士众之气。(补)声气：鼓气，即以金鼓之声鼓舞士气。**利而用之，阻隘可也；**若以利而动，则虽迫敌于险，无不可也。**声盛致志，鼓儳可也。”**儳，参错不齐之貌，指未整阵而言。声士气之盛，以致其志，则鼓敌之儳，勇气百倍，无不可也。○再辨“不以阻隘”“不鼓不成列”，更加痛快。○篇中几个“可”字相呼应，妙。(补)致志：振奋士气。致，引起。鼓儳：乘敌方阵列不整齐时，即鸣鼓进击。

宋襄欲以假仁假义，笼络诸侯以继霸，而不知适成其愚。篇中只重阻险鼓进意，重伤、二毛带说。子鱼之论，从不阻不鼓，说到不重不禽。复从不重不禽，说到不阻不鼓。层层辨驳，句句斩截，殊为痛快。

〔校记〕

①“宋公”，原缺，据《春秋经传集解》《春秋左传注》补。

寺人披见文公

《左传·僖公二十四年》

吕、郤畏逼，将焚公宫而弑晋侯。吕甥、郤芮，皆惠公旧臣，恐为文公所逼害，欲焚公宫而弑之。**寺人披请见。**寺人，内官也，名披。请见文公，欲以难告。(补)寺人：后世之宦官。**公使让之，且辞焉，**让，责也。公使人数其罪而责之，且辞不相见。○总二句。(补)辞：拒绝不见。**曰：“蒲城之役，**五年，献公使寺人披伐公于蒲城。(补)役：事。**君命一宿，女（汝）即至。**献公命汝经宿乃至，汝不待宿，而即日至。(补)一宿：隔一夜后第二日。宿，隔夜。即：指当天。**其后余从狄君以田渭滨，**其后我奔狄国，从狄君田猎于渭水之滨。（补）田：打猎。**女（汝）为惠公来求杀余，命女（汝）三宿，女（汝）中宿至。**惠公命汝三宿乃至，汝不待三宿，而次宿即至。○就文公口中说出伐狄一事，补传所未及。（补）中宿为第二夜后第三日，三宿则第四日。**虽有君命，何其速也？**二者虽奉献公、惠公之命，何其至之太速也。○已上皆让之之词。（补）何其：为什么那样。**夫袪犹在，女（汝）其行乎！”**袪，衣袂也。披伐蒲，斩公袪。言所斩之袪尚在，汝其去乎！○二句，是辞之之词。（补）袪：衣袖。**对曰：**

“臣谓君之入也，其知之矣。若犹未也，又将及难。臣谓君之入晋也，庶几知君人之道矣。若犹未也，又将及于祸难。○含讥带诮，小人轻薄口吻。“又将及难”句，已微露其意。下就文公之言，作两层辨驳。**君命无二，古之制也。**奉君命无二心，古之法制如此。**除君之恶，唯力是视。**前此伐公，乃为君除恶，当尽吾力为之。**蒲人、狄人，余何有焉？**公在献公时，则为蒲人；在惠公时，则为狄人。于我何关，而不速杀之？○竟斥之为恶，复等之蒲、狄人，快语。（补）何有：与……何关。**今君即位，其无蒲、狄乎！**今安知无有如蒲、狄而能为公害者乎？当亦有人奉命速至如披者也。意在含吐间，隽甚。○已上答“虽有君命，何其速也”之意。**齐桓公置射钩而使管仲相，**庄公九年，鲁纳子纠，与齐战于乾时。管仲射中齐桓公带钩，后桓公用管仲为相。○“射钩”对“斩袪”，恰好。（补）置：赦免。**君若易之，何辱命焉？**君若反其所为，则我将自去，无所辱于君命。（补）易之：改变之。何：何必，表示不必。辱命：玷污君命。**行者甚众，岂唯刑臣？”**披，阉人，故称“刑臣”。言但恐惧罪而行者甚多，宁独我刑余之人？言外见旧臣畏逼不安，必有祸难。意在含吐间，隽甚。○已上答“夫袪犹在，女其行乎”之意。

公见之，以难告。公乃召见寺人披。披以吕、郤之谋告。晋侯潜会秦伯于王城。避难也。㊟潜会：秘密会见。己丑晦，公宫火。㊟己丑：己丑月，当年的三月。晦：每月的最后一天。瑕甥、即吕甥。郤芮不获公，乃如河上，秦伯诱而杀之。吕、郤之才，不亚狐、赵，因事失计，自取戮辱，惜哉！㊟如：往，到。

寺人披倾险反复，诚无足道。然持机事告人，危言迫胁，说得毛骨俱悚，人自不得不从之，可谓阉人之雄。

介之推不言禄

《左传·僖公二十四年》

晋侯赏从亡者，文公反国，赏从亡之臣。㊟从：跟随。亡：流亡。介之推不言禄，禄亦弗及。介，姓。之，语助。推，名。介推亦在从亡中，未尝言禄，而文公颁禄，亦不及介推。○先正多责推借正言以泄私怨。看此叙事，先书“不言禄”三字，便知推本自过人一等。

推曰：“献公之子九人，唯君在矣。八人皆死，唯文公独存。○一非人力。惠、怀无亲，外内弃之。惠公、怀公，皆忮害无亲，外而诸侯，内而臣民，无不弃之。○二非人力。天未绝晋，必将有主。三非人力。主晋祀者，非君而谁？四非人力。天实置之，而二三子以为己力，不亦诬乎？置，立也。○总断一笔。二三子更有何说？(补)二三子：犹言“那几位”，指随从文公流亡的人。力：功劳。诬：欺骗。窃人之财，犹谓之盗，况贪天之功以为己力乎？再痛骂之。快极。(补)窃：偷。犹：尚且。盗：盗贼。下义其罪，上赏其奸；上下相蒙，难与处矣。”贪天之功，在人为罪，在国为奸。而下反以为义，上反以推赏，是上下相欺，难与一日并处于朝矣。○此即是归隐意，乃“不言禄”之由也。其母曰：“盍亦求之？以死，谁怼？”言何不自去求赏，即不求以死，将谁怨耶？○母特试之，故作相商语。(补)盍：何不。以：因此。怼：怨恨。对曰：“尤而效之，(补)明知其为错误而有意仿效之。罪又甚焉。尤，过也。我以贪天者为过，今复效之，则我之罪，又甚于彼矣。(补)甚：严重。且出怨言，不食其食。”看推自亦认有怨言，何劳后人又责其怨。其母曰：“亦使知之，若何？”母特再试之，故再作相商语。○上是试以求利，此是试以求名。(补)若何：怎么样。对曰：“言，身之文也。身将隐，焉用文之？是求显也。”人之有言，所以文饰其身。吾身将隐于山林，何用假言辞以文饰之？若自言之，是非隐而求显也。○上是不欲享其利，此是不欲享其名。(补)文：文饰。显：显达。其母曰：“能如是乎？细玩此四字，乃知其母上二番特试之也。(补)如是：像这样。与汝偕隐。”有此贤母，故能成子之高。(补)偕：共同。遂隐而死。不言禄，结案。

晋侯求之不获，以绵上为之田，绵上，西河地名。以此为介推供祭之田。曰：“以志吾过，且旌善人。”志，记也。旌，表也。言以此田记吾禄不及推之过，且表推“不言禄”之善也。○禄亦弗及，结案。

晋文反国之初，从行诸臣，骈首争功，有市人之所不忍为者。而介推独超然众纷之外，孰谓此时而有此人乎？是宜百世之后，闻其风者，犹咨嗟叹息不能已也。篇中三提其母，作三样写法。介推之高，其母成之欤！

zhǎn xǐ kào shī

展喜犒师

zuǒ zhuàn xī gōng èr shí liù nián

《左传·僖公二十六年》

qí xiào gōng fá wǒ běi bǐ gōng shǐ zhǎn xǐ kào shī

齐孝公伐我北鄙。㊟伐：攻打。北鄙：北部边境。**公使展喜犒师，**展喜，鲁大夫展禽之弟。犒，劳也。○人来伐我，却往迎劳之，便妙。㊟使：派遣。犒师：犒劳军队。

shǐ shòu mìng yú zhǎn qín

使受命于展禽。受命，受犒师之辞命也。展禽，即柳下惠，名获，字禽，食采于柳邑，谥曰惠。㊟使：让。

qí hóu wèi rù jìng zhǎn xǐ cóng zhī yuē

齐侯未入竟（境），展喜从之，伏后"乃还"二字，妙。㊟从之：迎上去。**曰：**

guǎ jūn wén jūn qīn jǔ yù zhǐ jiāng rǔ yú bì yì shǐ xià chén kào zhí shì

"寡君闻君亲举玉趾，将辱于敝邑，使下臣犒执事。"不敢斥尊，托言来犒执事之臣。○辞令婉转。㊟玉趾：对人脚步的敬称。辱：劳驾，降临。敝邑：称自己的国家，谦辞。执事：对对方的敬称。

qí hóu yuē lǔ rén kǒng hū duì yuē xiǎo rén kǒng yǐ jūn zǐ zé fǒu

齐侯曰："鲁人恐乎？"对曰："小人恐矣，君子则否。"小人、君子，以无识、有识言。○说恐不得，说不恐又不得，分作君子、小人说，奇妙。

qí hóu yuē shì rú xuán qìng yě wú qīng cǎo hé shì ér bù kǒng

齐侯曰："室如县（悬）罄（磬），野无青草，何恃而不恐？"县，系也。罄，《国语》作"磬"。谓府藏空虚，如悬磬然。青草，蔬食也。时夏四月，今之二月，百物未成。故言在国而府藏空虚，在野而蔬食不备，鲁之所恃者何在？而不恐乎？（补）恃：依靠。**对曰：“恃先王之命。**先王，成王也。○一句喝出，辞气正大。**昔周公、**鲁祖。**大（太）公，**齐祖。**股肱周室，夹辅成王。**（补）股肱：大腿和胳膊，用作捍卫之意。夹辅：辅佐。**成王劳之，而赐之盟，**提出二国之祖，转到王命。论有根据。（补）盟：盟书。**曰‘世世子孙，无相害也！’**此句是先王之命。**载在盟府，太师职之。**太师，司盟之官。职，主也。○加此二句，见王命凛凛至今。（补）载：载书，即盟词。盟府：掌管盟约的官府。职：主管。**桓公是以纠合诸侯，而谋其不协，弥缝其阙，而匡救其灾，昭旧职也。**阙，失也。灾，难也。弥缝、匡救，所以谋其不协。若此者，盖欲昭明太公夹辅之旧职也。○“是以”字，紧承上王命来。三“其”字，皆指鲁而言。（补）匡救：匡正补救。**及君即位，**先之以桓公，疾接“及君即位”，妙。**诸侯之望曰：‘其率桓之功！’**诸侯之望君，咸曰：“其能率循桓公弥缝、匡救之功。”○不独写鲁，通写诸侯，妙。（补）率：遵循。**我敝邑用不敢保聚，曰：‘岂其嗣世九年，而弃命废职，其若先君何？**我敝邑用是不敢聚众保守，咸曰：“岂其嗣桓公世方及九年，而遽弃王命、废旧职，其若先君太公、桓公何？”○二十五字，作一气读。“曰”者，心口相商之词。盖用反语收上王命、旧职二层，宕逸。（补）用：因此。其若先君何：怎么以对先君呢？**君必不然。’**正转一句，紧峭。**恃此以不恐。”**直收到“君子则否”句。○三“恃”字，呼应。**齐侯乃还。**齐侯更不下一语，妙。

篇首“受命于展禽”一语，包括到底。盖展喜应对之词，虽取给于

临时，而其援王命、称祖宗大旨，总是受命于展禽者。大义凛然之中，亦复委婉动听。齐侯无从措口，乘兴而来，败兴而返。所谓子猷山阴之棹，何必见戴也。真奇妙之文。

烛之武退秦师
zhú zhī wǔ tuì qín shī

《左传·僖公三十年》

晋侯、文公。秦伯穆公。围郑，晋文主兵，秦穆会之。以其无礼于
jìn hóu　　qín bó　　wéi zhèng　　　　yǐ qí wú lǐ yú

晋，文公出亡过郑，郑不礼之。(补)以：因为。且贰于楚也。郑伯虽受曹盟，犹有二心于楚。○二句，言致伐之由。晋军函陵，秦军氾南。函陵、氾南，皆郑地。○二句，写秦、晋分军次舍。可以乘间私说，伏下烛之武夜缒见秦君。(补)军：驻扎。氾：氾水。

佚之狐郑大夫。言于郑伯曰："国危矣，若使烛
yì zhī hú　　yán yú zhèng bó yuē　　guó wēi yǐ　　ruò shǐ zhú

之武郑大夫。见秦君，师必退。"佚之狐已有定算。(补)若：假如，如果。公从之。遣烛之武。
zhī wǔ　　jiàn qín jūn　　shī bì tuì　　gōng cóng zhī

辞曰："臣之壮也，犹不如人；今老矣，无能
cí yuē　　chén zhī zhuàng yě　　yóu bù rú rén　　jīn lǎo yǐ　　wú néng

为也已。"隐示不早见用意。虽近怨，然辞亦婉曲。(补)辞：推辞。壮：壮年。犹：尚且。也已：语气助词。公曰："吾不能
wéi yě yǐ　　　　　　gōng yuē　　wú bù néng

早用子，今急而求子，是寡人之过也。公先自责。(补)子：敬称对方之辞。
zǎo yòng zǐ　　jīn jí ér qiú zǐ　　shì guǎ rén zhī guò yě

然郑亡，子亦有不利焉。"转语急切，自然感动。许之。乃许出见秦君。(补)许：答应。

夜缒而出，缒，悬索也。至夜乃悬城而下，恐晋觉也。(补)缒：以绳拴人而下。见秦伯，曰：
yè zhuì ér chū　　　　　jiàn qín bó　　yuē

“秦、晋围郑，郑既知亡矣。提过郑事一边，妙绝。[补]既：已经。**若亡郑而有益于君①，敢以烦执事。**反跌一句。下乃历言亡郑之无益而有害，极为透快。[补]敢：谦辞。执事：对对方的敬称。**越国以鄙远，君知其难也。**秦在西，郑在东，晋居其间。设若得郑，而秦欲越晋国，以为边鄙，相隔甚远。君亦当知其难也。○亡郑无益。[补]鄙远：以远地为边邑。**焉用亡郑以陪邻？邻之厚，君之薄也。**陪，益也。邻，谓晋也。言秦得郑，必为晋所有，是益邻矣。邻之地厚，则秦之地相形而薄也。○亡郑又有害。[补]焉：哪里。陪：增益。**若舍郑以为东道主，行李之往来，共（供）其乏困，君亦无所害。**郑在秦东，故曰东道。行李，使人也。言秦能舍郑以为东道主人，秦之使者，往来过此，或资粮乏困，郑能供给之，于秦又何所害焉。○舍郑有益无害。[补]行李：使者。乏困：缺乏。**且君尝为晋君赐矣，许君焦、瑕，朝济而夕设版焉，君之所知也。**晋君，谓惠公。赐，犹德也。焦、瑕，晋河外二邑。言穆公曾纳惠公，亦云有德矣。惠公许秦以河外焦、瑕二邑，乃朝济河，而夕即设版筑，以守二城。其背秦之速，君之所知也。○此借旧事以见晋惯背秦惠，与之共事，断无有益。绝好一证。[补]为：给予。赐：恩惠。济：渡河。设版：修筑防御工事。版，指版筑的工事。**夫晋，何厌之有？**宕笔妙。进一层说。[补]何：哪里。厌：满足。之：作为宾语前置的标志。**既东封郑，又欲肆其西封，若不阙秦，将焉取之？**封，疆也。肆，大也。阙，削也。言既灭郑，以辟其东方之封疆，势必又欲大其西方之封疆。若不削小秦地，将何所取之，以肆其西封也？○此言晋不独得郑，后必将欲得秦，为害甚大。[补]焉：从哪里。之：指土地。**阙秦以利晋，唯君图之。”**上言“亡郑以陪邻”，此直言“阙秦以利晋”，何等透快。[补]唯：表希望的语气词。图：考虑。之：指“阙秦以利晋”。**秦伯说（悦），与郑人盟。使**

qǐ zǐ páng sūn yáng sūn shù zhī nǎi huán
杞子、逢孙、杨孙戍之，三子皆秦大夫。戍，屯兵以守也。乃还。秦师退矣。

zǐ fàn qǐng jī zhī gōng yuē bù kě wēi fú rén
子犯晋文公舅。请击之。请击秦师。公曰：“不可。微夫人

zhī lì bù jí cǐ yīn rén zhī
之力不及此。微，无也。夫人，指秦伯。文公亦秦所纳，故言微秦伯之力，何缘得为晋君？[补]夫：指示代词，那个。因人之

lì ér bì zhī bù rén shī qí suǒ yǔ bú
力而敝之，不仁；赖秦力得国，而反害秦，是不仁也。[补]因：依靠。敝：损害。失其所与，不

zhì yǐ luàn yì zhěng bù wǔ
知[智]；误与同事，是不知也。[补]所与：同盟者。与，结交。以乱易整，不武。二国整师而来，而乃自相攻击，易之以乱，是

wú qí huán yě yì qù zhī
不武也。[补]易：替代。不武：不符合武德。吾其还也。”亦去之。晋师亦退矣。[补]其：表祈使，当。去：离开。之：指郑国。

郑近于晋，而远于秦。秦得郑而晋收之，势必至者。越国鄙远，亡郑陪邻，阙秦利晋，俱为至理。古今破同事之国，多用此说。篇中前段写亡郑乃以陪晋，后段写亡郑即以亡秦，中间引晋背秦一证，思之毛骨俱竦。宜乎秦伯之不但去郑，而且戍郑也。

〔校记〕

①“亡郑”，原作“郑亡”，据《春秋经传集解》《春秋左传注》改。

jiǎn shū kū shī
蹇叔哭师

zuǒ zhuàn xī gōng sān shí èr nián
《左传·僖公三十二年》

qǐ zǐ zì zhèng shǐ gào yú qín yuē
杞子秦大夫。三十年，秦伯与郑人盟，使杞子等戍郑。自郑使告于秦曰：[补]使：派人。

zhèng rén shǐ wǒ zhǎng qí běi mén zhī guǎn ruò qián shī yǐ lái
“郑人使我掌其北门之管，管，锁钥也。若潜师以来，

guó kě dé yě　mù gōng fǎng zhū jiǎn shū　jiǎn
国可得也。”㊟潜师：秘密出兵。穆公访诸蹇叔。秦大夫。㊟访：咨询。诸：“之于”的合音。蹇

shū yuē　láo shī yǐ xí yuǎn　fēi suǒ wén yě
叔曰：“劳师以袭远，非所闻也。轻行而掩之曰袭。○总断一句。破潜师得国之非，下作两

shī láo lì jié　yuǎn zhǔ bèi zhī　wú
层写。㊟劳师：使军队劳累。远：指郑国。师劳力竭，远主备之，兵师劳苦，其力必尽。远方之主，易为之备。无

nǎi bù kě hū　shī zhī suǒ wéi　zhèng bì zhī zhī　qín
乃不可乎？一层言郑不可得。㊟无乃：恐怕是。师之所为，郑必知之，勤

ér wú suǒ　bì yǒu bèi xīn　qiě xíng
而无所，必有悖心。郑既知之，则秦兵勤劳而无所得，必生悖逆之心而妄为。㊟勤：劳倦。悖：叛逆。且行

qiān lǐ　qí shuí bù zhī　gōng cí yān
千里，其谁不知？”不但郑知，他国无不尽知，伏下晋人御师。○一层言师不可潜。公辞焉。不受其言。

zhào mèng míng　xī qǐ　bái yǐ　shǐ chū shī yú dōng mén zhī wài
㊟辞：拒绝。召孟明、西乞、白乙，使出师于东门之外。

jiǎn shū kū zhī　yuē　mèng zǐ　wú
孟明，姓百里，名视。西乞，名术。白乙，名丙。蹇叔哭之，㊟之：指师。曰：“孟子！呼孟明也。吾

jiàn shī zhī chū ér bú jiàn qí rù yě　gōng shǐ wèi zhī
见师之出而不见其入也！”十三字，要作哭声读。公使谓之

yuē　ěr hé zhī　zhōng shòu　ěr mù zhī mù gǒng yǐ
曰：“尔何知！中寿，尔墓之木拱矣！”合手曰拱。言尔何有知识，设当中寿而死，尔之墓木已拱矣。极诋其衰老失智也。㊟使：使人。谓：对……说。知：见识。中寿：中等的年寿。木：树。拱：指两手合围的粗细。

jiǎn shū zhī zǐ yù shī　kū ér sòng zhī　yuē　jìn rén yù
蹇叔之子与师，哭而送之，曰：“晋人御

shī bì yú xiáo　xiáo yǒu èr líng yān
师必于殽。殽地险阻，可以邀击。晋有宿怨，御师必在于此。㊟与：参加。御师：指伏击之师。殽有二陵焉。

qí nán líng　xià hòu gāo　zhī mù yě　qí běi líng　wén wáng
大阜曰陵。其南陵，夏后皋桀之祖。之墓也；其北陵，文王

zhī suǒ bì fēng yǔ yě　bì sǐ shì jiān
之所辟避风雨也。殽之北陵，两山相嵚，故可以避风雨。○点缀情景，惨淡凄其，不堪再诵。必死是间，

yú shōu ěr gǔ yān
余收尔骨焉。”四十一字，要作哭声读。㊟是：代词，此，指二陵。间：当中。焉：于此，指代处所。qín shī suì dōng
秦师遂东。为明年晋败秦于殽张本。
㊟遂：于是。东：东去。

谈覆军之所，如在目前，后果中之，蹇叔可谓老成先见。一哭再哭，出军时诚恶闻此，然蹇叔不得不哭，若穆公之既败而哭，晚矣！

古文观止卷之二

zhèng zǐ jiā gào zhào xuān zǐ
郑子家告赵宣子

zuǒ zhuàn　　wén gōng shí qī nián
《左传·文公十七年》

晋侯_{灵公}合诸侯于扈，扈，郑地。合：聚合，聚集。平宋也。平宋乱以立文公。

于是_时晋侯不见郑伯，_{穆公。于是：在这时候。是，此时。}以为贰于楚也。以其有二心于楚，故不与相见。

郑子家_{公子归生。}使执讯而与之书，执讯，通讯问之官。书：信。以告赵宣子，_{晋卿赵盾。}曰：_{下皆书辞。}"寡君即位三年，召蔡侯_{庄公。}而与之事君，_{君，晋襄公。}九月，蔡侯入于敝邑以行。敝邑：谦辞，称自己的国家。敝邑以侯宣多_{郑大夫。}之难，侯宣多以援立穆公之故，恃宠专权而作乱。寡君是以不得与蔡侯偕。偕：同，指一起走。十一月，克减侯宣多，克减，少除其难也。克减：消除。而随蔡侯以朝于执事。踵蔡庄公朝晋之后，即来朝也。○朝襄一。**十二年六月，归生**子家自称名。**佐寡君之嫡夷，**郑太子名夷。**以请陈侯**共公。**于楚，而朝诸君。**陈共公将朝晋而畏楚，故归生辅太子夷，先为请命于楚。君，晋灵公。○朝灵二。〔补〕诸：介词，相当于“于”。**十四年七月，寡君又朝，以蒇陈事。**蒇，成也。郑穆又亲朝，以成往年陈共之好。○朝灵三。〔补〕蒇：完成。**十五年五月，陈侯**灵公。**自敝邑往朝于君。**陈灵新即位，自郑入朝。○朝灵四。**往年正月，烛之武**郑大夫。**往朝夷也。**烛之武又辅太子夷往朝于晋。“往朝夷”三字是倒语。○朝灵五。〔补〕往年：去年。**八月，寡君又往朝。**郑穆又亲朝。○朝灵六。○已上叙朝晋之数，叙朝晋之年，叙朝晋之月，叙朝晋之人。真是账簿皆成妙文。下复结算一通，妙，妙。**以陈、蔡之密迩于楚，而不敢贰焉，则敝邑之故也。**陈、蔡之朝，皆郑之功。○结上召蔡侯、请陈侯、往朝君三事。〔补〕密迩：亲近。**虽敝邑之事君，何以不免？**无论陈、蔡，虽以郑自已事晋而言，何以不免于罪？○百忙中复作此二语，以起下二层意，何等委婉。**在位之中，一朝于襄，而再见于君。**结上随蔡侯蒇陈事、又往朝三事。**夷与孤之二三臣相及于绛，**夷，郑太子。孤，谓君也。二三臣，谓烛之武及子家自谓。绛，晋都邑。相及于绛，谓朝晋不绝也。○结上归生佐夷、烛之武往朝夷二事。〔补〕相及：相继。**虽我小国，则蔑以过之矣。**郑虽小国，其事晋无以过之矣。○又总结一笔，遒紧。〔补〕蔑：无。**今大国曰：‘尔未逞吾志。’**逞，快也。○只一句点题。〔补〕逞：满足。**敝邑有亡，无以加焉。**郑国唯有灭亡而已，不能复加其事晋之礼也。○八字激切而沉痛。下乃引古人成语，曲曲转出不能复事晋意。**古人有言曰：‘畏**

首畏尾，身其余几？’（shǒu wèi wěi, shēn qí yú jǐ）既畏首，又畏尾，则身之不畏者，有几何哉？又曰：‘鹿死不择音荫。’鹿将死，不暇择庇荫之所。小国之事大国也，德，则其（xiǎo guó zhī shì dà guó yě, dé, zé qí）人也；不德，则其鹿也。（rén yě; bù dé, zé qí lù yě）德，恩恤也。言以人视我，我还是人；以鹿视我，我便是鹿。○奇思创解。铤（tǐng）而走险，急何能择？（ér zǒu xiǎn, jí hé néng zé）铤，疾走貌。鹿知死而走险，何暇择荫？国知危而事大，何暇择邻？皆由急则生变也。命（mìng）之罔极，亦知亡矣，（zhī wǎng jí, yì zhī wáng yǐ）晋命过苛，无有穷极。事之亦亡，叛之亦亡，郑已知之矣。○“亡”字呼应。补 罔极：无穷尽。罔：无。将悉敝赋以待于儵，唯执事命之。赋，兵也。儵，晋郑之境。言将尽起郑兵，以待于儵地，唯听晋执事之命令也。○收紧敌晋意。补 悉：尽其所有。敝赋：对自己军队的谦称。古代按田亩出车徒，故称兵卒、车辆为赋。文公二年，朝（wén gōng èr nián, cháo）于齐。四年，为齐侵蔡，亦获成于楚。（yú qí. sì nián, wèi qí qīn cài, yì huò chéng yú chǔ）郑文公二年，朝于齐桓公。后复从齐侵蔡，蔡属楚而郑为齐侵之。宜获罪于楚，而反获成。○晋责郑贰于楚，忽反写楚之宽大以讽晋。奇妙。补 获成：得到和解。成，讲和。居大国之（jū dà guó zhī）间，而从于强令，岂其罪也？（jiān, ér cóng yú qiáng lìng, qǐ qí zuì yě）郑居晋、楚之间，而从于大国之强令，未可执以为罪。言贰楚出于不得已也。○开胸放喉，索性承认，妙，妙。补 强令：强者的命令。大国若弗图，无所逃命。”（dà guó ruò fú tú, wú suǒ táo mìng）晋若弗图恤郑国，则唯晋所命，不敢逃避也。○结语，多少激烈愤懑！补 图：犹体谅。

晋巩朔晋大夫。行成于郑，补 行成：谓议和。赵穿、晋卿。公婿池晋侯女婿。为质焉。晋见郑之词强，故使巩朔行成。而赵穿、公婿池为质于郑以示信。此以见晋之失政，而霸业之衰也。

前幅写事晋唯谨，逐年逐月算之，犹为兢兢畏大国之言。后幅写到

晋之不知恤小，郑亦不能复耐，竟说出贰楚亦势之不得不然，晋必欲见罪，我亦顾忌不得许多。一团愤懑之气，令人难犯，所以晋人竟为之屈。

wáng sūn mǎn duì chǔ zǐ
王孙满对楚子

zuǒ zhuàn xuāngōng sān nián
《左传·宣公三年》

chǔ zǐ fá lù hún zhī róng suì zhì yú luò
楚子庄王。伐陆浑之戎，陆浑之戎，秦、晋所迁于伊川者。遂至于雒洛，

guān bīng yú zhōu jiāng dìng wáng shǐ wáng sūn
观兵于周疆。雒，水名。周所都也。观，示兵威以胁周也。○一“遂”字，便见楚庄无礼。定王使王孙

mǎn láo chǔ zǐ chǔ zǐ wèn dǐng zhī dà xiǎo qīng
满周大夫。劳楚子。楚强周弱，定王无如之何，故使大夫劳之。㊟劳：慰劳。楚子问鼎之大小轻

zhòng yān duì yuē zài dé bú zài dǐng
重焉。禹之九鼎，三代相传，犹后世传国玺也。楚庄问大小轻重，有图周天下意。对曰：“在德不在鼎。

xī xià zhī fāng yǒu dé yě yuǎn fāng tú wù
有天下者，在有德不在有鼎。○一语喝破。昔夏之方有德也，○紧承“德”字。远方图物，

gòng jīn jiǔ mù zhù dǐng xiàng wù
远方图画山川、物怪献之。贡金九牧，九州牧守，皆贡其金。㊟金：指铜。铸鼎象物，以九州之金，铸为九鼎，而著

bǎi wù ér wéi zhī bèi shǐ mín zhī shén jiān
图物之形于其上。百物而为之备，百样物怪，各为备御之具。使民知神奸。使民尽知鬼神奸邪

gù mín rù chuān zé shān lín bù féng bú ruò chī mèi
形状。故民入川泽山林，不逢不若。若，顺也。民知神奸，故不逢不顺。螭魅

wǎng liǎng mò néng féng zhī yòng néng xié yú shàng
罔两，莫能逢之。螭，山神。魅，怪物。罔、两，水神。既为之备，故莫能逢人为害。用能协于上

xià yǐ chéng tiān xiū
下，以承天休。民无灾害，则上下和以受天之祐。○已上言有德方有鼎。㊟用：因此。协：和睦。承：承受。天休：天赐福佑。

桀有昏德，鼎迁于商，载祀六百。伏下三十、七百。(补)载祀六百：谓殷商有国六百年。载、祀皆年。商纣暴虐，鼎迁于周。已上言无德则鼎迁。德之休明，虽小，重也。鼎非加大，而不可迁移，若增重然。(补)休明：美好清明。其奸回昏乱，虽大，轻也。鼎非加小，而汤、武迁之，若遂轻然。○总括四语，正缴“在德不在鼎”意。“大”“小”“轻”“重”四字，错落有致。(补)奸回：奸恶邪僻。回，邪。天祚明德，有所厎止①。言有尽头处。○二句起下，方入本意。(补)祚：赐福。厎止：终止。厎，至，终。成王定鼎于郏鄏，郏鄏，东周王城，今河南地。卜世三十，卜年七百，天所命也。此天有所厎止之定命也。周德虽衰，天命未改。未满卜数。鼎之轻重，未可问也。”结语冷隽。

提出“德”字，已足以破痴人之梦；揭出“天”字，尤足以寒奸雄之胆。

〔校记〕

①“厎”，原作“底”，据《春秋经传集解》《春秋左传注》改。

齐国佐不辱命

《左传·成公二年》

晋师从齐师，齐师败走，晋师追之。(补)从：追逐。入自丘舆，击马陉。

丘舆、马陉皆齐邑。 **齐侯使宾媚人**^{qí hóu shǐ bīn mèi rén} 宾姓，媚人族，即国佐也。 **赂以纪甗、玉磬**^{lù yǐ jì yǎn yù qìng} **与地。**^{yǔ dì} 甗，玉甑也。玉甑、玉磬，皆灭纪所得者。地，鲁、卫之侵地。㉟赂：赠送财物。纪：姜姓国，春秋时为齐所灭。 **"不可，则听**^{bù kě zé tīng} **客之所为。"**^{kè zhī suǒ wéi} 言晋人不许，则听其所为，欲战则更战也。客，指晋人。○此句并顷公语意夹入，妙。伏下"寡君之命使臣，则有辞"一段。

宾媚人致赂。晋人不可，^{bīn mèi rén zhì lù　jìn rén bù kě} 晋人果不许。㉟致：献纳。赂：赠送的财物。 **曰：**^{yuē} **"必以萧同叔子为质，而使齐之封内尽东其**^{bì yǐ xiāo tóng shū zǐ wéi zhì　ér shǐ qí zhī fēng nèi jìn dōng qí} **亩。"**^{mǔ} 萧，国名。同叔，萧君字，其女嫁于齐，即顷公之母。晋人欲质其母，而不便直言，故称萧同叔子。言必以萧同叔子为质于晋，而使齐国境内田亩皆从东西而行，则我师舍去矣。

○重上句，下句带说，故用"而"字转下。盖前此晋郤克与臧孙许同时而聘于齐，顷公之母踊于棓而窥客，则客或跛，或眇，于是使跛者逆跛者，使眇者逆眇者。夫妇人窥客，已是失体，矧侮客以

取快乎？出尔反尔，无足怪也。㉟封内：国境内。尽：全部。 **对曰："萧同叔子非他，寡君之**^{duì yuē　xiāo tóng shū zǐ fēi tā　guǎ jūn zhī} **母也。**^{mǔ yě} 只"非他"二字，多少郑重。妙。 **若以匹敌，则亦晋君之母也。**^{ruò yǐ pǐ dí　zé yì jìn jūn zhī mǔ yě}

若以齐、晋比并言之，则齐之母，犹晋之母。其为国君之母，则一也。○陪一句，更凛然。㉟匹敌：对等。 **吾子布大命于诸侯，**^{wú zǐ bù dà mìng yú zhū hóu} **而曰必质其母以为信，其若王命何？**^{ér yuē bì zhì qí mǔ yǐ wéi xìn　qí ruò wáng mìng hé} 其若先王孝治天下之命何？○上不

便。㉟吾子：对对方的敬称。布：宣布。大命：天子之命。 **且是以不孝令也。**^{qiě shì yǐ bú xiào lìng yě} 且欲令人皆蹈不孝之行。○下不便。 **《诗》**^{shī} **曰：'孝子不匮，永锡^赐尔类。**^{yuē　xiào zǐ bí kuì　yǒng cì ěr lèi}' 《诗·大雅·既醉》篇。言孝子爱亲之心，无有穷匮，又以孝道长

赐汝之族类。㉟匮：穷尽。 **若以不孝令于诸侯，其无乃非德类也**^{ruò yǐ bú xiào lìng yú zhū hóu　qí wú nǎi fēi dé lèi yě} **乎？**^{hū} 晋既以不孝号令诸侯，是非以不德赐及同类矣。○已上破"为质"句。㉟无乃：恐怕是。 **先王疆理天下，物土**^{xiān wáng jiāng lǐ tiān xià　wù tǔ}

之宜，而布其利。疆者，为之大界也。理者，定其沟涂也。物，相也。相土之宜，而分布其利。(补)疆理：划分。物：辨识。**故《诗》曰：'我疆我理，南东其亩。'**《诗·小雅·南山》篇。或东西其亩，或南北其亩，皆相土宜，而布其利也。言东南则西北在其中。**今吾子疆理诸侯，而曰'尽东其亩'而已，唯吾子戎车是利，无顾土宜，其无乃非先王之命也乎？**井田之制，沟洫纵横，兵车难过。今欲尽东其亩，则晋之伐齐，循垄东行，其势甚易，是唯晋兵车是利，而不顾地势东西南北所宜，非先王疆理土宜之命矣。○已上破"东亩"句。○两"其无乃非"句应。**反先王则不义，何以为盟主？其晋实有阙。**上分两层辨驳，此总括数语，下复畅言之。(补)阙：错误。**四王之王也，树德而济同欲焉；**四王，禹、汤、文、武也。皆树立德教，而济人心之所同欲。○树德，照上"德类"。济同欲，照上土宜布利。(补)王：称王。济：成就。同欲：共同愿望。**五伯之霸也，勤而抚之，以役王命。**伯，长也。夏昆吾，商大彭、豕韦，周齐桓、晋文，皆勤劳而怀抚诸侯，以服事树德、济同欲之王命。(补)五伯说见于各类典籍的有多种。役：供职。**今吾子求合诸侯，以逞无疆之欲。**指质母、东亩而言。(补)逞：满足。无疆：无止境，无穷。**《诗》曰：'布政优优①，百禄是遒。'**《诗·商颂·长发》篇。优优，宽和也。遒，聚也。(补)布政：施行教化。百禄是遒："遒百禄"之倒装。**子实不优，而弃百禄，诸侯何害焉？**晋质母、东亩二令，实不宽和，而先自弃其福禄，又何能为诸侯之害乎？○晋人所命，本欲害齐，而国佐却以为何害，妙绝。○已上言晋实有阙，不得为盟主，以足上二段之意。(补)子：您。不优："不优优"之省略，不宽和。**不然，**若终不见许。**寡君之命使臣，则有辞矣。**寡君之命我使臣，已有辞说，意如下文所云。○上分责二段，又总责一段。此忽如饥鹰，撇然一转。**曰：**下皆齐侯命辞。**'子以君师辱于敝邑，不腆敝赋，以犒从者。**腆，厚也。赋，兵也。言齐有不厚颓敝之兵，以犒晋师。○战而曰犒，婉辞。**畏君之震，师徒桡败②。**畏君师之震动，以故齐兵挠曲而致败衄。(补)师徒：士卒，借指军队。桡败：战败。**吾子惠徼(邀)齐国之福，**言我以吾子之惠，而得徼齐国之福。(补)徼：求取，谋求。**不泯其社稷，使继旧好，唯是先君之敝器、土地不敢爱。**敝器，谓甗、磬也。(补)泯：灭。爱：爱惜。**子又不许，**应上"晋人不可"。**请收合余烬，背城借一。**烬，火余木也。以喻齐战败之余意，言欲以已败之兵，背齐城而更借一战。**敝邑之幸，亦云从也；况其不幸，敢不唯命是听？'"**言齐幸而得胜，亦当唯晋命是从；况其不幸而又战败，敢不唯晋命之是听乎？曰"从"，曰"听"，即听从质母、东亩之命。○已上言齐既以赂求不免，势必决战，胜与不胜，虽未可知，总在既战后再听从晋命也。极痛快语，而却出以婉顺。

先驳晋人质母、东亩二语，屡称王命以折之，如山压卵，已令气沮；后总结之，又再翻起。将寡君之命，从使臣口中婉转发挥，既不欲唐突，复不肯乞哀。即无鲁、卫之请，晋能悍然不应乎？

〔校记〕

①"布"，原作"敷"，据《春秋经传集解》《春秋左传注》改。
②"桡"，原作"挠"，据《春秋经传集解》《春秋左传注》改。

楚归晋知罃

《左传·成公三年》

晋人归楚公子穀臣与连尹襄老之尸于楚，以求知罃。宣公十二年，晋楚战于邲，楚囚知罃。知庄子射楚连尹襄老，载其尸，获公子穀臣，囚之。以二者还。庄子，知罃父也。至是晋归二者于楚，以赎知罃。于是时荀首佐中军矣，故楚人许之。荀首，即知庄子，是时为晋中军佐，楚人畏其权要，故许归其子。(补)于是：在这时候。是，此时。佐中军：晋国的军队分为中军、上军、下军三军，每军设将、佐各一人，中军将是三军的统帅，中军佐是三军的副帅。

王送知罃，曰："子其怨我乎？"指久留于楚言。对曰："二国治戎，臣不才，不胜其任，以为俘馘。俘馘，军所虏获者。系其人曰俘，截左耳曰馘。(补)治戎：作战。执事不以衅鼓，使归即戮，君之惠也。以血涂鼓曰衅鼓，言楚不杀我而以其血涂鼓。即，就也。(补)即戮：受惩罚。惠：恩惠。臣实不才，又谁敢怨？"作自责语，撇开"怨"字。妙。王曰："然则德我乎？"指许归于晋言。(补)德：感恩。对曰："二国图其社稷，而求纾其民，晋楚皆为社稷之谋，而欲纾缓其民。(补)纾：缓和。各惩其忿，以相宥也。各惩戒前日战争之忿，以相赦宥。(补)惩：克制。宥：宽恕。两释累囚，以成其好。累，系也。晋释穀臣之囚，楚释知罃之囚，以成其和好。(补)累囚：指俘虏。成：全。二国有好，臣不与及，其谁敢德？”作与己不相干语，撇开“德”字。妙。㊟与：参与。王曰：“子归，何以报我？”问得有意。对曰：“臣不任受怨，君亦不任受德，无怨无德，不知所报。”言我未尝有怨于君，君亦未尝有德于我，有怨则报怨，有德则报德，我无怨而君无德，故不知所报也。○臣怨、君德，分贴得好。“不知”二字，更妙。㊟任：担当。王曰：“虽然，必告不穀。”不穀，诸侯谦称。言虽是如此，必告我以相报之事。○共王一团兴致，被知罃说得雪淡，无可奈何，又作此问。㊟虽然：虽然这样。对曰：“以君之灵，㊟以：靠。灵：福气。累臣得归骨于晋，㊟犹言我能活着回到晋国。寡君之以为戮，死且不朽。身虽死，而楚君之私恩，不朽腐也。○客意。一层。若从君之惠而免之①，以赐君之外臣首；首其请于寡君，而以戮于宗，亦死且不朽。称于异国曰外臣。首，荀首也。宗，荀氏之宗也。○客意。二层。○此虽二客意，然显见晋之国法森然，家法森然。㊟其：将。若不获命，若君不许戮。○转入正意。而使嗣宗职，使继祖宗之职。次及于事，以次及于军旅之事。而帅（率）偏师以修封疆，其父为中军佐，故曰帅偏师。修，治也。㊟封疆：边疆。虽遇执事，其弗敢违。虽遇楚之将帅，亦不敢违避。○一“敢”字，应上二“敢”字。㊟执事：对对方的敬称。其：将。下句“其”字同。违：躲避。其竭力致死，无有二心，以尽臣礼，所以报也。”忠晋即以报楚。妙。王曰：“晋未可与争。”重为之礼而归之。收煞得好。㊟重：隆重。之：指知罃。礼：举行的仪式。

玩篇首"于是荀首佐中军矣，故楚人许之"二语，便见楚有不得不许之意。"德我""报我"，全是捉官路当私情也。楚王句句逼入，知䔂句句撇开。末一段所对非所问，尤匪夷所思。

〔校记〕

① "君"后原缺一"之"字，据《春秋经传集解》《春秋左传注》补。

吕相绝秦
(lǔ xiàng jué qín)

《左传·成公十三年》
(zuǒ zhuàn chénggōng shí sān nián)

晋侯（厉公）使吕相（魏锜之子）绝秦，

> 成十一年，秦、晋盟于令狐。秦桓公归而叛盟，故厉公使吕相数其罪而绝之。

曰：

> 下皆吕相口宣君命。

"昔逮我（晋）献公及（秦）穆公相好，戮力同心，申之以盟誓，重之以昏（婚）姻。

> 从秦晋相好说起。㉑ 昔逮：自从。逮，以前。戮力：并力。申：表明。重：加深。

天祸晋国，（骊姬之难）文公（重耳）如齐，惠公（夷吾）如秦。

> 重耳奔狄及齐，齐桓公妻之。夷吾奔梁，赂秦以求纳。㉒ 如：往，去。

无禄，献公即世。

> 晋无福禄，而献公卒。㉓ 即世：去世。

穆公不忘旧德，（应"相好"。）俾我惠公用能奉祀于晋。

> 僖十年，穆公纳夷吾于晋，为惠公。○见秦德轻。㉔ 俾：使。用：因此。奉祀：供奉祭祀，指立为国君。

又不能成大勋，而为

韩之师。僖十五年，秦伐晋，战于韩原，获惠公。○说秦为德不终。是秦第一罪案。㊉大勋：大功业。**亦悔于厥心，用集我文公，是穆之成也。**惠公卒，怀公立，穆公纳重耳于晋，为文公。是穆成安晋之功也。○作一顿，说秦德轻。㊉厥：代词，其。集：成就。成：成全。

“文公躬擐甲胄，跋履山川，逾越险阻，征东之诸侯，虞、夏、商、周之胤而朝诸秦，擐，贯也。胤，嗣也。文公备历艰难，以率东方之诸侯，皆四代帝王之嗣，而西向朝秦。○二十九字作一句读。㊉躬擐甲胄：亲自穿上铠甲和头盔。跋履山川：跋山涉水。征：率领。**则亦既报旧德矣。**应“旧德”，又作一顿。说晋有报，即宕下以叙晋德。**郑人怒君之疆埸，我文公帅率诸侯及秦围郑。**怒，犹犯也。○诬秦。僖三十年，郑贰于楚，文公与秦围之。郑未尝犯秦，亦无诸侯之师。○说晋德重。㊉疆埸：边境。**秦大夫不询于我寡君，擅及郑盟。**郑使烛之武见秦穆公，穆公背晋而私与郑盟。不敢斥言，故托言秦大夫。○是言秦第二罪案。㊉询：问，征求意见。擅：随意。**诸侯疾之，将致命于秦。**皆欲致死命以讨秦。○诬秦。无诸侯致命之事。㊉疾：憎恨。致命：谓拼死决战。**文公恐惧，绥靖诸侯，秦师克还无害，**不敢怨秦背己，反保全其师。㊉绥靖：安抚平定。克：能够。**则是我有大造于西也。**又作一顿，说晋大有德于秦，能自占地步。㊉造：恩德。西：指秦，因秦在晋西方。

“无禄，文公即世，穆为不吊，蔑死我君，以文公死为无知而轻蔑之。㊉吊：吊唁。蔑：轻视。**寡我襄公，**以襄公新立为寡弱，而陵忽之。**迭轶我殽地，**

迭，侵突也。穆公从杞子之谋，潜师以袭郑，道过晋之殽地。(补)迭：袭击。**奸绝我好，**奸犯断绝，不复与我和好。(补)奸：干犯。**伐我

bǎo chéng
保城，**诬秦。袭郑时，无伐晋保城之事。**

tiǎn niè wǒ fèi huá
殄灭我费滑，**滑，姬姓国，都于费。秦袭郑无功，乃灭滑还。(补)殄灭：消灭。殄，灭绝。**

sàn lí wǒ xiōng dì
散离我兄弟，**滑与晋为同姓兄弟。**

náo luàn wǒ tóng méng
挠乱我同盟，**滑、郑皆从晋，是为晋同盟之国。(补)挠乱：扰乱。**倾覆我国家。**秦伐滑、图郑，是欲倾危覆灭晋之国家。○叠写九个"我"字。○是秦第三罪案。**

wǒ xiāng gōng wèi wàng
我襄公未忘

jūr zhī jiù xūn
君之旧勋，**未忘穆公纳文公之勋。○折一笔。**

ér jù shè jì zhī yǔn
而惧社稷之陨，**实恐晋为秦灭。(补)陨：灭亡。**是

yǐ yǒu xiáo zhī shī
以有殽之师。**僖三十三年，晋败秦于殽。○我"是以有"一，言殽师出于万不得已也。**

yóu yuàn shè zuì yú mù
犹愿赦罪于穆

gōng
公，**晋虽有殽师之失，犹愿求解于秦。○"犹愿"二字，紧接无痕，妙。**

mù gōng fú tīng
穆公弗听，**不肯释憾。**

ér jí chǔ móu
而即楚谋我。**文十四年，楚鬬克囚于秦。至是秦使归楚，求成以谋晋。(补)即：接近。**天诱其衷，成王陨**殒**命，**幸天默诱人心，而商臣弑楚成王。(补)诱：开导。衷：内心。陨：死亡。**

mù gōng shì yǐ bú kè chěng zhì yú wǒ
穆公是以不克逞志于我。**楚有篡弑之祸，穆公是以不能快意于晋。设使成王未陨，而即楚谋我之志成矣。○是秦第四罪案。○自"献公即世"至此，作一截，是历数秦穆之罪。(补)不克：不能。逞志：得逞。逞，满意。

mù　xiāng　jí shì，kāng　líng　jí wèi。kāng gōng

"穆、秦。**襄**晋。**即世，康、**秦。**灵**晋。**即位。康公，**晋之外甥。**

wǒ zhī zì chū　yòu yì quē jiǎn wǒ gōng shì　qīng fù wǒ shè jì
我之自出，又欲阙剪我公室，倾覆我社稷，**阙，犹掘也。剪，截断也。(补)阙剪：损害。公室：指王室。**帅**率**我蝥贼，以来荡摇我边疆，**蝥、贼，皆食禾虫，以喻公子雍。谓秦纳雍以荡摇晋之边鄙。○诬秦。雍之来，晋实召之。○叠写四个"我"字。○是秦第五罪案。**

wǒ shì yǐ yǒu líng hú
我是以有令狐

zhī yì
之役。**文七年，晋败秦于令狐。○"我是以有"二，言令狐之役，出于万不得已也。**

kāng yóu bù quān
康犹不悛，**悛，改也。**入我**

河曲，河曲，晋地。事在文十二年。**伐我涑川，**涑川，水名。**俘我王官，**俘，虏也。王官，地名。〇伐涑川、俘王官，经传无见。**剪我羁马，**羁马，地名，其时秦取其地。〇叠写四个“我”字。〇是秦第六罪案。(补)剪：灭掉。**我是以有河曲之战。**晋与秦战于河曲，秦兵夜遁。〇“我是以有”三，言河曲之战，出于万不得已也。**东道之不通，则是康公绝我好也。**晋在秦东，故曰东道。康公绝晋之好，故不东通于晋。〇此段独拖一句，妙。〇自“穆、襄即世”至此，作一截，是历数秦康之罪。

“及君之嗣也，君，指秦桓公。**我君景公引领西望曰：‘庶抚我乎！’**景公望秦抚恤晋国。〇此处独作一波，妙。(补)引领：伸颈远望，形容期望殷切。领，头颈。庶：也许。**君亦不惠称盟，**桓公不肯惠然称晋望而共盟。(补)惠：施予恩惠。称盟：举行盟会。称，举行。**利吾有狄难，**谓宣十五年，晋灭赤狄潞氏时。**入我河县，焚我箕、郜，**河县、箕郜，晋二邑名。入河县，焚箕郜，经传无见。(补)河县：指晋国临黄河的县邑，箕、郜为其中二邑。**芟夷我农功，**芟，刈也。夷，伤也。损害我禾稼，如去草然。(补)芟夷：铲除。**虔刘我边陲，**虔刘，皆杀也。杀戮我边境之人民。〇叠写四个“我”字。〇是秦第七罪案。**我是以有辅氏之聚。**晋聚众于辅氏以拒秦。〇“我是以有”四，言辅氏之聚，出于万不得已也。〇“之师”“之役”“之战”“之聚”，句法变幻。(补)战必聚众。**君亦悔祸之延，而欲徼邀福于先君献、穆，**桓公亦悔二国结祸之长，而欲我求福于晋献、秦穆。(补)延：延续。徼福：求福。**使伯车**秦桓公子。**来命我景公曰：‘吾与女汝同好弃恶，复修旧德，以追念前勋。’**言我与晋同结所好，共弃前恶，再修旧日之德，以追念前人献、穆之功勋。○此段回应篇首献、穆相好。关锁甚紧。（补）恶：怨恨。修：恢复。**言誓未就，**约誓之言，未及成就。**景公即世，我寡君**厉公。**是以有令狐之会。**成十一年，晋厉公与秦桓公盟于令狐。○入题。又与上四“我是以有”句相呼应。**君又不祥，背弃盟誓。**桓公又萌不善之心，归而背晋成。○此下方入当时正事。（补）不祥：不善。**白狄及君同州，**及，与也。白狄与秦皆属雍州。**君之仇雠，**白狄与秦世为仇雠。（补）仇雠：仇敌，冤家对头。**而我之昏（婚）姻也。**赤狄之女季隗，白狄伐而获之，纳诸文公，故云婚姻。○疏句无限烟波。**君来赐命曰：‘吾与女（汝）伐狄。’寡君不敢顾昏（婚）姻，畏君之威，而受（授）命于吏①。**深文。（补）受命于吏：言下达命令给官吏。**君有（又）二心于狄，曰：‘晋将伐女（汝）。’狄应且憎，是用告我。**狄虽口应秦命，心实憎其无信，而以秦之二心来告晋。○一“告我”。（补）是用：因此。**楚人恶君之二三其德也，**恶秦反复不常。（补）恶：讨厌。**亦来告我曰：‘秦背令狐之盟，而来求盟于我：**下述秦桓盟楚之词。**昭告昊天上帝、**（补）昊天：苍天。昊，元气博大貌。**秦三公、**穆、康、共。**楚三王**成、穆、庄。**曰：“余虽与晋出入，**我虽与晋往来。（补）出入：往来。**余唯利是视。”**我唯利之是从，不诚心与晋也。○二十四字，一气说下。**不穀恶其无成德，是用宣之，以惩不一。’**不穀，楚共王告晋自称。言我恶秦之无成德，是用宣布其言，以惩戒用心不一之人。○二“告我”。○两引“告我”，俱是实证。是秦反复真正罪案。○自“及君之嗣”至此，作一截，是历数秦桓之罪。为绝秦正旨。（补）成德：盛德。宣：揭露。

zhū hóu bèi wén cǐ yán
“诸侯备闻此言，狄与楚告晋之言，诸侯无不闻之。○牵引诸侯，妙，使秦无所逃罪。㊟备闻：尽知。备，皆。斯是用痛心疾首，昵就寡人。诸侯由是恶秦之甚，皆来亲近于晋。○一路备说秦恶，归到此句。㊟斯：皆。昵就：亲近。寡人帅〔率〕以听命，唯好是求。我今帅诸侯以来听命于秦，唯与秦结好是望耳。○终是求好，妙。君若惠顾诸侯，矜哀寡人而赐之盟，则寡

rén zhī yuàn yě　　qí chéng níng zhū hóu yǐ tuì　　qǐ gǎn yāo luàn
人之愿也，其承宁诸侯以退，岂敢徼〔邀〕乱？是客。㊟惠顾：关心照顾。矜哀：哀怜。承宁： jūn ruò bù shī dà huì　　guǎ rén bú nìng
安定。徼乱：谓招致祸乱。徼，求取。君若不施大惠，寡人不佞，其不能以诸侯退矣。是主。○句句牵引诸侯，妙。㊟不佞：不才，用作谦辞。敢尽布之执事，俾执事实图利之。”或和或战，当图谋其有利于秦者而为之。㊟布：陈述。俾：使。

秦、晋权诈相倾，本无专直。但此文饰辞骂罪，不肯一句放松，不使一字置辨，深文曲笔，变化纵横，读千遍不厌也。

〔校记〕

①“吏”，原作“使”，据《春秋经传集解》《春秋左传注》改。

驹支不屈于晋

jū zhī bù qū yú jìn

zuǒ zhuàn　　xiànggōng shí sì nián

《左传·襄公十四年》

会于向，晋会诸侯于向， jiāng zhí róng zǐ jū zhī　　戎，四岳之后，姜
为吴谋楚。将执戎子驹支。戎，四岳之后，姜姓。驹支，戎子名。

范宣子晋士匄。亲数诸朝，执之何名？乃于未会前一日，数其罪而责之。朝，会向之朝位也。[补]数：数落，责备。曰："来！姜戎氏！先呼来，次呼姜戎氏，便是相陵口角。昔秦人迫逐乃祖吾离于瓜州，乃，汝也。吾离，戎祖名，昔为秦穆公迫而逐之。瓜州，今燉煌地。乃祖吾离被（披）苫盖、蒙荆棘，以来归我先君。苫盖，白茅也。无衣，故被苫盖；无居，故蒙荆棘。先君，谓惠公。〇极写其流离困苦之状，以出戎丑。[补]蒙：戴，引申为冒着。我先君惠公有不腆之田，与女（汝）剖分而食之。腆，厚也。中分为剖。〇写加恩于戎，非复寻常，宜后世报答不已。今诸侯之事我寡君不如昔者，诸侯事晋，不比昔日。盖言语漏泄，则职女（汝）之由。职，主也。戎与晋同壤，尽知晋政阙失，是言语漏泄于诸侯，由汝戎实主之。不然，今日诸侯之事晋，何遂不如昔日乎？〇悬空坐他罪名。[补]职：犹惟，表示主要由于某种原因。诘朝之事，诘朝，明日也。事，谓会事。尔无与焉。与，将执女（汝）。"写得声色俱厉，令人难受。[补]无与：不参与。

对曰："昔秦人负恃其众，贪于土地，逐我诸戎。秦恃强而欲得土地，所以逐我。〇此辨戎祖被逐，则秦人实恶，非戎之丑。惠公蠲其大德，谓我诸戎是四岳之裔胄也，毋是剪弃。蠲，明也。四岳，尧时方伯。裔胄，后嗣也。剪弃，灭绝也。〇此辨惠公加德于戎，乃因戎本圣裔，礼应存恤，不为特惠。[补]蠲：显示。赐我南鄙之田，狐狸所居，豺狼所嗥。我诸戎除剪其荆棘，驱其狐狸

豺狼，以为先君不侵不叛之臣，至于今不贰。赐我之田，荒秽僻野，非人所止。我力为驱除而处之，以臣事晋之先君，不内侵，亦不外叛，至于今日，不敢携贰。○此辨晋剖分之田，至为敝恶，戎自开垦，非受实惠。㊉南鄙：南方边境地区。不贰：谓无二心。**昔文公与秦伐郑，秦人窃与郑盟，而舍戍焉，**舍，留也。僖三十年，秦晋围郑，郑使烛之武见秦君，秦私与郑盟，而留杞子等戍郑而还。㊉窃：私自。舍戍：驻守。**于是乎有殽之师。**僖三十三年，晋败秦师于殽。**晋御其上，戎亢（抗）其下，秦师不复，我诸戎实然。**当殽之战，晋遏秦兵于上，戎当秦兵于下，秦师无只轮返，我诸戎效力攻秦，实使之然。○此辨戎大有功于晋，亦足云报。**譬如捕鹿，晋人角之，诸戎掎之，与晋踣之。**譬如逐鹿，晋执其角以御上，戎戾其足以亢下，是戎与晋同毙此鹿也。○一喻入情。㊉角：执其角，喻当面迎击。掎：从后拖住。踣：向前仆倒。**戎何以不免？**戎有功如此，何故尚不免于罪乎？○问得妙。**自是以来，晋之百役，与我诸戎相继于时，以从执政，犹殽志也，岂敢离逷？**自败秦以来，晋凡百征讨之役，戎皆相继以从执政之使令，犹从战于殽，无变志也，岂敢有离贰逷远之心？○此辨戎之报晋，不止殽师一役，至于百役，不可胜数。以足上“至于今不贰”意。㊉离逷：疏远。逷，远。**今官之师旅，无乃实有所阙，以携诸侯，而罪我诸戎！**今晋之将帅，或自有阙失，以携贰诸侯之心，而乃罪及我诸戎。○此辨诸侯事晋不如昔者，乃晋实有阙，与我诸戎无干。㊉师旅：众属吏。无乃：恐怕是。携：有二心。**我诸戎饮食衣服不与华同，贽币不通，言语不达，何恶之能为？**恶，指漏泄言语以害晋。○此辨“言语漏泄，职汝之由”。言戎与华不相习，非但不敢为恶，亦不能为恶。㊉贽币：礼品，引申为礼仪。**不与于会，亦无瞢焉。**”瞢，闷也。我不与会，亦无所闷。〇此辨“诘朝之事，尔无与焉”。言我亦不愿与会也。说得雪淡，妙。**赋《青蝇》而退。**《青蝇》，《诗·小雅》篇名。赋是诗者，取“恺悌君子，无信谗言”之意。盖讥宣子信谗言也。退，去，不与会也。

宣子辞焉，使即事于会，辞，谢也。宣子自知失责，故谢戎子，而使就诸侯之会。㊉辞：道歉。**成恺悌也。**欲成恺悌君子之名。〇结出宣子心内事，妙。㊉恺悌：和乐平易。恺，乐也。悌，易也。

宣子责驹支之言，怒气相陵，骤不可犯。驹支逐句辨驳，辞婉理直。宣子一团兴致，为之索然。真词令能品。

祁奚请免叔向

《左传·襄公二十一年》

栾盈晋大夫。**出奔楚。**范宣子逐之，故出奔。**宣子杀羊舌虎，囚叔向。**虎，盈党。叔向，虎之兄。**人谓叔向曰：“子离罹于罪，其为不知智乎？”**讥叔向无保身之哲。㊉离：遭遇。**叔向曰：“与其死亡若何？**虽被囚，犹胜于死亡。㊉与其……若何：比起……怎样。死亡：指死的和逃的。**《诗》曰：‘优哉游哉，聊以卒岁。’**《诗》言君子优游于乱世，聊以卒吾之年岁。《注疏》以为《小雅·采菽》之诗。按：《采菽》无“聊以卒岁”之文，恐是逸诗。㊉聊：姑且。卒岁：度过岁月。知[智]也。”此乃所以为知也。○叔向已算到可以不死。不知者，焉能有此定见？

乐王鲋晋大夫。见叔向，曰：“吾为子请。”为子请于君而免之。叔向弗应。出，不拜。大是骇人。其人皆咎叔向。自然见咎。[补]咎：责怪。叔向曰：“必祁大夫。”谓祁奚也。能免我者，必由此人。○胸中泾渭，介然分明，是为真智。室老家臣之长。闻之，曰：“乐王鲋言于君，无不行，求赦吾子，吾子不许。祁大夫所不能也，而曰必由之，何也？”常人只是常见。叔向曰：“乐王鲋，从君者也，何能行？惟阿意顺君，何能行此救人之事。○提过乐王鲋一边。祁大夫外举不弃仇，举其仇，解狐。内举不失亲，举其子，祁午。其独遗我乎？其独遗我一人而不救乎？《诗》曰：‘有觉德行，四国顺之。’《诗·大雅·抑》之篇。言有正直之德行，则天下顺之。夫子，觉者也。”祁大夫，觉然正直者也。○收句冷隽。[补]夫子：对男子的敬称。觉：正直。

晋侯平公。问叔向之罪于乐王鲋。问其果与弟虎有谋否。对曰：“不弃其亲，其有焉。”言叔向笃于亲亲，其殆与弟有谋焉。○谮语，故作猜疑，妙。于是[时]祁奚老矣，告老致仕。[补]于是：当时，其时。是，此时，这时候。闻之，闻叔向被囚。乘驲而见宣子，驲，传车也。乘驲，恐不及也。曰：“《诗》曰：‘惠我无疆，子孙保之。’《诗·周颂·烈文》篇。言文、武有惠训之德，及于百姓，无有疆域，故周之子孙，皆保赖之。㊟无疆：无穷。疆，止境。《书》曰：‘圣有谟勋，明征定保。’《书·夏书·胤征》篇。言圣哲之有谟谋功勋者，当明证其谟勋而定安之。㊟谟：谋略。明征：明证。保：安定。夫谋而鲜过、惠训不倦者，叔向有焉，谋少过失，圣有谟勋也。惠训不倦，惠我无疆也。社稷之固也，此社稷所赖以安固也。○“社稷”二字，是立言之旨。犹将十世宥之，以劝能者。今壹不免其身，以弃社稷，不亦惑乎？假使其十世之后，子孙有罪，犹当宽宥之，以劝有能之人。今壹以弟故不免其身，以弃社稷之所倚赖，不亦惑之甚乎？○此言叔向之能，尚可庇子孙之有罪，岂可及身见杀？㊟劝：激励。鲧殛而禹兴；不以父罪废其子。㊟殛：诛杀。伊尹放大太甲而相之，卒无怨色；不以一怨妨大德。㊟卒：始终。管、蔡为戮，周公右佑王。兄弟罪不相及。㊟右：帮助。若之何其以虎也弃社稷？此言不当以弟虎罪及叔向。○两提“弃社稷”，叔向之身，何等关系。㊟若之何：为什么。子为善，谁敢不勉？多杀何为？”子若力行善事，谁敢不勉于为善？何必多杀，然后人不敢为恶乎？○归到宣子身上，亦复善于劝解。㊟勉：努力。宣子说悦，与之乘，与祁奚共载。以言诸公而免之。㊟诸：“之于”的合音。公：晋平公。不见叔向而归，祁奚不见叔向而归，以见为社稷，非私叔向也。叔向亦不告免焉而朝。叔向亦不告免于祁奚，而即往朝君。以明祁奚之非为己也。○两不相见，径地俱高。

乐王鲋见叔向，而自请免之；祁奚免叔向，而竟不见之。君子、小

人，相去霄壤。“不应”“不拜”，所以绝小人；“不告免”，所以待君子。

子产告范宣子轻币

《左传·襄公二十四年》

范宣子晋士匄。为政，将中军，执国政。诸侯之币重，诸侯朝贡于晋者，其币增重。币，礼仪也。㊟币：指贡献的车马、皮帛、玉器等礼物。郑人病之。病，患也。

二月，郑伯简公。如晋，子产寓书于子西，以告宣子，寓，寄也。子西相郑伯如晋，故子产寄书与子西，以劝告宣子。曰：“子为晋国，为晋执政。○只此匹字，落笔便妙。四邻诸侯牵引四邻，妙。不闻令德，而闻重币，不闻有善德，但闻增重诸侯之币。○先提“令德”，引起“令名”。㊟令：善，美好。侨子产名。也惑之。侨闻君子长国家者，非无贿之患，而无令名之难。贿，财也。令名，善誉也。○“贿”字，从重币推出。“令名”，从“令德”推出。○二句，是一篇主意。㊟长：执掌，统治。患：忧虑。难：忧患。夫诸侯之贿聚于公室，则诸侯贰。敛诸国之财，而积聚于晋之公室，则诸侯离心于晋。㊟贰：背叛。若吾子赖之，则晋国贰。若汝自利赖其财，而私入于己，则晋人离心于汝。㊟赖：取。诸侯贰，则晋国坏；晋不能保国。晋国贰，则子之家坏，汝不能保家。何没没也！何其沉溺而不反也！㊟没没：糊涂，不明白。将焉用贿？贿之为祸如此，将安用之。○此段申“非无贿之患”句。㊟焉：怎么。夫令名，德之舆也；有德者，必以令名为舆，始能远及。㊟舆：车。德，国家之基也。有国者，必以令德为基，始能自立。有基无坏，有德以为基，故国家不坏。○一“坏”字，应上两“坏”字。无亦是务乎！无亦以是令名为先务乎！○从名转德，从德转国家，从国家转无坏，笔笔转，笔笔应。㊟无亦：不也，表示委婉的反问语气。务：致力。有德则乐，乐则能久。务令名在有德，有德则乐与人同，而能久居其位。《诗》云：‘乐只君子，邦家之基’，有令德也夫！《小雅》之诗。言君子有德可乐，则能立国之基，使之长久。有令德之谓也夫！○引《诗》证德为国家之基。㊟乐只：和美，快乐。只，语助词。‘上帝临女（汝），无贰尔心’，有令名也夫！《大雅》之诗。言上帝鉴临武王之德，则下民无敢有离贰之心。有令名之谓也夫！○引《诗》证名为德之舆。一“贰”字，应上四“贰”字。○此段申“无令名之难”句。㊟临：监视。恕思以明德，则令名载而行之，是以远至迩安。以恕存心，而自明其德，则自然有令名以为之舆。而载是德以行于世，所以远者闻风而至，近者赖德而安，为国家之基也。○又合德与名，双收一笔，遒紧。㊟恕思：以宽厚之心去考虑事情。载：乘，犹带着。迩：近。毋宁使人谓子‘子实生我’，而谓‘子浚我以生’乎？毋宁，宁也。宁可使人议论吾子，以为子实能生养我民，而可谓子取民以自养乎？○以贿与令名二者，比并言之，语绝波峭，又叠用三“子”字，尤有态。㊟浚：榨取。象有齿以焚（偾）其身，贿也。”焚，毙也。象因有齿以杀身，以齿之有贿故耳。○指“贿”字作结，仍收到重币上。见有贿非但国坏、家坏，而且身亦坏也。是危语，亦是冷语。㊟焚身：犹丧生。

宣子说（悦），乃轻币。

劈起将令德、令名与重币对较，持论正大。其写德、名处，作赞叹语；写重币处，作危激语。回环往复，恺切详明。宜乎宣子之倾心而受谏也。

晏子不死君难

《左传·襄公二十五年》

崔武子崔杼。见棠姜而美之，遂取（娶）之。棠姜，齐棠公之妻也。棠公死，崔杼往吊，见而美之，遂娶之。庄公通焉，齐庄公与之私通。崔子弑之。死于淫乱。

晏子立于崔氏之门外，庄公死于崔杼之家。其门未启，故晏子立于其门外。其人晏子左右。曰："死乎？"为君死难。曰："独吾君也乎哉，吾死也？"君不独我之君，我何为独死？曰："行乎？"弃国而奔。曰："吾罪也乎哉，吾亡也？"君死非我之罪，我何为逃亡？曰："归乎？"既不死难，又不出奔，则当归家。何必立于此地？曰："君死，安归？臣以君为天，君死将安归？○死、亡既不必，归又不可，于此可觇贤者立身。[补]安归：疑问代词作前置宾语，即"归安"，回到哪里。安，疑问代词，哪里。君民者，岂以陵民？社稷是主。臣君者，岂为其口实？社稷是养。陵，居其上也。口实，禄也。

养，奉也。君不徒居民上，臣不徒求禄，皆为社稷。○“社稷”与“己”字对看。是立言之旨。故君为社稷死，则死之；为社稷亡，则亡之。若为己死，而为己亡，非其私昵，谁敢任之？己，指淫乱之事。私昵，嬖幸之臣、同君为恶者。“敢”字妙。言虽欲死、亡，限于义也。○从社稷立论，案断如山，不可移易。【补】亡：出逃。任：承担。且人有君而弑之，人，谓崔子。人有君，便见非社稷主也，妙。【补】齐庄公是由崔杼拥立成为国君的，故言“人有君”。吾焉得死之？而焉得亡之？将庸何归？”收上死、亡、归三段。【补】庸何：何，哪里，同义词连用。

门启而入，崔子启门，而晏子入。枕尸股而哭。以公尸枕己股而哭之。兴，既哭而兴。【补】兴：起。哭时仆地，哭毕而起。三踊而出。踊，跳也。哀痛之至，故三踊乃出。○写晏子尽礼。人谓崔子：“必杀之！”杀晏子。崔子曰：“民之望也，舍之，得民。”狡甚。【补】民之望：民心所向望之人。舍之得民：释而不杀，我得民心。

起手死、亡、归，三层叠下，无数烟波，只欲逼出“社稷”两字也。注眼看著“社稷”两字，君臣死生之际，乃有定案。

季札观周乐

《左传·襄公二十九年》

吴公子札来聘， 札，吴寿梦之子，季札也。吴子夷昧新立，使来聘鲁。㊟聘：聘问，访问。 请观于周乐。 成王赐鲁以天子之乐，故周乐尽在鲁。○“请观”二字伏案。

使工 使我乐工也。○二字直贯到底。 为之歌《周南》《召南》， 为之，为季札也。以下段段著“为之”，见当时重季札。 曰：“美哉！ 美其声也。 始基之矣，犹未也，然勤而不怨矣。” 文王之化，基于二《南》。犹有商纣之虐政，其化未洽于天下。然民赖其德，虽劳于王室，而亦不怨。○一句一折。

为之歌《邶》《鄘》《卫》， 三国，乃管、蔡、武庚三监之地，康叔封卫，兼而有之。今三国之诗，皆卫诗也，而必别而三之者，岂非以疆土不同，故音调亦从而异欤？ 曰：“美哉！渊乎！忧而不困者也。 渊，深也。亡国之音哀以思，其民困，卫遭宣公淫乱、懿公灭亡，赖有先世之德，虽忧思之深，而不至于穷困。 吾闻卫康叔、武公之德如是，是其《卫风》乎！” 康叔，卫始封之君。武公，其九世孙。言吾闻二公德化入人之深如是，是得非卫国《风》之诗乎？○穆然神遇。

为之歌《王》， 王，周平王也。平王东迁，王室下同于列国，故其诗不得入《雅》，而《黍离》降为《国风》。 曰：“美哉！思而不惧，其周之东乎！” 思文、武而不畏播迁，其东迁以后之诗乎？

为之歌《郑》，曰："美哉！其细已甚，民弗堪也。是其先亡乎！"美有治政，而讥其烦琐，民既不支，国何能久？㊉细：琐碎。堪：忍受。

为之歌《齐》，曰："美哉！泱泱乎，大风也哉！泱泱，弘大之声。大风，大国之风也。○变调。表东海者，其大太公乎！国未可量也。"太公为东海之表式，国祚不可限量。㊉表：表率。

为之歌《豳》，按：今《豳风》列于《国风》之终，与此次序不同者，盖此时未经夫子删定故也。曰："美哉！荡乎！乐而不淫，㊉快乐而不放荡。淫：过分，无节制。其周公之东乎！"荡，广大之貌。周公遭流言之变，东征三年，为成王陈后稷先公乐于农事而不敢荒淫，以成王业，故曰"周公之东"。

为之歌《秦》，曰："此之谓夏声。秦起自西戎，至秦仲始有车马礼乐，去戎狄而有诸夏之声。○变调。夫能夏则大，大之至也，其周之旧乎！"夏有大义，西戎而有夏声，则大之至。秦襄公佐平王东迁，尽有西周之地，故云"周之旧"。

为之歌《魏》，曰："美哉！沨沨乎！大而婉，险而易行，㊉节拍急促而流畅。以德辅此，则明主也。"沨沨，中庸之声。高大而又婉顺，险阻而又易行，所以为中庸也。惜其无德以辅之尔。○变调。㊉沨沨：形容乐声宛转悠扬。

为之歌《唐》，此晋诗也，而谓之唐者，唐本叔虞始封之地也。曰："思深哉！

叹其忧深思远。其有陶唐氏之遗民乎？晋本唐尧故地，故其遗俗犹存。不然，何忧之远也？何其忧深思远？情发乎声。非令德之后，谁能若是？”非承继陶唐盛德之后，安能如此？○一句一折。

为之歌《陈》，曰：“国无主，其能久乎？”淫声放荡，无复畏忌，故曰无主。其灭亡将不久。○全是贬词。

自《郐》以下无讥焉。《郐》，曹之诗。不复讥论，微之也。(补)讥：评论。

为之歌《小雅》，曰：“美哉！思而不贰，思文、武之德，而无反叛之心。怨而不言，怨商纣之政，而能忍而不言。其周德之衰乎？其周德未盛之时乎？犹有先王之遗民焉。”犹有殷先王之遗民，故周未能盛大。

为之歌《大雅》，曰：“广哉！熙熙乎！广，大也。熙熙，和乐声。○变调。曲而有直体，其声委曲，而有正直之体。其文王之德乎！”得非文王之盛德乎！

为之歌《颂》，曰：“至矣哉！独赞其“至”，与赞他歌不同。(补)至：达到极点。直而不倨，直而不失于倨傲。(补)倨：傲慢。曲而不屈；曲而不失于屈挠。(补)曲：婉转。屈：折节，屈服。迩而不逼，近而不至于逼害。远而不携；远而不至于携贰。(补)携：有二心。迁而不淫，迁动而不至于淫荡。复而不厌；反复而不为人厌弃。哀而不愁，虽遇凶灾，不至忧愁。乐而不荒；

虽当逸乐，不至荒淫。**用而不匮，**用之不已，不至穷匮。**广而不宣；**志虽广大，不自宣扬。**施而不费，**虽好施与，无所费损。㊎费：耗损。**取而不贪；**或有所取，不至贪求。**处而不底，**虽复止处，而不底滞。㊎底：停滞。**行而不流。**虽常运行，而不流放。○总赞其德之无偏胜。一气连用十四句，何等笔力。**五声和，**五声，宫、商、角、徵、羽。㊎和：和谐。**八风平，**八风，八方之风。㊎这里的“八风”指“八音”，即金、石、丝、竹、匏、土、革、木八类乐器。平：协调。**节有度，**八音克谐。㊎节：节奏。**守有序，**无相夺伦。○再衬四句，更有力。㊎守：各守其分。**盛德之所同也。”**周、鲁、商三颂，盛德皆同。○以上是歌，以下是舞。上俱以“为之”二字引起，下俱以“见”字引起；上皆是反复想像，下语多著实，盖闻虚而见实也。

见舞《象箾》《南籥》者，箾、籥，皆舞者所执。象箾，武舞也。南籥，文舞也。皆文王之乐。**曰：“美哉！**美其容也。**犹有憾。”**文王恨不及已致太平。㊎憾：遗憾。**见舞《大武》者，**大武，武王之乐。**曰：“美哉！周之盛也，**武王兴周之盛。**其若此乎？”**四字，形容不出。是赞词，亦是微词。**见舞《韶濩》者，**韶濩，汤乐。**曰：“圣人之弘也，**汤德宽弘。㊎弘：大。**而犹有惭德，**犹有可惭之德，谓始以征伐而得天下。㊎惭德：因言行有缺失而内愧于心。惭，羞愧。**圣人之难也。”**以见圣人处世变之难。○一句一折。**见舞《大夏》者，**大夏，禹乐。**曰：“美哉！勤而不德，**勤能治水，而不自矜其德。㊎德：功德。**非禹，其谁能修之？”**非禹之圣，谁能修举其功。㊎修：实行。**见舞《韶箾》者，**《书》曰：“箫韶九成。”盖舜乐之总名。**曰：“德至矣哉，大矣！**赞其“至”，复赞其“大”，与赞他舞不同。**如天之**

wú bú dào yě　rú dì zhī wú bú zài yě

无不帱也，如地之无不载也。所以为大。㉔帱：覆盖。载：承载。

suī shèn shèng

虽甚盛

dé　　qí miè yǐ jiā yú cǐ yǐ

德，其蔑以加于此矣。所以为至。㉔甚：极。蔑：无。

guān zhǐ yǐ

观止矣！应"观"字。○三字，收住

全篇。

ruò yǒu tā yuè　wú bù gǎn qǐng yǐ

若有他乐，吾不敢请已。"应"请"字。㉔已：语气词，表确定语气，相当于"了"。

季札贤公子，其神智器识，乃是春秋第一流人物，故闻歌见舞，便能尽察其所以然。读之者，细玩其逐层摹写，逐节推敲，必有得于声容之外者。如此奇文，非左氏其孰能传之。

zǐ　chǎn huài　jìn guǎn yuán

子产坏晋馆垣

zuǒ zhuàn　　xiānggōng sān shí yī nián

《左传·襄公三十一年》

zǐ chǎn xiàng zhèng bó

子产相郑伯简公。

yǐ rú jìn

以如晋，㉔相：随从。

jìn hóu

晋侯平公。

yǐ wǒ sāng

以我丧

gù

故，以鲁襄公丧故。

wèi zhī jiàn yě

未之见也。见则有宴好，虽以吉凶不并行为辞，实轻郑也。

zǐ chǎn shǐ jìn huài qí

子产使尽坏其

guǎn zhī yuán ér nà chē mǎ yān

馆之垣而纳车马焉。尽毁馆舍之垣墙，而纳己之车马。○骇人，盖见得透，故行得出。㉔垣：围墙。

shì wén bó

士文伯名匄，字伯瑕。

ràng zhī

让之，责子产。

yuē

曰："敝

bì yì　　yǐ zhèng xíng zhī

敝邑以政刑之

bù xiū　　kòu dào chōng chì

不修，寇盗充斥，晋国不能修举政刑，致使盗贼之多。㉔敝邑：谦辞，称自己的国家。

wú ruò zhū hóu zhī

无若诸侯之

shǔ rǔ zài guǎ jūn zhě hé

属辱在寡君者何？诸侯卿大夫辱来见晋君者，无如之何。○十二字句。㉔无若……何：无奈……怎么办。属：臣属。

shì

是

yǐ lìng lì rén wán kè suǒ guǎn

以令吏人完客所馆，

gāo qí hàn hóng

高其闬闳，

hòu qí qiáng yuán

厚其墙垣，

以无忧客使。闬闳，馆门也。高其门、厚其墙，则馆舍完固，而客使可无寇盗之忧。○已上叙设垣之由，以见晋待客一段盛意。（补）完：修缮。今吾子坏之，虽从者能戒，其若异客何？虽汝从者自能防寇，他国宾客来，将若之何。○一诘，意甚婉。（补）若……何：怎么办。以敝邑之为盟主，缮完葺墙，以待宾客，若皆毁之，其何以共〔供〕命？晋为诸侯盟主，而缮治完固，以覆盖墙垣，所以待诸侯之宾客。若来者皆毁之，将何以供给宾客之命乎？○再诘，词甚严。（补）缮完：修缮。完，修整；一说，完，通“院”，指墙垣。葺墙：用茅草覆盖墙。共命：谓供给所求。寡君使匄请命。”请问毁墙之命。○明是问罪声口。

对曰：“以敝邑褊小，介于大国，诛求无时，是以不敢宁居，悉索敝赋，以来会时事。褊，狭也。介，间也。诛，责也。大国责求无常时，我尽求敝邑之财赋，以随时而朝会。○此责晋重币，以叙郑来晋之由。（补）时事：四时贡职。逢执事之不闲，而未得见；又不获闻命，未知见时。适遇晋君以鲁丧无暇，遂不得见。又不获闻召见之命，未知得见的在何时。○此责晋慢客。（补）执事：对对方的敬称，指晋君。不敢输币，亦不敢暴〔曝〕露。既不敢以币帛输纳于库，又不敢以币帛暴露于外。○此言郑左难右难，下复双承畅言之。（补）暴露：置于露天，日晒雨淋。其输之，则君之府实也，非荐陈之，不敢输也；输之，则币帛乃晋府库之物。非见君而进陈之，则不敢专辄以物输库也。（补）荐陈：进献并陈列。古代聘享之物，进陈于庭。其暴〔曝〕露之，则恐燥湿之不时而朽蠹，以重敝邑之罪。若暴露之，又恐晴雨不常，致使币帛朽蠹，适以增重郑国之罪。○左难右难如此。○“输币”“暴露”虽并提，然侧重“暴露”一边，已说尽坏垣之故。㊟朽蠹：朽腐虫蚀。**侨**子产名。**闻文公之为盟主也，**（wén wén gōng zhī wéi méng zhǔ yě）

只因“敝邑为盟主”句，提出晋文公来压倒他。下乃历叙文公之敬客，以反击今日之慢客。妙。**宫室卑庳，无观台榭，**庳，小也。阙门曰观。筑土曰台。有屋曰榭。○文公自处俭约如此。㊟卑庳：低下。卑，低。**以崇大诸侯之馆。**（yǐ chóng dà zhū hóu zhī guǎn）待客又极其隆也。○总一句，下乃细列之。**馆如公寝，**（guǎn rú gōng qǐn）馆如晋君之寝室。○一。**库厩缮修，**（kù jiù shàn xiū）馆中藏币之库、养马之厩，皆缮治修葺。○二。**司空以时平易道路，**（sī kōng yǐ shí píng yì dào lù）司空，掌邦土。易，治也。○三。**圬人以时塓馆宫室。**（wū rén yǐ shí mì guǎn gōng shì）圬人，泥匠也。塓，涂也。○四。○诸侯未至之先如此。**诸侯宾至，甸设庭燎，**（zhū hóu bīn zhì diàn shè tíng liáo）甸人设照庭大烛。○五。**仆人巡宫；**（pú rén xún gōng）至夜巡警于宫中。○六。**车马有所，**（chē mǎ yǒu suǒ）车马皆有地以安处。○七。**宾从有代，**（bīn cóng yǒu dài）宾之仆从，有人代役。○八。**巾车脂辖，**（jīn chē zhī xiá）巾车，主车官。以脂膏涂客之车辖。辖，车轴头铁。○九。**隶人、牧、圉各瞻其事；**（lì rén mù yǔ gè zhān qí shì）徒隶之人，与夫牛之牧、马之圉，各瞻视其所当供客之事。○十。㊟瞻：照看。**百官之属各展其物。**（bǎi guān zhī shǔ gè zhǎn qí wù）官属各陈其待客之物。○十一。○诸侯既至之后，又如此。㊟展：陈设。**公不留宾，而亦无废事；（gōng bù liú bīn ér yì wú fèi shì）

忧乐同之，事则巡之；（yōu lè tóng zhī shì zé xún zhī）

教其不知，而恤其不足。**（jiāo qí bù zhī ér xù qí bù zú）不久留宾，宾得速去，则事不废。国有忧乐，与宾同之；事有废阙，为宾察之。宾有不知，则训教之；宾有不足，则体恤之。○上十一句，是馆中事；此六句，是文公心上事。㊟巡：巡查。**宾至如归，无宁灾患？不畏寇盗，而亦不患燥湿。**（bīn zhì rú guī wú nìng zāi huàn bú wèi kòu dào ér yì bú huàn zào shī）总承上文。言文公待诸侯如此，以故宾至晋国，不异归家，宁复有灾患乎？纵有寇盗，无所畏惧；虽有燥湿，不至朽蠹。○此文公之为盟主然也。㊟无宁：难道。**今铜鞮之宫数里，**（jīn tóng dī zhī gōng shù lǐ）铜鞮，晋离宫名。○与“宫室卑庳”二句相反。**而诸侯舍**

宫室卑庳，无观台榭，（gōng shì bēi bì wú guàn tái xiè）

（ér zhū hóu shè）

于隶人，门不容车，而不可逾越；诸侯馆舍，仅如徒隶之居，门庭狭小，车马难容，又有墙垣之限，不可越而过之。○与“崇大诸侯之馆”五句相反。并破“高其闬闳”二句。盗贼公行，而天厉疠不戒①。天厉，疾疫也。指挽车之人马言。○与“甸设庭燎”九句相反。并破“无忧客使”一句。㊟戒：防备。宾见无时，命不可知。宾之进见，未有时日；召见之命，不得而知。○与“公不留宾”一段相反。又挽“逢执事之不闲”四句。若又勿坏，是无所藏币以重罪也。若不毁坏墙垣，是使我暴露其币帛，以致朽蠹，是增重其罪也。○挽“不敢输币”，又“不敢暴露”二句。敢请执事，将何所命之？反诘之，妙。正对“寡君使匄请命”句。㊟请：请问。虽君之有鲁丧，亦敝邑之忧也。晋、郑皆与鲁同姓，晋之忧，亦郑之忧也。○使晋无所借口。若获荐币，修垣而行，君之惠也，敢惮勤劳？”若得见晋君而进币，郑当修筑墙垣而归，则拜晋君之赐，敢畏修垣之劳乎？○结出修垣细事，明是鄙薄晋人。○已上句句与文公相反，且语语应前，妙。㊟荐：进献。惮：畏惧。

文伯复命。赵文子曰：“信。信如子产所言。○只一字，写心服，妙。我实不德，而以隶人之垣以赢诸侯，赢，受也。是吾罪也。”注“信”字。使士文伯谢不敏焉。极写子产。㊟谢不敏：赔礼道歉。谢，道歉。不敏，不聪明。

晋侯见郑伯，有加礼，厚其宴、好而归之。极写子产。㊟厚其宴好：宴会隆重，馈赠丰厚。宴，宴礼。好，好货。乃筑诸侯之馆。改筑馆舍，所谓“诸侯赖之”也。○收完正文。

叔向曰：“辞之不可以已也如是夫！“如是夫”三字，沉吟叹赏，信服之至。(补)辞：辞令。已：废止。如是：像这样。**子产有辞，诸侯赖之，**不止郑是赖。(补)赖：得益。**若之何其释辞也？**释，废也。(补)若之何：怎么。**《诗》曰：‘辞之辑矣，民之协矣；辞之怿矣，民之莫矣。’其知之矣。”**《诗·大雅》。言辞辑睦，则民协同；辞悦怿，则民安定。诗人其知辞之有益矣。○以叔向赞不容口作结，妙。(补)辑：和悦。怿：喜悦。莫：安定。

晋为盟主，而子产以蕞尔郑朝晋，尽坏馆垣，大是奇事。只是胸中早有成算，故说来句句针锋相对，义正而不阿，词强而不激。文伯不措一语，文子输心帖服，叔向叹息不已，子产之有辞，洵非小补也。

〔校记〕

①“天”，原作“夭”，据《春秋经传集解》《春秋左传注》改。

子产论尹何为邑

《左传·襄公三十一年》

子皮名罕虎，郑上卿。**欲使尹何为邑。子产曰：“少，未知可否。”**尹何年少，未知可使治邑否。(补)为：治理。**子皮曰：“愿，吾爱之，不吾叛也。**愿，谨厚也。叛，背也。言吾爱其谨厚，必不吾背。○平日可信。(补)愿：恭谨。**使夫往而学焉，夫亦愈知治矣。”**两“夫”字，指尹何。言谨厚之人，使往治邑而学为政，当愈知治邑之道矣。○后日又可望。故虽年少，亦可使之为邑。**子**

产曰："不可。总断一句。人之爱人，求利之也。必求有以利益之。今吾子爱人则以政，今汝爱尹何，则使之为政。犹未能操刀而使割也，其伤实多。譬如未能执刀，而使之宰割，其自伤必多。子之爱人，伤之而已，其谁敢求爱于子？非以爱之，实以害之，谁敢求汝之见爱。○一喻。破"吾爱之"句。子于郑国，栋也。栋折榱崩，侨子产名。将厌压焉，敢不尽言？郑国有汝，犹屋之有栋。榱，椽也。栋以架椽，设使汝误事而致败，譬如栋折而椽崩，则我亦处屋下，将为其所压，敢不尽情言之？○二喻。言如此用爱，不但伤尹何，侨亦且不免。"敢不尽言"句，锁上起下。子有美锦，不使人学制焉。譬如汝有美锦，必不使不能裁者学裁之，惟恐伤锦。㊟锦：有彩色花纹的丝织品。制：裁制衣服。大官、大邑，身之所庇也，而使学者制焉，身之所庇以安者，而使学为政者往裁治焉，不恐伤身？㊟庇：凭依，寄托。其为美锦不亦多乎？亦思官邑之为美锦，不较多乎？○三喻。破"使夫往而学"句。㊟言大官大邑比起美锦要重要的多。侨闻学而后入政，未闻以政学者也。二句是立言大旨。若果行此，必有所害。非自害，则害于治。譬如田猎，射御贯惯，则能获禽。㊟田猎：打猎。射御：射箭御马之术。贯：熟练。禽：鸟兽之总名。若未尝登车射御，则败绩厌压覆是惧，何暇思获？"败绩，坏车也。言求免自害且不能，何暇求其无害于治？○四喻。破"夫亦愈知治"句。○一喻尹何，二喻自己，三喻子皮，四又喻尹何，随手出喻，绝无痕迹。㊟暇：空闲。

子皮曰："善哉！虎不敏。〔补〕不敏：谦辞，犹不才。吾闻君子务知大者、远者，小人务知小者、近者。君子、小人以识言。我，小人也。衣服附在吾身，此其小者近者。我知而慎之；美锦不使学制。大官、大邑所以庇身也，此其大者远者。我远而慢之。官、邑欲使学制。〔补〕远：疏忽。慢：轻视。微子之言，吾不知也。无子之言，吾终不自知其失，所以为无识之小人。○仍援前喻，更觉入情。○论尹何至此已毕。〔补〕微：无。他日我曰：'子为郑国，我为吾家，以庇焉，其可也。'他日，前日也。前日我尝有云："子治郑国，我治吾家，以庇身焉，其或可也。"今而后知不足。自今请，虽吾家，听子而行。"前日我犹自以为能治家，今而后知谋虑不足，虽吾家亦须听子而行。○此子皮自谓才不及子产，字字缠绵委婉。子产曰："人心之不同如其面焉，人面无同者，其心亦然。吾岂敢谓子面如吾面乎？即面观心，则汝之心，未必尽如吾之心。岂敢使子之家事，皆从我之所为乎？○此五喻也。通篇是喻，结处仍用喻，快笔灵思，出人意表。抑心所谓危，亦以告也。"但于我心有所不安，如使尹何为邑者，亦必尽言以告也。○仍缴正意，一笔作收。〔补〕抑：表转折，只是，不过。子皮以为忠，故委政焉。以子产尽心于己，故以国政委之。子产是以能为郑国。结出子产治政之由。〔补〕是以：因此。为郑国：执掌郑国国政。

"学而后入政，未闻以政学"二语，是通体结穴，前后总是发明此

意。子产倾心吐露，子皮从善若流，相知之深，无过于此。全篇纯以譬喻作态，故文势宕逸不群。

子产却楚逆女以兵

《左传·昭公元年》

楚公子围楚令尹。**聘于郑，且娶于公孙段氏。**段，郑大夫，子石也。围娶其女。○围将会诸侯之大夫于虢，以虢系郑地，故行此聘、娶二事。【补】聘：聘问。**伍举**椒举也。**为介。**副使曰介。○补叙椒举者，伏后垂橐之请也。**将入馆，**将入郑而馆。**郑人恶之，**以其徒众之多，恐怀诈以袭己也。【补】恶：讨厌。**使行人子羽与之言，**子羽之言不载。【补】行人：官名，掌管朝觐聘问之事。**乃馆于外。**楚乃舍于城外。围不置对者，恃有逆女一著，可以逞也。○以上是聘时事，以下是娶时事，叙二事一略一详。盖以上一段，引起下一段也。

既聘，将以众逆。楚欲以兵众入郑逆妇。【补】既：已经。众：军队。逆：迎接。**子产患之，**亲迎何待以众？其怀诈可知。**使子羽辞，曰："以敝邑褊小，不足以容从者，请墠听命。"**请于城外，除地为墠，以行昏礼。○按：昏礼，主人筵几于庙，婿执雁而入。以墠为请，非礼也。【补】辞：推辞。墠：供祭祀用的经清扫的场地。**令尹命太宰伯州犁对曰①："君辱贶寡大夫围，谓围：'将使丰氏抚有而室。'**贶，赐也。丰氏，子石女也。公孙段食邑于丰，故称丰氏。而，汝也。“将使丰氏”八字，是郑君谓围之词。○说郑命围郑重。㊟辱：犹承蒙。寡大夫：卿大夫出使，其随从者对主国谦称之为寡大夫。抚有：据有。而室：尔之妻室。**围布几筵，告于庄、共之庙而来。**
wéi bù jǐ yán，gào yú zhuāng gōng zhī miào ér lái

尔之妻室。庄王，围之祖。共王，围之父。○说围受命郑重。㊟布：陈设。几筵：几席，祭祀的席位。**若野赐之，**若于城外为墠，使我在野以受赐。**是委君贶于草莽也，**
yú cǎo mǎng yě

轻郑君之赐，而弃之草莽。○一“是”字。㊟委：丢弃。**是寡大夫不得列于
shì guǎ dà fū bù dé liè yú

诸卿也。**
zhū qīng yě

逆女不得成礼，何颜复置身诸卿之列？○二“是”字。○两句，应首段，唤起下段。**不宁唯是，**疾撤上二“是”字。㊟不宁唯是：谓不仅如此。宁，语气助词，无实义。**又使围蒙其先君，将不得为寡君
yòu shǐ wéi méng qí xiān jūn，jiāng bù dé wéi guǎ jūn

老，其蔑以复矣。**
lǎo，qí miè yǐ fù yǐ

蒙，欺也。大臣曰老。言告先君而来，不得成礼于女氏之庙，是使我欺其先君，而辱寡君之命，不得为楚大臣，其无以归国矣。○三句应二段。㊟蔑以复：无法回国。蔑，无。复，返国。**唯大夫图之。”**㊟
wéi dà fū tú zhī

⑭唯：表示希望、祈请。图：考虑。
ruò yě cì zhī

是委君贶
shì wěi jūn kuàng

子羽曰：“小国无罪，恃实其罪。
zǐ yǔ yuē：xiǎo guó wú zuì，shì shí qí zuì

小国有何罪？恃大国而不设备，实其罪也。○二句是立言主脑。**将恃大国之安靖己，而无乃包藏祸心
jiāng shì dà guó zhī ān jìng jǐ，ér wú nǎi bāo cáng huò xīn

以图之？**
yǐ tú zhī

郑之婚楚，本欲恃楚以安靖其国家，今楚以兵入逆，汝无乃包藏祸心以图袭郑？而，汝也。○一句喝破楚之本谋，妙。㊟无乃：表示委婉测度的语气。**小国失恃，而惩诸侯，使莫不憾者，**
xiǎo guó shī shì，ér chéng zhū hóu，shǐ mò bú hàn zhě

郑为楚图而失所恃，致使诸侯信楚者，皆以郑为戒，使无不恨楚之行诈者。○不说郑憾楚，说诸侯莫不憾楚，妙。㊟惩：鉴戒。憾：恨。**距[拒]违君命，而有所壅
jù wéi jūn mìng，ér yǒu suǒ yōng

塞不行是惧。**
sè bù xíng shì jù

距，亦违也。自此诸侯举不信楚，而楚君之令有所壅塞而不行，此郑恃楚以取灭亡所致，实郑之罪也。所惧者唯此。㊟距违：拒绝，违抗。**不然，敝邑，馆人之属也，其敢爱丰氏之祧？”**
bù rán，bì yì，guǎn rén zhī shǔ yě，qí gǎn ài fēng shì zhī tiāo

若楚国无他意，则郑之在楚，与守舍之人相类，岂敢爱惜丰氏之远祖庙，而不以成礼乎？○以上直说出“请墠听命”之故。㊟祧：远祖庙。

伍举知其有备也，请垂櫜而入。许之。

櫜，弓衣也。垂櫜，示无弓也。㊟垂：悬挂，倒挂。

篇首著“恶之”“患之”四字，已伏后一段议论。州梨之对，词婉而理直，郑似无可措辞。子产索性喝出他本谋，使无从置辨，若稍婉转，则楚必不听。此小国所以待强敌，不得不尔。

〔校记〕

①“命”，原作“使”，据《春秋经传集解》《春秋左传注》改。

zǐ gé duì líng wáng

子革对灵王

zuǒ zhuàn　zhāogōng shí èr nián

《左传·昭公十二年》

楚子灵王。狩于州来，次于颍尾，冬猎曰狩。州来、颍尾，二地皆近吴。㊟次：临时驻扎。使荡侯、潘子、司马督、嚣尹午、陵尹喜五子，皆楚大夫。帅率师围徐以惧吴。徐，吴与国。㊟惧：威胁。楚子次于乾溪，

yǐ wéi zhī yuán

以为之援。乾溪，水名。自颍尾遣五大夫讫，即自次乾溪，以为兵援。

yù xuě　wáng pí guān　qín fù

雨雪，王皮冠，秦复陶，秦所遗羽衣。翠被，被，帔也。以翠羽饰之。㊟被：肩帔、斗篷之类。豹舄，以豹皮为履。㊟舄：鞋。执鞭以

出。执鞭出以教令。仆析父楚大夫。从。此等闲叙，若无紧要，然妆点浓色，正在此。

右尹官名。子革郑丹也。夕，暮见曰夕。王见之，去冠、被，舍鞭，妆点。与之语，曰："昔我先王熊绎，楚始封君。与吕伋、齐太王之子丁公。王孙牟、卫康叔子康伯。燮父、晋唐叔之子。禽父周公子伯禽。并事康王，成王子。四国皆有分，齐、卫、晋、鲁，王皆赐之珍宝，以为分器。㊟分：赐予。我独无有。楚独无所赐。今吾使人于周，求鼎以为分，王其与我乎？"禹铸九鼎，三代相传，犹后世传国玺也。灵王欲求周鼎以为分器，意欲何为？对曰："与君王哉！四字冷妙。昔我先王熊绎，辟僻在荆山，筚路蓝缕筚路，柴车。蓝缕，敝衣。以处草莽，跋涉山林以事天子，唯是桃弧、棘矢以共供御王事。以桃为弓，以棘为矢，为天子共御不祥之事。○写楚与周疏远。㊟共御：进献。言只有桃弓、棘箭作为贡品奉献给天子。齐，王舅也；成王之母姜氏，齐太公之女。晋及鲁、卫，王母弟也。唐叔，成王母弟。周公、康叔，武王母弟。○写四国是周亲贵。楚是以无分，而彼皆有。宝器所以展亲，不得颁及疏远。今周与四国服事君王，将唯命是从，岂其爱鼎？"今周与齐、晋、鲁、卫，皆服事楚，将唯楚命是听，岂惜此鼎，而不以与楚？○故为张大，隐见楚子之无君。冷妙。王曰：

"昔我皇祖伯父昆吾，旧许是宅。陆终氏生六子，长曰昆吾，少曰季连。季连，楚之远祖，故谓昆吾为伯父。昆吾尝居许地，许既南迁，故曰“旧许是宅”。㊟旧：原来。是：助词，起把宾语提前的作用。宅：居住。今郑人贪赖其田，而不我与。此时旧许之地属郑。㊟贪赖：贪图。我若求之，其与我乎？”求至远祖之兄所居之地，更属可笑。对曰：“与君王哉！冷妙。周不爱鼎，郑敢爱田？”不有天子，何有于郑？妙论解颐。王曰：“昔诸侯远我而畏晋，㊟远我：以我为僻远。意动用法。今我大城陈、蔡、不羹，赋皆千乘，陈、蔡，二国名。不羹，地名。其地有二邑。言我大筑四国之城，其田之赋，皆出兵车千乘。㊟赋：兵车。子与有劳焉，汝子革亦与有功焉。○带句生姿。㊟焉：于此。诸侯其畏我乎？”又欲使天下诸侯，无不畏我，其心益肆矣。对曰：“畏君王哉！冷妙。是四国者，专足畏也，又加之以楚，敢不畏君王哉？”复一句，妙。加“敢不”二字，尤妙。○三段写楚子何等矜满，写子革何等滑稽。对矜满人，自不得不用滑稽也。㊟是：范围副词，相当于“只”。四国：指陈、蔡和东西不羹。专：单独。足：足够。

工尹路工尹，名路。请曰：“君王命剥圭以为鏚柲，敢请命。”鏚，斧也。柲，柄也。言王命破圭玉，以饰斧柄，敢请制度之命。㊟敢：谦辞，犹冒昧。王入视之。王入内，视工尹所为。○连处忽一断，妆点前后照耀，妙绝。

析父谓子革：“吾子，楚国之望也。㊟望：指有声望之人。今与王言如响，如响应声。㊟响：回声。国其若之何？”子革曰：

“摩磨厉砺以须，王出，吾刃将斩矣。”子革以锋刃自喻。言我自摩厉以待王出，将此利刃斩王之淫慝。○又生一问答作波，始知前“仆析父从”一句，非浪笔。㊟摩厉以须：磨刀以待。须，等待。

王出，复语。左史倚相趋过，倚相，楚史名。㊟趋过：过王而趋，表示恭敬。王曰：“是良史也，子善视之！㊟是：代词，此，指代倚相。是能读《三坟》《五典》《八索》《九丘》。”《三坟》，三皇之书。《五典》，五帝之典。《八索》，八卦之说。《九丘》，九州之志。倚相能尽读之，所以为良史。○恰凑入摩厉以须吾刃下。对曰：“臣尝问焉，昔穆王欲肆其心，周行天下，将皆必有车辙马迹焉。周穆王乘八骏马，造父为御，以遍行天下，欲使车辙马迹，无所不到。㊟肆：放纵。祭公谋父作《祈招》之诗以止王心，谋父，周卿士。祈父，周司马之官。招，其名也。祭公力谏游行，故借司马作诗，以止遏穆王之欲心。此诗逸。王是以获没殁于祇宫①。祇宫，离宫名。穆王闻谏而改，故得善终于祇宫，而免篡弑之祸。臣问其诗而不知也。若问远焉，其焉能知之？”《祈招》之诗，是穆王近事。远，谓《坟》《典》诸书。○俱是引动楚子之问，可谓长于讽谕。王曰：“子能乎？”对曰：“能。其诗曰：‘祈招之愔愔，式昭德音。愔愔，安和貌。式，用也。言祈父之性安和，用能自著令闻矣。㊟式：语助词。思我王度，式如玉，式如金。亦当思我王之常度，出入起居，用如玉之坚，用如金之重。㊟度：行为。形民之力，而无醉饱之心。’”若用民力，当随其所能，如冶金制玉，随器象形，而不可存醉饱过度之心。○着意在此句，利刃已斩。

王揖而入，“执鞭以出”至“王入视之”，“王出复语”至“王揖而入”，两出两入，遥对作章法。**馈不食，寝不寐，数日，不能自克，以及于难。**灵王被子革一斩，寝食不安者数日。却未曾斩断，不能迁善改过。期年，为弃疾所逼，缢于乾溪。○又妆点作结，前后照耀。㊟馈：进献食物。寝：躺着。寐：睡着。

仲尼曰：“古也有志：古书有云。㊟志：记载。**‘克己复礼，仁也。’**应不能自克。㊟约束自我，使言行合乎先王之礼，谓之克己复礼。**信善哉！楚灵王若能如是，岂其辱于乾溪？”**前叙“次于乾溪”，何等意气；此以“辱”字结之，最有味。㊟信：的确。

楚子一番矜张语，子革绝不置辨，一味将顺，固有深意。至后闲闲唤醒，若不相蒙者。既不忤听，又得易入，此其所以为善谏欤？惜哉！灵王能听而不能克，以终及于难也。

〔校记〕

①“祇”，原作“祗”，据《春秋经传集解》《春秋左传注》改。

子产论政宽猛

《左传·昭公二十年》

郑子产有疾，谓子大太叔游吉也。**曰：“我死，子**

必为政。唯有德者能以宽服民，其次莫如猛。两语，是子产治郑心诀。㊟猛：严厉。夫火烈，民望而畏之，故鲜死焉；以火喻猛。㊟烈：猛。鲜：少。水懦弱，民狎而玩之，则多死焉，以水喻宽。㊟狎：轻忽。故宽难。”非有德者不能。○玩其“次”字、“宽难”字，便见宽为上，不得已而用猛。而用猛正是保民之惠处，此自大经济人语。疾数月而卒。

大太叔为政，不忍猛而宽。著“不忍”二字，便见是妇人之仁，非真能宽也。郑国多盗，取聚人于萑苻之泽。取人，劫其财也。萑苻，泽名。㊟谓群盗聚于泽中。萑苻，也作“萑蒲”。大太叔悔之，曰：“吾早从夫子，不及此。”夫子，谓子产。㊟言不至于弄成这样。兴徒兵以攻萑苻之盗，尽杀之，盗少止。著“尽杀”二字，便见是酷吏之虐，非善用猛也。㊟徒兵：步兵。少：稍。

仲尼曰：“善哉！叹美子产为政。政宽则民慢，慢则纠之以猛。猛则民残，残则施之以宽。宽、猛各有弊，当有以相济。㊟慢：轻慢。残：摧残。宽以济猛，猛以济宽，政是以和。“和”字，从“济”字看出。《诗》曰：《大雅·民劳》篇。‘民亦劳止，汔可小康；惠此中国，以绥四方’，止，语辞。汔，其也。康、绥，皆安也。言今民亦劳甚矣，其可以小安之乎？当加惠于京师，以绥安夫诸夏之人。

㊟汔：庶几，但愿。中国：指中原地区。施之以宽也。引《诗》释宽。‘毋从纵诡随，以谨无良；式遏寇虐，惨不畏明’，诡随，谓诡人随人、心不正者。谨，敕也。式，用也。惨，曾也。言诡随者不可从，以谨敕不善之人；用遏止此寇虐，而曾不畏明法者。㊟从：放纵。谨：严禁。式：语助词。纠之以猛也。引《诗》释猛。‘柔远能迩，以定我王’，柔安远人，使之怀附，而近者各以能进，以安定我王室。㊟能：亲善。平之以和也。“平”字，是宽猛相济处。○引《诗》释和。○一诗分引释之，便见政和，是宽猛一时并到，不可偏胜也。又曰：《商颂·长发》篇。‘不竞不絿，不刚不柔，布政优优，百禄是遒’，竞，强也。絿，急也。优优，和也。遒，聚也。言汤之为政不太强、不太急、不太刚、不太柔，优优然而甚和，故百种福禄皆遒聚也。㊟布政：施政。和之至也。”引《诗》叹和之至。见得和到极处，而宽猛之迹俱化。进一层说。㊟至：极致，达到顶点。

及子产卒，仲尼闻之，出涕曰：“古之遗爱也。”以子产之猛为遗爱，阐微之论。㊟出涕：因伤心而流泪。遗爱：谓子产之仁爱，有古人之遗风。

子产不是一味任猛。盖立法严则民不犯，正所以全其生。此中大有作用。太叔始宽而继猛，殊失子产授政之意。观孔子叹美子产，而以宽猛相济立论，则政和，谅非用猛所能致。末以遗爱结之，便有分晓。

吴许越成

《左传·哀公元年》

吴王夫差败越于夫椒，报槜李也。夫椒，吴县西南太湖中椒山。槜李，今嘉兴槜李城。定公十四年，越败吴于槜李，阖庐伤足而死。至是，夫差所谓三年乃报越也。遂入越。越子勾践。以甲楯盾五千保于会稽，会稽，越山名。(补)甲楯：指披甲持盾的士兵。使大夫种因吴太宰嚭种，越大夫名。嚭，故楚臣，奔吴为太宰，宠幸于夫差，故种因之。(补)因：通过。以行成。求成于吴。(补)行成：议和。吴子将许之。

伍员子胥也。曰："不可。二字断。臣闻之：'树德莫如滋，去疾莫如尽。'人之植德，如植木焉，欲其滋长。人之去恶，如治病然，欲其净尽。○先征之格言，重下句。昔有过浇杀斟灌以伐斟鄩，灭夏后相。过，国名。浇，寒浞子。二斟，夏同姓诸侯。相，启之孙。羿逐帝相依二斟。寒浞篡羿，因其室，生浇及豷，封浇于过，封豷于戈。浞使浇灭二斟，杀帝相。(补)夏后：指夏后氏。后缗方娠，后缗，相妻，有仍国之女。娠，怀身也。逃出自窦，归于有仍，自穴逃出，而归于父母家。(补)窦：孔穴。生少康焉。生遗腹子，是为少康。为仍牧正，惎浇能戒之。及壮，为有仍牧官之长。惎，毒也。以浇为毒害，能戒备之。浇使椒求之，椒，浇臣。求少康欲杀之。逃奔有虞，舜后封国。为之庖正，以除其害。庖正，掌膳羞之官。除，免也。赖此以得免其害。虞思于是时妻之以二姚，而邑诸纶，思，虞君名。以二女妻少康。姚，虞姓。纶，虞邑。〔补〕于是：当时，其时。妻：嫁给。邑：封邑居住。诸："之于"的合音。有田一成，有众一旅。方十里为成。五百人为旅。能布其德，而兆其谋，兆，始也。以收夏众，抚其官职；收拾夏之遗民，抚循夏之官职。使女艾谍浇，使季杼诱豷。女艾，少康臣。谍，候也。谍候浇之间隙。季杼，少康子。豷，浇弟。以计引诱之。〔补〕谍：刺探。遂灭过、戈，灭浇于过，灭豷于戈。复禹之绩，祀夏配天，不失旧物。恢复禹之功绩，祀夏祖宗，以配上帝，不失禹之天下。○次证之往事，以申明"去疾莫如尽"之故。今吴不如过，而越大于少康，两两相较，警醒恺切。或将丰之，不亦难乎！言与越成，是使越丰大，必为吴难。○不可者一。〔补〕丰：壮大。勾践能亲而务施，一层。〔补〕亲：亲近。务：致力。施：施恩。施不失人，亲不弃劳。二层。〔补〕劳：有功劳之人。与我同壤，三层。而世为仇雠。四层。〔补〕仇雠：仇敌。于是乎克而弗取，将又存之，违天而长寇仇，天与不取，故曰违天。〔补〕长：助长。寇仇：仇敌。后虽悔之，不可食已。食，犹食言之食。言欲食此悔，亦无及已。○不可者二。〔补〕不可食：不可为。姬之衰也，日可俟也。吴与周同姓，而姬姓之衰，可计日而待。○泛一句。〔补〕俟：等待。介在蛮夷，而长寇仇，以是求伯霸，必不行矣。"况吴介居蛮夷，而滋长寇仇，自保且不能，安能图霸？以吴子喜远功，又以求伯动之。○不可者三。〔补〕介：在中间。

fú tīng tuì ér gào rén yuē yuè shí nián shēng jù
弗听。惑于宰嚭，而使越成。退而告人曰：“越十年生聚，

ér shí nián jiào xùn èr shí nián zhī wài wú qí wéi zhǎo hū
而十年教训，二十年之外，吴其为沼乎！”生民聚财，富而后教，吴必为越所灭。而宫室废坏，当为污池。○直是目见，非为悬断。

写少康详，写勾践略；而写少康，正是写勾践处。此古文以宾作主法也。后分三段，发明“不可”二字之义，最为曲折详尽。曾不觉悟，卒许越成。不得已退而告人，说到吴其为沼，真感愤无聊，声断气绝矣。

古文观止卷之三

祭公谏征犬戎
zhài gōng jiàn zhēng quǎn róng

《国语·周语上》
guó yǔ　zhōu yǔ shàng

穆王将征犬戎，西戎也。欲征其不享之罪。祭公谋父祭，畿内之国，谋父所封。时为王卿士。谏曰："不可。先王耀德不观兵。耀，明也。观，示也。○一句领起全篇。夫兵戢而时动，动则威，戢，聚也。时动，如三时务农，一时讲武之谓。威，可畏也。观则玩，玩则无震。玩，黩也。震，惧也。○四句，一正一反，以申明不可观兵之意。(补)玩：轻慢。是故周文公之《颂》曰：文，周公之谥。《颂·时迈》之诗，周公所作。'载戢干戈，载櫜弓矢。载，用也。櫜，韬也。言武王既定天下，则收敛其干戈，韬藏其弓矢，示不复用也。○引证"不观兵"。(补)载：助词。戢：收藏兵器。櫜：收藏。我求懿德，肆于时夏，允王保之。'肆，陈也。时，是也。中国曰夏。允，信也。言武王常求懿美之德，以布陈于中国，信乎王之能保天命也。○引证"耀德"。(补)懿德：美德。懿，美。时：此。允：语气助词。先王之于民也，懋正其
xiān wáng zhī yú mín yě　mào zhèng qí

德而厚其性①，懋，勉也。正德者，父慈子孝，兄爱弟恭，夫义妇顺，所以正民之德也。如此而民之情性，未有不归于厚者。阜其

财求（^{cái qiú}阜，大也。大其财求，使之衣帛食肉，不饥不寒，所以厚民之生也。）而利其器用，（^{ér lì qí qì yòng}如工作什器、商通货财之类，所以利民之用也。○三句兼教养在内。）明利害之乡向，（^{míng lì hài zhī xiàng}得教养为利，失教养为害。乡，犹言所在也。明利害之所在，是耀德之实。⑪乡：趋向。）以文修之，（^{yǐ wén xiū zhī}一句，包下"修意"五句，是不观兵之实。⑪文：文德，指礼乐政教。）使务利而避害，怀德（^{shǐ wù lì ér bì hài huái dé}）而畏威，故能保世以滋大。（^{ér wèi wēi gù néng bǎo shì yǐ zī dà}滋，益也。此言"耀德不观兵"之效。作一顿。下乃转入周世。⑪保世：谓保持王朝的世代相传。）

"昔我先王世后稷②，（^{xī wǒ xiān wáng shì hòu jì}后稷，舜时农官。父子相继曰世。谓弃与不窋。⑪世后稷：世代为后稷。）以服事虞、夏。（^{yǐ fú shì yú xià}谓弃为舜后稷，不窋继之于夏启也。⑪虞：指虞舜。）及夏之衰也，（^{jí xià zhī shuāi yě}谓启子太康。）弃稷不务③，（^{qì jì bú wù}弃，废也。废稷之官，不复务农。）我先王不窋（^{wǒ xiān wáng bù zhú}弃之子。周禘祫文、武，必先不窋，故通谓之王。）用失其官，而自窜于戎、狄之间④。（^{yòng shī qí guān ér zì cuàn yú róng dí zhī jiān}尧封弃于邰，至不窋失官，去夏而迁于邠。邠西接戎，北近狄。）⑪用因而：不敢怠业，（^{bù gǎn dài yè}业，农业也。）时序其德，纂修其绪，修其训典；（^{shí xù qí dé zuǎn xiū qí xù xiū qí xùn diǎn}序，布也。纂，继也。绪，事也。训，教也。典，法也。三"其"字，指弃而言。⑪纂：继续。修：实行。绪：前人未竟之功业。）朝夕恪勤，守以敦笃⑤，奉以忠信；（^{zhāo xī kè qín shǒu yǐ dūn dǔ fèng yǐ zhōng xìn}三句，承上三句，极写其"不敢怠业"。⑪恪勤：恭敬勤恳。敦笃：敦厚笃实。）奕世载德，不忝前人。（^{yì shì zài dé bù tiǎn qián rén}奕世，累世也。载，承也。忝，辱也。自不窋以后至文王，皆继其德而弗坠。○已上言周家累世耀德。）至于武王，昭前之光明而加之以慈和，事神保民，莫弗欣喜⑥。（^{zhì yú wǔ wáng zhāo qián zhī guāng míng ér jiā zhī yǐ cí hé shì shén bǎo mín mò fú xīn xǐ}武王亦只是耀德。⑪欣喜：欢喜。）商王帝辛，大恶于（^{shāng wáng dì xīn dà wù yú}）

民，辛，纣名也。大恶，大为民所恶。(补)恶：憎恨。**庶民不忍⑦，欣戴武王，以致戎于商牧。**商牧，商郊牧野。○著“庶民不忍”四字，便见武王不得已而用兵。(补)庶民：平民。欣戴：欣悦拥戴。致戎：用兵征讨。**是先王非务武也，勤恤民隐而除其害也。**恤，忧也。隐，痛也。非务武，即不观兵之谓。勤恤民隐，即耀德之谓。○已上言武王并不观兵。下乃述邦制，以转入征犬戎之非。(补)勤恤：忧悯，关怀。隐：疾苦。

“夫先王之制：一句直贯到底。**邦内甸服，**邦内，天子畿内。甸，田也。服，事也。以皆田赋之事，故谓之甸服。王城之外，四面皆五百里也。**邦外侯服，**邦外，邦畿之外。侯服者，侯国之服。甸服外，四面又各五百里也。**侯、卫宾服，**侯，侯圻。卫，卫圻。中国之界也。谓之宾者，渐远王畿，而取宾见之义。侯服外，四面又各五百里也。**蛮、夷要服，**蛮、夷去王畿已远。谓之要者，取要约之义，特羁縻之而已。宾服外，四面又各五百里也。**戎、狄荒服⑧。**戎、狄去王畿益远。以其荒野，故谓之荒服。要服外，四面又各五百里也。○一层，详五服之地。**甸服者祭，**祭于祖考。**侯服者祀，**祀于高曾。**宾服者享，**享于二祧。(补)享：献上祭品祭祀祖先。**要服者贡，**贡于坛墠。**荒服者王。**王，入朝也。世一见，各以其所贵者为贽。○此言五服佐天子宗庙之供者不同。○二层，详五服之职。(补)王：朝见天子表示臣服。**日祭、**祭以日至。**月祀、**祀以月至。**时享、**享以时至。(补)时：季度，三个月为一时。**岁贡、**贡以岁至。**终王，**王以终世至。谓朝嗣王，及即位而来见。○三层，言五服之地有远近，故其供职有疏密。**先王之训也。**锁一句，前后照应，妙。(补)训：遗训。**有不祭则修意，**最近者知王意也。(补)修意：谓内省自责。**有不祀则修言，**稍近者听王言也。(补)修言：统一号令。**有不享则修文，**渐近者申以号令。(补)修文：加强文治。**有不贡则修名，**已远者播以仁声。(补)修名：匡正名分。**有不王**

则修德，极远者诞敷文德。○看五“修”字，便见“耀德”不是一味表暴，有反躬自治意。序成而有又不至则修刑。序，谓上五者次序。成，既修也。刑，法也，见下文。于是乎有刑不祭，士师。伐不祀，司马。征不享，诸侯承王命往征。让不贡，告不王。行使让者责其过，告者谕以理。○此修刑之序。㊟让：责问。告：告谕。于是乎有刑罚之辟，辟，法也。㊟刑罚：刑指肉刑、死刑，罚指以金钱赎罪。有攻伐之兵，有征讨之备，有威让之令，有文告之辞。此修刑之具。○一意写作两层，却不嫌其重复，故妙。㊟备：武备。威让：严厉谴责。文告：以文德告谕。布令陈辞而又不至，则增修于德而无勤民于远⑨，单承要、荒二服。言远国非近者可比，唯有益自修德，不可加兵，致劳吾民也。㊟勤民：劳苦百姓。是以近无不听，甸、侯、宾无不至。远无不服。要、荒无不至。○已上结完先王无观兵于远国之事。下方说到穆王身上。

“今自大毕、伯仕之终也，犬戎氏以其职来王，大毕、伯仕，犬戎氏之二君。世终来王，荒服之职也。㊟终：去世。天子曰：‘予必以不享征之，且观之兵。’享，宾服之礼。以责犬戎，且示之以兵威。其无乃废先王之训而王几顿乎！顿，坏也。既废先王待荒服之训，恐终王之礼，亦自比坏矣。㊟无乃：恐怕是。王：指“终王”制度。几：将近。吾闻夫犬戎树惇，帅旧德而守终纯固⑩，其有以御我矣！”树，立也。惇，厚也。帅，循也。纯，专也。固，一也。言犬戎立心惇厚，能率循其先人之德而守国，终于专一，有拒我之备矣。○废先王之训，则不可伐。有以御我，则不能伐。是极谏意。㊉树惇：谓立性敦厚。守终：谓终身坚守不止。纯固：专一。

王不听，遂征之，得四白狼、四白鹿以归。所获止此，果有以御我矣。自是荒服者不至。终王之礼，果自此坏。㊉自是：从此。

“耀德不观兵”，是一篇主脑，回环往复，不出此意。穆王车辙马迹遍天下，其中侈然有自大之心，不过观兵犬戎以示雄武耳，乃仅得狼、鹿以归。不但不能耀德，并不成观兵矣。结出“荒服不至”一语，煞有深意。

〔校记〕

①“懋”，原作“茂”，据《国语》改。
②“王”，原缺，据《国语》补。
③⑦“不”，原作“弗”，据《国语》改。
④⑧“狄”，原作“翟”，据《国语》改。
⑤“敦”，原作“惇”，据《国语》改。
⑥“弗”，原作“不”，据《国语》改。
⑨“则”后原有一“又”字，据《国语》删；“而”，原缺，亦据补。
⑩“帅”前原有一“能”字，据《国语》删。

邵公谏厉王止谤

《国语·周语上》

厉王虐，国人谤王。谤，诽也。㊉虐：暴虐。国人：国都的百姓。谤：指责过失。邵公邵康公之后，穆公虎也，为王卿士。告曰①：“民不堪命矣！”命虐，故不堪。○危言悚激。㊉不堪：受不了。命：政令。王怒，怒谤者。得卫巫，使监谤者，巫，祝也。卫巫，卫国之巫。监，察也。以巫有神灵，有谤辄知之。以

告，则杀之。以谤者告，即杀之。○写虐命尤不堪。**国人莫敢言，**非但不敢谤也。深一层说。**道路以目。**以目相眄而已。○四字妙甚，极写莫敢言之状，不堪命之极也。【补】道路以目：路上相见，以目示意，不敢交谈。**王喜，**“喜”字，与上“怒”字相对。**告邵公曰：“吾能弭谤矣，**弭，止也。○监谤、弭谤，写尽昏主作用。**乃不敢言。”**如此四字，极写能弭谤伎俩，痴人声口如画。【补】乃：代词，其。

邵公曰：“是障之也②。障，防也。非民无言，是障之使不得宣也。○断一句，便注定“川”字。**防民之口，甚于防川。**川不可防，而口尤甚。○以民比川。【补】防：堵塞。甚：超过。**川壅而溃，伤人必多，**壅，障也。溃，水势横暴而四出也。○写防川。【补】壅：阻塞。**民亦如之。**写防民。**是故为川者决之使导，为民者宣之使言。**为，治也。导，通也。宣，犹放也。○合写川、民。○“宣之使言”一句，是一篇主意。下俱是“宣之使言”。【补】决：排除壅塞，疏通水道。宣：疏导。**故天子听政，**一句领起。【补】听政：处理政务。**使**“使”字直贯到底，根上两“使”字来。**公卿至于列士献诗，**陈其美刺。**瞽献曲③，**瞽，乐师也。曲，乐曲。陈其邪正。【补】瞽：乐官，古代以瞽者为之。**史献书，**史，外史。书，三皇五帝之书。有关治体。**师箴，**师，少师也。箴刺王阙，以正得失。【补】师：乐师。箴：规谏。**瞍赋，**无眸子曰瞍。赋所献之诗。【补】赋：吟诵。**矇诵，**有眸子而无见曰矇。诵典书箴刺之语。**百工谏，**工执艺事以谏。【补】谏：规劝。**庶人传语，**庶人卑贱，见政事之得失，不能自达，相传语以闻于王。**近臣尽规，**左右近臣，各尽规谏。**亲戚补察，**父兄子弟，补过察政。**瞽、史教诲，**瞽，太师，掌乐。史，太史，掌礼。相与教诲。**耆、艾修之，**耆、艾，师、傅也。合众职而修治之。【补】修：儆戒。**而后王斟**

斟酌焉，斟，取也。酌，行也。〔补〕斟酒不满曰斟，太过曰酌，贵适其中。故凡事反复考虑、择善而定，称斟酌。**是以事行而不悖。**所行之事，皆合于理。○历举古天子听言求治，句句与弭谤使不敢言相反。〔补〕悖：违背情理。**民之有口④，犹土之有山川也，财用于是乎出；犹其原隰之有衍沃也⑤，衣食于是乎生。**土，地也。其，指土而言。广平曰原，下湿曰隰，下平曰衍，有溉曰沃。山川原隰衍沃，所以宣地气而出财用、生衣食。○一喻写作两层，妙。上以防川喻止谤，此以山川原隰衍沃喻宣言。〔补〕原隰：广平与低湿之地。衍沃：平坦肥美的土地。**口之宣言也，善败于是乎兴，**跌出正意。〔补〕善败：善恶。败，弊病。**行善而备败，其所以阜财用衣食者也⑥。**民所善者行之，其所恶者改之。阜，厚也。厚财用、衣食，与山川原隰衍沃一般。○正意、喻意，又夹写一笔，错落入妙。〔补〕备：防备。阜：丰富。**夫民虑之于心而宣之于口，成而行之，胡可壅也？若壅其口，其与能几何？”**民素筹之于心，而后发之于言。当成其美而见之施行，岂可壅塞？若壅塞焉，其与我者能有几何哉？言败亡即至也。○三“壅”字，呼应。〔补〕成：成熟。胡：怎么。其与：难道。几何：多久。

王不听⑦，于是国莫敢出言⑧。三“莫敢言”，作章法。**三年，乃流王于彘。**流，放也。彘，晋地。

文只是中间一段正讲，前后俱是设喻。前喻防民口有大害，后喻宣民言有大利。妙在将正意、喻意，夹和成文，笔意纵横，不可端倪。

〔校记〕

①“邵公”，原作“召公”，据《国语》改，全文同。
②“障”，原作“鄣”，据《国语》改。
③“曲”，原作“典”，据《国语》改。

④“口”后原有一“也”字，据《国语》删。
⑤“原隰之有”，原作“有原隰”，据《国语》改。
⑥“其”，原缺，据《国语》补。
⑦“不”，原作“弗”，据《国语》改。
⑧“国”后原有一“人”字，据《国语》删。

xiāng wáng bù xǔ qǐng suì

襄王不许请隧

guó yǔ zhōu yǔ zhōng

《国语·周语中》

jìn wén gōng jì dìng xiāng wáng yú jiá

晋文公既定襄王于郏，襄王后母惠后生叔带，因翟人立为王，襄王出奔郑。晋文公纳王，诛叔带。郏，洛邑，王城之地。

wáng láo zhī yǐ dì cí qǐng suì yān

王劳之以地，王赏之以阳樊、温、原、欑茅之田。辞，不受。请隧焉。掘地通路曰隧。天子葬礼。[补]请隧：请求隧葬。隧葬是天子的葬礼，诸侯皆悬柩而下。

wáng bù xǔ yuē xī wǒ xiān wáng zhī yǒu tiān xià yě

王不许①，曰：“昔我先王之有天下也，开口便正大。

guī fāng qiān lǐ yǐ wéi diàn fú yǐ

规方千里以为甸服，规，画也。甸服，畿内之地。以皆田赋之事，故谓之甸服。王城之外，四面皆五百里也。以

gōng shàng dì shān chuān bǎi shén zhī sì yǐ bèi bǎi xìng zhào mín zhī yòng

供上帝山川百神之祀，以备百姓兆民之用，

yǐ dài bù tíng bù yú zhī huàn

以待不庭不虞之患。百姓，百官有世功者。不庭，不来朝之国也。不虞，意外之变也。○著“以供”“以备”“以待”等字，见先王有此许多费用。[补]供……祀：供给……祭祀。兆民：天子之民，泛指众民。待：防备。

qí yú yǐ jūn fēn gōng hóu bó

其余甸服之外。以均分公侯伯

zǐ nán shǐ gè yǒu níng yǔ yǐ shùn jí tiān dì wú féng qí zāi hài

子男，使各有宁宇，以顺及天地，无逢其灾害，

宁，安也。宇，居也。亦使有供祭、畜用、待患之资，所以能顺天地，而无灾害也。○著"均分"二字，见先王之土地亦有限。**先王岂有赖**（xiān wáng qǐ yǒu lài）

焉？（yān）赖，利也。○一句结上起下。**内官不过九御，外官不过九品，足**（nèi guān bú guò jiǔ yù wài guān bú guò jiǔ pǐn zú）

以供给神祇而已，岂敢厌纵其耳目心腹以乱（yǐ gòng jǐ shén qí ér yǐ qǐ gǎn yàn zòng qí ěr mù xīn fù yǐ luàn）

百度？（bǎi dù）九御，即九嫔。九品，即九卿。嫔与卿主祭祀。厌，安也。纵，肆也。度，法也。○著"不过""足以""而已""岂敢"等字，见先王并无一点奢用。㊸九御：宫中

女官。供给：指祭祀。神祇：天神与地祇，泛指神。百度：各种制度。**亦唯是死生之服物采章，以**（yì wéi shì sǐ shēng zhī fú wù cǎi zhāng yǐ）

临长百姓而轻重布之，（lín zhǎng bǎi xìng ér qīng zhòng bù zhī）隧为死之服物，"生"字带说。采章，采色文章也。轻重布，言贵贱有等。○"亦唯是"妙，始

入正题也。上文许多说话，只要逼出"亦唯是"三字。㊹服物：衣服器物。采章：指彩色花纹。临长：监临领导，引申为统治。轻重：谓尊卑贵贱。布：显示。**王何异**（wáng hé yì）

之有？（zhī yǒu）葬礼外，王鲜有异。○只数语，说得"隧"字十分郑重。下乃反复写其不许之意。㊺之：助词，作为宾语前置的标志。

"今天降祸灾于周室，（jīn tiān jiàng huò zāi yú zhōu shì）谓叔带之乱。**余一人仅亦守**（yú yì rén jǐn yì shǒu）

府，（fǔ）仅守故府遗文，不能有为。㊻余一人：天子自称。守府：保守先王的府藏，引申力保持前代的成法。**又不佞以勤叔父，**（yòu bú nìng yǐ qín shū fù）

不佞，不才也。勤，劳也。天子称同姓诸侯，曰叔父。**而班先王之大物以赏私德，**（ér bān xiān wáng zhī dà wù yǐ shǎng sī dé）班，分也。大

物，隧也。私德，指纳王而言。**其叔父实应且憎，以非余一人，余一**（qí shū fù shí yìng qiě zēng yǐ fēi yú yì rén yú yì）

人岂敢有爱②？（rén qǐ gǎn yǒu ài）应，受也。憎，恶也。爱，吝也。言汝虽受私赏，心中未尝不憎恶之。以非余行赏之不当，余岂敢吝而弗与也？○反如此说转

来，婉妙。下则纯是刀砍斧截之语。㊼非：责怪。爱：舍不得。**先民有言曰：**（xiān mín yǒu yán yuē）先民，前人也。**'改玉改行。'**（gǎi yù gǎi xíng）

玉，佩玉。所以饰行步。君臣尊卑，备有其节，故曰改。○直贯至"大物未可改"句。㊽改玉改行：言晋文公尚在臣位，不可请隧葬。**叔父若能光**（shū fù ruò néng guāng）

裕大德，更姓改物，以创制天下，自显庸也，而缩取备物以镇抚百姓，余一人其流辟旅于裔土③，何辞之有与④？更姓，易姓也。改物，改正朔、易服色也。创，造也。庸，用也。谓为天子创造制度，自显用于天下。缩，收也。备物，谓死生之服物采章。流，放也。辟，戮也。裔，远也。○逆振一段，紧峭。(补)光裕：增广。创制：创建。其：将。旅：寄居。何辞之有：同“有何辞”。若由是姬姓也⑤，未更姓。尚将列为公侯，以复先王之职，未改物。(补)复：恢复。大物其未可改也。不曰“不可改”，而曰“未可改”，冷隽。○直说出晋文请隧之非。(补)其：犹当，表示祈使。叔父其懋昭明德⑥，物将自至，物，隧也。○又逆振一笔，紧峭。(补)其：如果，表示假设。懋昭：勉力宣明。余何敢以私劳变前之大章⑦，以忝天下，其若先王与百姓何？何政令之为也？私劳，即私德。在襄王为德，在晋文为劳。大章，即服物采章。忝，辱也。先王唯是服物采章，以临长百姓，而余变易之，其如先王、百姓何哉？既无以对先王、百姓，何政令之为也？○直说出不许行隧之意。(补)敢：岂敢。其若……何：怎么以对……呢？若不然，叔父有地而隧焉，余安能知之？”若晋文自制为隧，余安能禁止？不待请也。○仍用逆笔作收，章法愈紧。

文公遂不敢请，受地而还。

通篇只是不为天子，不得用隧意。却妙在俱用逆笔振入，无一笔实写不许。而不许之意，一步紧一步，自使重耳神色俱沮。

〔校记〕

①“不”，原作“弗”，据《国语》改。

②“爱”后原有一“也”字，据《国语》删。
③“旅”，原缺，据《国语》补。
④“有与”，原作“与有”，据《国语》改。
⑤“由”，原作“犹”，据《国语》改。
⑥“懋”，原作“茂”，据《国语》改。
⑦“何”，原缺，据《国语》补。

单子知陈必亡

shàn zǐ zhī chén bì wáng

《国语·周语中》

guó yǔ zhōu yǔ zhōng

定王使单襄公名朝，定王卿士。聘于宋。聘，问也。诸侯之于天子、天子之于诸侯、诸侯之于邻国，皆有聘。遂假道于陈，以聘于楚。自宋适楚，道经陈国。是时天子微弱，故以诸侯相聘之礼假道也。火朝觌矣，道茀不可行①，火，心星也。觌，见也。朝觌，谓夏正十月，心星早见于辰。道茀，草秽塞路也。〇一。[补]觌：显现。候不在疆，候，候人也，掌迎送宾客者。疆，境也。〇二。司空不视涂途，司空，掌道路之官。〇三。泽不陂，陂，泽障也。古不窦泽，故障之。〇四。[补]泽：水聚汇处。陂：指筑堤防。川不梁，梁，桥梁也。古不防川，故梁之。〇五。〇伏“辰角见”一段案。野有庾积，庾，露。积，聚也。谓以谷米露聚于外也。〇六。[补]庾积：露天储积之谷物。场功未毕，场，收禾圃也。筑场未完。〇七。[补]场功：指修筑场地和翻晒、脱粒等农事。功，工作。道无列树，古者列树以表道。〇八。[补]列树：成列的树木。垦田若蓺，蓺，茅芽也。既垦之田，犹若茅芽，言其稀少也。〇九。〇伏“周制有之”一段案。膳宰不致饩，膳宰，膳夫也，掌宾客之牢礼。生者曰饩。〇十。[补]饩：生牲及禾米。司里不授馆，司里，里宰也，掌授客馆。〇十一。国

dìng wáng shǐ shàn xiāng gōng pìn yú sòng suì jiǎ dào yú chén yǐ pìn yú chǔ huǒ zhāo dí yǐ dào fú bù kě xíng hòu bú zài jiāng sī kōng bú shì tú zé bù bēi chuān bù liáng yě yǒu yǔ jī cháng gōng wèi bì dào wú liè shù kěn tián ruò yì shàn zǎi bú zhì xì sī lǐ bú shòu guǎn guó

无寄寓，寄寓，旅次也。○十二。（补）国：国都。寄寓：旅馆。县无施舍②，四甸为县。县方六十里。施舍，休息居止之处，以庇宾客负担之劳。○十三。○伏“周之秩官”一段案。（补）施舍：犹客舍。民将筑台于夏氏。民，陈民。台，观台也。夏氏，陈大夫夏征舒之家。为淫其母，欲借以为乐。○十四。及陈，陈灵公与孔宁、仪行父孔、仪，皆陈大夫。南冠以如夏氏，留宾不见③。南冠，楚冠也。如，往也。宾，谓单襄公。○十五。○伏“先王之令’一段案。○从单子入陈至及陈，所阅历者，错综先叙，后从单子口中分疏作断，章法井然。

单子归，告王曰：“陈侯不有大咎，国必亡。”总断二句，直是目见。（补）咎：灾祸。王曰：“何故？”对曰：“夫辰角见（现）而雨毕，辰角，大辰苍龙之角。角，星名。朝见东方，九月初，寒露节也。雨毕者，杀气日盛，雨气日尽也。天根见（现）而水涸，天根，亢、氐之间也。涸，竭也。寒露后五日，天根朝见，水潦尽竭也。（补）天根：星名。本见（现）而草木节解，本，氐星也。寒露后十日，氐星朝见，草木之枝节，皆脱落也。驷见（现）而陨霜，驷，天驷，房星也。九月中，房星朝见，霜始降。火见（现）而清风戒寒。火，心星也。霜降后，心星朝见，清风先至，所以戒人为寒备也。○五句以星见定时至，起下文。故先王之教曰：引古。‘雨毕而除道，水涸而成梁，草木节解而备藏，陨霜而冬裘具，清风至而修城郭宫室。’除，修治也。备藏，具备收藏也。（补）具：完备。故《夏令》曰：夏后氏之令。○再引古。‘九月除道，十月成梁。’水涸系九月，而此言十月成梁者，谓舆梁也。其时儆曰：至期儆告其民。【补】儆：告诫。'收而场功，偫而畚梮④，季秋农事毕，使人兴筑作也。而，汝也。偫，具也。畚，土笼也。梮，土舆也。【补】偫：备办。畚梮：盛土和抬土的工具，泛指土建工具。营室之中，土功其始。营室，定星也。此星昏而正中，夏正十月也。于是时可以营制宫室，故谓之营室。【补】土功：指土木建筑工程。火之初见（现），期于司里。'期，会也。致其筑作之具，会于司里之官。【补】火：心星。此先王所以不用财贿⑤，而广施德于天下者也。惠而不费。○总一句。今陈国征今。火朝觌矣，而道路若塞，野场若弃，【补】野场：田野和谷场，借指农事。泽不陂障，川无舟梁，以舟为梁，即今浮桥也。是废先王之教也。结"火朝觌"六句。

"周制有之曰：引古。'列树以表道，表道，谓识其远近。立鄙食以守路。鄙，四鄙。十里有庐，庐有饮食。国有郊牧，国外曰郊。牧，放牧之地。疆有寓望，境界之上，有寄寓之舍、候望之人。【补】疆：边境。薮有圃草，泽无水曰薮。圃草，茂草也。囿有林池，囿，苑也。林，积木。池，积水也。所以御灾也。御，备也。灾，兵、饥也。其余无非谷土，种谷之土。【补】无非：无一不是。民无悬耜，言常用之，不悬挂也。【补】耜：泛指农具。野无奥草，奥，深也。野皆垦辟，无深草也。不夺民时⑥，不蔑民功。蔑，弃也。【补】夺：丧失。民时：农时。民功：指务农之事。有优无匮，优，裕也。匮，乏也。○从"民无悬耜"二句来。有逸无罢（疲），逸，安也。罢，劳也。○从"不夺农时"二句来。国有班事，国，城邑也。土功井然有条理。县有序民。'四甸为县。力役更番有次第。今陈国征今。道路不可知，指“道无列树”而言。〔补〕知：辨识。田在草间，未垦者多。功成而不收，即“野场若弃”。〔补〕功成：指庄稼成熟。民罢疲于逸乐，疲于为君作逸乐之事。是弃先王之法制也。结“野有庾积”四句。

“周之《秩官》有之曰：《秩官》，周常官，篇名。○引古。‘敌国宾至，关尹以告，敌国，相等之国也。关尹，司关者。告，告君也。行理以节逆之，行理，小行人也。逆，迎也。执瑞节为信，而迎之也。〔补〕行理：主管外交的官员。候人为导，导宾至于朝也。卿出郊劳，宾至近郊，君使卿朝服，用束帛劳之。门尹除门，门尹，司门者。扫除门庭。宗祝执祀，宗，宗伯。祝，大祝。宾有事于庙，则宗祝执祭祀之礼。司里授馆，授客馆舍。司徒具徒，具徒役，修道路之委积。〔补〕具：配备。司空视涂途，视道途之险易。司寇诘奸，禁诘奸盗，防剽掠也。〔补〕诘：盘查。虞人入材，虞人，掌山泽之官。甸人积薪，甸人，掌薪蒸之官。〔补〕薪：柴火。火师监燎，火师，司火者。燎，照庭大烛。水师监濯，水师，掌水者。监涤濯之事。〔补〕濯：洗涤。膳宰致饔⑦，熟食曰饔。廪人献饩，生曰饩，禾米也。〔补〕廪人：管理粮仓的官吏。司马陈刍，司马，掌圉人养马。刍，茭草。〔补〕陈刍：献上饲草。工人展车，展省客车，补伤败也。〔补〕展：察看。百官以物至⑧，物，如供应之物。宾入如归。〔补〕宾客到此如归其家。是故小大莫不怀爱。小大，谓宾介也。○作一顿。文势不平。〔补〕怀爱：心中喜爱。其贵国之宾至，则以班加一等，益虔。贵国，大国也，不比敌国。司事之官，皆用尊一级者，而更加敬。〔补〕班：位次。虔：

恭敬。至于王吏⑨，则皆官正莅事，官正，官长也。用官长司事，班又加矣。㊟王吏：指天子之官吏。莅：临视，亲临省视。上卿监之。监，察也。察其勤惰，尤致其虔。若王巡守，则君亲监之。仍用官长司事，但自察之。班无可加，而虔极矣。○王使是主，说得十分郑重。又带“巡守”句，更凛然。㊟巡守：亦作“巡狩”。《孟子·梁惠王下》：“天子适诸侯曰巡狩。巡狩者，巡所守也。”今虽朝也不才，征今。㊟朝：单襄公自称。有分族于周，分族，王之亲族也。承王命以为过宾于陈，过宾，谓假道。而司事莫至，不但失班加益虔之制，且无以下同于敌国之宾矣。是蔑先王之官也。结“膳宰不致饩”四句。㊟蔑：轻视。

“先王之令有之曰：引古。‘天道赏善而罚淫，㊟天道：犹天理。淫：邪恶。故凡我造国，无从非彝⑩，无即慆淫，造，为也。彝，常也。即，就也。慆，慢也。㊟造国：谓治理国家。从：从事。非彝：违背常规的行为。慆淫：怠慢放纵。各守尔典，以承天休。’典，常也。休，庆也。㊟典：法度。天休：天赐福佑。今陈侯征今。不念胤续之常，弃其伉俪妃嫔，胤续，继嗣也。伉俪，配偶也。而帅率其卿佐以淫于夏氏，不亦嬻姓矣乎⑪？卿佐，孔、仪也。夏征舒之父御叔，即陈公子夏之子、灵公之从祖父，妫姓也，故曰“嬻姓”。○“即慆淫”矣。㊟嬻姓：亵渎同姓。陈，我大太姬之后也。大姬，武王之女、虞胡公之妃、陈之祖妣也。弃衮冕而南冠以出，不亦简彝乎？简彝，简略常服也。○“从匪彝”矣。㊟衮冕：衮衣和冕，是帝王与上公的礼服和礼冠。南冠：楚人之冠。简彝：简易，犹随便。是又犯先王之令也。结“民将筑台”五句。

“昔先王之教，懋帅其德也[12]，犹恐陨越。懋，勉也。帅，循也。陨越，坠落也。若废其教而弃其制，蔑其官而犯其令，将何以守国？居大国之间，而无此四者，其能久乎？”大国，谓晋、楚。○总收一段，直结出“不有大咎，国必亡”之故。

六年，单子如楚。八年，陈侯杀于夏氏。灵公与孔宁、仪行父饮酒于夏氏，公谓行父曰：“征舒似汝。”对曰：“亦似君。”征舒病之，公出，自其厩射而杀之。九年，楚子入陈。楚庄王讨夏征舒，遂县陈。○单子之言俱验。

先叙事起，中分四段辨驳，引古征今，句修字削。而分断中，又复错综变化，读之不觉其排对之迹。自是至文。

〔校记〕

①“行”后原有一“也”字，据《国语》删。
②“施”，原作“旅”，据《国语》改。
③“不”，原作“弗”，据《国语》改。
④“椆”，原作“掆”，据《国语》改。
⑤“王”后原有一“之”字，据《国语》删。
⑥“民”，原作“农”，据《国语》改。
⑦“饔”，原作“餐”，据《国语》改。
⑧“官”后原有一“各”字，据《国语》删。
⑨“吏”，原作“使”，据《国语》改。
⑩“非”，原作“匪”，据《国语》改。
⑪“嬻”，原作“渎”，据《国语》改。
⑫“懋”，原作“茂”，据《国语》改。

展禽论祀爰居

《国语·鲁语上》

海鸟曰爰居，疏句起法。止于鲁东门之外三日①，臧文仲鲁大夫，臧孙氏。使国人祭之。直是居蔡故智。展禽即柳下惠，名获，字禽。曰："越哉，臧孙之为政也！越，谓越于礼。○不责其祀，而直责其政，立论最大。(补)为政：施政。夫祀，国之大节也；而节，政之所成也。节，制也。祀之节制，于国为最大，乃政之所由以成，所关甚重。(补)节：礼节，礼制。故慎制祀以为国典。慎者，不轻之谓。制，立也。典，常也。祀有关国政如此，故慎立祭祀之法，以为国之常经，不得有所加也。○此句极重，后俱根此立论。(补)典：准则，制度。今无故而加典，非政之宜也。两语断毕。

"夫圣王之制祀也，总冒一句。法施于民则祀之，以死勤事则祀之，以劳定国则祀之，能御大灾则祀之，能捍大患则祀之。(补)法施于民：创法施恩于民。以死勤事：勤于职事而以身殉职。定：安定。捍：抵御，阻止。非是族也，不在祀典。族，类也。○先将制祀之意，虚论一番，下乃历引以实之。昔烈山氏之有天下也，其子曰柱，能殖百谷百蔬②；

夏之兴也，周弃继之，烈山氏，神农号。其后世子孙有名柱者，能植谷、蔬，作农官。夏兴，谓禹也。弃能继柱之业。〔补〕子：后代子孙。**故祀以为稷。**稷，谷神也。〔补〕周族始祖。**共工氏之伯九有也，其子曰后土，能平九土，**共工，霸者，在羲、农之间。有，域也。共工之裔子句龙，佐黄帝为土官。九土，九州之土。〔补〕九有：九州。平：治理。**故祀以为社。**社，土神也。○柱、弃、句龙，以劳定国。○以上社稷之祀，以下宗庙之祀。**黄帝能成命百物，以明民共（供）财，**黄帝，轩辕也。命，名也。成命，定百物之名也。明民，使民不惑也。共财，供给公上之赋敛也。**颛顼能修之。**颛顼，黄帝之孙、帝高阳也，能修黄帝之功。〔补〕修：遵循。**帝喾能序三辰以固民，**帝喾，黄帝之曾孙、帝高辛也。三辰，日月星也。序之使民知休作之候。固，安也。〔补〕序：次序。**尧能单（殚）均刑法以仪民，**单，尽也。均，平也。仪，善也。○四句，皆法施于民者。〔补〕单：竭尽。**舜勤民事而野死，**征有苗，崩于苍梧之野。**鲧障洪水而殛死，**鲧障防百川，绩用不成，尧殛之于羽山。○舜、鲧，皆以死勤事。**禹能以德修鲧之功，**修者，继其事而改正之。○能御大灾。**契为司徒而民辑，**司徒，教官之长。辑，和也。○法施于民。〔补〕契：帝喾之子，舜时佐禹治水有功，任为司徒，封于商。**冥勤其官而水死，**冥，契六世孙，为夏水官，勤于其职，而死于水。○以死勤事。〔补〕官：职务。**汤以宽治民而除其邪，**除邪，谓放桀。○能捍大患。**稷勤百谷而山死，**稷，周弃也，死于黑水之山。○以死勤事。**文王以文昭，**文王演《易》，以文德著。○法施于民。**武王去民之秽。**去秽，谓伐纣。○能捍大患。**故有虞氏禘黄帝而祖颛顼，郊尧而宗舜；**有虞氏，舜后。禘，大祭也。郊，祭天以配食也。祖其有功者，宗其有德者，百世不迁之庙也。有虞氏出自黄帝、颛顼，故禘黄帝而祖颛顼。舜受禅于尧，故郊尧。《祭法》作“郊喾而宗尧”。于此异者，舜在时则宗尧，舜崩则子孙宗舜，故郊尧。**夏后氏禘黄帝而祖颛顼，郊鲧而宗禹；**夏后氏，亦黄帝、颛顼之后，故禘祖之礼同。虞以上尚德，夏以下亲亲，故夏郊鲧也。**商人禘舜**当作喾。**而祖契，郊冥而宗汤；**喾，契之父。契，商之始祖也。**周人禘喾而郊稷，祖文王而宗武王。**喾，稷之父。稷，周之始祖也。商人祖契。周人初时亦祖稷而宗文王，顾武王定天下，其庙不可以毁，故更郊稷，祖文王而宗武王。○已上先总叙功德，后总出祀典。**幕，能帅颛顼者也，有虞氏报焉；**幕，舜之后虞思也，为夏诸侯。帅，循也。报，报德之祭。**杼，能帅禹者也，夏后氏报焉；**杼，禹七世孙、少康子季杼也，能兴夏道。**上甲微，能帅契者也，商人报焉；**上甲微，契八世孙、汤之先也。**高圉、太王，能帅稷者也，周人报焉。**高圉，稷十世孙。太王，高圉之曾孙。○四代子孙，能帅循其祖德，皆为以劳定国。○已上逐句出祀典，法变。**凡禘、郊、祖、宗、报，此五者国之典祀也。**总锁一句，结住上文。以下又于五祀典外，兼举诸祀。

“加之以社稷山川之神，皆有功烈于民者也；“社稷”应前。山川，谓五岳四渎。**及前哲令德之人，所以为明质也③；**质，信也。民皆明而信之，故曰明质。(补)前哲：前代的贤哲。令德：美德。**及天之三辰，民所以瞻仰也；**借其光以见物。(补)三辰：指日月星。**及地之五行，所以生殖也；**

五行，水、火、木、金、土，民皆赖之以生活。(补)生殖：生育繁殖。**及九州名山川泽，所以出财用也。**财用，如财木、鱼鳖之类。○叠写五句，是带叙法。(补)九州：古代分中国为九州，说法不一，《尚书·禹贡》作冀、兖、青、徐、扬、荆、豫、梁、雍，泛指天下。**非是不在祀典。**禘、郊、祖、宗、报之外，必须有功于民者，方祀及之。皆非无故而加也。○收完“制祀以为国典”句。

“今海鸟至，己不知而祀之④，以为国典，入题。“己不知”三字，妙。**难以为仁且智矣⑤。**再断。**夫仁者讲功，**爱人必讲及人之功。(补)讲功：谓论功。**而智者处物⑥。**格物必审处物之法。○又与仁、知作注释，妙。(补)处物：审识事物。**无功而祀之，非仁也；**结上。**不知而不能问⑦，非智也⑧。**起下。**今兹海其有灾乎？夫广川之鸟兽，恒知避其灾也⑨。”**广川，犹言大流。言避灾而来，祀之绝不相涉。说出，一笑。(补)今兹：现今，今年。恒：常常。

是岁也，海多大风，冬暖。果有灾。**文仲闻柳下季之言，曰：“信吾过也，季子之言不可不法也。”**(补)信：的确。法：谓效法。**使书以为三策。**策，简也。三书简者，恐有遗亡故也。

一祀爰居耳，发出如许大议论。然亦只是“无故加典”一句断尽。前云“非是族也，不在祀典”，后云“非是，不在祀典”，总是不得无故加典也。文仲之失，在不能讲功，而先在不能处物，是不智乃以成其不仁也。结出海鸟之智来，最有味。

〔校记〕

①“三”，原作“二”，据《国语》改。

②"殖"，原作"植"，据《国语》改。
③"明"，原作"民"，据《国语》改。
④"已"，原作"已"，据《国语》改。
⑤⑥⑧"智"，原作"知"，据《国语》改。
⑦"能"，原缺，据《国语》补。
⑨"知"后原有一"而"字，据《国语》删。

lǐ gé duàn gǔ kuāng jūn

里革断罟匡君

guó yǔ lǔ yǔ shàng

《国语·鲁语上》

xuān gōng xià làn yú sì yuān　lǐ gé
宣公夏滥于泗渊，滥，渍也。渍罟与泗水之渊，以取鱼也。㊉渊：深潭。里革鲁大夫。

duàn qí gǔ ér qì zhī　yuē　gǔ zhě dà
断其罟而弃之，罟，网也。陡然惊人。曰：一面断一面说，所以下有"公闻之"字。"古者大

hán jiàng tǔ zhé fā　shuǐ yú yú
寒降，土蛰发，大寒以后，蛰虫始振，孟春也。㊉大寒：二十四节气之一。降：减退。土蛰：地下冬眠的动物。水虞于

shì hū jiǎng gū liǔ　qǔ míng yú　dēng chuān qín　ér cháng zhī qǐn miào
是乎讲罛罶，取名鱼，登川禽，而尝之寝庙，

xíng zhū guó　zhù xuān qì yě
行诸国①，助宣气也。水虞，掌川泽之禁令。讲，习也。罛，大网也。罶，笱也。名鱼，大鱼也。川禽，鳖蜃之属。是时阳气起，鱼陟负冰，故既取以祭。复令民各取以荐，所以佐阳气之升也。○第一段，言鱼取之有时。㊉罛罶：指渔具，捕鱼的竹篓为罶。登：取的敬辞。川禽：水生动物。尝：秋祭名，泛指祭祀。寝庙：指宗庙。宣气：谓阳气发散。

niǎo shòu yùn　shuǐ chóng chéng　shòu yú yú shì hū jìn jū luó
鸟兽孕，水虫成，春时。兽虞于是乎禁罝罗，

zé yú biē yǐ wéi xià gǎo　zhù shēng fù yě
矠鱼鳖以为夏槁，助生阜也。兽虞，掌鸟兽之禁令。罝，兔罟。罗，鸟罟。矠，刺取也。鱼干曰槁。阜，长也。禁取鸟兽之具，所以佐其生长也。○第二段，兽虞却矠鱼鳖是宾。㊉生阜：生长。

niǎo shòu chéng　shuǐ chóng yùn　shuǐ
鸟兽成，水虫孕，夏时。水

虞于是禁罝罜麗②，设阱鄂，以实庙庖，畜功用也。罜麗，小网也。鄂，柞格，所以误兽也。庙，享祖宗。庖，燕宾客。畜，储也。鱼鳖为民日用之需，非鸟兽比，故曰“畜功用”，不但“助生阜”已也。〇第三段，水虞却设阱鄂是主。【补】阱：捕野兽的陷坑。鄂：捕兽器。实：充实。庖：厨房。功用：日用之需。**且夫山不槎蘖，泽不伐夭，鱼(渔)禁鲲鲕，兽长麑䴠，鸟翼鷇卵，虫舍蚳蝝，蕃庶物也，**槎，斫也。蘖，斫过树根傍复生嫩条也。草木未成曰夭。鲲鲕，鱼子也。麑，鹿子。䴠，麋子。翼，成也。生哺曰鷇，未乳曰卵。蚳蝝，蚁子，可为醢。蕃，息也。〇第四段，草木鸟兽鱼虫，连类并举，是宾主夹写。【补】槎蘖：砍伐幼林。槎，砍伐。夭：亦指刚出生的禽兽。鱼：捕鱼。翼：遮护。鷇：幼鸟。蕃：繁殖。庶物：万物。**古之训也。**总一句，与“古者”应。下紧入“今”字。**今鱼方别孕，**别于雄而怀子。【补】别孕：产子。**不教鱼长，**生者又未大。【补】教：使。**又行网罟，贪无艺也。”**艺，极也。〇第五段，入题。见“夏滥”有违于古，不得不“断其罟而弃之”。〇每段末，下一断语，最宜玩。【补】无艺：没有限度。

公闻之曰：“吾过而里革匡我，不亦善乎！美里革。【补】匡：纠正。不亦：用于表示肯定的反问句。**是良罟也，为我得法。**言此断罟最善，乃代我得古人之法。〇兼美断罟，惊变为喜，妙。**使有司藏之，使吾无忘谂。”**谂，告也。言是罟不可弃，使我见罟不忘里革之言。〇断罟藏罟，涉想俱佳。【补】谂：规谏。**师存侍，**师，乐师，名存。【补】侍：陪侍尊长。**曰：“藏罟不如置里革于侧之不忘也。”**结语深隽有味，使好名之主意消。

述古训处，写得宾主杂然，具有错综变化之妙；入今事，只“贪无

艺也”四字，是极谏意。宣公闻谏，私心顿释。师存进言，意味深长。正堪并美。

〔校记〕

①“国”后原有一“人”字，据《国语》删。
②“是”后原有一“乎”字，据《国语》删；“置”，原缺，亦据补。

jìng jiāng lùn láo yì
敬姜论劳逸

guó yǔ lǔ yǔ xià
《国语·鲁语下》

gōng fǔ wén bó 公父文伯鲁大夫，季悼子之孙、公父穆伯之子、公父歜也。tuì cháo cháo qí mǔ 退朝，朝其母，母，穆伯之妻敬姜也。㊟朝：晚辈问候长辈。qí mǔ fāng jì 其母方绩。绩，缉麻也。wén bó yuē yǐ chù zhī jiā 文伯曰：“以歜之家只四字，便写尽淫心。ér zhǔ yóu jì jù gān jì sūn zhī nù yě 而主犹绩，惧忏季孙之怒也①，主，谓主母。忏，犯也。季孙，康子也，时为鲁正卿。qí yǐ chù wéi bù néng shì zhǔ hū 其以歜为不能事主乎？”注一句。

qí mǔ tàn yuē lǔ qí wáng hū shǐ tóng zǐ bèi guān ér wèi zhī wén yé 其母叹曰：“鲁其亡乎！使僮子备官而未之闻耶②？僮，顽痴也。备官，居官也。闻，谓闻大道。○子言家，母却叹国，所见者大。㊟僮子：童子，指未成年的人。jū wú yù rǔ 居，吾语女汝。㊟居：坐。语：告诉。xī shèngwáng zhī chǔ mín yě zé jí tǔ ér chǔ zhī 昔圣王之处民也，择瘠土而处之，láo qí mín ér yòng zhī gù chángwàng tiān xià 劳其民而用之，故长王天下。瘠，瘦薄也。○“劳”字，是一篇之纲。㊟处民：治理百姓。瘠土：不肥沃的土地。处：安顿。王：统治，称王。fú mín láo zé sī sī zé shàn xīn shēng yì zé yín 夫民劳则思，思则善心生；逸则淫，

yín zé wàng shàn　wàng shàn zé è xīn shēng
淫则忘善，忘善则恶心生。

承劳民说，又从"劳"字，看出"逸"字，妙。○淫：放纵。

wò tǔ
沃土

zhī mín bù cái　yì yě③　jí tǔ zhī mín mò bú xiàng yì　láo yě
之民不材，逸也③；瘠土之民莫不向义，劳也。

承瘠土说，却从沃土反证瘠土，妙。○已上泛论道理，下乃实叙。

shì gù tiān zǐ dà cǎi cháo rì　yǔ sān gōng
是故天子大采朝日，与三公、

jiǔ qīng zǔ shí dì dé
九卿祖识地德；

大采，五采也。天子春朝朝日，服五采。祖，习也。识，知也。地德广生，修阳政也。㉘大采：天子祭日所穿的礼服。朝日：帝王春分祭日。祖识：熟习知悉。地德：大地的德化恩泽。

rì zhōng kǎo zhèng　yǔ bǎi guān zhī zhèng shì　shī
日中考政，与百官之政事，师

yǐn　wéi lǚ　mù　xiàng　xuān xù mín shì
尹、惟旅、牧、相，宣序民事；

"考"字直贯下十七字。师尹，大夫官也。惟旅，众士也。牧，州牧。相，国相也。宣，布。序，次也。㉘宣序：全面安排。

shào cǎi xī yuè　yǔ tài shǐ　sī zǎi jiū qián tiān
少采夕月，与太史、司载纠虔天

xíng
刑；

少采，三采也。秋暮夕月，服三采。司载，谓冯相氏、保章氏，与太史相偶。纠，恭。虔，敬也。刑，法也。天刑肃杀，治阴教也。㉘少采：黼衣。夕月：帝王秋分祭月。天刑：上天的法则。

rì rù jiān jiǔ yù　shǐ jié fèng dì　jiāo zhī zī chéng　ér hòu
日入监九御，使洁奉禘、郊之粢盛，而后

jí ān
即安。

监，视也。九御，九嫔之官，主祭祀者。即，就也。○著"而后"二字，可见劳多安少。以下段段著"而后"字。○此言天子之劳。㉘粢盛：盛在祭器内以供祭祀的谷物。

zhū hóu zhāo xiū tiān zǐ zhī yè mìng　zhòu kǎo qí guó zhí　xī xǐng qí diǎn
诸侯朝修天子之业命，昼考其国职，夕省其典

xíng　yè jǐng bǎi gōng　shǐ wú tāo yín　ér hòu jí ān
刑，夜儆百工，使无慆淫，而后即安。

业，事也。命，令也。典刑，常法也。

工，官也。慆，慢也。○此言诸侯之劳。㉘业命：国事与政令。国职：指诸侯国的政务。儆：告诫。慆淫：怠慢放纵。

qīng dà fū zhāo kǎo qí
卿大夫朝考其

zhí　zhòu jiǎng qí shù zhèng　xī xù qí yè　yè pǐ qí jiā shì　ér
职，昼讲其庶政，夕序其业，夜庀其家事，而

hòu jí ān
后即安。

庀，治也。○此言卿大夫之劳。㉘庶政：各种政务。庶，众多。序：疏理。家：指卿大夫的采地食邑。

shì zhāo shòu yè　zhòu
士朝受业，昼

而讲贯，夕而习复，夜而计过无憾，而后即安。受业，受事于朝也。贯，事也。复，覆也。憾，恨也。○此言士之劳。(补)讲贯：犹讲习。计过：检讨过失。憾：不满意。自庶人以下，明而动，晦而休，无日以怠。句法变。○此言庶人之劳。○以上叙男事之劳，所以教文伯。以下叙女工之劳，所以自治也。(补)明：白天。晦：晚上。怠：懈怠，懒惰。

“王后亲织玄紞，紞，冠之垂者，用杂采线织之。○王后劳。(补)玄：黑色。紞：冠冕上用以系瑱的丝绳。公侯之夫人加之以纮、綖，纮，缨从下而上者。綖，冠上覆。○公侯夫人劳。卿之内子为大带，卿之嫡妻曰内子。大带，缁带也。○卿内子劳。命妇成祭服，命妇，大夫妻也。○命妇劳。列士之妻加之以朝服，列士，元士也。○士妻劳。自庶士以下，皆衣其夫。庶士，下士也。以下谓庶人。○庶民妻劳。(补)衣：谓为其夫制作衣服。社而赋事，蒸而献功④，男女效绩，愆则有辟，古之制也。社，春分社日也。赋，布也。事，农桑之业。冬祭曰蒸。献功，告事之成也。绩，功也。愆，失也。辟，罪也。○单就庶人男女作束，便括尽上文，妙。(补)赋事：分配劳作之事。效绩：效劳，立功。愆：过失。君子劳心，小人劳力，先王之训也。自上以下，谁敢淫心舍力？又以“心”“力”二字，总结“劳”字，以起下文。(补)淫心舍力：谓放纵其心而舍弃其力。

“今我，寡也，尔又在下位，寡，孀妇也。下位，下大夫之位。○两句合来，便见劳当加倍，正破“以歜之家”句。朝夕处事，犹恐忘先人之业。处事，处身于作事也。先人，谓穆伯。○

一折。**况有怠惰，其何以避辟！**应“愆则有辟”句。(补)避辟：谓免受法律制裁。**吾冀而朝夕修我曰：bì wú fèi xiān rén ‘必无废先人。’**冀，望也。而，汝也。修，儆也。○又一折。(补)儆：儆戒。**尔今曰：‘胡不自安？’**点起。(补)胡不：何不，表示反问。**yǐ shì chéng jūn zhī guān 以是承君之官，**劝母自安，则己之喜于自安可知。○应“备官”句。(补)承：担任。**余惧穆伯之绝嗣也⑤。”**起言“鲁其亡乎”，结言“穆伯绝嗣”，俱作危言，以儆文伯。妙。(补)嗣：子孙。

仲尼闻之曰：dì zǐ zhì zhī “弟子志之，志，记也。**记。jì shì zhī fù bù 季氏之妇不

yín yǐ 淫矣。”**不淫，是能劳。结赞更奇。

通篇只以“劳”字为主。自天子至诸侯，自卿大夫至士庶人，自王后至夫人，自内子、士妻至庶士以下，无一人之不劳，无一日之不劳，无一时之不劳。读此，如读《豳风·七月》诗。

〔校记〕

①“忓”，原作“干”，据《国语》改。
②“耶”，原作“邪”，据《国语》改。
③“逸”，原作“淫”，据《国语》改。
④“蒸”，原作“烝”，据《国语》改。
⑤“嗣”，原作“祀”，据《国语》改。

shū xiàng hè pín

叔向贺贫

《guó yǔ jìn yǔ bā

《国语·晋语八》

shū xiàng

叔向羊舌肸。** jiàn hán xuān zǐ 见韩宣子，**韩起，晋卿。**宣子忧贫，叔向贺**

之。贺其贫，非贺其忧也。㊟贫：缺少财物，贫穷。宣子曰："吾有卿之名，而无其实，实，财也。无以从二三子，不足以供宾客往来之费，难以置身于卿大夫之列。吾是以忧，子贺我何故？"问得好。

对曰："昔栾武子栾书，晋卿。无一卒之田，百人为卒。一卒之田，盖十二井。其宫不备其宗器①，其掌祭祀之官，犹不能备其祭器。○贫。㊟宫：指宗庙。宣其德行，宣，布也。○"德"字，是一篇之纲。㊟德行：道德品行。顺其宪则，使越于诸侯。诸侯亲之，戎、狄怀之，以正晋国，行刑不疚，宪、则，皆法也。越，发闻也。刑，即宪则。疚，病也。○此其德之宣于外内者。㊟越：传播。怀：归向。不疚：谓没有弊病。以免于难。当身免于祸难。○贫而有德者可贺。及桓子，栾书之子，黡也。骄泰奢侈，㊟骄泰：骄恣放纵。贪欲无艺，艺，极也。㊟谓贪财的欲望没有限度。略则行志，假贷居贿②，忽略宪则，而行贪欲之志，贷货取利，而蓄之于家。○不贫又无德。㊟略则：犯法。行志：随意志行事。假贷：借贷。居贿：储积财物。宜及于难，本属可忧。而赖武之德以没其身。赖武之贻德以善终。○武二不但能保身，且足以庇后，益见贫而有德者可贺。㊟赖：凭借。没：善终。及怀子，栾黡之子，盈也。改桓之行而修武之德，改桓是贫，修武是德。可以免于难，本属可贺。而离桓之罪，以亡于楚。离，遭也。亡，奔也。○桓子虽及身幸免，亦必贻祸于后，可见不贫而无德者可忧。○一举栾氏为证，以见贫之可贺。夫郤昭子，郤至，晋卿。其富半公室，其家半三军，三军，与上“一卒”相对。○富。补 公室：诸侯之家。家：卿大夫的采邑，此指采邑的兵赋。三军：晋设中军、上军、下军，一军有一万二千五百人。恃其富宠，以泰于国，宠，尊荣也。泰，骄慢也。○无德。补 富宠：富贵荣耀。其身尸于朝，其宗灭于绛。尸，既刑陈其尸也。绛，晋旧都。陈尸灭族，较之贻祸于后者尤甚。○富而无德者可忧。不然，夫八郤，五大夫三卿，其宠大矣，三卿，郤锜、郤至、郤犨。又有五人为大夫。○忽作顿宕，文势曲折。一朝而灭，莫之哀也，唯无德也③。倒找“德”字，陡健。○一举郤氏为证，以见贫之不必忧。补 莫：没有谁。唯：由于。今吾子有栾武子之贫，吾以为能其德矣，有其贫，必能行其德也。○“吾以为”三字，妙甚。是以贺。正答“何故”二字。若不忧德之不建，而患货之不足，亦栾桓、郤昭之续耳，小则贻祸后嗣，大则殃及同宗。补 货：财物，金钱、珠玉、布帛的总称。将吊不暇，何贺之有？”贫可贺，忧贫又可吊，妙绝。补 吊：凭吊。不暇：来不及。

宣子拜稽首焉，曰：“起也将亡，赖子存之。以其言可以保身，结栾武子一段。补 稽首：古时一种跪拜礼，叩头至地，是九拜中最恭敬者。非起也敢专承之，其自桓叔韩氏之祖。以下，嘉吾子之赐。”以其言可以全族，结郤昭子一段。补 嘉：感德。

不先说所以贺之之意，直举栾、郤作一榜样，以见贫之可贺，与不贫之可忧。贫之可贺，全在有德，有德自不忧贫。后竟说出忧贫之可吊来，可见徒贫原不足贺也。言下，宣子自应汗流浃背。

〔校记〕

①“宫”，原作“官”，据《国语》改。
②“贷”，原作“货”，据《国语》改。

③“唯”，原作“惟”，据《国语》改。

王孙圉论楚宝

《国语·楚语下》

王孙圉楚大夫。聘于晋，定公飨之。〔补〕聘：聘问。飨：用酒食款待人。赵简子晋大夫，赵鞅。鸣玉以相。鸣其佩玉以相礼。〔补〕相：相礼，即辅佐国君执行礼仪。问于王孙圉曰：“楚之白珩犹在乎？”白珩，楚之美佩玉也。○开口问白珩，则鸣玉以相，分明有意炫耀。对曰：“然。”简子曰：“其为宝也几何矣？”言白珩之为宝，所值几何？

曰：“未尝为宝。一句抹倒。楚之所宝者，顿一句，郑重。与下“楚国之宝”句紧照。曰观射父，楚大夫。能作训辞，以行事于诸侯，使无以寡君为口实。口实，犹言话柄。善于辞命以交邻，使无以不文为话柄。○是为可宝。〔补〕训辞：外交辞令。行事：出使之事。行：行人，使者的通称。口实：指话柄，谈笑的资料。又有左史倚相，左史，名倚相。能道训典，以叙百物，以朝夕献善败于寡君，使寡君无忘先王之业；叙，次也。物，事也。○明则有以正主志。〔补〕训典：典章制度。叙：次第。善败：成败。又能上下说（悦）于鬼神①，顺道（导）其欲恶，使神无有怨痛于楚国。上天神，下地祇，顺道鬼神之情，所以悦之也。○幽则有以格神明。○是为可宝。(补)顺道：谓趁势加以引导。又有薮曰云连徒洲，薮，泽也。云，即云梦。连，属也。徒，洲名。盖云梦连属徒洲。(补)薮：大湖。金、木、竹、箭之所生也。龟、珠、角、齿、皮、革、羽、毛，竹之小者曰箭。○十六字要连看，犹言金木竹箭、龟珠角齿、皮革羽毛之所生也。所以备赋，以戒不虞者也；赋，兵赋也。不虞，意外之患。○治本国所资。(补)戒：防备。所以共(供)币帛，以宾享于诸侯者也。享，献也。○交邻国所资。○是为可宝。○观射父、左史倚相，曰“能”，曰“使”。云连徒洲，曰“生”，曰“所以”。字法。(补)币帛：用于馈赠的礼物。若诸侯之好币具，云连徒洲。(补)好：喜爱。币具：礼品。而导之以训辞，观射父。有不虞之备，云连徒洲。而皇神相之，皇，大也。○左史倚相。○又将三段，串作一片。(补)相：佑助。寡君其可以免罪于诸侯，邻国有益。而国民保焉。本国有益。(补)保：安定。此楚国之宝也。正应一句收。若夫白珩，先王之玩也，玩则非有用之物。(补)若夫：至于。何宝之焉②？应“未尝为宝”句。○以上答白珩已毕，下乃重起奇文，以刺鸣玉，与白珩无干。

“圉闻国之宝六而已。凡为国者所宝唯六。明王圣人能制议百物③，以辅相国家，则宝之；圣，通明也。(补)明王：指圣明的君主。制议：安排妥当。辅相：帮助。玉足以庇荫嘉谷，使无水旱之灾，则宝之；玉，祭祀之玉。(补)庇荫：庇护。嘉谷：指五谷。龟足以宪臧否，则宝之；宪，法也。(补)宪臧否：

zhū zú yǐ yù huǒ zāi　zé bǎo zhī　jīn zú yǐ yù
谓揭示吉凶。宪，显示。臧否，吉凶、得失。**珠足以御火灾，则宝之；金足以御**

bīng luàn　zé bǎo zhī　shān lín sǒu zé zú yǐ bèi cái yòng　zé bǎo zhī
兵乱，则宝之；山林薮泽足以备财用，则宝之。

ruò fú huá xiāo zhī měi
圣曰“能”，物曰“足以”，字法。○此虽是推开一层说，仍句句与上三段相映照，妙。**若夫哗嚣之美，**鸣玉声也。[补]哗嚣：谓声音喧嚣。

chǔ suī mán yí　bù néng bǎo yě
楚虽蛮夷，不能宝也。”问甚矜张，答甚闲淡，机锋射人。

所宝唯贤，自是主论，却著眼在云连徒洲一段。盖薮泽钟美，皆堪有用，自当为宝，正与玩好无用之白珩紧照。后一段于“圣能制议”之下，复接龟珠金玉，山林薮泽，皆可资之为用者。跌到不宝哗嚣之美，处处针锋相对。

〔校记〕

①“于”，原作“乎”，据《国语》改。
②“之”，原缺，据《国语》补。
③“明王”“人”，原缺，据《国语》补。

zhū jī yǐng xíng chéng yú wú
诸稽郢行成于吴

guó yǔ　wú yǔ
《国语·吴语》

wú wáng fū chāi qǐ shī fá yuè
吴王夫差起师伐越，鲁定十四年，吴伐越，越败之于槜李，阖庐伤足而死。后三年，夫差败越于夫椒，报槜李也。大夫种求成于吴，吴许越成。至是吴又起师伐越。

yuè wáng gōu jiàn qǐ shī nì zhī
越王勾践起师逆之①。逆，迎战也。

dà fū zhǒng nǎi xiàn móu yuē　fú wú zhī yǔ yuè　wéi tiān suǒ
大夫种乃献谋曰：“夫吴之与越，唯天所

shòu　wáng qí wú yōng zhàn　fú shēn xū
授，王其无庸战。言唯天所命，不用战也。○先顿一句。[补]其：犹可。庸：用。**夫申胥、**伍子胥奔吴，吴子

huà dēng jiǎn fú wú guó zhī shì yú jiǎ bīng ér
与之申地，故曰申胥。华登，宋司马华费遂之子，奔吴为大夫。简服吴国之士于甲兵，而

wèi cháng yǒu suǒ cuò yě fú yì rén shàn shè
未尝有所挫也。简服，练习也。挫，毁折也。言二子善于用兵。[补]简：操练。夫一人善射，

bǎi fū jué shí
百夫决拾，决，以象骨为之，著于右手大指，所以钩弦开体。拾，以皮为之，著于左臂以遂弦。言二子善用兵，众心化之，犹一人善射，而百夫竞著决拾以效之

shèng wèi kě chéng yě fú móu bì sù jiàn
也。[补]决拾：谓佩戴决拾。决，扳指。拾，套袖。胜未可成也②。越之胜吴，殆未可必。夫谋，必素见

chéng shì yān ér hòu lǚ zhī bù kě yǐ shòu mìng
成事焉，而后履之，不可以授命。素，豫也。履，行也。授命，犹言致命。言当谋定

wáng bù rú shè róng yuē cí xíng chéng yǐ xǐ qí mín
后战，不可轻出丧师。[补]素：预先。王不如设戎，约辞行成，以喜其民，

yǐ guǎng chǐ wú wáng zhī xīn
以广侈吴王之心。不如设兵自守，卑约其辞，以求平于吴，吴民必喜，乃所以骄夫差之心也。○"广侈吴王之心"，是献谋主意。[补]约：

wú yǐ bǔ zhī yú tiān tiān ruò qì wú bì xǔ wú
卑下。行成：求和。广侈：使骄傲自大。吾以卜之于天，天若弃吴，必许吾

chéng ér bù wú zú yě jiāng bì kuān rán yǒu bà zhū hóu
成而不吾足也，不以吾为足虑。[补]足：值得。将必宽然有伯[霸]诸侯

zhī xīn yān jì pí bì qí mín ér tiān duó zhī
之心焉。所谓广侈之也。[补]宽然：慢慢地。宽，舒缓。既罢[疲]弊其民，而天夺之

shí ān shòu qí jìn nǎi wú yǒu
食，心既广侈，则民必罢弊，而天禄尽。[补]既：至，到了。天夺之食：指遭受天灾而粮食歉收。安受其烬，乃无有

mìng yǐ
命矣。"烬，余也。天之所弃，吾取者乃天之余也。乃无有命，言吴更无天命也。○大夫种布算已定。[补]烬：指遗民。

yuè wáng xǔ nuò nǎi mìng zhū jī yǐng xíng chéng yú wú yuē
越王许诺，乃命诸稽郢越大夫。行成于吴，曰：

guǎ jūn gōu jiàn shǐ xià chén yǐng bù gǎn xiǎn rán bù bì xíng lǐ
下皆约辞。"寡君勾践使下臣郢，不敢显然布币行礼，

gǎn sī gào yú xià zhí shì yuē
敢私告于下执事曰：开口辞便约。[补]使：派遣。显然：公开显露貌。布币：陈列币帛。敢：犹冒昧。执事：对对方的敬称。

‘昔者越国见祸，得罪于天王。指槜李伤阖庐事。天王，尊之以名。(补)见：表示被动，受到。**天王亲趋玉趾，**谓败越于夫椒。(补)趋玉趾：谓劳大驾。玉趾，对人脚步的敬称。**以心孤勾践，而又宥赦之。**孤，弃也。破越不取，是心弃勾践而宥赦之也。**君王之于越也，緊起死人而肉白骨也。**緊，是也。○感德语，所以侈其心。**孤不敢忘天灾，**指上“见祸”言。○顿挫。(补)孤：代勾践自称。天灾：天降之灾。**其敢忘君王之大赐乎！**加此二句，见诚心感德。○已上述吴昔日之恩。(补)其：犹岂，难道，表诘问。**今勾践申祸无良，**申祸，重见祸也。无良，言己之不善。○作自责语。(补)申：重复。**草鄙之人，**(补)草鄙：草野鄙陋，此用作谦辞。**敢忘天王之大德，而思边垂（陲）之小怨③，以重得罪于下执事？**存国为德之大，侵疆为怨之小。重得罪，谓报见侵也。○作一振，逼入起师逆之意。(补)敢：岂敢。边垂：边境。**勾践用帅（率）二三之老，亲委重罪，顿颡于边。**委，任也。言起师逆之者，乃帅二三臣，自任大罪，叩头请服于境，非敢得罪于吴也。(补)用：因而。老：臣子的称谓。顿颡：屈膝下拜，以额触地，多于请罪时行之。**今君王不察，盛怒属兵，将残伐越国。**(补)属兵：谓调兵。属，集合。残伐：残杀攻伐。**越国固贡献之邑也，**顿挫。(补)固：本来。贡献：进贡。**君王不以鞭棰使之，而辱军士使寇令焉。**若御寇之号令。○越辞愈卑，吴心愈侈。(补)鞭棰：鞭子。使：谓驱使。辱：劳驾。**勾践请盟：**以吴不察，故请盟。**一介嫡女，执箕帚以晐姓于王宫；**晐，备也。《曲礼》：“纳女于天子曰备百姓。”(补)一介：一个。箕帚：畚箕和扫帚，皆扫除之具。晐姓：指纳女于天子之宫。

一介嫡男，奉槃(盘)匜以随诸御；匜，洗手器。御，近臣宦竖之属。(补)槃匜：盥沐用具，匜以倒水，槃以承接。诸：于。御：指侍从。春秋贡献，不解(懈)于王府。应“贡献之邑”句。○此言既盟之后如此。(补)春秋：泛指四时。不解：不敢懈怠。王府：指君王收藏财物的府库。天王岂辱裁之？亦征诸侯之礼也。’天王岂能辱意裁制之，此亦天子征税诸侯之礼也。○已上望吴今日之泽。(补)岂：其，表示祈使。裁：裁决。征：指征收赋税。

“夫谚曰：‘狐埋之而狐搰之，是以无成功。’搰，发也。○喻甚奇。今天王既封植越国④，以明闻于天下，而又刈亡之，是天王之无成劳也。封植、刈亡，以草木自比。言吴今日之刈亡，徒劳昔日之封植也。○忽作责吴语，妙。(补)封植：扶植。刈亡：铲除。成劳：成功。虽四方之诸侯，则何实以事吴？实，信也。○牵引诸侯，正以自为，妙。(补)虽：即使。何：怎么。敢使下臣尽辞，唯天王秉利度义焉！”越服吴为利，吴舍越为义。(补)唯：表示希望、祈请。秉利：执其利。

诸稽郢行成之词，虽只是广侈吴王之心，其中可罪者不少。如“不敢忘天灾”，自强之心露；狐搰无成功，藐吴之意见矣。纵多巧辞，皆玩弄也。使非天欲弃吴，其说能终行乎？

〔校记〕

①“之”后原有一“江”字，据《国语》删。
②“也”，原缺，据《国语》补。
③“垂”，原作“陲”，据《国语》改。
④“植”，原作“殖”，据《国语》改。

申胥谏许越成

《国语·吴语》

吴王夫差乃告诸大夫曰："孤将有大志于齐，欲伐齐。吾将许越成，而无拂吾虑。已先拒谏。(补)成：讲和。而：你们。拂：违背。虑：意图。若越既改，吾又何求？若其不改，反（返）行，吾振旅焉。"改，谓诚心改事吴也。反行，伐齐而反也。振旅，加兵也。○全不以越为意。(补)既：已经。

申胥谏曰："不可许也。断一句。夫越，非实忠心好吴也，既非爱吴。又非慑畏吾兵甲之强也①。亦非惧吴。(补)慑：惧。大夫种勇而善谋，将还（旋）玩吴国于股掌之上，以得其志。还玩，转弄也。○直破其奸。(补)股掌：大腿与手掌。夫固知君王之盖威以好胜也，盖，犹尚也。病根被人看破。(补)夫：代词，指文种。固：本来。盖：崇尚。以：连词，相当于"而"。故婉约其辞，以从（纵）逸王志，婉约，卑逊也。纵逸，即上篇广侈之意。(补)婉约：和顺谦恭。使淫乐于诸夏之国，以自伤也。自伤，犹言自害。使吾甲兵钝弊，民人离落，而日以憔悴，此言自伤之实。○两"使"字，是"还玩吴国"作用。(补)钝弊：疲惫。离落：离散。憔悴：困苦。然后安受吾烬。烬，余也。安受吴国未灭之余，所谓得其志也。○句句与种言暗合，英雄所见略同。○已上论大夫种。【补】烬：指遗民。夫越王好信以爱民，不好胜，而好信；不尚威，而爱民。四方归之，得人心。年谷时熟，得天意。【补】时熟：按时成熟。日长炎炎。炎炎，进貌。○论越王。【补】炎炎：气势兴盛貌。及吾犹可以战也，“及”字，承上“日以憔悴”“日长炎炎”两句来，言过此吴日益衰，越日益盛，吾虽欲战无及已。是危急语。【补】及：趁着。为虺弗摧，为蛇将若何？”虺，小蛇也。摧，灭也。○一喻尤入情。【补】若何：怎么办。

吴王曰：“大夫奚隆于越？越曾足以为大虞乎？隆，尊也。虞，虑也。○侈心顿起。【补】奚：为什么。曾：岂，难道。足以：值得。若无越，则吾何以春秋曜吾军士？”存越则时可加兵，以张吾军势。○写盖威好胜如画。【补】曜：炫耀。乃许之成。

将盟，越王又使诸稽郢辞曰：既使诸稽郢请盟，又使诸稽郢辞盟，真是还玩吴国于股掌之上。【补】辞：谢绝。“以盟为有益乎？前盟口血未干，足以结信矣。以盟为无益乎？君王舍甲兵之威以临使之，而胡重于鬼神而自轻也？”不复如前之乞哀态矣，还玩吴国已极。【补】临使：居上使下。胡：为什么。吴王乃许之，荒成不盟。荒，空也。总是不以越为意。

夫差广侈已极，只“越曾足为大虞”一语，虽有百谏诤，亦莫之入矣。胥、种谋国之智，若出一辙。而吴由以亡，越由以霸，用与不用异耳！

〔校记〕

① “兵甲”，原作“甲兵”，据《国语》改。

春王正月

《公羊传·隐公元年》

元年者何？君之始年也。人君即位之始年。㊣何：疑问词，什么。春者何？岁之始也。岁功之始。王者孰谓？谓文王也。文王，周始受命之王。㊣孰谓：同“谓孰”，说的是谁，疑问代词作前置宾语。孰，疑问代词，谁。曷为先言王而后言正月？王正月也。王者受命改正朔。㊣曷为：为何。何言乎王正月？大一统也。王者受命改正朔，自甸、侯以至要、荒咸奉之，故曰大一统。○起数语，是一部《春秋》中“元年春王正月”总注。

公何以不言即位？成公意也。从无文字处生文。㊣公：指鲁隐公。何成乎公之意？公将平国而反[返]之桓。桓，隐异母弟。平，治也。反，归也。曷为反[返]之桓？桓幼而贵，隐长而卑，其为尊卑也微，国人莫知。微，谓母俱媵也。国人无从分别。○先言可掩之势，以见隐不负心，语绝含蕴。隐长又贤，诸大夫扳[攀]隐而立之。扳，引也。㊣拥戴隐。隐于是[时]焉

ér cí lì　　zé wèi zhī huán zhī jiāng bì dé lì yě
而辞立，则未知桓之将必得立也。
是时公子非一。○一转
㉔于是：当时，其时。

qiě rú huán lì　　zé kǒng zhū dà fū zhī bù néng xiàng yòu jūn yě
且如桓立，则恐诸大夫之不能相幼君也。
既欲立
隐，必

不能诚心相桓。○二转。○虚作二转，字字写
出隐深心微虑，以申平国意。㉔相：辅助。
gù fán yǐn zhī lì　　wèi huán lì yě
故凡隐之立，为桓立也。

申欲反
之桓意。
yǐn zhǎng yòu xián　hé yǐ bù yí lì　lì dí　　yǐ zhǎng　bù
隐长又贤，何以不宜立？立適嫡以长，不

yǐ xián　lì zǐ yǐ guì　bù yǐ zhǎng
以贤；立子以贵，不以长。
適，谓適夫人之子。子，谓左媵及至娣之
子。○二句表明大义。㉔以：以……论。

huán hé yǐ guì　mǔ guì yě
桓何以贵？母贵也。
右媵秩
次贵。
mǔ guì zé zǐ hé yǐ guì　zǐ
母贵则子何以贵？子

yǐ mǔ guì　mǔ yǐ zǐ guì
以母贵，母以子贵。
子以母秩次得立，母以子立得为夫人。
○住语，法峻意圆。㉔以：因为。

透发"将平国而反之桓"句，推见至隐。末一段，又因隐、桓而表
揭立子之义。其下字运句，又跌宕，又闲静，又直截，又虚活，不
但以简劲擅长也。

sòng rén　jí chǔ rén píng
宋人及楚人平

gōng yáng zhuàn　　xuān gōng shí wǔ nián
《公羊传·宣公十五年》

wài píng bù shū
外平不书，
前楚、郑平不书。㉔外平：鲁史记事，对于他国称外。
外平，是他国与他国之间讲和。平，讲和。书：记载。
cǐ hé
此何

yǐ shū　dà qí píng hū jǐ yě
以书？大其平乎已也。
己，指华元、子反，对君而言也。○提出主意。
㉔大：赞美，称扬。平乎已：讲和在于自己。

hé dà hū qí píng hū jǐ　zhuāng wáng wéi sòng　jūn yǒu qī rì zhī
何大乎其平乎己①？庄王围宋，军有七日之

粮尔，尽此不胜，将去而归尔。先插子反语作叙事，文情妙绝。于是使司马子反乘堙而窥宋城，宋华元亦乘堙而出见之。堙，距堙，上城具。○相见便奇。[补]乘：登。堙：为攻城而堆积的土山。司马子反曰："子之国何如？"[补]子：代词，相当于"您"。华元曰："惫矣。"惫，疲极也。曰："何如？"问惫状。曰："易子而食之，析骸而炊之。"竟以实告。[补]析骸而炊：拆尸骨为柴火。析，劈。骸，尸骨。司马子反曰："嘻！甚矣惫！"倒句妙。若言"惫甚矣"，便无味。[补]甚：厉害，严重。虽然，虽如子言。吾闻之也，围者见围者。柑马而秣之，以粟饮马曰秣。柑者，以木衔马口，使不得食，示有蓄积。使肥者应客。肥，谓肥马。示饱足也。是何子之情也？"情，实也。○怪其以实告。子反之心已动。华元曰："吾闻之，君子见人之厄则矜之，小人见人之厄则幸之。吾见子之君子也，是以告情于子也。"说出实告之故，尤足动人。[补]厄：困难。矜：怜悯，同情。幸：庆幸，欢喜。司马子反曰："诺，勉之矣。"令勉力坚守。○已心许之，而语绝不露，妙。吾军亦有七日之粮尔，尽此不胜，将去而归尔。"亦以实告。揖而去之。[补]揖：作揖，一种礼节，即拱手行礼。

反[返]于庄王。反报于庄王。庄王曰："何如？"司马子反曰：“惫矣！”曰：“何如？”曰：“易子而食之，析骸而炊之。”庄王曰：“嘻！甚矣惫！复前语，不变一字，文法最纡徐有韵。虽然，惫极。吾今取此，然后而归尔。”本将去而归，转欲乘其惫。司马子反曰：“不可。臣已告之矣，军有七日之粮尔。”亦以实告。庄王怒曰：“吾使子往视之，子曷为告之？”司马子反曰：“以区区之宋，犹有不欺人之臣，可以楚而无乎？是以告之也。”华元全以“君子”二字感动子反，子反全以“不欺”二字感动庄王。㊟区区：小，形容微不足道。庄王曰：“诺，舍而止。命子反筑舍处此，以示不去。㊟止：停留。虽然，虽我粮尽。吾犹取此，然后归尔。”庄王被子反感动，欲取不可，欲去不甘，意实无聊，故复作此语。观下“臣请归尔”“吾亦从子而归尔”便见。司马子反曰：“然则君请处于此，臣请归尔。”谐语正极得力。㊟处：止，停留。庄王曰：“子去我而归，吾孰与处于此？吾亦从子而归尔。”谐语得力如此。㊟去：离开。孰与：与谁。引师而去之。㊟引：带领。故君子大其平乎己也。结出主意。此皆大夫也，其称人何？贬。曷为贬？平者在下也。罪其专也。既大之，复贬之，洗发经文无漏义。

通篇纯用复笔，曰“瘉矣” 曰“甚矣瘉”，曰“诺”，曰“虽然”，愈复愈变，愈复愈韵。末段曰“吾犹取此”而归，曰“臣请归尔”，曰“吾亦从子而归尔”，无妙绝解颐。

〔校记〕

①“大乎”之“乎”，原缺，据《十三经注疏·春秋公羊传注疏》补。

吴子使札来聘

《公羊传·襄公二十九年》

吴无君、无大夫，据向之会称国。㊉《春秋》书吴，一向仅称国，不言其君与大夫。此何以有君、有大夫？吴始君臣并见。贤季子也。㊉贤：敬重、赞美。何贤乎季子？让国也。“让国”二字，括尽全篇。其让国奈何？㊉奈何：怎么样。谒也、余祭也、夷昧也，与季子同母者四。与，并也。季子弱而才，兄弟皆爱之，同欲立之以为君。父寿梦欲立之而不受，至是兄弟又同欲立之。○以国让谒。㊉弱：年少。谒曰：“今若是迮而与季子国，迮，骤也。㊉若是：如果是。迮：仓促。季子犹不受也。可见前已不受，从谒口中补出，妙。㊉犹：还是。请无与子而与弟，弟兄迭为君，而致国乎季子。”曲为季子受地。㊉迭：轮流。致国：传国。皆曰：“诺。”三字，写同欲立之如见，妙。故诸为君者，皆轻死为勇，饮食必祝曰：“天苟有吴国，尚速有悔于予身。”悔，咎也。急欲致国于季子意。○自是发于至诚，不愧句吴后裔。补 诸：各个。轻死：不怕死。祝：祝祷。苟：如果。有吴国：指保存吴国。尚：表示祈求。悔：灾祸。故谒也死，余祭也立；余祭也死，夷昧也立；夷昧也死，则国宜之季子者也。顿句生姿。

季子使而亡焉。因出使而不归。补 亡：外出。僚者，夷昧子。长庶也，于三君之子为长。补 长庶：排行最大而为妾所生之子。即之。就位也。季子使而反返，至而君之尔。闻僚既立乃归。○以国让僚。补 君：以……为君。阖庐谒之子。曰：“先君之所以不与子国而与弟者，凡为季子故也。先提一句。将从先君之命与，则国宜之季子者也；如不从先君之命与，则我宜立者也。两意一正一反，阖庐之言亦是。补 与：语气词。僚恶得为君乎？”后断一句。补 恶：疑问代词，何，怎么。于是使专诸刺僚，专诸，膳宰。僚嗜炙鱼，因进鱼而刺之。○让变为争，奇。而致国乎季子。争矣复让，更奇。季子不受，曰：“尔弑吾君，吾受尔国，是吾与尔为篡也。以分言，伏下“义”字。补 弑：古代卑幼杀死尊长叫弑，多指臣子杀死君主，子女杀死父母。篡：篡位，谓夺取君位。尔杀吾兄，杀兄之子，亦犹杀兄。吾又杀尔，是父子兄弟相杀，终身无已也。”以情言，伏下“仁”字。

(补)已：停止。**去之延陵，终身不入吴国。**延陵，吴下邑。《礼》：“公子无去国之义，故不越境。”国，谓国都。既不忍讨阖庐，义不可留事，故不入。○超然物外。(补)去：离开。之：到……去。**故君子以其不受为义，以其不杀为仁。**千古定论。○以国让阖庐。○收完让国事。

贤季子，则吴何以有君、有大夫？以季子为臣，则宜有君者也。以季子贤，许有大夫，则宜使有君。○又缴有君、有大夫，完密。下复洗发称名作结，经义一字不漏。

札者何？吴季子之名也。(补)何：疑问代词，谁。**《春秋》贤者不名，**或书字，或书子。**此何以名？许夷狄者，不壹而足也。**不以一事之美而遽足，以待之者严也。(补)许：赞许。不壹而足：不是一事一物可以满足。**季子者，所贤也，曷为不足乎季子？许人臣者必使臣，许人子者必使子也。**臣子尊荣，莫不欲与君父共之。故许之者，必使其可为臣子。贤季子而称名，所以使其为吴臣子也。○奇思创解。

泰伯让周，此则兄弟让国，可谓无忝厥祖矣。然不可以为训也。迨于僚、光，骨肉相残，非季子贤明，则流祸不止，此《春秋》所以重予之欤？

郑伯克段于鄢
zhèng bó kè duàn yú yān

《穀梁传·隐公元年》
gǔ liáng zhuàn　yǐn gōng yuán nián

克者何？能也。何能也？能杀也。一字诛心。何以
kè zhě hé　néng yě　hé néng yě　néng shā yě　　　　　hé yǐ

不言杀？见段之有徒众也。
bù yán shā　xiàn duàn zhī yǒu tú zhòng yě

> 段有徒众，不易杀也。不易杀而卒杀之，故曰"能杀"。⊕见：表明。

段，郑伯弟也。何以知其为弟也？杀世
duàn　zhèng bó dì yě　hé yǐ zhī qí wéi dì yě　shā shì

子、母弟目君，
zǐ　mǔ dì mù jūn

> 母弟，同母弟也。目君，谓称郑伯。⊕言凡杀世子或同母弟的，只称他为国君，不再以兄弟相称。世子：帝王或诸侯之嫡长子，为君位继承者。目：称。

以其目君，知其为弟也。段，弟也，而弗
yǐ qí mù jūn　zhī qí wéi dì yě　duàn　dì yě　ér fú

谓弟；公子也，而弗谓公子，贬之也。
wèi dì　gōng zǐ yě　ér fú wèi gōng zǐ　biǎn zhī yě

> ⊕公子：诸侯之庶子，以别于世子。

段失子弟之道矣。所以贬。贱段而甚郑伯也。
duàn shī zǐ dì zhī dào yǐ　　　jiàn duàn ér shèn zhèng bó yě

> 贱段，谓不称公子及弟。甚郑伯，谓目君也。○一语缩前后有力。⊕贱：鄙视。甚：责备。

何甚乎郑伯？甚郑伯之处心
hé shèn hū zhèng bó　shèn zhèng bó zhī chǔ xīn

积虑，成于杀也。
jī lǜ　chéng yú shā yě

> 段恃宠骄恣，强足当国，郑伯不能防闲以礼，教训以道，纵成其恶，终致大辟。处心积虑，志欲杀弟。○一句断尽。

⊕处心积虑：
谓蓄意已久。

于鄢，远也，犹曰取之其母之怀中而杀
yú yān　yuǎn yě　yóu yuē qǔ zhī qí mǔ zhī huái zhōng ér shā

之云尔，甚之也。
zhī yún ěr　shèn zhī yě

> 郑伯之杀段，盖追恨姜氏爱段恶己也。读之使人堕泪。⊕云尔：用于语尾，表示如此而已。

rán zé wéi zhèng bó zhě yí nài hé huǎn zhuī yì zéi qīn qīn
然则为郑伯者宜奈何？缓追逸贼，亲亲

zhī dào yě
之道也。设处得甚妙。[补]缓：慢。逸贼：逃亡的贼人。亲亲：爱其亲人。前一“亲”为动词，爱；后一“亲”为名词，亲人。道：方法。

郑伯以恶养天伦，使陷于罪，因以剪之。《春秋》推见至隐，首诛其意，以正人心。《穀梁》只“处心积虑”四字，已发透经义，核于他传。

yú shī jìn shī miè xià yáng

虞师晋师灭夏阳

gǔ liáng zhuàn xī gōng èr nián
《穀梁传·僖公二年》

fēi guó ér yuē miè zhòng xià yáng yě yú wú shī
非国而曰灭，重夏阳也。夏阳，虢邑。[补]重：看重。虞无师，

qí yuē shī hé yě yǐ qí xiān jìn bù kě yǐ
晋灭夏阳，虞何尝有师？[补]师：出师征伐。其曰师，何也？以其先晋，不可以

bù yán shī yě qí xiān jìn hé yě
不言师也。人不得居师上，故言师。[补]先晋：谓虞假道于晋以伐虢，是先于晋有灭虢之心。其先晋何也？

wéi zhǔ hū miè xià yáng yě xià yáng zhě yú
据小不先大。为主乎灭夏阳也。即《公羊》“首恶”意。[补]主：主谋，祸首。夏阳者，虞、

guó zhī sài yì yě miè xià yáng ér yú guó jǔ yǐ
虢之塞邑也，塞，边界。[补]塞邑：形势险要在边境城邑。灭夏阳而虞、虢举矣。

举，拔也。○此夏阳之所为重也。句极宕逸。[补]举：攻克。

yú zhī wéi zhǔ hū miè xià yáng hé yě jìn xiàn gōng yù fá
虞之为主乎灭夏阳，何也？晋献公欲伐

guó xún xī yuē jūn hé bù yǐ qū chǎn zhī shèng chuí jí zhī
虢，荀息晋大夫。曰：“君何不以屈产之乘、垂棘之

壁，而借道乎虞也？”屈地产良马，垂棘出美玉，故以为名。自晋适虢，途出于虞，故借道。㊟乘：指马。璧：指美玉。

gōng yuē cǐ jìn guó zhī bǎo yě rú shòu wú bì ér bú jiè wú dào
公曰：“此晋国之宝也。如受吾币而不借吾道，

zé rú zhī hé
则如之何？”晋君先爱恋马、璧。㊟币：礼物，此指良马、美玉。如之何：怎么办。

xún xī yuē cǐ xiǎo guó
荀息曰：“此小国

zhī suǒ yǐ shì dà guó yě
之所以事大国也。提清一句。

bǐ bú jiè wú dào bì bù gǎn shòu
彼不借吾道，必不敢受

wú bì rú shòu wú bì ér jiè wú dào
吾币。如受吾币而借吾道，斯朝取虢而暮取虞矣。

zé shì wǒ qǔ zhī
则是我取之

zhōng fǔ ér cáng zhī wài fǔ qǔ zhī zhōng jiù ér zhì zhī wài jiù yě
中府而藏之外府，取之中厩而置之外厩也。”君何丧焉？○看得明，拿得定，快语斩截，是能成功。㊟中府：内库，宫中的仓库。外府：外库，宫外的仓库。中厩：宫中的马圈。

gōng yuē gōng zhī qí
公曰：“宫之奇虞贤大夫。

cún yān bì bù shǐ shòu zhī yě
存焉，必不使受之也。”伏后两谏。

xún xī yuē gōng zhī
荀息曰：“宫之

qí zhī wéi rén yě dá xīn ér nuò yòu shào zhǎng yú jūn
奇之为人也，达心而懦，又少长于君。达之心而懦于事。又自少至长，与君同处。㊟达心：心地明白。达，明白。懦：畏怯软弱。长：长大。

dá xīn zé qí yán lüè
达心则其言略，明达之人，言则举纲领要。

nuò zé
懦则

bù néng qiǎng jiàn shào zhǎng yú jūn zé jūn qīng zhī
不能强谏，少长于君，则君轻之。先识透宫之奇。㊟强谏：极力谏诤。轻：不重视。且夫进一层说。玩好在耳目之前，指马、璧。㊟玩好：供玩赏的奇珍异宝。

ér huàn zài yì
而患在一国之后，虢在先。○利近而害远。此中知（智）以上乃能虑之。臣料虞君，中知（智）以下也。”又识透虞君，借道之计必行矣。公遂借道而伐虢。

liào yú jūn zhōng zhì yǐ xià yě gōng suì jiè dào ér

宫之奇谏曰："晋国之使者，其辞卑而币重，必不便于虞。"言果略。㊟不便：不利。虞公弗听，遂受其币而借之道。君果轻之。宫之奇谏曰："语曰：'唇亡则齿寒。'其斯之谓与！"果不能强谏。㊟其：大概。斯：代词，此，作"谓"的宾语。之：助词。谓：说的是。与：语气词。挈其妻子以奔曹。㊟挈：带领。妻子：妻子儿女。曹：曹国。

献公亡虢，五年，而后举虞。应"灭夏阳而虞、虢举矣"句。㊟五年：指鲁僖公五年。荀息牵马操璧而前曰："璧则犹是也，而马齿加长矣。"以戏作收。韵绝。㊟操：拿着。犹是：还是，如故。马齿加长：马齿增长，谓马的年龄增加。马齿随年龄而增长，视其齿而知其龄。

全篇总是写虞师主灭夏阳，笔端清婉，迅快无比。中间"玩好在耳目之前"一段，尤异样出色，祸患之成，往往堕此，古今所同慨也。

晋献公杀世子申生

《礼记·檀弓上》

晋献公将杀其世子申生，因骊姬毒胙之谗也。㊟世子：太子，帝王或诸侯的嫡长子。公子重耳申生异母弟。谓之曰："子盖盍言子之志于公乎？”劝其明谗。㊟盖：何不。世子曰：“不可。君安骊姬，是我伤公之心也。”明其谗，则姬必诛，是使君失所安，而伤其心也。○省句，与《左》《国》不同。曰：“然则盖盍行乎？”劝其出奔他国。世子曰：“不可。君谓我欲弑君也，天下岂有无父之国哉？吾何行如之？”言行将何往也。○两答，想见孝子深心。

使人辞于狐突申生之傅。曰：与之永诀。㊟使：派遣。辞：辞别。“申生有罪，不念伯氏之言也，以至于死。伯，狐突字。初申生伐东山时，狐突劝其出奔。申生不敢爱其死。提过自己一边。㊟爱：吝惜。虽然，转入正意。吾君老矣，一转。子少，指骊姬子奚齐。○二转。国家多难。将来必至有争。○三转。○十字三转，一转一泪。伯氏不出而图吾君，不出而为君图安国之计，则已。㊟图：谋划。伯氏苟出而图吾君，申生受赐而死。”国安，则我虽死，亦受惠矣。○属望深切，愈见惨恻。㊟苟：如果。赐：恩惠。再拜稽首，乃卒。无君命而自缢。㊟再拜：拜了又拜，表示恭敬。稽首：一种跪拜礼，叩头至地。是以为恭世子也。陷亲不义，不得为纯孝，但得谥恭而已。○结寓责备申生意，文情宕逸。㊟恭：申生的谥号。

短篇中写得如许婉折，语语不忘君国，真觉一字一泪。合《左》《国》《公》《穀》观之，方见是文之神。

曾子易箦

《礼记·檀弓上》

曾子寝疾，病。病者，疾之甚也。(补)寝疾：卧病在床。病指重病，疾指一般的生病。乐正子春曾子弟子。坐于床下，曾元、曾申俱曾子子。坐于足，童子隅坐而执烛。点次错落有致。(补)隅坐：坐于席角旁。

童子曰："华而睆，大夫之箦与？"华者，画饰之美好。睆者，节目之平莹。箦，簟也。(补)睆：平整光滑貌。箦：用竹片芦苇编成的床垫子。子春曰："止！"使童子勿言也。曾子闻之，瞿然曰："呼吁！"瞿然，惊貌。呼，发声欲问也。○"止"字、"呼"字，相应甚警。曰：童子又言。"华而睆，大夫之箦与？"若为不解，语足会心。曾子曰："然。曾子识童子之意，故然之。斯季孙之赐也，我未之能易也。元，起易箦。"以病不能自起而易，命元扶易。(补)斯：此。曾元曰："夫子之病革亟矣，不可以变。革，亟也。变，动也。(补)革：危急。幸而至于旦，请敬易之。"玩"幸而至于旦"句，始知前"执烛"二字，非浪笔。(补)幸：希望。旦：天亮。曾子曰："尔之爱我也不如彼。彼，谓童子。君子之爱人也以德，所见者大。细人之爱人也以姑息。姑息，苟安也。○所见者小。补细人：小人，见识短浅之人。姑息：迁就。吾何求哉？吾得正而毙焉，斯已矣。”垂没而精神不乱，足征守身之学。补得正：谓合于礼。毙：死亡。斯：则。已矣：完了。举扶而易之，反（返）席未安而没（殁）。可谓毙于正矣。

宋朱子云：季孙之赐，曾子之受，皆为非礼。或者因仍习俗，尝有是事，而未能正耳。但及其疾病不可以变之时，一闻人言，而必举扶以易之，则非大贤不能矣。此事切要处，正在此毫厘顷刻之间。

有子之言似夫子

《礼记·檀弓上》

有子问于曾子曰：“问作闻。丧于夫子乎？”仕而失位曰丧。补有子：有若，字子有，孔子弟子。问：听闻。夫子：指孔子。曰：“闻之矣。‘丧欲速贫，死欲速朽。’”上只问丧，此又带出“死”字来，遂成一篇对待文字。有子曰：“是非君子之言也。”一辨。补是：代词，这。君子：指孔子。曾子曰：“参也闻诸夫子也。”一证。补诸：“之于”的合音。参：曾子之名。有子又曰：“是非君子之言也。”又一辨。曾子曰：“参也与子游闻之。”又一证。补子游：言偃，字子游，孔子弟子。有子曰：“然。信有是言。然则夫子有为言之也。”开一解，伏末二段。补有为：有所为，即“有原因，有所指，有针对性的”之意。

曾子以斯言告于子游。㊟斯：指示代词，此。**子游曰：“甚哉，有子之言似夫子也！**平日门人皆以有子之言为似夫子，故子游叹其甚。㊟甚：厉害。似：像。**昔者夫子居于宋，见桓司马**即桓魋。**自为石椁，三年而不成，夫子曰：‘若是其靡也，死不如速朽之愈也。’**靡，侈也。㊟若是其靡：“其靡若是”的倒装。是，这样。愈：较好。**死之欲速朽，为桓司马言之也。**速朽之言有为。㊟为：针对。**南宫敬叔**鲁大夫，孟僖子之子仲孙阅。**反**返**，**失位去鲁而反国。**必载宝而朝，**欲行赂以求复位。㊟朝：朝见鲁国国君。**夫子曰：‘若是其货也，**㊟与上文“若是其靡也”句法相同。货：用如动词，贿赂。**丧不如速贫之愈也。’丧之欲速贫，为敬叔言之也。”**速贫之言有为。

曾子以子游之言告于有子。有子曰：“然。言果有为。**吾固曰非夫子之言也。”**复一句，结上生下。㊟固：原来，本来。**曾子曰：“子何以知之？”有子曰：“夫子制于中都，四寸之棺，五寸之椁，**定公九年，孔子为中都宰，制棺椁之法制。㊟制：规定。**以斯知不欲速朽也。**以有棺椁之制，知速朽非夫子之言。**昔者夫子失鲁司寇，将之**

Jīng gài xiān zhī yǐ zǐ xià yòu shēn zhī yǐ rǎn yǒu
荆，盖先之以子夏，又申之以冉有，荆，楚本号。将适楚，而先使二子继

往者，盖欲观楚之可仕与否，而谋其可处之位。㊉子夏：卜商，字子夏，孔子弟子。申：重复。冉有：冉求，字子有，孔子弟子。

yǐ sī zhī bú yù sù
以斯知不欲速

pín yě
贫也。" 以有行使之资，知速贫非夫子之言。

前二段，子游解欲速朽、速贫之故。后二段，有子自言所以知其不
欲速朽、速贫之故。章法极整练，又极玲珑。

gōng zǐ chóng ěr duì qín kè
公子重耳对秦客

lǐ jì tán gōng xià
《礼记·檀弓下》

jìn xiàn gōng zhī sàng qín mù gōng shǐ rén diào gōng zǐ chóng ěr
晋献公之丧，秦穆公使人吊公子重耳，时重耳避

难在狄，穆公使公子絷往吊之。㊉丧：人死。吊：慰问丧家。

qiě yuē
且曰：吊为正礼，故以"且曰"起下辞。

guǎ rén wén zhī wáng
"寡人闻之：'亡

guó héng yú sī dé guó héng yú sī suī
国恒于斯，得国恒于斯。' 斯，指此时而言。㊉亡：丧失。恒：常。得国：谓获得国家政权。虽

wú zǐ yǎn rán zài yōu fú zhī zhōng sàng yì bù kě jiǔ yě shí yì
吾子俨然在忧服之中，丧亦不可久也，时亦

bù kě shī yě rú zǐ qí tú zhī
不可失也，孺子其图之。" 俨然，端静持守之貌。丧，失位也。时，谓死生交代之际。勉其奔丧反国，以谋袭位。

○是吊，是慰，亦是劝，情文婉切。㊉忧服：居忧服丧。孺子：指君位继承者。献公诸子，除世子申生，以重耳为最长，当嗣君位，故穆公以是称之。

yǐ gào jiù
以告舅

fàn jiù fàn yuē rú zǐ qí cí yān sàng rén wú
犯。入而告舅子犯。 舅犯曰："孺子其辞焉。 辞其相勉反国谋袭之命。 丧人无

宝，仁亲以为宝。失位云国之人，无以为宝，惟仁爱思亲，乃其宝也。㊟丧人：指失位流亡之人。父死之谓何？又因以为利，而天下其孰能说之？父死谓是何事？若乘此而谋得国，是以父死为利，天下之人，孰能解说我为无罪乎？〇一片假仁假义，妆饰得好。㊟说：解释。孺子其辞焉。”复一句，丁宁无限。

公子重耳对客曰：出而答秦使者。“君惠吊亡臣重耳，身丧父死，不得与于哭泣之哀，以为君忧。谢其来吊。㊟亡臣：逃亡之臣。与：参与。父死之谓何？或敢有他志，以辱君义！”他志，谓求位之志。辱君义者，辱君惠吊之意也。〇意与上同，而文法更变。㊟或：代词，谁。稽颡而不拜，㊟稽颡：跪拜之礼，屈膝下拜，以额触地。不拜：不拜谢。哭而起，起而不私。不私，不再与使者私言也。〇举动饶有经济。

子显作䌹。〇公子絷字。以致命于穆公，穆公曰：“仁夫公子重耳！“仁夫”二字，沉吟叹赏，心服之至。㊟致命：汇报。夫稽颡而不拜，则未为后也，㊟不敢以嗣君自居。后：后嗣，继承人。故不成拜。哭而起，则爱父也。起而不私，则远利也。”丧礼，先稽颡后拜，谓之成拜。乃为后者所以谢吊礼之重。爱父，哀痛其父也。远利，不以得国为利，而远之也。〇从穆公口中解上三句，笔甚奇幻。㊟远：避开。

秦穆之言，虽若有纳重耳之意，然亦安知不以此言试之？晋君臣险阻备历，智深勇沉，故所对纯是一团大道理，使秦伯不觉心折。英雄欺人，大率如此。

杜蒉扬觯 《左传》作屠蒯

《礼记·檀弓下》

知悼子晋大夫知䓨。卒，未葬。平公饮酒，师旷、李调侍，与君同饮。【补】平公：晋平公，晋国国君。师旷：晋国乐师，盲人。李调：晋平公嬖臣。侍：作陪。鼓钟。

杜蒉自外来，闻钟声，曰："安在？"惊怪之辞。【补】杜蒉：晋平公的宰夫（即厨师）。安：什么地方，哪里。曰："在寝。"【补】寝：寝宫。杜蒉入寝，历阶而升。"入"字，对下"出"字。"升"字，对下"降"字。【补】历阶而升：越级登阶，即一步跨上两阶。酌，曰："旷，饮斯！"又酌，曰："调，饮斯！"又酌，堂上北面坐，饮之。坐，跪也。○凡三酌者，既罚二子，又自罚也。【补】酌：斟酒。斯：此。堂：房室以外，台阶以上的部分。堂是行吉凶大礼的地方，不住人，堂后面是室，住人。北面：面向北方。降，趋而出。布成疑阵，妙人妙用。【补】降：走下台阶。趋：碎步疾行。

平公呼而进之，曰："蒉，曩者尔心或开予，是以不与尔言。尔之初入，我意尔必有所开发于我，是以不先与尔言。【补】曩者：刚才。尔饮旷，何也？"【补】饮：使喝。曰："子卯不乐。桀以乙卯日死，纣以甲子日死，谓之疾日。故君不举乐。知悼子在堂，在殡也。【补】在堂：指灵柩停在堂上。斯其为子卯也大矣。君于卿大夫，比葬不食肉，比卒哭不举乐。悼子在殡，而可作乐燕饮乎？桀、纣异代之君，悼子同体之臣，故以为大于子卯也。○句法婉而多风。**旷也，太师也，不以诏，是以饮之也。**”诏，告也。○责其旷职。㊟太师：古代乐官之长。**“尔饮调，何也？”曰：“调也，君之亵臣也，为一饮一食，亡忘君之疾①，是以饮之也。”**调为近习之臣，贪于饮食，而忘君之疾日。○责其徇君。㊟亵臣：亲近宠幸之臣。疾：疾日，犹言恶日，忌讳。**“尔饮，何也？”曰：“蒉也，宰夫也，非刀匕是共供，又敢与知防，是以饮之也。”**匕，匙也。宰夫不专供刀匕之职，而敢与知谏争防闲之事，是侵官矣。○自责其越分。○三对，已注意晋君，特口未道破耳。㊟宰夫：掌管膳食的小吏，厨师。刀匕是共：同“共刀匕”，供应刀匙。与知防：参与防闲诤谏。与知，参与。防，防止。**平公曰：“寡人亦有过焉，酌而饮寡人。”**顿地开悟。**杜蒉洗而扬觯。**扬，举也。觯，罚爵。盥洗而后举，致其洁敬也。○杜蒉至此，快心极矣。㊟觯：酒器。**公谓侍者曰：“如我死，则必无废斯爵也②。”**

欲以此爵，为后世戒。
㊟爵：酒器，指觯。

至于今，既毕献，斯扬觯，谓之“杜举”。

至今晋国行燕礼之终，必举此觯。谓之杜举者，言此觯乃昔日杜蒉所举也。○住句闲情点缀，妙。㊟献：指敬酒。斯：则。

平公失礼燕饮，使杜蒉入寝而直斥其非，未必即能任过。乃三酌之后，竟不言而出，先令猜疑不知为何故。及一一说出，乃不觉爽然自失矣。此《易》所谓“纳约自牖，终无咎”者也。文甚奇幻。

〔校记〕

①“亡”，原作“忘”，据《十三经注疏·礼记正义》改。
②“无”，原作“毋”，据《十三经注疏·礼记正义》改。

晋献文子成室

《礼记·檀弓下》

晋献文子成室，“献文”二字，皆赵武谥，如“贞惠文子”之类。[补]献：庆贺。文子：晋卿赵武。成室：谓文子新宫室落成。言晋君庆贺赵文子新宫室落成。**晋大夫发焉。**发礼往贺。**张老曰：“美哉轮焉，美哉奂焉！**轮，轮囷高大也。奂，奂烂众多也。○二句，美其今。[补]张老：晋大夫。**歌于斯，哭于斯，聚国族于斯。”**歌，祭祀作乐也。哭，死丧哭泣也。聚国族，燕集国宾、聚会宗族也。○三句，祝其后。[补]斯：此，指“室”，下同。

文子曰：“武也，[补]赵文子自称其名。**得歌于斯，哭于斯，聚国族于斯，是全要**腰**领以从先大夫于九京**同原。**也。”**古者，罪重腰斩，罪轻颈刑。先大夫，文子父祖也。九原，晋卿大夫之墓地。○就其赞词，添接一解，有无穷之味。[补]全要领：谓免于斩戮之刑。领，脖子。**北面再拜稽首。**谢其祝。[补]言赵文子答辞毕，面向北方拱手再拜、叩头到地，行礼致谢。**君子谓之善颂、善祷。**颂者，美其事而祝其福。祷者，祈以免祸也。张老之言善于颂，文子所答善于祷。

张老颂祝之辞，固迥然超于俗见。文子又添“全要领”句，见免刑戮，乃为无穷之福，尤加于人一等。“善颂、善祷”四字，为两人标名不朽。

古文观止卷之四

苏秦以连横说秦

《国策》

苏秦洛阳人。始将连横说秦惠王关东地长为从，楚、燕、赵、魏、韩、齐六国居之。关西地广为横，秦独居之。以六攻一为从，以一离六为横。故从曰合，横曰连。○开头著“始将连横”四字，便见合从非秦本心。补说：说服，劝说别人听从自己的意见。曰：“大王之国，西有巴、蜀、汉中之利，巴、蜀、汉中三郡，并属益州。补利：资源。北有胡貉、代马之用，胡，楼烦、林胡之类，出貉，可为裘。代，幽州郡，出马。南有巫山、黔中之限，巫山，属夔州。黔，故楚地。秦地距此二郡，故曰限。补限：险阻。东有殽、函之固。殽，山名。函，函谷关名，在渑池县。补固：坚固，指地形险要。田肥美，民殷富，殷，盛也。战车万乘，奋击百万，士之奋起以击者。补奋击：指精兵。沃野千里，沃，肥润也。蓄积饶多，补饶多：非常多。地势形便，地势与形，便于攻守。补地理形势有利。此所谓天府，天下之雄国也。以上言其势。补天府：谓土地肥沃、物产富饶之域。雄国：犹强国。以大王之贤，

(补)贤明，即有才德有见识。

shì mín zhī zhòng　chē qí zhī yòng　bīng fǎ zhī jiào
士民之众，车骑之用，兵法之教，教，习也。可

yǐ bìng zhū hóu　　tūn tiān xià　　chēng dì ér zhì
以并诸侯，吞天下，称帝而治。以上言其威。

yuàn dà wáng shǎo
愿大王少

liú yì　　chén qǐng zòu qí xiào
留意，臣请奏其效。”大概说以用战。(补)少：稍，略。奏：臣子对帝王进言陈事。

qín wáng yuē　　　guǎ rén wén zhī　　máo yǔ bù fēng mǎn zhě　　bù

秦王曰：“寡人闻之，毛羽不丰满者，不

kě yǐ gāo fēi
可以高飞；此句是喻，起下三句。

wén zhāng bù chéng zhě　　bù kě yǐ zhū fá
文章不成者，不可以诛罚；

dào dé bú hòu zhě　bù kě yǐ shǐ mín　zhèng jiào bú shùn zhě　　bù kě
道德不厚者，不可以使民；政教不顺者，不可

yǐ fán dà chén
以烦大臣。文章，法令也。使民，驱之出战也。烦大臣，劳大将于外也。○秦王数语，大有智略。

jīn xiān shēng yǎn rán
今先生俨然

bù yuǎn qiān lǐ ér tíng jiào zhī　　yuàn yǐ yì rì
不远千里而庭教之，愿以异日。”是时秦方诛商鞅，疾辨士，故弗用。(补)俨然：庄严貌。愿以异日：希望以后再领受教诲。异日，来日，以后。

sū qín yuē　　chén gù yí dà wáng zhī bù néng yòng yě

苏秦曰：“臣固疑大王之不能用也。虚喝一句。(补)固：本来。昔者神农伐补遂，国名。黄帝伐涿鹿而禽(擒)蚩尤，蚩尤诛杀无道，黄帝与大战于涿鹿，杀之。

yáo fá huān dōu　　shùn fá sān miáo　　yǔ fá gōng gōng
尧伐驩兜，舜伐三苗，禹伐共工，

tāng fá yǒu xià　　wén wáng fá chóng
汤伐有夏，文王伐崇，崇侯虎，纣卿士，道之为恶。(补)有夏：指夏桀。有，助词，无义，作词头。

wǔ wáng
武王

fá zhòu　　qí huán rèn zhàn ér bà tiān xià
伐纣，齐桓任战而霸天下。任，用也。○历引证佐。(补)任战：使用战争手段。

yóu cǐ guān
由此观

zhī　　wū yǒu bú zhàn zhě hū
之，恶有不战者乎？作一小束，点出主意。(补)恶：疑问代词，哪里，怎么。

gǔ zhě shǐ chē gǔ
古者使车毂

击驰，相击而驰，行使之多。〔补〕使　使者。车毂：车轮中心插轴的部分，这里代指车乘。言语相结，结亲也。天下为一。约从（纵）连横，兵革不藏；从、横，皆需兵革。不藏，犹言不蓄。○八字句。文士并饬（饰），所用者尽文学之士。〔补〕饬：巧伪。诸侯乱惑；万端俱起，不可胜理。尚文则事烦。〔补〕胜：尽。科条既备，民多伪态；〔补〕科条：法令条文。伪态：虚伪的态度。书策稠浊，稠，多也。书策多，则阅者昏乱。〔补〕稠浊：繁密混乱。百姓不足；上下相愁，民无所聊；聊，赖也。○尚文则弊起。〔补〕聊：依靠。明言章理，明，著之言。章，显之理。兵甲愈起；〔补〕愈：更加。辩言伟服，伟服，儒者盛服。战攻不息；尚文徒足以致乱。繁称文辞，天下不治；〔补〕文辞：言辞动听的辞令。文，修饰。舌敝耳聋，不见成功；〔补〕舌敝：谓说话很多，舌为之疲。敝，疲惫。行义约信，天下不亲。尚文必不能见功。○已上排列二十五句，分四段看，极诋用文士之失。〔补〕行义：躬行仁义。约信：谓订立相互信守之约定。于是乃废文任武，厚养死士，缀甲厉（砺）兵，缀，缝缀也。〔补〕甲：衣甲。厉兵：磨砺兵器。效胜于战场。再结“战”字。陡健。〔补〕效胜：致胜，取胜。夫徒处而致利，安坐而广地，徒，空也，言无所为。〔补〕致：获得。虽古五帝、三王、五霸，明主贤君，常欲坐而致之，其势不能，反掉“神农伐补遂”一段。故以战续之。〔补〕续：接续。宽则两军相攻，迫则杖戟相撞，然后可建大功。

【补】迫：接近，谓距离近。杖：兵器。是故兵胜于外，义强于内；威立于上，民服于下。战之有利于国如此。今欲并天下，凌万乘，凌，侵也。诎敌国，诎，服也。制海内，子元元，元，善也。民类皆善，故称元元。【补】子：慈爱。臣诸侯，非兵不可。此句是连横本领。今之嗣主，【补】继位的君主。忽于至道，至道，暗指用兵。皆惛于教，【补】惛：不明。乱于治，迷于言，惑于语，沉于辩，溺于辞。直口相诮，气凌万乘。以此论之，王固不能行也。”复一句，欲以激动秦王。○全段总是要秦王用战意，只因平日不曾揣摩，绝不知其辞之烦而意之复，宜其终不见听于秦王也。

说秦王书十上，而说不行。著此一句，以明在秦之久，为下裘弊金尽之由。黑貂之裘弊①，黄金百斤尽，苏秦初见李兑，赠以黑貂之裘，黄金百镒，因得入秦。【补】弊：坏。资用乏绝，去秦而归。羸縢履蹻②，羸，缠也。縢，束胫邪幅，自足至膝，便于行也。蹻，草履。【补】縢：绑腿布。负书担橐③，形容枯槁，面目黧黑，状有愧色。将至家，著“状有愧色”四字，极力摹写。【补】形容：外貌。枯槁：憔悴。黧黑：谓脸色黑黄。状：指神情。归至家，妻不下纴，不下机缕，而织自若。嫂不为炊，【补】为炊：谓炊饭。父母不与言。极写其困惫失意，人情冷落，正为下受印拜相，除道郊迎等字映衬。苏秦喟然叹曰：【补】喟然：叹息貌。“妻不以我为夫，嫂不以我为叔，父母不以我为子，是皆秦之罪也！”作自责语。愤甚。乃夜发书，陈箧数十，箧，椷藏也。〔补〕陈：摆开。箧：指书箱。得《太公阴符》之谋，《阴符》，太公兵法。伏而诵之，简练以为揣摩。简，择。练，熟。揣，量。摩，研也。言以我之简练者，揣摩时势而用之。○六字是苏秦苦功得力处。〔补〕简练：择取精要熟记。揣摩：揣度国君心思，以使游说投合其本旨。读书欲睡，〔补〕睡：打盹。引锥自刺其股，血流至足，曰：“安有说人主不能出其金玉锦绣，取卿相之尊者乎？”倦而自励，感愤痛切。〔补〕安：哪里。期年，揣摩成，曰：“此真可以说当世之君矣。”可见前番尚难自信，妙。〔补〕期年：满一年。

于是乃摩燕乌集阙，摩，切近过之也。燕乌集阙，地名。〔补〕摩：迫近，接近。见说赵王肃侯。于华屋之下，见说，见而说也。华，高丽也。○与前上书而说先不同。抵掌而谈。抵掌，侧击手掌也。○说赵王语，只四字括尽，其为简练可知。赵王大悦④，一见说而便大悦，则揣摩有以中之矣。封为武安君，受相印。取卿相之尊矣。革车百乘，革车，兵车。锦绣千纯，纯，束也。白璧百双，黄金万溢⑤，白璧，玉环也。二十四两曰溢。以随其后。出其金玉锦绣矣。约从〔纵〕散横，以抑强秦。约六国之从，以离散秦之横。○战国时横易而从难，苏秦能于其所难者，激之使然也。故苏秦相于赵而关不通。六国之关，不通秦也。○作一顿，下纯以议论代叙事，奇妙。当此之时，天下之大，万民之众，王侯之威，谋臣之权，皆欲决苏秦之策⑥。写得有声势。不费斗粮，未烦一兵，未战一士，未绝一弦，未折一矢，诸侯相亲，贤于兄弟。贤，胜也。○连横用战，合从则不用战，从揣摩中得来。(补)兵：兵器。弦：弓弦。矢：箭。夫贤人在而天下服⑦，一人用而天下从。故曰："式于政，不式于勇；式于廊庙之内，不式于四境之外。"式，用也。○承上"不费斗粮"五句，而极写之。(补)廊庙：指朝廷。当秦之隆，秦国强甚之时。○顿宕。(补)秦当指苏秦，言苏秦得势之时。黄金万溢为用⑧，转毂连骑，炫熿(煌)于道，炫熿，光辉也。山东之国，从风而服，使赵大重。赵为从主，诸侯尊之。○此言其变弱为强之难。且夫苏秦特穷巷掘(窟)门、桑户棬枢之士耳，掘门，凿垣为门也。桑户，以桑木为户。枢，门牝也，揉木为之如棬。○顿宕。(补)枢：门轴。伏轼撙衔，撙，犹顿也。衔，勒也。停辔之意。(补)轼：车前横木。撙衔：勒住马缰绳。横历天下，廷说诸侯之王⑨，杜左右之口，天下莫之能伉(抗)⑩。伉，当也。○此言其化贱为贵之难。(补)杜：堵塞。伉：匹敌。

将说楚王，威王。○忽入叙事作收煞。路过洛阳，尚未至家。父母闻之，清宫除道，清，洒扫也。(补)宫：房屋。除：清除。张乐设饮，郊迎三十里。妻侧目而视，倾耳而听⑪；不敢正视听也。嫂蛇行匍

fú sì bài zì guì ér xiè sū qín
伏，蛇不直行。匍伏，伏地也。四拜，自跪而谢。摹写势利恶态，而嫂尤不堪。[补]谢：认错。苏秦

yuē sǎo hé qián jù ér hòu bēi yě sǎo yuē yǐ
曰："嫂，叫一声，冷妙。何前倨而后卑也？"[补]倨：傲慢。嫂曰："以

jì zǐ zhī wèi zūn ér duō jīn
季子苏秦字。之位尊而多金⑫。"位尊，应前卿相。多金，应前金玉锦绣。○苏秦问意，重在前倨，嫂只答以

sū qín yuē jiē hū pín qióng zé fù mǔ bù zǐ fù guì zé
后卑，妙绝。苏秦曰："嗟乎！贫穷则父母不子，富贵则

qīn qī wèi jù rén shēng shì shàng shì wèi fù guì hé kě hū
亲戚畏惧。人生世上，势位富贵⑬，盖盍可忽

hū zāi
乎哉⑭！"就苏秦自鸣得意语，收结全篇。异样出色。[补]盖：何，怎么。忽：轻视。

前幅写苏秦之困顿，后幅写苏秦之通显。正为后幅欲写其通显，故前幅先写其困顿。天道之倚伏如此，文章之抑扬亦如此。至其习俗人品，则世所共知，自不必多为之说。

〔校记〕

①"弊"，原作"敝"，据《战国策》《战国策笺证》改。
②"羸"，原作"赢"，据《战国策》《战国策笺证》改。
③"橐"，原作"囊"，据《战国策》《战国策笺证》改。
④"悦"，原作"说"，据《战国策》《战国策笺证》改。
⑤⑧"溢"，原作"镒"，据《战国策》《战国策笺证》改。
⑥"决"后原有一"于"字，据《战国策》《战国策笺证》删。
⑦"在"，原作"任"，据《战国策》《战国策笺证》改。
⑨"廷说诸侯之王"，原作"庭说诸侯之主"，据《战国策》《战国策笺证》改。
⑩"能"，原缺，据《战国策》《战国策笺证》补。
⑪"倾"，原作"侧"，据《战国策》《战国策笺证》改。
⑫"之"，原缺，据《战国策》《战国策笺证》补。
⑬"贵"，原作"厚"，据《战国策》《战国策笺证》改。
⑭"可"后原有一"以"字，据《战国策》《战国策笺证》删。

sī mǎ cuò lùn fá shǔ
司马错论伐蜀

guó cè
《国策》

司马错秦人。与张仪魏人。争论于秦惠王前。此句是一篇总纲。下乃更叙起也。司马错欲伐蜀，张仪曰："不如伐韩。"王曰："请闻其说。"对曰："亲魏善楚，结好魏、楚，谋共伐韩。下兵三川，三川，河、洛、伊，韩地也。塞轘辕、缑氏之口，轘辕、缑氏，险道，属河南。当屯留之道，屯留，潞州县道，即太行羊肠坂。〔补〕当：把守。魏绝南阳，韩地。楚临南郑，河南郑地。秦攻新城、宜阳，新城，属河南。宜阳，韩邑。以临二周之郊，西、东二周。诛周主之罪，周无韩为蔽，可以兵劫之。〔补〕诛：声讨。侵楚、魏之地。楚、魏无韩，益近秦，可以兵剪之。周自知不救，九鼎宝器必出。据九鼎，按图籍，土地之图，人民金谷之籍。〔补〕据：凭借。按：依据。图籍：地图和户籍，常指疆土人民。挟天子以令天下，既得周鼎，乃借辅周为名，号召天下。〔补〕挟：挟制。天下莫敢不听，此王业也。取三川得利，挟天子得名，所以为王业。○一段伐韩之利。今夫蜀，西辟之国①，〔补〕西方偏僻之国。而戎狄之长也。弊兵劳众②，不足以成名；得其地，不足以为利。一段伐蜀之不利。(补)弊：使疲困。臣闻：'争名者于朝，争利者于市。'今三川、周室，天下之市朝也，而王不争焉，顾争于戎狄，去王业远矣。"总言伐韩、伐蜀，相去之远。双结。(补)顾：却，反而。

司马错曰："不然。只二字，推倒张仪。臣闻之，欲富国者，务广其地；欲强兵者，务富其民；欲王者，务博其德。三资者备，而王随之矣。先发正大之论。下乃入今事。○三资止重"富""强"，"王"字陪说，故后竟不提起。(补)务：致力。王：成王业。今王之地小民贫，故臣愿从事于易。提清伐蜀主脑。夫蜀，西辟之国也[3]，而戎狄之长也，句有抑扬。而有桀、纣之乱。以秦攻之，譬如使豺狼逐群羊也。忽设一喻 为下"未必利"作反照。(补)使：驱使。取其地，足以广国也；顶强。得其财，足以富民。顶富。○此二句说实。(补)足以：完全可以。缮兵不伤众，而彼已服矣。缮，治也。(补)缮兵：整治武备。故拔一国，而天下不以为暴；利尽西海[4]，诸侯不以为贪。此二句说名。(补)西海：西方，对中原而言，此指蜀。是我一举而名实两附，其利如此。(补)名实：名与利。而又有禁暴正乱之名⑤。加一句，应上桀、纣句也。○一段伐蜀之利。今攻韩劫天子，名虽攻韩，实劫天子。(补)劫：威逼，胁迫。劫天子，恶名也，擒定大题目立论。而未必利也，又有不义之名，既未必利，徒有不义之名。而攻天下之所不欲，句。危！天下皆欲尊周，而我攻之，亦危甚矣，不但名利两失已也。臣请谒其故：谒，白也。周，天下之宗室也；周室为天下之所宗。齐⑥，韩、周之与国也。二句是“攻韩劫天子”注脚。(补)与国：友邦，同盟国。周自知失九鼎，韩自知亡三川，两“自知”应上一“自知”。则必将二国并力合谋，以因于齐、赵⑦，而求解乎楚、魏。秦既亲魏善楚，难以离间，故必因于齐赵而求解之。(补)因：凭借，利用。以鼎与楚，以地与魏，王不能禁。将魏、楚与国，势必转而为秦敌矣。此臣所谓危，一段伐韩之不利。不如伐蜀之完也。”完，犹言万全。○缴一句，意足。

惠王曰：“善！寡人听子。”卒起兵伐蜀。(补)卒：终于。十月，取之，遂定蜀。(补)定：平定。按，《华阳国志》云：“周慎王五年秋，秦大夫张仪、司马错、都尉墨等从石牛道伐蜀。蜀王自于葭萌拒之，败绩。”蜀主更号为侯，而使陈庄相蜀。蜀既属，秦益强富厚，轻诸侯。结完富强本旨。(补)属：归属。富厚：财富雄厚。轻：轻视。

周虽衰弱，名器犹存，张仪首倡破周之说，实是丧心。司马错建议

伐蜀，句句驳倒张仪。生当战国，而能顾惜大义，诚超于人一等。秦王平日信任张仪，而此策独从错，可谓识时务之要。

〔校记〕

①③“辟”，原作“僻”，据《战国策》《战国策笺证》改。
②“弊兵”，原作“敝名”，据《战国策》《战国策笺证》改。
④“西”，原作“四”，据《战国策》《战国策笺证》改。
⑤“正”，原作“止”，据《战国策》《战国策笺证》改。
⑥“齐”，原缺，据《战国策》《战国策笺证》补。
⑦“于”，原作“乎”，据《战国策》《战国策笺证》改。

范雎说秦王

fàn jū shuì qín wáng

《国策》

guó cè

范雎（fàn jū）魏人。至（zhì），秦王（qín wáng）昭王。庭迎范雎（tíng yíng fàn jū），敬执宾主之礼（jìng zhí bīn zhǔ zhī lǐ）。范雎辞让（fàn jū cí ràng）。是日见范雎（shì rì jiàn fàn jū），见者无不变色易容者（jiàn zhě wú bú biàn sè yì róng zhě）。就旁人形容一笔。㊉是：代词，这。秦王屏左右（qín wáng bǐng zuǒ yòu），屏，除也。宫中虚无人（gōng zhōng xū wú rén）。秦王跪而请曰（qín wáng guì ér qǐng yuē）①：“先生何以幸教寡人（xiān shēng hé yǐ xìng jiào guǎ rén）？”范雎曰（fàn jū yuē）：“唯唯（wěi wěi）。”唯唯，连诺也。㊉幸教：犹赐教。幸，希望。有间（yǒu jiān），间，犹顷也。㊉间：一会儿，顷刻。秦王复请（qín wáng fù qǐng）。范雎曰（fàn jū yuē）：“唯唯（wěi wěi）。”若是者三（ruò shì zhě sān）。省笔。○三唯而终不言，故缓之，以固其心也。秦王跽曰（qín wáng jì yuē）：跽，长跪也。“先生不幸教寡人乎（xiān shēng bú xìng jiào guǎ rén hū）？”

范雎谢曰：〔补〕谢：道歉。"非敢然也。臣闻始时吕尚太公望。之遇文王也②，身为渔父，而钓于渭阳之滨耳。若是者，交疏也。已一说而立为太师，载与俱归者，其言深也。交疏、言深，作反正两对。〔补〕滨：水边。交疏：交情不深。已：随后，旋即。一说：交谈一次。故文王果收功于吕尚，卒擅天下而身立为帝王。一转。〔补〕卒：终。擅：拥有。即使文王疏吕望而弗与深言，是周无天子之德，而文、武无与成其王也。二转。今臣，羁旅之臣也，交疏于王，而所愿陈者，皆匡君之之事③，处人骨肉之间。处，犹在也。谓欲言太后及穰侯等。〔补〕羁旅：寄居异乡。陈：陈述。匡：匡正。骨肉：比喻至亲。愿以陈臣之陋忠，而未知王心也。所以王三问而不对者，是也。三转方说明。〔补〕陋忠：愚忠。

"臣非有所畏而不敢言也。又撇然一转，为下"患""忧""耻"之纲。知今日言之于前，而明日伏诛于后，然臣弗敢畏也。加三句。大王信行臣之言，死不足以为臣患，亡不足以为臣忧；漆身而为厉癞，被披发而为狂，不足以为臣耻。三句又为下三段之纲。(补)行臣：犹言旅居之臣。不足：不能。患：担心。亡：逃亡。漆身：以漆涂身。厉：癞疮。

五帝之圣而死，三王之仁而死，五伯之贤而死④，乌获武王力士。之力而死，奔、育之勇焉而死⑤。孟贲、夏育，皆卫人。死者，人之所必不免也⑥。处必然之势，必然，必至于死也。可以少有补于秦，此臣之所大愿也，臣何患乎？一段应“死不足以为臣患”。(补)少：稍，略微。患：担心。伍子胥橐载而出昭关，伍子胥自楚奔吴，藏身于橐，载而出楚关。(补)橐载：谓袋装车载。夜行而昼伏，至于蔆水⑦，即溧水。无以饵其口⑧，(补)饵：进食。坐行蒲服⑨，同“匍匐”。(补)伏地而行。乞食于吴市，卒兴吴国，阖庐为霸⑩。(补)卒：最终。使臣得进谋如伍子胥，加之以幽囚，终身不复见⑪，是臣说之行也，臣何忧乎？一段应“亡不足以为臣忧”。(补)使：假使。幽囚：囚禁。箕子、接舆，楚人陆通，字接舆。漆身而为厉癞，被披发而为狂，无益于殷、楚。使臣得同行于箕子、接舆，可以补所贤之主，是臣之大荣也，二子无补于时，犹为之，今为而有补，故特以为荣。(补)同行：谓同样的行为。臣又何耻乎？一段应“不足以为臣耻”。

"臣之所恐者，独恐臣死之后，天下见臣尽忠而身蹶也，蹶，僵也。〔补〕身蹶：喻死亡。是以杜口裹足⑫，莫肯即秦耳⑬。忽掉转作危语，最足耸听。〔补〕是以：因此。杜口裹足：闭口不言，止步不前。即：前来。足下上畏太后之严，下惑奸臣之态，忽点出太后、奸臣二句，骎骎逼人。居深宫之中，不离保傅之手，女保、女傅。终身暗惑，无与照奸，大者宗庙灭覆，小者身以孤危。此臣之所恐耳！所云危如累卵，得臣则安也。〔补〕暗惑：昏昧迷乱。照奸：察知奸邪。宗庙：代称国家政权。孤危：孤立危急。若夫穷辱之事，死亡之患，臣弗敢畏也。〔补〕若夫：至于。穷辱：穷困和耻辱。死亡：杀戮和流亡。臣死而秦治，贤于生也。"又掉转一笔，全篇俱动。〔补〕治：指治理的好。贤：胜过。

秦王跽曰⑭："先生是何言也！夫秦国僻远，寡人愚不肖，〔补〕僻远：偏僻荒远。不肖：不贤。先生乃幸至此，此天以寡人慁先生，慁，污辱也。而存先王之庙也。应"宗庙灭覆"句。寡人得受命于先生，此天所以幸先王而不弃其孤也⑮。应"身以孤危"句。〔补〕幸：宠幸。孤：遗孤。先生奈何而言若此！呼应紧甚。〔补〕奈何：为何。事无大小，上及太后，下至大臣，交疏之臣，言人骨肉之间，本难启齿。故一路耸动，一路要挟，直逼出此二句，秦王已受我羁靮，便可深言矣。

yuàn xiān shēng xī yǐ jiāo guǎ rén wú yí guǎ rén yě
愿先生悉以教寡人，无疑寡人也。”

fàn jū zài bài qín wáng yì zài bài
范雎再拜，秦王亦再拜。又闲写一笔，见秦王已被范雎笼定。[补]悉：全部。

范雎自魏至秦，欲去穰侯而夺之位。穰侯以太后弟，又有大功于秦，去之岂是容易？始言交疏言深，再言尽忠不避死亡，翻来覆去，只是不敢言。必欲吾之说，千稳万稳，秦王之心，千肯万肯，而后一说便入。吾畏其人。

〔校记〕

①“请”，原作“进”，据《战国策》《战国策笺证》改。
②“始时”，原作“昔者”，据《战国策》《战国策笺证》改。
③“君之之事”，原作“君臣之事”，据《战国策》《战国策笺证》改。
④“伯”，原作“霸”，据《战国策》《战国策笺证》改。
⑤“焉”，原缺，据《战国策》《战国策笺证》补。
⑥“也”，原缺，据《战国策》《战国策笺证》补。
⑦“蔆水”，原作“菱夫”，据《战国策》《战国策笺证》改。
⑧“饵”，原作“糊”，据《战国策》《战国策笺证》改。
⑨“坐行蒲服”，原作“膝行蒲伏”，据《战国策》《战国策笺证》改。
⑩“庐”，原作“闾”，据《战国策》《战国策笺证》改。
⑪“终身”，原缺，据《战国策》《战国策笺证》补。
⑫“是”，原作“因”，据《战国策》《战国策笺证》改。
⑬“即”，原作“向”，据《战国策》《战国策笺证》改。
⑭“跽”，原作“跪”，据《战国策》《战国策笺证》改。
⑮“王”，原作“生”，据《战国策》《战国策笺证》改。

zōu jì fěng qí wáng nà jiàn
邹忌讽齐王纳谏

guó cè
《国策》

zōu jì xiū bā chǐ yǒu yú ér xíng mào yì lì
邹忌齐人。**修八尺有余，而形貌昳丽①。**修，长也。昳，日侧也。言有光艳。[补]昳丽：光艳美丽。

zhāo fú yī guān kuī jìng wèi qí qī yuē
朝服衣冠，朝，晨也。服，著也。**窥镜，**[补]照镜子。**谓其妻曰：**

"我孰与城北徐公美？"问法一。补孰与：与……相比怎么样。其妻曰："君美甚，徐公何能及君也②？"答法一。补甚：极。及：比得上。城北徐公，齐国之美丽者也。插注一笔。妙。忌不自信，补自己不相信。而复问其妾曰："吾孰与徐公美？"问法二。妾曰："徐公何能及君也？"答法二。旦日，补第二天。客从外来，与坐谈，问之客曰③："吾与徐公孰美？"问法三。客曰："徐公不若君之美也。"答法三。补不若：不如，比不上。明日徐公来，孰(熟)视之④，自以为不如；补次日，第二天。孰：仔细。窥镜而自视，又弗如远甚。作两番写。妙。补弗如远甚：远远地不如。弗，不。暮寝而思之，思妻、妾、客所以美我之故。○曰"朝"，曰"旦日"，曰"明日"，曰"暮"，叙次井然。补暮：晚上。寝：躺着休息。曰："吾妻之美我者，私我也；补美我：认为我美。私：偏爱。妾之美我者，畏我也；客之美我者，欲有求于我也。"看破人情，便可因小悟大。

于是入朝见威王，曰："臣诚知不如徐公美。补诚：确实。臣之妻私臣，臣之妾畏臣，臣之客欲有求于臣，皆以美于徐公。现身说法，下即说到齐王身上，入情入理。补以：认为。美于徐公：比徐公美。

jīn qí dì fāng qiān lǐ bǎi èr shí chéng gōng fù zuǒ yòu mò bù sī
今齐地方千里，百二十城，宫妇左右莫不私
wáng cháo tíng zhī chén mò bú wèi wáng sì jìng zhī nèi mò bù yǒu qiú
王，朝廷之臣莫不畏王，四境之内莫不有求
yú wáng yóu cǐ guān zhī wáng zhī bì shèn yǐ
于王：由此观之，王之蔽甚矣。” 情理固然，耐人深省。㊟地方千里：土地千里见方。宫妇左右：宫内姬妾和近侍之臣。莫：没有谁。四境之内：四方疆界之内，引申指全国范围内。蔽：蒙蔽，这里指所受的蒙蔽。甚：严重。

wáng yuē shàn nǎi xià lìng qún chén lì mín néng miàn cì
王曰：“善。”乃下令：“群臣吏民能面刺
guǎ rén zhī guò zhě shòu shàng shǎng shàng shū jiàn guǎ rén zhě shòu zhōng
寡人之过者，受上赏；上书谏寡人者，受中
shǎng néng bàng jī yú shì cháo wén guǎ rén zhī ěr zhě shòu xià
赏；能谤讥于市朝⑤，闻寡人之耳者，受下
shǎng
赏。” 下令之辞，三叠应上。㊟面刺：当面指责。谏：直言规劝。谤讥：批评讥刺。市朝：指公共场所。闻：使……听到。
lìng chū xià qún chén
令初下，群臣
jìn jiàn mén tíng ruò shì
进谏，门庭若市；㊟言上朝进谏的人很多，朝堂内外热闹的像集市一样。
shù yuè zhī hòu shí
数月之后，时
shí ér jiàn jìn
时而间进；进谏者有暇隙。㊟时时：常常，不时。间进：偶然进谏。间，间或。进，进谏。
jī nián zhī hòu suī yù
期年之后，虽欲
yán wú kě jìn zhě
言，无可进者。文亦三变。○齐王固自虚心，叙处似形容太过。㊟期年：满一年。虽：即使。
yān zhào hán
燕、赵、韩、
wèi wén zhī jiē cháo yú qí cǐ suǒ wèi zhàn shèng yú cháo tíng
魏闻之，皆朝于齐。此所谓战胜于朝廷。不待兵也。○结断斩截。㊟朝于齐：到齐国来朝见。战胜于朝廷：在朝廷上取得胜利，意谓内政修明，不用武力就能战胜敌国。

邹忌将己之美、徐公之美，细细详勘，正欲于此参出微理。千古臣谄、君蔽，兴亡关头，从闺房小语破之，快哉！

〔校记〕

①“而形貌”，《战国策》《战国策笺证》作“身体”，鲍彪本作“而形貌”。

②“君”，《战国策》《战国策笺证》作“公”，鲍彪本作“君”。
③“客曰”，原缺，据《战国策》《战国策笺证》补。
④“孰”，原作“熟”，据《战国策》《战国策笺证》改。
⑤“讥”，原作“议”，据鲍彪本改；《战国策》《战国策笺证》作“议”。

颜斶说齐王

《国策》

齐宣王见颜斶，齐人。曰：“斶前！”前者，使之就己也。○写骄倨，妙。斶亦曰：“王前！”○写高贵，妙。宣王不悦①。左右曰：“王，人君也。斶，人臣也。王曰‘斶前’，亦曰②‘王前’，可乎？”斶对曰：“夫斶前为慕势，王前为趋士。与使斶为慕势，不如使王为趋士。”分解出来，持论正大。○斶前、王前，连写三番，错映成趣。㊟慕势：趋附权势。慕，羡慕。趋士：礼贤下士。趋，向往。王忿然作色不悦之甚。曰：“王者贵乎？士贵乎？”对曰：“士贵耳，奇快。王者不贵。”添写一句，更妙。王曰：“有说乎？”斶曰：“有。昔者秦攻齐，令曰：‘有敢去柳下季垄五十步而樵采者，鲁展禽，字季，食采柳下。垄，其冢也。秦伐齐，先经鲁，故云。㊟樵采：打柴。垄：坟墓。死不赦！’令曰：'有能得齐王头者，封万户侯，赐金千镒！' (补)万户侯：食邑万户之侯。镒：古代重量单位，合二十两，一说二十四两。由是观之，生王之头，曾不若死士之垄也。" 快语。读之失惊。○"生王"字奇，"之头"字更奇。○此下尚有一大段文字删去。(补)曾：竟。

宣王曰："嗟乎！叹服。君子焉可侮哉？寡人自取病耳！此下删去二句。(补)焉：怎么。病：辱。愿请受为弟子。结前半篇。(补)愿：情愿。请：敬辞。受：接受。且颜先生与寡人游，(补)游：交游。食必太牢，牛、羊、豕，具为太牢。出必乘车，妻子衣服丽都。" 丽都，皆美称。○仍是富贵骄人习态。○起后半篇。颜斶辞去曰："夫玉生于山，制则破焉，制，裁断也。谓琢其璞而取之。非弗宝贵矣，然太璞不完。失玉之本真。(补)太璞：未经雕琢的玉，引申为事物的天然本性。士生乎鄙野，(补)乡野之地。鄙：郊野。推选则禄焉，(补)推选：推举选任。非不得尊遂也③，遂，犹达也。(补)尊遂：尊贵显达。然而形神不全。失士之本真。(补)形神：形骸与精神，指精神面貌。斶愿得归，晚食以当肉，晚食，饥而后食。○不羡食太牢。(补)当：当作，算是。安步以当车，安步，缓行也。○不羡出乘车。无罪以当贵，尊遂极矣。清净贞正以自虞(娱)。" 虞，娱也。○形神全矣。○仍是贫贱骄人气度。○此下删去五句。(补)清净：内心纯洁。贞王：行为正直。则再拜而辞去也④。

君子曰⑤："斶知足矣！归真反璞⑥，则终

shēn bù rǔ yě

身不辱也⑦。”结赞是苏、张一流反照。[补]归真反璞：去其外饰，还其本真。反，还，回归。

起得唐突，收得超忽。后段“形神不全”四字，说尽富贵利达人，良可悲也。战国士气，卑污极矣，得此可以一回狂澜。

〔校记〕

①“悦”，原作“说”，据《战国策》《战国策笺证》改。
②“亦”前原有一“屬”字，据《战国策》《战国策笺证》删。
③“得”，原缺，据《战国策》《战国策笺证》补。
④⑦“也”，原缺，据《战国策》《战国策笺证》补。
⑤《战国策》《战国策笺证》无“君子曰”三字。
⑥“归真反璞”，《战国策》《战国策笺证》作“归反撲”。

féng xuān kè mèng cháng jūn

冯谖客孟尝君 《史记》作冯驩

guó cè

《国策》

qí rén yǒu féng xuān zhě　　pín fá bù néng zì cún　　shǐ rén zhǔ

㊹好 mèng cháng jūn xiào ér shòu zhī　　yuē　　nuò 以为真 zuǒ yòu yǐ jūn

齐人有冯谖者①，贫乏不能自存，使人属[嘱]

mèng cháng jūn

孟尝君，田婴子田文，齐相，封于薛。[补]贫乏：穷困。属：嘱托。愿寄食门下。[补]寄食：依靠别人吃饭。寄，依附。

mèng cháng jūn yuē　　kè hé hào　　yuē　　kè wú hào yě　　yuē

孟尝君曰：“客何好？”曰：“客无好也。”曰：

kè hé néng　　yuē　　kè wú néng yě

“客何能？”曰：“客无能也。”三千人中，如此者却少。○“好”与“能”虽并点，重“能”字一边。[补]好：爱好。孟尝君笑而受之，曰：“诺。”以为真无能人。左右以君贱之也，食以草具。草，菜也。不以客待之。[补]以：认为。贱之：以之为贱。食：给……吃。草具：粗劣的饭食。居有顷，[补]居：经过，表示相隔 yǐ zhù tán qí jiàn　　gē yuē　　cháng jiá guī
有顷， 若干时间。有顷：不久。倚柱弹其剑，歌曰：“长铗归来乎，铗，剑把。欲与俱去。食无鱼！”左右以告。孟尝君曰：“食之，比门下之客。”待以客礼。居有顷，复弹其铗，歌曰：“长铗归来乎，出无车！”左右皆笑之，以告。孟尝君曰：“为之驾，比门下之车客。”待以上客之礼。[补]为之驾：给他准备车马，此为双宾语结构。车客：可以坐车的客。于是乘其车，揭其剑，过其友曰：“孟尝君客我！”至此一断，点缀生趣。[补]揭：高举。过：前往拜访。客我：以我为客。后有顷，复弹其剑铗，弹剑、弹铗、弹剑铗，三样写法。歌曰：“长铗归来乎，无以为家！”叶孤。○三歌，亦寒酸，亦豪迈，便知不是无能人。左右皆恶之，以为贪而不知足。处处夹写左右，正为冯谖反衬。[补]恶：讨厌。孟尝君问：“冯公有亲乎？”闻其歌，而问左右。对曰：“有老母。”孟尝君使人给其食用，无使乏。比上客反加厚。[补]给：供应。乏：匮乏，缺少。于是冯谖不复歌。

歌又妙，不复歌又妙。○冯谖既曰无好、无能，所责望于人者，较有好、有能者更倍之，大是奇事，孟尝亦以为奇，即姑应之，实非有意加厚冯谖也。

后孟尝君出记，记，疏也。[补]记：文告，一说记账的簿册。问门下诸客：“谁习计会，月计曰要，岁计曰会。[补]计会：会计，计算。能为文收责(债)于薛者乎？”[补]文：田文，孟尝君自称其名。冯谖署曰：“能。”署，书姓名于疏也。○突地出头。孟尝君怪之，曰："此谁也？"记不起冯谖姓名。左右曰："乃歌夫长铗归来者也。"笑谈轻薄，尽含句中。（补）乃：就是。夫：那个。孟尝君笑曰："客果有能也！有能、无能，照耀前后。吾负之，未尝见也。"冯谖在门下已久，孟尝未熟其名，未识其面，可见前番待冯谖，并非有意加厚也。（补）负：辜负。请而见之，谢曰："文倦于事②，事，指相齐。（补）谢：道歉。愦于忧，愦，心乱也。而性懦愚，沉于国家之事，沉，没溺也。开罪于先生。先生不羞，乃有意欲为收责（债）于薛乎？"（补）开罪：得罪。不羞：不以此为羞。乃：竟然。冯谖曰："愿之。"临时犹不露圭角，胜毛遂自荐一倍。于是约车治装，载券契而行。辞曰："责（债）毕收，以何市而反（返）？"（补）约：置备。治装：整理行装。券契：债券契约。毕：全部。市：买。孟尝君曰："视吾家所寡有者。"问则有意，答则无心，幻出绝妙文字。

驱而之薛，（补）驱：指驾车。之：往。使吏召诸民当偿者，悉来合券。券遍合，起③，凡券，取者、与者各收一，责则合验之，遍合矣，乃来听令。○亦粗完收债事，下乃出奇。矫命矫，托也。托言孟尝之命。以责（债）赐诸民，因烧其券。民称万岁。冯谖大有作用，盖已料有后日事也。（补）因：于是。

长驱到齐，晨而求见。写其迅速。孟尝君怪其疾也，衣冠而见之，曰："责债毕收乎？来何疾也！"补疾：快速。衣冠：穿衣戴帽，名词用如动词。曰："收毕矣。"奇。"以何市而反返？"冯谖曰："君云'视吾家所寡有者'，拿定此言。臣窃计，君宫中积珍宝，狗马实外厩，美人充下陈，陈，犹列也。○三句，言无所不有。补窃：私下，谦辞。下陈：宫殿陈列礼品、站立婢妾之处，借指后宫姬妾。君家所寡有者以义耳。此物人家最少。窃以为君市义。"更奇。孟尝君曰："市义奈何？"补奈何：怎么样。曰："今君有区区之薛，不拊抚爱子其民，因而贾利之。贾利，与"市义"对。补区区：小小的。拊爱：爱抚。子其民：视其民如子。子，用如动词。贾利：用商贾之道图利。臣窃矫君命，以责债赐诸民，因烧其券，民称万岁，乃臣所以为君市义也。"说出市义，一笑。补所以：意思是"用来……的方式"。所，代词，此。以，介词，用。孟尝君不说悦，曰："诺，先生休矣！"休，犹言歇息，无可如何之辞也。○叙冯谖收责于薛毕。

后期年，补满一年。齐王谓孟尝君曰："寡人不敢以先王之臣为臣。"遣其就国，而为之辞。孟尝君就国于薛，未至百里，民扶老携幼，迎君道中④。补就国：回到自己的封邑。未至百里：还差百里没到。君：指孟尝君。孟尝君顾谓冯谖：“先生所为文市义者，乃今日见之。”市义之为利如此，若取必目前，便失此利也。○了“市义”一案。补 顾：回视。乃：才。

冯谖曰：“狡兔有三窟，窟，穴也。仅得免其死耳。忽设一喻，更进一筹。今君有一窟⑤，市义。○结上。未得高枕而卧也。请为君复凿二窟。”起下。孟尝君予车五十乘，金五百斤，西游于梁，补 予：给。游：游说。梁：魏国。魏惠王自安邑迁都大梁（今河南开封），因称梁。谓惠王曰⑥：“齐放其大臣孟尝君，补 放：免职。诸侯先迎之者⑦，富而兵强。”于是梁王虚上位，以故相为上将军，徙故相为上将军，虚相位以待孟尝也。补 虚：空出。遣使者，黄金千斤，车百乘，往聘孟尝君。冯谖先驱，先驱归薛。○作用更妙。诫孟尝君曰：“千金，重币也；百乘，显使也。齐其闻之矣。”意盖为此，而语却不尽，妙。补 诫：告诫。千金：犹言金千斤。币：礼物。其：大概。梁使三反，孟尝君固辞不往也。只是要使齐闻之，妙。补 三反：往返三次。固辞：坚决推辞。

齐王闻之，君臣恐惧。遣太傅大臣。赍黄金千斤，补 赍：携带。文车二驷，文车，彩绘之车。补 一车四马曰驷。服剑一，王自佩之剑。封书谢孟尝君曰："寡人不祥，被于宗庙之祟，祟，神祸也。㊟不祥：不善。被：遭受。宗庙：这里借指祖宗。沉于谄谀之臣，开罪于君。㊟沉：沉溺。谄谀：谄媚阿谀。寡人不足为也。㊟不足为：不值得帮助。为，帮助。愿君顾先王之宗庙，姑反返国统万人乎！"复留相齐。○是第二窟。㊟顾：顾念。姑：暂且。统：管理。冯谖诫孟尝君曰："愿请先王之祭器，立宗庙于薛。"请祭器，立宗庙，则薛为重地，难以动摇也。○绝大见识。庙成，是第三窟。还报孟尝君曰："三窟已就，君姑高枕为乐矣。"总结上文。㊟就：完成。高枕：枕着高枕头，谓无忧无虑。

孟尝君为相数十年，无纤介之祸者，冯谖之计也。纤介，细微也。○结出孟尝一生得力，全在冯谖，直与篇首"无好""无能"相映照。

三番弹铗，想见豪士一时沦落，胸中磈礌，勃不自禁。通篇写来，波澜层出，姿态横生，能使冯公须眉，浮动纸上。沦落之士，遂尔顿增气色。

〔校记〕

①"谖"，原作"煖"，据《战国策》《战国策笺证》改，全文同。
②"事"，原作"是"，据《战国策》《战国策笺证》改。
③"起"，原作"赴"，据《战国策》《战国策笺证》改。
④"中"后原有"终日"二字，据《战国策》《战国策笺证》删。
⑤"君"，原缺，据《战国策》《战国策笺证》补。
⑥"惠"，原作"梁"，据《战国策》《战国策笺证》改。
⑦"诸侯"前原有一"于"字，据《战国策笺证》删。

赵威后问齐使

《国策》

齐王齐王建。时君王后在。使使者问赵威后。惠文后，孝威太后。㊉问：聘问。书未发，未开封。○三字便作势。威后问使者曰："岁亦无恙耶？民亦无恙耶？王亦无恙耶？"恙，忧也。○陡问三语，大奇。㊉岁：收成。亦：句中语气词。使者不说悦，曰："臣奉使使威后，言奉王命来问太后，则太后亦当先问王。㊉第一个"使"当使命讲；第二个"使"当出使讲。今不问王，而先问岁与民，岂先贱而后尊贵者乎？"以贵贱之说，辨其失问。㊉先、后：都用如动词。贱：指民众。威后曰："不然。苟无岁，何以有民①？苟无民，何以有君②？连互说，乃见发问妙旨。㊉苟：假如。故有问，故，旧例也。舍本而问末者耶？"探出本末，绝去贵贱之见。○答语仍作问语声口，有致。

乃进而问之曰："齐有处士曰钟离子，钟离，复姓。㊉处士：指有才德而隐居不仕者。无恙耶？是其为人也，㊉是：指示代词，这个人，这里指钟离子。其：用同"之"。有粮者亦食，无粮者亦食；有衣者亦衣，无衣者亦衣。（【补】食：给食物吃。衣(yì)：给衣服穿。）是助王养其民也[3]，（【补】是：代词，此，指代以上的行为。）何以至今不业也？（人情大率食有粮、衣有衣者多，乃无粮、无衣者亦食、衣之，所以谓之养民。业，谓使之在位，成其职业也。）叶阳子（亦齐处士。叶阳，县名。）无恙乎？是其为人，哀鳏寡，恤孤独，振困穷，补不足。（【补】《孟子·梁惠王下》：“老而无妻曰鳏，老而无夫曰寡，老而无子曰独，幼而无父曰孤。”哀：怜悯。恤：顾念。振：救济。）是助王息其民者也，何以至今不业也？（息，生全也。○养民，就民之处常者言。息民，就民之处变者言。【补】息 生息。）北宫之女婴儿子（齐孝女。北宫，复姓。婴儿子，女名也。）无恙耶？撤其环瑱，至老不嫁，以养父母。是皆率民而出于孝情者也，胡为至今不朝也？（环，耳环。瑱，以玉系于纮而充耳。撤，去之不以为饰。朝，谓使之为命妇而入朝。【补】环瑱：泛指首饰。率民：引导百姓。孝情：孝心。胡为：为什么。）此二士弗业，一女不朝，何以王齐国、子万民乎？（总三问作一顿。【补】王齐国：君临齐国。子万民：谓养育万民。子，待如己子，慈爱。）於陵子仲（非陈仲子也。若孟子所称，已是七八十年矣。）尚存乎？（六“无恙”后，变出一“尚存”，奇绝。）是其为人也，上不臣于王，下不治其家，中不索交诸侯。此率民而出于无用者，何为至今不杀乎？”（竟住，奇绝，妙绝。【补】不臣：不称臣。索：求。交：结交。）

通篇以民为主，直问到底，而文法各变，全于用虚字处著神。问固

奇，而心亦热。末一问，胆识尤自过人。

〔校记〕

①②“以”，原缺，据《战国策》《战国策笺证》补。
③“民”后原有一“者”字，据《战国策》《战国策笺证》删。

zhuāng xīn lùn xìng chén

庄辛论幸臣

guó cè

《国策》

chén wén bǐ yǔ yuē jiàn tù ér gù quǎn wèi wéi wǎn yě
wáng yáng ér bǔ láo wèi wéi chí yě

臣闻鄙语曰：“见兔而顾犬，未为晚也；亡羊而补牢，未为迟也。”便引喻起。㊉鄙语：俗语。顾：回视。亡：丢失。牢：指羊圈。

chén wén xī tāng wǔ yǐ bǎi lǐ chāng jié zhòu yǐ tiān xià wáng jīn chǔ guó suī xiǎo jué cháng xù duǎn yóu yǐ shù qiān lǐ qǐ tè bǎi lǐ zāi

臣闻昔汤、武以百里昌，桀、纣以天下亡。今楚国虽小，绝长续短，犹以数千里，岂特百里哉？楚襄王宠信幸臣，而不受庄辛之言，及为秦所破，乃征庄辛与计事。庄辛起手极言未迟、未晚是正文，以下一路层层递接而去，俱写迟、晚也。㊉绝：截。续：补。犹以：还有。岂特：岂止。

wáng dú bú jiàn fú qīng líng hū

王独不见夫蜻蛉乎？虫名，一名桑根。㊉王：楚顷襄王。独：难道。夫：指示代词，那。蜻蛉：蜻蜓。

liù zú sì yì fēi xiáng hū tiān dì zhī jiān fǔ zhuó wén méng ér shí zhī yǎng chéng gān lù ér yǐn zhī zì yǐ wéi wú huàn yǔ rén wú zhēng yě

六足四翼，飞翔乎天地之间，俯啄蚊虻而食之，仰承甘露而饮之，自以为无患，与人无争也。㊉乎：介词，于。俯：向下，与“仰”相对。啄：鸟用嘴取食。虻：虻虫。承：接。甘露：甘美的露水。

bù zhī fú wǔ chǐ tóng

不知夫五尺童

子，方将调饴胶丝，饴，米糵所煎，调之使胶于丝。（补）方将：正要。饴：糖浆。胶：粘。加己乎四仞之上，八尺曰仞。（补）加己：加于其身。己，指蜻蛉。而下为蝼蚁食也。迟矣，晚矣。

蜻蛉其小者也①，黄雀小鸟。因是以。（补）其：其中的。因是以：如同这样啊。因，犹，如同。是，这样。以，助词，表肯定语气。俯噣啄白粒，仰栖茂树，鼓翅奋翼，自以为无患，与人无争也。（补）白粒：指米。栖：栖息。鼓翅奋翼：振翅展翼。不知夫公子王孙，左挟弹，右摄丸，将加己乎十仞之上，以其类为招。以其类而招诱之。（补）弹：弹弓。摄：执持。类：同类，一说“类”当作“颈”，则“招”为靶子。昼游乎茂树，夕调乎酸咸，倏忽之间，坠于公子之手。迟矣，晚矣。（补）酸咸：酸味和咸味，泛指烹调的佐料。倏忽：顷刻，极短的时间。

夫雀其小者也，黄鹄鸿也，水鸟。因是以。游于江海②，淹乎大沼，（补）淹：停歇。俯噣鳝鲤，仰啮蔆菱衡蘅，衡，香草。（补）蔆：菱角，水生草本植物。衡：杜蘅。奋其六翮，翮，劲羽。（补）奋：张开翅膀。六翮：指翅膀。而凌清风，飘摇乎高翔，（补）凌：驾，乘。飘摇：飞翔貌。自以为无患，与人无争也。不知夫射者，方将修其碆卢，碆，石为弋镞。卢，黑弓。（补）修：整修。治其矰缴，矰，弋射矢。缴，生丝缕。（补）治：整治。矰缴：系有生丝缕的箭。将加己乎百仞之上，四仞、十仞、百仞，逐渐增加，逼起后段。亦见处地愈高，其势愈危之意。被礛磻③，被，著也。礛，利也。补被礛磻：中利箭。被，遭受。礛磻，锐利的石制箭头。引微缴，折清风而抎矣。补引：拖着。微缴：细微的箭绳。折：夭折。抎：坠落。故昼游乎江河④，夕调乎鼎鼐。迟矣，晚矣。补鼎：古代烹煮器具。鼐：大鼎。

夫黄鹄其小者也，蔡圣侯之事因是以⑤。南游乎高陂，陂，阪也。补高陂：高山坡。北陵乎巫山，陵，登也。补巫山：山名。饮茹溪之流⑥，补茹溪：水名，在今重庆巫山县北。流：指水。食湘波之鱼，湘水，出零陵，属长沙。左抱幼妾，右拥嬖女，与之驰骋乎高蔡之中，即上蔡。补嬖女：受宠幸的姬妾。嬖，宠幸。高蔡：地名，今河南上蔡。而不以国家为事。不知夫子发方受命乎宣王⑦，系己以朱丝而见之也。鲁昭十一年，楚子诱蔡侯般杀之于申，盖使子发召之。○迟矣，晚矣。补子发：楚大夫。宣王：楚宣王。系：拴缚。朱丝：红绳。见：用作使动。

蔡圣侯之事其小者也⑧，层注而下，至此已到。君王之事因是以。左州侯，右夏侯，辇从鄢陵君与寿陵君，四人皆楚幸臣。州侯、夏侯，常在左右；鄢陵、寿陵，辇出则从。补辇从：随从于车辇后。饭封禄之粟，封禄，所封之禄。补饭：吃。禄：俸给。粟：泛指谷物。而载方府之金，方，四方。金，其所贡也。补载：用车装载。方府：国库，因纳四方所贡，故称。与之驰骋乎云梦之中，云梦，泽名。而不以天下国家为事。

bù zhī fú rǎng hóu　fāng shòu mìng hū qín wáng　tián méng sài zhī
不知夫穰侯秦相魏冉。方受命乎秦王⑨，昭王。填黾塞之

nèi　ér tóu jǐ
内，填者，取其地而塞之。黾塞，江夏鄳县。〔补〕填黾塞之内：布满军队在黾塞之内。黾塞，要塞名，又称黾阨、黾隘，即今河南信阳市西南平靖关。而投己

hū méng sài zhī wài
乎黾塞之外。至此则迟矣，晚矣，今则未为迟也，未为晚也。妙在说到此竟住，若加一语，便无余味。〔补〕投：抛掷。己：指楚顷襄王。

只起结点缀正意，中间纯用引喻，自小至大，从物及人，宽宽说来，渐渐逼入，及一点破题面，令人毛骨俱竦。《国策》多以比喻动君，而此篇辞旨更危，格韵尤隽。

〔校记〕

①“蜻”前原有一“夫”字，据《战国策》《战国策笺证》删。
②“于”，原作“乎”，据《战国策》《战国策笺证》改。
③“礛”，原作“勫”，据《战国策》《战国策笺证》改。
④“河”，原作“湖”，据《战国策》《战国策笺证》改。
⑤⑧“圣”，原作“灵”，据《战国策》《战国策笺证》改。
⑥“之”，原缺，据《战国策笺证》补。
⑦“宣”，原作“灵”，据《战国策》《战国策笺证》改。
⑨“不”前原有一“而”字，据《战国策》《战国策笺证》删。

chù lóng shuì zhào tài hòu
触龙说赵太后

guó cè
《国策》

zhào tài hòu　xīn yòng shì　qín jí gōng zhī　zhào
赵太后惠文后，即威后。新用事，秦急攻之。〔补〕新：刚刚。用事：执政。赵

shì qiú jiù yú qí　qí yuē　bì yǐ cháng ān jūn　wéi
氏求救于齐。齐曰：“必以长安君太后少子、孝成王弟，封之长安。为

zhì　bīng nǎi chū　tài
质，兵乃出。”许多事情，三四语叙完，此妙于用简。以下只一事，连篇说不尽，又妙于用繁。〔补〕质：抵押品，这里指人质。乃：才。太

后不肯，大臣强谏。(补)强谏：竭力谏诤。太后明谓左右："有复言令长安君为质者，老妇必唾其面。""明谓"字妙。(补)明谓：明明白白地说给。谓，告诉。令：使，让。者：代词，这里指代人，构成"……的人"结构。

左师官名。触龙言愿见太后①，(补)触龙：人名。"触龙言"原作"触詟"，当系刊刻时将"龙言"二字误合为"詟"。《史记·赵世家》及长沙马王堆三号汉墓出土帛书《战国纵横家书》，均作"触龙言"，今从之。原注"詟，《史记》作'龙'"，删。太后盛气而胥之②。恐其言及长安君，作色以拒之。(补)盛气：蓄怒未发貌。胥：待。入而徐趋，蹒跚之状，已自动人。(补)徐趋：徐行。徐，缓慢。趋，行走。至而自谢曰："老臣病足，曾不能疾走，先谢足病。(补)谢：道歉。曾：竟。疾走：快跑。不得见久矣。次谢久不来见太后。窃自恕，虽久不得见，窃以病足，故自恕其罪。(补)窃：私下，谦辞。自恕：自己原谅自己。而恐太后玉体之有所郄也③，故愿望见太后④。"郄，病苦也。○闲闲将老态说起。(补)玉体：犹言贵体。望见：犹谒见。太后曰："老妇恃辇而行。"言亦病足。(补)恃：依靠。辇：人拉的车子。曰："日食饮得无衰乎？"只说老态。(补)日：每天。得无：该不会。衰：减少。曰："恃鬻粥耳。"曰："老臣今者殊不欲食，先说不欲食。(补)今者：近来。殊：甚，极。乃自强步，日三四里，绕室中行，可三四里也。○次说调身。(补)乃：却。强步：勉强散步。少益耆嗜食，(补)少：稍微。益：更加。耆：爱好。和于身也⑤。"次说能食。○自入见至此，叙了许多寒温，绝不提起长安君，妙。(补)和：指身体舒适。太后曰⑥："老妇不能。”不能强步。太后之色少解。老妇已入老臣彀中。〔补〕解：消散，和缓。

左师公曰：“老臣贱息舒祺，息，其子。舒祺，名也。最少，不肖；而臣衰，窃爱怜之，又少，又不肖，又自衰，不得不爱而怜之。○先写出一长安君影子。〔补〕不肖：不成材。愿令得补黑衣之数⑦，以卫王宫。没死以闻。”黑衣，戎服。没，犹昧也。〔补〕黑衣：指宫廷侍卫。没死：冒着死罪。闻：使闻，即禀告。太后曰：“敬诺。年几何矣？”〔补〕敬诺：犹言遵命。几何：多少。对曰：“十五岁矣。虽少，愿及未填沟壑而托之。”谦言死曰填沟壑。托，谓托太后也。○再嘱一语，引出太后心事。〔补〕及：趁着。太后曰：“丈夫亦爱怜其少子乎？”无数纡折，只要餂得此一句。〔补〕丈夫：男子。对曰：“甚于妇人。”又逼一句。太后笑曰⑧：“妇人异甚。”心事毕露。〔补〕异甚：特别厉害。异，特别的。对曰：“老臣窃以为媪之爱燕后，贤于长安君。”媪，女老称。燕后，太后女，嫁于燕。贤，胜也。○直说出长安君矣。○又说太后爱之不如燕后，若不为长安君者，妙想。曰：“君过矣，不若长安君之甚。”至此便可畅言。〔补〕过：错。不若：不如，比不上。左师公曰：“父母之爱子，则为之计深远。此句是进说主意。〔补〕计深远：作长远打算。计，考虑。媪之送燕后也，持其踵为之泣，念悲其远也，亦哀之矣。顿挫。〔补〕持其踵：握着她的脚。踵，脚后跟。为之泣：对着她哭。为，介词，对。念：惦念。已行，【补】行：出嫁。非弗思也，顿挫。祭祀必祝之，祝曰：‘必勿使反（返）。’或被废，或国灭，方反本国。【补】祝之：为她祈祷。岂非计久长，有子孙相继为王也哉？”舍却长安君，单就燕后提醒太后。太后曰：“然。”

左师公曰：“今三世以前，至于赵之为赵，只就赵论。【补】赵之为赵：前“赵”指赵氏，后“赵”指赵国。赵主之子孙侯者[9]，其继有在者乎？”继，相继为侯也。曰：“无有。”曰：“微独赵，诸侯有在者乎？”他国子孙，三世相继为侯。○两问，仍用傍击法。【补】微独：不单是，不仅仅。曰：“老妇不闻也。”亦无有。○此下左师对。“此其近者祸及身，远者及其子孙。岂人主之子孙则必不善哉？位尊而无功，奉（俸）厚而无劳，而挟重器多也。重器，金玉重宝。○所以无有相继为侯者。○前俱用缓，此则用急，一步紧一步。【补】劳：功劳。挟：拥有。今媪尊长安君之位[10]，而封之以膏腴之地[11]，多予之重器，而不及今令有功于国；【补】尊：使尊贵。膏腴：肥沃。予：给。及今：趁着现在。令：使。一旦山陵崩，太后没。【补】山陵喻国君，此指赵太后。帝王之死曰崩。长安君何以自托于赵？苦口之言，直捷痛快。【补】何以：凭什么。自托：托身，立足。老臣以媪为长安君计短也，“短”字，与“深远”“久长”对。【补】以：认为。故以为其爱不若燕后。”仍找到爱长安君不如燕后，终若不为长安君者，妙想。太后曰：“诺，只一“诺”字，见左师之言未毕，而太后早已心许之。恣君之所使之。”亦不说出长安君为质，妙。㊟恣：任凭。于是为长安君约车百乘，㊟约：备办车驾。乘：一车四马为一乘。质于齐，齐兵乃出。

子义赵贤士。闻之，曰：“人主之子也，骨肉之亲也，犹不能恃无功之尊，无劳之奉俸，而守金玉之重也⑫，而况人臣乎？”通篇琐碎之笔，临了忽作曼声，读之无限感慨。㊟犹：尚且。金玉之重：指钟、鼎、圭、璧等贵重器物。

左师悟太后，句句闲语，步步闲情，又妙在从妇人情性体贴出来。便借燕后反衬长安君，危词警动，便尔易入。老臣一片苦心，诚则生巧，至今读之，犹觉天花满目，又何怪当日太后之欣然听受也。

〔校记〕

①④⑥“太后”，原缺，据《战国策》《战国策笺证》补。
②“胥”，原作“揖”，据《战国策笺证》改。
③“而”，原缺，据《战国策》《战国策笺证》补。
⑤“也”，原缺，据《战国策》《战国策笺证》补。
⑦“得”，原缺，据《战国策》《战国策笺证》补。
⑧“笑”，原缺，据《战国策》《战国策笺证》补。
⑨“主”，原作“王”，据《战国策》《战国策笺证》改。
⑩“君”，原缺，据《战国策》《战国策笺证》补。
⑪“封之”之“之”字，原缺，据《战国策》《战国策笺证》补。
⑫“而”，原作“以”，据《战国策》《战国策笺证》改。

鲁仲连义不帝秦

《国策》

秦围赵之邯郸。（邯郸，赵都。）魏安釐王使将军晋鄙救赵，畏秦，止于荡阴，（河内地。）不进。魏王使客将军辛垣衍（称客，则衍他国人仕魏也。）间入邯郸，（间，谓微行。）因平原君（公子赵胜。）谓赵王曰：（因：通过。）“秦所以急围赵者，前与齐湣王争强为帝①，已而复归帝，以齐故。（齐不称帝，故秦亦止。已而：过了不久。）今齐湣王已益弱②，（今之齐比湣王时益弱。时齐湣王已去世，“湣王”二字当系衍文。益：更加。）方今唯秦雄天下，（雄：称雄。）此非必贪邯郸，其意欲求为帝。赵诚发使尊秦昭王为帝，秦必喜，罢兵去。”（一段叙赵事。诚：假如。）平原君犹豫未有所决。（犹豫，兽名，性多疑，故人不决曰犹豫。〇叙赵事，为仲连也。然难于插入，故借平原君作一顿，便可插入仲连矣。）

此时鲁仲连适游赵，（出仲连。郑重。适：恰好。）会秦围赵，闻魏将欲令赵尊秦为帝，（前一段文归至此处入。会：适逢。令：使。）乃见平原君曰：“事将奈何矣？”（补）乃：于是。奈何：怎么办。平原君曰：“胜也何敢言事？百万之众折于外，长平之败。（补）折：挫败。今又内围邯郸而不能去③。魏王使将军辛垣衍令赵帝秦④，今其人在是。胜也何敢言事？”两“何敢言事”，非谦词也，正写犹豫未决，莫可如何，以为仲连之地耳。鲁连曰：“始吾以君为天下之贤公子也，吾乃今然后知君非天下之贤公子也。一跌就转，一转就住，文法甚佳。（补）乃今：如今。梁客辛垣衍安在？应“其人在是”。（补）安在：在哪里。安，疑问代词。梁：指魏国。魏惠王时迁都大梁，因称梁。吾请为君责而归之。”绝有胆识。（补）归之：使之归，谓叫他回去。平原君曰：“胜请召而见之于先生⑤。”（补）见之：使之见。平原君遂见辛垣衍曰：“东国有鲁连先生，（补）东国：东方之国，此指齐国。其人在此，胜请为绍介《礼》：宾至，必因介以传辞。绍，继也，谓上介、次介、末介，其位相承继也。（补）绍介：介绍人。而见之于将军。”辛垣衍曰：“吾闻鲁连先生，齐国之高士也。衍，人臣也，使事有职，（补）因事出使，有职务在身。吾不愿见鲁连先生也。”衍不愿见鲁连，亦知帝秦之说，不足入高士之耳。平原君曰：“胜已泄之矣。”辛垣衍许诺。

鲁连见辛垣衍而无言。先无言，反待辛垣衍开口，妙。辛垣衍曰："吾视居此围城之中者，皆有求于平原君者也。今吾视先生之玉貌，非有求于平原君者，亦自识人。(补)玉貌：对人容颜的敬称。曷为久居此围城之中而不去也？"(补)曷为：为什么。鲁连曰："世以鲍焦无从容而死者，皆非也。今众人不知，则为一身。鲍焦，周时隐者，抱木而死，以非当世。今世以鲍焦不能从容自爱而死者，固非；即以为其自为一身者，亦非。正对其在围城之中，不为身谋也。(补)为一身：以为他是为个人而死。彼秦者⑥，弃礼义而上尚首功之国也⑦。战获首级者，计功受爵。(补)彼：那个。上：崇尚。权使其士，(补)权：权诈。虏使其民。虏，掠也。彼则肆然而为帝，(补)则：假如。肆然：放肆地。过而遂正于天下，过，犹甚也。正天下，即易大臣、夺憎予爱诸事。(补)遂：竟然。正于天下：施政于天下。则连有赴东海而死矣⑧，吾不忍为之民也！欲同鲍焦之死。(补)不忍：不能忍受。所为见将军者，欲以助赵也。"直破其谋。(补)所为：所以，表示原因。辛垣衍曰："先生助之奈何？"(补)奈何：怎么样。鲁连曰："吾将使梁及燕助之，齐、楚则固助之矣⑨。"故为硬语，以生下论。(补)固：本来。辛垣衍曰："燕则吾请情以从矣。(补)请：的确。以：认为。从：听从。若乃

liáng zé wú nǎi liáng rén yě xiān shēng wū néng shǐ liáng zhù zhī yé
梁，则吾乃梁人也，先生恶能使梁助之耶？”

(补)若乃：至于。恶：怎么。

lǔ lián yuē liáng wèi dǔ qín chēng dì zhī hài gù yě shǐ
鲁连曰：“梁未睹秦称帝之害故也。使

liáng dǔ qín chēng dì zhī hài zé bì zhù zhào yǐ
梁睹秦称帝之害，则必助赵矣。”一反一复，语最激昂。(补)睹：看见。使：假使。

xīn yuán yǎn yuē qín chēng dì zhī hài jiāng nài hé lǔ zhòng lián
辛垣衍曰：“秦称帝之害将奈何？”鲁仲连

yuē xī qí wēi wáng cháng wéi rén yì yǐ shuài tiān xià zhū hóu ér cháo
曰：“昔齐威王尝为仁义矣，率天下诸侯而朝

zhōu zhōu pín qiě wēi zhū hóu mò cháo ér qí dú cháo zhī jū
周。(补)率：劝导。周贫且微，诸侯莫朝，而齐独朝之。居

suì yú zhōu liè wáng bēng zhū hóu jiē diào qí hòu wǎng
岁余，(补)居：犹经过，表示相隔若干时间。周烈王崩，诸侯皆吊，齐后往。

zhōu nù fù yú qí yuē tiān bēng dì chè tiān zǐ xià xí
周怒，赴讣于齐曰：‘天崩地坼，天子下席，赴，告也。天子，谓烈王子、安王骄也。下席，言其寝苫居庐。(补)赴：报丧。坼：裂。

dōng fān zhī chén tián yīng qí hòu zhì zé
东藩之臣田婴齐斥其姓名。后至，则

zhuó zhī wēi wáng bó rán nù yuē chì jiē ér mǔ bì
斮之！’斮，斩也。威王勃然怒曰：‘叱嗟！怒斥声。而母，婢

yě zú wéi tiān xià xiào gù shēng zé cháo
也！’而，汝也。骂其母为婢。贱之之词。卒为天下笑。(补)卒：终于。为：介词，被。故生则朝

zhōu sǐ zé chì zhī chéng bù rěn qí qiú yě bǐ tiān zǐ gù
周，死则叱之，诚不忍其求也。(补)求：苛求。彼天子固

rán qí wú zú guài
然，其无足怪。”“不忍其求”，直贯下变易大臣、夺憎与爱诸事。且曰其为天子，理应如此，以见权之不可假人也。然不说出、不说尽。

xīn yuán yǎn yuē xiān shēng dú wèi jiàn fú pú hū shí rén ér
辛垣衍曰：“先生独未见夫仆乎？十人而

cóng yī rén zhě nìng lì bú shèng zhì bú ruò yé wèi zhī yě
从一人者，宁力不胜、智不若耶⑩？畏之也。”

衍口中脱出一"畏"字，本怀已露，故使仲连得入。㊟独、宁：难道。鲁仲连曰："然梁之比于秦，若仆耶[11]？"诘问得妙。辛垣衍曰："然。"鲁仲连曰："然吾将使秦王烹醢梁王[12]！"醢，肉酱。○既为仆，则不难烹醢，突然指出，可惊可诧。辛垣衍怏然不悦[13]，㊟怏然：心中不服而怨怼之貌。怏，不服气。曰："嘻！亦太甚矣，先生之言也！倒句。先生又恶能使秦王烹醢梁王？"鲁仲连曰："固也！㊟当然能啊。固：一定。待吾言之。昔者鬼侯、鬼，《史记》作"九"。邺县有九侯城。鄂侯、鄂，属江夏。文王，纣之三公也。㊟三公：三个诸侯。鬼侯有子而好，故入之于纣，纣以为恶，醢鬼侯。㊟子：指女儿。好：貌美。入：进献。恶：丑。鄂侯争诤之急，辨辩之疾，故脯鄂侯。㊟争：诤谏。疾：激烈。脯：干肉，用如动词。文王闻之，喟然而叹，故拘之于牖《史记》作"羑"。里之库百日，而欲舍之死[14]。㊟喟然：叹息貌。牖里：殷代监狱名。库：牢房。舍：置。曷为与人俱称帝王，卒就脯醢之地也？言与人俱称帝王，曷为卒就脯醢之地？若专尊秦为帝，则足以脯醢之矣。○引纣事一证，词意含吐，可耐寻味。齐闵王将之鲁，夷维子夷维，地名。执策而从，策，马棰也。㊟之：往。谓鲁人曰：'子将何以待吾君？'㊟子：你们。何以：意谓用什么礼节。鲁人曰：

‘吾将以十太牢待子之君。’(补)太牢：牛羊豕各一。夷维子曰：‘子安取礼而来待吾君？(补)安：哪里。彼吾君者，天子也。天子巡狩，诸侯辟舍⑮，纳于管键⑯，管，钥也。键，其牡。避、纳者，示不敢有其国。(补)辟舍：离开正殿而不居。纳：交出。摄衽抱几，几，所据也。(补)提起衣襟端着几案。衽：衣襟。视膳于堂下，(补)视膳：臣下侍奉君主进餐。天子已食，退而听朝也⑰。’退而听朝。(补)听朝：处理政事。鲁人投其籥钥，钥关也。不果纳，不得入于鲁。此言鲁不肯帝齐。(补)不果纳：没有让他入境。纳，使入。将之薛，假涂途于邹。当是时，邹君死，闵王欲入吊。夷维子谓邹之孤曰：(补)孤：父死称孤，指已故邹君之子。‘天子吊，主人必将倍殡柩，倍，背也。主人背其殡棺，北面哭也。设北面于南方，然后天子南面吊也。’邹之群臣曰：‘必若此，吾将伏剑而死。’故不敢入于邹。此言邹不肯帝齐。邹鲁之臣，生则不得事养，死则不得饭含，齐强，而二国拒之，必见伐，则生死皆不能尽其礼也。以米及贝实尸之口中曰饭，以珠玉实尸之口中曰含。(补)事养：侍奉供养。然且欲行天子之礼于邹鲁之臣，不果纳。承上起下。(补)然且：尚且。今秦万乘之国，梁亦万乘之国，俱据万乘之国⑱，交

yǒu chēng wáng zhī míng
有称王之名。应俱称帝王。⑭交：互相。

dǔ qí yī zhàn ér shèng　yù cóng ér dì
睹其一战而胜，欲从而帝

zhī　shì shǐ sān jìn
之，是使三晋魏、赵、韩为三晋。

zhī dà chén　bù rú zōu lǔ zhī pú qiè
之大臣，不如邹鲁之仆妾

yě
也！辛垣衍自认梁比秦如仆，此特言仆妾之不如，痛骂尽情。⑭仆妾：奴仆婢妾。

qiě qín wú yǐ ér dì
且秦无已而帝，无已，必欲为也。

zé
则

qiě biàn yì zhū hóu zhī dà chén
且变易诸侯之大臣，⑭且：将要。变易：撤换。

bǐ jiāng duó qí suǒ wèi bú
彼将夺其所谓不

xiào　ér yǔ qí suǒ wèi xián　duó qí suǒ zēng　ér yǔ qí suǒ ài ⑲
肖，而予其所谓贤；夺其所憎，而与其所爱⑲。

⑭不肖：不贤不才。予：给。

bǐ yòu jiāng shǐ qí zǐ nǚ chán qiè wéi zhū hóu fēi Jī　chù
彼又将使其子女谗妾为诸侯妃姬，处

liáng zhī gōng　liáng wáng ān dé yàn rán ér yǐ hū
梁之宫，梁王安得晏然而已乎？⑭子女：此处指女子。谗妾：善于进谗的妾。晏然：

ér jiāng jūn yòu hé yǐ dé gù chǒng hū
安宁。而将军又何以得故宠乎？"帝秦之害如此。切肤之灾，可惧可骇。

yú shì xīn yuán yǎn qǐ　zài bài　xiè yuē
于是辛垣衍起，再拜，谢曰：责以大义则不动，言及利害切身，则遽起拜谢。策士每为身谋，而不顾大义如此。⑭谢：道歉。

shǐ yǐ xiān shēng wéi yōng rén　wú nǎi jīn rì ér zhī
"始以先生为庸人，吾乃今日而知

xiān shēng wéi tiān xià zhī shì yě
先生为天下之士也！与前鲁连对平原君语，同调。

wú qǐng qù　bù gǎn fù
吾请去，不敢复

yán dì qín
言帝秦！"

qín jiàng wén zhī　wéi què jūn wǔ shí lǐ
秦将闻之，为却军五十里。⑭为：连词，则，就。却军：退兵。

shì huì
适会

wèi gōng zǐ wú jì　duó jìn bǐ jūn yǐ jiù zhào Jī qín ⑳
魏公子无忌信陵君。夺晋鄙军以救赵击秦⑳，

qín jūn
秦军

yǐn ér qù
引而去。秦军闻之而却五十里，不必然也，无忌击之而去，此其实也。故并序之，初为仲连后有故实也。⑭适会：恰好。引：撤退。

yú shì píng yuán jūn yù fēng lǔ zhòng lián lǔ zhòng lián cí ràng zhě
于是平原君欲封鲁仲连，鲁仲连辞让者

sān zhōng bù kěn shòu píng yuán jūn nǎi zhì jiǔ jiǔ hān
三，终不肯受。高人。平原君乃置酒，㊟置酒：设置酒宴。酒酣，

qǐ qián yǐ qiān jīn wéi lǔ lián shòu lǔ lián xiào yuē
起，前，以千金为鲁连寿。㊟为鲁连寿：祝鲁连长寿，双宾语结构。鲁连笑曰：

suǒ guì yú tiān xià zhī shì zhě wèi rén pái huàn shì nàn jiě fēn
“所贵于天下之士者，为人排患、释难、解纷

luàn ér wú suǒ qǔ yě jí yǒu suǒ qǔ zhě
乱而无所取也。㊟排、释、解：三个词在这里是同义词，都是“除”的意思。即有所取者，

shì shāng gǔ zhī rén yě zhòng lián bù rěn wéi yě
是商贾之人也，仲连不忍为也。”数语卓荦自命，描尽心事。㊟即：如果。忍：愿意。

suì cí píng yuán jūn ér qù zhōng shēn bú fù xiàn
遂辞平原君而去，终身不复见现。更高。

帝秦之说，不过欲纾目前之急。不知秦称帝之害，其势不如鲁连所言不止，特人未之见耳。人知连之高义，不知连之远识也。至于辞封爵，挥千金，超然远引，终身不见，正如祥麟威凤，可以偶觌，而不可常亲也。自是战国第一人。

〔校记〕

①“齐湣王”，原作“齐闵王”，据《战国策》《战国策笺证》改，下同。
②“已”，原缺，据《战国策》《战国策笺证》补。
③“能”，原缺，据《战国策》《战国策笺证》补。
④“使”后原有一“客”字，据《战国策》《战国策笺证》删。
⑤“请”后原有一“为”字，据《战国策》《战国策笺证》删。
⑥“者”，原缺，据《战国策》《战国策笺证》补。
⑦“而”，原缺，据《战国策》《战国策笺证》补。
⑧“矣”，原作“耳”，据《战国策》《战国策笺证》改。
⑨“则”，原缺，据《战国策》《战国策笺证》补。
⑩⑪“耶”，原作“邪”，据《战国策》《战国策笺证》改。
⑫“然”后原有一“则”字，据《战国策》《战国策笺证》删。
⑬“悦”，原作“说”，据《战国策》《战国策笺证》改。
⑭“舍”，原作“令”，据《战国策》《战国策笺证》改。
⑮“辟”，原作“避”，据《战国策》《战国策笺证》改。
⑯“于”，原缺，据《战国策》《战国策笺证》补。

⑰“退而听”，原作“而听退”，据《战国策》《战国策笺证》改。
⑱“俱据万乘之国”，原缺，据《战国策》《战国策笺证》补。
⑲“与”，原作“予”，据《战国策》《战国策笺证》改。
⑳“魏”，原缺，据《战国策》《战国策笺证》补。

鲁共公择言

《国策》

梁王魏婴《史》作“䓨”。觞诸侯于范台。是时魏惠王方强，鲁、卫、宋、郑君来朝。㊟觞：盛满酒的杯，此指设酒款待客人。酒酣，请鲁君举觞。鲁君兴，避席择言择善而言。曰：㊟兴：起身。避席：古人席地而坐，离席起立，以示敬意。“昔者，领下四事。帝女令仪狄作酒而美，进之禹，禹饮而甘之，遂疏仪狄，绝旨酒，曰：‘后世必有以酒亡其国者。’当戒者一。○是正文。下连类及之。㊟甘：甜美。旨酒：美酒。齐桓公夜半不嗛，不喜食也。㊟嗛：快意。易牙乃煎敖熬燔炙①，有汁而干曰煎，干煎曰敖，肉爇之曰燔，近火曰炙。和调五味而进之，桓公食之而饱，至旦不觉，曰：‘后世必有以味亡其国者。’当戒者二。㊟五味：甜酸苦辣咸。旦：天亮。不觉：沉睡不醒。觉，睡醒。晋文公得南之威，美人。三日不听朝，遂推南之威而远之，曰：'后世必有以色亡其国者。'当戒者三。补听朝：临朝听政。远：疏远。楚王庄王。登强台即章华台。而望崩山，左江而右湖，以临彷徨，临，从上视下。彷徨，徘徊也。其乐忘死，遂盟强台而弗登，盟，誓也。曰：'后世必有以高台陂池泽障曰陂，停水曰池。亡其国者。'当戒者四。今领下四句。主君之尊，尊，酒器。仪狄之酒也；主君之味，易牙之调也；左白台而右闾须，白台、闾须，皆美人。南威之美也；前夹林而后兰台，强台之乐也。上随举四事，不意历历皆应，章法奇妙。有一于此，足以亡其国。今主君兼此四者，可无戒与？"危语动人。补兼：兼有。梁王称善相属。谓称善不置也。补相属：相接连。

整练而有扶疏之致，严重而饶点染之姿。古人作文，不嫌排偶者，正在此也。不善学者，即失之板实矣。

〔校记〕

①"敖"，原作"熬"，据《战国策》《战国策笺证》改。

唐雎说信陵君

《国策》

信陵君杀晋鄙，救邯郸，破秦人，存赵国，秦围赵之邯郸，魏使晋鄙将兵救赵，畏秦，止于荡阴。公子无忌椎杀晋鄙，将其军进击秦，秦军遂引去。○我有德。赵王自郊迎。人德我。唐雎魏人。谓信陵君曰①："臣闻之曰，事有不可知者，有不可不知者；有不可忘者，有不可不忘者。"陡下四语，无头无尾，奇绝。信陵君曰："何谓也？"对曰："人之憎我也，不可不知也；吾憎人也②，不可得而知也。人不能知。人之有德于我也，不可忘也；吾有德于人也，不可不忘也。二段，上一段是宾，下一段是主。下段，上一句是宾，下一句是主。今君杀晋鄙，救邯郸，破秦人，存赵国，此大德也。今赵王自郊迎，卒猝然见赵王，〔补〕卒：突然。臣愿君之忘之也③。"上二段是虚，此一段是实。信陵君曰："无忌谨受教。"〔补〕谨：恭敬。

谓信陵君，只须说不可不忘，却先说不可忘。亦只须说不可忘、不

可不忘，却又先说不可不知、不可得而知。文有宽而不懈者，其势急也；词有复而不板者，其气逸也。

〔校记〕

①“唐雎”，《战国策》《战国策笺证》作“唐且”。
②“吾”，原作“我”，据《战国策》《战国策笺证》改。
③“臣”，原缺，据《战国策》《战国策笺证》补。

táng jū bù rǔ shǐ mìng

唐雎不辱使命

guó cè

《国策》

qín wáng shǐ rén wèi ān líng jūn yuē guǎ rén
秦王始皇。使人谓安陵君安陵，小国，属魏。[补]使：派遣。曰：“寡人

yù yǐ wǔ bǎi lǐ zhī dì yì ān líng ān líng jūn qí xǔ guǎ rén
欲以五百里之地易安陵，安陵君其许寡人！”

ān líng jūn yuē dà wáng jiā huì yǐ dà
设言易之，实则夺之，秦人常套。[补]易：交换。其：当，表示祈使。安陵君曰：“大王加惠，以大

yì xiǎo shèn shàn suī rán shòu dì yú xiān wáng yuàn zhōng shǒu
易小，甚善；一折。[补]加：施予。虽然，受地于先王，愿终守

zhī fú gǎn yì qín wáng bú yuè ān
之，弗敢易！”一正。[补]虽然：虽然如此。虽，虽然。然，如此，这样。弗：不。秦王不说悦。安

líng jūn yīn shǐ táng jū shǐ yú qín
陵君因使唐雎使于秦①。修好也。[补]因：于是，就。使：前一个“使”指派遣，后一个“使”指出使。

qín wáng wèi táng jū yuē guǎ rén yǐ wǔ bǎi lǐ zhī dì yì ān
秦王谓唐雎曰：“寡人以五百里之地易安

líng ān líng jūn bù tīng guǎ rén hé yě qiě qín miè hán wáng wèi
陵，安陵君不听寡人，何也？且秦灭韩亡魏，

灭韩，十八年。亡魏，二十一年。

ér jūn yǐ wǔ shí lǐ zhī dì cún zhě　yǐ jūn wéi zhǎng
而君以五十里之地存者，以君为长

zhě　gù bú cuò　yì yě
者，故不错措意也。

错，置也。言非不能取安陵。⑭长者：有德行者。错意：在意，放在心上。

jīn wú yǐ shí
今吾以十

bèi zhī dì　qǐng guǎng yú jūn
倍之地，请广于君，

广其地。⑭广：增广，扩充。

ér jūn nì guǎ rén zhě　qǐng
而君逆寡人者，轻

guǎ rén yú
寡人与？

言以秦为不能取安陵而轻之。⑭逆：不顺从。轻：鄙视。

táng jū duì yuē　fǒu
唐雎对曰："否，

秦王之言不然。

fēi
非

ruò shì yě
若是也。

安陵君之意不如是也。⑭非：不是。若：如，像。是：代词，指代秦王说的情况。

ān líng jūn shòu dì yú xiān
安陵君受地于先

wáng ér shǒu zhī　suī qiān lǐ bù gǎn yì yě　qǐ zhí wǔ bǎi lǐ
王而守之，虽千里不敢易也，岂直五百里

zāi
哉？"

较安陵君答秦语，尤直捷。⑭虽：即使。岂直：哪里只是，何止。直，仅仅。

qín wáng fú rán nù
秦王怫然怒，

⑭怫然：愤怒貌。

wèi táng jū yuē　gōng yì cháng wén
谓唐雎曰："公亦尝闻

tiān zǐ zhī nù hū
天子之怒乎？"

陡来。

táng jū duì yuē　chén wèi cháng wén yě
唐雎对曰："臣未尝闻也。"

缓接。

qín wáng yuē　tiān zǐ zhī nù　fú shī bǎi wàn　liú xuè qiān lǐ
秦王曰："天子之怒，伏尸百万，流血千里。"

写天子之怒，雄甚。⑭伏尸：横尸在地。

táng jū yuē　dà wáng cháng wén bù yī zhī nù hū
唐雎曰："大王尝闻布衣之怒乎？"

撇过天子之怒，以布衣之怒反诘之，突兀。⑭布衣：平民。古代没有官职的人穿麻布制的衣服，故称布衣。

qín wáng yuē　bù yī zhī nù
秦王曰："布衣之怒，

yì miǎn guān tú xiǎn　yǐ tóu qiāng dì ěr
亦免冠徒跣，以头抢地尔。"

抢，突也。○写布衣之怒，丑甚。⑭免冠：摘下帽子。徒跣：赤脚。抢：撞。

táng jū yuē　cǐ yōng fū zhī nù yě　fēi shì zhī nù yě
唐雎曰："此庸夫之怒也，非士之怒也。

驳去"免冠"八字。

fú
夫

zhuān zhū zhī cì wáng liáo yě　huì xīng xí yuè　niè zhèng zhī cì hán guī
专诸之刺王僚也，彗星袭月；聂政之刺韩傀

也，白虹贯日；要离之刺庆忌也，仓鹰击于殿上②。专诸为公子光刺吴王僚。聂政为严仲子劫韩相侠累。要离吴人，吴王阖闾欲杀公子庆忌，庆忌吴王僚子，要离诈以罪亡，令吴王焚其妻子，走见庆忌，以剑刺之。㊟击：扑击。此三子者③，皆布衣之士也，怀怒未发，休祲降于天，休，吉征。祲，灾气。重“祲”字，“休”字带说。○总承上三句作一顿。㊟祲：指妖气，不祥之兆。与臣而将四矣。现前一怀怒之士。若士必怒，必怒，怒已发也。对“怀怒”说。㊟必：一定。伏尸二人，流血五步，伏尸、流血，秦王说得极大，唐雎说得极小，妙绝。天下缟素，二人胜于百万，五步甚于千里。㊟缟素：白色丧服。今日是也。”今日即行怒之期。挺剑而起。手中即行怒之具。○此段一步紧一步，句句骇杀人。㊟挺：拔。

秦王色挠，挠，屈也。㊟色挠：谓面露胆怯之色。长跪而谢之曰：㊟长跪：直身而跪。古时席地而坐，坐时两膝据地，以臀部著足跟，跪则伸直腰股，以示庄敬。谢：道歉。“先生坐！何至于此！寡人谕矣：谕，晓也。夫韩、魏灭亡，而安陵以五十里之地存者，㊟以：凭借。徒以有先生也。”秦王亦善出场，真英雄也。㊟徒：仅，只。以：因为。

博浪之椎，唐雎、荆卿之剑，虽未亡秦，皆不可少。

〔校记〕

①“唐雎”，《战国策》《战国策笺证》作“唐且”。
②“仓”，原作“苍”，据《战国策》《战国策笺证》改。
③“者”，原缺，据《战国策》《战国策笺证》补。

yuè yì bào yān wáng shū

乐毅报燕王书

guó cè

《国策》

chāng guó jūn yuè yì wèi yān zhāo wáng hé wǔ guó zhī bīng
昌国君乐毅为燕昭王合五国之兵赵、楚、韩、魏、燕。
ér gōng qí xià qī shí yú chéng jìn jùn xiàn zhī yǐ shǔ yān
而攻齐，下七十余城，尽郡县之以属燕。〔补〕全部划为郡县，隶属燕国。
sān chéng wèi xià ér yān zhāo wáng
三城未下，三城，聊、莒、即墨。唯莒、即墨未下。云三城者，盖因燕将守聊城不下之事而误。而燕昭王
sǐ huì wáng jí wèi yòng qí rén fǎn jiàn yí yuè yì ér shǐ qí
死。惠王即位，用齐人反间，疑乐毅，而使骑
jié dài zhī jiàng yuè yì bēn zhào zhào fēng yǐ wéi wàng
劫代之将。〔补〕用：听信。反间：用计离间敌方，使之内讧。乐毅奔赵，赵封以为望
zhū jūn qí tián dān qī zhà qí jié zú bài yān
诸君。赵封毅以观津，号望诸君。〔补〕奔：逃亡。齐田单欺诈骑劫①，卒败燕
jūn fù shōu qī shí chéng yǐ fù qí
军，复收七十城以复齐②。此段叙事简括。〔补〕卒：最后。

yān wáng huǐ jù zhào yòng yuè yì chéng yān zhī bì yǐ fá yān
燕王悔，惧赵用乐毅，承燕之弊以伐燕③。补写燕王心事一笔。〔补〕弊：疲困。
yān wáng nǎi shǐ rén ràng yuè yì qiě xiè zhī yuē
燕王乃使人让乐毅，让，责也。且谢之曰：〔补〕谢：道歉。
xiān wáng jǔ guó ér wěi jiāng jūn jiāng jūn wèi yān pò qí
“先王举国而委将军，〔补〕举国：指全国。将军为燕破齐，
bào xiān wáng zhī chóu tiān xià mò bú zhèn dòng guǎ rén qǐ gǎn yí rì
报先王之仇，天下莫不振动，寡人岂敢一日
ér wàng jiāng jūn zhī gōng zāi huì xiān wáng qì qún chén guǎ rén xīn jí
而忘将军之功哉？会先王弃群臣，寡人新即

位，左右误寡人。〔补〕会：适逢。左右：近臣。寡人之使骑劫代将军者④，为将军久暴〔曝〕露于外，故召将军且休计事。善语周旋，巧于文饰。○以上是'谢之"之词。〔补〕为：因为，由于。暴露：谓晒之于日而露之于野。且休：暂且休息。计事：计议大事。将军过听，以与寡人有隙，遂捐燕而归赵。〔补〕过听：错误地听取。隙：嫌隙。捐：舍弃。将军自为计则可矣，而亦何以报先王之所以遇将军之意乎？"以上是"让之"之词。○先谢后让，重称先王，欲以感动乐毅。词令委折有致。〔补〕遇：恩遇。

望诸君乃使人献书报燕王曰："臣不佞，不能奉承先王之教，以顺左右之心，恐抵斧质之罪，质，斩人椹也。〔补〕不佞：不才。左右：不直称对方，而称其执事者，表示尊敬。抵：触犯。斧质：斧钺与砧板，古代杀人刑具。以伤先王之明，而又害于足下之义，无罪而杀毅，非义也。〔补〕足下：指燕惠王，下称上或同辈相称之敬辞。故遁逃奔赵。先叙不归燕而降赵之故。○前书有"先王""左右""寡人'，故应还"先王""左右""足下"。自负以不肖之罪，故不敢为辞说。〔补〕自负：自己承受。今王使使者数之罪，〔补〕数：数落。之：指乐毅。臣恐侍御者之不察先王之所以畜幸臣之理，不敢斥言惠王，故称侍御。畜，养也。幸，亲爱之。○应"遇将军之意"。而又不白于臣之所以事先王之心，应"自为计"。〔补〕白：明白。故敢以书对。

一起已括尽一篇大旨。(补)敢：谦辞，犹冒昧。对：应答。

“臣闻贤圣之君，不以禄私其亲，功多者授之；不以官随其爱，能当者处之。故察能而授官者，成功之君也；论行而结交者，立名之士也。“功”“名”二字，一篇柱。(补)论行：论辨人之品行。臣以所学者观之，自见本领。先王之举错，有高世之心，(补)举错：举动，作为。高世：谓超越世俗。故假节于魏王，而以身得察于燕。时诸侯不通，出关则以节传之。毅为魏昭王使燕，遂为臣。察，至也。○“事先王之心。”(补)假节：借用符节。先王过举，擢之乎宾客之中，而立之乎群臣之上，不谋于父兄，正对“左右”句。(补)过举：误加擢用。擢：提拔。立：扶立。而使臣为亚卿。“畜幸臣之理。”(补)亚卿：周制，卿分上中下三级，次者为中卿，又称亚卿。臣自以为奉令承教，(补)奉行命令，秉承教导。可以幸无罪矣，故受命而不辞。“事先王之心。”(补)幸：侥幸。

“先王命之曰：‘我有积怨深怒于齐，不量轻弱，而欲以齐为事。’“畜幸臣之理。”臣对曰：‘夫齐霸国之余教也⑤，而骤胜之遗事也，骤，数也。齐尝霸天下，而数胜于他国，其余教遗事犹存。〔补〕骤胜：屡次胜利。遗事：余业。闲（娴）于兵甲⑥，习于战攻。〔补〕闲：熟习。习：谓擅长。王若欲攻之⑦，则必举天下而图之。〔补〕举：发动。举天下而图之，莫径于结赵矣。〔补〕径：捷速。且又淮北、宋地，楚、魏之所同愿也。楚欲得淮北，魏欲得宋，时皆属齐。赵若许约，楚、魏尽力⑧，魏欲得宋而尽力。四国攻之，并燕为四国。齐可大破也。'“事先王之心。”先王曰：'善！'臣乃口受令，具符节，南使臣于赵，〔补〕口受令：受先王之亲口命令。具：持。使：派遣。顾反（返）命，回顾而反，言其速也。起兵随而攻齐。毅令赵、楚、韩、魏、燕之兵伐齐。○“畜幸臣之理。”以天之道，先王之灵，河北之地，〔补〕黄河以北的齐国土地。随先王举而有之于济上。济上，济水之西，齐界也。〔补〕以：凭借。灵：威灵，谓显赫的声威。举：占领。济上之军，奉令击齐，大胜之。轻卒锐兵，长驱至国。攻入临淄。齐王闵王。逃遁走莒，仅以身免。〔补〕逃遁：逃跑。身免：自身逃脱。珠玉财宝，车甲珍器，尽收入燕。“事先王之心。”大吕陈于元英，故鼎反（返）于历室⑨，齐器设于宁台。大吕，齐钟名。故鼎，齐所得燕鼎。元英、历室，燕二宫名。宁台，燕台也。蓟丘之植，植于汶篁。蓟丘，燕都。植，旗帜之属。汶，水名。竹田曰篁。言蓟丘之所植，植于齐汶上之竹田。○上三句，自齐入燕。“蓟丘”句，自燕及齐。自五伯以来，功未有及先王者也。一顿，赞先王，正自赞也。先王以为惬其志⑩，惬于心。〔补〕惬：快意，满足。以臣为不顿命，顿，犹坠也。〔补〕顿：耽误。故裂地而封之，使之得比乎小国诸侯。封毅为昌国君。○"畜幸臣之理。"〔补〕裂地：划分土地。比：等同。臣不佞，自以为奉令承教，可以幸无罪矣，故受命而弗辞。"事先王之心。"○遥应前文，笔情婉宕。

"臣闻贤明之君，功立而不废，故著于春秋；〔补〕废：废弃。春秋：编年体史书名，此泛指史书。蚤[早]知之士，蚤知，先见也。名成而不毁，故称于后世。应前"功""名"二字。文从"不废""不毁"四字，生出后半篇。〔补〕毁：败坏。若先王之报怨雪耻，夷万乘之强国，收八百岁之蓄积，通太公数之。〔补〕夷：平定。八百岁：齐自太公至闵王约计八百岁。及至弃群臣之日，余令诏后嗣之遗义⑪，〔补〕余：留下。令诏：命令训示。后嗣：继承者。遗义：遗教。执政任事之臣，所以能循法令、顺庶孽者，新立之君，皆患庶孽之乱，昭王能预顺之。〔补〕循：遵循。顺：谓安抚。庶孽：庶子。施及萌[氓]隶，皆可以教于后世。叙完先王事，下始入议论。〔补〕施：恩惠。萌隶：百姓。

"臣闻善作者不必善成，善始者不必善终。虚冒二句。〔补〕不必：不一定，未必。昔者伍子胥说听乎阖闾，吴王，名阖闾。〔补〕说：主张。

故吴王远迹至于郢。郢，楚都。吴破楚，长驱至郢。○善作善始。夫差阖闾子。弗是也，不然子胥之说。赐之鸱夷而浮之江。鸱夷，革囊也。夫差杀子胥，盛以鸱夷革，投之江。○不必善成善终。故吴王夫差不悟先论之可以立功，故沉子胥而不悔⑫；燕王有之也。㊟先论：先前的建议。子胥不蚤（早）见主之不同量，故入江而不改。蚤见，应上“蚤知”。不改，言子胥投江而神不化，犹为波涛之神。○自言几不免也。㊟量：气量。夫免身全功，以明先王之迹者，臣之上计也。免身于罪，而全取齐之功，以明昭王之旧烈，是臣之本意。㊟迹：业绩。离（罹）毁辱之非，堕先王之名者，臣之所大恐也。离，遭也。遭诽谤而被诛，则坏先王知人之名，故恐惧而奔赵。㊟堕：败坏。临不测之罪，以幸为利者，义之所不敢出也。被不可测之重罪以去燕，又幸赵伐燕以为利，揆之于义，宁敢出此？○剖明心事，激扬磊落，长歌可以当泣。㊟幸：侥幸。

“臣闻古之君子，交绝不出恶声；忠臣之去也，不洁其名。毁其君而自洁。○复转二语，结出通书之意，以应起。臣虽不佞，数奉教于君子矣。应“以臣所学”句。㊟数：屡次，经常。恐侍御者之亲左右之说，而不察疏远之行也，应前“侍御不察”二句。㊟疏远：不亲近的人，乐毅自指。行：行为。故敢以书报。唯君之留意焉！”

察能论行，则始进必严；善成善终，则末路必审。乐毅可谓明哲之士矣。至其书辞，情致委曲，犹存忠厚之遗。其品望固在战国以上。

〔校记〕

①“欺”，原缺，据《战国策》《战国策笺证》补。
②“十”后原有一“余”字，据《战国策》《战国策笺证》删。
③“承燕之弊”，原作“乘燕之敝”，据《战国策》《战国策笺证》改。
④“者”，原缺，据《战国策》《战国策笺证》补。
⑤“也”，原缺，据《战国策》《战国策笺证》补。
⑥“兵甲”，原作“甲兵”，据《战国策》《战国策笺证》改。
⑦“攻”，原作“伐”，据《战国策》《战国策笺证》改。
⑧“魏”，原作“赵宋”，据《战国策笺证》改。按，黄丕烈《战国策札记》：“此当衍‘宋’也。”
⑨“于”，原作“乎”，据《战国策》《战国策笺证》改。
⑩“惬”，原作“顺于”，据《战国策》《战国策笺证》改。
⑪“余令”原作“遗令”，“遗义”原作“余义”，均据《战国策》《战国策笺证》改。
⑫“不”，原作“弗”，据《战国策》《战国策笺证》改。

lǐ sī jiàn zhú kè shū

李斯谏逐客书

qín wén

秦文

qín zōng shì dà chén jiē yán qín wáng yuē zhū hóu rén lái shì qín zhě dà dǐ wèi qí zhǔ yóu jiàn yú qín ěr qǐng yí qiè zhú kè

秦宗室大臣皆言秦王曰：“诸侯人来事秦者，大抵为其主游间于秦耳，请一切逐客。”一切者，无所不逐也。㊉宗室：指与国君同祖宗的贵族。大抵：大都。游间：游说离间。客：客卿，即其他诸侯国人在秦做官者。

lǐ sī yì yì zài zhú zhōng

李斯议亦在逐中。李斯，秦客卿，楚上蔡人。○所谓一切也。㊉议：议定。

sī nǎi shàng shū yuē

斯乃上书曰：

chén wén lì yì zhú kè qiè yǐ wéi guò yǐ

“臣闻吏议逐客，窃以为过矣。一句揭开题面，通篇纯用反法。㊉窃：私下，用作谦辞。过：错误。昔缪穆公求士①，㊟缪公：秦穆公。西取由余于戎，由余，西戎人。东得百里奚于宛，百里奚，楚宛人。迎蹇叔于宋，蹇叔，岐州人，时游宋，故迎之。来丕豹、公孙支于晋②。丕豹，自晋奔秦。公孙支，游晋归秦。此五子者，不产于秦，而缪穆公用之③，并国二十，遂霸西戎。一段缪公用客。㊟并：兼并。遂：于是。孝公用商鞅之法，商鞅，卫人，姓公孙氏。移风易俗，民以殷盛，国以富强，百姓乐用，诸侯亲服，获楚、魏之师，举地千里，至今治强。二段孝公用客。㊟殷盛：富裕。乐用：乐于为用。举地：略地。举：占领。治强：安定强盛。惠王用张仪之计，张仪，魏人。拔三川之地，西并巴、蜀，惠王时，司马错请伐蜀，灭之。后武王欲通车三川，令甘茂拔宜阳。今并云仪者，以仪为秦相，虽错灭蜀、甘茂通三川，皆归功于相欤。㊟拔：攻取。北收上郡，魏纳上郡十五县。南取汉中，攻楚汉中，取地六百里。包九夷，制鄢、郢，属楚之夷有九种。鄢、郢，楚二邑。㊟包：吞并。制：控制。东据成皋之险④，割膏腴之壤，成皋，属河南，周之东境。㊟膏腴：肥沃。遂散六国之从纵，使之西面事秦，功施到今。三段惠王用客。㊟施：延续。昭王得范雎，范雎，魏人。废穰侯，逐华阳，穰侯、华阳，俱太后弟。强公室，杜私门，蚕食诸侯，使秦成帝业。四段昭王用客。○四段不引前代他国事，只以秦之先为言，妙。㊟公室：

王室。杜：堵塞。
私门：豪门权贵。

cǐ sì jūn zhě　　jiē yǐ kè zhī gōng
此四君者，皆以客之功。
一句总收，下即转入。㉛以：凭借。

yóu
cǐ guān zhī　　kè hé fù yú qín zāi
由此观之，客何负于秦哉！
又一转，下反振，语气乃足。㉜负：对不住。

xiàng shǐ sì jūn
向使四君

què kè ér bú nà
却客而不内纳，
㉝向使：假使。却：拒绝。内：接纳。

shū shì ér bú yòng　　shì shǐ guó
疏士而不用，是使国

wú fù lì zhī shí ér qín wú qiáng dà zhī míng yě
无富利之实而秦无强大之名也。
结完上文，乃入时事，必以为说正意矣，偏又发许多譬喻，滚滚不穷，奇绝！妙绝！

jīn bì xià zhì kūn shān zhī yù
"今陛下致昆山之玉，
昆山，在阗国，其冈出玉。㉞致：获得。

yǒu suí hé
有随、和

zhī bǎo
之宝，
随侯珠，卞和璧。

chuí míng yuè zhī zhū
垂明月之珠，
珠光如明月。㉟垂：悬挂。

fú tài ē zhī jiàn
服太阿之剑，

干将、欧冶二人作剑，一曰龙渊，一曰太阿。㊱服：佩带。

chéng xiān lí zhī mǎ
乘纤离之马，
纤离，骏马名。

jiàn cuì fèng zhī qí
建翠凤之旗，

以翠羽为凤形而饰旗。㊲建：树立。

shù líng tuó zhī gǔ
树灵鼍之鼓。
鼍，皮可以冒鼓。㊳树：立，安放。

cǐ shù bǎo zhě qín
此数宝者，秦

bù shēng yī yān ér bì xià yuè zhī hé yě
不生一焉，而陛下说悦**之，何也？**
一顿。○秦王性好侈大，故历以纷华声色之美动其心。

此善说
之术也。
bì qín guó zhī suǒ shēng rán hòu kě
必秦国之所生然后可，
一折。上是顺说，下是倒说。

zé shì yè guāng
则是夜光

zhī bì bú shì cháo tíng xī xiàng zhī qì bù wéi wán hào
之璧不饰朝廷，犀象之器不为玩好，
㊴玩好：供玩赏的奇珍异宝。

zhèng wèi zhī nǚ bù chōng hòu gōng⑤ ér jùn liáng jué tí bù shí wài
郑、卫之女不充后宫⑤，而骏良䮫騠不实外

jiù⑥
厩⑥，
䮫騠，良马名。㊵
外厩：宫外的马舍。

jiāng nán jīn xī bù wéi yòng xī shǔ dān qīng bù
江南金锡不为用，西蜀丹青不

wéi cǎi
为采。
句法不排偶，气势已极宕折，可以止矣。偏作两节写，但见其妙，不见其烦。㊶用：器物。丹青：丹砂和青䥽，可作颜料。采：彩饰。

suǒ yǐ shì
所以饰

后宫、充下陈、下陈，犹后列也。(补)下陈 指姬妾。娱心意、说悦耳目者，必出于秦然后可，则是宛珠之簪、宛地之珠饰簪。傅玑之珥、玑，珠之不圆者。珥，瑱也。谓以玑傅著于珥。(补)珥：耳饰。阿缟之衣、齐东阿县所出缯帛为衣。锦绣之饰饰，领缘也。不进于前，(补)进：进呈。而随俗雅化谓闲雅变化而能随俗也。佳冶窈窕赵女不立于侧也。语气肆宕，采色烂然，可以止矣，又偏再衍出下节。强弩穿甲，劲势未已。(补)佳冶：娇美妖冶。窈窕：妖冶貌。

夫击瓮叩缶，弹筝搏髀，瓮，汲瓶也。缶，瓦器。筝，以竹为之。髀，股骨。击、叩、弹、搏，皆所以节歌。而歌呼呜呜快耳者⑦，真秦之声也；《郑》《卫》《桑间》，《乐记》："桑间濮上之音。"谓濮水之上，桑林之间，卫地也。(补)《郑》《卫》《桑间》：指郑国、卫国一带的乐曲。《昭》《虞》《武》《象》者⑧，《昭》《虞》，舜乐。《武》《象》，周乐。异国之乐也。以《昭》《虞》与《郑》《卫》并说，此战国之习。(补)《昭》，即《韶》乐。今弃击瓮叩缶而就《郑》《卫》⑨，退弹筝而取《昭》《虞》⑩，若是者何也？快意当前，适观而已矣。与前"何也"遥应。(补)适观：适于观听。今取人则不然，上边事已多，文已长，不知如何收拾。他只用一句折转，尽数包罗，妙甚。不问可否，不论曲直，非秦者去，为客者逐。取人正意只四句。然则是所重者在乎色、乐、珠玉，而所轻者在乎人民也。此非所以跨海内、制诸侯之术也。收拾前文，又一句拓开。不粘逐客上，妙。（补）跨：据有。

“臣闻地广者粟多，国大者人众，兵强则士勇。此下即完上意，而更起一峰。（补）兵：兵器。强：犹精良。是以太山不让土壤⑪，故能成其大；河海不择释细流，故能就其深；王者不却众庶，故能明其德。让，辞也。就，成也。○又下二喻。（补）择：舍弃。却：拒绝。众庶：百姓。是以地无四方，民无异国，四时充美，鬼神降福，此五帝三王之所以无敌也。才是跨海内、制诸侯之术。（补）四时充美：一年四季富足美满。五帝：指黄帝、颛顼、帝喾、唐尧、虞舜。三王：指夏禹、商汤、周武王。今乃弃黔首以资敌国，黔，黑也。秦谓民为黔首，以其头黑也。（补）乃：却。资：资助。却宾客以业诸侯，谓与诸侯立功业。（补）却：驱逐。业：使成就霸业。使天下之士退而不敢西向，裹足不入秦，此所谓‘藉借寇兵而赍盗粮’者也。一段始正言逐客事。（补）裹足：停步不进。藉：借给。兵：兵器。赍：送。

“夫物不产于秦，可宝者多；收完“昆山之玉”二段。士不产于秦，而愿忠者众。收完“昔缪公”四段。○一篇大文字，只此二语收尽，更无余蕴。今逐客以资敌国，损民以益仇，无补于民，而增许多仇我之人。（补）益：增加。内自虚而外树怨于诸侯，内既无贤，皆往事他国，而树怨于外也。求国无危⑫，不可得也。”又收“地广者”一段，完“弃黔首”“资敌国”等语，而正意俱足。

秦王乃除逐客之令，复李斯官。

此先秦古书也。中间两三节，一反一复，一起一伏，略加转换数个字，而精神愈出，意思愈明，无限曲折变态，谁谓文章之妙，不在虚字助辞乎？

〔校记〕

①③“缪”，原作“穆”，据《史记·李斯列传》改。
②“来”，原作“求”，据《史记·李斯列传》改。
④“成”，原作“城”，据《史记·李斯列传》改。
⑤“卫”，原作“魏”，据《史记·李斯列传》改。
⑥“良”，原作“马”，据《史记·李斯列传》改。
⑦“耳”后原有一“目”字，据《史记·李斯列传》删。
⑧⑩“昭”，原作“韶”，据《史记·李斯列传》改。
⑨“叩缶”，原缺，据《史记·李斯列传》补。
⑪“太”，原作“泰”，据《史记·李斯列传》改。
⑫“国”后原有一“之”字，据《史记·李斯列传》删。

卜居

楚辞

屈原既放，屈原，名平，为楚怀王左徒，王甚任之。上官大夫心害其能，因谗之，遂被放。三年不得复见。㊟复：再。见：指见到楚怀王。竭智尽忠，而蔽障于谗，心烦虑乱，不知所从。先叙卜居之由。㊟蔽障：阻隔。乃往见太卜郑詹尹曰：“余有所疑，愿因先生决之。”㊟太卜：官名，为卜官之长。因：靠着。决：决断。

詹尹乃端策拂龟，端，正也。策，蓍茎。端策，将以筮也。拂龟，将以卜也。〔补〕拂：擦拭。曰："君将何以教之？"写肯卜，妙。

屈原曰："吾宁悃悃款款朴以忠乎？将送往劳来斯无穷乎？悃款，诚实倾尽貌。送往劳来，谓随俗高下。无穷，不困穷也。○"不知所从"一。〔补〕"宁……将……"：宁，宁可。将，还是。朴：朴实。斯：则，乃。宁诛锄草茆〔茅〕以力耕乎？将游大人以成名乎？游，遍谒也。大人，谓嬖幸者。○"不知所从"二。〔补〕游：游说。宁正言不讳以危身乎？将从俗富贵以媮生乎？媮，乐也。○"不知所从"三。〔补〕正言：直言。不讳：不隐讳。从俗：迎合时俗。媮生：苟且偷生。媮，苟且。宁超然高举以保真乎？将哫訾栗斯、喔咿嚅唲以事妇人乎？保真，谓保守其天真。哫訾，以言求媚也。栗，诡随也。斯，语辞。喔咿嚅唲，强言笑貌。妇人，暗指怀王宠姬郑袖。○"不知所从"四。〔补〕超然：高超出众。高举：谓远行。真：本性。哫訾、栗斯、喔咿、嚅唲，皆为联绵字，谓献媚强笑貌。宁廉洁正直以自清乎？将突梯滑稽、如脂如韦以絜楹乎？突梯，滑澾貌。滑稽，圆转貌。脂，肥泽。韦，柔软。楹，屋柱圆物。絜，比絜。本方而求圆也。○"不知所从"五。〔补〕突梯、滑稽，都是连绵词，谓圆转貌。絜楹：测量圆柱，比喻圆滑谄谀。宁昂昂若千里之驹乎？将泛泛若水中之凫①，驹，马之小者。凫，野鸭。〔补〕昂昂：气概轩昂貌。泛泛：漂浮貌。与波上下，偷以全吾躯乎？拖一句，参差入，妙。○"不知所从"六。宁与骐骥亢〔伉〕轭乎？将随

驽马之迹乎？（nú mǎ zhī jì hū）

骐骥，千里马。亢，当也。轭，辕端横木，驾马领者。驽，下乘也。○"不知所从"七。㉑亢轭：谓并驾齐驱。亢，匹敌。驽马：劣马。

宁与黄鹄比翼乎？将与鸡鹜争食乎？（nìng yǔ huáng hú bǐ yì hū／jiāng yǔ wù zhēng shí hū）

黄鹄，大鸟，一举千里。

鹜，鸭也。○"不知所从"八。○以上八条，只一意，而无一句重沓，所以为妙。㉑比翼：齐翅飞翔。

此孰吉孰凶？何去何从？（cǐ shú jí shú xiōng／hé qù hé cóng）

祝辞毕。下是诉詹尹，乃心烦虑乱之由也。㉑去：舍弃。从：随从。

世溷浊而不清，（shì hùn zhuó ér bù qīng）

无限感慨。㉑世：世道。

溷浊：混浊。蝉翼为重，千钧为轻；（chán yì wéi zhòng／qiān jūn wéi qīng）

㉑钧：三十斤为一钧。

黄钟毁弃，瓦釜雷鸣；（huáng zhōng huǐ qì wǎ fǔ léi míng）

二句起下一句。㉑黄钟毁弃：喻贤才不用。瓦釜雷鸣：喻庸才显赫。

谗人高张，贤士无名。（chán rén gāo zhāng／xián shì wú míng）

溷浊不清如此。㉑高张：谓居高位而嚣张。无名：没有名位，指不被任用。

吁嗟默默兮，谁知吾之廉贞？"（xū jiē mò mò xī／shuí zhī wú zhī lián zhēn）

无限感慨。○写得又似要卜，又似不要卜，心烦虑乱，不知所从。㉑吁嗟：叹词，表示忧伤。默默：不得意。廉贞：廉洁坚贞。

詹尹乃释策而谢曰：（zhān yǐn nǎi shì cè ér xiè yuē）

写不肯卜，又妙。㉑释：放下。

"夫尺有所短，寸有所长；（fú chǐ yǒu suǒ duǎn／cùn yǒu suǒ cháng）

为尺而不足，则有所短；为寸而有余，则有所长。○引鄙语起下文。

物有所不足，（wù yǒu suǒ bù zú）

智有所不明；（zhì yǒu suǒ bù míng）

物，指龟而言。

数有所不逮，神有所不通。（shù yǒu suǒ bú dài／shén yǒu suǒ bù tōng）

数，指策而言。㉑逮：及，到。神：神灵。不通：谓难以通达。

用君之心，行君之意，（yòng jūn zhī xīn／xíng jūn zhī yì）

六"有所"字，本接末句，横插此八字，奇峭。

龟策诚不能知此事。"（guī cè chéng bù néng zhī cǐ shì）

㉑龟策：龟甲和蓍草，占卜之具。诚：确实。

屈原疾邪曲之害公，方正之不容，故设为不知所从，而假龟策以决之。非实有所疑，而求之于卜也。中间请卜之词，以一"宁"字、"将"字到底，语意低昂，隐隐自见。

〔校记〕

①“凫”后原有一“乎”字，据《楚辞集注》删。

宋玉对楚王问

楚 辞

楚襄王问于宋玉屈原弟子，为楚大夫。曰：“先生其有遗行与？何士民众庶不誉之甚也？”遗，缺失也。○问得有风致。㊉其：大概。遗行：失检之行为，指品德有缺点。士民众庶：犹言众多的士民。庶：众多。不誉：不称誉。甚：厉害。

宋玉对曰：“唯，一应。然，再应。有之。三应。○连下三应，极力摹神。愿大王宽其罪，使得毕其辞。入三语，委婉。㊉宽：宽恕。毕：完结。

“客有歌于郢中者，郢，楚都。其始曰《下里》《巴人》，最下曲名。国中属而和者数千人；属，聚也。○和者甚众。㊉国中：城中。属而和：谓聚在一起相应和唱。属，聚集。和，跟着唱。其为《阳阿》《薤露》，次下曲名。国中属而和者数百人；和者亦众。其为《阳春》《白雪》，高曲之名。国中属而和者不过数十人；和者已寡。○“数十人”，加“不过”字，妙。引商刻羽，(补)拉长商音，减低羽音。引，延长。刻，减低。古以宫、商、角、徵、羽为五音，商声敏疾，羽声低平。杂以流徵，五音协律，最高之曲。(补)流徵：音调名。国中属而和者，不过数人而已。和者甚寡。○“数人”，又加“而已”字，妙。是其曲弥高，其和弥寡。总上四段。(补)弥：越。高：高雅。寡：少。

“故鸟有凤而鱼有鲲。总下二段。○已上先开后总，此先总后开，法变。(补)鲲：传说中的大鱼。凤皇上击九千里①，绝云霓，负苍天②，翱翔乎杳冥之上。杳冥，绝远也。○写凤皇下如许语。(补)击：振翅飞翔。绝：超越。负：背负。翱翔：回旋飞翔。杳冥：指天空。夫藩篱之鷃，岂能与之料天地之高哉？鷃，鹌鹑也。○写鷃只下“藩篱”二字。(补)藩篱：篱笆。料：计，估量。鲲鱼朝发昆仑之墟，暴鬐于碣石，暮宿于孟诸。昆仑山，在西北，去嵩山五万里。暴，露也。鱼之须鬣曰鬐。碣石，近海山名，在冀北。孟诸，薮泽名，在梁国睢阳县东北。○写鲲鱼下如许语。(补)墟：山基。夫尺泽之鲵，岂能与之量江海之大哉？写鲵只下“尺泽”二字。○先喻之以歌，言行高不合于俗。又喻之以物，言品高俗不能知。唯俗不能知，所以不合于俗也。下撇然转入正意作结，峭峭。(补)尺泽：一尺来长的小水塘。鲵：小鱼。量：计量。

“故非独鸟有凤而鱼有鲲也，上用一“故”字转，此又用一“故”字转，章法奇妙。士亦有之。夫圣人瑰意琦行，超然独处；夫世俗之民③，又安知臣之所为哉！”瑰，伟也。琦，美也。○与上一样写法，佳妙。(补)瑰意：宏大的意向。琦行：高尚的行为。超然独处：谓高超不群。超，高远。

意想平空而来，绝不下一实笔，而骚情雅思，络绎奔赴，固轶群之才也。“夫圣人”一段，单笔短掉，不说尽，不说明，尤妙。

〔校记〕

①“皇”，原作“凰”，据《文选》改。
②“天”后原有“足乱浮云”四字，据《文选》删。
③“夫”，原缺，据《文选》补。

古文观止卷之五

五帝本纪赞
wǔ dì běn jì zàn

《史记》
shǐ jì

太史公tài shǐ gōng司马迁自谓也。迁为太史公官。曰yuē：学者多称五帝，尚矣。xué zhě duō chēng wǔ dì shàng yǐ

五帝，黄帝、颛顼、帝喾、尧、舜。尚，久远也。学者多称五帝，已久远矣。○锁一句，下即捷转。㉟称：述说。然《尚书》独载尧以rán shàng shū dú zǎi yáo yǐ

来，lái其可征而信者，莫如《尚书》。然其所载，独有尧以来，而不载黄帝、颛顼、帝喾。则所征者，犹有藉于他书也。○二转。而百家言黄ér bǎi jiā yán huáng

帝，其文不雅驯训，dì qí wén bù yǎ xùn荐搢绅先生难言之。jìn shēn xiān shēng nán yán zhī驯，训也。百家虽言黄帝，又涉

于神怪，皆非典雅之训。故当世士大夫皆不敢道，则不可取以为征也。○三转。㉟雅驯：正确的解说。驯，训释。荐绅：插笏于绅，借指绅士。荐，插。绅，大带。孔子所kǒng zǐ suǒ

传《宰予问五帝德》及《帝系姓》，儒者或不chuán zǎi yú wèn wǔ dì dé jí dì xì xìng rú zhě huò bù

传。chuán《五帝德》《帝系姓》二篇，见《大戴礼》及《家语》。虽称孔子传于宰我，而儒者疑非圣人之言，故不传以为实。则似未可全征而信也。○四转。㉟或：代词，有人。余yú

尝西至空峒，cháng xī zhì kōng tóng空峒，山名。黄帝问道广成子处。北过涿鹿，běi guò zhuō lù涿鹿，亦山名，在妫州。山侧有涿鹿城，即黄帝、

尧、舜之都。东渐于海，dōng jiān yú hǎi南浮江淮矣，nán fú jiāng huái yǐ点东南西北，与篇中作映带。㉟渐：入，至。浮：水上航行。至zhì

长老皆各往往称黄帝、尧、舜之处，风教固殊焉。余身所涉历，见所在长老，往往称黄帝、尧、舜旧迹，与其风俗教化，固有不同。则他书之言黄帝者，亦或可征也。○五转。㊟长老：年长的人。固：本来。**总之，不离古文者近是。**古文，《尚书》也。大要以不背《尚书》所载者，为近于是。然太拘泥，则不载者岂无可征者乎？故曰“近是”也。○六转。㊟近是：接近于正确。是，正确。**予观《春秋》《国语》，其发明《五帝德》《帝系姓》章矣，顾弟弗深考，其所表见现皆不虚。**备载则有《五帝德》等篇。我观《国语》，其间发明二篇之说为甚章著。顾儒者但不深考，而或不传耳。其二篇所发明，章著而表见，验之风教固殊者，皆实而不虚，则亦或可征矣。○七转。㊟发明：阐明。章：明显。顾：但是。弟：只，仅仅。深考：细加研求。表见：记载。**《书》缺有间矣，其轶佚乃时时见于他说。**况《尚书》缺亡，其间多矣，岂可以其缺亡而遂已乎？其尚遗佚，若黄帝以下之事，乃时时见于他说。如百家、《五帝德》之类，皆他说也。又岂可以搢绅难言，儒者不传，而不择取乎？○八转。将《尚书》《国语》等一总。㊟间：缺漏。轶：指佚文。**非好学深思，心知其意，固难为浅见寡闻道也。**事在疑信间，则当会其意。非好学深思，心知其意，不能择取。而浅见寡闻者，固难为之言也。○九转。㊟为：向。**余并论次，择其言尤雅者，**应“文不雅驯”。㊟论次：论定编次。雅：正确的。**故著为本纪书首。**余非止据《尚书》论次尧以下，且并黄帝、颛顼、帝喾而论次之。于《五帝德》等书，择其言之尤雅者取之。则其不雅者，在所不取也。○结出一生作史之意。

此为赞语之首，古质奥雅，文简意多。转折层曲，往复回环。其传疑不敢自信之意，绝不作一了结语。乃赞语中之尤超绝者。

项羽本纪赞

《史记》

太史公曰：吾闻之周生汉时儒者。曰"舜目盖重瞳子"，又闻项羽亦重瞳子。羽岂其苗裔邪？何兴之暴也！重瞳，两眸子。苗裔，后嗣也。暴，骤也。○从兴之暴，想到舜。然舜、羽非伦，故又想到重瞳子。史公论赞，往往从闲处写，极有丰神。〔补〕盖：大概。

夫秦失其政，陈涉首难，豪杰蜂起，相与并争，不可胜数。秦二世元年七月，陈涉等起大泽中。蜂起，言多也。斯时相与争天下者，不可胜数，而欲崛起定霸，盖亦甚难。○振数语，逼入项羽，有势。〔补〕失政：政治混乱。首难：首先发难起事。然羽非有尺寸，乘势起陇（垄）亩之中，三年，遂将五诸侯灭秦，分裂天下而封王侯，政由羽出，号为"霸王"，位虽不终，近古以来未尝有也。乘势，乘豪杰之势也。五诸侯，齐、赵、韩、魏、燕。○一段正写其兴之暴，极赞项羽。〔补〕尺寸：微少的凭借，指土地或权势。陇亩：民间。将：率领。政：政令。及羽背关怀楚，放逐义帝而自立，怨王侯叛己，难矣。背关，背约，不王高祖于关中。怀楚，谓思东归而都彭城。义帝，楚怀王孙心，项梁立以为楚怀王，项羽尊之为义帝，后徙之长沙，阴令人击杀之江中。○一贬驳。自矜功伐，奋其私智而不师古，谓霸王之业，欲以力征经营天下，五年，卒亡其国，身死东城，尚不觉寤悟而不自责，过矣。二贬驳。㊟矜：夸耀。功伐：功劳。奋：逞。师古：效法古代帝王的行为。谓：认为。力征：以武力征伐。经营：统治。过：错。乃引“天亡我，非用兵之罪也”，岂不谬哉！三贬驳。○前后“兴”“亡”二字相照，“三年”“五年”，并见兴亡之速，俱关键。“过矣”“谬哉”，唤应绝韵。㊟引：借口。罪：过错。

一赞中，五层转折，唱叹不穷，而一纪之神情已尽。

秦楚之际月表

《史记》

太史公读秦二世。楚项氏。之际，时天下未定，参错变化，不可以年纪，故列其月。曰：初作难，发于陈涉；一段。虐戾灭秦，自项氏；二段。㊟虐戾：残暴凶狠。拨乱诛暴，平定海内，卒践帝祚，成于汉家。祚，位也。○三段。三样写法。㊟拨乱：治理乱政。卒：最终。践：登临。五年之间，号令三嬗，自生民以来，未始有受命若斯之亟也。三嬗，谓陈涉、项氏、汉高祖。○总承上三段作结。㊟号令：发号施令之权力。嬗：更替。受命：犹言受天之命，建立新朝。斯：这样。亟：急促。

昔虞、夏之兴，积善累功数十年，德洽百姓，摄行政事，考之于天，然后在位。考之于天，即《孟子》所谓人归天与也。○一段。㊟洽：润泽。摄行：代理行使。摄，代理。考：考察。汤、武之王，乃由契、后稷，修仁行义十余世，不期而会孟津八百诸侯，犹以为未可，其后乃放弑。“会孟津”二句，单言武王，举武以见汤耳。○二段。㊟王：称王。期：约定。放弑：指商汤放逐夏桀、周武王诛杀商纣王。秦起襄公，章于文、缪（穆），献、孝之后，稍以蚕食六国，百有余载，至始皇乃能并冠带之伦。章，显大也。○三段。○俱反上三段。“数十年”“十余世”“百有余载”，句中有眼。㊟稍：逐渐。蚕食：逐渐侵占。并：吞灭。冠带之伦：戴冠束带之辈，指代六国诸侯。以德若彼，指四代。用力如此，指秦。盖一统若斯之难也。总承上三段作结。

秦既称帝，患兵革不休，以有诸侯也，倒句。于是无尺土之封，堕坏名城，销锋镝，锄豪杰，维万世之安。锄，诛也。维，计度也。○另起一峰，下即捷转。单写高祖，慨叹作致。㊟患：担心。以：连词，因为。堕坏：拆毁。锋镝：刀刃和箭头，借指兵器。维：考虑。然王迹之兴，起于闾巷，高祖起于亭长。㊟闾巷：乡里。合从（纵）讨伐，轶于三代，与豪杰并力攻秦，过于汤、武之放弑。㊟轶：后车超前车，引申为超越。乡（向）秦之禁，

shì zú yǐ zī xián zhě wèi qū chú nán ěr

适足以资贤者为驱除难耳。 前言一统之难，高祖独五年而成帝业。盖由秦无尺土之封，败坏既极，

适足以资助贤者，而为之驱除其所难耳。〇一层。⊕乡：从前。适：恰好。贤者：指汉高祖刘邦。

gù fèn fā qí suǒ wéi tiān xià

故愤发其所为天下

xióng　ān zài wú tǔ bú wàng

雄，安在无土不王？ 无土不王，盖古语也。高祖愤发间巷而成帝业，安在其为无土不王也？〇二层。

cǐ nǎi

此乃

zhuàn zhī suǒ wèi dà shèng hū　qǐ fēi tiān zāi　qǐ fēi tiān zāi

传之所谓大圣乎？岂非天哉，岂非天哉！ 高祖或乃传之所谓

大圣，故不可以常理拘，盖有天意存乎其间矣。〇三层。⊕传：文献。

fēi dà shèng shú néng dāng cǐ shòu mìng ér dì

非大圣孰能当此受命而帝

zhě hū

者乎？ 若非大圣，孰能当此豪杰并争之日，独受天命而帝者乎？〇四层。应"受命"二字作结。

前三段一正，后三段一反，而归功于汉。以四层咏叹，无限委蛇，如黄河之水，百折百回，究未尝著一实笔，使读者自得之，最为深妙。

gāo　zǔ gōng chén hóu nián biǎo

高祖功臣侯年表

shǐ jì

《史记》

tài shǐ gōng yuē　gǔ zhě rén chén gōng yǒu wǔ pǐn　yǐ dé lì zōng

太史公曰：古者人臣功有五品，以德立宗

miào dìng shè jì yuē xūn　yǐ yán yuē láo　yòng lì yuē gōng　míng qí děng

庙定社稷曰勋，以言曰劳，用力曰功，明其等

yuē fá　jī rì yuē yuè

曰伐，积日曰阅。 明其等，谓明其功之差等。伐，积功也。积日，计其任事之久。阅，经历也。〇先立一案。

fēng jué

封爵

zhī shì yuē　shǐ hé rú dài　tài shān ruò lì　guó yǐ yǒng níng

之誓曰："使河如带，泰山若厉[砺]，国以永宁，

爰及苗裔。” 带，衣带也。厉，砥石也。苗裔，远嗣也。言使河、山至若带、厉，国犹未绝，盖欲使功臣传祚无穷也。（补）使：假使。河：黄河。厉：磨刀石。国：封国。爰：于是。及：传到。**始未尝不欲固其根本，而枝叶稍陵夷衰微也。** 所谓“靡不有初，鲜克有终”也，自古已然。先为一叹。○“始未尝不欲固其根本”，承上封爵之誓意；“枝叶稍陵夷衰微”，起下子孙骄溢亡国意。（补）枝叶：喻所封功臣的后代子孙。稍：逐渐。陵夷：丘陵逐渐成平地，引申为由盛到衰。衰微：衰败。

余读高祖侯功臣，察其首封，所以失之者， 察其始封，与所以失侯者。○申“固其根本”“枝叶陵夷”二句。（补）侯：封侯。首：起初。失之：失侯。**曰：异哉所闻！** 异哉所闻，正反上一段。言根本不固，不待枝叶已陵夷衰微也。又为一叹。**《书》曰“协和万国”，迁于夏、商，或数千岁。** 万国，乃尧以前所封者。（补）协和：和睦。**盖周封八百，幽、厉之后，见于《春秋》。《尚书》有唐、虞之侯伯，历三代千有余载，自全以蕃卫天子，岂非笃于仁义、奉上法哉？** 笃仁义、奉上法，是自全要著。○又引一案。自古皆然，而汉独不然，顶“异哉所闻”也。三叹。（补）自全：保全自己。蕃卫：捍卫。蕃，屏障。笃：忠实。上法：天子的法令。**汉兴，功臣受封者百有余人。天下初定，故大城名都散亡，户口可得而数者十二三，** 才有十分之二三。**是以大侯不过万家，小者五六百户。** 昔日之衰。**后数世，民咸归乡里，户益息，**

息，蕃庶也。（补）咸：都。萧、何。曹、参。绛、勃。灌婴。之属或至四万，小侯自倍，富厚如之。今日之盛。子孙骄溢，忘其先，淫嬖。（补）骄溢：骄傲自满。淫嬖：滥施宠幸。至太初太初，武帝年号。百年之间，见现侯五，见在为侯者，仅五人。余皆坐法陨殒命亡国，秏耗矣①。秏，尽也。○因盛而衰。（补）坐法：犯法获罪。坐，犯罪。陨命：丧命。陨，死亡。罔网亦少密焉，罔，禁网也。○冷句带讽。（补）罔：法网。少：稍。然皆身无兢兢于当世之禁云。仍归到不能自全上。○两句，与上“笃于仁义、奉上法”句相对。上笃仁义则无罔少密之苛，下笃仁义而奉上法，则能兢兢当世之禁，而不坐法亡国。两句两转，作两层叠。四叹。（补）兢兢：小心谨慎貌。

居今之世，汉。志古之道，夏、商、周。（补）志：记住。所以自镜也，未必尽同。镜，鉴也。居今志古，所以自鉴得失，而时势变迁，亦不必今人尽同乎古。○一总，便推开，为本朝诛灭功臣回护一番。帝王者各殊礼而异务，要以成功为统纪，岂可绲混乎？绲，缝而合之也。言从来帝王原各不同，要以成一代之功为纲纪，岂可合而强同之乎？○此正是居今志古，以汉与前代相提而论也。（补）殊礼：不同的礼制。异务：不同的任务或要求。要：总之，总归。统纪：纲纪。绲：混淆，混同。观所以得尊宠及所以废辱，应“察其首封，所以失之”二句。亦当世得失之林也，何必旧闻？应“异哉所闻”句。○此则单指汉诸侯也。五叹。（补）林：汇集。旧闻：往昔的传闻。于是谨其终始，表其文②，颇有所不尽本末；（补）谨：谨慎。终始：始末。表：指用表格形式记载。颇：程度副词，相当于“很”“甚”。本末：原委。著其

míng，yí zhě quē zhī
明，疑者阙之。(补)明：显著。阙：空缺着。

hòu yǒu jūn zǐ yù tuī ér liè zhī
后有君子，欲推而列之，

dé yǐ lǎn yān
得以览焉。结出所以作表之意。表者，表明其事也。(补)推：推究。列：陈述。

通篇全以慨叹作致，而层层回互，步步照顾，节节顿挫。如龙之一体，鳞鬣爪甲而已，而其中多少屈伸变化，即龙亦有不能自知者。此所以为神物也。

〔校记〕

①“秏”，原作“耗”，据《史记·高祖功臣侯者年表》改。
②“表”后原有一“见”字，据《史记·高祖功臣侯者年表》删。

kǒrg zǐ shì jiā zàn

孔子世家赞

shǐ jì

《史记》

tài shǐ gōng yuē shī yǒu zhī gāo shān yǎng zhǐ jǐng xíng

太史公曰：《诗》有之：“高山仰止，景行

xíng zhǐ suī bù néng zhì rán xīn xiàng wǎng zhī
行止。”虽不能至，然心乡向往之。景行，大道也。○借《诗》虚虚笼起。(补)止：语助词。景行：喻高 yú dú kǒng shì shū xiǎng jiàn qí wéi rén shì lǔ
尚的德行。余读孔氏书，遗书一。想见其为人。心乡往之。适鲁，观仲尼庙堂、车服、礼器，遗器二。(补)适：到。诸生以时习礼其家，遗教三。(补)诸生：众儒生。以时：按时。余祗回留之①，不能去云。心乡往之。○圣无能名，又何容论赞？史公只就其遗书、遗器、遗教，以自 tiān xià jūn wáng zhì yú xián
言其乡往之诚，虚神宕漾，最为得体。(补)祗回：流连，盘桓。天下君王至于贤

rén zhòng yǐ　dāng shí zé róng　mò zé yǐ yān

人众矣，当时则荣，没殁则已焉。又借他人，反形一笔。更透。㊹没：死。已：罢了。

kǒng zǐ bù yī　chuán shí yú shì　xué zhě zōng zhī

孔子布衣，传十余世，学者宗之。㊹布衣：平民。宗：推尊效法。

zì

自

tiān zǐ wáng hóu　zhōng guó yán liù yì zhě　zhé zhōng yú fū zǐ

天子王侯，中国言六艺者，折中于夫子，折，断也。中，当也。

谓断其至当之理。㊹六艺：六经。折中于夫子：言以夫子为标准，凡过与不及，皆取断于夫子而得中。

kě wèi zhì shèng yǐ

可谓至圣矣！定赞。㊹至圣：谓最高的圣人。

起手忽凭空极赞，而后入孔氏。既入事，而又极赞以终之。一若想之不尽，说之不尽也者，所谓观海难言也。

〔校记〕

① "祇"，原作"低"，据《史记·孔子世家》改。

wài qī shì jiā xù

外戚世家序

shǐ jì

《史记》

zì gǔ shòu mìng dì wáng jí jì tǐ shǒu wén zhī jūn

自古受命帝王及继体守文之君，继体，谓继先帝之正体。守文，谓守

fēi dú nèi dé mào yě　gài yì yǒu wài qī zhī zhù yān

先帝之法度。非独内德茂也，盖亦有外戚之助焉。外戚，纪后妃也。后族

xià zhī xīng yě yǐ tú shān

亦代有封爵，故曰外戚。○总提一句。㊹内德：自身的德行。夏之兴也以涂山，涂山，国名。禹娶涂山氏之女。○受命。

ér

而

jié zhī fàng yě yǐ mò xǐ

桀之放也以妹喜①；桀伐有施，有施氏以妹喜女焉。○继体。放：谓成汤流放桀于南巢。

yīn zhī xīng yě

殷之兴也

yǐ yǒu sōng

以有娀，有娀，国名。帝喾娶其女简狄为次妃，生契，为殷始祖。○受命。

zhòu zhī shā yě bì dá jǐ

纣之杀也嬖妲己；纣伐有苏，有

苏氏以妲己女焉。○继体。〔补〕嬖：宠爱。**周之兴也以姜原及大（太）任，**帝喾元妃、有邰氏之女曰姜原，生后稷，为周始祖。太任，文王之母。○受命。**而幽王之禽（擒）也淫于褒姒。**褒姒，褒国之女。姒，姓也。○继体。○序三段。顶“受命”“继体”之君。而一正一反，句法变化。〔补〕淫：荒淫。**故《易》基乾、坤，**〔补〕基：起始。乾坤：《易》之乾、坤二卦。**《诗》始《关雎》，**〔补〕《关雎》：《诗》首篇名，一说此诗旨在歌颂后妃的美德。**《书》美厘降，**《虞书》：“厘降二女于妫汭。”厘，理也。降，下嫁也。妫汭，妫水之北，舜所居也。言先料理下嫁二女于妫水之汭也。〔补〕美：赞美。**《春秋》讥不亲迎。**《春秋》隐二年，“纪履緰来逆女”。《公羊》曰：“外逆女不书。此何以书？讥也。何讥尔？讥始不亲迎也。”〔补〕亲迎：夫婿亲至女家迎娶。**夫妇之际，人道之大伦也。**〔补〕际：指相互之间的关系。大伦：最基本的伦理道德。**礼之用，唯婚姻为兢兢。**即五经。点五段。〔补〕用：施行。兢兢：小心谨慎貌。**夫乐调而四时和，阴阳之变，万物之统也，可不慎与？**又补出乐。以完六经。〔补〕统：纲领。与：语气词，表反诘。

人能弘道，根上六经。**无如命何。**起下妃匹。〔补〕无如……何：对……无可奈何。无如，无奈。**甚哉妃（配）匹之爱，君不能得之于臣，父不能得之于子，况卑下乎！**因“命”字，起下两段。〔补〕甚：极。妃匹：配偶。卑下：低贱的人。**既驩（欢）合矣，或不能成子姓；**子姓，子孙也。○指惠帝后、薄皇后、陈皇后、慎夫人、尹姬。〔补〕驩合：指婚配。成：谓养育。**能成子姓矣，或不能要其终；**指戚夫人、王皇后、栗姬、王夫人、李夫人。〔补〕要：求得。终：指善终。

<ruby>岂<rt>qǐ</rt></ruby> <ruby>非<rt>fēi</rt></ruby> <ruby>命<rt>mìng</rt></ruby> <ruby>也<rt>yě</rt></ruby> <ruby>哉<rt>zāi</rt></ruby>？ 结住"命"字。下即转。 <ruby>孔<rt>kǒng</rt></ruby> <ruby>子<rt>zǐ</rt></ruby> <ruby>罕<rt>hǎn</rt></ruby> <ruby>称<rt>chēng</rt></ruby> <ruby>命<rt>mìng</rt></ruby>，<ruby>盖<rt>gài</rt></ruby> <ruby>难<rt>nán</rt></ruby> <ruby>言<rt>yán</rt></ruby> <ruby>之<rt>zhī</rt></ruby>

<ruby>也<rt>yě</rt></ruby>。<ruby>非<rt>fēi</rt></ruby> <ruby>通<rt>tōng</rt></ruby> <ruby>幽<rt>yōu</rt></ruby> <ruby>明<rt>míng</rt></ruby> <ruby>之<rt>zhī</rt></ruby> <ruby>变<rt>biàn</rt></ruby>，<ruby>恶<rt>wū</rt></ruby> <ruby>能<rt>néng</rt></ruby> <ruby>识<rt>shí</rt></ruby> <ruby>乎<rt>hū</rt></ruby> <ruby>性<rt>xìng</rt></ruby> <ruby>命<rt>mìng</rt></ruby> <ruby>哉<rt>zāi</rt></ruby>？ 又以性命并言，即孟子

"命也有性焉"之意。㉕幽明：阴阳。恶：怎么。性命：人性与命运。

齐家治国，王道大端，故陈三代之得失，归本于六经，而反复感叹，以天命终焉。全篇大旨，已尽于此。"孔子罕称命"一转，恐人尽委之于命，而不知所劝戒，故特结出性命之难知，盖欲人弘道以立命也。此史公言外深意，不可不晓。

〔校记〕

① "妹喜"，《史记·外戚世家》作"末喜"。

<ruby>伯<rt>bó</rt></ruby> <ruby>夷<rt>yí</rt></ruby> <ruby>列<rt>liè</rt></ruby> <ruby>传<rt>zhuàn</rt></ruby>

<ruby>《史记》<rt>shǐ jì</rt></ruby>

<ruby>夫<rt>fú</rt></ruby> <ruby>学<rt>xué</rt></ruby> <ruby>者<rt>zhě</rt></ruby> <ruby>载<rt>zǎi</rt></ruby> <ruby>籍<rt>jí</rt></ruby> <ruby>极<rt>jí</rt></ruby> <ruby>博<rt>bó</rt></ruby>，<ruby>犹<rt>yóu</rt></ruby> <ruby>考<rt>kǎo</rt></ruby> <ruby>信<rt>xìn</rt></ruby> <ruby>于<rt>yú</rt></ruby> <ruby>六<rt>liù</rt></ruby> <ruby>艺<rt>yì</rt></ruby>。 六艺不载，则不可信以为实。

㉕载籍：书籍。博：多，丰富。考信：查考其真实。六艺：指儒家的"六经"，即《诗》《书》《礼》《乐》《易》《春秋》。 <ruby>《诗》<rt>shī</rt></ruby><ruby>《书》<rt>shū</rt></ruby> <ruby>虽<rt>suī</rt></ruby> <ruby>缺<rt>quē</rt></ruby>，

<ruby>然<rt>rán</rt></ruby> <ruby>虞<rt>yú</rt></ruby>、<ruby>夏<rt>xià</rt></ruby> <ruby>之<rt>zhī</rt></ruby> <ruby>文<rt>wén</rt></ruby> <ruby>可<rt>kě</rt></ruby> <ruby>知<rt>zhī</rt></ruby> <ruby>也<rt>yě</rt></ruby>。 孔子删《诗》三百五篇，今亡五篇，删《书》一百篇，今亡四十二篇。《诗》《书》虽有缺亡，然《尚

书》有《尧典》《舜典》《大禹谟》，则虞、夏之文，可考而知也。○伯夷有传、有诗，所志在神农、虞、夏，故先闲闲引起。 <ruby>尧<rt>yáo</rt></ruby> <ruby>将<rt>jiāng</rt></ruby> <ruby>逊<rt>xùn</rt></ruby> <ruby>位<rt>wèi</rt></ruby>，<ruby>让<rt>ràng</rt></ruby> <ruby>于<rt>yú</rt></ruby>

<ruby>虞<rt>yú</rt></ruby><ruby>舜<rt>shùn</rt></ruby>， 伯夷所重在让国一节，故先以尧让天下引起。拟人于其伦，是极重伯夷处。㉕逊位：让位。 <ruby>舜<rt>shùn</rt></ruby>、<ruby>禹<rt>yǔ</rt></ruby> <ruby>之<rt>zhī</rt></ruby> <ruby>间<rt>jiān</rt></ruby>，<ruby>岳<rt>yuè</rt></ruby> <ruby>牧<rt>mù</rt></ruby>

咸荐，岳，四岳，官名。一人而总四岳诸侯之事。牧，九州之牧。又十二牧。**乃试之于位，典职数十年，**舜、禹皆典职事数十年。(补)典职：指掌管政事。**功用既兴，然后授政。**授以摄政。**示天下重器，王者大统，传天下若斯之难也。**即虞、夏之文，知尧、舜禅让之难。以见尧让许由、汤让随光之妄。**而说者曰，**说者，谓诸子杂记也。**尧让天下于许由，许由不受，耻之逃隐。**许由，字武仲，尧欲致天下而让焉，乃逃隐于颍水之阳、箕山之上。**及夏之时，有卞随、务光者。**卞随、务光，殷汤让之天下，并不受而逃。**此何以称焉？**尧、舜让位，若斯之难，则许由、随、光之让，或说者之妄称，未必实有其人。(补)称：说。**太史公曰：**凡篇中忽插"太史公曰"四字，皆迁述其父谈之言。**余登箕山，其上盖有许由冢云。**又似实有其人。○又引一许由、随、光，先为伯夷衬贴，几令人不辨宾主，神妙无比。(补)盖：据说，表示怀疑。冢：坟墓。**孔子序列古之仁圣贤人，**孔子，是一篇之主。(补)序列：依次论述。**如吴太伯、伯夷之伦详矣。**又请一吴太伯，带出伯夷，若不专为伯夷者。是另一法。(补)伦：辈,类。**余以所闻，由、光义至高，其文辞不少概见，何哉？**以由、光义至高，而《诗》《书》之文辞不少略见，则其人终属有无之间，未可据以为实。○又回映由、光一笔，缭绕衬贴，文辞正照下伯夷有传、有诗。(补)不少：毫无。概见：概略的记载。

孔子曰："伯夷、叔齐，不念旧恶，怨是用希。""求仁得仁，又何怨乎？"即以孔子接下。叔齐附传。(补)是用：因此。希：少。**余**

悲伯夷之意，悲其兄弟相让、义不食周粟而饿死。睹轶诗可异焉。轶诗，即下《采薇》之诗也。不入三百篇，故云轶。其诗有涉于怨，与孔子之言不合，故可异。○倒提一笔，妙。㊉轶：散失。异：诧异。其传曰：始正序伯夷事，盖伯夷先已有传也。

伯夷、叔齐，孤竹君之二子也。孤竹，国名，姓墨胎氏。父欲立叔齐，及父卒，叔齐让伯夷。伯夷曰："父命也。"遂逃去。叔齐亦不肯立而逃之。国人立其中子。㊉中子：排行居中的儿子。于是伯夷、叔齐闻西伯昌善养老，"盍往归焉。"㊉西伯昌：周文王姬昌，纣命为西方诸侯之长，得专征伐，故称西伯。盍：何不。归：归附，投奔。及至，西伯卒，武王载木主，号为文王，东伐纣。㊉木主：木制的神位，俗称牌位。伯夷、叔齐叩扣马而谏曰："父死不葬，爰及干戈，可谓孝乎？以臣弑君，可谓仁乎？"㊉叩马：勒住马。爰：乃，竟然。左右欲兵之。㊉兵：用兵器杀人。太公曰："此义人也。"扶而去之。武王已平殷乱，天下宗周，而伯夷、叔齐耻之，义不食周粟，隐于首阳山，采薇而食之。序伯夷实事，平实简净，盖前后多跌荡，此不得不平实章法也。㊉宗周：以周王室为宗主，意即归顺周。周粟：周朝的禄食。薇：菜名，也称野豌豆，可生食。及饿且死，作歌。㊉且：将要。其辞曰：

应前轶诗。**“登彼西山兮，采其薇矣。以暴易暴兮，不知其非矣。神农、虞、夏忽焉没兮，我安适归矣？于嗟徂（殂）兮，命之衰矣！”**悲愤历落，流利抑扬，此歌骚之祖也。(补)安：疑问代词，哪里。适：往。于嗟：叹词。徂：死亡。**遂饿死于首阳山。**诗与传毕。**由此观之，怨邪非邪？**应前“睹轶诗可异”句。以下上下千古，无限感慨。

或曰：“天道无亲，常与善人。”(补)引自《老子》。或：有人，有些人。无亲：没有偏爱。与：帮助。**若伯夷、叔齐，可谓善人者非邪？积仁絜（洁）行如此而饿死！**就夷、齐饿死上，翻出议论。(补)絜行：修洁品行。**且七十子之徒，仲尼独荐颜渊为好学。**(补)七十子：孔子学生三千，身通六艺者七十二人，七十是举其整数。颜渊：孔子弟子。**然回也屡空，糟糠不厌，而卒蚤（早）夭。**(补)屡空：经常贫困。糟糠：酒糟、谷糠等粗劣食物。不厌：不饱。蚤夭：早死。**天之报施善人，其何如哉？盗跖日杀不辜，肝人之肉，**脍人肝而铺之。(补)不辜：指无罪之人。**暴戾恣睢，**恣睢，谓恣行为睢怒之貌。(补)暴戾恣睢：谓残暴凶狠，恣意横行。**聚党数千人，横行天下，竟以寿终。是遵何德哉？此其尤大彰明较著者也。**反借夷、齐一宕，引出颜渊、盗跖，一反一正，以极咏叹。○有尧、舜、由、光诸人，故又引颜渊、盗跖二人照应作章法。(补)彰明较著：非常明显。较，明显。**若至近**

世，操行不轨，专犯忌讳，而终身逸乐，富厚累世不绝。或择地而蹈之，时然后出言，行不由径，非公正不发愤，而遇祸灾者，不可胜数也。又即近世人，一反一正，以足上意，作两层写。妙。（补）操行：品行。不轨：不守法度。忌讳：指禁令。累世：接连几代。蹈：行走。时：合于时宜。行不由径：走路不抄小道，喻为人正直。径，指小路。胜：尽。余甚惑焉，傥所谓天道，是邪非邪？又双结一句，以极咏叹。三“非邪”，呼应。（补）傥：倘若，假如。

子曰：“道不同，不相为谋。”上设两端开说，此又引孔子言合说。亦各从其志也。装一句，作“道不同”注脚。故曰：“富贵如可求，虽执鞭之士，吾亦为之。如不可求，从吾所好。”“岁寒，然后知松柏之后凋。”两节正应“各从其志”。（补）执鞭：持鞭驾车。凋：凋谢零落。举世混浊，清士乃见（现）。又装一句，作“松柏后凋”注脚，挽上伯夷。岂以其重若彼，其轻若此哉？彼，指“操行不轨”以下；此，指“择地而蹈”以下。○又以咏叹作一结。

“君子疾没世而名不称焉。”又引孔子之言。以“名”字反复到底。（补）疾：怕。没世：死。称：称述，称道。贾子贾谊。曰：“贪夫徇（殉）财，烈士徇（殉）名，以身从物曰徇。夸者死权，贪权势以矜夸者，至死不休，故云死权也。众庶冯（凭）生。”冯恃其生。○引贾子四句。“烈士”一句是主，指伯夷。[补]冯生：贪生。**同明相照，同类相求。“云从龙，风从虎，**龙兴致云，虎啸风烈。**圣人作而万物睹。”**圣人，人类之首也，故兴起于时，而人民皆争先快睹。○引《易经》五句，“圣人”一句是主，指孔子。○此两节，将伯夷、孔子合说，直贯至篇末。**伯夷、叔齐虽贤，得夫子而名益彰；颜渊虽笃学，附骥尾而行益显。**《索隐》曰：“苍蝇附骥尾而致千里，以喻颜回因孔子而名彰。”○即所谓“同类相求”、圣作而物睹也。又点颜回以陪伯夷，正在有意无意之间，妙。[补]夫子：指孔子。笃学：专心好学。骥：骏马。**岩穴之士，趣舍有时若此①，类名堙灭而不称，悲夫！**一反。应“没世而名不称”。结篇首悲吊由、光案。[补]岩穴之士：指隐士。趣舍：进退。类：皆，大抵。堙灭：埋没。**闾巷之人，欲砥行立名者，非附青云之士，恶能施于后世哉？**青云士，圣贤立言传世者。○承上二段推开一层说，言夷、齐得孔子之言，而名显于后世；由、光未经孔子序列，故后世无闻。所以砥行立名者，必附青云之士也。寓慨无穷。[补]闾巷：里巷，借指民间。砥行：磨炼品行。青云士：指位高名显之人。恶：怎么。施：延续。

传体，先叙后赞，此以议论代叙事，篇末不用赞语，此变体也。通篇以孔子作主，由、光、颜渊作陪客，杂引经传，层间叠发，纵横变化，不可端倪，真文章绝唱。

〔校记〕

①“趣”，原作“趋”，据《史记·伯夷列传》改。

管晏列传

《史记》

管仲夷吾者，颍上人也。颍水，出阳城。今有颍上县。少时常与鲍叔牙齐大夫。游，鲍叔知其贤。一篇以鲍叔事作主，故先点鲍叔。㊉游：交往。管仲贫困，常欺鲍叔，即下分财多自与之类也。㊉欺：欺骗。鲍叔终善遇之，不以为言。千古良友。㊉善遇：善加礼遇。以：因此。为言：犹为意。已而鲍叔事齐公子小白，管仲事公子纠。及小白立为桓公，公子纠死，管仲囚焉。鲍叔遂进管仲。齐襄公无道，鲍叔牙奉公子小白奔莒。及无知弑襄公，管夷吾、召忽奉公子纠奔鲁，鲁人纳之。未克而小白入，是为桓公。使鲁杀子纠而请管、召，召忽死之，管仲请囚，鲍叔牙言于桓公，以为相。㊉已而：后来。事：侍奉。进：推荐。管仲既用，任政于齐，齐桓公以霸，九合诸侯，一匡天下，管仲之谋也。管仲一生事业，只数语略写。㊉九合：多次会盟。一匡天下：使天下得到匡正。匡，扶正。

管仲曰：即述仲语作叙事。"吾始困时，尝与鲍叔贾，分财利多自与，鲍叔不以我为贪，知我贫也。此一事最易知，然知者绝少。㊉尝：曾经。贾：坐地经商。吾尝为鲍叔谋事而更穷困，鲍叔不以我为愚，知时有利不利也。吾尝三仕三见逐于君，鲍叔不以我为不肖，知我不遭时也。即时之不利。(补)见：被。不肖：不成才。遭时：遇到好时机。吾尝三战三走，鲍叔不以我为怯，知我有老母也。(补)走：逃跑。公子纠败，召忽死之，吾幽囚受辱，鲍叔不以我为无耻，知我不羞小节而耻功名不显于天下也。此四事最难知，唯良友深知之。○忽排五段，前实事既略，此虚事独详。前以紧节胜，此以排语佳，相间成文。(补)幽囚：囚禁。生我者父母，知我者鲍子也。”总收“知我”字。句中有泪。

鲍叔既进管仲，间接。以身下之。(补)下：居人之下。子孙世禄于齐，有封邑者十余世，十余世是言鲍叔，《索隐》指管仲。(补)世禄：世代享有爵禄。常为名大夫。天下不多管仲之贤，而多鲍叔能知人也。以赞语作结，了鲍叔案。(补)多：称赞，重视。

管仲既任政相齐，间接。一匡、九合，前已总序，此又另出一头。重提再序，局法纵横，无所不可。以区区之齐在海滨，通货积财，富国强兵，与俗同好恶。此句是管仲治齐之纲。一“同”字，生下六个“因”字。(补)通货：交换商货。故其称曰：是夷吾著书所称《管子》者，今举其大略也。“仓廪实而知礼节，衣食足而知荣辱，上服度则六亲固。”上服度，上之服御物有制度。六亲，父、母、兄、弟、妻、子也。固，安也。(补)仓廪：粮仓。“四维不张，国乃灭亡。”四维，礼、义、廉、耻也。(补)维：纲纪。“下令如流水之源，令顺民心。”故论卑而易行。(补)论卑：谓政论浅近。俗之所欲，因而予之；俗之所否，因而去之。(补)俗：指百姓，一般人。予：给。其为政也，善因祸而为福，转败而为功。二句，得管仲之骨髓。贵轻重，慎权衡。轻重，谓钱也。《管子》有《轻重》篇。○一部《管子》，收尽数行。“因祸为福”二句，又生下三段。桓公实怒少姬，南袭蔡，桓公与蔡姬戏船中，蔡姬习水荡公，公怒，归蔡姬而弗绝，蔡人嫁之，因伐蔡。管仲因而伐楚，责包茅不入贡于周室。桓公实北征山戎，山戎伐燕，桓公救燕，遂伐山戎。而管仲因而令燕修召公之政。于柯之会，桓公欲背曹沫之约，管仲因而信之，桓公与鲁会柯而盟，曹沫以匕首劫桓公于坛上，曰：“反鲁之侵地。”桓公许之。已而欲无与鲁地，而杀曹沫，管仲以为倍信，遂与曹沫三败所亡地于鲁。诸侯由是归齐。此皆一匡、九合中事，又提三段另序，俱不实写。故曰：“知与之为取，政之宝也。”又即以《管子》语结之，缴完上节。管仲富拟于公室，有三归、反坫，齐人不以为侈。(补)拟：比。公室：诸侯王室。三归：说法不一。一说为台名，管仲筑三归之台，供游赏之用。反坫：反爵之坫。坫，土筑的平台。互相敬酒后，把空爵放还在坫上，为周代诸侯宴会之礼。管仲卒，齐国遵其政，常强于诸侯。叙完“任政相齐”一段，即带下作晏子过文。

后百余年而有晏子焉。由上接下，蝉联蛇蜕。

晏平仲婴者，莱之夷维人也。莱，今东莱地。事齐灵公、庄公、景公，以节俭力行重于齐。“节俭力行”四字，括尽晏子。（补）力行：犹言竭力而行。重：指受尊重。既相齐，食不重肉，妾不衣帛。与管仲三归、反坫对。（补）重肉：谓两种以上的肉食。其在朝，君语及之，即危言；语不及之，即危行。（补）危言：慎言。危行：小心地行动，慎行。国有道，即顺命；谓直道行也。无道，即衡命。谓权衡量度而行也。○二十五字，作八句、四节、两对，隽永包括。以此三世灵、庄、景。显名于诸侯。晏子一生事业，亦只数语，约略虚写，与管仲一样。

越石父贤，在缧绁中。（补）缧绁：捆绑犯人的绳索，引申为牢狱。晏子出，遭之途，解左骖赎之，载归。（补）左骖：驾车三马中左边的马。弗谢，入闺。久之，越石父请绝。贤者固不可测。（补）谢：辞别。闺：内室。晏子戄然，摄衣冠谢曰：（补）戄然：惊惧貌。摄：整理。谢：谢罪。“婴虽不仁，免子于厄，何子求绝之速也？”石父曰：“不然。吾闻君子诎于不知己，而信（伸）于知己者。一句案。补 诎：委屈。信：伸展。方吾在缧绁中，彼不知我也。夫子既已感寤（悟）而赎我，是知己；知己而无礼，固不如在缧绁之中。”前以知己论管仲，此以知己论晏子，是史公著意点缀联合处。补 感寤：受感动而醒悟，意谓为了解。晏子于是延入为上客。补 延入：请入。延，迎接。上客：贵宾。

晏子为齐相，出，其御之妻从门间而窥其夫。补 御：驾驭车马的人。间：缝隙。窥：偷看。其夫为相御，拥大盖，策驷马，意气扬扬，甚自得也。描尽情状，呼之欲出。补 拥：遮蔽。大盖：指车的伞盖。策：用鞭驱赶。驷马：指驾一车之四马。扬扬：得意貌。甚：很。既而归，其妻请去。奇妇人。○亦先作一纵，石父请绝，御妻请去，作一样写。补 既而：不久。去：离开。夫问其故，妻曰：“晏子长不满六尺，身相齐国，名显诸侯。今者妾观其出，志念深矣，常有以自下者。看人入细。补 志念：志气，思想。自下：谓态度谦卑。今子长八尺，乃为人仆御，然子之意自以为足，妾是以求去也。”其后夫自抑损。亦奇。补 抑损：收敛，谦退。晏子怪而问之，写出有心人。御以实对。晏子荐以为大夫。

太史公曰：吾读管氏《牧民》《山高》《乘马》《轻重》《九府》，皆管仲著书篇名。及《晏子春秋》，《晏子春秋》七篇。详哉其言之也。因二子书已详言，故史公传以略胜。既见其著书，欲观其行事，故次其传。至其书，世多有之，是以不论，论其轶事。表明作两传之旨。先总说，下乃分。〔补〕次：编纂。轶事：不见于正式记载的事迹。

管仲世所谓贤臣，然孔子小之。〔补〕子曰："管仲之器小哉！"岂以为周道衰微，桓公既贤，而不勉之至王，乃称霸哉？贬驳处，意浑融。〔补〕勉：劝勉。至王：谓实行王道。乃：却。语曰"将顺其美，匡救其恶，故上下能相亲也。"三句出《孝经·事君章》。言君有美恶，臣将顺而匡救之，故君臣能相亲协，即传中所谓"因而伐楚""因而令燕修召公之政""因而信之"之类是也。岂管仲之谓乎？极抑扬之致。方晏子伏庄公尸哭之，成礼然后去，崔杼弑庄公，晏婴入，枕庄公尸股而哭之，成礼而出。〇补传所未及。岂所谓"见义不为无勇"者邪？晏子之不讨崔氏，权不足也，然亦非克乱之才，故史公以无勇责之。至其谏说，犯君之颜，即传中所谓"危言""危行""顺命""衡命"是也。〔补〕谏说：进谏忠言。此所谓"进思尽忠，退思补过"者哉！"进思尽忠"八字，亦出《孝经·事君章》。〇极赞晏子。〔补〕进：进前见君。退：见后退出。假令晏子而在，余虽为之执

biān suǒ xīn mù yān
鞭，所忻慕焉。执鞭暗用御者事。史公以李陵故被刑，汉法腐刑许赎，而生平交游故旧，无能如晏子解左骖赎石父者，自伤不遇斯人，故作此愤激之词耳。[补]忻慕：欣喜向望。忻，喜悦。

《伯夷传》，忠孝兄弟之伦备矣。《管晏传》，于朋友三致意焉。管仲用齐，由叔牙以进，所重在叔牙，故传中深美叔牙。越石与其御，皆非晏子之友，而延为上客、荐为大夫，所难在晏子，故赞中忻慕晏子。通篇无一实笔，纯以清空一气运旋。觉《伯夷传》犹有意为文，不若此篇天然成妙。

qū yuán liè zhuàn
屈原列传

shǐ jì
《史记》

qū yuán zhě míng píng chǔ zhī tóng xìng yě wéi chǔ huái wáng zuǒ
屈原者，名平，楚之同姓也。为楚怀王左

tú bó wén qiáng zhì míng yú zhì luàn xián yú cí lìng
徒。左徒，即今左、右拾遗之徒。博闻强志，明于治乱，娴于辞令。

rù zé yǔ wáng tú yì guó shì yǐ chū hào lìng
娴，习也。[补]闻：学识见闻。志：记。辞令：应对的言辞。入则与王图议国事，以出号令；

chū zé jiē yù bīn kè yìng duì zhū hóu wáng shèn rèn zhī
出则接遇宾客，应对诸侯。王甚任之。起叙任用之专，后段节节叙其疏而见放，妙得原委。[补]图议：商讨。接遇：犹接待。宾客：他国派来的使者。应对：应酬。任：信任。

shàng guān dà fū yǔ zhī tóng liè zhēng chǒng ér xīn hài qí
上官大夫靳尚。与之同列，争宠而心害其

néng huái wáng shǐ qū yuán zào wéi xiàn
能。此句怕人。[补]上官：复姓。大夫：官名。同列：同一班列，同等地位。列，班列。害：嫉妒。怀王使屈原造为宪令，屈平属草稿未定，（补）造为：制定。宪令：国家法令。属：撰写。上官大夫见而欲夺之，屈平不与。因谗之谗屈原作两节写，害其能一节虚，夺草稿一节实。曰："王使屈平为令，众莫不知。每一令出，平伐其功，（补）伐：夸耀。曰以为'非我莫能为'也。"语中庸主之忌。（补）《史记·屈原贾生列传》（点校本）将"曰"字用圆括号括起，表示为衍文。王怒而疏屈平。以下并史公变调，序《离骚》，即用骚体。

屈平疾王听之不聪也，谗谄之蔽明也，邪曲之害公也，方正之不容也，故忧愁幽思而作《离骚》。先写作《离骚》之由。（补）疾：痛心。聪：明察。邪曲：品性不正之人。方正：品行端方正直之人。幽思：深思。"离骚"者，犹离罹忧也。离，遭也。○注一句。下忽入议论，奇妙。（补）犹：如同，就是。离忧：遭遇忧愁。夫天者，人之始也；父母者，人之本也。人穷则反返本，提"穷"字。（补）穷：困窘。反本：追念根本。故劳苦倦极，未尝不呼天也；疾痛惨怛，未尝不呼父母也。道出人情，真而切。（补）倦极：疲倦困苦。惨怛：忧伤。屈平正道直行，竭忠尽智以事其君，谗人间之，可谓穷矣。应"穷"字。（补）谗人：进谗言之人。间：离间。信而见疑，忠而被谤，能无怨乎？提"怨"字。（补）信：诚实不欺。见：被。屈平之作《离骚》，盖自怨生也。应“怨”字。○回环曲折，多永言之致。(补)盖：大概是。自：由于。《国风》好色而不淫，《小雅》怨诽而不乱。(补)不淫：不过分。淫，过度，无节制。怨诽：抱怨责备。乱：作乱。若《离骚》者，可谓兼之矣。谓好色云者，以《离骚》有宓妃等事。然原特假借以思君耳，非如《国风》之思也，而史公亦假借用之。○比《骚》于《诗》，深得旨趣。(补)兼：同时具有。上称帝喾，下道齐桓，中述汤、武，以刺世事。(补)上：远古。刺：讥刺。明道德之广崇，治乱之条贯，靡不毕见(现)。(补)明：阐明。广崇：广大崇高。条贯：条理。靡：无。毕见：全部显现。其文约，其辞微，其志洁，其行廉。其称文小而其指(旨)极大，举类迩而见(现)义远。(补)约：简约。微：含蓄。廉：正直。指：意旨。类：事例。迩：浅近。义：道理。其志洁，故其称物芳；其行廉，故死而不容。(补)称物芳：指《离骚》中多以香草为喻。不容：不容于世。自疏濯淖污泥之中，淖，溺也。(补)疏：远离。濯淖：浸渍。蝉蜕于浊秽，蝉蜕，如蝉之去皮也。以浮游尘埃之外，不获世之滋垢，皭然泥而不滓者也。皭，疏静之貌。滓，浊也。(补)浮游：超脱。尘埃：世俗。获：被辱。滋：黑。泥：沾污。推此志也，虽与日月争光可也。极赞屈原。○以上《离骚》，只虚写。(补)推：推赞，推许。

屈平既绌(黜)①，间接。又入叙事。其后秦欲伐齐，齐与楚从(纵)亲。(补)从：合纵。惠王患之，乃令张仪详(佯)去秦，厚

币委质（贽）事楚，㊟详：假装。厚币：丰厚的礼物。 yuē qín shèn zēng qí
委质：进献见面礼。事：事奉。曰："秦甚憎齐，

qí yǔ chǔ zòng qīn　chǔ chéng néng jué qí　qín yuàn xiàn shāng wū zhī dì
齐与楚从（纵）亲，楚诚能绝齐，秦愿献商於之地六百里。"㊟绝齐：与齐国绝交。商於：在今河南淅川西南；一说，指商（今陕西丹凤商镇）、於（今河南西峡境）两邑及两邑间的地区，即今丹江中下游一带。

chǔ huái wáng tān ér xìn zhāng yí　suì jué qí　shǐ shǐ rú qín shòu dì

楚怀王贪而信张仪，遂绝齐，使使如秦受地。

zhāng yí zhà zhī yuē　yí yǔ wáng yuē liù lǐ　bù wén liù bǎi lǐ
张仪诈之曰："仪与王约六里，不闻六百里。"详张仪始终事， chǔ shǐ nù qù　guī gào huái wáng　huái wáng nù　dà xīng
为屈原谏楚王张本。楚使怒去，归告怀王。怀王怒，大兴

shī fá qín　qín fā bīng jī zhī　dà pò chǔ shī yú dān xǐ
师伐秦。秦发兵击之，大破楚师于丹、淅[2]，丹、淅，皆县名，在弘农。斩首八万，虏楚将屈匄，遂取楚之汉

zhōng dì　huái wáng nǎi xī fā guó zhōng bīng　yǐ shēn rù jī qín　zhàn
中地。怀王乃悉发国中兵，以深入击秦，战

yú lán tián　wèi wén zhī　xí chǔ zhì dèng　chǔ bīng jù　zì qín guī
于蓝田。魏闻之，袭楚至邓。楚兵惧，自秦归。而齐竟怒不救楚，楚大困。一段。

ér qí jìng nù bú jiù chǔ　chǔ dà kùn　一

明年，秦割汉中地与楚以和。即割楚地，以与楚和。楚王

yuē　bú yuàn dé dì　yuàn dé zhāng yí ér gān xīn yān　zhāng yí
曰："不愿得地，愿得张仪而甘心焉。"张仪

wén　nǎi yuē　yǐ yì yí ér dāng hàn zhōng dì　chén qǐng wǎng rú chǔ
闻，乃曰："以一仪而当汉中地，臣请往如楚。"又算定 rú chǔ　yòu yīn hòu cǐ yòng shì zhě chén jìn shàng　ér shè guǐ biàn
怀王。如楚，又因厚币用事者臣靳尚，而设诡辩

于怀王之宠姬郑袖③。长句正是省句。㊟因：趁机。用事者：当权者。设诡辩：说假话。怀王竟听郑袖，复释去张仪。二段。○两段词简而情备。是时屈平既疏④，忽接入本传。不复在位，使于齐，顾反返，谏怀王曰："何不杀张仪？"怀王悔，追张仪，不及。只为"何不杀张仪"一句，乃倒装楚愿得张仪一段，又倒装张仪诈楚一段，意思在此，而序事在彼。㊟顾反：回返。

其后诸侯共击楚，大破之，杀其将唐眛⑤。张仪诈楚，客也，于此一结。

时秦昭王与楚婚，欲与怀王会。又起一难。怀王欲行，屈平曰："秦，虎狼之国，不可信。不如毋行⑥。"怀王稚子子兰劝王行："奈何绝秦欢？"伏再用之根。㊟稚子：小儿子。奈何：为何。怀王卒行。入武关，秦伏兵绝其后，因留怀王，以求割地。怀王怒，不听。亡走赵，赵不内纳。复之秦，竟死于秦而归葬。怀王一欺于秦而国削，再欺于秦而身死。为屈原作证，亦为楚辞作序也。㊟听：接受。亡走：逃跑。竟：终于。

长子顷襄王立，以其弟子兰为令尹。再用子兰，深著楚王之不明也。〔补〕令尹：楚国执政官名，相当于宰相。**楚人既咎子兰以劝怀王入秦而不反（返）也。**〔补〕既：全，都。咎：怪罪。以：因为。**屈平既嫉之，**嫉子兰，先从楚人说起，见非屈原之私怨。〔补〕嫉：恨。**虽放流，眷顾楚国，系心怀王，不忘欲反（返），冀幸君之一悟，俗之一改也。**推屈平本意作议论。〔补〕眷顾：眷恋。冀幸：侥幸，希冀。**其存君兴国而欲反覆之，一篇之中三致志焉⑦。**忽又转到《离骚》上。〔补〕存：思念。反覆：回归。三致志：再三表达意愿。**然终无可奈何，故不可以反（返）。**应“不忘欲反”。**卒以此见怀王之终不悟也。**应“冀君之一悟”。〔补〕卒：终于，到底。**人君无愚、智、贤、不肖，**又宽一步。**莫不欲求忠以自为，举贤以自佐；**〔补〕自为：帮助自己。佐：辅佐。**然亡国破家相随属，**〔补〕相随属：谓接连出现。属，连续。**而圣君治国累世而不见者，其所谓忠者不忠，而所谓贤者不贤也。**泛泛感论。包罗古今无穷事。〔补〕治国：安定太平的国家。累世：接连几代。世，三十年为一世。**怀王以不知忠臣之分，故内惑于郑袖，外欺于张仪，疏屈平而信上官大夫、令尹子兰，兵挫地削，亡其六郡，身客死于秦，为天下笑。**将前事总作一收。〔补〕分：辨别。挫：失败。六郡：指汉中一带。客死：死于外地。**此不知人之祸也。**缴断一句。**《易》**

yuē jǐng xiè bù shí wéi wǒ xīn cè kě yǐ jí wáng míng
曰："井渫不食，为我心恻，可以汲。王明，
bìng shòu qí fú
并受其福。"渫，不停污也。井渫而不食，使我心恻然，以其可用汲而不汲也。如有王之明者，汲而用之，则上下并受其福矣。(补)渫：淘去泥污。为：使。恻：悲伤。汲：取水于井。
wáng zhī bù míng qǐ zú fú zāi
王之不明，岂足福哉！愤切语。

lìng yǐn zǐ lán wén zhī dà nù zú shǐ shàng guān dà
令尹子兰闻之，接上屈平既嫉之，妙。大怒，卒使上官大
fū duǎn qū yuán yú qīng xiāng wáng qīng xiāng wáng nù ér qiān
夫短屈原于顷襄王，回应上官大夫。(补)卒：终于。短：诋毁。顷襄王怒而迁
zhī
之。(补)迁：放逐。

qū yuán zhì yú jiāng bīn pī fà xíng yín zé pàn yán sè qiáo
屈原至于江滨，被（披）发行吟泽畔，颜色憔
cuì xíng róng kū gǎo yú fǔ
悴，形容枯槁。极写落魄悲愤之状。○以下《渔父》辞。(补)行吟：边走边吟咏。颜色：脸色。形容：外貌。枯槁：消瘦。渔父
jiàn ér wèn zhī yuē zǐ fēi sān lǘ dà fū yú hé
见而问之曰："子非三闾大夫欤？三闾，掌王族昭、屈、景三姓之官。何
gù ér zhì cǐ qū yuán yuē jǔ shì hùn zhuó ér wǒ dú qīng
故而至此？"屈原曰："举世混浊而我独清，
zhòng rén jiē zuì ér wǒ dú xǐng shì yǐ jiàn fàng yú fǔ
众人皆醉而我独醒，是以见放。"(补)见：被。放：放逐。渔父
yuē fú shèng rén zhě bù níng zhì yú wù ér néng yǔ shì tuī yí
曰："夫圣人者，不凝滞于物，而能与世推移。
jǔ shì hùn zhuó hé bù suí qí liú ér yáng
似老氏之言。(补)凝滞：拘泥。物：外物。与世推移：随世道变化而变化。举世混浊，何不随其流而扬
qí bō zhòng rén jiē zuì hé bù bū qí zāo ér chuò qí
其波？(补)言随从世俗与之同流。众人皆醉，何不餔其糟而啜其
lí hé gù huái jǐn wò yú
醨？醨，薄酒。(补)餔糟啜醨：吃酒糟喝薄酒，谓追求一醉。何故怀瑾握瑜，瑾、瑜，皆美玉。(补)怀瑾握瑜：胸怀手握美玉，

比喻保持高洁美好的品德。而自令见放为？”只就渔父口中，翻出一段至理可参，有情有态，可咏可歌，词家风度。[补]令：使。

屈原曰：“吾闻之，新沐者必弹冠，新浴者必振衣。弹而振之，去其尘也。[补]沐：洗发。浴：洗澡。振衣：抖衣去尘。人又谁能以身之察察，受物之汶汶者乎？察察，净洁也。汶汶，垢蔽也。[补]汶汶：污浊貌。宁赴常流而葬乎江鱼腹中耳，常流，犹长流也。○汨罗之志已决。[补]常流：指江水。又安能以皓皓之白，而蒙世俗之温蠖乎⑧？”温蠖，犹惛愦，楚词作“尘埃”。○一气流转，机神跌宕。[补]皓皓：皎洁貌。温蠖：一说犹尘垢。乃作《怀沙》之赋。《怀沙》赋删去。……于是怀石，遂自投汨罗以死。汨水在罗，故曰汨罗，今长沙屈潭是也。

屈原既死之后，楚有宋玉、唐勒、景差之徒者，皆好辞而以赋见称；[补]辞：文辞，这里指文学。然皆祖屈原之从容辞令，终莫敢直谏。借宋玉等，前衬屈原，后引贾谊。[补]祖：效法。从容：谓委婉含蓄。其后楚日以削，数十年，竟为秦所灭。人之云亡，邦国殄瘁。

自屈原沉汨罗后百有余年，汉有贾生，为长沙王太傅，过湘水，投书以吊屈原。借投书事，接下《贾谊传》。[补]书：指贾谊的《吊屈原赋》。

太史公曰："余读《离骚》《天问》《招魂》《哀郢》，皆《离骚》篇名。悲其志。读其文而悲其志。适长沙，观屈原所自沉渊⑨，未尝不垂涕，想见其为人。游其地而想其人。㊟适：去到，往。未尝：用于否定词前构成双重否定，使语气委婉，犹没有。垂涕：流泪。及见贾生吊之，又怪屈原以彼其材，游诸侯，何国不容，而自令若是！即用他吊屈原之意，以叹贾生。㊟彼其材：他那样的才能。彼，他。游：游说。令：使。读《服鸟赋》，楚人命鸮曰服，贾生作《服赋》。同死生⑩，轻去就，又爽然自失矣。"自悲自吊。○此屈、贾合赞，凡四折，缭绕无际。㊟同：谓同等看待。轻：轻视。去就：谓罢官去职或在朝任职。爽然：茫然。自失：内心若有所失。

史公作《屈原传》，其文便似《离骚》，婉雅凄怆，使人读之，不禁歔欷欲绝。要之穷愁著书，史公与屈子，实有同心。宜其忧思唱叹，低回不置云。

〔校记〕

①④"平"，原作"原"，据《史记·屈原贾生列传》改。
②"淅"，原作"浙"，据《史记·屈原贾生列传》改。
③"辩"，原作"辨"，据《史记·屈原贾生列传》改。
⑤"昧"，原作"味"，据《史记·屈原贾生列传》改。
⑥"毋"，原作"无"，据《史记·屈原贾生列传》改。
⑦"志"，原作"意"，据《史记·屈原贾生列传》改。
⑧"俗"，原缺，据《史记·屈原贾生列传》补。
⑨"观"，原作"过"，据《史记·屈原贾生列传》改。
⑩"死生"，原作"生死"，据《史记·屈原贾生列传》改。

酷吏列传序

《史记》

孔子曰："导之以政①，齐之以刑，民免而无耻。导之以德②，齐之以礼，有耻且格。"引孔子之言。〔补〕导：引导。齐：整治。格：人心归服。老氏称："上德不德，是以有德；下德不失德，是以无德。""法令滋章，盗贼多有。"不德，不有其德也。不失德，其德可见也。滋，益。章，明也。○引老子之言。太史公曰：信哉是言也！总断一句。引孔子、老子，是立言主意，以见酷吏之不可崇尚也。〔补〕信：果真。是：代词，此，这。法令者治之具，而非制治清浊之源也。立论醒彻。〔补〕制治：治理政务。昔天下之网尝密矣，谓秦法。然奸伪萌起，其极也，上下相遁，至于不振。相遁，谓昔法为奸，而无情实，故至于不振。〔补〕奸伪：指诡诈虚假的人或事。萌起：发生。遁：欺。当是之时，吏治若救火扬沸，言本弊不除，则其末难止。〔补〕吏治：官吏的施政措施。救火扬沸：谓负薪救火，扬汤止沸。非武健严酷，恶能胜其任而愉偷快乎？此时非酷吏救止，安能偷少顷之快？言势不得不然，非与酷吏也。〔补〕武健：勇武刚健。恶：怎么。愉：苟且。言道德者，溺其职矣。溺，谓沉溺不举也。○此言酷吏所由始。

㊟溺职：犹失职。故曰：“听讼，吾犹人也，必也使无讼乎。”
（gù yuē tīng sòng wú yóu rén yě bì yě shǐ wú sòng hū）

无借于严酷。○又引孔子之言。㊟听讼：审案。犹人：如同别人。“下士闻道大笑之”，
（xià shì wén dào dà xiào zhī）
何知有道德。○又引老子之言。㊟下士：下愚之人。非虚言也。
（fēi xū yán yě）
又总断一句，应前。汉兴，
（hàn xīng）
汉之初。破觚而为圜圆，
（pò gū ér wéi yuán）
觚，八棱有隅者。破觚为圜，谓除去严法。斫雕而为朴，
（zhuó diāo ér wéi pǔ）
斫，削也。雕，刻镂。斫雕为朴，谓使反质素。㊟朴：质朴。网漏于
（wǎng lòu yú）
吞舟之鱼，
（tūn zhōu zhī yú）
网极其疏，应上网密。而吏治烝烝，不至于奸，黎
（ér lì zhì zhēngzhēng bú zhì yú jiān lí）
民艾乂安。烝烝，盛也。艾，治也。○一段慨想高、文之治。㊟黎民：百姓。艾安：谓太平无事。艾，治理。由是观之，在
（yóu shì guān zhī zài）
彼不在此。
（bǐ bú zài cǐ）
彼，指道德。此，指严酷。○一束用全力。

民艾乂安。
（mín yì ān）

意只是当任德而不当任刑，两引孔、老之言便见。又以秦法苛刻，汉治宽仁，两两相较，明示去取。叹昔日汉德之盛，则今日汉德之衰，隐然自见于言外。语不多而意深厚也。

〔校记〕

①②“导”，原作“道”，据《史记·酷吏列传》改。

游侠列传序
（yóu xiá liè zhuàn xù）

《史记》
（shǐ jì）

韩子韩非。曰：“儒以文乱法，而侠以武犯禁。”
（hán zǐ yuē rú yǐ wén luàn fǎ ér xiá yǐ wǔ fàn jìn）

二句以儒、侠相提而论，借客形主。㊟禁：禁令。二者皆讥，而学士多称于世云。
（èr zhě jiē jī ér xué shì duō chēng yú shì yún）
侧重

zhì rú yǐ shù qǔ zǎi xiàng qīng dà fū fǔ yì qí shì zhǔ
儒一句，起下文。至如以术取宰相、卿大夫，辅翼其世主，

gōng míng jù zhù yú chūn qiū gù wú kě
功名俱著于春秋，术，巧诈也。春秋，国史。㊉至如：连词，表示另提一事。世主：国君。著：记载。固无可

yán zhě jí ruò jì cì yuán xiàn
言者。儒之伪者，诚不足言，起下次、宪。㊉固：本来。及若季次、原宪，公皙哀，字季次，亦孔子弟子。㊉原宪：字子

lǘ xiàng rén yě dú shū huái dú xíng jūn zǐ
思，孔子弟子。闾巷人也，闾巷之儒，照闾巷之侠。㊉闾巷：里巷，指民间。读书怀独行君子

zhī dé yì bù gǒu hé dāng shì dāng shì yì xiào zhī
之德，义不苟合当世，当世亦笑之。㊉独行：独守高尚的行为和节操。

gù jì cì yuán xiàn zhōng shēn kōng shì péng hù hè yī shū shí bú
苟合：迎合。故季次、原宪终身空室蓬户，褐衣疏食不

yàn sǐ ér yǐ sì bǎi yú nián
厌餍。㊉空室：室内一无所有。蓬户：编蓬草为门。褐衣：粗布衣服。疏食：粗饭。厌：饱足。死而已四百余年，

ér dì zǐ zhì zhī bú juàn jīn yóu xiá
而弟子志之不倦。次、宪功名未著，而后世学者称之。儒固自有真也，侠亦从可知矣。㊉志：纪念。今游侠，

qí xíng suī bù guǐ yú zhèng yì
立气势作威福、结私交以立强于世者，谓之游侠。㊉今：犹夫，句首语气词。其行虽不轨于正义，㊉轨：遵循，符合。正义：

rán qí yán bì xìn qí xíng bì guǒ yǐ nuò bì chéng bú ài
指国家法令。然其言必信，其行必果，已诺必诚，不爱

qí qū fù shì zhī è kùn jì yǐ cún wáng sǐ shēng yǐ
其躯，赴士之厄困，既已存亡死生矣，亡者存之，死者生之。○句法。

ér bù jīn qí néng xiū fá qí dé
㊉果：果敢。诺：应允。厄困：困厄，艰难窘迫。而不矜其能，羞伐其德，二句，侠士本领。㊉矜、伐：炫耀，自夸。

gài yì yǒu zú duō zhě yān
盖亦有足多者焉。称游侠一。㊉足多：足以称美。多，称赞。

qiě huǎn jí rén zhī suǒ shí yǒu yě
且缓急，人之所时有也。见游侠不可无，接上生下，无限波澜。㊉缓急：偏义复词，急难。

tài shǐ gōng yuē xī zhě yú shùn jiǒng yú jǐng lǐn yī yǐn fù
太史公曰：昔者虞舜窘于井廪，㊉窘：困。廪：粮仓。伊尹负

于鼎俎，(补)负：背着。鼎俎：鼎和俎（砧板），指烹饪用具。傅说匿于傅险岩，(补)匿：隐藏。傅险：古地名，相传是商代傅说为奴隶时版筑之处。吕尚困于棘津，太公望，行年七十，卖食棘津。(补)棘津：黄河古津渡名。夷吾桎梏，(补)桎梏：脚镣手铐，指囚禁。百里饭牛，仲尼畏匡，菜色陈、蔡。饥而食菜，则色病，故云菜色。(补)饭牛：喂牛。畏匡：谓匡人以兵围孔子。畏，受惊。匡，卫国地名。菜色：谓受饥。此皆学士所谓有道仁人也，犹然遭此灾，况以中材而涉乱世之末流乎？其遇害何可胜道哉！正见游侠之不可无也。感叹处，史公自道，故曲折悲愤。(补)犹然：尚且。中材：中等才能的人。涉：经历。末流：末世，指衰亡时期。遇害：遭逢祸患。胜：尽。

鄙人有言曰："何知仁义，已以飨享其利者为有德①。"享，受也。以受其利者为有德，何知有仁义也。○正应遭灾涉乱，接下。(补)鄙人：指居住在郊野的人。故伯夷丑周，饿死首阳山，而文、武不以其故贬王；伯夷未尝许周以仁义，然享文、武之利者，不以伯夷丑周之故，而贬损其王号。(补)丑：憎恶。跖、蹻暴戾，其徒诵义无穷。柳跖、庄蹻，皆大盗，其徒享其利，而诵义无穷。(补)暴戾：残暴酷虐。由此观之，"窃钩者诛，窃国者侯，侯之门，仁义存"，三句出《庄子·胠箧》篇。窃钩之小，则为盗而受诛；窃国之大，则为侯而人享其利，故仁义存。(补)钩：腰带钩。非虚言也。正对"何知仁义"二句。○此段言世俗止知有利，而不知侠士之义，极其感叹。

今拘学或抱咫尺之义，(补)拘学：拘泥偏执之学者。咫尺：形容微小。久孤于世，暗指季次辈。岂若卑论侪俗，与世沉浮而取荣名哉②！忽又叹儒，皆有激之言也。㊟卑论：降低论调。侪俗：投合世俗。与世沉浮：随波逐流，附和世俗。而布衣之徒，指游侠。设取予然诺，千里诵义，为死不顾世，此亦有所长，非苟而已也。称游侠二。㊟设：讲求。取予：收受和给予。然诺：应允，引申为言而有信。苟：随便。而已：犹罢了。故士穷窘而得委命，此岂非人之所谓贤豪间者邪？士之穷窘，无所解免，皆得托命，而望侠士之存亡死生，此诚人之所谓贤豪间者，而未可谓不得与儒齿也。○称游侠三。是史公为游侠立传本意。㊟委命：托付性命。间者：指杰出人才。间，谓间世而出。诚使乡曲之侠，予季次、原宪比权量力，效功于当世，不同日而论矣。侠以权力，儒以道德，不可同日而论。○绾合次、宪，略抑游侠一笔，下即转。㊟诚使：假使。乡曲：乡里。予：介词，同。效功：立功。同日而论：相提并论。要以功见现言信，侠客之义又曷可少哉！称游侠四。○以上儒、侠夹写，至此方归本题。㊟要：总之。见：显现。曷：怎么。少：轻视。

古布衣之侠，靡得而闻已。布衣、闾巷是主意，一有凭借，便不足重。故下详言之。㊟靡：不，没。表否定。近世延陵、吴季札也。季札岂游侠耶？然史公作传，既重游侠矣，必援名人以尊之，若《货殖传》之援子贡也。孟尝、齐田文。春申、楚黄歇。平原、赵胜。信陵魏无忌。之徒，又借五人引起。皆因王者亲属，藉于有土卿相之富厚，招天下贤者，显名诸侯，不可谓不贤者矣。㊟藉：凭借，依托。有土：有封地。比如顺

fēng ér hū　　 shēng fēi jiā jí　 qí shì jǐ yě
风而呼，声非加疾，其势激也。

> 前有多少层折，方入本题。以为止矣，偏又翻出一层，落下"匹夫之侠"。㉕疾：宏大。

zhì rú lǘ xiàng zhī xiá　 xiū xíng dǐ míng　 shēng shī yú
至如闾巷之侠，修行砥名，声施于

tiān xià　　 mò bù chēng xián　　 shì wéi nán ěr
天下，莫不称贤，是为难耳。

> 其义诚高，其事诚难。○称游侠五。㉕施：延伸。

rán
然

rú　 mò jiē pái bìn bù zǎi
儒、墨皆排摈不载。

> 儒与墨皆轻侠士，故不载。○又挽定"儒"字。㉕排摈：排斥摈弃。

zì qín yǐ
自秦以

qián　　 pǐ fū zhī xiá　　 yān miè bú jiàn　 yú shèn hèn zhī
前，匹夫之侠，湮灭不见，余甚恨之。

> 遥接"布衣之侠，靡得而闻"。○闾巷、布衣、匹夫之侠，是著意处。㉕湮灭：埋没。恨：遗憾。

yǐ yú suǒ wén　　 hàn xīng yǒu zhū jiā　 tián zhòng
以余所闻，汉兴有朱家、田仲、

wáng gōng　　 jù mèng　 guō jiě zhī tú
王公、剧孟、郭解之徒，

> 紧照延陵、孟尝、春申、平原、信陵之徒，五宾五主。

suī shí hàn
虽时扞

dāng shì zhī wén wǎng
当世之文罔[网]，

> 谓犯当世之法禁。○应"以武犯禁"。㉕扞：触犯。

rán qí sī yì　 lián jié tuì
然其私义，廉洁退

ràng　　 yǒu zú chēng zhě
让，有足称者。

> ㉕私义：指个人合乎正义的行为。

míng bù xū lì　 shì bù xū fù
名不虚立，士不虚附。

> 名实相副，而不虚立。士厄必济，而不虚附。○称游侠六。

zhì rú péng dǎng zōng qiáng bǐ zhōu　 shè cái yì pín
至如朋党宗强比周，设财役贫，

háo bào qīn líng gū ruò　 zì yù zì kuài　 yóu xiá yì chǒu zhī
豪暴侵凌孤弱，恣欲自快，游侠亦丑之。

> 至若引朋为党，以强为宗，互相比周，施财以役乎贫民，恃其豪暴，侵凌孤弱，恣欲以自快者，不特不可语游侠，而游侠亦丑之。○此言游侠自有真伪，不可不辨。㉕比周：勾结。设：利用。恣：放纵。

yú
余

bēi shì sú bù chá qí yì　　 ér wěi yǐ zhū jiā　 guō jiě děng　 lìng yǔ
悲世俗不察其意，而猥以朱家、郭解等，令与

háo bào zhī tú tóng lèi　 ér gòng xiào zhī yě
豪暴之徒同类而共笑之也。

> 一往情深。㉕猥：随便地。令：使。

世俗止知重儒而轻侠，以致侠士之义，湮没无闻。不知侠之真者，儒亦赖之，故史公特为作传。此一传之冒也。凡六赞游侠，多少抑

扬，多少往复。胸中荦落，笔底摅写，极文心之妙。

〔校记〕

①“飨”，原作“嚮”，据《史记·游侠列传》改。
②“沉浮”，原作“浮沉”，据《史记·游侠列传》改。

滑稽列传

《史记》

孔子曰：“六艺于治一也。㊟六艺：指《诗》《书》《礼》《乐》《易》《春秋》六经。《礼》以节人，㊟节制人的行为。《乐》以发和，㊟诱发和睦之心。《书》以道事①，㊟叙述政事。《诗》以达意，㊟表达情思。《易》以神化，㊟演绎事物的神妙变化。《春秋》以义②。”滑稽传，乃从六艺庄语说来，此即史公之滑稽也。㊟义：谓阐明义理。太史公曰：天道恢恢，岂不大哉！天道恢弘，不必尽出于六艺。㊟恢恢：宽阔广大貌。谈言微中，亦可以解纷。二句为滑稽之要领。㊟谈言微中：言语隐微曲折而切中事理。谈言，言语。

淳于髡者，齐之赘婿也。㊟指就婚于女家的男子，所生子女从母姓。长不满七尺，滑稽多辩③，滑稽，诙谐也。数使诸侯，未尝屈辱。一总虚序。㊟数：屡次。未尝：未曾，不曾。齐威王之时，喜隐，好隐语。㊟隐：隐语，谜语。好为淫乐长夜之饮，沉湎不治，沉湎，溺于酒也。委政卿大夫。百官荒乱，诸侯并侵，国且危亡，在于旦暮，左右莫敢谏。㊟荒乱：荒淫。且：副词，将要。旦暮：早晚，喻短时间内。淳于髡说之以隐曰：㊟说：劝谏。“国中有大鸟，止王之庭，三年不蜚飞又不鸣，王知此鸟何也？”话头奇绝。王曰：“此鸟不飞则已④，一飞冲天⑤；不鸣则已，一鸣惊人。”亦以隐语应，尤奇。于是乃朝诸县令长七十二人，㊟朝：使来朝见。诸：各个。县令长：治万户以上县者为令，不足万户者为长。赏一人，诛一人，封即墨大夫，烹阿大夫。奋兵而出。诸侯振惊，皆还齐侵地。威行三十六年。语在《田完田敬仲。世家》中。一段以大鸟喻，以“朝诸县令”数句结之。

威王八年，楚大发兵加齐。㊟加：侵犯。齐王使淳于髡之赵请救兵，赍金百斤，车马十驷。㊟赍：带。金：指铜。驷：四马所驾之车。淳于髡仰天大笑，冠缨索绝。索，尽也。○加四字，无关于大笑，而大笑之神情俱现。㊟冠缨：结于颔下的帽带。绝：断。王曰：“先生少之乎？”髡曰：“何敢！”王曰：“笑岂有说乎？”髡曰：“今者臣从东方来，见道傍（旁）有穰田者⑥，穰田，为田求丰穰也。○又作隐语。（补）穰：向神祈求。操一豚蹄，酒一盂，（补）豚蹄：猪蹄子。盂：盛汤饭的圆口器皿。祝曰⑦：'瓯窭满篝，瓯窭，高地狭小之区。篝，笼也。污邪满车，污邪，下地田也。五谷蕃熟，穰穰满家。'穰穰，多也。（补）蕃熟：丰稔，谓庄稼成熟而得丰收。蕃，茂盛。穰穰：丰熟貌。臣见其所持者狭而所欲者奢，故笑之。"一语两关，滑稽之极。于是齐威王乃益赍黄金千溢⑧，白璧十双，车马百驷。（补）溢：古代重量单位，二十两为一溢。髡辞而行，至赵。赵王与之精兵十万，革车千乘。（补）革车：重车，古代的一种战车。重车一乘，甲士步卒七十五人。乘：量词，用以计算车子。楚闻之，夜引兵而去。二段以穰田喻，以益黄金数句结之。（补）引兵：率领军队。

威王大说（悦），置酒后宫，召髡赐之酒。问曰："先生能饮几何而醉？"对曰："臣饮一斗亦醉，一石亦醉。"一路皆以劈空奇论成文。（补）石：计算容量的单位，十斗为一石。威王曰："先生饮一斗而醉，恶能饮一石哉！其说可得闻乎？"（补）恶：疑问代词，相当于"怎么"。髡曰："赐酒大王之前，执法在傍（旁），御史在后，髡恐惧俯伏而饮，不过一斗径醉矣。(补)执法、御史：皆指执行酒令，监察失仪的官员。俯伏：谓低着头。径：即，就。若亲有严客，髡帣韝鞠跽，帣，收也。韝，臂捍也。鞠，曲也。跽，小跪也。谓收袖而曲跪也。(补)亲：指父母。严客：犹贵客。严，敬。帣韝鞠跽：卷起袖子，弯腰跪地。韝，臂套。侍酒于前，时赐余沥，奉觞上寿，数起，饮不（shì jiǔ yú qián, shí cì yú lì, fèng shāng shàng shòu, shuò qǐ, yǐn bú）过二斗径醉矣。(补)余沥：剩酒。奉觞：举杯敬酒。上寿：指奉酒祝人长寿。数：频繁。若朋友交游，（ruò péng yǒu jiāo yóu）久不相见，卒[猝]然相睹，欢然道故，私情相语，（jiǔ bù xiāng jiàn, cù rán xiāng dǔ, huān rán dào gù, sī qíng xiāng yǔ）饮可五六斗径醉矣。（yǐn kě wǔ liù dǒu jìng zuì yǐ）三“径”字，对下“二参”字。(补)卒然：突然。睹：见。若乃州闾之会，(补)州闾：指乡里。男女杂坐，行酒稽留，(补)行酒：依次斟酒。稽留：停留。六博投壶，(补)玩六博、投壶游戏。相引为曹，（xiāng yǐn wéi cáo）曹，辈也。握手无罚，目眙不禁，眙，视不移也。(补)眙：直视。前有堕珥，后有遗簪，极意摹写。(补)堕：掉落。珥：耳环。遗：遗落。簪：发簪。髡窃乐此，饮可八斗而醉二参[三]。句法变而趣。○上云“一斗”“一石”，此又添出“二斗”“五六斗”“八斗”，参差错落。(补)窃：偷偷地。二参：十分之二三，言十有二三醉也。日暮酒阑，（rì mù jiǔ lán）饮酒半罢半在曰阑。(补)酒阑：酒筵将尽。合尊促坐，(补)合尊：共同饮酒。尊，酒器。促坐：靠近坐。男女同席，履舄交错，(补)履舄：单底鞋称履，复底鞋称舄。杯盘狼藉，(补)狼藉：杂乱貌。堂上烛灭，主人留髡（táng shàng zhú miè, zhǔ rén liú kūn）而送客，罗襦襟解，襦，汗衣也。(补)罗襦：绸制短袄。襟：衣的交领。微闻芗[香]泽，(补)微闻：稍稍嗅到。芗泽：香气。当此之时，髡心最欢，能饮一石。句法又变。○

逐节递入，如落花流水，溶溶漾漾，而中间有用韵者，有不用韵者，字句之妙，情事之妙，清新俊逸，赋手赋心。故曰酒极则乱，乐极则悲；万事尽然，言不可极，极之而衰。”又忽作庄语。以讽谏焉。㊟讽谏：以婉言隐语相劝谏。齐王曰：“善。”乃罢长夜之饮，以髡为诸侯主客。㊟主客：官名，掌迎送宾客事。宗室置酒，髡尝常在侧。三段以饮酒喻，以“罢长夜之饮”一句结之。总是谈言微中可以解纷之意。○下有优孟、优旃二传，并合赞。

史公一书，上下千古，无所不有。乃忽而撰出一调笑嬉戏之文，但见其齿牙伶俐，口角香艳，另用一种笔意。

〔校记〕

①“道”，原作“导”，据《史记·滑稽列传》改。
②“以”后原有一“道”字，据《史记·滑稽列传》删。
③“辩”，原作“辨”，据《史记·滑稽列传》改。
④⑤“飞”，原作“蜚”，据《史记·滑稽列传》改。
⑥“傍”原作“旁”，“禳”原作“穰”，均据《史记·滑稽列传》改。
⑦“祝”前原有一“而”字，据《史记·滑稽列传》删。
⑧“溢”，原作“镒”，据《史记·滑稽列传》改。

货殖列传序

《史记》

《老子》曰：“至治之极，邻国相望，鸡狗之声相闻，民各甘其食，美其服，安其俗，

lè qí yè zhì lǎo sǐ bù xiāngwǎng lái
乐其业，至老死不相往来。”至治之世，不知有货殖。㊟至治：太平盛世。至：最好的。极：顶点。

bì yòng cǐ wéi wù wǎn jìn shì tú mín ěr mù zé jī wú xíng yǐ
必用此为务，輓（晚）近世涂民耳目，则几无行矣。言必用《老子》所说以为务，而輓近之世，止知涂饰民之耳目，必不可行矣。○史公将伸己说，而先引《老子》之言破之。㊟輓近世：晚近时代。涂：堵塞。

tài shǐ gōng yuē fú shén nóng yǐ qián wú bù zhī yǐ
太史公曰：夫神农以前，吾不知已。顶“至治之极”。㊟已：语气词，相当于“了”。

zhì ruò shī shū suǒ shù yú xià yǐ lái ěr mù
至若《诗》《书》所述虞、夏以来，耳目

yù jí shēng sè zhī hǎo kǒu yù qióng chú huàn zhī wèi
欲极声色之好，口欲穷刍豢之味，㊟至若：连词，表示另提一事。刍豢：指牲畜。刍，草食动物，如牛羊。豢，食谷动物，如猪狗。

shēn ān yì lè ér xīn kuā jīn shì néng zhī róng
身安逸乐，而心夸矜势能之荣，谓势所能至之荣也。○此欲富之根。㊟夸矜：炫耀。势能：权势才能。

shǐ sú zhī jiān mín jiǔ yǐ suī hù shuō
使俗之渐民久矣，㊟渐：习染。虽户说

yǐ miào lùn zhōng bù néng huà gù shàn
以眇（妙）论，微妙之论。㊟户说：挨家挨户地告谕解说。眇：精妙。终不能化。民多嗜欲，则不能至治矣。故善

zhě yīn zhī qí cì lì dǎo zhī qí cì jiào huì zhī
者因之，㊟善者：指善于治理的人。因：顺应。其次利道（导）之，其次教诲之，

qí cì zhěng qí zhī zuì xià zhě yǔ zhī zhēng
其次整齐之，㊟整齐：整治。谓用法令约束。最下者与之争。善者因之，是神农以前人。利道，是太公一流。教诲、整齐，是管仲一流。最下与争，则武帝之盐铁平准矣。史公其多感慨乎！

fú shān xī ráo cái zhú gǔ lú máo yù shí
夫山西饶材、竹、榖、纑、旄、玉石①，榖，楮也，皮可为纸。纑，纻属，可以为布。旄，牛尾也。㊟山西：指崤山或华山以西地区。饶：盛产。

shān dōng duō yú yán qī sī shēng sè
山东多鱼、盐、漆、丝、声色，㊟声色：指乐舞器具。

jiāng nán chū nán zǐ jiāng guì jīn xī lián dān
江南出楠、梓、姜、桂、金、锡、连（链）、丹

沙、犀、玳瑁、珠玑、齿革，连，铅之未炼者。玑，珠之不圆者。龙门、碣石北多马、牛、羊、旃（毡）裘、筋角，龙门，山名，在冯翊夏阳县。碣石，近海山名，在冀北。铜、铁则千里往往山出棋置：棋置，如围棋之置，言处处皆有也。○忽变一倒句，妙。〔补〕往往：处处。山出：如山之出于地上。此其大较也。方论货殖之理，忽杂叙四方土产，笔势奇矫。〔补〕大较：大略，大致。皆中国人民所喜好，谣俗被（拔）服饮食、奉生送死之具也。长句。〔补〕谣俗：民间习俗。被服：穿戴。故待农而食之，虞而出之，工而成之，商而通之。农、虞、工、商，是货殖之人，前后脉络。〔补〕待：依靠。虞：掌管山林川泽之官。此宁有政教发征期会哉？宕句有致。〔补〕宁：难道。政教：政令。发征：发令征求。期会：限期会集。人各任其能，竭其力，以得所欲。故物贱之征贵，贵之征贱，物贱极必贵，而贵极必贱，故贱者贵之征，贵者贱之征。○货殖尽此二语，是一篇主意。〔补〕征：预兆。各劝其业，〔补〕劝：勤勉。乐其事，若水之趋下，日夜无休时，不召而自来，不求而民出之。岂非道之所符，而自然之验邪？正见俗之渐民，而货殖之不可已也。〔补〕道：指经济规律。验：验证。

《周书》曰："农不出则乏其食，工不出则乏其事，〔补〕事：器物。商不出则三宝绝，三宝，谓珠、玉、金。〔补〕一说指粮食、器物、财富。虞

bù chū zé cái kuì shǎo

不出则财匮少。”财匮少而山泽不辟矣。农、工、虞、商，复点。[补]匮少：缺少。山泽：山林与川泽。辟：开辟。

cǐ sì zhě mín suǒ yī shí zhī yuán yě yuán

此四者，民所衣食之原（源）也。原（源）

dà zé ráo yuán xiǎo zé xiǎn shàng zé fù guó xià zé fù jiā

大则饶，原（源）小则鲜。上则富国，下则富家。富国、富家，是通篇眼目。[补]饶：多。鲜：少。贫富之道，莫之夺予，而巧者有

yú zhuō zhě bù zú

余，拙者不足。此段就上文一反，言货殖亦非易事，存乎其人，以引起太公、管仲等。[补]道：事理。莫之夺予：同“莫夺予之”，意思是无人夺之，无人予之。

gù tài gōng wàng fēng yú yíng qiū dì lǔ rén mín

故太公望封于营丘，齐地。地潟卤，潟卤，咸地也。人民寡，于是太公劝其女功，极技巧，通鱼盐，则

rén wù guī zhī qiǎng zhì ér fú còu

人物归之，繦至而辐凑。[补]劝：鼓励。女功：谓妇女从事的纺织刺绣等。极：探究。通：流通。人物：人与财富。繦至：络绎而来。辐凑：聚集。

gù qí guān dài yī lǚ tiān xià hǎi dài zhī jiàn liǎn mèi ér wǎng

故齐冠带衣履天下，海岱之间敛袂而往

cháo yān

朝焉。[补]海岱：东海和泰山。敛袂：整饬衣袖。

qí hòu qí zhōngshuāi guǎn zǐ xiū zhī

其后齐中衰，管子修之，引太公、管仲，以为货殖之祖。[补]修：恢复。设轻重九府，九府，盖钱之府藏。论铸钱之轻重，故云轻重九府。

zé huán gōng yǐ

则桓公以

bà jiǔ hé zhū hóu yì kuāng tiān xià ér guǎn shì yì yǒu sān guī

霸，九合诸侯，一匡天下，而管氏亦有三归，

wèi zài péi chén fù yú liè guó zhī jūn shì yǐ qí fù qiáng zhì yú

位在陪臣，富于列国之君。是以齐富强至于

wēi xuān yě

威、宣也。太公、管仲是富国。[补]一匡天下：匡正天下。三归：说法不一。一说为台名，管仲筑三归之台，供游赏之用。陪臣：诸侯之卿大夫，对天子自称“陪臣”。

gù yuē cāng lǐn shí ér zhī lǐ jié yī shí zú ér zhī róng

故曰：“仓廪实而知礼节，衣食足而知荣

辱。”(补)语出《管子·牧民》。而：则。礼生于有而废于无。(补)有：富。无：贫穷。故君子富，好行其德；小人富，以适其力。(补)谓把精力用在适合的地方。渊深而鱼生之，山深而兽往之，人富而仁义附焉。富者得势益彰，失势则客无所之，以而不乐；夷狄益甚②。言失其富厚之势，则客无所附而不乐。(补)客无所之：谓作客无处可去。之，往。以：因。谚曰：“千金之子，不死于市。”此非空言也。艳富羞贫，虽有激之语，然亦确论。(补)市：指行刑的街市。故曰：“天下熙熙，皆为利来；天下壤壤，皆为利往。”四句用韵，盖古歌谣也。熙熙，和乐也。壤壤，和缓貌。(补)壤壤：纷乱貌。壤，通“攘”，纷乱。夫千乘之王③、(补)指天子，兵车千辆。万家之侯、(补)指诸侯，封地万户。百室之君，(补)指卿大夫，食邑百户。尚犹患贫，而况匹夫编户之民乎！暗刺时事，语多感慨。(补)尚犹：犹，还。尚、犹同义并列。匹夫：指平民百姓。编户之民：编入户籍名册的平民。

天地之利，本是有余，何至于贫？贫始于患之一念，而弊极于争之一途。故起处全寄想夫至治之风也。史公岂真艳货殖者哉？“千乘”数句，盖见天子之榷货、列侯之酎金，而为之一叹乎！

〔校记〕

①“榖”，原作“穀”，据《史记·货殖列传》改。
②“夷狄益甚”，原缺，据《史记·货殖列传》补。
③“王”，原作“主”，据《史记·货殖列传》改。

太史公自序

《史记》

太史公曰："先人有言：'自周公卒五百岁而有孔子①。先人，谓先代贤人。(补)一说指作者的父亲司马谈。孔子卒后至于今五百岁，适当五百岁之期。有能绍明世，正《易传》，继《春秋》，本《诗》《书》《礼》《乐》之际。'点出六经。(补)绍：承继。明世：圣明时代。正：修正。继：续。本：探究。意在斯乎！意在斯乎！小子何敢让焉。"何敢自嫌值五百岁而让之也。明明欲以《史记》继《春秋》意。(补)斯：此。小子：自称谦辞。让：推辞。

上大夫壶遂曰："昔孔子何为而作《春秋》哉？"设为问答，单提《春秋》，见《史记》源流。太史公曰："余闻董生仲舒。曰：'周道衰废，孔子为鲁司寇，诸侯害之，大夫壅之。(补)害：害怕。壅：阻挠。孔子知言之不用，道之不行也，是非二百四十二年之中，以为天下仪表，贬天子，退诸侯，讨大夫，以达王事而已矣。'王事，即王道。○

一句断尽《春秋》。已下乃极叹《春秋》一书之大。㊟是非：褒贬。仪表：准则。贬：贬责。退：斥责。

子曰：'我欲载之空言，不如见之于行事之深切著明也。'

《春秋》原实著当时行事，非空言垂训。㊟空言：谓褒贬议论之言。行事：所行之事实，指具体的历史事件。深切著明：深刻而显明。

夫《春秋》，上明三王之道，下辨人事之纪，

㊟三王：禹、汤、文武。道：治世之道。纪：纲纪。

别嫌疑，明是非，定犹豫，

人不决曰犹豫。㊟别：辨别。嫌疑：疑惑难辨的事理。明：弄清。定：确定。

善善恶恶，

㊟谓奖善嫉恶。

贤贤贱不肖，

㊟尊崇贤人，鄙视不肖。

存亡国，继绝世，补敝起废，王道之大者也。

此段专赞《春秋》，下复以诸经陪说。㊟绝世：断绝禄位的世家。补敝：补救敝败。起废：兴起废事。王道：王者所行正道。

《易》著天地、阴阳、四时、五行，故长于变；《礼》经纪人伦，故长于行；

㊟经纪：安排调整。人伦：人与人之间的关系，即礼法所规定的君臣、父子、兄弟、夫妻、朋友之间五种伦理关系，即五伦，也称五常。

《书》记先王之事，故长于政；《诗》记山川、溪谷、禽兽、草木、牝牡、雌雄，故长于风；

㊟牝：雌性鸟兽。牡：雄性鸟兽。风：指风俗教化。

《乐》乐所以立，故长于和；

㊟和：调和性情。

《春秋》辨是非，故长于治人。

又从《易》《礼》《书》《诗》《乐》说到《春秋》，以应起。

是故《礼》以节人，《乐》以发和，《书》以道事，《诗》以达意，《易》以道化，

《春秋》以道义。再将诸经与《春秋》结束一通。〔补〕“是故”六句：见本卷《滑稽列传》的相关注释。道化：阐明事物的变化。拨乱世反之正，莫近于《春秋》。莫切近于《春秋》，应上“深切著明”。○以下独详论《春秋》。〔补〕拨：治理。《春秋》文成数万，《春秋》万八千字。其指数千，万物之散聚皆在《春秋》。檃栝《春秋》全部文字。〔补〕指：要旨。散聚：离散与集聚。《春秋》之中，弑君三十六，亡国五十二，诸侯奔走不得保其社稷者不可胜数。察其所以，皆失其本已。所以弑君、亡国及奔走，皆是失仁义之本。〔补〕所以：原因，情由。故《易》曰：‘失之毫厘，差以千里。’今《易》无此语，《易纬》有之。故曰：‘臣弑君，子弑父，非一旦一夕之故也，其渐久矣。’此《易·坤卦》之词，文亦稍异。○两引《易》词，以明本之不可失也。○檃栝《春秋》全部事迹。〔补〕渐：逐步发展。故有国者不可以不知《春秋》，前有谗而弗见，后有贼而不知。〔补〕谗：指进谗言之人。贼：奸贼，叛逆作乱者。为人臣者不可以不知《春秋》，守经事而不知其宜，遭变事而不知其权。〔补〕经事：常道，正常的事情。宜：适宜。变事：突然发生的事件。权：变通。为人君父而不通于《春秋》之义者，必蒙首恶之名。为人臣子而不通于《春秋》之义者，必陷篡弑之诛，死罪之名。《春秋》所该甚广，而君臣父子之分，尤有独严，故提出言之。㊟篡弑：篡杀，谓弑君篡位。其实皆以为善，为之不知其义，被之空言而不敢辞。总上文而言，其实心本欲为善，但为之而不知其义理，凭空加以罪名，而不敢辞。○《春秋》实有此等事，特为揭出，甚言《春秋》之义，不可不知也。㊟其实：实际上。被：遭受。空言：指随心所欲的指责。辞：辩解。夫不通礼义之旨，礼缘义起，故并言之。○又即《春秋》生出"礼义"二字。至于君不君，臣不臣，父不父，子不子。夫君不君则犯②，为臣下所干犯。臣不臣则诛，父不父则无道，子不子则不孝。此四行者，天下之大过也。以天下之大过予之，则受而弗敢辞。应"被之空言而不敢辞"句。㊟予：加。故《春秋》者，礼义之大宗也。一句极赞《春秋》，收括前意。㊟大宗：本原。夫礼禁未然之前，法施已然之后；法之所为用者易见，而礼之所为禁者难知。"四句引《治安策》语，见《春秋》所以作，并《史记》所以作之意。㊟未然：还没有成为事实。已然：既成事实。用：作用。知：了解。

壶遂曰："孔子之时，上无明君，下不得任用，故作《春秋》，垂空文以断礼义，当一王之法。㊟垂：留传。空文：谓不能用于当世的文章。断：区分。王：谓圣王。今夫子上遇明天子，武帝。

下得守职，万事既具，咸各序其宜，夫子所论，欲以何明？”再借壶遂语辨难，一番回护自家，妙。补守职：官守职位。何明：同“明何”。何，疑问代词，什么。太史公曰：“唯唯，否否，不然。叠用“唯唯”“否否”“不然”，妙。唯唯，姑应之也。否否，略折之也。不然，特申明之也。余闻之先人曰：又是先人。‘伏羲至纯厚，作《易》八卦；尧、舜之盛，《尚书》载之，礼乐作焉；汤、武之隆，诗人歌之。《春秋》采善贬恶，推三代之德，褒周室，非独刺讥而已也。’又言《春秋》与诸经同义，皆纯厚隆盛之书，非刺讥之文。极得宣尼作《春秋》微意。补采善：采录善行。刺讥：讥评讽刺。汉兴以来，至明天子，应“上遇明天子”。获符瑞，指获麟。补符瑞：祥瑞，吉祥征兆。封禅③，封，泰山上筑土为坛，以祭天。禅，泰山下小山上除地为墠，以祭山川。改正朔，补正朔：谓帝王新颁的历法。易服色，补服色：车马和祭牲的颜色。受命于穆清，受天命清和之气。补穆清：指天。泽流罔极，补泽流：恩泽流布。罔极：无穷尽。罔，无。海外殊俗，补殊俗：指风俗不同异族。重译款塞，传夷夏之言者曰译，俗谓之通士。款塞，叩塞门也。补重译：辗转翻译。款：叩。请来献见者，不可胜道。补献见：进贡晋见。臣下百官，力诵圣德，犹不能宣尽其意。言口不能悉诵，故不可不载之书。且士贤能而不用，有国者之耻；此句宾。主上明圣而德不布闻，有司之过也。此句主。补有司：官吏。设官分职，各有专司，故称，此指史官。且余尝掌其官，应“下得守职”。废明圣盛德不载，一。灭功臣、世家、贤大夫之业不述，二。堕先人所言，三。罪莫大焉。补堕：丢弃。罪莫大焉：同“莫大罪焉”，没有什么罪过比这更大的了。莫，没有什么。余所谓述故事，整齐其世传，非所谓作也，“作”字呼应。补整齐：整理。世传：世系传记。而君比之于《春秋》，谬矣。”正对“欲以何明”句。○壶遂问答一篇完。补谬：错。

于是论次其文。补论次：研究编排。七年，太初元年，至天汉三年。而太史公遭李陵之祸，幽于缧绁。详后《报任安书》中。○可见史公未遭祸前，已作《史记》，特未卒业耳。补幽：囚禁。缧绁：捆绑犯人的绳索，引申为牢狱。乃喟然而叹曰：“是余之罪也夫！是余之罪也夫！身毁不用矣。”受腐刑。补喟然：叹息貌。退而深惟曰：补惟：思考。“夫《诗》《书》隐约者，隐，忧也。约，犹屈也。补隐约：义深而言简。欲遂其志之思也。史公亦卒成《史记》，故以此句唤起。补遂：表达。昔西伯拘羑里，演《周易》；补西伯：指周文王。纣命为西方诸侯之长，得专征伐，故称。孔子厄陈、蔡，作《春秋》；补厄：被困。屈原放逐，著《离骚》；左丘失明，厥有《国语》；补厥：乃，才。左丘：左丘明。孙子膑脚，膑，刖刑，去膝盖骨。而论兵法；不韦迁蜀，世传《吕览》；即《吕氏春秋》。㊟迁：流放，贬谪。韩非囚秦，《说难》《孤愤》；非作《孤愤》《说难》等篇，十余万言。○又组织六经作余波，而添出《离骚》《国语》等作陪，更妙。《诗》三百篇，大抵贤圣发愤之所为作也。㊟大抵：大都。发愤：发泄愤懑。所为：所以，表示行为动作发生的原因。此人皆意有所郁结，不得通其道也，又借《诗》作结，文法更变化。故述往事，思来者。”于是卒述陶唐以来，至于麟止，自黄帝始。武帝至雍，获白麟，迁以为述事之端，上纪黄帝，下至麟止，犹孔子绝笔于获麟也。史公虽欲不比《春秋》之作，又不可得矣。㊟卒：终于。陶唐：唐尧。

史公生平学力，在《史记》一书，上接周、孔，何等担荷；原本六经，何等识力；表章先人，何等渊源！然非发愤郁结，则虽有文章，可以无作。哀公获麟而《春秋》作，武帝获麟而《史记》作，《史记》岂真能继《春秋》者哉！

〔校记〕

①“有”，原作“生”，据《史记·太史公自序》改。
②“夫”，原缺，据《史记·太史公自序》补。
③“封”前原有一“建”字，据《史记·太史公自序》删。

报任安书①

司马迁

太史公牛马走司马迁太史公，迁父谈也。走，犹仆也。言己为太史公掌牛马之仆，自谦之辞也。

再拜言。少卿任安字。足下：(补)足下：古代下称上或同辈相称的敬辞。曩者辱赐书，教以顺慎于接物②，推贤进士为务。迁既被刑之后，为中书令，尊宠任职，故任安责以推贤进士。○二句任安来书。(补)曩：从前。辱：承蒙。接物：与人交往。务：事。意气勤勤恳恳，若望仆不相师用，而流俗人之言③。望，怨也。○二句任安书中意。(补)意气：指来信辞意和语气。勤勤恳恳：诚挚恳切。仆：自称谦辞。师用：效法采纳。流：顺随。仆非敢如此也。一句辨过，下更详辨。仆虽罢疲驽，亦尝侧闻长者之遗风矣；(补)罢驽：低劣的马，喻才能低下。罢，疲弱。驽，劣马。尝：曾经。侧闻：听说。长者：德高望重之人。遗风：前人遗留下来的风教。顾自以为身残处秽，残，被刑。秽，恶名。(补)顾：只是。动而见尤，欲益反损，是以独郁悒而与谁语④。言无知心之人，谁可告语？起下文。(补)见：表被动，受到。尤：用如动词，责备。郁悒：苦闷。谚曰："谁为为之？孰令听之？"言无知己者，设欲为善，当为谁为之？复欲谁听之？(补)令：让。盖钟子期死，伯牙终身不复鼓琴。《吕氏春秋》曰："伯牙鼓琴，意在泰山，钟子期曰：'善哉，巍巍若泰山。'俄而，志在流水，子期曰：'善哉，汤汤乎若流水。'子期死，伯牙破琴绝弦，终身不复鼓琴，以为世无赏音者。"(补)盖：语气词。复：再。何则？士为知己者用，女为说悦己者容。(补)何则：为什么。用：效力。容：打扮。若仆大质已亏缺矣，大质，身也。虽才怀随、和，随侯珠，和氏璧。行若由、夷，许由，伯夷。终不可以为荣，适足以见笑而自点耳。点，辱也。○一段先作如许曲折，渐引入情。(补)虽：即使。

适：正好。足以：够得上。自点：自取污辱。书辞宜答，会东从上来，从武帝还。[补]宜：应当。会：适逢。东：往东，犹从西边。上：当今皇帝。又迫贱事，卑贱之事。若烦务也。相见日浅，少卿相见时近。[补]日浅：时间短。卒卒无须臾之间，得竭至意[5]。卒卒，促遽貌。间，隙也。○说前所以不答之故。[补]卒卒：匆忙仓促。卒，同“猝”。须臾：片刻。竭至意：详尽说明自己的心意。今少卿抱不测之罪，涉旬月，迫季冬，安为戾太子事囚狱，更旬月后，便当就刑。季冬，刑日也。[补]抱：负戴。不测之罪：指死罪。涉：经过。旬月：一个月。迫：接近。季冬：冬季的最后一月。仆又薄从上雍，薄，迫也。又迫从天子将祭祀于雍。[补]雍：地名，今陕西凤翔。恐卒猝然不可为讳。难言其死，故云不可讳。[补]卒然：突然。不可为讳：死的婉辞，指任安死。是仆终已不得舒愤懑以晓左右，懑，闷也。[补]是：则。终已：终于。晓：告知。左右：指任安，不直指其名，谦言奉书于其左右。则长逝者魂魄私恨无穷。谓任安恨不见报。○说今所以答之故。[补]长逝者：死者，指任安。私恨：私下怀恨或遗憾。请略陈固陋。今乃答。[补]略陈：简要地陈述。固陋：固塞鄙陋之见。阙然久不报，前不即答。[补]阙然：拖延耽搁。报：回信。幸勿为过。一段又作如许曲折，看他一片心事，更无处明，而欲明向将死之友，可以想见故人交情。[补]幸：希望。过：责怪。

仆闻之：修身者，智之符也；爱施者，仁之端也；取与者[6]，义之表也；耻辱者，勇之决也；立名者，行之极也。[补]符：信物，象征。端：开端。表：表现。决：标志。极：顶点。士有此五者，然后可以托于世，而列于君子之林矣。 _{yǐ} 特标五者，言有此始得列于士林，见己之无复有此，以起下意。㊶托：安身。林：会聚处。 **故祸莫憯^{cǎn}于欲利，**

须利赎罪，而家贫，最憯也。㊶欲利：贪欲私利。 **悲莫痛于伤心，** _{bēi mò tòng yú shāng xīn} 尽心事君，而见诬，最痛也。 **行莫丑于** _{xíng mò chǒu yú}

辱先， _{rǔ xiān} 辱先人之职业，行莫丑于焉。㊶丑：不光彩。 **诟莫大于宫刑。** _{gòu mò dà yú gōng xíng} 陷割势之极刑，耻莫大焉。诟，耻也。宫，腐刑也。男

子割势，女子幽闭，次死之刑。○紧承四句，正与上五者相反。㊶诟：耻辱。 **刑余之人，无所比数，** _{xíng yú zhī rén   wú suǒ bǐ shù} ㊶谓不把刑余之人与常

人相提并论。比：并列。数：计算。 **非一世也，所从来远矣。** _{fēi yí shì yě   suǒ cóng lái yuǎn yǐ} 接上起下。 **昔卫灵公** _{xī wèi líng gōng}

与雍渠同载，孔子适陈； _{yǔ yōng qú tóng zài   kǒng zǐ shì chén} 孔子居卫，灵公与夫人同车，令宦者雍渠参乘，孔子去卫适陈。㊶适：前往。 **商** _{shāng}

鞅因景监见，赵良寒心； _{yāng yīn jǐng jiàn jiàn   zhào liáng hán xīn} 赵良说商鞅曰："今君之见秦王也，因嬖人景监以为主，非所以为名也。"寒心，

惧其祸必至。㊶因：依靠。寒心：恐惧。 **同子参乘，袁丝变色：** _{tóng zǐ cān shèng   yuán sī biàn sè} 同子，武帝朝宦官赵谈也，与迁父同名，故讳曰同子。袁盎

字丝。赵谈参乘，袁盎伏车前曰："陛下奈何与刀锯余司载。"㊶参乘：陪乘。变色：发怒。 **自古而耻之。** _{zì gǔ ér chǐ zhī} 应"所从来远"。 **夫以** _{fú yǐ}

中才之人⑦，事有关于宦竖，莫不伤气，而况 _{zhōng cái zhī rén   shì yǒu guā~ yú huàn shù   mò bù shāng qì   ér kuàng}

于慷慨之士乎？ _{yú kāng kǎi zhī shì hū} 言士羞与宦竖为伍。㊶宦竖：对宦官的贱称。伤气：谓心志受挫。慷慨：充满正义。 **如今朝** _{rú jīn cháo}

廷虽乏人，奈何令刀锯之余荐天下豪俊哉⑧！ _{tíng suī fá rén   nài hé lìng dāo jù zhī yú jiàn tiān xià háo jùn zāi}

以上叙己亏体辱亲，不足荐士。答任安书中"推贤进士"语。㊶奈何：怎么。刀锯之余：指宦官。 **仆赖先人绪业，** _{pú lài xiān rén xù yè} 绪，余也。㊶绪业：遗业。

得待罪辇毂下，二十余年矣。 _{dé dài zuì niǎn gǔ xià   èr shí yú nián yǐ} ㊶待罪：做官，谦辞。辇毂下：代指京城。 **所以** _{suǒ yǐ}

自惟， _{zì wéi} ㊶惟：思考。 **上之，不能纳忠效信，有奇策才力** _{shàng zhī   bù néng nà zhōng xiào xìn   yǒu qí cè cái lì}

之誉⑨，自结明主；不能一。〔补〕纳、忠：进献。自结：主动攀附。次之，又不能拾遗补阙，〔补〕为人君拾取遗漏、弥补缺失。阙：过失。招贤进能，显岩穴之士；不能二。〔补〕岩穴之士：隐士。外之，又不能备行伍⑩，攻城野战，有斩将搴旗之功；搴，拔取也。○不能三。〔补〕备：充任。行伍：指军队。兵制，五人为伍，五伍为行。下之，不能积日累劳，取尊官厚禄，以为宗族交游光宠。不能四。〔补〕劳：功劳。交游：指朋友。光宠：荣耀。四者无一遂，苟合取容，无所短长之效，可见如此矣⑪。以上叙己平日不能致功名。引咎自责，文势雄拔。〔补〕遂：成功。苟合取容：勉强求合以获得容身。无所：无有。短长：长处。效：贡献。向者，仆常厕下大夫之列⑫，厕，间也。太史令千石，故比下大夫。〔补〕向：从前。常：曾经。厕：间杂，杂次。陪外廷末议⑬，外廷，朝堂也。〔补〕末议：微不足道的意见，谦辞。不以此时引纲维，尽思虑，如恨如悔，胸中郁勃不堪之况，尽情倾露。〔补〕引：援引。纲维：法令。今以已亏形为扫除之隶⑭，在阘茸之中，阘茸，猥贱也。〔补〕阘茸：下贱。乃欲仰首伸眉，论列是非，不亦轻朝廷、羞当世之士邪？此段申言不足荐士。再答安意。〔补〕论列：议论。不亦：不也是。羞：嘲弄，侮辱。嗟乎！嗟乎！如仆尚何言哉！尚何言哉！加一笔，更悲惋。〔补〕尚：副词，还。

且事本末未易明也。以下叙己所以被祸之由。此一句管到受辱著书，且与下文“未易一二为俗人言”“难为

（俗人言"相呼应。㊟本末：原委。）仆少负不羁之行⑮，（负，犹无也。不羁，言才质高远，不可羁系也。㊟负：一说作"怀抱"解。）长无乡曲之誉。主上幸以先人之故，使得奏薄伎，出入周卫之中。（言袭先人太史旧职。周卫，宿卫周密也。㊟乡曲：乡里。幸：幸亏。奏薄伎：贡献浅薄的才能，指继承太史旧职。周卫：指宫禁。）仆以为戴盆何以望天，（头戴盆则不得望天，望天则不得戴盆，事不可兼施，言己方一心于史职，不暇修人事也。）故绝宾客之知，亡室家之业，日夜思竭其不肖之才力，务一心营职，以求亲媚于主上。（初意本如此。㊟知：交往。亡：抛弃。竭：穷尽。营职：履行职责。亲媚：亲近喜爱。媚，逢迎取悦。）而事乃有大谬不然者！（捷转。㊟乃：却。谬：错。不然：不是像所想的那样。）夫仆与李陵俱居门下，（同为侍中。）素非能相善也。（㊟素：平素。相善：彼此交好。）趣舍异路⑯，（㊟言各人志向不同。趣：趋向。舍：止。）未尝衔杯酒、接殷勤之余欢。（先明与陵无旧好。㊟衔杯酒：指一起饮酒。）然仆观其为人，自守奇士：（自守奇节之士。）事亲孝，与士信，临财廉，取与义，分别有让，恭俭下人，常思奋不顾身以徇（殉）国家之急⑰。（以身从事曰徇。㊟分别：指能分别长幼尊卑，即知礼。有让：有谦让之礼。恭俭：谦恭自约。下人：下于人，谓甘居人后。）其素所蓄积也，仆以为有国士之风。（次明于陵有独赏。㊟蓄积：指个德素养。国士：国内所推重的杰出人物。风：风范。）夫人臣出万死不顾一生之计，赴公家之难，斯以（已）奇矣⑱。一振。补计：考虑，打算。今举事一不当，而全躯保妻子之臣，随而媒（酶）蘖其短，媒，酒酵也。蘖，曲也。谓酿成其祸也。补媒蘖其短：像酵母一样把李陵的过失酿成大罪。仆诚私心痛之。一落。

且李陵此下言李陵之胜败，曲折周悉。提步卒不满五千，深践戎马之地，足历王庭，匈奴庭。垂饵虎口，补设计诱敌，如曰垂饵。横挑强胡，补横挑：勇敢地挑战。仰亿万之师，补仰：仰攻。时汉军被围谷地，李陵对敌形势为仰攻。与单于匈奴号。补匈奴君主称单于。连战十有余日，所杀过半当⑲。补当：相当。虏救死扶伤不给，补不给：犹言不暇，顾不上。旃（毡）裘之君长咸震怖，旃裘，匈奴所服。补君长：酋长。咸：都。震怖：惊恐。乃悉征其左右贤王，左贤王、右贤王，并匈奴侯王之号。举引弓之人，一国共攻而围之。补举：发动。引弓：持弓。转斗千里，矢尽道穷，救兵不至，士卒死伤如积。积，露积也。补矢：箭。道穷：退路断绝。然陵一呼劳军，士无不起，躬自流涕，沬血饮泣，血沾面曰沬。泪入口曰饮。更张空弮，弮，弩弓也。陵时矢尽，故张空弓。补更：又。张：拉紧弓弦。冒白刃，北向争死敌者。一段极力描写。补死敌：死于敌，谓同敌人拼死。陵未没时，使有来报，陵麾下骑陈步乐，报陵战克捷。补没：指军队覆没。汉公卿王侯皆奉觞上寿。故意写出公卿王侯丑状。补奉觞上寿：向皇帝祝贺进军胜利。上寿，献祝寿之辞。

后数日，陵败书闻，主上为之食不甘味，听朝不怡。

㊟甘味：觉得味道美。听朝：临朝听政。怡：乐。

大臣忧惧，不知所出。

故意写出。〇已上详叙李陵。

仆窃不自料其卑贱，见主上惨怆怛悼，诚欲效其款款之愚，

款款，忠实貌。㊟窃：私下。料：估量。惨怆怛悼：凄楚忧伤。效：进献。愚：愚忠。

以为李陵素与士大夫绝甘分少，

味之甘者自绝，食之少者分之。〇上“素所蓄积”句，与此“素与士大夫绝甘分少”句，两“素”字遥关。㊟士大夫：指将士。

能得人死力⑳，虽古之名将，不能过也。身虽陷败，

败降匈奴。

彼观其意，

彼观，犹观彼也。

且欲得其当而报于汉。

欲立功于匈奴以当罪，乃所以报汉也。㊟当：指适当的时机。

事已无可奈何，

事既无可如何，计不得不出此。〇此句已推原陵意，妙。

其所摧败，功亦足以暴于天下矣。

况其摧破匈奴之兵，已足以表白于天下矣。〇此段以“以为”二字贯，是迁意中语。㊟暴：显露。

仆怀欲陈之而未有路，

未得其便。

适会召问，即以此指推言陵之功，

上段意中之旨。㊟指：意。推言：推断论说。

欲以广主上之意，

对上“惨怆怛悼”。

塞睚眦之辞。

睚眦，怒目相视貌。〇对上“媒糵其短”。㊟睚眦：借指怨恨。

未能尽明，明主不晓，以为仆沮贰师，而为李陵游说，遂下于理。

初，上遣贰师将军李广利征匈奴，令陵为助。及陵与单于相值，而贰师无功。闻迁言，谓迁欲沮止贰师，以成李陵，而为其游说，遂下狱。理，治狱官。㊟沮：诋毁。

拳

拳之忠，终不能自列，拳拳，忠谨貌。列，陈也。因为诬上，卒从吏议。吏议以为诬上，天子终从其议，定为宫刑。〔补〕因为：因此就成为。诬上：欺蒙君上。议：拟议的罪名。家贫，货赂不足以自赎，法可以金赎罪，而迁无金可以自赎。〔补〕货赂：财货。交游莫救㉑，左右亲近不为一言。观“家贫，货赂”三句，则知史迁作《货殖》《游侠》二传，非无为也。〔补〕交游：朋友。左右亲近：指在皇帝左右的近臣。身非木石，独与法吏为伍，伍，对也。深幽囹圄之中，囹圄，狱也。〔补〕幽：囚禁。谁可告诉者！此真少卿所亲见，仆行事岂不然乎？已上详叙自己。〔补〕行事：所行之事实。不然：不是这样。李陵既生降，颓其家声，〔补〕生降：投降。颓：败坏。家声：家族的声名美誉。而仆又佴之蚕室，佴，次也。养蚕之室温而密，腐刑患风，须入密室乃得全，因呼为蚕室。〔补〕佴：处。重为天下观笑。〔补〕重：深深地。观笑：看着好笑。悲夫！悲夫！事未易一二为俗人言也。一二，谓委曲也。言陵与己事，俱不能委曲向俗人说，谓俗人不知也。〇此段总结上两段，下乃专叙己所以不自引决之意。〔补〕一二：详细，逐一。

仆之先，非有剖符丹书之功，汉初功臣剖符世爵，又论功定封，申以丹书之信。〔补〕先：先人。剖符丹书：帝王赐给功臣特殊待遇的契券。剖符，竹制信物，剖分为二，君臣各执其一，上书誓词表示永保功臣封爵。丹书，用丹砂写在铁契上的誓词，功臣子孙可凭此免罪。文史星历，近乎卜祝之间，迁父为太史，掌知天文、律历、卜筮、祠祀之事。〔补〕卜祝：占卜和祭祀之职。固主上所戏弄，倡优所畜，流俗之所轻也。不为天子所重，故为流俗所轻。㊟固：本来。戏弄：犹如玩物。倡优：乐师优伶。畜：蓄养。流俗：世俗。假令仆伏法受诛，自引决。若九牛亡一毛，与蝼蚁何以异？而世又不与能死节者㉒，㊟不与：不如。死节：因坚持气节而死。言时人以我之死，又比不上能死节者。特以为智穷罪极，不能自免，卒就死耳。㊟特：只是。卒：终于。就死：走向死亡。何也？素所自树立使然也。挽一句，指“仆之先”以下言。㊟所自树立：指自己所从事的职业。使然：使其如此。人固有一死，或重于太山㉓，或轻于鸿毛，用之所趋异也㉔。彼此忖量，轻重较然。结上生下。㊟用：因为。之：指死。趋：趋向，追求的价值。太上不辱先，其次不辱身，其次不辱理色，义理、颜色。㊟泛指脸面。其次不辱辞令，言辞、教令。其次诎体受辱，诎体，长跪也。其次易服受辱，易服：著赭衣。㊟罪人衣赭(赤褐色)衣。其次关木索、被棰楚受辱，关木，桎械也。索，绳也。棰，杖也。楚，荆也。㊟关木索：戴上刑具。被：遭受。其次剔毛发、婴金铁受辱，剔毛发，髡也。婴，绕也。婴金铁，钳也。其次毁肌肤、断肢体受辱，黥、刖、劓、刵。最下腐刑，极矣！宫刑腐臭，故曰腐刑。○历借不辱、受辱者，以形己之极辱。文字奇丽而瑰玮。㊟极矣：坏到顶啦。传曰：“刑不上大夫。”㊟语见《礼记·曲礼》。传：阐释经文的著作。此言士节不可不勉励也。上大夫有罪，则赐自杀，不致加刑以辱之，所以励士节。○曲一笔，言此是太始之言，非今日之谓。猛虎在深山，百兽震恐，及在槛阱之中，槛，圈也。穿地为坑曰阱。摇尾而求食，积威约之渐也。其威为人所制约，故渐积至此。○引起。〔补〕渐：逐渐形成。故有画地为牢㉕，势不可入；削木为吏，议不可对，定计于鲜也。鲜，明也。未遇刑自杀为鲜明。士之励节如此。〔补〕议：议罪，这里指受审。对：面对。定计：谓拿定主意。今交手足，受木索，暴肌肤，受榜棰，榜，击也。幽于圜墙之中。圜墙，狱也。当此之时，见狱吏则头枪地㉖，枪，突也。〔补〕头枪地：叩头触地。视徒隶则正惕息㉗。惊惕而喘息。〔补〕徒隶：指狱卒。何者？积威约之势也。及以至是，言不辱者，所谓强颜耳，勉强厚颜。曷足贵乎？以上叙已受辱。〔补〕曷足：哪里值得。且西伯，文王。伯也，拘于羑里；羑里，殷狱名。〔补〕伯：方伯，一方之长。李斯，相也，秦始皇相。具于五刑；先行墨、劓、刵、宫，而后大辟，故曰具五刑。〔补〕具：判决。淮阴，王也，受械于陈；韩信为楚王，人有告信欲反，高祖用陈平谋，伪游云梦，信谒上于陈，高祖令武士缚信，载后车。至洛阳，赦为淮阴侯。〔补〕械：镣铐类刑具。彭越、张敖，南面称孤，系狱抵罪；彭越，梁王。高祖诛陈豨，征兵于梁，越称病，上捕之，囚于洛阳。张敖嗣父耳为王，人告其反，捕系之。〔补〕抵：抵当。绛侯诛诸吕，权倾五伯，囚于请室；绛侯周勃，诛诸吕，立孝文，权盛于五伯。后有告勃谋反者，遂囚于请罪之室。〔补〕诸：众。倾：超过。请室：汉代囚禁有罪官吏的牢狱。魏其，大将也，衣赭衣，关三木；魏其侯窦婴，坐灌夫骂丞相田蚡不敬，论弃市。赭，赤色，罪人之服。关，穿也。三木，在颈及手足，杻枷械也。

bù wéi zhū jiā qián nú
季布为朱家钳奴；布为楚将，数窘汉王，楚灭，高祖购求布千金，敢舍匿者，罪三族，布乃髡钳之鲁朱家，卖之。㊟钳奴：用铁圈束颈当奴

guàn fū shòu rǔ yú jū shì
隶。灌夫受辱于居室。丞相田蚡娶燕王女为夫人，太后诏列侯、宗室皆往贺，颍阴侯灌夫怒骂之，坐不敬，乃系于田蚡所居之室。㊟居室：汉代居室令的官署，为少府属官，其官署有时亦用为羁押犯罪官吏之所。

cǐ rén
此人
jiē shēn zhì wáng hóu jiàng xiàng　shēng wén lín guó　jí zuì zhì wǎng jiā
皆身至王侯将相，声闻邻国，及罪至罔网加，罔，犹法也。㊟罔加：法网加身。

bù néng yǐn jué zì cái　zài chén āi zhī zhōng　gǔ
不能引决自裁，㊟引决：下决心。在尘埃之中。古 引决：下决心。

jīn yì tǐ　ān zài qí bù rǔ yě　yóu cǐ yán zhī　yǒng
今一体，安在其不辱也？历引被辱古人自证。

qiè　shì yě　qiáng ruò　xíng yě　shěn yǐ　hé zú guài hū
由此言之，勇怯，势也；强弱，形也。审矣，何足怪乎？言勇怯、强弱，皆缘形势顿殊，原无定体，自古以然，何足怪乎？㊟审矣：明白了。

fú rén bù néng zǎo zì cái shéng mò zhī
夫人不能早自裁绳墨之外，㊟绳墨：指法律。以稍陵迟，㊟以：因此。稍：逐渐。陵迟：志气衰微。至于鞭棰之间，乃欲引节，㊟引节：犹死节。斯不亦远乎！言人不能早自裁决，以出狱吏绳墨之外，而稍迟疑，则至鞭棰，欲引节自决，不亦远于知几乎！㊟远：迟。古人所以重施刑于大夫者，殆为此也。找转"刑不上大夫"句。○以上言不必引决，以下言己之不引决，乃更有所欲为。㊟重：慎重。殆：大概。

fú rén qíng mò bù tān shēng wù sǐ　niàn fù mǔ　gù qī zǐ

夫人情莫不贪生恶死，念父母，顾妻子；

zhì jī yú yì lǐ zhě bù rán　nǎi yǒu suǒ bù dé yǐ yě
至激于义理者不然，乃有所不得已也。言激于义理者，则不贪生念顾，义不得已也。㊟不得已：指受义理信念的激励而能挺身就义。已，止。

jīn pú bú xìng　zǎo shī fù mǔ　wú xiōng
今仆不幸，早失父母，无兄

弟之亲，独身孤立，少卿视仆于妻子何如哉？言父母兄弟已丧，无可念矣。视我于妻子何如哉？言何足顾也。且勇者不必死节，怯夫慕义，何处不勉焉！死节要归于义，何尝论勇怯。[补]死节：以死殉节。怯夫：懦夫。慕义：仰慕节义。勉：指勉励自己。仆虽怯懦，欲苟活，亦颇识去就之分矣，何至自沉溺缧绁之辱哉！跌宕。[补]颇：稍。去就：指舍生就义。沉溺：陷入。缧绁：捆绑犯人的绳索。且夫臧获婢妾，荆扬淮海之间，呼奴为臧，呼婢为获。由能引决[28]，况仆之不得已乎？应上“不得已”。○再跌宕。[补]引决：自杀。不得已：指受辱使你不能停止自杀的想法。所以隐忍苟活，幽于粪土之中而不辞者，恨私心有所不尽，鄙陋没世，而文彩不表于后世也[29]。凡作无数跌宕，方说出作《史记》本意。笔势何等纡回，何等郁勃。[补]粪土：指监牢污秽之地。恨：遗憾。鄙：耻。没世：身死之后。文彩：泛指文辞。表：显扬。

古者富贵而名摩灭[30]，不可胜记，唯倜傥非常之人称焉。倜傥，卓异也。○先虚提一笔。[补]摩灭：消亡。称：称道。盖文王拘而演《周易》；崇侯谮西伯于纣，纣乃囚之于羑里，西伯演《易》之八卦为六十四。[补]盖：据说。仲尼厄而作《春秋》；孔子厄于陈、蔡，还作《春秋》。[补]厄：被困。屈原放逐，乃赋《离骚》；屈原为楚怀王左徒，上官大夫谗之，被放逐，乃作《离骚》经。左丘失明，厥有《国语》；失明，谓无目也。[补]厥：乃，才。

孙子膑脚，兵法修列；孙膑与庞涓俱学兵法，涓自以为能不及膑，乃阴使人召膑，至则刑断其两足而黥之。膑，刖刑，去膝盖骨。人因呼为孙膑。(补)修列：撰写出来。不韦迁蜀，世传《吕览》；秦始皇迁吕不韦于蜀，于是著书，以为八览、六论、十二纪，名《吕氏春秋》。韩非囚秦，《说难》《孤愤》；韩非，韩之公子也，入秦为李斯所毁，下狱。非先曾著《孤愤》《说难》十余万言。《诗》三百篇，大底圣贤发愤之所为作也[31]。倒句。(补)大底：大抵。发愤：发泄愤懑。所为：所以，表示行为动作发生的原因。此人皆意有郁结[32]，不得通其道，故述往事，思来者。述往古兴亡、贤愚之事，思来者以作戒也。○三句总承上八句说，止广引被辱著书之人，以发作史之意。(补)郁结：谓忧愤积聚不得发泄。不得：不能。通：行。思来者：寄望于后来之人。乃如左丘无目，孙子断足，终不可用，退而论书策，以舒其愤，思垂空文以自见（现）。独复引左氏、孙子者，以其废疾与己同，因遂言著书，宜与之一例也。(补)乃如：至于像。论：编次。书策：书籍。舒：抒发。垂：留。空文：谓不能用于当世的文章。自见：自我表白。

仆窃不逊，(补)不逊：不自量。近自托于无能之辞，网罗天下放失（佚）旧闻，(补)网罗：搜罗。放失：散失。旧闻：指往昔的典籍和传闻。略考其行事[33]，综其终始，稽其成败兴坏之纪，(补)稽：考察。兴坏：盛衰。纪：指规律。上计轩辕，黄帝。下至于兹，汉武。为十表、本纪十二、书八章、世家三十、列传七十，凡百三十篇，亦欲以究天人之际[34]，通古今之变，成一家之言。(补)天人之际：天道与人事之间的关系。草创未就，会遭此祸，惜其不成，是以就极刑而无愠色[35]。忍一时之辱，而垂万世之名，立志诚卓。(补)草创：草稿。会：恰巧。惜：痛惜。就极刑：谓接受宫刑。仆诚以[已]著此书[36]，(补)诚：假如，如果。以：完毕。言如能写成此书。藏诸名山[37]，藏于山者，备亡失也。(补)诸：之于。传之其人，通邑大都，传之同志，广之邑都。(补)其人：那种合适的人。通邑大都：流传此书于邑和大都。通，流通。则仆偿前辱之责[债]，虽万被戮，岂有悔哉？史迁深以刑余为辱，故通篇不脱一“辱”字。此结言著书偿前辱，聊以自解。(补)戮：辱。然此可为智者道，难为俗人言也。回应前文，关锁紧密。

且负下未易居，负累之下，未易可居。(补)负下：负污辱之名。下流多谤议。下流，至贱也。(补)谤议：非议。仆以口语遇此祸[38]，重为乡党所笑[39]，以污辱先人，亦何面目复上父母丘墓乎[40]？(补)乡党：同乡。丘墓：坟墓。虽累百世，垢弥甚耳！(补)累：连续。垢：耻辱。弥：更加。是以肠一日而九回，居则忽忽若有所亡，出则不知其所往。(补)忽忽：恍恍惚惚。每念斯耻，汗未尝不发背沾衣也！言如此便应逃遁远去。身直为闺阁之臣，宁得自引于深藏岩穴邪㊶？故且从俗浮沉，与时俯仰，以通其狂惑。闺阁臣，阉官。引，出也。狂惑，谓小人。言所以不得逃遁远去，只因久系闺阁之臣，故不得自主耳，岂真得伫行道哉？㊟直：只不过。宁得：哪能。自引：自己引身而退。深藏岩穴：指过隐居生活。通其狂惑：意谓抒发其内心的悲愤与矛盾。今少卿乃教以推贤进士，无乃与仆私心刺谬乎？刺，戾也。○此书大旨，总是却少卿“推贤进士”之教。故四字为一篇纲领，始终亦自相应。㊟无乃：恐怕是。私心：个人心思。刺谬：相违背。今虽欲自雕琢，曼辞以自饰，曼，美也。㊟自雕琢：自我妆饰。曼辞：美妙的文辞。无益，于俗不信，恐益为俗人所不信。适足取辱耳。要之，死日然后是非乃定。言死后名誉流于千载也。○直应上“本末未易明”句。㊟适：正好。要之：总之。书不能悉意，略陈固陋。谨再拜。

此书反复曲折，首尾相续，叙事明白，豪气逼人。其感慨啸歌，大有燕赵烈士之风；忧愁幽思，则又直与《离骚》对垒。文情至此极矣。

〔校记〕

① 此书载于《汉书·司马迁传》及《文选》，两本文字多有不同，以《文选》为校勘用书，参以《汉书》。
② “顺”，原作“慎”，据《文选》改；《汉书》作“慎”。
③ “不相师用而流俗人之言”，原作“不相师而用流俗人之言”，据《文选考异》改。
④ “郁悒而与谁语”，原作“抑郁而谁与语”，据《文选》改。
⑤ “至”，原作“志”，据《文选》改。
⑥ “与”，原作“予”，据《文选》改。
⑦ “以”，原缺，据《文选》补；“才”，原作“材”，亦据改。
⑧ “下”后原有一“之”字，据《文选》删。
⑨ “才”，原作“材”，据《文选》改。
⑩ “又”，原缺，据《文选》补。
⑪ “如”，原作“于”，据《文选》改。
⑫ “常厕”，原作“亦尝厕”，据《文选》改。

⑬“陪”后原有一“奉”字，据《文选》删。
⑭⑱㊱“以”，原作“已”，据《文选》改。
⑮“行”，原作“才”，据《文选》改；《汉书》作“才”。
⑯“趣”，原作“趋”，据《文选》改。
⑰“徇”，原作“殉”，据《文选》改。
⑲“半”，原缺，据《文选》补；《汉书》无“半”字。
⑳“人”后原有一“之”字，据《文选》删。
㉑“救”后原有一“视”字，据《文选》删。
㉒“而世又不与能死节者”，原作“而世俗又不能与死节者次比”，据《文选》改；《汉书》作“而世又不与能死节者比”。
㉓“或重于太山”，原作“死或重于泰山”字，据《文选》改。
㉔“趋”，原作“趣”，据《文选》改。
㉕“故”后原有一“士”字，据《文选》删。
㉖“枪”，原作“抢”，据《文选》改。
㉗“正”，原作“心”，据《文选》改；《汉书》作“心”。
㉘“由”，原作“犹”，据《文选》改。
㉙“彩”，原作“采”，据《文选》改。
㉚“摩”，原作“磨”，据《文选》改。
㉛“大氐圣贤”，原作“大底贤圣”，据《文选》改。
㉜“有”后原有一“所”字，据《文选》删。
㉝“行”，原缺，据《文选》补。
㉞“人”，原作“地”，据《文选》改。
㉟“是以”，《文选》作“已”，《汉书》作“是以”，今依《文选考异》从《汉书》。
㊲“诸”，原作“之”，据《文选》改。
㊳“遇”后原有一“遭”字，据《文选》删。
㊴“所”后原有一“戮”字，据《文选》删。
㊵“母”后原有一“之”字，据《文选》删。
㊶“于”，原缺，据《文选》补。

古文观止卷之六

高帝求贤诏

西汉文

盖闻王者莫高于周文，伯霸者莫高于齐桓，皆待贤人而成名。(补)盖：语气词。王：称王。待：依靠。今天下贤者智能，岂特古之人乎？以王伯自期，以古人期士。(补)岂特：难道只是。患在人主不交故也，士奚由进！归咎人主，顿挫极醒。(补)患：弊病。奚：何。由：途径。今吾以天之灵、贤士大夫定有天下，以为一家，归功贤士，得体。欲其长久，世世奉宗庙亡无绝也。是求贤正旨。(补)宗庙：帝王祭祀祖宗的庙宇，代称朝廷。贤人已与我共平之矣，而不与吾共安利之，可乎？二句，见帝制作雄略。贤士大夫有肯从我游者，吾能尊显之。上言“交”，此言“游”，真有天子友匹夫气象。(补)游：结交。尊显：致人于尊贵显赫的地位。布告天下，使明

zhī zhèn yì 知朕意。御史大夫昌_{周昌}下相国，相国酇侯_{萧何}下

诸侯王，御史中执法下郡守。中执法，中丞也。〇此诏令颁行次第。㊀下：下达诏令。酇侯：萧

何封号。汉五年刘邦封萧何为酇侯，封地为沛郡之酇（cuó）县（在今河南永城县）。何死，其子萧

禄嗣爵，禄死，无子。吕后二年，封萧何夫人同为酇侯，封地迁南阳郡之酇（zàn）县（在今湖北老

河口市）。刘邦下此诏为汉十二年。其有意懿称明德者，意实可称明德，非伪士也。㊀其：如果。意称：美誉。称，声誉。

明德：美德。必身劝，为之驾，郡守身自往劝，为之驾车。遣诣相国府，诣，至也。

署行、义仪、年。书其行状、仪容、年纪。有而弗言，郡守不举。觉，免。

发觉则免其官。年老癃病，勿遣。㊀癃病：疲病也。

高帝平日慢侮诸生，及天下既定，乃屈意求贤，如恐不及，盖知创业与守成异也。汉室得人，其风动固为有本。

wén dì yì zuǒ bǎi xìng zhào
文帝议佐百姓诏

xī hàn wén
西汉文

jiān zhě shù nián bǐ bù dēng
间者数年比不登，间，近也。比，频也。㊀不登：歉收。又有水旱疾

疫之灾，朕甚忧之。愚而不明，未达其咎。虚喝二句。

㊀达：明白。咎：过错。意者朕之政有所失，而行有过与？乃

tiān dào yǒu bú shùn dì lì huò bù dé rén shì duō shī hé guǐ shén
天道有不顺，地利或不得，人事多失和，鬼神

fèi bù xiǎng yú hé yǐ zhì cǐ
废不享与？何以致此？一诘。㊟意者：表示选择，是……还是……。乃：还是。天道：气候。废：停止。不享：不行享献(祭祀)之礼。

jiāng bǎi guān zhī fèng yǎng huò fèi wú yòng zhī shì huò duō yú
将百官之奉养或费，无用之事或多与？

hé qí mín shí zhī guǎ fá yě fú duó tián fēi yì
何其民食之寡乏也？再诘。㊟将：还是。费：靡费。寡乏：缺少。夫度田非益

guǎ ér jì mín wèi jiā yì yǐ kǒu liáng dì qí yú
寡，㊟度：丈量。益：逐渐。寡：少。而计民未加益，以口量地，其于

gǔ yóu yǒu yú ér shí zhī shèn bù zú zhě qí jiù ān zài
古犹有余，地多于民。㊟犹：还。而食之甚不足者，其咎安在？

wú nǎi bǎi xìng zhī cóng shì yú mò yǐ hài nóng zhě
三诘。“咎”字呼应。㊟安：哪里。无乃百姓之从事于末谓工商之业。以害农者

fán wéi jiǔ láo yǐ mí gǔ zhě duō liù chù
蕃，蕃，多也。㊟无乃：莫非。为酒醪以靡谷者多，醪，汁滓酒也。靡，散也。㊟靡：耗费。六畜

zhī shí yān zhě zhòng yú xì dà zhī yì wú wèi
之食焉者众与？六畜，牛、马、羊、犬、豕、鸡也。㊟焉：代词，此。细大之义，吾未

néng dé qí zhōng qí yǔ chéngxiàng liè hóu lì
能得其中。又缴一笔，仍在推究语。㊟中：适当，适宜。其与丞相、列侯、吏

èr qiān shí bó shì yì zhī yǒu kě yǐ zuǒ bǎi xìng zhě shuài yì
二千石、博士议之，有可以佐百姓者，率意

yuǎn sī wú yǒu suǒ yǐn
远思，无有所隐。求得其中，爱民之诚如见。㊟其：将。二千石：石，官俸的计量单位。汉制，郡守俸禄为二千石，即月俸百二十斛，因称郡守为“二千石”。佐：帮助。率意：悉心尽意。

帝在位日久，佐民未尝不至。至是复议佐之之策，可见其爱民之心，愈久而不忘也。

jǐng dì lìng èr qiān shí xiū zhí zhào

景帝令二千石修职诏

xī hàn wén
西汉文

diāo wén kè lòu shāng nóng shì zhě yě jǐn xiù zuǎn
雕文刻镂，[补]在器物上刻镂花纹图案。伤农事者也；锦绣纂

zǔ hài nǚ gōng zhě yě
组，纂，赤组也。组，印绶。[补]纂组：编织(精美的织物)。害女红工者也。一层。[补]女红：指女子所做纺织、刺绣、缝纫等事。

nóng shì shāng zé jī zhī běn yě nǚ gōng hài zé hán zhī yuán yě
农事伤，则饥之本也；女红工害，则寒之原也。二层。[补]本、原：根源，根本。

fú jī hán bìng zhì ér néng wú wéi fēi zhě guǎ yǐ
夫饥寒并至，而能无为非者寡矣。三层。○起数语作三层写，意甚婉至。[补]非：邪恶。

zhèn qīn gēng hòu qīn sāng yǐ fèng zōng miào zī chéng jì
朕亲耕，后亲桑，以奉宗庙粢盛祭

fú wéi tiān xià xiān bú shòu xiàn jiǎn tài guān
服，为天下先。以务农蚕为倡。[补]粢盛：盛在祭器内供祭祀的谷物。不受献，减太官，

shěng yáo fù yù tiān xià wù nóng cán sù yǒu
省繇徭赋，太官，主膳食。○不伤害农事、女红。[补]繇赋：徭役和赋税。欲天下务农蚕，素有

xù jī yǐ bèi zāi hài qiáng wú rǎng ruò zhòng wú bào guǎ
畜蓄积，以备灾害。欲绝饥寒本原。强毋攘弱，众毋暴寡，

lǎo qí yǐ shòu zhōng yòu gū dé suì zhǎng jīn
老耆以寿终，幼孤得遂长。攘，取也。六十曰耆。遂，成也。○欲民免于为非。[补]暴：欺凌。今

suì huò bù dēng mín shí pō guǎ qí jiù ān zài
岁或不登，民食颇寡，其咎安在？未称朕意，必有任其咎者。[补]岁：年景，一年的农业收获。或：又。不登：歉收。

huò zhà wěi wéi lì lì yǐ huò lù wéi shì yú
或诈伪为吏，以诈伪人为吏。吏以货赂为市，行同商贾。渔

duó bǎi xìng qīn móu wàn mín
夺百姓，侵牟万民。渔，言若渔猎之为也。牟，食苗根虫。侵牟，食民比之牟贼也。○咎不在民而在吏。[补]侵牟：侵害掠夺。

县丞，长吏也，县丞大吏之长。**奸法与盗盗，甚无谓也。**奸法，因法作奸也。与，助也。渔夺、侵牟，吏即为盗。长吏知情而不执法，是助盗为盗矣。殊非设长吏之意也。○咎不在吏，而在长吏。㊉无谓：谓不应该。**其令二千石各修其职。**修察长吏之职。㊉其：语气词，表示祈使。**不事官职耗眊乱者，**耗乱，不明也。指二千石言。㊉耗乱：昏乱不明。**丞相以闻，请其罪。**请其不修职之罪。○咎不在长吏，而在二千石。㊉以：助词，不表义。闻：上报，谓使君主听见，向君主报告。**布告天下，使明知朕意。**

一念奢侈，饥寒立至，起手数言，穷极原委。"奸法与盗盗"一语，透尽千古利弊。国家最患在吏饱，府库空虚，百姓穷困，而奸吏自富，此大害也。二千石修职，诚足民本务。

武帝求茂材异等诏

西汉文

盖有非常之功，必待非常之人，武帝雄心，露于"非常"二字。**故马或奔踶驰而致千里，**奔，驰也。踶，踢也。奔踶者，乘之即奔，立则踶人也。㊉奔踶：奔驰。王念孙《读书杂志·汉书十六》："踶之言驰，奔踶犹奔驰耳。"**士或有负俗之累而立功名。**负俗，谓被世讥论也。○二"或"字活看。㊉累：缺陷，毛病。**夫泛驾之马，**泛，覆也。覆驾者，言马有逸气，不循轨辙也。○顶"奔踶"说。㊉泛驾：翻车，这里指不受驾驭。**跅弛之士，**跅者，跅落无检局也。弛者，放废不尊礼度也。○顶"负俗"说。㊉跅弛：放荡不循规矩。**亦在御之而**

已。只一“御”字，想见英主作用。其令州郡察吏民有茂材异等，旧言秀才，避光武讳称茂材。异等者，超等轶群，不与凡同也。○应“非常之人”。(补) 其：语气词，表示祈使。茂：优秀。可为将相及使绝国者。绝远之国，谓声教之外。○应“非常之功”。(补) 绝国：极其辽远之邦国。

求材不拘资格，务期适用，汉世得人之盛，当自此诏开之。至以可使绝国者，与将相并举，盖其穷兵好大。一片雄心，言下不觉毕露。与高帝《大风歌》，同一气概。

贾谊过秦论上

西汉文

秦孝公据殽函之固①，拥雍州之地，君臣固守以窥周室，殽，山名，谓二殽。函，函谷关也。拥，亦据也。雍州，今陕西。固守，坚守其地也。周室，天子之国，秦欲窥而取之。(补) 据：依靠。固：坚固，指地形险要。拥：据有。窥：伺机图谋，觊觎。有席卷天下，包举宇内，囊括四海之意，并吞八荒之心。括，结囊也。八荒，八方也。○四句只一意，而必叠写之者，盖极言秦先虎狼之心，非一辞而足也。(补) 包举：全部占有。宇：上下四方，天地之间。囊括：包罗。当是时也，商君卫鞅。佐之，内立法度，务耕织，修守战之具，外连衡而斗诸侯。连六国以事秦，而使之自相攻斗。(补) 务：致力。修：修造。连衡：同“连横”。战国时张仪游说六国共同奉事秦国，叫连衡，同苏秦的“合纵”相对。斗：使争斗，使动用法。

于是秦人拱手而取西河之外。拱手而取，言易也。西河，魏地名。○秦之始强如此。

孝公既没殁，惠文、武、昭襄孝公卒，子惠文王立；卒，子武王立；卒，立异母弟，是昭襄王也。蒙故业②，因遗策，南取汉中，西举巴、蜀，东割膏腴之地，北收要害之郡③。汉中、巴、蜀三郡，并属益州。膏腴，土田良沃也。要害，山川险阻也。○秦之又强如此。㊟蒙：继承。因：沿袭。遗策：指前代的策略。举：攻取。诸侯恐惧，会盟而谋弱秦，不爱珍器重宝肥饶之地，以致天下之士，合从纵缔交，相与为一。以一离六为衡，以六攻一为从，故衡曰连，从曰合。缔，结也。○正欲写秦之强，忽写诸侯作反衬。㊟弱：削弱。爱：吝惜。重宝：贵重财宝。致：招引。相与：互相交结。当此之时，齐有孟尝，田文。赵有平原，赵胜。楚有春申，黄歇。魏有信陵。无忌。此四君者，皆明智而忠信，宽厚而爱人，尊贤而重士，极赞四君，以反衬秦之强。约从纵离衡④，兼韩、魏、燕、楚、齐、赵、宋、卫、中山之众⑤。㊟约：结。离：离散。兼：聚合。于是时六国之士，有甯越、赵人。徐尚、未详。苏秦、洛阳人。杜赫周人。之属为之谋，齐明、东周臣。周最、周君子。陈轸、秦臣。召滑、楚臣。楼缓、魏相。翟景、未详。苏厉、苏秦弟。乐毅燕臣。之通其意，

㊟通其意：沟通他们的意图。吴起、魏将。孙膑、孙武之后。带佗、未详。倪良⑥、王廖、《吕氏春秋》曰："王廖贵先，兒良贵后。"此二人者，皆天下之豪士也。田忌、齐将。廉颇、赵奢皆赵将。之伦制其兵。此段申明"以致天下之士"一句，极写诸侯得人之盛，以反衬秦之强。㊟伦：辈。制：统领，统率。尝以十倍之地⑦，百万之众，叩关而攻秦。叩，击也。关，函谷关。○此正接前"合从缔交，相与为一"句，作一逼，紧峭。㊟尝：曾经。秦人开关延敌⑧，㊟延：迎击。九国之师，逡巡而不敢进⑨。秦无亡矢遗镞之费，而天下诸侯已困矣。九国，谓齐、楚、韩、魏、燕、赵、宋、卫、中山也。镞，箭镝也。○上写诸侯谋弱秦，何等忙；此写秦人困诸侯，何等闲。㊟逡巡：犹豫，有所顾虑而徘徊不进。矢：箭头。于是从纵散约败⑩，争割地而赂秦。初点连衡，次点合从，三叙约从离横，四叙从散约败，段落井然。㊟赂：赠送财物。秦有余力而制其弊，追亡逐北，伏尸百万，流血漂橹；军败曰北。橹，大楯也。㊟弊：弱点。亡：逃跑。橹：大盾牌。因利乘便，宰割天下，分裂山河⑪。强国请服，弱国入朝。极言秦之强，总是反跌下文。㊟请服：请求臣服。入朝：谒见朝拜。延及孝文王、庄襄王⑫，昭襄王卒，子孝文王立；卒，子庄襄王立。享国之日浅，国家无事。虚叙带过。㊟享国：帝王在位时间。浅：短。

及至始皇，方说到始皇。奋六世之余烈，六世，孝公、惠文王、武王、昭王、孝文王、庄襄王。㊟奋：发扬。余烈：遗留下来的功业。振长策而御宇内，吞二周而亡诸侯，履至尊而制六合，执敲扑而鞭笞天下，振，举也。策，马棰也。振长策，以马喻也。二周，东、西周也。履至尊，践帝位也。六合，天地四方也。敲扑，皆杖也，短曰敲，长曰扑。○四句亦只一意，极言始皇之强，非一辞而足也。(补)御：统治。鞭笞：喻以暴力征服控制。威振四海。南取百越之地，以为桂林、象郡；百越，非一种也。桂林，今郁林。象郡，今日南。(补)以为："以之为"的省略形式，把它作为。百越之君，俯首系颈，委命下吏。言任性命于狱官也。○极写始皇之强。(补)系颈：颈系绳索，表示伏罪投降。乃使蒙恬秦将。北筑长城而守藩篱，却匈奴七百余里；胡人不敢南下而牧马，士不敢弯弓而报怨。极写始皇之强。○前历言秦之强，以其善攻，以下言始皇不善守。(补)藩篱：边界，屏障。却：使退却。士：兵士。报怨：报复仇怨。于是废先王之道，焚百家之言⑬，以愚黔首；焚，烧也。百家言，经史之类。黔，黑也。秦谓民为黔首，以其头黑也。隳名城，杀豪杰⑭；收天下之兵，聚之咸阳，销锋镝⑮，铸以为金人十二，以弱天下之民。隳，毁也。兵，戎器也。咸阳，秦都。锋镝，兵刃也。始皇销锋镝，为金人十二，重各千石，置宫廷中。○始皇愚民、弱民，适所以自愚、自弱，伏末"仁义不施而攻守之势异"一句。(补)豪杰：指才能出众之人。然后践华为城，因河为池，断华山为城，因河水为池。(补)践：踏。城：城墙。因：依托。池：护城河。据亿丈之城，临不测之渊⑯，以为固。叠上两句。(补)亿丈之城：指华山。不测之渊：指黄河。良将劲弩守要害之处，信臣精卒陈利兵而谁何。何，问也。谁何，言谁敢问。○极形容始皇之强盛，比从前更自不同。㊟劲弩：强有力的弓。弩，用机械发箭的弓。信臣：亲信大臣。精卒：精锐士卒。陈利兵：拿着锋利的兵器。谁何：呵问是谁，即盘诘查问。天下已定，始皇之心，自以为关中之固，金城千里，子孙帝王万世之业也。秦东有函谷关，南有峣关、武关，西有散关，北有萧关，居四关之中，故曰关中。金城，言坚也。秦始皇曰："朕为始皇帝，后世以计数，二世三世、至于万世，传之无穷。"○自"废先王之道"至此，正说始皇之过，看来秦过，亦只是自愚、自弱。

始皇既没殁，余威震于殊俗。殊俗，远方也。○临说尽，又一振，笔愈缓，势愈紧。然而二字，一篇大转关。陈涉瓮牖绳枢之子⑰，氓隶之人，而迁徙之徒也；陈胜，字涉，阳城人。秦二世元年秋，陈涉等起。瓮牖，以败瓮口为牖也。绳枢，以绳系户枢也。氓隶，贱称。迁徙之徒，谓涉为戍渔阳之徒也。㊟牖：窗户。枢：门扇的转轴。才能不及中人⑱，不及中等庸人。非有仲尼、墨翟之贤，陶朱、猗顿之富；范蠡之陶，自谓陶朱公，治产积十九年之间，三致千金。猗顿闻朱公富，往问术，十年间资拟王公。故富称陶朱、猗顿。○陈涉既非其人，又无其资。蹑足行伍之间，而倔起阡陌之中⑲，率疲弊之卒⑳，将数百之众，阡陌，道路也。○不成军旅。㊟蹑足：置身，参与。倔起：突然兴起。阡陌：指民间。疲弊：疲惫。将：带领。转而攻秦；斩木为兵，揭竿为旗，揭，高举也。斩木为兵，而无锋刃；举竿为旗，而无旌旛。○不成器仗。天下云集响应㉑，赢粮而景影从。山东豪俊遂并起而亡秦族矣。云集响应，如云之集，如响之应也。嬴，担也。景从，如影之随形也。○前写诸侯如彼难，此写陈涉如此易，反照作章法。⑪响：回声。山东：殽山以东，代指东方诸国。

且夫〔qiě fú〕转笔会全神。⑪且夫：犹况且，再说。表示更进一层的语气。**天下非小弱也，雍州**〔tiān xià fēi xiǎo ruò yě　yōng zhōu〕

之地，殽函之固，自若也。〔zhī dì　xiáo hán zhī gù　zì ruò yě〕⑪自若：依然如故。**陈涉之位，非**〔chén shè zhī wèi　fēi〕

尊于齐、楚、燕、赵、韩、魏、宋、卫、中山〔zūn yú qí　chǔ　yān　zhào　hán　wèi　sòng　wèi　zhōng shān〕

之君也〔zhī jūn yě〕㉒**；鉏耰棘矜**〔chú yōu jí cín〕㉓**，非铦于钩戟长铩也**〔fēi xiān yú gōu jǐ cháng shā yě〕㉔**；**

耰，鉏柄。矜，矛柄。铦，利也。铩，长矛。**谪戍之众，非抗于九国之师也；**〔zhé shù zhī zhòng　fēi kàng yú jiǔ guó zhī shī yě〕涉谪戍渔阳。抗，

敌也。⑪谪戍：因罪而被遣送至边远地方，担任守卫。**深谋远虑，行军用兵之道，非及**〔shēn móu yuǎn lǜ　xíng jūn yòng bīng zhī dào　fēi jí〕

乡时之士也〔xiàng　shí zhī shì yě〕㉕**。**乡时　六国之士。○总承前文，两两比较，句法变换，裒耐寻味。⑪非及：比不上。乡：从前，原先。**然而**〔rán ér〕

成败异变，功业相反，〔chéng bài yì biàn　gōng yè xiāng fǎn〕略作一顿。**何也**〔hé yě〕㉖**？试使山东之**〔shì shǐ shān dōng zhī〕

国与陈涉度长絜大，比权量力，则不可同年〔guó yǔ chén shè duó cháng xié dà　bǐ quán liàng lì　zé bù kě tóng nián〕

而语矣。〔ér yǔ yǐ〕叠上意又作一场，文势愈紧。⑪度：丈量。絜：衡量。**然秦以区区之地，致万**〔rán qín yǐ qū qū zhī dì　zhì wàn〕

乘之势〔shèng zhī shì〕㉗**，序八州而朝同列**〔xù bā zhōu ér cháo tóng liè〕㉘**，百有余年矣；**〔bǎi yòu yú nián yǐ〕九州

之数，秦有雍州，余八州，皆诸侯之地。○收前半篇。⑪万乘：兵车万辆。序八州：统理八州。序，排列次第。朝同列：使同一班列的东方诸侯来朝见。同列，指六国诸侯。**然后**〔rán hòu〕

以六合为家，殽函为宫；一夫作难〔yǐ liù hé wéi jiā　xiáo hán wéi gōng　yì fū zuò nàn〕陈涉为首倡。**而七庙**〔ér qī miào〕

隳，〔huī〕⑪作难：指起事。七庙：帝王宗庙，此代称秦王朝。隳：崩坏。**身死人手，为天下笑者，**〔shēn sǐ rén shǒu　wéi tiān xià xiào zhě〕死人

手，谓秦王子婴为项羽所杀。○收后半篇。

hé yě rén yì bù shī ér gōng shǒu zhī shì yì yě
何也？仁义不施而攻守之势异也。

结出一篇主意，笔力千钧。㊸ 攻：指攻取天下，即秦兼并六国。守：指守天下，即秦统一天下后的形势。

《过秦论》者，论秦之过也。秦过只是末“仁义不施”一句便断尽，从前竟不说出。层次敲击，笔笔放松，正笔笔鞭紧，波澜层折，姿态横生，使读者有一唱三叹之致。

〔校记〕

①“殽函”，一作“崤函”。《新书校注》《史记·秦始皇本纪》《史记·陈涉世家》《文选》各本均作“殽函”。
②“襄”，原缺，据《新书校注》补。
③“北”，原缺，据《新书校注》补。
④“衡”，原作“横”，据《新书校注》改。
⑤“楚齐”，原缺，据《史记·秦始皇本纪》补。
⑥“倪良”，原作“兒良”，据《新书校注》改。
⑦“十”，原作“什”，据《新书校注》改。
⑧“关”后原有一“而”字，据《新书校注》删。
⑨“逡巡”，原作“遁逃”，据《新书校注》改。
⑩“败”，原作“解”，据《新书校注》改。
⑪“山河”，原作“河山”，据《新书校注》改。
⑫“延”，原作“施”，据《史记·秦始皇本纪》改。
⑬“焚”，原作“燔”，据《新书校注》改。
⑭“杰”，原作“俊”，据《新书校注》改。
⑮“镝”，原作“鍉”，据《新书校注》改。
⑯“渊”，原作“溪”，据《新书校注》改。
⑰“然而”，《新书校注》《史记·陈涉世家》《文选》均有此二字，《史记·秦始皇本纪》无此二字。
⑱“才”原作“材”，“人”原作“庸”，均据《新书校注》改。
⑲“而”，原缺，据《新书校注》补；“倔”，原作“俛”，据《史记·秦始皇本纪》改。
⑳“疲”，原作“罢”，据《新书校注》改。
㉑“集”后原有一“而”字，据《史记·秦始皇本纪》删。
㉒㉔“非”，原作“不”，据《新书校注》改。
㉓“櫌”，原作“耰”，据《史记·秦始皇本纪》改。
㉕“乡”，原作“曩”，据《新书校注》改。
㉖“何也”，原缺，据《新书校注》补。
㉗“势”，原作“权”，据《新书校注》改。
㉘“序”，原作“招”，据《新书校注》改。

贾谊治安策一
jiǎ yì zhì ān cè yī

西汉文
xī hàn wén

夫树国固，必相疑之势，
fú shù guó gù　bì xiāng yí zhī shì

立国险固，诸侯强大，则必与天子有相疑之势。○开口便吸尽全篇。(
xià shuò bèi qí yāng　shàng shuò shuǎng qí yōu　shèn fēi

补)树国：谓建立藩国。固：强大。相疑：互相猜疑。**下数被其殃，上数爽其忧，甚非所以安上而全下也。**
suǒ yǐ ān shàng ér quán xià yě

爽，忒也。上疑下，必讨，则下被其殃而不能全；下疑上，必反，则上爽其忧而不能安。○是立言大旨。(补)数：屡次。被：遭受。殃：祸难。爽：受伤害。**今或亲弟谋为东帝，**
jīn huò qīn dì móu wéi dōng dì

谓淮南厉王长。文帝六年，谋反，废死。(补)或：有。**亲兄之子西乡向而击，**
qīn xiōng zhī zǐ xī xiàng ér jī

谓齐悼惠王子兴居为济北王，闻文帝幸太原，发兵反，欲击取荥阳，伏诛。**今吴
jīn wú

又见告矣。**
yòu jiàn gào yǐ

吴王濞，高帝兄刘仲之子，不循汉法，有告之者。(补)见：表示被动，相当于“被”。告：告发。**天子春秋鼎
tiān zǐ chūn qiū dǐng

盛，**鼎，方也。○一。(补)春秋：年纪。鼎盛：正当壮年。**行义未过，**二。(补)行义：躬行仁义。过：过失。**德泽有加
dé zé yǒu jiā

焉，**三。(补)德泽：恩德。有：作动词词头，无义。加：施及。**犹尚如是，况莫大诸侯，权
yóu shàng rú shì　kuàng mò dà zhū hóu　quán

力且十此者乎！**
lì qiě shí cǐ zhě hū

因三国之反，乃知他国未有不思反者。(补)莫大：最大。且：几近。**然而天下少
rán ér tiān xià shǎo

安，何也？**一转，搌入事情吃紧处。(补)少：稍。**大国之王幼弱未壮，汉之
dà guó zhī wáng yòu ruò wèi zhuàng　hàn zhī

所置傅相方握其事。**
suǒ zhì fù xiàng fāng wò qí shì

所以一时暂安。(补)傅相：西汉时朝廷派往诸侯国辅佐诸侯王的太傅和丞相。景帝中五年令诸侯王不得治国，改丞相曰相，此后相为诸侯国的实际执政者，地位相当于郡太守。**数年之后，诸侯之王大抵皆**
shù nián zhī hòu　zhū hóu zhī wáng dà dǐ jiē

guàn xuè qì fāng gāng hàn zhī fù xiàng chēng bìng ér cì bà bǐ zì chéng

冠,血气方刚,汉之傅相称病而赐罢,彼自丞

wèi yǐ shàng biàn zhì sī rén rú cǐ yǒu yì huái nán jǐ běi zhī wéi

尉以上遍置私人,如此,有异淮南、济北之为

yé

邪? 逆推将来,指陈利害,诚远谋切虑。㊷冠:指成年。赐罢:罢免其官职。丞

尉:县丞、县尉的合称。秦汉县令、县长下置丞、尉,丞佐令长,尉掌治安。 cǐ shí 此时

ér yù wéi zhì ān suī yáo shùn bú zhì

而欲为治安,虽尧舜不治。 反剔治安,下语斩截。

huáng dì yuē rì zhōng bì wèi cāo dāo bì gē

黄帝曰:"日中必熭,操刀必割。" 熭,晒也。○喻时不可失。

jīn lìng cǐ dào shùn ér quán ān shèn yì

今令此道顺而全安,甚易, 全安,谓全下安上。㊷今:假设连词,若,如果。道顺:谓道理明顺。 bù 不

kěn zǎo wéi yǐ nǎi huī gǔ ròu zhī shǔ ér kàng jǐng zhī

肯早为,已乃堕骨肉之属而抗刭之, 堕,毁也。抗刭,谓举其头而割之也。㊷

已乃:以后就。已,随后。乃,就。抗刭:斩首。 qǐ yǒu yì qín zhī jì shì hū 岂有异秦之季世乎? 季世,末世也。○此言欲全骨肉之属,当及今早

图。语带痛哭之声。 fú yǐ tiān zǐ zhī wèi chéng jīn zhī shí yīn tiān zhī zhù shàng 夫以天子之位,乘今之时,因天之助,尚

dàn yǐ wēi wéi ān yǐ luàn wéi zhì

惮以危为安,以乱为治。 "尚惮"二句,指不肯早为。㊷因:依托。惮:害怕。 jiǎ shè bì 假设陛

xià jū qí huán zhī chù jiāng bù hé zhū hóu ér kuāng tiān

下居齐桓之处, 无位、无时、无助。㊷处:指地位。 将不合诸侯而匡天

xià hū chén yòu yǐ zhī bì xià yǒu suǒ bì bù néng yǐ

下乎? 设一难。㊷将:能。匡:匡正。 臣又以知陛下有所必不能矣①。

一不 jiǎ shè tiān xià rú nǎng shí huái yīn hóu shàng wàng chǔ 能。假设天下如曩时, 高帝之时。㊷曩:从前。 淮阴侯尚王楚, 韩信

为楚王,人告信欲反,遂械信,赦为淮阴侯。 qíng bù wàng huái nán 黥布王淮南, 英布为淮南王,反,高帝自往击之。 péng yuè wàng liáng 彭越王梁, 梁王

彭越谋反,夷三族。 hán xìn wàng hán 韩信王韩, 故韩王孽孙信,与匈奴反太原,高帝自往击之。 zhāng áo wàng zhào 张敖王赵, guàn gāo 贯高

为相，张敖嗣父耳为赵王，赵相贯高等谋弑高帝，事觉夷三族，赦赵王敖为宣平侯。**卢绾王燕，陈豨在代，**陈豨以赵相国守代地反，人言豨反，时燕王卢绾使人之豨所，与阴谋，绾遂亡入匈奴。**令此六七公者皆亡无恙，当是时而陛下即天子位，能自安乎？**又设一难。(补)令：连词，假如、如果。亡恙：没有病痛，引申为健在。**臣有以知陛下之不能也。**二不能。**天下殽乱，高皇帝与诸公并起，**殽，杂也。○忽论高帝。(补)殽乱：混乱。**非有仄侧室之势以豫席之也。**仄，卿大夫之支子为侧室。席，藉也。言非有侧室之势，为之资藉也。(补)仄室：侧室，借指庶子。豫席：预先有所凭借依仗。**诸公幸者乃为中涓，其次廑仅得舍人，**中涓、舍人，皆官名。(补)乃：才。**材之不逮至远也。**角材臣之。(补)材：才能。不逮：不及。**高皇帝以明圣威武即天子位，割膏腴之地以王诸公，多者百余城，少者乃三四十县，德至渥也。**渥，厚也。○身封王之。**然其后七年之间，反者九起。**七年，高帝五年至十一年。九反，韩王信、贯高、淮阴、彭越、英布、陈豨、卢绾并利幾五年秋反为八，其一人盖燕王臧荼，五年十月反。○引高帝毕。**陛下之与诸公，非亲角材而臣之也，**角，校也、竞也。○无材以制其力。(补)角材：考量才能。角，考量。臣之：谓给他们封官。**又非身封王之也。**无德以服其心。**自高皇帝不能以是一岁为安，故臣知陛下之不能也。**缴应上段。○三不能。

rán shàng yǒu kě wěi zhě　　yuē shū　　chén qǐng shì yán qí qīn zhě

然尚有可诿者，曰疏，臣请试言其亲者。

诿，托也。尚可诿言信、越等以疏故反，故"请试言其亲者"。亲者亦恃强为乱，明信等不以疏也。

jiǎ lìng dào huì wáng wàng qí

假令悼惠王王齐，高帝子肥。

yuán wáng wàng chǔ

元王王楚，高帝弟交。

zhōng zǐ wàng zhào

中子王赵，高帝子如意。

yōu wáng wàng huái yáng

幽王王淮阳，高帝子友。

gōng wáng wàng liáng

共王王梁，高帝子恢。

líng wáng wàng yān

灵王王燕，高帝子建。

lì wáng wàng huái nán

厉王王淮南，高帝子长。

liù qī guì rén jiē wú yàng　　dāng shì shí bì xià jí wèi　　néng wéi zhì

六七贵人皆亡无恙，当是时陛下即位，能为治

hū

乎？又设一难。

chén yòu zhī bì xià zhī bù néng yě

臣又知陛下之不能也。四不能。

ruò cǐ zhū wáng

若此诸王，

suī míng wéi chén　　shí jiē yǒu bù yī kūn dì zhī xīn　　lǜ wú bú dì

虽名为臣，实皆有布衣昆弟之心，虑亡无不帝

zhì ér tiān zǐ zì wéi zhě

制而天子自为者。言诸王皆谓与天子为昆弟，而不论君臣之分，无不欲同皇帝之制度，而为天子之事。意见下文。㊀昆弟：兄弟。虑：大概，大约。

shàn jué rén　　shè sǐ zuì　　shèn zhě huò dài huáng wū

擅爵人，赦死罪，甚者或戴黄屋，黄屋，天子车盖之制。

hàn

汉

fǎ lìng fēi xíng yě　　suī xíng　　bù guǐ rú lì wáng zhě

法令非行也。虽行，不轨如厉王者，不轨，不修法制也。

lìng zhī

令之

bù kěn tīng　　zhào zhī ān kě zhì hū

不肯听，召之安可致乎？致，至也。

xìng ér lái zhì　　fǎ ān

幸而来至，法安

kě dé jiā　　dòng yì qīn qī　　tiān xià huán shì ér qǐ

可得加？动一亲戚，天下圜视而起，圜，惊视也。㊀圜视：互相顾看。

bì xià zhī chén　　suī yǒu hàn rú féng jìng zhě　　shì qǐ qí kǒu　　bǐ shǒu

陛下之臣，虽有悍如冯敬者，适启其口，匕首

yǐ xiàn qí xiōng yǐ

已陷其胸矣。悍，勇也。冯敬，冯无择子，秦淮南厉王反，始欲发言节制诸侯王，为刺客所杀。○细写"虑无不帝制而天子自为"一句。㊀适：刚才，方才。

bì xià suī xián　　shuí yǔ lǐng cǐ

陛下虽贤，谁与领此？领，理也。○亦缴应上段"不能"之意。㊀领：治理。

gù shū

故疏

者必危，亲者必乱，已然之效也。三句总收上文亲、疏二段。补效：证明。其异姓负强而动者，汉已幸胜之矣，指韩、彭、陈豨言。补负：依恃。幸：侥幸。又不易其所以然。补所以然：指分封制度。同姓袭是迹而动，既有征矣，指淮南、济北言。补袭：沿袭。征：预兆，迹象。其势尽又复然。补尽：达到极限。复：重复。殃祸之变，未知所移，明帝处之尚不能以安，后世将如之何？再总收一笔。下入喻。补移：改变。

屠牛坦屠牛者，名坦。一朝解十二牛，而芒刃不顿钝者，所排击剥割，皆众理解也。理解，支节也。补芒刃：利刃。不顿：谓依然锐利。排击：劈砍。众：一直。理解：顺着关节而剖解。至于髋髀之所，非斤则斧。髀上曰髋，两股间也。髀，股骨也。言其骨大，故须斤斧也。补髋：胯骨。所：地方。斤：斧头。夫仁义恩厚，人主之芒刃也；权势法制，人主之斤斧也。绝好分剖。今诸侯王皆众髋髀也，释斤斧之用，补释：放下。而欲婴以芒刃，婴，触也。臣以为不缺则折。因喻入议，笔甚峭劲。胡不用之淮南、济北？势不可也。二国皆反诛，何不先用仁厚？势不可故也。○自难自解，妙。补胡不：为什么不。

臣窃迹前事，大抵强者先反。补窃：私下，谦辞。迹：考察。淮阴王楚最强，则最先反；韩信倚胡，则又反；〔补〕韩信：指韩王信。倚：倚仗。贯高因赵资，则又反；〔补〕因：依托。资：指实力。陈豨兵精，则又反；彭越用梁，则又反；〔补〕用：凭借。黥布用淮南，则又反；卢绾最弱，最后反。连用“则又反”三字，有致。长沙乃在二万五千户耳，秦时鄱阳令吴芮，汉为长沙王。〔补〕乃在：犹乃才，仅仅。功少而最完，势疏而最忠，非独性异人也，亦形势然也。

形势弱，故不反。○细数反国，忽带写一不反者，反复乃益明。曩令樊、郦、绛、灌樊哙，封舞阳侯。郦商，封曲周侯。周勃，封绛侯。灌婴，封颍阴侯。〔补〕令：假使。据数十城而王，今虽已残亡可也；承上七国。〔补〕虽：连词，表假设，即使。残亡：灭亡。令信、越之伦韩信、彭越。列为彻侯而居，彻侯即通侯。〔补〕居：处在，处于。虽至今存可也。承上长沙。○用反言洗发正意，笔情逸冷。

然则天下之大计可知已。接句爽捷。〔补〕大计：重大的谋略。已：语气词，相当于“了”。

欲诸王之皆忠附，则莫若令如长沙王；〔补〕忠附：犹忠顺。莫若：不如。令：使。如：像，如同。欲臣子之勿菹醢，菹醢，肉酱。〔补〕指处死。则莫若令如樊、郦等；将两层作结，下一层入正意。欲天下之治安，莫若众建诸侯而少其力。此句为一篇纲领，从前许多议论，皆是此意。此下天下咸知陛下之明、之廉、之仁、之义，正众建诸侯之效。力少则易使以义，国小则亡无邪心。令海内之势，如身之使臂，臂之使指，莫不制从。补制从：犹服从。诸侯之君，不敢有异心，辐凑并进而归命天子。补辐凑：车轮的辐条聚集于轮毂。归命：归顺。虽在细民，且知其安，故天下咸知陛下之明。一业。补虽：即使。细民：平民。咸：都。割地定制，令齐、赵、楚各为若干国，若干，豫设数也。使悼惠王、幽王、元王之子孙，毕以次各受祖之分地，地尽而止，及燕、梁它国皆然。正所谓“众建诸侯而少其力”也。补毕：全部。以次：按次序。分地：诸侯的封地。其分地众而子孙少者，建以为国，空而置之，须其子孙生者，举使君之。须，待也。○子孙少者，有以处之。补举：全。诸侯之地，其削颇入汉者，为徙其侯国，及封其子孙也，所以数偿之。诸侯之地，有罪见削而入于汉者，为迁徙其国都，及改封其子孙，亦以众建之数偿还之。○国既灭者，有以处之。补削：削减，剥夺。颇：大量。一寸之地，一人之众，天子亡无所利焉，诚以定治而已，故天下咸知陛下之廉。二业。补诚：确实。定：奠定。治：社会安定。地制一定，宗室子孙，莫虑不王；下无倍背畔叛之心，

shàng wú zhū fá zhī zhì　　gù tiān xià xián zhī bì xià zhī rén
上无诛伐之志，故天下咸知陛下之仁。

三业。㊽一
定：一经制

fǎ lì ér bú fàn　　lìng xíng ér bú nì　　guàn gāo lì jǐ
定。莫：没有
谁。虑：担心。# 法立而不犯，令行而不逆，贯高、利幾

zhī móu bù shēng
之谋不生，

利幾，项氏将，降汉，侯之颍川。高帝至洛阳，举
通侯籍召之，利幾恐，遂反。㊽逆：违背，违反。

chái qí kāi zhāng
柴奇、开章

zhī jì bù méng
之计不萌，

柴奇、开章，皆与淮南
王谋反者。㊽萌：发生。

xì mín xiàng shàn dà chén zhì shùn
细民乡向善，大臣致顺，

gù tiān xià xián zhī bì xià zhī yì
故天下咸知陛下之义。

四
业。

wò chì zǐ tiān xià zhī shàng ér
卧赤子天下之上而

ān zhí yí fù cháo wěi qiú ér tiān xià bú luàn
安，植遗腹、朝委裘，而天下不乱，

赤子，幼君也。植，直
也。遗腹，君未生也。

朝委裘，以君所常服之裘，委之于位，受群臣之朝也。㊽王先谦《汉书补
注》："'遗腹'与'赤子'对文，植遗腹，故但朝先帝裘衣。"植：扶立。

dāng shí dà zhì
当时大治，

hòu shì sòng shèng
后世诵圣。

五
业。

yí dòng ér wǔ yè fù bì xià shuí dàn ér jiǔ
一动而五业附，陛下谁惮而久

bù wéi cǐ
不为此？

总收一句，下又入喻，申言当及今早图意，作收煞。㊽一动：一项措施，指
"众建诸侯而少其力"。五业：五项功业，即上述的明、廉、仁、义、圣。谁

惮：宾语前置，即"惮谁"，
怕什么。惮，怕。谁，什么。

tiān xià zhī shì fāng bìng dà zhǒng
天下之势，方病大瘇。

肿足
曰瘇。

yí jìng zhī dà jǐ rú
一胫之大几如

yāo yì zhī zhī dà jǐ rú gǔ píng jū bù kě qū shēn yī èr
要腰，一指之大几如股，平居不可屈信伸，一二

zhǐ chù shēn lǜ wú liáo
指搐，身虑无聊。

搐，动而病也。聊，赖也。㊽胫：小腿。指：脚趾。
股：大腿。平居：平日。虑：担心。聊：依赖。

shī jīn
失今

bú zhì bì wéi gù jí hòu suī yǒu biǎn què bù néng wéi yǐ
不治，必为锢疾，后虽有扁鹊，不能为已。

扁鹊，
良医。

○"不能为"，与上"不肯早为""久不为此"两"为"
字相应。㊽失：错过。锢疾：经久难治的疾病。锢，久。

bìng fēi tú zhǒng yě yòu kǔ
病非徒瘇也，又苦

蹠盭戾。足掌曰蹠。蹠盭，言足蹠反戾不可行也。〇又从病瘇上，推出一层。（补）非徒：不仅。盭：扭曲。**元王之子，帝之从弟也；**王郢。**今之王者，从弟之子也。**王戊。（补）元王：指楚元王刘交，是高祖刘邦的弟弟。从弟：堂弟。**惠王之子，亲兄子也；**王襄。（补）惠王：齐悼惠王刘肥，为汉文帝刘恒之兄。**今之王者，兄子之子也。**王侧。**亲者或亡无分地以安天下，**谓亲子弟。**疏者或制大权以逼天子。**谓从弟之子、兄子之子。〇"亲""疏"二字，应前作结。（补）或：有的。**臣故曰：非徒病瘇也，又苦蹠盭戾。**病瘇，喻疏者制大权。蹠盭，喻亲者无分地。**可痛哭者，此病是也。**

是篇正对当时诸侯王僭儗、地过古制发论，主意在"众建诸侯而少其力"一句。此句以前，言不若此而治安之难。此句以后，言能若此而治安之易。起结总是勉以及时速为之意。虽只重少同姓之力，却将异姓层层较量，尤妙于宾主之法。

〔校记〕

①"以"，原缺，据《汉书·贾谊传》补。

晁错论贵粟疏

西汉文

圣王在上，而民不冻饥者，非能耕而食

之、织而衣之也，为开其资财之道也。此句是一篇主意。㊟食：给人吃。衣：给人穿上衣服。故尧、禹有九年之水，汤有七年之旱，而国无捐瘠者，捐，相弃也。瘠，瘦病也。㊟捐瘠：饥饿而死。以畜(蓄)积多而备先具也。圣王为民开资财之道，故有备无患。㊟以：因为。具：齐全。今海内为一，土地人民之众不避汤、禹，避，让也。㊟不避：不差于。加以亡(无)天灾数年之水旱，而畜(蓄)积未及者，何也？地有遗利①，民有余力，说出实病。㊟遗利：谓未尽利用的利益。生谷之土未尽垦，山泽之利未尽出也，故地有余利。游食之民未尽归农也。故民有余力。○后世不能开资财之道，故患在无备。○以圣王形当时，谓当时畜积未及，弊在不农。下因言不农之害。㊟游食之民：指游手好闲，不从事劳动之人。民贫，则奸邪生。贫生于不足，不足生于不农，逆写不农之害。不农则不地著，安土谓之地著。不地著则离乡轻家，民如鸟兽，谓轻去其乡。虽有高城深池，严法重刑，犹不能禁也。顺写不农之害。

夫寒之于衣，不待轻暖；饥之于食，不待甘旨；饥寒至身，不顾廉耻。申言“民贫则奸邪生”数句。㊟轻暖：指狐貉之裘，丝绵之衣。甘旨：

rén qíng yí rì bú zài shí zé jī zhōng suì bú zhì yī zé
指好吃的东西。人情，一日不再食则饥，终岁不制衣则

hán fú fù jī bù dé shí fū hán bù dé yī suī cí mǔ
寒。补再：两次。夫腹饥不得食，肤寒不得衣，虽慈母

bù néng bǎo qí zǐ jūn ān néng yǐ yǒu qí mín zāi
不能保其子，君安能以有其民哉？申言“不农则不地著”数句。补保：养。

míng zhǔ zhī qí rán yě gù wù mín yú nóng sāng bó
明主知其然也，捷转。故务民于农桑，所谓“开其资财之道”者以此。薄

fù liǎn guǎng xù jī yǐ shí cāng lǐn bèi shuǐ hàn
赋敛，广畜蓄积，以实仓廪，备水旱，承“务民农桑”说。补薄赋敛：减税收。

gù mín kě dé ér yǒu yě
敛，征收。廪：粮仓。故民可得而有也。应“安能有其民”句。

mín zhě zài shàng suǒ yǐ mù zhī qū lì rú shuǐ zǒu xià sì
民者，在上所以牧之，趋利如水走下，四

fāng wú zé yě fú zhū yù jīn yín jī bù
方无择也。三句承上起下。补牧：统治。夫珠玉金银，意在重粟，却从金玉折入，大有波致。饥不

kě shí hán bù kě yī rán ér zhòng guì zhī zhě yǐ shàng yòng zhī gù
可食，寒不可衣，然而众贵之者，以上用之故

yě qí wéi wù qīng wēi yì cáng zài yú bǎ
也。补众：众人。贵：看重。以：因为。上：指人君。用：重用。其为物轻微易藏，在于把

wò kě yǐ zhōu hǎi nèi ér wú jī hán zhī huàn cǐ
握，可以周海内而亡无饥寒之患，补在于把握：握在手中。周：谓行遍。此

lìng chén qīng bèi qí zhǔ ér mín yì qù qí xiāng dào zéi yǒu suǒ quàn
令臣轻背其主，而民易去其乡，盗贼有所劝，

wáng táo zhě dé qīng zī yě sù mǐ
亡逃者得轻资也。最便处，却是害处。补令：使。轻：轻易。背：背叛。劝：鼓励。轻资：便于携带的财物。粟米

bù bó shēng yú dì zhǎng yú shí jù yú lì fēi kě yí rì chéng
布帛，生于地，长于时，聚于力，非可一日成

yě shù shí zhī zhòng zhōng rén fú shèng bù wéi jiān xié suǒ lì yí
也。数石之重，中人弗胜，不为奸邪所利，一

日弗得而饥寒至。最不便处，却是利处。㊟时：季节。石：重量单位，一百二十斤为一石。中人：常人。胜：指担负。是故明君贵五谷而贱金玉。一句点出正意。

今农夫五口之家，其服役者不下二人，服役，谓服公家之役。其能耕者不过百亩，二句言民之力有尽。百亩之收不过百石。二句言民之财有尽。春耕夏耘，㊟耘：除草。秋获冬藏，伐薪樵，樵，亦薪也。治官府，给徭役。㊟治：修缮。给：供给。徭役：古代官方强制平民成年男子承担的无偿劳动。徭：劳役。役：服兵役。春不得避风尘，夏不得避暑热，秋不得避阴雨，冬不得避寒冻，四时之间无日休息。承“服役”“能耕”三句。言勤于作事之苦。又私自送往迎来，吊死问疾，养孤长幼在其中。承“百亩之收”一句。言勤于应用之苦。㊟私自：指私人生活。孤：孤老。长：抚育。勤苦如此，尚复被水旱之灾，急政征暴赋②，赋敛不时，朝令而暮当具。水旱频仍，赋敛愈急，平常勤苦之中，又有意外之勤苦。㊟尚：还。被：遭受。急政：催征赋税。暴赋：繁重的赋税。不时：随时。朝令而暮当具：言朝令索而暮当具备。“俗本‘当具’多误作‘改当其’，今据日本内阁文库唐写本《汉书·食货志》校正。”引自三民书局《新译古文观止（增订五版）》。有者半贾而卖，亡无者取倍称之息，有谷者，贱卖以应急用；无谷者，称贷于人，而听取加倍之息。㊟贾：价。倍称：加倍，翻一倍，即借一还二。于是有卖田宅、鬻子孙以偿债者矣。细陈田家辛苦颠连之状，如在目前。下复将商贾相形一番，情事愈透。(补)鬻：出卖。而商贾，转接轻妙。(补)商贾：指商人，行商坐贾。大者积贮倍息，小者坐列贩卖，操其奇赢，日游都市，赢，获利也。(补)积贮：积聚储存(谷物)。坐列：谓坐在店铺内。奇赢：指赢利。乘上之急，所卖必倍。故其男不耕耘，女不蚕织，衣必文采，(补)华美的衣服。食必粱肉，(补)精米鱼肉，精美的膳食。粱：粟，这里指精小米。亡无农夫之苦，有阡陌之得。(补)阡陌：指田亩。因其富厚，交通王侯，(补)因：凭借。交通：交际。力过吏势，以利相倾；(补)为了利益相互排挤。千里游敖遨，冠盖相望，(补)冠盖：指冠服和车乘。冠，礼帽。盖，即车盖。乘坚策肥，坚，好车。肥，好马。履丝曳缟。极写商人之逸乐，句句与农人之勤苦相反。(补)履丝曳缟：穿丝履，着缟衣。缟，白绢。此商人所以兼并农人，农人所以流亡者也。总收一笔，以见当尊农贱商意。(补)所以：表示原因。兼并：并吞。流亡：流离逃亡。今法律贱商人，商人已富贵矣；尊农夫，农夫已贫贱矣。故俗之所贵，主之所贱也；商。吏之所卑，法之所尊也。农。上下相反，好恶乖迕，而欲国富法立，不可得也。弃本逐末，法律皆为具文，可为三叹。(补)乖迕：抵触，违背。

方今之务，莫若使民务农而已矣。(补)莫：代词。没有什么(事情)。若：比得上。欲民务农，在于贵粟；贵粟之道，在于使民以粟为赏罚。正意作三层跌出。(补)在于：取决于。贵粟：重视粮食。今募天下入粟县官，得以拜爵，得以除罪。(补)县官：朝廷，官府。拜爵：封授官爵。如此，富人有爵，农民有钱，粟有所渫。渫，散也。夫能入粟以受爵，皆有余者也。一折更醒。取于有余，以供上用，则贫民之赋可损，所谓损有余、补不足，令出而民利者也。入粟、拜爵、除罪，固非正论，然实一时备荒良策。(补)损：减少。顺于民心，所补者三：一曰主用足，二曰民赋少，三曰劝农功。贵粟中，又剔出三项。(补)劝：鼓励。今令：民有车骑马一匹者，复卒三人。车骑马，可以备车骑之马也。复，免也。谓免其为卒者三人。此当日现行事例。车骑者，天下武备也，故为复卒。既有武备，尤赖粟以为守，起下文。神农之教曰："有石城十仞，汤池百步，带甲百万，而亡（无）粟，弗能守也。"(补)仞：长度单位，七尺为一仞；一说，八尺为一仞。汤池：充满沸水的护城河。汤，沸水。带甲：披甲的将士。以是观之，粟者，王者大用，政之本务。见粟之当重如此。(补)大用：最有用的财物。本务：根本事务。令民入粟受爵，至五大夫以上，乃复一人耳，五大夫，五等之爵也。

言入粟多而复卒少。[补]乃：才。此其与骑马之功相去远矣。与纳马少而复卒多者，相去甚远。○此正见以粟为赏罚，最是良法。

爵者，上之所擅，出于口而无穷；粟者，民之所种，生于地而不乏。所以为法之良。[补]擅：专有。夫得高爵与免罪，人之所甚欲也。应上"顺于民心"句。使天下人入粟于边，以受爵免罪，不过三岁，塞下之粟必多矣。结出贵粟正旨。

此篇大意，只在入粟于边，以富强其国。故必使民务农，务农在贵粟，贵粟在以粟为赏罚。一意相承，似开后世卖鬻之渐。然错为足边储计，因发此论，固非泛谈。

〔校记〕

①"遗"，原作"利"，据《汉书·食货志》改。
②"赋"，原作"虐"，据《汉书·食货志》改。

邹阳狱中上梁王书

西汉文

邹阳齐人。从梁孝王景帝少弟。游。阳为人有智略，慷慨不苟合，（补）性格豪爽，不苟且迎合。介于羊胜、公孙诡之间。介，间厕也。胜、诡，皆孝王客。（补）介：居间。胜等疾（嫉）阳，恶之孝王。恶，谓谗毁也。（补）疾：妒忌。孝王怒，下阳吏，将杀之。阳乃从狱中上书曰：

“臣闻忠无不报，信不见疑，“忠”“信”二字，一篇关键。臣常（尝）以为然，徒虚语耳。起便跌宕。（补）常：曾经。徒：仅，只。昔荆轲慕燕丹之义，白虹贯日，太子畏之；荆轲为燕太子丹西刺秦王，精诚格天，白虹为之贯日。白虹，兵象。日为君，为荆轲表可克之兆。太子尚畏而不信也。（补）畏：担心。卫先生为秦画长平之事，太白食（蚀）昴，昭王疑之。白起为秦伐赵，破长平军，欲遂灭赵，遣卫先生说昭王益兵粮。其精诚上达于天，太白为之食昴。太白，天之将军。昴，赵分也。将有兵，故太白食昴。昭王尚疑而不信也。（补）画：谋划。太白：金星。食：冲犯。昴：星宿名。夫精变天地而信不谕两主，岂不哀哉？变，动也。谕，晓也。（补）精：精诚。今臣尽忠竭诚，毕议愿知，尽其计议，愿王知之。（补）毕：全部。左右不明，卒从吏讯，为世所疑。言左右不明，不欲斥王也。讯，鞠问也。（补）左右：指梁王，称其左右表示尊敬。卒：终于。从：听从。讯：审讯。是使荆轲、卫先生复起，而燕、秦不寤（悟）也。愿大王孰察之。（补）复起：复活。孰察：仔细考察研究。昔玉人献宝，楚王诛之；楚卞和得玉璞，献之武王。王示玉人，曰：“石也。”刖其右足。武王没，复献文王，玉人复曰：“石也。”刖其左足。至成王时，抱其璞哭于郊。乃使玉人攻之，果得宝玉。李斯竭忠，胡亥极刑。秦始皇以李斯为丞相，始皇崩，二世胡亥立，杀李斯，具五刑。是以箕子阳狂，接舆避世，纣淫乱不止，箕子阳狂为奴。接舆，楚贤人，阳狂避世。〔补〕是以：因此。阳：假装。恐遭此患也。愿大王察玉人、李斯之意，而后楚王、胡亥之听，毋使臣为箕子、接舆所笑。〔补〕后：把……放在后面，意谓不要那样。毋：不，表否定。臣闻比干剖心，子胥鸱夷，比干强谏，纣怒曰："吾闻圣人心有七窍。"遂剖比干观其心。子胥自刎，吴王夫差取马革为鸱夷形，盛子胥尸，投之江。〔补〕鸱夷：革囊。臣始不信，乃今知之。〔补〕乃今：方今，如今。愿大王孰察，少加怜焉。以上自谓忠而获罪，信而见疑，故引荆轲、卫先生之事明之，又引玉人、李斯、比干、子胥足其意，是为第一段。
〔补〕少：稍。怜：怜悯。

"语曰：'有白头如新，倾盖如故。'白头，初相识至头白也。倾盖者，道行相遇，驻车对语，两盖相交，小欹之义也。〔补〕新：指新交。盖：车上的伞盖。故：指故友。何则？知与不知也。提出"知"字，开下文之论端。〔补〕知：相知。故樊於期逃秦之燕，藉荆轲首以奉丹事；於期为秦将，被谗，走之燕，始皇灭其家，又重购之。会燕太子丹遣荆轲欲刺秦王，无以为藉，於期自刎首，令荆轲赍往。〔补〕之：往。奉：帮助。王奢去齐之魏，临城自刭，以却齐而存魏。王奢，齐臣也，亡至魏，其后齐伐魏，奢登城谓齐将曰："今君之来，不过以奢故也，义不苟生，以为魏累。"遂自刭。〔补〕却：退。夫王奢、樊於期非新于齐、秦而故于燕、魏也，所以去二国死两君者，行合于志，慕义无穷也。是为真知。〔补〕去：离开。死：为……而死。慕义：仰慕仁义。无穷：无限。是以苏秦不信于天下，为燕尾生；苏秦说齐宣王，使还燕十城，又令闵王厚葬以弊齐，终死于燕，是苏秦不出其信于天下，于燕则为尾生之信也。尾生，古之信士，守志亡躯，故以为喻。白圭战亡六城，为魏取中山。白圭为中山将，亡六城，君欲杀之，亡入魏，文侯厚遇之，还拔中山。〔补〕亡：丢失。何则？诚有以相知也。应醒“知”字。〔补〕诚：确实。以：因为，由于。苏秦相燕，人恶之燕王，燕王按剑而怒，食以駃騠；反食苏秦以异味。駃騠，骏马名。〔补〕恶：诽谤。怒：指对诽谤者怒。白圭显于中山，拔中山而尊显。人恶之于魏文侯，文侯赐以夜光之璧。反赐白圭以奇珍。○又申说一遍。何则？两主二臣，剖心析肝相信，〔补〕推心置腹，肝胆相照。岂移于浮辞哉！以上思其见疑获罪之由，皆因于知与不知，故历引王奢、樊於期、苏秦、白圭证之。是为第二段。〔补〕移：动摇。浮辞：谓流言蜚语。

“故女无美恶，入宫见妒；士无贤不肖，入朝见嫉。承上起下。〔补〕恶：丑。妒：妇女相忌妒。嫉：忌恨。昔司马喜膑脚于宋，卒相中山；司马喜，六国时人。膑，刖刑，去膝盖骨。范雎拉胁折齿于魏，卒为应侯。范雎，魏人，魏相魏齐疑其以国阴事告齐，乃掠笞數百，拉胁折齿。后入秦为相，封为应侯。拉，亦折也。〔补〕胁：肋骨。此二人者，皆信必然之画，画，计也。捐朋党之私，挟孤独之交，故不能自免于嫉妒之人也。以之自况。补 捐：抛弃。挟：怀藏。是以申徒狄蹈雍之河，申徒狄，殷末人，自沉于雍州之河。补 蹈：投入。雍之河：雍州的黄河。徐衍负石入海，徐衍，周末人，负石自投于海。不容于世，义不苟取比周于朝，以移主上之心。虽不见容，终不苟且朋党于朝，以感动主上之心。补 比周：结党营私。故百里奚乞食于道路，缪（穆）公委之以政；百里奚闻秦缪公贤，欲往干之，乏资，乞食以自致。甯戚饭牛车下，桓公任之以国。甯戚为人饭牛车下，扣牛角而歌，齐桓公闻之，举以为相。补 饭：喂。此二人者，岂素宦于朝，借誉于左右，然后二主用之哉？补 素宦：一向为官。借誉：借重他人以博取声誉。感于心，合于行，坚如胶漆，昆弟不能离，岂惑于众口哉？又将相知意结，下复就嫉妒深一层说。故偏听生奸，独任成乱。昔鲁听季孙之说逐孔子，齐人归女乐，季桓子受之，三日不朝，孔子行。补 听：听信。宋任子冉之计囚墨翟。子冉，子罕也。补 任：采用。夫以孔、墨之辩，不能自免于谗谀，补 谗毁阿谀之言。而二国以危。何则？众口铄金，积毁销骨也。美金见毁，众共疑之，数被烧炼，以致销铄。谗佞之人，肆其诈巧，离散骨肉，而不觉知。○偏听独任，痛心千古。补 铄金：熔化金属。铄、销：都是熔化的意思。毁：谗言。秦用戎人由余而伯（霸）中国，秦缪公求士，西取由余于戎。齐用越人子臧

ér qiáng wēi xuān cǐ èr guó qǐ xì yú sú qiān yú
而强威、宣。齐任子臧，威、宣二王所以强盛。此二国岂系于俗，牵于
shì xì jī piān zhī fú cí zāi
世，系奇偏之浮辞哉？[补]系于俗：被世俗所束缚。牵于世：被世人所牵制。系奇偏之浮辞：被片面不实之言论所左右。
gōng tīng bìng guān chuí míng dāng shì gù yì hé zé
公听并观，垂明当世。公听并观，与上"偏听""独任"相反。[补]垂：留下。故意合则
hú yuè wéi xiōng dì yóu yú zǐ zāng shì yǐ bù hé zé gǔ ròu
胡越为兄弟①，由余、子臧是矣；不合则骨肉
wéi chóu dí zhū xiàng guǎn cài shì yǐ
为仇敌，朱、象、管、蔡是矣。朱，丹朱，尧子。象，舜弟。管、蔡，管叔、蔡叔。○上无朱、象、管、蔡，忽然插入，古文奇恣不拘如此。
jīn rén zhǔ chéng néng yòng qí qín zhī míng hòu sòng lǔ
今人主诚能用齐、秦之明，后宋、鲁
zhī tīng zé wǔ bà bù zú móu ér sān wáng yì wéi yě
之听，则五伯不足侔，而三王易为也。以上思其不见知之由，在于无朋党之私，被谗佞之口，故引司马喜、范雎、申徒狄、徐衍四人，为无朋党之证，引齐、秦、宋、鲁四君，为信谗、不信谗之证。是为第三段。[补]侔：相比。

shì yǐ shèng wáng jué wù juān zǐ zhī zhī xīn ér bú yuè
"是以圣王觉寤[悟]，捐子之之心，而不说[悦]
tián cháng zhī xián fēng bǐ gān zhī hòu
田常之贤，燕王哙欲禅国于其相子之，国乃大乱。田常，陈恒也，齐简公悦之，而被弑。[补]捐：弃。封比干之后，
xiū yùn fù zhī mù gù gōng yè fù yú tiān
修孕妇之墓，武王克商，反其故政，乃封修之。孕妇，纣刳妊者，观其胎。故功业覆于天
xià hé zé yù shàn wú yàn yě fú jìn wén qīn qí
下。何则？欲善无厌也。[补]无厌：没有限止。厌：满足。夫晋文亲其
chóu qiáng bà zhū hóu qí huán yòng qí chóu ér yì kuāng tiān xià
仇，强伯[霸]诸侯；齐桓用其仇，而一匡天下。寺人披为晋献公逐文公，斩其袪，后文公即位，用其言以免吕、郤之难。管仲射中桓公带钩，而用为相。
hé zé cí rén yīn qín chéng
何则？慈仁殷勤，诚
jiā yú xīn bù kě yǐ xū cí jiè yě
加于心，不可以虚辞借也。桓、文"欲善无厌"。[补]殷勤：情意恳切。虚辞：虚伪的言辞。借：犹替代。

至夫秦用商鞅之法，东弱韩、魏，立强天下，卒车裂之；越用大夫种之谋，禽（擒）劲吴而伯（霸）中国，遂诛其身。秦孝公用卫鞅，封为商君，后犯罪以车裂之。越王勾践用文种，败吴王夫差，后被谗赐死。○秦、越待士，有始无终，不能“欲善无厌”也。〔补〕至夫：犹至于。禽：制服。是以孙叔敖三去相而不悔，於陵子仲辞三公为人灌园。孙叔敖三为楚相，三去之而不怨悔。楚王闻陈仲子贤，欲以为相，仲子夫妻相与逃而为人灌园。○恐始荣而终败也。今人主诚能去骄傲之心，〔补〕谓自负轻慢之心。怀可报之意，士有功可报者思必报。披心腹，披，开也。〔补〕披心腹：推心置腹。见（现）情素，〔补〕表露真情实意。情素：真情。堕肝胆，堕，落也。〔补〕堕肝胆：谓披肝沥胆。施德厚，终与之穷达，无爱于士，待士有终，与之穷运如一，无所吝惜于士也。〔补〕穷达：困顿与显达。爱：吝惜。则桀之犬可使吠尧，跖之客可使刺由，跖，盗跖。由，许由。此言被之以恩，则用命也。〔补〕吠：狗叫。何况因万乘之权，假圣王之资乎？〔补〕因：凭借。假：借助。资：能力。然则荆轲湛（沉）七族[2]，要离燔妻子，荆轲为燕刺秦王，不成而死，其族坐之。湛，没也。吴王阖闾欲杀王子庆忌，要离诈以罪亡，令吴王燔其妻子，要离走见庆忌，以剑刺之。〔补〕然则：那么。湛：诛灭。燔：焚烧。岂足为大王道哉？言士皆乐为之用也。○以上思其朋党得援、谗佞得行，皆因于人主之不能“欲善无厌”，故历引桓、文、秦、越反复明之。是为第四段。〔补〕足：值得。

“臣闻明月之珠，夜光之璧，以暗投人于

道，众莫不按剑相眄者。眄，目偏合也。〔补〕眄：斜视。何则？无因而至前也。蟠木根柢，轮囷离奇，蟠木，屈曲之木也。柢，根下本也。轮囷离奇，委曲盘戾也。〔补〕轮囷、离奇：皆为联绵字，盘绕屈曲貌。而为万乘器者，万乘器，天子车舆之属。以左右先为之容也。容，谓雕刻加饰。○突出奇喻，振起一篇精神。故无因而至前，虽出随珠、和璧，随侯珠，和氏璧。〔补〕虽：即使。出：扔出。只怨结而不见德；有人先游，游，谓进纳之也。〔补〕先游：引荐。则枯木朽株树功而不忘。复说一遍，更有味。〔补〕树功：建立功勋。今夫天下布衣穷居之士，〔补〕今夫：发语词。穷居：隐居不仕。身在贫羸，贫羸，衣食不充而羸瘦也。虽蒙尧、舜之术，挟伊、管之辩，伊尹、管仲。怀龙逢、比干之意，龙逢，亦纣忠臣。○激昂自负语。而素无根柢之容，虽竭精神③，欲开忠于当世之君，则人主必袭按剑相眄之迹矣。〔补〕竭：穷尽。开：展示。袭：蹈袭。是使布衣之士，不得为枯木朽株之资也。怀才不遇，宜有此愤激。〔补〕资：指资格。是以圣王制世御俗，独化于陶钧之上，陶家名模下圆转者为钧，盖云周回调钧耳。言圣王制驭天下，亦犹陶人转钧也。〔补〕制世御俗：指治理天下。独化：独自转化。而不牵乎卑乱之语，不夺乎众多之口。〔补〕牵：牵制。卑乱：鄙俗纷乱。夺：动摇。故秦皇帝任中庶子蒙嘉之言以信荆轲，而匕首窃发；荆轲至秦，厚遗秦王宠臣中庶子蒙嘉，为先言于秦王，秦王见之，献督亢之地图，图穷而匕首见。㊟任：听信。窃：偷偷地，暗地里。周文王猎泾、渭，载吕尚归，以王天下。西伯出，遇吕尚于渭之阳，与语，大悦，因载归。㊟王：统治，称王。秦信左右而亡，周用乌集而王。太公非旧人，若乌鸟之暴集。㊟乌集：比喻偶然相识。何则？以其能越挛拘之语，驰域外之议，独观乎昭旷之道也。单顶"用乌集而王"说。㊟越：超越。挛拘：拘束。域外之议：不受任何局限的议论。昭旷：光明宽广。今人主沉谄谀之辞，牵帷廧（墙）之制，言为臣妾侍帷墙者所牵制。㊟帷廧：指弄臣妻妾。使不羁之士与牛骥同皂，不羁，言才识高远，不可羁系也。皂，食牛马器。㊟皂：食槽。此鲍焦所以愤于世也。鲍焦，周之介士，怨时之不用己，采蔬于道，抱木而死。○此段言人君待士，不可信左右之人。

"臣闻盛饰入朝者，不以私污义；㊟盛饰：服饰端庄，指言行端正。底（砥）厉（砺）名号者，不以利伤行。㊟底厉名号：指修身立名。底厉：砥砺，指磨刀石。名号，名声。故里名'胜母'，曾子不入；胜母，不孝。邑号'朝歌'，墨子回车。朝歌，不时。今欲使天下寥廓之士，寥廓，空大也。㊟谓宽宏豁达。笼于威重之权，胁于位势之贵，回面污（纡）行，㊟转变面孔，曲意而行。回：掉转。污：弯曲。以事谄谀之人，而求亲近于左右，则士有伏死堀（窟）穴岩薮之中耳，安有尽忠信而趋阙下者哉？”应起“忠”“信”二字。○此段言士之自处，不肯附左右之人。○以上言世主必欲左右先容，而贤者宁有伏死岩穴，以自明其志。是为第五段。㊟伏死：退隐而死。堀穴岩薮：洞穴山野。阙下：宫阙之下，借指帝王所居的宫廷。

此书词多偶俪，意多重复，盖情至窘迫，呜咽涕洟，故反复引喻，不能自已耳。其间段落虽多，其实不过五大段文字。每一援引、一结束，即以“是以”字、“故”字接下，断而不断，一气呵成。

〔校记〕

①“胡”，原作“吴”，据《汉书·贾邹枚路传》改。
②“荆”，原缺，据《汉书·贾邹枚路传》补。
③“竭”，原作“极”，据《汉书·贾邹枚路传》改。

司马相如上书谏猎

西汉文

相如从上至长杨猎。长杨宫也。是时天子武帝。方好自击熊豕，驰逐野兽。㊟驰逐：驱驰追逐。相如因上疏谏曰：

“臣闻物有同类而殊能者，兼人、兽说。故力称乌获，捷言庆忌，勇期贲、育。乌获，秦武王力士。庆忌，吴王僚子，阖闾尝以马逐之江上，而不能及。贲，孟贲，古之勇士，水行不避蛟龙，陆行不避狼虎。育，夏育，亦勇士。㊟捷：快捷。期：必定。臣之愚，窃以为人诚有之，兽亦宜然。从猛士引出猛兽。〔补〕诚：真正，确实。今陛下好陵阻险，〔补〕登涉险峻难行之地。射猛兽，卒猝然遇逸材之兽，骇不存之地，犯属车之清尘，逸材，过于众也。不存，不可得而安存也。属车，从车。言犯清尘，不敢指斥之也。○“卒然”二字，伏下“不及”“不暇”“不得用”等字。〔补〕骇：指野兽被惊骇。清尘：车后扬起的尘土，用作对尊贵者的敬称。清，敬辞。舆不及还辕，人不暇施巧，虽有乌获、逢蒙之技不能用①，枯木朽株尽为难矣。枯木朽株，狙险中塞道之物。○危言悚听。〔补〕舆：车。还辕：犹回车。施巧：施展巧技。虽：即使。逢蒙：古之善射者，曾学射于后羿。是胡越起于毂下，而羌夷接轸也，岂不殆哉？轸，车后横木。起毂、接轸，有如寇敌，喻祸之不远。○此段以祸恐之。〔补〕胡越、羌夷：古时中原与胡、越、羌、夷等异族常有战祸，故以比喻祸患。毂下：辇毂之下。殆：危险。虽万全而无患，然本非天子之所宜近也。一折落下。

“且夫清道而后行，中路而驰，犹时有衔橛之变。衔，马勒衔也。橛，车钩心也。衔橛之变，言马衔或断，钩心或出，则致倾败以伤人也。〔补〕且夫：况且。中路：路的当中。衔：马嚼子。变：事故。况乎涉丰草，骋丘墟，丰，茂也。骋，驰也。〔补〕涉：跋涉。丘墟：山陵之地。前有利兽之乐，而内无存变之意，利，犹贪也。变，即衔橛之变。〔补〕利：贪爱。存：留意，关注。其为害也不亦难矣②？比段以理谕之。〔补〕不亦：用于表肯定的反问句。夫轻万乘之重不以为安，乐出万有一危之涂途以为娱，臣窃

wéi bì xià bù qǔ
为陛下不取。结清道后行一段。

gài míng zhě yuǎn jiàn yú wèi méng ér zhì zhě bì wēi yú wú
（补）万乘：指帝王。

“盖明者远见于未萌，而知〔智〕者避危于无

xíng huò gù duō cáng yú yǐn wēi ér fā yú rén zhī suǒ hū zhě yě
形，祸固多藏于隐微，而发于人之所忽者也。结卒然遇兽一段。（补）无形：未露形迹。隐微：隐约细微。

gù bǐ yàn yuē jiā lěi qiān jīn zuò bù chuí
故鄙谚曰：‘家累千金，坐不垂

táng
堂。’惧瓦堕而伤之。言富人之子，则自爱深也。（补）鄙谚：俗语。家累：家中的财产。累，积聚。垂堂：靠近堂屋檐下。

cǐ yán suī xiǎo kě
此言虽小，可以喻大。一喻更醒。臣愿陛下留意幸察。”（补）幸察：犹言明察，敬辞。

卒然遇兽一段，写兽之骇发。清道后行一段，写人之不意。末复反复申明之，悚然可畏之中，复委婉易听。武帝所以善之也。

〔校记〕

①“能”，原作“得”，据《汉书·司马相如传》改。
②“亦”，原缺，据《汉书·司马相如传》补。

lǐ líng dá sū wǔ shū

李陵答苏武书

xī hàn wén

西汉文

子卿苏武字。足下：（补）足下：称人之敬辞，多用于平辈。

qín xuān lìng dé cè míng qīng
勤宣令德，策名清

shí róng wèn xiū chàng xìng shèn xìng shèn
时，荣问〔闻〕休畅，幸甚，幸甚！策，立也。荣问，令闻也。休，美。畅，通也。○先劳子卿。（补）令德：美德。策名：指出仕为官。清时：太平之时。问：名声。休畅：休善畅通。幸甚：书信语，表示殷切希望之意。

远托异国，昔人所悲，望风怀想，能不依依！望风，远望也。依依，愁思也。昔者不遗，远辱还答，遗，忘也。陵前与武书，武有还答。〔补〕辱：承蒙。慰诲勤勤，有逾骨肉，陵虽不敏，能不慨然！次谢遗书。〔补〕慰诲：安慰教诲。勤勤：恳切至诚。不敏：谦辞，犹不才，愚钝。慨然：感情激昂貌。

自从初降，以至今日，身之穷困，独坐愁苦。终日无睹，但见异类。韦鞲毳幕，以御风雨；韦，皮也。鞲，衣袖。毳，毡也。幕，帐也。膻肉酪浆，以充饥渴。膻，羊臭。酪，乳浆。举目言笑，谁与为欢？胡地玄冰，边土惨裂，玄冰，冰厚色玄也。惨裂，寒之甚也。但闻悲风萧条之声。凉秋九月，塞外草衰，夜不能寐，侧耳远听，胡笳互动，笳，笛类，胡人吹之为曲。〔补〕寐：入睡。牧马悲鸣，吟啸成群，边声四起。边声，即笳曲、马鸣之属。〔补〕吟：指胡笳声。晨坐听之，不觉泪下。嗟乎子卿！陵独何心，能不悲哉！次写自初降至今日，景况之甚惨。

与子别后，益复无聊。上念老母，临年被戮；妻子无辜，并为鲸鲵。武帝以陵降匈奴，杀其母、妻。临年，临老之年也。鲸鲵，鱼名，《左传》：“取其鲸鲵而封之，以为大戮。” 身负国恩，为世所悲。子归受荣，我留受辱，命也如何！顿挫。身出礼义之乡，而入无知之俗，违弃君亲之恩，长为蛮夷之域，伤已！㊟君亲：君王和父母。长：永久。令先君之嗣，先君，谓其父当户，即广之子。㊟令：使。更成戎狄之族，又自悲矣！次写无数冤毒在心。㊟更：改变。功大罪小，不蒙明察，孤负陵心区区之意。功，谓战功。罪，谓降虏。不蒙明察，谓诛及全家。陵心区区之意，即下所云欲“报恩于国主”是也。㊟蒙：承蒙，敬辞。孤负：辜负，对不住。区区：方寸，形容人的心。每一念至，忽然忘生。陵不难刺心以自明，刎颈以见（现）志，不难自杀，以表昔日之降非畏死。顾国家于我已矣，顾，念也。全家被诛，国家与我恩义已绝。㊟顾：但是。已矣：叹词，罢了。杀身无益，适足增羞，故每攘臂忍辱，攘，奋也。㊟攘臂：捋袖伸臂，形容激奋貌。辄复苟活。次明不自引决之故。㊟辄：承接连词，则。复：又。苟活：苟且偷生。左右之人，陵之左右。见陵如此，以为不入耳之欢，来相劝勉，异方之乐，只令人悲，增忉怛耳。不入耳之欢，谓富贵之乐。忉怛，内悲也。○次写忽忽之状，非人所能解劝。

嗟乎子卿！人之相知，贵相知心。前书仓卒（猝），未尽所怀，故复略而言之。自此以下，重述战败降胡之事。㊟复：再。昔先帝授陵步卒五千，出征绝域，先帝，谓武帝也，作书是昭帝时。绝域，远国也。五将失道，陵独遇战，五将，谓军将有五。与陵相期不至，故称失道。陵独遇匈奴，与之合战。而裹万里之粮，帅（率）徒步之师，出天汉之外，天汉，武帝年号。言师出正朔所加之外，见其远耳。㊟裹：携带。入强胡之域，以五千之众，对十万之军，策疲乏之兵，当新羁之马。羁，马络头也。㊟当：抵挡。马：指骑兵。然犹斩将搴旗，追奔逐北，搴，拔取也。师败曰北。灭迹扫尘，斩其枭帅，杀敌之易，如灭行迹、扫尘埃。枭帅，勇将也。使三军之士，视死如归。陵也不才，希当大任，意谓此时，功难堪矣。堪，胜也。言此时功大，不可胜比。○此段叙战胜之功，下段叙败北之故。

匈奴既败，举国兴师，更练（拣）精兵，强逾十万，单于临阵，亲自合围。单于，匈奴号。㊟匈奴君主称单于。更：又。练：挑选。强逾：超过。客主之形，既不相如；陵为客，匈奴为主。㊟相如：相同。步马之势，又甚悬绝。陵步卒，匈奴马骑。㊟悬绝：相差极远。疲兵再战，一以当千，然犹扶乘创痛，决命争首。创，伤也。以少敌众，见伤者多，然士卒用命，皆扶其创，乘其痛，争为先首而战也。㊟乘：谓忍受。死伤积野，余不满百，而皆扶病，不任干戈。(补)扶病：支撑病体，指带病行动。不任：扛不动。干戈：指兵器。然陵振臂一呼，创病皆起，举刃指虏，胡马奔走；兵尽矢穷，人无尺铁，犹复徒首奋呼，争为先登。徒，空也。○忠勇之气凛凛。(补)兵：兵器。徒首：空首，谓身无甲胄。先登：指先锋。当此时也，天地为陵震怒，战士为陵饮血。血，泪也。○精诚有以格天人。(补)饮血：血泪满面，流入口中，形容极度悲愤。单于谓陵不可复得，便欲引还，恐汉有伏兵。(补)引还：率军退回。而贼臣教之，遂便复战①，贼臣，管敢也。先亡入匈奴，至是告匈奴以汉无伏兵。(补)便：即。故陵不免耳。只一句说败降，极蕴藉。○以上两段，极力铺叙，以见功大罪小。

昔高皇帝以三十万众，困于平城，当此之时，猛将如云，谋臣如雨，然犹七日不食，仅乃得免。况当陵者，岂易为力哉？高祖自将击韩王信，遂至平城，为匈奴所围，七日不得食，用陈平密计，始得免。○引高帝，正是自写处。(补)当陵：如同陵。为力：指有所作为。而执事者云云，苟怨陵以不死。执事，汉朝执事之人也。云云，谓多言也，言皆责陵以不死而降。(补)苟：表示推测。然陵不死，罪也。顿挫。子卿视陵，岂偷生之士而惜死之人哉？宁有背君亲、捐妻子，而反为利者乎？慷慨悲歌，如闻变徵之声。(补)捐：抛弃。然陵不死，有所为也。故欲如前书之言，报恩于国主耳。陵前与苏子卿书云："若将不死，功成事立，则将上报厚恩，下显祖考。"诚以虚死不如立节，灭名不如报德也。㊟诚：确实。以：认为。虚死：无谓而死。昔范蠡不殉会稽之耻，曹沫不死三败之辱，卒复勾践之仇，报鲁国之羞。区区之心，切慕此耳②。范蠡，越之贤也。殉，死也。吴败越，越王勾践走于会稽，后七年，用范蠡计，遂破吴。是复勾践之仇也。曹沫，鲁将，与齐三战三败，失其竟土。后鲁与齐盟，曹沫以匕首劫桓公于坛上，曰："反所侵地。"桓公许之。是报鲁国之羞也。陵遂心慕此，欲为汉报功。㊟切：确切。何图志未立而怨已成，计未从而骨肉受刑，此陵所以仰天椎心而泣血也！以上申"不蒙明察，孤负陵心区区之意"二句。㊟图：料想。椎心：捶拍胸脯。

足下又云："汉与功臣不薄。"子为汉臣，安得不云尔乎？武为汉臣，何得不云如此？其实薄也。○跌一句，妙。㊟与：奖赏。云尔：如此说。昔萧、樊囚絷，萧何为民请上林苑，高祖怒，下廷尉，械系之。高祖病，有人恶樊哙党于吕氏，欲尽诛戚氏、赵王如意之属，高祖大怒，乃使陈平载绛侯代将，执哙诣长安。㊟囚絷：拘禁。韩、彭菹醢，陈豨反，韩信在长安，欲应之，事觉，吕氏使武士缚信，斩于长乐钟室。彭越反，高祖赦之，迁处蜀道，吕后白上曰："徙蜀自遗患，不如诛之。"遂夷三族。菹醢，肉酱。晁错受戮，晁错患诸侯强大，请削其地。七国反，遂诛错。周、魏见辜，周勃免相就国，人有上书告勃欲反，下廷尉捕治之。魏其侯窦婴，坐灌夫骂丞相田蚡不敬，论弃市。㊟见：被，受到。辜：惩处。其余佐命立功之士，贾谊、亚夫之徒，皆信命世之才，抱将相之具，而受小人之谗，并受祸败之辱，卒使怀才受谤，能不得展。彼二子之遐举，谁不为之痛心哉！文帝欲以贾谊任公卿之位，绛、灌、冯敬之属尽害之，于是天子疏之不用，后出为长沙王太傅。梁孝王与周亚夫有隙，孝王每朝，常言其短，后谢病免相，以事下狱，呕血而死。是不展周、贾二子远举之才，谁不为之痛心哉！○讲“薄”字第一层。㊟信：确实。命世之才：能治国的人才。具：才干。能：能力。遐举：远行，指死亡。

陵先将军，功略盖天地，义勇冠三军，徒失贵臣之意，到身绝域之表。此功臣义士所以负戟而长叹者也！何谓不薄哉？先将军，谓李广也。贵臣，谓卫青也。大将军卫青击匈奴，广为前将军，青自部精兵，而令广出东道，东道回远，迷惑失道，大将军因问失道状，广遂引刀自刭。○讲“薄”字第二层。㊟徒：只，仅仅。表：外。

且足下昔以单车之使，适万乘之虏，遭时不遇，至于伏剑不顾，流离辛苦，几死朔北之野。武奉使入匈奴，卫律欲武降，武谓“屈节辱命，虽生，何面目以归汉！”引佩刀以自刺。卫律惊，自抱持武。武气绝半日复息，乃徙武北海上无人处。㊟以：凭。适：到。伏剑：以剑自刎。几：几乎。朔北：指长城以北地区。丁年奉使，皓首而归，丁年，谓丁壮之年也。武留匈奴凡十九岁，始以强壮出，及还，须发尽白。老母终堂，生妻去帷。武奉使既久，母死妻嫁也。此天下所希闻，古今所未有也。一折。蛮貊之人，尚犹嘉子之节，况为天下之主乎？二折。㊟蛮貊：泛指四方落后部族，此指匈奴。陵谓足下当享茅土之荐，受千乘之赏。茅土、千乘，皆谓封诸侯之事。〇三折。闻子之归，赐不过二百万，位不过典属国，武自匈奴还，赐钱二百万，今之二千贯，拜为典属国，秩中二千石。无尺土之封，加嘉子之勤。勤，劳也。（补）加：褒奖。而妨功害能之臣，尽为万户侯；亲戚贪佞之类，悉为廊庙宰。（补）贪佞：贪财奸佞。廊庙宰：谓指执政大臣。廊庙，指君主与大臣议政之所，此指朝廷。子尚如此，陵复何望哉？

且汉厚诛陵以不死，薄赏子以守节，欲使远听之臣，听，闻也。望风驰命，谓归于汉。此实难矣。所以每顾而不悔者也。讲“薄”字第三层。陵虽孤恩，汉亦负德。孤，负也。力屈而降，则孤恩。汉诛陵家，亦负德。〇二句，收上起下。昔人有言：“虽忠不烈，视死如归。”忠于君者，虽不激烈，亦不爱死。陵诚能安，而主岂复能眷眷乎？陵诚能安于死而不孤恩，汉岂能眷眷念陵而不负德？（补）眷眷：依恋反顾貌。男儿生以不成名，死则葬蛮夷中，谁复能屈身稽颡，还向北阙，使刀笔之吏，弄其文墨邪？刀笔之吏，狱吏也。（补）稽颡：一种跪拜礼，屈膝下拜，以额触地。北阙：宫殿北面的门楼，为臣子等候朝见或上书之处，此代称朝廷。愿足下勿复望陵！勿复望陵归于汉。

嗟乎子卿！夫复何言！相去万里，人绝路殊。生为别世之人，死为异域之鬼，长与足下生死辞矣！伤心悲绝。(补)殊：不同。别世：另外一个世间。长：永久。幸谢故人，勉事圣君。指霍光、上官桀。(补)幸：希望，期望。谢：问候。足下胤子无恙，勿以为念，武在匈奴娶胡妇，生子名通国。(补)胤子：儿子。努力自爱。时因北风，复惠德音。望后书也。(补)因：依托。惠：赐予。德音：善言。李陵顿首。

天汉二年，陵率步卒五千人出塞，与单于战，力屈乃降。匈奴中与苏武相见。武得归，为书与陵，令归汉。陵作此书答之，一以自白心事，一以咎汉负功。文情感愤壮烈，几于动风雨而泣鬼神。除子卿自己，更无余人可以代作。苏子瞻谓齐、梁小儿为之，未免大言欺人。

〔校记〕

①“便”，原作“使”，据《文选》改。
②“切”，原作“窃”，据《文选》改。

路温舒尚德缓刑书

西汉文

昭帝崩，昌邑王贺废，宣帝初即位，昭帝崩，无嗣，迎昌邑王贺为嗣。既至即位，行淫乱。大将军霍光率群臣白太后废之，迎武帝曾孙病已，嗣昭帝后，是为宣帝。路温舒钜鹿人，守廷尉史。上书，言宜尚德缓刑。〔补〕崇尚仁德放宽刑罚。其辞曰：

"臣闻齐有无知之祸，而桓公以兴；齐襄公无道，公子小白奔莒，子纠奔鲁。及公孙无知弑襄公，小白自莒先入，得立，是为桓公。〔补〕以：因而。晋有骊姬之难，而文公用伯（霸）。晋献公伐骊戎，得骊姬，爱幸之。姬谮三公子，申生自杀，重耳、夷吾出奔。后重耳入晋为文公。〔补〕用：因此。近世赵王不终，诸吕作乱，而孝文为太宗。高祖宠戚姬，生如意，封为赵王。帝崩，惠帝立，吕太后鸩杀赵王。及惠帝崩，吕太后临朝，诸吕专权，欲危刘氏。诸大臣谋共诛之，迎立代王，是为孝文帝，庙号太宗。由是观之，祸乱之作，将以开圣人也。此句为下"昭天命""开至圣"张本。故桓、文扶微兴坏，〔补〕扶持衰微，复兴衰败。尊文、武之业，泽加百姓，功润诸侯，虽不及三王，天下归仁焉。承上说桓、文。文帝永思至德，〔补〕谓长思盛德。以承天心，崇仁义，省刑罚，通关梁，〔补〕关口和桥梁。一远近，敬贤如大宾，爱民如赤子，〔补〕婴儿，子生赤色，故言赤子。内恕情之所安，而施之于海内，恕情，谓推己之心。是以囹圄空虚，囹圄，狱名。天下太平。承上说文帝。夫继变化之后，必有异旧之恩，此贤圣所以昭天命也。再下一断，虚引"尚德缓刑"之旨。〔补〕异旧：异于以往。昭：昭示。往者，昭帝即世而无嗣，大臣忧戚，焦心合谋，皆以昌邑尊亲，援而立之。（补）焦心：焦急。援：举荐。立：扶立。然天不授命，淫乱其心，遂以自亡。深察祸变之故，乃皇天之所以开至圣也。应上“将以开圣人”意。（补）皇天：对天及天神天帝的尊称。故大将军霍光。受命武帝，股肱汉国，（补）股肱：大腿和胳膊，这里用作辅佐之意。披肝胆，披，开也。决大计，黜亡（无）义，废昌邑。立有德，立宣帝。辅天而行，然后宗庙以安，天下咸宁。（补）宗庙：古代帝王祭祀祖宗的庙宇，用以代称朝廷和政权。咸：全，都。

“臣闻《春秋》正即位，大一统而慎始也。立宣帝。（补）正即位：帝王即位，就要改正历法，以示接受天命。正，一年的第一个月。大：重视。陛下初登至尊，与天合符，宜改前世之失，正始受之统①，涤烦文，除民疾，存亡继绝，以应天意。主意要宣帝缓刑，缓刑即尚德也。以上却不直说，只反复极写兴废之际，以深动之。（补）正：端正。始受之统：刚接受的大统。涤烦文：除苛法。

“臣闻秦有十失，其一尚存，治狱之吏是也。此句方入正意。秦之时，羞文学，一失。（补）羞：嘲弄。文学：指儒家学说。好武勇，二失。贱仁义之士，三失。贵治狱之吏；四失。正言者谓之诽谤，五失。（补）正言：直言，说实话。遏过者谓之妖言。六失。（补）遏过：阻止产生过失。故盛服先生不用于世②，盛服，竭力以佩服也。○七失。（补）盛服先生：指儒者。盛服，衣冠齐整。忠良切言皆郁于胸，八失。誉谀之声日满于耳；九失。虚美熏心，实祸蔽塞。十失。（补）实祸：实际的祸害。此乃秦之所以亡天下也。结过秦。方今天下，赖陛下恩厚，亡（无）金革之危、饥寒之患，父子夫妻，戮力安家，戮力，并力也。（补）金革：兵器甲胄，借指战争。然太平未洽者，狱乱之也。一阖。（补）洽：和谐。狱：刑狱，亦指刑罚。夫狱者，天下之大命也，一开。（补）大命：大事。死者不可复生，绝者不可复属。（补）属：连接。《书》曰：'与其杀不辜，宁失不经。'辜，罪也。经，常也。谓法可以杀，可以无杀，杀之则恐陷于非辜，不杀之恐失于轻纵，然与其杀之而害彼之生，宁姑全之而自受失刑之责。今治狱吏则不然，上下相驱，驱，逐也。（补）相驱：互相争逐。以刻为明；深者获公名，平者多后患。（补）刻：苛刻。深：严酷。平：公正。故治狱之吏皆欲人死，非憎人也，自安之道在人之死。惨痛之音。是以死人之血流离于市，被刑之徒比肩而立，大辟之计岁以万数，此仁圣之所以伤也。太平之未洽，凡以此也。又束应前。(补)流离：淋漓。比肩：一个连着一个，形容众多。大辟：死刑，古五刑之一。夫人情安则乐生，痛则思死。棰楚之下，何求而不得？棰楚，以杖鞭扑也。故囚人不胜痛，则饰辞以视示之；饰，假也。视，告也。(补)不胜：受不了。视：供述。吏治者利其然，则指道以明之；狱吏利其假辞以相告，为指引道理，以明其罪之实。(补)利：贪图。上奏畏却，则锻练而周内纳之。却，退也。畏为上所却退，则精熟周悉，致之法中。○三句尽酷吏折狱之情。(补)锻练：构陷入罪。周内：使之周密。盖奏当之成，奏当，谓处当其罪，而上奏也。(补)奏当：审案完毕向皇帝奏闻处罪意见。当，判罪。虽咎繇同皋陶。听之，犹以为死有余辜。(补)虽：即使。听：断决。死有余辜：谓虽死不足抵其罪。何则？成练者众，文致之罪明也。成练，谓成其锻练之辞。文致，文饰而致人罪也。○可见酷吏爰书，不可为据。是以狱吏专为深刻，(补)深刻：严峻苛刻。残贼而亡无极，(补)残忍暴虐而没有止境。偷为一切③，偷，苟且也。一切，权时也。(补)一切：一时权宜。不顾国患，此世之大贼也。(补)国患：国家的祸患。贼：祸害。故俗语曰：'画地为狱，议不入；刻木为吏，期不对。'画狱、木吏，尚不入、对，况真实乎？议，拟也。期，必也。此皆疾吏之风，悲痛之辞也。故天下之患，莫深于狱；败法乱正政，离亲塞道，莫甚乎治狱之吏。此所谓一尚存者

yě
也。应前文作一大束。下更推开一步，是上书主意。〔补〕深：严重。

chén wén wū yuān zhī luǎn bù huǐ ér hòu fèng huáng jí fěi
“臣闻乌鸢之卵不毁，而后凤凰集④；诽

bàng zhī zuì bù zhū ér hòu liáng yán jìn gù gǔ
谤之罪不诛，而后良言进。〔补〕乌鸢：乌鸦和老鹰。凤凰：雄的叫凤，雌的叫凰。故古

rén yǒu yán shān sǒu cáng jí chuān zé nà wū jǐn yú nì è
人有言：‘山薮藏疾，川泽纳污，瑾瑜匿恶，

guó jūn hán gòu
国君含诟。’四句出《左传》，晋大夫伯宗之言。薮，大泽也。疾，毒害之物。瑾、瑜，美玉也。恶，玉瑕。诟，耻病也。〔补〕含诟：容忍辱骂。诟：辱骂。

wéi bì xià chú fěi bàng yǐ zhāo qiè yán kāi tiān xià zhī
唯陛下除诽谤以招切言，〔补〕唯：希望。招：求。切言：直言。开天下之

kǒu guǎng zhēn jiàn zhī lù sǎo wáng qín zhī shī zūn wén wǔ
口，广箴谏之路，〔补〕箴谏：规诫劝谏。扫亡秦之失，尊文、武

zhī dé shěng fǎ zhì kuān xíng fá yǐ fèi zhì yù zé tài
之德，省法制，〔补〕精简法令制度。宽刑罚，以废治狱，则太

píng zhī fēng kě xīng yú shì yǒng lǚ hé lè yǔ tiān wú jí
平之风可兴于世，永履和乐，与天亡极，首尾以“天”字应。〔补〕亡极：无穷尽。

tiān xià xìng shèn
天下幸甚！”

shàng shàn qí yán
上善其言。

论者谓宣帝好刑名之学，温舒此疏，切中其病，非也。是时宣帝初立，未有施行。盖自武帝后法益烦苛，宣帝即位，温舒冀一扫除之，故发此论。其言深切悲痛，宣帝亦为之感悟。

〔校记〕

①“受”后原有一“命”字，据《汉书·贾邹枚路传》删。
②“生”，原作“王”，据《汉书·贾邹枚路传》改。
③“偷”，原作“愉”，据《汉书·贾邹枚路传》改。
④“凰”，原作“皇”，据《汉书·贾邹枚路传》改。

杨恽报孙会宗书

西汉文

恽既失爵位家居，（杨恽，华阴人，与太仆戴长乐相忤，坐事，免为庶人。）治产业，起室宅，以财自娱。岁余，其友人安定太守西河孙会宗，知[智]略士也，与恽书谏戒之。（[补]知略士：有才智与谋略的士人。谏戒：规劝告诫。）为言大臣废退，当阖门惶惧，为可怜之意，不当治产业，通宾客，有称誉。恽宰相子，（父敞为丞相。）少显朝廷，一朝以晻[暗]昧语言见废[1]，（[补]谓一时以刻薄揭短的言语而被罢免官职。晻昧：不光明磊落。）内怀不服，报会宗书曰：

“恽材朽行秽，（[补]谦辞，言才能低劣、品行卑污，即无才无德。）文质无所底[抵]，（底，致也。[补]文质：文采与人品。无所底：没有成就。）幸赖先人（父敞。）余业，得备宿卫，（宿卫，常侍散骑官。[补]幸：侥幸。备：充数。）遭遇时变，以获爵位，（霍氏谋反，恽先闻知。霍氏伏诛，恽封为平通侯。）终非其任，卒与祸会。（谓见废也。[补]卒：最后。）足下哀其愚蒙，赐书教督以所不及，殷勤甚厚。（先谢赐书。[补]愚蒙：愚昧不明。教督：教导督促。以：认为。所不及：

rán qiè hèn zú xià bù shēn wéi qí zhōng shǐ ér wěi
(做得)不到的地方。殷勤：情意恳切。**然窃恨足下不深惟其终始②，而猥**

suí sú zhī huǐ yù yě yán bǐ lòu
随俗之毁誉也。猥，犹由也。㊟恨：遗憾。深惟：深思。终始：事情的原委。猥：随便，苟且。随俗：从众。**言鄙陋**

zhī yú xīn ruò nì zhǐ ér wén guò
之愚心，若逆指而文过；逆会宗之指，而自文饰其过。㊟鄙陋：庸俗浅薄，谦辞。逆指：违逆意旨。文过：掩饰自己的过错。

mò ér xī hū kǒng wéi kǒng shì gè yán ěr zhì zhī yì gù
默而息乎，恐违孔氏'各言尔志'之义。故

gǎn lüè chén qí yú wéi jūn zǐ chá yān
敢略陈其愚，唯君子察焉！入报书意。㊟愚：愚见。唯：句首语气词，表示希望。君子：指孙会宗。

yùn jiā fāng lóng shèng shí chéng zhū lún zhě shí rén
"恽家方隆盛时，乘朱轮者十人，朱轮，以丹漆涂车毂。二千石皆得乘朱轮。

wèi zài liè qīng jué wéi tōng hóu zǒng lǐng cóng guān yù wén zhèng
位在列卿，爵为通侯，总领从官，与闻政

shì zēng bù néng yǐ cǐ shí yǒu suǒ jiàn
事。㊟列卿：指九卿。通侯：爵位名。从官：皇帝的侍从官。与：参与。**曾不能以此时有所建**

míng yǐ xuān dé huà yòu bù néng yǔ qún
明，以宣德化，㊟曾：竟，却。建明：建白，即对国事有所建议陈述。德化：德政教化。**又不能与群**

liáo tóng xīn bìng lì péi fǔ cháo tíng zhī yí wàng
僚同心并力，陪辅朝廷之遗忘，遗忘，缺失也。㊟僚：官吏，同官。陪辅：帮助和辅正。

yǐ fù qiè wèi sù cān zhī zé jiǔ yǐ huái lù
已负窃位素餐之责久矣。顿宕。㊟窃位：谓窃取官位而不尽职。素餐：谓无功受禄。**怀禄**

tān shì bù néng zì tuì zāo yù biàn gù hèng bèi kǒu yǔ
贪势，㊟留恋爵禄，贪恋权势。**不能自退，遭遇变故，横被口语，**

shēn yōu běi què qī zǐ mǎn yù
口语，即戴长乐所告也。㊟横被：意外遭受。**身幽北阙，妻子满狱。**恽禁在北阙，不在常禁之所。○自叙始末，俱含牢骚之意。

dāng cǐ zhī shí zì yǐ yí miè bù zú yǐ sè zé
当此之时，自以夷灭不足以塞责，又顿宕。㊟夷灭：诛杀。塞责：补过。

qǐ yì dé quán shǒu lǐng fù fèng xiān rén zhī qiū mù hū
岂意得全首领，复奉先人之丘墓乎？此非幸语，正自恨语。

〔补〕首领：头和颈。伏惟圣主之恩，不可胜量。〔补〕伏惟：伏在地上想，下对上的敬辞。胜：尽。君子游道，乐以忘忧；宾。小人全躯，说悦以忘罪。主。〔补〕游道：谓修行道德。窃自思念③，过已大矣，行已亏矣，长为农夫以没世矣。连用三“矣”字，情词慷慨。〔补〕没世：终身。是故身率妻子，戮力耕桑，灌园治产，以给公上，给君上之赋税，以免官为庶人故也。〔补〕戮力：努力。公上：公家。不意当复用此为讥议也。不意会宗以此为讥谤之议。○一束。〔补〕用：犹言“以”，表示原因。

“夫人情所不能止者，圣人弗禁。转笔会全神。故君父至尊亲，送其终也，有时而既。终，没也。既，尽也。臣子送君父之终，丧不过三年，其哀有时而尽。○起下句。〔补〕至：最。臣之得罪，已三年矣。今我得罪已三年，惶惧之怀，亦可以少杀也。田家作苦，岁时伏腊，〔补〕岁时：一年。伏腊：伏祭和腊祭之日，指节日。烹羊炰羔，〔补〕炰羔：烤羔羊。斗酒自劳。〔补〕劳：慰劳。家本秦也，能为秦声。妇，赵女也，雅善鼓瑟。〔补〕雅：甚，颇。善：擅长。鼓瑟：弹琴。奴婢歌者数人，酒后耳热，仰天拊缶而呼乌乌。缶，瓦器也，秦人击之以节歌。李斯上书曰：击瓮叩缶，而呼乌乌快耳者，真秦声也。○激骚之音，短歌促节。〔补〕拊缶：击缶。其诗曰：‘田彼南山，芜秽不治。喻朝廷荒乱也。〔补〕田：种田。种一顷豆，落而为萁。喻贤人放弃也。萁，豆茎。〔补〕一顷：百亩。人生行乐耳，须富贵何时？’须，待也。言国既无道，但当行乐，欲待富贵职位，亦何时也！○含讥带诮，恽之得祸在此。是日也，拂衣而喜，奋褎（袖）低昂，顿足起舞，诚淫荒无度，不知其不可也。满纸不可人意。（补）拂：抖动。奋褎：挥舞衣袖。低昂：起伏。淫荒：耽于逸乐。恽幸有余禄，方籴贱贩贵，（补）买谷曰籴；贱买贵卖曰贩。逐什一之利，（补）什一：十分之一。此贾竖之事，污辱之处，恽亲行之。（补）贾竖：对商人的贱称。污辱：卑鄙。处：指经商。下流之人，众毁所归，不寒而栗。栗，竦缩也。（补）下流：谓众恶所归的地位。归：会集。虽雅知恽者，犹随风而靡，尚何称誉之有？明明讥刺会宗。（补）靡：指后退。称誉：称扬赞美。董生不云乎：‘明明求仁义，常恐不能化民者，卿大夫意也；明明求财利，常恐困乏者[4]，庶人之事也。’此董仲舒对策文。（补）明明：努力。故‘道不同，不相为谋’。大夫、庶人，道不同也，我亦与子殊矣。（补）言己为庶人，而孙会宗为官，地位既异，行径难同。今子尚安得以卿大夫之制而责仆哉？纯是怨望。（补）子：古代对男子的尊称。制：法度，制度。仆：自称的谦辞。

“夫西河魏土，西河，会宗所居。文侯所兴，（补）文侯：魏文侯。有段干木、田子方俱魏贤人。之遗风，漂然皆有节概，知去就之分。漂然，高远意。(补)节概：犹节操。去就：去留。顷者，足下离旧土，临安定。(补)顷者：近来。旧土：指故乡。临：来到。安定：安定郡，郡治高平，今宁夏固原。安定山谷之间，昆戎旧壤，子弟贪鄙，岂习俗之移人哉？于今乃睹子之志矣。言子岂随安定贪鄙之俗而易其操乎？今乃见子之志与我不同也。○何谩骂至此。(补)昆戎：昆夷和犬戎，古代西北少数民族。贪鄙：贪婪卑鄙。方当盛汉之隆，愿勉旃，毋多谈。”旃，之也。○结语愤绝。○后有日蚀之变，人告恽“骄奢，不悔过，日蚀之咎，此人所致”。下廷尉按验，又得与会宗书，宣帝恶之，廷尉议恽大逆无道，腰斩。(补)勉旃：努力，用于劝勉。

恽，太史公外孙。其报会宗书，宛然外祖答任安书风致。辞气怨激，竟遭惨祸。宣帝处恽，不以戴长乐所告事，而以报会宗一书，异哉帝之失刑也。

〔校记〕

①“以”，原缺，据《汉书·公孙刘田王杨蔡陈郑传》补。
②“惟”，原作“推”，据《汉书·公孙刘田王杨蔡陈郑传》改。
③“思”，原作“私”，据《汉书·公孙刘田王杨蔡陈郑传》改。
④“常”，原作“尚”，据《汉书·公孙刘田王杨蔡陈郑传》改。

光武帝临淄劳耿弇

东汉文

车驾至临淄，自劳军，群臣大会。是时张步屯祝阿，弇击拔之，进攻临淄，又拔之。(补)车驾：帝王所乘的车，代称光武帝刘秀。

帝谓弇曰："昔韩信破历下以开基，今将军攻祝阿以发迹，此皆齐之西界，功足相方。齐田广屯历下，今历城县。祝阿故城在长清县，俱属济南府。○天然吻合。㊟开基：谓开创大汉的基业。发迹：谓立功扬名。相方：相比。而韩信袭击已降，将军独拔勍敌，其功乃难于信也。田横立兄子广为齐王，而横相之。汉王使郦食其说下齐王广，及其相国横。横以为然，解其历下军。韩信用蒯彻计袭破之。○特为表章。㊟勍敌：强敌。又田横烹郦生，及田横降，高帝诏卫尉，不听为仇。田横以郦生卖己，烹之。卫尉，郦生弟商也。高帝诏之曰："齐王田横即至，人马从者敢动摇者，致族夷。"㊟不听：不允许。听，允许。张步前亦杀伏隆，若步来归命，吾当诏大司徒释其怨，帝使伏隆拜步为东海太守，刘永亦遣使立步为齐王。步欲留隆，隆不听，求得反命，步遂杀之。大司徒，伏隆父湛也。㊟释：消除。又事尤相类也。"其功乃难于信也"下，可直接"将军前在南阳，建此大策"句矣，偏又横插入此一段，妙绝。将军前在南阳，建此大策，常（尝）以为落落难合，有志者事竟成也！"先是弇从帝幸春陵，自请北收上谷兵，定彭宠于渔阳，取张丰于涿郡，还收富平获索，东攻张步，以平齐地，帝壮其意，许之。落落难合，谓疏阔而不易副也。○天下无难成之事，特患人之无志耳。有志竟成一语，大堪砥砺英雄。㊟常：曾经。落落难合：谓迂阔难成。合，成。

前一段，表弇之功；末一段，佳弇之志。中间将自己处张步，与高帝处田横，比方一番，以动步归诚之意。英主作用，全在此数语。

mǎ yuán jiè xiōng zǐ yán dūn shū

马援诫兄子严敦书

dōng hàn wén

东汉文

yuán xiōng zǐ yán dūn bìng xǐ jī yì ér tōng qīng xiá kè

援兄子严、敦，并喜讥议，而通轻侠客。(补)讥议：讥评非议。通：交好。轻：轻佻。

yuán qián zài jiāo zhǐ huán shū jiè zhī yuē

援前在交阯，帝拜援伏波将军，南击交阯。还书诫之曰：

wú yù rǔ cáo wén rén guò shī rú wén fù mǔ zhī míng ěr kě dé wén kǒu bù kě dé yán yě hào yì lùn rén cháng duǎn wàng shì fēi zhèng fǎ cǐ wú suǒ dà wù yě nìng sǐ bú yuàn wén zǐ sūn yǒu cǐ xíng yě

“吾欲汝曹闻人过失，曹，辈也。如闻父母之名，耳可得闻，口不可得言也。名论，未经人道破。好议论人长短，妄是非正[政]法，此吾所大恶也，宁死不愿闻子孙有此行也。申明上意。(补)妄：随便。是非正法：谓讥刺时政。是非：评论。

rǔ cáo zhī wú wù zhī shèn yǐ suǒ yǐ fù yán zhě shī jīn jié lí shēn fù mǔ zhī jiè yù shǐ rǔ cáo bú wàng zhī ěr

汝曹知吾恶之甚矣，平日常以此相戒。所以复言者，施衿结缡，申父母之戒，欲使汝曹不忘之耳。今又复言之者，犹父母送女，亲为施衿结缡，申其训戒，不惮再三，盖欲使汝曹不遗忘耳。衿，佩带也。缡，佩巾也。○以上诫其喜讥议。

lóng bó gāo dūn hòu zhōu shèn kǒu wú dù yán qiān yuē jié jiǎn lián gōng yǒu wēi wú ài zhī zhòng zhī yuàn rǔ cáo xiào zhī

“龙伯高名述，京兆人，时为山都长。敦厚周慎，四字总。口无择[殬]言，(补)择言：败坏他人或不合法度的言论。择，败，坏的。谦约节俭，廉公有威，敦厚周慎如此。吾爱之重之，愿汝曹效之。

dù jì liáng háo xiá hào

杜季良名保，京兆人，时为越骑司马。豪侠好义，四字总。忧人之忧，乐人之乐，清浊无所失，善恶皆与为交。父丧致客，数郡毕至，豪侠好义如此。吾爱之重之，不愿汝曹效也。龙、杜之行 并堪爱重，而当效与不当效，则有别。效伯高不得，犹为谨敕之士，所谓刻鹄不成尚类鹜者也。㊟谨敕：谨慎，能约束自己的言行。鹄：天鹅。鹜：鸭子。效季良不得，陷为天下轻薄子，所谓画虎不成反类狗者也。申明上意，设喻更新奇。讫今季良尚未可知，郡将下车辄切齿，㊟讫今：至今。郡将：郡守。下车：指官员到任。辄：总是。州郡以为言，吾常为寒心，是以不愿子孙效也。”又单言季良取祸之道，以重警之。○以上诫其通轻侠客。㊟州郡：指州郡的官员。寒心：担心。

戒兄子书，谆谆以黜浮返朴为计，其关系世教不浅。

诸葛亮前出师表

三国文

臣亮言①：先帝创业未半而中道崩殂，先帝，汉昭烈帝刘备也。即位才三年而没。○万难心事，已倾泻此二语。㊟中道：中途。崩殂：指帝王之死。今天下三分，蜀、吴、魏。益州疲弊②，益州，蜀也。蜀小兵弱，敌大国，故云疲弊。(补)疲弊：困苦穷乏。此诚危急存亡之秋也。先提明事势。(补)秋：时候。然侍卫之臣不懈于内，忠志之士忘身于外者，(补)侍卫之臣：指朝廷官员。内：指朝廷。忠志之士：指军中将士。外：指疆场。盖追先帝之殊遇，欲报之于陛下也。次叙群情，起下用人。(补)盖：连词，承接上文，表示原因。追：追念。殊遇：特殊恩遇。诚宜开张圣听，以光先帝遗德，恢弘志士之气③，(补)诚：确实。宜：应该。开张圣听：勉励后主广泛听取群臣的意见。光：发扬光大。恢弘：发扬。不宜妄自菲薄，引喻失义，以塞忠谏之路也。菲，轻也。言必上法尧、舜，高自期许，不当妄自轻薄，引喻浅近，以失大义。○连说“宜”与“不宜”，发起一篇告戒之意。(补)妄自菲薄：随便地看轻自己。引喻：引证比喻。忠谏：忠心规劝。

宫中府中，俱为一体，陟罚臧否，不宜异同。宫中，禁中也。府中，大将军幕府也。陟，升也。臧否，善恶也。(补)俱：全部，都。臧否：褒贬。异同：不同，不一致。若有作奸犯科作奸伪，犯科条。○否。及为忠善者，臧。宜付有司论其刑赏，陟罚。(补)有司：有专职的官吏，各有专司，故叫有司。以昭陛下平明之理④，平明，无异同也。(补)昭：显示。理：治理。不宜偏私，使内外异法也。内、外，谓宫、府。○宫中亲近，府中疏远，出师进表，著意全在此一段。

侍中、侍郎郭攸之、费祎、董允等，郭攸之、费祎俱为侍中。董允为黄门侍郎。此皆良实，志虑忠纯，是以先帝简拔以遗陛下(bì xià)。④良实：贤良忠实之人。志虑：思想。简拔：选拔。遗：留给。愚以为宫中之事，事无(yú yǐ wéi gōng zhōng zhī shì shì wú)

大小(dà xiǎo)，悉以咨之(xī yǐ zī zhī)，然后施行(rán hòu shī xíng)，必能裨补阙漏(bì néng bì bǔ quē lòu)，

有所广益(yǒu suǒ guǎng yì)。此段言宫中之事，宜开张圣听。④愚：自称之谦辞。悉：全。咨：询问。裨：弥补。阙漏：缺失遗漏。广益：增添益处。

将军向宠(jiāng jūn xiàng chǒng)，向宠为中部督，典窟卫兵，迁中领军。性行淑均(xìng xíng shū jūn)，④性格品行，善良公正。淑：善良。

晓畅军事(xiǎo chàng jūn shì)，④晓畅：谙熟，精通。试用于昔日(shì yòng yú xī rì)，先帝称之曰(xiān dì chēng zhī yuē)

能(néng)，是以众议举宠为督⑤(shì yǐ zhòng yì jǔ chǒng wéi dū)。④能：指有能力。督：中部督，掌管禁卫军。愚以为(yú yǐ wéi)

营中之事⑥(yíng zhōng zhī shì)，悉以咨之(xī yǐ zī zhī)，必能使行阵和睦⑦(bì néng shǐ háng zhèn hé mù)，优(yōu)

劣得所⑧(liè dé suǒ)。此段言府中之事，宜开张圣听。〇时宵人伺伏，必乘孔明远出，而盅惑其君者，故亟亟荐引贤才，布列庶位以防之。④行阵：指军队。和睦：谓和好相

处。优劣得所：谓好
的差的各得其所。

亲贤臣(qīn xián chén)，远小人(yuàn xiǎo rén)，此先汉所以兴隆也(cǐ xiān hàn suǒ yǐ xīng lóng yě)；亲(qīn)

小人(xiǎo rén)，远贤臣(yuàn xián chén)，此后汉所以倾颓也(cǐ hòu hàn suǒ yǐ qīng tuí yě)。六句承上，作一关锁。④远：不亲近。所以：

表示原因。兴隆：兴旺隆盛。倾颓：衰败。先帝在时(xiān dì zài shí)，每与臣论此事(měi yǔ chén lùn cǐ shì)，论兴隆、倾颓之事。未(wèi)

尝不叹息痛恨于桓、灵也(cháng bú tàn xī tòng hèn yú huán líng yě)。东汉桓帝、灵帝，用阉竖败亡。〇后主宠任黄皓，复蹈覆辙，尤可叹恨。

④未尝：犹没有。痛恨：痛心遗憾。侍中(shì zhōng)、尚书(shàng shū)、陈震长史(zhǎng shǐ)、张裔参军(cān jūn)，蒋琬此(cǐ)

悉贞良死节之臣⑨(xī zhēn liáng sǐ jié zhī chén)，④贞良：坚良贤良。死节：为保全节操而死，指能够以死报国。愿陛下亲(yuàn bì xià qīn)

zhī xìn zhī zé hàn shì zhī lóng kě jì rì ér dài yě
之信之，则汉室之隆，可计日而待也。三人，皆孔明所进，恐出师后未必用，故又另嘱。缴应“亲贤臣”六句。下乃自叙出处本末。[补]隆：兴盛。计日而待：犹言为期不远。

chén běn bù yī gōng gēng yú nán yáng
臣本布衣，躬耕于南阳，南阳，郡名。[补]布衣：指平民。古代平民不能衣锦绣，故称。躬：亲自。

gǒu quán xìng mìng yú luàn shì bù qiú wén dá yú zhū hóu
苟全性命于乱世，不求闻达于诸侯。孔明学问过人处在此。[补]苟全：苟且求全。闻达：名声显达。

xiān dì bù yǐ chén bēi bǐ wěi zì wǎng qū sān gù chén yú
先帝不以臣卑鄙，猥自枉屈，三顾臣于

cǎo lú zhī zhōng zī chén yǐ dāng shì zhī shì yóu shì gǎn jī suì xǔ
草庐之中，咨臣以当世之事，由是感激，遂许

xiān dì yǐ qū chí
先帝以驱驰。猥，曲也。南阳邓县西南，有诸葛亮宅，是刘备三顾处。○观其出处不苟，真伊、傅一流人。[补]以：认为。卑鄙：卑微鄙陋。猥：谦辞，表示谦卑。枉屈：屈尊就卑。顾：访问。由是：因此。感激：感动奋发。许：答应。驱驰：奔走效劳。

hòu zhí qīng fù
后值倾覆，献帝建安十三年，曹操败备于当阳长坂。[补]值：遇上。

shòu rèn yú bài jūn zhī jì fèng mìng yú wēi nàn zhī jiān ěr lái
受任于败军之际，奉命于危难之间，尔来

èr shí yòu yì nián yǐ
二十有一年矣。刘备以建安十三年败，遣亮使吴，求救于孙权。亮以建兴五年抗表北伐。自倾覆至此，整二十年。然则备始与亮相遇，在军败前一年也。[补]际：时候。间：期间。尔来：从那时以来。

xiān dì zhī chén jǐn shèn
先帝知臣谨慎，孔明一生，尽此“谨慎”二字。[补]谨慎：言行慎重小心。

gù lín bēng jì chén yǐ dà shì yě
故临崩寄臣以大事也。先主于永安病笃，召亮嘱以后事曰：“君才十倍曹丕，必能安国，终建大业。”又敕后主曰：“汝与丞相从事，事之如父。”○伏后“遗诏”句。[补]寄：托付。

shòu mìng yǐ lái sù yè yōu tàn kǒng tuō fù bú xiào yǐ
受命以来，夙夜忧叹，恐托付不效，以

shāng xiān dì zhī míng
伤先帝之明，[补]夙夜：早晚。忧叹：忧虑叹息。不效：没有成效。

gù wǔ yuè dù lú shēn rù
故五月渡泸，深入

不毛。^{bù máo}

建兴元年，南中诸部，并皆叛乱。三年春，亮率众征之，其秋悉平。泸，水名，出牂牁郡，中有瘴气，三四月渡必死。不毛，谓不生草木也。

今南^{jīn nán}方已定^{fāng yǐ dìng}，兵甲已足^{bīng jiǎ yǐ zú}，当奖率三军⑩^{dāng jiǎng shuài sān jūn}，北定中原^{běi dìng zhōng yuán}，

中原，魏也。向之不即伐魏者，以南方未定，有内顾之忧耳。今毕南征，当兴北伐。⑩兵甲：兵器和铠甲，指武备军备。奖：鼓励。率：统率。

庶竭驽钝^{shù jié nú dùn}，攘除奸凶^{rǎng chú jiān xiōng}，兴复汉室^{xīng fù hàn shì}，还于旧都^{huán yú jiù dū}。

奸凶，谓曹丕也。旧都，谓雍、洛二州，两汉所都也。

⑪庶：希望。竭：竭尽。驽钝：劣马钝刀，自谦才能平庸。攘除：驱除。

此臣所以报先帝而忠陛下^{cǐ chén suǒ yǐ bào xiān dì ér zhōng bì xià}之职分也⑪^{zhī zhí fèn yě}。

心事光明宏伟。

至于斟酌损益，^{zhì yú zhēn zhuó sǔn yì}

⑫斟酌：指考虑可否而决定取舍。损：损害。益：益处。

进尽忠言^{jìn jìn zhōng yán}，则攸之^{zé yōu zhī}、祎^{yī}、允之任也^{yǔn zhī rèn yě}。

收到攸之、祎、允处，极有关应。

愿陛下托臣以讨贼兴复之效；^{yuàn bì xià tuō chén yǐ tǎo zéi xīng fù zhī xiào}

⑬效：功效。

不效，^{bú xiào}则治臣之罪^{zé zhì chén zhī zuì}，以告先帝之灵。^{yǐ gào xiān dì zhī líng}

⑭告：祭告。

若无兴德之^{ruò wú xīng dé zhī}言，^{yán}则责攸之^{zé zé yōu zhī}、祎^{yī}、允等之慢⑫^{yǔn děng zhī màn}，以彰其咎⑬^{yǐ zhāng qí jiù}。

二层，引起下一层。⑭兴德：发扬圣德。责：惩处。慢：怠惰。彰：揭示。咎：过失。

陛下亦宜自谋，以咨诹^{bì xià yì yí zì móu yǐ zī zōu}善道^{shàn dào}，察纳雅言⑭^{chá nà yǎ yán}，

⑮咨诹：咨询。善道：良好的办法。察纳：审察采纳。雅言：正确合理的言论意见。

深追先^{shēn zhuī xiān}帝遗诏。^{dì yí zhào}

责重后主。应前"开张圣听"数语。⑯追：追念。

臣不胜受恩感激。^{chén bú shèng shòu ēn gǎn jī}今当^{jīn dāng}远离^{yuǎn lí}，临表涕零⑮^{lín biǎo tì líng}，不知所言⑯^{bù zhī suǒ yán}。

⑯不胜：非常。临表：面对表章。涕零：流泪。

后主建兴五年，诸葛孔明率军北驻汉中，以图中原，临发上此疏。

大意只重亲贤远佞，而亲贤尤为远佞之本。故始以"开张圣听"起，末以"咨诹""察纳"收。篇中十三引先帝，勤勤恳恳，皆根极至诚之言，自是至文。

[校记]

① 《三国志·诸葛亮传》《诸葛亮集》无"臣亮言"三字，《文选》有。

② "弊"，原作"敝"，据《三国志·诸葛亮传》改。

③ "弘"，原作"宏"，据《三国志·诸葛亮传》改。

④ "理"，原作"治"，据《三国志·诸葛亮传》改。

⑤ "宠"后原有一"以"字，据《三国志·诸葛亮传》删。

⑥ "事"后原有"事无大小"四字，据《三国志·诸葛亮传》删。

⑦ "睦"，原作"穆"，据《三国志·诸葛亮传》改。

⑧ "所"后原有一"也"字，据《三国志·诸葛亮传》删。

⑨ "良"，原作"亮"，据《三国志·诸葛亮传》改；"臣"后原有一"也"字，亦据删。

⑩ "率"，原作"帅"，据《三国志·诸葛亮传》改。

⑪ "臣"后原有一"之"字，据《三国志·诸葛亮传》删。

⑫ "等"，原缺，据《三国志·诸葛亮传》补；"慢"，原作"咎"，亦据改。

⑬ "咎"，原作"慢"，据《三国志·诸葛亮传》改。

⑭ "雅"，原作"人"，据《三国志·诸葛亮传》改。

⑮ "零"，原作"泣"，据《三国志·诸葛亮传》改。

⑯ "言"，原作"云"，据《三国志·诸葛亮传》改。

zhū gě liàng hòu chū shī biǎo
诸葛亮后出师表

sān guó wén
三国文

xiān dì lǜ hàn zéi bù liǎng lì wáng yè bù piān ān gù tuō
先帝虑汉、贼不两立，王业不偏安，故托

chén yǐ tǎo zéi yě
臣以讨贼也。

汉，自谓。贼，谓曹。偏安，谓汉僻处于蜀。〇伸大义当讨。

yǐ xiān dì zhī míng liáng
以先帝之明，量

chén zhī cái gù zhī chén fá zéi cái ruò dí qiáng yě rán bù fá
臣之才，故知臣伐贼①，才弱敌强也；然不伐贼，王业亦亡，惟坐待亡②，孰与伐之？(补)孰与：犹何如，意谓还不如，常用于反诘句，表示比较、抉择。是故托臣而弗疑也。审大势当讨。(补)疑：迟疑。臣受命之日，寝不安席，食不甘味，思惟北征，宜先入南，故五月渡泸，深入不毛，并日而食。“北征”四句，解见前表。并日而食，谓两日惟食一日之供。(补)思惟：考虑。臣非不自惜也，顿挫。顾王业不得偏全于蜀都③，故冒危难以奉先帝之遗意也④，应上两“托臣”句。(补)顾：只是，但是。而议者谓为非计。时议者多以伐魏为疑，故有下六段未解之论。(补)非计：并非上计，失策。今贼适疲于西，后主五年，亮攻祁山，南安、天水、安定三郡，皆叛魏应汉，关中响振。(补)适：恰好。又务于东，曹休东与吴陆逊战于石亭，大败。(补)务：尽力。兵法乘劳，此进趋之时也。贼固当讨，时又不可失。(补)乘劳：谓利用敌方疲劳的时机。进趋：进攻。谨陈其事如左：以上作一冒。

高帝明并日月，谋臣渊深，然涉险被创，创，伤也。(补)高帝：高祖刘邦。并：相比。渊深：指谋略深远。涉险被创：历险受伤。危然后安。今陛下未及高帝，谋臣不如良、平，张良、陈平。而欲以长计取胜⑤，坐定天下，此臣之未解懈一也。此段言不可以坐定取胜。(补)长计：长久对峙之计。未解：胡三省曰：“解，读曰懈，言未敢懈怠也；后皆同。”见《资治通鉴》卷第七十一。

刘繇、王朗各据州郡，刘繇，据河曲。王朗，守魏郡。论安言计，动引圣人，论安危，言计策，动引古之圣人。群疑满腹，众难塞胸，用人，则妒能嫉贤，群疑满于腹内。临事，则畏首畏尾，众难塞于胸中。今岁不战，明年不征，使孙策孙权兄。坐大，遂并江东，不务战征，使孙策坐以致大，江东遂为其所并。○繇、朗皆守一隅，以致破败者。引证蜀事，最切。(补)坐大：逐渐强大起来。此臣之未解懈二也。此段言不可以不战资敌。

曹操智计殊绝于人，其用兵也，仿佛孙、吴，孙膑、吴起。(补)殊绝：超越。仿佛：好像。然困于南阳，操与张绣战于宛，为流矢所中。险于乌巢，袁绍拒操于官渡，辎重万余，在故市乌巢。时操粮少，走许避之。危于祁连，操征西域，几危于祁连。逼于黎阳，袁谭据黎阳，操用兵吴、蜀，谭兵逼迫其后。几败北山，夏侯渊败，操争汉中，运粮北山下数千万囊，赵云遇之，乃入营闭门，操引去，云擂鼓震天，以大弩射之，操军惊骇，蹂践堕汉水中。殆死潼关，操讨马超、韩遂于潼关，操将北渡，与许褚留南岸断后，超将步骑万余人，来奔操军，矢下如雨，褚白操，乃扶上船。(补)殆：几乎。然后伪定一时耳⑥，伪定，非真。一时，未久。况臣才弱，而欲以不危而定之，此臣之未解懈三也。此段言难以不危而定。

曹操五攻昌霸不下，东海昌霸反，操遣刘岱、王忠击之，不克。四越巢湖不成，魏以合肥为重镇，其东南巢湖在焉。孙权围合肥，魏自湖入淮，军合肥者数矣。任用李服而李服图之，图，谓转谋操也。其事未详。委夏侯而夏侯败亡⑦，操留夏侯渊守北边，为先主所杀。先帝每称操为能，犹有此失，况臣驽下，(补)驽下：资质驽钝，才能低下。驽，劣马，比喻低劣无能。何能必胜？此臣之未解（懈）四也。此段言难以庸才取胜。

自臣到汉中，时亮率军北驻汉中。中间期年耳，(补)期年：满一年。然丧“丧”字，贯至“一千余人”。赵云、阳群、马玉、阎芝、丁立、白寿、刘郃、邓铜等及曲长、屯将七十余人，曲，部曲也。(补)曲、屯皆古代军队的编制单位，曲的长官为曲长，屯的长官称屯将。突将、无前、冲突之将，无有敌者。賨叟、青羌、皆亮南征所得渠率。(补)蜀兵谓之叟；賨叟，巴蜀之兵。青羌，羌人之一部。散骑、武骑皆骑兵。一千余人。以上乃计其士卒物故也。此皆数十年之内所纠合四方之精锐，非一州之所有；若复数年，则损三分之二也，当何以图敌？此臣之未解（懈）五也。此段言缓之则无人，难以图敌。(补)图：设法对付。

今民穷兵疲，而事不可息，事不可息，则住与行谓守与战。劳费正等，(补)劳费：耗费的人力财力。正等：正好相等。而不及今图之⑧，欲以一州之地与贼持久，此臣之未解（懈）六也。此段言不早图则兵疲，难以持久。○六未解俱用反说，驳倒群议，独伸己见。文势层叠，意思慷慨。(补)及今：趁现今之时。

夫难平（评）者，事也。顿一句。起下。(补)平：评议判定。事：战事。昔先帝败军于楚，先主十二年，刘璋降，先主跨有荆、益，操恐先主据襄阳，将精兵五千追之，及于当阳之长坂，先主乃弃妻子走。当此时，曹dāng cǐ shí}^{cáo}操拊手，谓天下已定。操当兴。㊟拊手：拍手。然后先帝东连吴越，赤壁破曹。西取巴蜀，xī qǔ bā shǔ}进兵围成都，取刘璋。举兵北征，夏侯授首，jǔ bīng běi zhēng}^{xià hóu shòu shǒu}斩夏侯渊。此操之失计而汉事将成也。cǐ cāo zhī shī jì ér hàn shì jiāng chéng yě}汉又当兴，是操之事难料。然后吴rán hòu wú}更违盟，关羽毁败，gèng wéi méng}^{guān yǔ huǐ bài}孙权遣吕蒙袭关，定荆州。㊟更：又。秭归蹉跌，zǐ guī cuō diē}秭归，地名。先主痛关之亡，奋力复仇，又为陆逊所败。㊟蹉跌：跌倒，比喻失败。曹丕称帝。cáo pī chēng dì}操子丕废献帝为山阳公，自称帝。○汉又忽败，是汉之事难料。凡事如是，难可逆见⑨。两举先主、曹操难料之事，见今事亦难料，正与上六未解相照。㊟逆见：预见。臣鞠chén jū}躬尽力，死而后已，至于成败利钝，非臣之明gōng jìn lì}^{sǐ ér hòu yǐ}^{zhì yú chéng bài lì dùn}^{fēi chén zhī míng}所能逆睹也。suǒ néng nì dǔ yě}一篇意思，全在此处收结。忠肝义胆，照耀简编。㊟鞠躬尽力：谓恭敬谨慎，竭尽心力。利钝：顺利与挫折。逆睹：预知。

时曹休为吴所败，魏兵东下，关中虚弱，孔明欲出兵击魏，群臣多以为疑，乃上此疏，伸讨贼之义，尽托孤之责，以教万世之为人臣者。"鞠躬尽力，死而后已"之言，凛然与日月争光。前表开导昏庸，后表审量形势，非抱忠贞者不欲言，非怀经济者不能言也。

〔校记〕

①"故"，原作"固"，据《诸葛亮集》改。
②"坐"后原有一"而"字，据《诸葛亮集》删。
③"不得偏全"，原作"不可偏安"，据《诸葛亮集》改。
④"也"，原缺，据《诸葛亮集》补。
⑤"计"，原作"策"，据《诸葛亮集》改。
⑥"耳"，原作"尔"，据《诸葛亮集》改。
⑦"委"后原有一"任"字，据《诸葛亮集》删。
⑧"今"，原作"早"，据《诸葛亮集》改。
⑨"见"，原作"料"，据《诸葛亮集》改。

古文观止卷之七

陈情表

李密

臣密言：李密，字令伯，犍为武阳人。父早亡，母何氏更适人，密见养于祖母刘氏，以孝闻，侍疾，日夜未尝解带。蜀亡，晋武帝征为太子洗马。诏书累下，郡县逼迫，密上此疏。**臣以险衅，夙遭闵凶。**险衅，艰难祸罪也。夙，早也。闵，忧也。○二句总下。㊟险衅：谓命运不好。闵凶：忧患凶丧之事。**生孩六月，慈父见背；**父死。㊟见背：弃我而去。见，用在动词前面，称代自己，等于前置的"我"。背，去世。**行年四岁，舅夺母志。**舅嫁其母，不得守节。㊟行年：年龄。夺：强行改变。**祖母刘愍臣孤弱，躬亲抚养。**㊟愍：怜惜。孤：幼年丧父。躬亲：亲自。**臣少多疾病，九岁不行，零丁孤苦，至于成立。**一段。所谓"臣无祖母，无以至今日"。㊟不行：不会走路。零丁：孤独无依貌。成立：成人自立。**既无伯叔①，终鲜兄弟，**㊟鲜：没有。**门衰祚薄，**门户衰微，福祚浅薄。**晚有儿息。**儿息得之甚晚。㊟儿息：子嗣。**外无期功强近之亲，内无应门五尺之僮②，**期，周年服也。功，大功、小功也。强近，强为亲近也。僮，仆也。㊹外：家外，即自己一房之外的亲族。期功：古代丧服名称。期，服丧一年。功，分大功、小功，大功服丧九个月，小功服丧五个月。强：勉强。应门：照应门户。**茕茕**（qióngqióng）

孑立，形影相吊。（jié lì xíng yǐng xiāng diào） 茕茕，孤独貌。孑，单也。吊，问也。唯形与影，自相吊问也。**而刘夙婴疾**（ér liú sù yīng jí）

病，（bìng）婴，加也。㊺夙：早，早年。婴：绕，纠缠。**常在床蓐，臣侍汤药，未曾废**（cháng zài chuáng rù）（chén shì tāng yào）（wèi céng fèi）

离③。（lí）一段。所谓"祖母无臣，无以终余年"。㊻蓐：草席，即寝褥。未曾：没有。废：废止，指不侍奉。离：离开。

逮奉圣朝，（dài fèng shèng cháo）晋朝。㊼逮：到。奉：承奉。**沐浴清化。**（mù yù qīng huà）㊽蒙受清明的教化。**前太**（qián tài）

守臣逵察臣孝廉，（shǒu chén kuí chá chén xiào lián）㊾逵：太守的名。察：考察推举。孝廉：孝悌清廉之士。**后刺史臣荣**（hòu cì shǐ chén róng）

举臣秀才。（jǔ chén xiù cái）㊿荣：刺史的名。秀才：优异之才。**臣以供养无主，**（chén yǐ gōng yǎng wú zhǔ）无人主供养之事。○主：指主事的人。

辞不赴命。（cí bú fù mìng）一次陈情在前。○辞：辞谢。**诏书特下，拜臣郎中，**（zhào shū tè xià）（bài chén láng zhōng）○拜：授官。

郎中：尚书省的属官。**寻蒙国恩，除臣洗马。**（xún méng guó ēn）（chú chén xiǎn mǎ）寻，俄也。拜官曰除。洗马：太子属官。○寻：不久。**猥以**（wěi yǐ）

微贱，当侍东宫，非臣陨首所能上报。（wēi jiàn）（dāng shì dōng gōng）（fēi chén yǔn shǒu suǒ néng shàng bào）猥，顿也。东宫，太子宫也。陨，落

也。○猥：辱，谦辞。当：担任。首：头。**臣具以表闻，辞不就职。**（chén jù yǐ biǎo wén）（cí bú jiù zhí）两次陈情在前。○具：都。闻：使上闻。

诏书切峻，责臣逋慢；郡县逼迫，催臣上道；（zhào shū qiè jùn）（zé chén bū màn）（jùn xiàn bī pò）（cuī chén shàng dào）

州司临门，急于星火。（zhōu sī lín mén）（jí yú xīng huǒ）切峻，急切而严峻也。逋，缓也。慢，倨也。○连用"察臣""举臣""拜臣""除臣""责臣"

"催臣"，文法错落。○逋慢：逃避怠慢。州司：州官。临门：来到家门。星火：流星，形容急速。**臣欲奉诏奔驰，则刘**（chén yù fèng zhào bēn chí）（zé liú）

病日笃④；欲苟顺私情，则告诉不许：（bìng rì dǔ）（yù gǒu shùn sī qíng）（zé gào sù bù xǔ）州县不从。○奔驰：指飞速前往。笃：

（病）重。苟顺：姑且迁就。告诉：禀告、申诉。

chén zhī jìn tuì shí wéi láng bèi

臣之进退，实为狼狈。狼，前二足长，后二足短。狈，前二足短，后二足长。狼无狈不立，狈无狼不行。若相离，则进退不得。○写出进退两难之状，以示不得不再具表陈情之意。

fú wéi shèng cháo yǐ xiào zhì tiān xià

伏惟圣朝以孝治天下，㊉伏惟：伏在地上想，敬辞。

fán zài gù lǎo yóu méng jīn yù

凡在故老，犹蒙矜育，矜怜、养育。㊉故老：指旧臣。

kuàng chén gū kǔ tè wéi yóu shèn

况臣孤苦，特为尤甚。

qiě chén shào shì wěi cháo

且臣少仕伪朝⑤，伪朝，谓蜀汉也。对晋而称，不得不尔。㊉少：年轻时期。仕：任职。

lì zhí láng shǔ

历职郎署，官至尚书郎。㊉署：官署。

běn tú huàn dá bù jīn míng jié

本图宦达，不矜名节。言我本谋为官职，非隐逸以名节自矜也。○密以蜀臣而坚辞晋命，恐晋疑其以名节自矜，故作此语。㊉宦达：做官显达。矜：看重。名节：名誉节操。

jīn chén wáng guó jiàn fú

今臣亡国贱俘，军所虏获曰俘。

zhì wēi zhì lòu guò méng bá zhuó chǒng mìng yōu wò qǐ gǎn pán huán yǒu suǒ xī jì

至微至陋，过蒙拔擢，宠命优渥⑥，岂敢盘桓，有所希冀。盘桓，不进貌。希冀，谓希望立名节也。○此段言己非不欲就职，振起下意。㊉过：过分地。拔擢：提拔。宠命：加恩特赐的任命。优渥：优厚。

dàn yǐ liú rì bó xī shān qì xī yǎn yǎn rén mìng wēi qiǎn zhāo bú lǜ xī

但以刘日薄西山，气息奄奄，人命危浅，朝不虑夕。薄，迫也。日迫西山，喻刘老暮也。奄奄，将绝也。危易落，浅易拔。虑，谋也。言朝不谋至夕之生也。㊉危浅：垂危。浅，不长。

chén wú zǔ mǔ wú yǐ zhì jīn rì zǔ mǔ wú chén wú yǐ zhōng yú nián mǔ sūn èr rén gēng xiāng wéi mìng shì yǐ qū qū bù néng fèi yuǎn

臣无祖母，无以至今日；祖母无臣，无以终余年。母、孙二人，更相为命，是以区区不能废远。更，迭也。言二人迭相依以为命。区区，犹勤勤也。废远，谓废养而远离祖母。○此段写尽慈孝，使人读之欲涕。㊉更相：相互。区区：谓孝顺祖母的私情。

chén mì jīn nián sì shí yòu sì zǔ mǔ liú jīn nián jiǔ shí yòu

臣密今年四十有四，祖母刘今年九十有

六[7]，是臣尽节于陛下之日长，报养刘之日短也[8]。乌鸟私情，愿乞终养。乌鸟反哺其母，言我有此乌鸟之私情，乞毕祖母之养也。○数语尤婉曲动人。○又连用“况臣”“且臣”“今臣”“是臣”，文法更圆转。**臣之辛苦，非独蜀之人士及二州牧伯所见明知，皇天后土实所共鉴。**二州，谓梁州、益州。牧伯，谓荣、逵。言非但人知我辛苦，天地亦知也。(补)辛苦：辛酸悲苦。所见明知：明明白白知道的。见，表被动。皇天后土：谓天神地祇。鉴：照察。**愿陛下矜愍愚诚，听臣微志，庶刘侥幸，保卒余年[9]。**(补)矜愍：怜恤。愚诚：愚拙的诚心，谦辞。听：准许。庶：希望。侥幸：幸运。保：养。**臣生当陨首，死当结草。**魏武子有嬖妾，无子，武子疾，命子颗曰：“吾死，嫁之。”及困，又曰：“杀以殉。”颗乃从初言嫁之。后与秦将杜回战，颗见老人结草以亢杜回。回踬，为颗所获。中夜梦结草老人曰：“予妾父也，报君不杀之心。”**臣不胜犬马怖惧之情，谨拜表以闻。**(补)犬马：臣子对君上的自谦辞。怖惧：惶恐。谨：恭敬。拜表：上表章。

历叙情事，俱从天真写出，无一字虚言驾饰。晋武览表，嘉其诚款，赐奴婢二人，使郡县供祖母奉膳。至性之言，自尔悲恻动人。

〔校记〕

①“伯叔”，原作“叔伯”，据《文选》改。
②“僮”，原作“童”，据《文选》改。
③“曾”，原作“尝”，据《文选》改。
④“则”后原有一“以”字，据《文选》删。
⑤“仕”，原作“事”，据《文选》改。
⑥“宠命优渥”，原缺，据《文选》补。
⑦“祖母”，《三国志·邓张宗杨传》裴注引文、《文选》作“祖母刘”。
⑧“养”，原缺，据《文选》补。
⑨“保卒”，原作“卒保”，据《文选》改。

lán tíng jí xù
兰亭集序

wáng xī zhī
王羲之

yǒng hé jiǔ nián suì zài guǐ chǒu mù chūn zhī chū huì
永和九年，永和，晋穆帝年号。岁在癸丑，暮春之初，会

yú kuài jī shān yīn zhī lán tíng
于会稽山阴之兰亭，时当暮春，王羲之与谢安、孙绰、郗昙、魏滂及凝之、涣之、元之、献之等，以上巳日，会于兰亭。会稽，今

xiū xì shì yě
绍兴府。山阴，县名。○总叙一笔。(补)暮春：春末，农历三月。修禊事也。禊，拔除不祥也。三月上巳日，临水洗濯，除去宿垢，谓之禊。○此句点出所以

qún xián bì zhì shào zhǎng xián jí cǐ dì yǒu
会之故。(补)修：举行，从事某种活动。群贤毕至，少长咸集。叙人。(补)毕：全部。咸：都。此地有

chóng shān jùn lǐng mào lín xiū zhú yòu yǒu qīng liú jī tuān yìng dài zuǒ
崇山峻岭，茂林修竹，又有清流激湍，映带左

yòu yǐn yǐ wéi liú shāng qū shuǐ
右，修，长也。湍，波流潆洄之貌。○叙地。(补)激湍：急流。映带：景物互相衬托。引以为流觞曲水，因曲水以泛觞。(补)

liè zuò qí cì suī wú sī
引：引清流。以为：作为。流觞：漂流酒杯。曲水：环曲的水流。列坐其次。(补)列坐：依次相坐。其：指代曲水。次：旁边。虽无丝

zhú guǎn xián zhī shèng yì shāng yì yǒng yì zú
竹管弦之盛，折一句，跌入赋诗。(补)丝竹管弦：弦乐器和管乐器，泛指音乐。一觞一咏，亦足

yǐ chàng xù yōu qíng
以畅叙幽情。叙事。(补)一觞一咏：指饮酒赋诗。足以：完全可以。畅叙：尽情叙说。幽情：幽雅的情思。

shì rì yě tiān lǎng qì qīng huì fēng hé chàng
是日也，天朗气清，惠风和畅。叙日。(补)惠风：和风。和畅：温和舒畅。

yǎng guān yǔ zhòu zhī dà fǔ chá pǐn lèi zhī shèng suǒ yǐ yóu mù chěng
仰观宇宙之大，俯察品类之盛，所以游目骋

huái zú yǐ jí shì tīng zhī yú xìn kě lè yě
怀，足以极视听之娱，信可乐也。叙乐。○叙会事至此已毕，下乃发胸中之感。

㉞品类：指万物。品，众。游目骋怀：纵目观览，舒畅胸怀。骋，舒展。极：穷尽。信：确实。

fú rén zhī xiāng yǔ　fǔ yǎng yí shì
夫人之相与，俯仰一世。

承上"俯""仰"二字，推开一步说。㉟相与：相处。俯仰：低头抬头之间，比喻时间短暂。

huò qǔ zhū huái bào　wù yán yí shì zhī nèi
或取诸怀抱，悟言一室之内①；

一种人，是倦于涉猎者。㊱或：有的人。诸："之于"的合音。怀抱：心怀。悟言：当面交谈。悟，面对面。

huò yīn jì suǒ tuō　fàng làng xíng hái
或因寄所托，放浪形骸
zhī wài
之外。

又一种人，是旷达不拘者。㊲因：依随。寄：寄托。所托：指所喜好的事物。放浪形骸：言行放纵，不拘形迹。形骸，人的躯体。

suī qù qǔ shě
虽趣取舍
wàn shū　jìng zào bù tóng
万殊②，静躁不同，

此两种人，或趣或舍，或静或躁。㊳万殊：各不相同。静：指"悟言一室之内"。躁：动，指"放浪形骸之外"。

dāng qí xīn yú suǒ yù　zàn dé yú jǐ　kuài rán zì zú　bù zhī lǎo
当其欣于所遇，暂得于己，快然自足，不知老
zhī jiāng zhì
之将至③；

总是一样得意。㊴欣：欣喜。所遇：指所接触到的事物。暂得于己：暂时感到自得。快然：喜悦貌。

jí qí suǒ zhī jì
及其所之既
juàn
倦，

之，往也。㊵所之：指所追求的东西。

qíng suí shì qiān　gǎn kǎi xì zhī yǐ
情随事迁，感慨系之矣。

却又一样兴尽。〇此只就一时一事论。㊶情：感情。迁：变化。系之：随之而来。系，连接。

xiàng zhī suǒ xīn　fǔ yǎng zhī jiān　yǐ wéi chén
向之所欣，俯仰之间，已为陈
jì　yóu bù néng bù yǐ zhī xīng huái
迹，犹不能不以之兴怀，

俯仰之顷，为时甚近。而向之所乐者，已成往事，犹尚感慨系之。〇申足上文，即逼入死生正意，何等灵快。㊷向：原先。犹：尚且。不以：不因。兴怀：引起感触。

kuàng xiū duǎn suí huà　zhōng qī yú jìn
况修短随化，终期于尽！

人命长短，总归于尽。㊸修短：长短，指人的寿命。随化：随造化的安排。化，造化，指自然。期：必定。尽：死。

gǔ rén yún　sǐ shēng yì dà
古人云："死生亦大
yǐ　qǐ bú tòng zāi
矣。"岂不痛哉！

《庄子·德充符》："仲尼曰：'死生亦大矣。'"〇至此方入作序正旨。㊹亦：也是。

měi lǎn xī rén xīng gǎn zhī yóu　ruò hé yì qì
每览昔人兴感之由，若合一契，

古人皆兴感于死生之际。㊺由：原

由。若合一契：谓像两契相合一般。契，契券，古代
契分为两半，双方各执其半，两半合对可为凭验。

wèi cháng bù lín wén jiē dào bù
未尝不临文嗟悼，不

néng yù zhī yú huái
能喻之于怀。

我未尝不临比兴感之文，而为之嗟悼，亦不能自解其所以然。
⑭未尝：没有。临：面对。嗟悼：叹息悲伤。喻：明白。

gù
固

zhī yī sǐ shēng wéi xū dàn   cí péng shāng wéi wàng zuò
知一死生为虚诞，齐彭殇为妄作。

《庄子·齐物论》：
"予恶乎知夫死者不悔

其始之蕲生乎！"此"一死生"之说也。'莫寿乎殇子，而彭祖为夭。"此"齐彭殇"之说也。言
人莫不兴感于死生寿夭，固知是两说为虚诞妄作。⑭固：乃。一：用如动词，把……看作一样。

齐：把……视为相同。虚诞：
虚妄荒诞。妄作：虚妄之谈。

hòu zhī shì jīn   yì yóu jīn zhī shì xī   bēi
后之视今，亦犹今之视昔，悲

fú
夫！

言瞥见吾已杳无踪影，犹如今日之古人杳无踪影也，
能不悲乎！○一齐收卷，眼疾手快。⑭犹：如同。

gù liè xù shí rén
故列叙时人，

叙在会
之人。

lù qí suǒ shù
录其所述，

录所赋之诗。○二句应
前群贤少长、赋咛等事。

suī shì shū shì yì   suǒ yǐ xīng
虽世殊事异，所以兴

huái qí zhì yī yě
怀，其致一也。

古今同一兴感。⑭所以：表示原因。
致：情怀兴致。一：相同，一样。

hòu zhī lǎn zhě yì
后之览者，亦

jiāng yǒu gǎn yú sī wén
将有感于斯文。

后人亦重死生，览我斯文，亦当同我之感。○"览"字，应前
"每览"之"览"字。"文"字，应前"临文"之"文"字。⑭

斯文：
此文。

通篇著眼在"死生"二字。只为当时士大夫务清谈、鲜实效，一死
生而齐彭殇，无经济大略，故触景兴怀，俯仰若有余痛。但逸少旷
达人，故虽苍凉感叹之中，自有无穷逸趣。

〔校记〕

①"悟"，原作"晤"，据《晋书·王羲之传》改。
②"趣"，原作"取"，据《晋书·王羲之传》改。
③"不"前原有一"曾"字，据《晋书·王羲之传》删。

归去来辞

陶渊明

归去来兮，渊明为彭泽令，是时郡遣督邮至，吏白当束带见之。渊明叹曰："我不能为五斗米折腰向乡里小儿。"乃自解印绶。将归田园，作此辞以明志。因而命篇曰《归去来》，言去彭泽而来至家也。〔补〕归去来兮：归去吧。来、兮，皆语助词。**田园将芜胡不归？**芜，谓草也。胡，犹何也。○自断之词。**既自以心为形役，奚惆怅而独悲？**心在求禄，则不能自主，反为形体所役。此我自为之，何所惆怅而独为悲乎？○自责之词。〔补〕役：役使。奚：何，为什么。惆怅：感伤貌。**悟已往之不谏，知来者之可追。实迷途其未远，觉今是而昨非。**前此求禄之事，固不可谏。今乃辞官而归，犹可追改。如人行迷路，犹尚未远，可以早回。方知今日辞官之是，而昨日求禄之非也。○自悔之词。○一起已写尽归去来之旨。下乃从归至家，逐段细写之。〔补〕谏：止，挽回。追：补救。**舟遥遥以轻飏①，风飘飘而吹衣。**行舟而归。〔补〕遥遥：摇摆貌。轻飏：船只轻快地缓缓前进。**问征夫以前路，恨晨光之熹微。**熹微，光未明也。问前途之远近，而恨晨光之未明，无由见路也。○一段离彼。〔补〕征夫：行人。恨：怨。

乃瞻衡宇，载欣载奔。衡宇，谓其所居衡门屋宇也。载，则也。欣奔，喜至家而速奔也。〔补〕乃：于是。瞻：望见。衡宇：指横木为门的简陋房屋。衡，横木为门。宇，屋。载：语助词。欣：喜悦。**僮仆欢迎，稚子候门。**稚，小也。○一段到此。**三径就荒，松菊犹存。携幼入室，有酒**

盈樽。蒋诩幽居开三径，潜亦慕之。言久不行，已就荒芜也。○一段有松、有菊、有幼、有室、有酒、有樽，所需裕如。(补)三径：指归隐者的居所。就：接近。盈：满。

引壶觞以自酌，眄庭柯以怡颜。倚南窗以寄傲，审容膝之易安。柯，树枝也。○一段室中乐事。(补)引：执持。眄：斜视。怡颜：使容颜喜悦。寄傲：寄托傲世的情怀。审：深知。容膝：仅能容纳双膝之地，形容居室狭小。易安：容易使人安乐。

园日涉以成趣，门虽设而常关。策扶老以流憩，时矫首而遐观。田园之中，日日游涉，自成佳趣。流憩，周流而憩息也。矫，举也。○一段园中之乐。(补)涉：走，游玩。策：拄着。扶老：手杖。憩：歇息。遐观：远望。

云无心以出岫，鸟倦飞而知还。景翳翳以将入，抚孤松而盘桓。山有穴曰岫。翳翳，渐阴也。盘桓，不进也。○一段园中暮景。(补)无心：无意。岫：峰峦。景：日光。翳翳：阴暗貌。将入：指太阳快下山。盘桓：徘徊。

　　归去来兮，请息交以绝游。世与我而相违②，复驾言兮焉求？交、游，指当路贵人。驾言，用《诗》"驾言出游"句。○一段与世永绝。再言归去来者，既归矣又不绝交游，即不如不归之愈也。(补)相违：互相违背。复：再。驾言：驾车出游。言：语助词。焉求：何求。求，指求官。

悦亲戚之情话，乐琴书以消忧。农人告余以春及，将有事于西畴。亲戚，指乡里故人。有事，谓耕作也。畴，田也。○一段插入田事。(补)情话：知心话。春及：春天到了。及，至。

或命巾车，或棹孤舟。既窈窕以寻壑，亦崎岖而经丘。巾车，有幕之车。窈窕，长深貌。壑，涧水也。谓行船以寻之也。崎岖，险也。驾车以涉之也。○一段游行所历。(补)或：有时。命：使用。棹：划船。寻：循着。丘：山丘。

木欣欣以

xiàng róng　quán juān juān ér shǐ liú　　shàn wàn wù zhī dé shí③　　gǎn wú

**向荣，泉涓涓而始流。善万物之得时③，感吾

shēng zhī xíng xiū

生之行休。**欣欣，春色貌。涓涓，泉流貌。行休，谓昔行而今休也。○一段触物兴感。(补)荣：茂盛。善：羡慕。得时：顺应天时。行：将要。休：终结。

yǐ yǐ hū　　yù xíng yǔ nèi fù jǐ shí　hé bù wěi xīn rèn

已矣乎！寓形宇内复几时？曷不委心任去留？胡为乎遑遑欲何之④？寓，寄也。委，弃也。言何不委弃常俗之心，任性去留也。遑遑，如有求而不得之意。○一段收尽《归去来》一篇之旨。(补)已矣乎：算了吧！寓形宇内：寄寓形体于宇宙之内，犹言活在世上。复：又。曷不：何不。委心：随心。去留：指生死。胡为：为什么。遑遑：惊恐匆忙，心神不定。何之：到哪里去。** fù guì fēi wú yuàn　　dì xiāng bù kě qī　 帝乡，仙

富贵非吾愿，帝乡不可期。**帝乡，仙都也。○二句言不欲为官，亦不能为仙，唯能如下文所 huái liáng chén yǐ gū wǎng　　huò zhí zhàng
云，得日过日，快然自足也。(补)期：期求。**怀良辰以孤往，或植杖而耘耔。**(补)怀：爱惜。良辰：美好的时光。孤往：独自外 dēng dōng gāo yǐ shū
而耘耔。 出。植杖：扶杖。耘：除草。耔：给苗根培土。**登东皋以舒

xiào　　lín qīng liú ér fù shī　 liáo chéng huà yǐ guī jìn　lè fú tiān

啸，临清流而赋诗。聊乘化以归尽，乐夫天命复奚疑！**东皋，营田之所。春事起东，故云东也。皋，田也。聊，且也。乘阴阳之化，以同归于尽。乐天知命，夫复何疑？○“乐夫天命”一句，乃《归去来辞》之根据。(补)东皋：水边向阳高地，泛指田野。舒啸：放声长啸。临：面对。乘化：顺随自然。化，造化。归尽：谓死。奚：何。

公罢彭泽令，归赋此辞，高风逸调，晋、宋罕有其比。盖心无一累，万象俱空，田园足乐，真有实地受用处，非深于道者不能。

〔校记〕

①“遥遥”，原作“摇摇”，据《陶渊明集》改。
②“违”，原作“遗”，据《陶渊明集》改。
③“善”，原作“羡”，据《陶渊明集》改。
④“乎”，原缺，据《陶渊明集》补。

桃花源记

陶渊明

晋太元中①，太元，孝武帝年号。武陵人捕鱼为业。武陵，属湖广常德府，旁有桃源县。缘溪行，忘路之远近。便奇。(补)缘：沿着。溪：小河沟。忽逢桃花林，妙在以无意得之。夹岸数百步，中无杂树，芳草鲜美，落英缤纷。缤纷，杂乱貌。写出异境。(补)夹岸：水流的两岸。鲜美：新鲜美好。落英：落花。渔人甚异之，复前行，欲穷其林。渔人亦不凡。(补)甚：很。异：诧异。穷：尽。

林尽水源，(补)林尽于水源，谓桃林的尽头就是溪水的源头。便得一山，亦是无意中得。山有小口，仿佛若有光。善于点景。(补)仿佛：隐隐约约。若：像。便舍船，从口入。(补)便：就。舍船：离船上岸。初极狭，才通人。俗人至此便反矣。(补)狭：窄。才：仅仅。复行数十步，豁然开朗。别有一天。(补)豁然开朗：谓顿时变得开阔敞亮。土地平旷，屋舍俨然，有良田、美池、桑竹之属。(补)俨然：整齐貌。属：类。阡陌交通，鸡犬相闻。(补)阡陌：田间小路，南北曰阡，东西曰陌。交通：交错贯通。其中往来种作，男女衣著，悉如外人。叙山中人物。(补)种作：耕作。衣著：穿着。悉：全，都。黄发

chuí tiáo bìng yí rán zì lè
垂髫，并怡然自乐。黄发，老人发白转黄也，髫，小儿垂发。○纯然古风。㊉怡然：快乐自在。

jiàn yú rén nǎi dà jīng wèn suǒ cóng lái jù dá zhī
见渔人，乃大惊，问所从来。具答之。㊉乃：于是。从来：来路，从哪来。具：详细。

biàn yāo huán jiā shè jiǔ shā jī zuò shí cūn zhōng wén yǒu cǐ rén xián lái wèn xùn
便要邀还家，设酒杀鸡作食。村中闻有此人，咸来问讯。妙在渔人全无惊怪。㊉咸：全，都。问讯：打听消息。

zì yún xiān shì bì qín shí luàn shuài qī zǐ yì rén lái cǐ jué jìng bú fù chū yān suì yǔ wài rén jiàn gé
自云先世避秦时乱，率妻子邑人来此绝境，不复出焉，遂与外人间隔。到山来由。㊉先世：祖先。妻子：妻子儿女。邑人：同乡人。绝境：与外界隔绝之地。焉：代词，此地。遂：于是，就。间隔：隔绝。

wèn jīn shì hé shì nǎi bù zhī yǒu hàn wú lùn wèi jìn
问今是何世，乃不知有汉，无论魏晋。真是目空今古。㊉乃：竟然。无论：更不必说，且不说。

cǐ rén yī yī wèi jù yán suǒ wén jiē tàn wǎn
此人一一为具言所闻，皆叹惋。叹惋者，悲外人屡遭世乱也。○叙两边问答简括。㊉为：对，向。具言：详细告诉。叹惋：感叹惋惜。

yú rén gè fù yán zhì qí jiā jiē chū jiǔ shí
余人各复延至其家，皆出酒食。㊉余人：其他的人。延：邀请。

tíng shù rì cí qù
停数日，辞去。避世人多情如此。

cǐ zhōng rén yù yún bù zú wèi wài rén dào yě
此中人语云："不足为外人道也。"叮咛一句，逸韵悠然。㊉语云："语之云"省略。之，代渔人。语，告诉。不足：不必。

jì chū dé qí chuán biàn fú xiàng lù chù chù zhì zhī
既出，得其船，便扶向路，处处志之。渔人亦大有心人。㊉既：已经。扶：沿着。向：先前的。志：做记号。

jí jùn xià yì tài shǒu shuō rú cǐ
及郡下，诣太守，说如此。诣，至也。㊉及：到。郡下：指武陵郡郡治所在地。诣：拜访。

tài shǒu jí qiǎn rén suí qí wǎng xún xiàng suǒ zhì suì mí bú fù dé lù
太守即遣人随其往，寻向所志，遂迷，不复得路。太守欲问津而不得。㊉遂迷：竟然迷路。

南阳刘子骥，高尚士也，闻之，欣然规往②。㊟欣然：喜悦貌。规往：计划前往。未果，寻病终。寻，俄也。○高士欲问津而不果。㊟未果：未成。果，实现。寻：不久。后遂无问津者。悠然而住。㊟问津：询问渡口，这里指寻访。津，渡口。

桃源人要自与尘俗相去万里，不必问其为仙为隐。靖节当晋衰乱时，超然有高举之思，故作记以寓志，亦《归去来辞》之意也。

〔校记〕

①“元”，原作“原”，据《陶渊明集》改。
②“规”，原作“亲”，据《陶渊明集》改。

五柳先生传

陶渊明

先生不知何许人也，不以地传。㊟何许：何处。许，处所。亦不详其姓字，不以名传。㊟亦：也。不详：不知道。宅边有五柳树，因以为号焉。取号大奇。㊟因：就。以为：“以之为”的省略形式，犹言把它作为。焉：语气助词。闲静少言，不慕荣利。一似无所嗜好者，却又好书嗜酒。好读书，不求甚解；是为善于读书者。㊟不求甚解：只求领会要旨，不刻意在字句上花工夫。每有会意，便欣然忘食。盖别有会心处。㊟会意：领悟。性嗜酒，㊟嗜：爱好。家贫不能常得。亲旧知其如此，或置酒而招之；

zào yǐn zhé jìn qī zài bì zuì
造饮辄尽，期在必醉。是为深得酒趣者。㊟亲旧：亲戚故旧。造：到。辄：总是。尽：达到极限，指尽兴。期：希望。

jì zuì ér tuì zēng bú lìn qíng qù liú
既醉而退，曾不吝情去留。适得本来面目。㊟曾：从来。吝情：顾惜。

huán dǔ xiāo rán bú bì fēng rì shù hè chuān jié dān piáo lǚ kōng yàn rú yě
环堵萧然，不蔽风日；短裋褐穿结，箪瓢屡空，晏如也。领得孔、颜乐处。㊟环堵萧然：四壁空空。堵，墙壁。萧然，空寂。短褐：粗布衣服。穿结：谓衣服上打了补丁。穿，洞穿。结，补缀。箪瓢：盛饭食的箪和盛饮料的瓢，借指饮食。屡：常常。晏如：安然自得。

cháng zhù wén zhāng zì yú pō shì jǐ zhì
常著文章自娱，颇示己志。

wàng huái dé shī yǐ cǐ zì zhōng
忘怀得失，以此自终。超然世外。㊟颇：甚，很。忘怀：不介意。自终：过完自己的一生。终，人死。

zàn yuē qián lóu zhī qī yǒu yán bù qī qī yú pín jiàn bù jí jí yú fù guì
赞曰：黔娄古高士。之妻有言①："不戚戚于贫贱，不汲汲于富贵。"㊟赞：史传的结尾部分作总评的文字。戚戚：忧虑。汲汲：急切追求。

qí yán zī ruò rén zhī chóu hū
其言兹若人之俦乎？为若人之俦而言。㊟兹：此，指五柳先生。若人：这样一种人。若，这样的。俦：同类。

xián shāng fù shī yǐ lè qí zhì wú huái shì zhī mín yú gě tiān shì zhī mín yú
衔觞赋诗，以乐其志。无怀氏之民欤？葛天氏之民欤？想见太古风味。㊟衔觞：含杯，引申为饮酒。无怀氏、葛天氏：均为传说中的上古帝王。

渊明以彭泽令辞归。后刘裕移晋祚，耻不复仕，号五柳先生。此传乃自述其生平之行也。潇洒淡逸，一片神行之文。

〔校记〕

①"之妻"，原缺，据《陶渊明集》补。

北山移文
bǎi shān yí wén

kǒng zhì guī
孔稚珪

zhōng shān zhī yīng　cǎo táng zhī líng　chí yān yì lù　lè yí shān

钟山之英，草堂之灵，驰烟驿路，勒移山

tíng
庭。 钟山，即北山也，其南有草堂寺。英、灵，皆言其神也。驿，传也。勒，刻也。谓山之英

灵，驱驰烟雾，刻移文于山庭也。○起便点出"北山移文"四字大意。萧子显《齐书》云：

孔稚珪，字德璋，会稽人也。钟山，在北郭，其先周彦伦隐于此。后应诏出为海盐令，秩满入

京，复经此山。孔生乃借山灵之意移之，恨不许再至，故云《北山移文》。④钟山：紫金山。

fú yǐ gěng jiè bá sú zhī biāo　xiāo sǎ chū chén zhī xiǎng

夫以耿介拔俗之标，潇洒出尘之想， 志超尘俗。④耿介：

正直不阿。拔俗：超越流俗。
duó bái xuě yǐ fāng jié　gān qīng yún ér zhí shàng
标：风度。出尘：超出尘世。**度白雪以方洁，干青云而直上，**

度，比也。干，触也。○
wú fāng zhī zhī yǐ
行极清高。④方：比。**吾方知之矣。** 此等隐者，吾正
知为必不可得矣。
ruò qí tíng tíng
若其亭亭

wù biǎo　jiǎo jiǎo xiá wài　jiè qiān jīn ér bú pàn　xǐ wàn shèng qí rú
物表，皎皎霞外，芥千金而不盼，屣万乘其如

tuō
脱， 亭亭，高耸貌。皎皎，洁白貌。芥，草也。盼，顾也。屣，草履。言视千
wén fèng chuī
金、万乘如草芥、脱屣也。④物表：物外，世俗之外。霞外：远离尘俗。**闻凤吹**

yú luò pǔ
于洛浦， 周灵王太子晋，吹笙作凤鸣，游于
伊、洛之间。④洛浦：洛水之滨。
zhí xīn gē yú yán lài
值薪歌于延濑， 苏门先生游
于延濑，见

一人采薪，谓之曰："子以此终乎？"采薪人曰："吾闻圣人无怀，以道德为
gù yì yǒu
心，何怪乎而为衰也！"遂为歌二章而去。④值：遇到。延濑：长长的河滩。**固亦有**

yān
焉。 此等隐者，
世亦有之。
qǐ qī zhōng shǐ cēn cī　cāng huáng fān fù
岂期终始参差，苍黄翻覆①，
lèi dí zǐ
泪翟子

zhī bēi　tòng zhū gōng zhī kū
之悲，恸朱公之哭， 参差，不一也。翻覆，不定也。翟，墨翟。朱，杨朱。墨子见

素丝而泣之，为其可以黄、可以黑。扬子见歧路而哭之，为

其可以南、可以北。士无一定之志，不能免二人之悲
哭。㉜期：料想。苍黄：比喻变化无常。恸：痛哭。

zhà huí jì yǐ xīn rǎn huò xiān
乍回迹以心染，或先

zhēn ér hòu dú
贞而后黩，

乍，暂也。回，避也。暂避迹山
林，而心犹染于俗也。黩，垢也。

hé qí miù zāi
何其谬哉！

谬，诳也。此
等隐者，何其

欺诳人世，一至此哉！○已上泛论夫隐者
有此三等，尚未说到周颙。㉝何其：多么。

wū hū shàngshēng bù cún zhòng shì jì
呜呼！尚生不存，仲氏既

wǎng shān ē jì liáo qiān zǎi shuí shǎng
往，山阿寂寥，千载谁赏？

尚生，尚子平也。仲氏，仲长统也。范晔
《后汉书》曰：尚子平"隐居不仕，性尚

中和，好通《老》《易》"。仲长统性俶傥，默语无常。"每州郡命召，辄称疾不就。"言无此
二人，使山阿空虚，千载已来，无人赏乐。○承上起下，感慨情深。㉞往：死。山阿：山丘。

shì yǒu zhōu zǐ
世有周子，

周颙，字彦伦，
汝南人。○入题。

jùn sú zhī shì
俊俗之士，

俊俗，俗中
之俊士也。

jì wén
既文

jì bó yì xuán yì shǐ
既博，亦玄亦史。

玄，谓庄老之道。
史，谓文多质少。

rán ér xué dùn dōng lǔ xí
然而学遁东鲁，习

yǐn nán guō
隐南郭；

东鲁，谓颜阖也。鲁君闻颜阖得道人也，使人以币先焉。颜阖对曰："恐听谬而
遗使者罪，不若审之。"使者反，审之，复来求之，则不得矣。南郭，谓南郭子

綦也。隐几而坐，仰天嗒然，似丧其偶。
言颙无本性，但学习此二人之隐遁也。

ǒu chuī cǎo táng
偶吹草堂②，

làn jīn běi yuè
滥巾北岳；

吹，借
用吹竽

之吹。齐宣王好竽，必三百齐吹。南郭先生不竽者，而次三百人之中，以吹竽食禄。齐王薨，后王
曰："寡人好竽，欲一一吹之。"南郭乃逃。滥，僭也。巾，隐者之服。北岳，即北山也。言颙盗

居草堂，僭服幅巾。㉟偶吹：与他人一起吹
奏，即滥竽充数之意。滥巾：指冒充隐士。

yòu wǒ sōng guì qī wǒ yún hè suī
诱我松桂，欺我云壑。虽

jiǎ róng yú jiāng gāo nǎi yīng qíng yú hǎo jué
假容于江皋，乃缨情于好爵。

皋，泽也。缨，系也。好爵，谓人
爵也。○以上总写，以下分作两截

写。㊱诱：哄骗。云壑：云气遮覆的山谷。假容：假装隐者
的容态。江皋：指隐者所居之处。缨情：系情。爵：爵禄。

qí shǐ zhì yě
其始至也，

颙始至
北山时。

jiāng yù pái cháo fù lā xǔ yóu ào
将欲排巢父，拉许由，傲

bǎi shì miè wáng hóu
百氏，蔑王侯，

排，推也。拉，折也。巢父、许由，隐者之最也。百
氏，百家诸子也。㊲排：排斥。拉：压倒。傲：傲视。

fēng qíng
风情

张日，霜气横秋。或叹幽人长往，或怨王孙不游。张，大也。横，盖也。幽人、王孙，隐者之称。慕其长往故叹之，疾其不游故怨之。(补)风情张日：气概大过日月。霜气横秋：神情盖过秋霜。长往：指久离尘世，长期隐遁。

谈空空于释部，核玄玄于道流。颙泛涉百家，长于佛理，著《三宗论》，兼善《老》《易》。空空，以空明空也。释部，佛经也。核，考也。玄玄，玄之又玄也。道流，谓老子也。(补)核：考核。务光何足比，涓子不能俦。务光，夏时人。汤得天下，已而让光，光不受而逃。涓子，齐人也，好饵术，隐于宕山。○以上写颙初志如此。是前一截人。(补)俦：匹敌。

及其鸣驺入谷，鹤书赴陇(垄)，鸣驺，载诏书车马也。鹤书，即诏书，在汉谓之尺一简，仿佛鹤头，故有其称。(补)陇：山岗。形驰魄散，志变神动。尔乃眉轩席次，袂耸筵上；焚芰制而裂荷衣，抗尘容而走俗状。轩，举也。举眉，谓喜也。次，侧也。袂，衣袖也。袂耸，谓举臂也。芰制、荷衣，隐者之服。言制芰、荷以为衣，互文也。今皆焚裂之。抗，举也。走，骋也。(补)尔乃：于是。风云凄其带愤，石泉咽而下怆，望林峦而有失，顾草木而如丧。凄、怆、愤、咽，皆怨怒貌。言此等虽无情，见山人去，亦如有丧失而怨怒也。(补)顾：视。丧：失落。

至其纽金章，绾墨绶，跨属城之雄，冠百里之首，张英风于海甸，驰妙誉于浙右。纽，系也。绾，贯也。金章，铜章也。铜章、墨绶，县令之章饰也。跨，越也。管州之城为属城县，大率百里，言越众城而为县宰之称首也。英风、妙誉，皆美声也。海甸、浙右，所理邑近海，而在浙江之右也。(补)绾：系结。道帙长殡③，法筵久埋。敲扑喧嚣犯其虑，

dié sù kǒng zǒng zhuāng qí huái
牒诉倥偬装其怀。
帙，书衣也。法筵，讲席也。埋，藏也。敲扑，谓打人声也。牒，文牒也。诉，诉告也。倥偬，繁逼貌。言道书讲

席，永弃埋而听讼也。⑬道帙：道教的经典。殡：埋葬。怀：怀抱。
qín gē jì duàn jiǔ fù wú xù cháng chóu móu
琴歌既断，酒赋无续。常绸缪

yú jié kè měi fēn lún yú zhé yù
于结课，每纷纶于折狱。
琴歌、酒赋，皆逸人之务，今已断绝无续也。绸缪，亲近也。结课，考第也。纷纶，众多貌。⑬

绸缪：纠缠。纷纶：
忙碌。折狱：断案。
lǒng zhāng zhào yú wǎng tú jià zhuó lǔ yú qián lù
笼张、赵于往图，架驾卓、鲁于前录，

xī zōng sān fǔ háo chí shēng jiǔ zhōu mù
希踪三辅豪，驰声九州牧。
汉张敞、赵广汉俱为京兆尹，有名望。鲁恭、卓茂，咸善为令。笼、架，谓包

举也。三辅，谓京兆尹、左冯翊、右扶风。希踪，希仿贤豪踪迹也。牧，九州牧长。驰声，谓皆得闻其声名也。○以上写颛继志如此。是后一截人。⑬笼：盖过。架：超越，胜过。往图、前录：指从前的政绩。
shǐ wǒ gāo xiá gū yìng míng yuè dú jǔ qīng sōng luò yīn
豪：指能吏。**使我高霞孤映④，明月独举，青松落荫，**

bái yún shuí lǚ jiàn hù cuī jué wú yǔ guī shí jìng huāng liáng tú yán
白云谁侣？涧户摧绝无与归，石径荒凉徒延

zhù
伫。
言霞月徒举映，无人赏玩，松荫零落，白云无与为偶。涧，水涧也。摧绝，破坏也。荒凉，

芜秽也。延伫，远望也。言不复更归，徒为延望也。⑬涧户：山谷中住屋，用以指隐士所居。延伫：
zhì yú xuán biāo rù mù xiè wù chū yíng huì zhàng kōng xī yè
引颈而望。**至于还飙入幕，写冯雾出楹，蕙帐空兮夜**

hú yuàn shān rén qù xī xiǎo yuán jīng
鹄怨⑤，山人去兮晓猿惊。
飙，风也。写，吐也。楹，柱也。蕙，香草，山人葺以为帐。因山言之，故托猿、鹄以寄

惊怨也。⑬还飙：
旋风。还，旋转。
xī wén tóu zān yì hǎi àn jīn jiàn jiě lán fù chén yīng
昔闻投簪逸海岸，今见解兰缚尘缨。

投簪，谓疏广也。投，弃也。汉疏广，弃官而归东海。幽人佩兰，故云解兰。缚，系也。尘缨，世事也。⑬投簪：丢下固冠的簪子，指弃官。逸：隐遁。解兰：指放弃隐居生活。

yú shì nán yuè xiàn cháo běi lǒng téng xiào liè hè zhēng jǐ cuán
于是南岳献嘲，北垄腾笑，列壑争讥，攒

fēng sǒng qiào kǎi yóu zǐ zhī wǒ qī bēi wú rén yǐ fù diào
峰竦诮。慨游子之我欺，悲无人以赴吊。
南岳，谓
南山也。

嘲，调也。陇，亦山也。腾，起也。攒，簇聚也。竦，上也。诮，讥也。言皆讥笑此山，初容此人也。游子，谓颙也。吊，问也。言山为颙所欺，而无人来问也。㊟攒峰：聚在一起的山峰。竦诮：争相讥笑。竦，往上跳。无人赴吊：无人来慰问。

gù qí lín cán wú jìn　　jiàn kuì bù xiē　　qiū guì

**故其林惭无尽，涧愧不歇，秋桂

qiǎn fēng　chūn luó bà yuè⑥　děng xī shān zhī yì yì　chí dōng gāo zhī
遣风，春萝罢月⑥，骋西山之逸议，驰东皋之素谒。**

萝，女萝也，施于松柏。风月所以滋松桂之美，今既无人，故遣罢之。西山，谓首阳山。逸议，隐逸之议也。皋，泽也。素谒，谓以情素相告也。驰骋，宣布也。谓宣布于人，使尽知之也。○以上言其遗羞山灵，所以丑之也。㊟遣、罢：遣散，打发回去。

jīn yòu cù zhuāng xià yì　 làng yè shàng jīng⑦　suī qíng tóu yú wèi

**今又促装下邑，浪拽上京⑦。虽情投于魏

què　huò jiǎ bù yú shān jiǒng
阙，或假步于山扃。**

下邑，谓海盐也。浪，鼓也。拽，楫也。上京，建康也。言海盐秩满，催促行装，驾舟赴京，以迁官也。魏阙，朝廷也。扃，山门也。言颙情实在朝廷，而又欲假迹再游北山也。㊟浪拽：荡桨。或：又。假步：借道。

qǐ kě shǐ fāng dù hòu yán　bì

**岂可使芳杜厚颜，薜

lì wú chǐ⑧　　bì lǐng zài rǔ　dān yá chóng zǐ　chén yóu zhuó yú huì
荔无耻⑧，碧岭再辱，丹崖重滓，尘游躅于蕙

lù　wū lù chí yǐ xǐ ěr
路，污渌池以洗耳？**

芳、杜、薜、荔，皆香草。躅，踪迹也。渌，水清也。言岂可使芳草怀愧耻以相见，崖岭再被滓秽，更以俗尘点我蕙草之路，污浊我洗耳之池乎！㊟滓：污秽。尘：污染。蕙路：长着蕙这种香草的路。

yí jiǒng xiù huǎng　　yǎn yún guān　liǎn

**宜扃岫幌，掩云关，敛

qīng wù　cáng míng tuān　jié lái yuán yú gǔ kǒu　dù wàng pèi yú jiāo duān
轻雾，藏鸣湍，截来辕于谷口，杜妄辔于郊端。**

扃，闭也。岫幌，山窗也。云关，谓以云为关键也。敛藏雾湍，使无见闻也。来辕、妄辔，谓颙之车乘也。谷口、郊端，山之外也。恐其亲近，故截断杜绝之。㊟截：阻拦。杜：堵住。

**于

shì cóng tiáo chēn dǎn　dié yǐng nù pò　huò fēi kē yǐ zhé lún　zhà dī
是丛条瞋胆，叠颖怒魄，或飞柯以折轮，乍低

zhī ér sǎo jì　qǐng huí sú shì jià　wèi jūn xiè bū kè
枝而扫迹。请回俗士驾，为君谢逋客！**

条，木枝也。颖，草穗也。

言条穗瞋怒，而击折颙之车轮，扫去其迹也。俗士、逋客，谓颙也。谢，绝也。逋，逃也。○以上言其不许再至，所以绝之也。(补)丛：聚集。瞋：怒。柯：树枝。乍：骤然。迹：车迹。君：指北山山神。

假山灵作檄，设想已奇。而篇中无语不新，有字必隽。层层敲入，愈入愈精。真觉泉石蒙羞，林壑增秽。读之令人赏心留盼，不能已也。

〔校记〕

①“翻”，原作“反”，据《文选》改。
②“偶”，原作“窃”，据《文选》改。
③“殡”，原作“摒”，据《文选》改。
④“我”，原作“其”，据《文选》改。
⑤“鹄”，原作“鹤”，据《文选》改。
⑥“罢”，原作“摆”，据《文选》改。
⑦“拽”，原作“栧”，据《文选》改。
⑧“无”，原作“蒙”，据《文选》改。

谏太宗十思疏
jiàn tài zōng shí sī shū

魏徵
wèi zhēng

臣闻求木之长者，必固其根本；欲流之远者，必浚其泉源；
chén wén qiú mù zhī zhǎng zhě　bì gù qí gēn běn　yù liú zhī yuǎn zhě　bì jùn qí quán yuán

浚，深也。○二句起下一句。(补)根本：根干。浚：谓疏通水道。泉源：源头。思国之安者，必积其德义。
sī guó zhī ān zhě　bì jī qí dé yì

伏一“思”字，此句是一篇主意。(补)德义：德行和道义。源不深而望流之远，根不固而求木之长，德不厚而思国之理[①]，
yuán bù shēn ér wàng liú zhī yuǎn　gēn bú gù ér qiú mù zhī zhǎng　dé bú hòu ér sī guó zhī lǐ

又伏一“思”字。(补)理：治理得好。臣虽下愚，知其不可，而况于
chén suī xià yú　zhī qí bù kě　ér kuàng yú

明哲乎！便作跌宕，文极有致。〔补〕下愚：极愚昧之人，谦辞。明哲：聪明睿智之人，此指唐太宗。人君当神器之重，居域中之大，神器，帝位也。〔补〕当：掌握。域中：指天下。大：大位。将崇极天之峻，永保无疆之休②。〔补〕将：当。崇极天之峻：推崇至高无上的皇权。无疆：无尽。休：福禄。不念居安思危，又伏一"思"字。〔补〕不念：不考虑。戒奢以俭，〔补〕用节俭戒除奢侈。以：用。德不处其厚，情不胜其欲③，〔补〕处：保持。厚：敦厚。不胜：制伏不住。斯亦伐根以求木茂，塞源而欲流长者也④。反缴足上文。〔补〕斯亦：这就像。以：而。流长：水流流得远。

凡百元首⑤，承天景命，元首，君也。景，明也。〔补〕凡百：所有的。承：秉承。景命：大命。莫不殷忧而道著，功成而德衰。〔补〕莫不：无不。殷忧：深深忧虑。殷，深切。著：彰明。有善始者实繁⑥，能克终者盖寡⑦。上疏本意专为此。〔补〕善：好。实：语助词，用以加强语意。繁：多。克终：谓保持到底。盖：表示推断，大概。寡：少。岂取之易而守之难乎⑧？顿挫。〔补〕岂：难道。昔取之而有余，今守之而不足，何也⑨？夫在殷忧⑩，始。必竭诚以待下；既得志，终。则纵情以傲物。人情大抵如此。〔补〕下：指臣民。得志：达到目的。纵：放纵。傲物：傲慢待人。物，人。竭诚则吴越为一体，傲物则骨肉为行路。〔补〕吴越：吴越两国时相攻伐，积怨殊深，因以比喻仇敌。一体：整体。骨肉：指亲人。行路：路人。虽董之以严刑，振震之以威怒，董，督也。○正与德义相反。〔补〕之：

代指臣民。振：威吓。**

zhōng gǒu miǎn ér bù huái rén　mào gōng ér bù xīn fú
终苟免而不怀仁，貌恭而不心服。**苟免，谓苟免刑罚。○畏威而不怀德，国何以安？**

yuàn bú zài dà　kě wèi wéi rén
怨不在大，可畏惟人；**[补]怨：指民怨。惟：为，是。人：民。因避太宗李世民的讳，故用“人”字。**

zài zhōu fù zhōu　suǒ yí shēn shèn
载舟覆舟，所宜深慎；**[补]慎：戒惧。**奔车朽索，其可忽乎⑪！**民犹水也，水可载舟，亦可覆舟，可畏之甚也。○从上“居安思危”句，反复开谕逼出十思。[补]索：绳索。其：难道。忽：轻视。

jūn rén zhě ⑫

君人者⑫，[补]君人：为人之君，统治人民。君，统治。**

chéng néng jiàn kě yù zé sī zhī
诚能见可欲则思知

zú yǐ zì jiè
足以自戒，**[补]诚：如果。可欲：指足以引起欲念的事物。自戒：自我警惕。戒，警戒。**

jiāng yǒu zuò zé sī zhī
将有作则思知

zhǐ yǐ ān rén
止以安人，**[补]作：营建，指兴建宫室之类。知止：懂得适可而止。安人：使百姓安宁。**

niàn gāo wēi zé sī qiān
念高危则思谦

chōng ér zì mù
冲而自牧，**牧，养也。《易》曰：“谦谦君子，卑以自牧也。”[补]高危：位高势危。谦冲：谦虚。自牧：修养自身。**

jù mǎn yì zé
惧满溢则

sī jiāng hǎi xià bǎi chuān ⑬
思江海下百川⑬，**《老子》曰：“江海所以为百谷王者，以其善下之。”则满而不溢。[补]满溢：谓自满。下：居于……之下。川：河流。**

lè pán yóu zé sī sān qū yǐ wéi dù
乐盘游则思三驱以为度，**《易》曰：“王用三驱。”谓天子不合围，开一面之网也。[补]盘游：游乐，指田猎。盘，快乐。三驱以为度：一说，一年以打猎三次为限度。**

yōu xiè dài zé sī shèn shǐ ér jìng zhōng
忧懈怠则思慎始而敬终，**[补]敬：慎重。**虑

yōng bì zé sī xū xīn yǐ nà xià
壅蔽则思虚心以纳下，**[补]壅蔽：蒙蔽。纳下：指接纳下面的意见。**

xiǎng chán xié zé
想谗邪则

sī zhèng shēn yǐ chù è ⑭
思正身以黜恶⑭，**[补]想：考虑。谗邪：谗佞奸邪之人。黜恶：斥退邪恶之人。**

ēn suǒ jiā zé sī
恩所加则思

wú yīn xǐ yǐ miù shǎng
无因喜以谬赏，**[补]谬赏：不恰当地赏赐。**

fá suǒ jí zé sī wú yīn nù ér
罚所及则思无因怒而

làn xíng ⑮
滥刑⑮。**以上十思，所谓“积其德义”者以此。**

zǒng cǐ shí sī　hóng zī jiǔ dé ⑯
总此十思，弘兹九德⑯，**[补]光大这九种

美德。九德：古谓贤人所具备的九种优良品德，语出《尚书·皋陶谟》，皋陶曰："宽而栗，柔而立，愿而恭，乱而敬，扰而毅，直而温，简而廉，刚而塞，强而义。彰厥有常吉哉！"简(jiǎn)能(néng)而(ér)任(rèn)之(zhī)，择(zé)善(shàn)而(ér)从(cóng)之(zhī)，思尽于己，力因乎人。㊟简：选拔。能：贤能之人。善：指善良的意见。则(zé)智(zhì)者(zhě)尽(jìn)其(qí)谋(móu)，勇(yǒng)者(zhě)竭(jié)其(qí)力(lì)，仁(rén)者(zhě)播(bō)其(qí)惠(huì)，信(xìn)者(zhě)效(xiào)其(qí)忠(zhōng)。怀仁必服。㊟尽：用尽。竭：竭尽。播：广布。惠：仁爱。信者：指诚信之人。效：献出。文(wén)武(wǔ)争(zhēng)驰(chí)，在(zài)君(jūn)无(wú)事(shì)，可(kě)以(yǐ)尽(jìn)豫(yù)游(yóu)之(zhī)乐(lè)，可(kě)以(yǐ)养(yǎng)松(sōng)、乔(qiáo)之(zhī)寿(shòu)，㊟驰：奔走效力。豫游：出游。天子秋天出巡为豫，春天出巡为游。松乔之寿：谓长生不老。松乔，神话传说中的仙人赤松子与王子乔。鸣(míng)琴(qín)垂(chuí)拱(gǒng)，不(bù)言(yán)而(ér)化(huà)。㊟垂拱：垂衣拱手，谓不亲理事务。不言：不多号令。化：教化。何(hé)必(bì)劳(láo)神(shén)苦(kǔ)思(sī)，代(dài)下(xià)司(sī)职(zhí)，役(yì)聪(cōng)明(míng)之(zhī)耳(ěr)目(mù)，亏(kuī)无(wú)为(wéi)之(zhī)大(dà)道(dào)哉(zāi)[17]！善于用思，然后可以无思，妙。㊟司职：管理职事。役：役使。亏：减损。无为：谓顺应自然。

通篇只重一"思"字，却要从德义上看出。世主何尝不劳神苦思，但所思不在德义，则反不如不用思者之为得也。魏公十思之论，剀切深厚，可与三代谟、诰并传。

〔校记〕

①"理"，原作"安"，据《贞观政要集校》改。
②"将崇极天之峻永保无疆之休"，原缺，据《贞观政要集校》补。
③"德不处其厚情不胜其欲"，原缺，据《贞观政要集校》补。
④"者"，原缺，据《贞观政要集校》补。
⑤"百"，原作"昔"，据《贞观政要集校》改。
⑥"莫不殷忧而道著功成而德衰有"，原缺，据《贞观政要集校》补。
⑦"能"，原缺，据《贞观政要集校》补。
⑧"而"，原缺，据《贞观政要集校》补。
⑨"昔取之而有余今守之而不足何也"，原缺，据《贞观政要集校》补。
⑩"夫"，原作"盖"，据《贞观政要集校》改。

⑪“奔车朽索其可忽乎”，原缺，据《贞观政要集校》补。
⑫“君人者”，原缺，据《贞观政要集校》补。
⑬“溢”，原作“盈”，据《贞观政要集校》改。
⑭“想”，原作“惧”，据《贞观政要集校》改。
⑮“因”，原作“以”，据《贞观政要集校》改。
⑯“弘兹九德”，原作“宏兹九得”，据《贞观政要集校》改。
⑰“文武争驰”至“亏无为之大道哉”，原作“文武并用垂拱而治何必劳神苦思代百司之职役哉”，据《贞观政要集校》改。

为徐敬业讨武曌檄①

wèi xú jìng yè tǎo wǔ zhào xí

骆宾王
luò bīn wáng

伪临朝武氏者，武则天，名曌。太宗时，召入为才人。高宗为太子，入
wěi lín cháo wǔ shì zhě 侍，悦之。太宗崩，高宗即位，武氏为尼，引纳后宫，拜为昭仪。寻废王皇后，立武氏为皇后，政事皆决焉。高宗崩，中宗即位，武氏临朝，废中宗为庐陵王。[补]伪：僭伪，不合法。临朝：君临朝廷，掌握政权。**人非温顺②，**本性不良。**地实寒微。**出身微贱。[补]地：门第。**昔充太宗下陈，**下陈，下
shùn 不良。 dì shí hán wēi ⑪地：门第。 xī chōng tài zōng xià chén 列也。谓为才人。**尝以更衣入侍③。**尝以更衣之便得幸。[补]更衣：换衣服。**洎乎晚节，秽乱春宫。**洎，及也。晚节，晚年也。秽乱，言其淫也。[补]春宫：指东宫，太子所居。**密隐先帝之私④，阴图后庭之嬖⑤。**削发为尼，掩其为太宗才人之迹，以图高宗后宫之嬖幸。[补]私：宠爱。嬖：贱而得幸曰嬖。**入门见嫉，蛾眉不肯让人；掩袖工谗，狐媚偏能惑
jí é méi bù kěn ràng rén yǎn xiù gōng chán hú mèi piān néng huò

主。**入宫便怀嫉妒，而舒展蛾眉，不肯让人。巧于用谗，王皇后为其所害，是其狐媚之才，偏能惑高宗之听。[补]入门见嫉二句：谓新妃嫔一入宫就被武氏嫉妒，想一人专宠于后宫。工：

擅长。**践元后于翚翟，**翚翟，雉羽也。雉之交有时，守死而不犯分，妇德所宜。故后之车服，皆画翚翟之形。王皇后废，武氏践元后之位。(补)践：升任。**陷吾君于聚麀。**吾君，谓高宗也。聚，犹共也。兽之牝者曰麀。《曲礼》："夫惟禽兽无礼，故父子聚麀。"**加以虺蜴为心，豺狼成性。**虺蜴，毒虫也。**近狎邪僻，残害忠良；**邪僻，指李义府、许敬宗等。忠良，指褚遂良、长孙无忌等。(补)近狎：亲近。**杀姊屠兄，弑君鸩母。**姊，韩国夫人。兄，惟良。君、母未闻。鸩，毒鸟，以其毛沥酒，饮之则杀人。**神人之所共疾⑥，天地之所不容。**(补)疾：憎恨。**犹复包藏祸心，窥窃神器。**神器，帝位也。(补)犹：还。复：又。祸心：为祸之心。窥窃神器：伺机窃取帝位。**君之爱子，幽之于别宫；贼之宗盟，委之以重任。**中宗，君之爱子，废为庐陵王，而幽之于别所。诸武用事，悉委之以重任。○以上数武氏之罪。(补)幽：囚禁。**呜呼！霍子孟之不作，朱虚侯之已亡。**霍子孟，霍光也，辅幼主以存汉。朱虚侯，刘章也，诛诸吕以安刘。○二句隐然讥责朝臣。(补)作：兴起。**燕啄皇孙，知汉祚之将尽；**汉成帝后赵飞燕，于后宫有子者皆杀之，故有"燕啄皇孙"之谣。(补)汉祚：代指李唐政权。祚，皇位，国统。**龙漦帝后，识夏庭之遽衰。**

漦，龙所吐涎沫，龙之精气也。夏后藏龙漦于庭，传及殷、周，莫之发。厉王之末，发而观之，漦流于庭，入于王府。府之童女遭之，而生女，怪弃于市，因入于褒。周幽王伐褒，褒人献之，即褒姒也。幽王嬖之，遂至亡国。是周之衰乱 于夏庭而已伏之矣。○四句言唐不久将灭。(补)识：知道。夏庭：借指李唐王朝。遽衰：疾速衰亡。

敬业皇唐旧臣，公侯冢子。敬业，唐大臣徐世勣之孙也。勣，赐姓李。(补)皇：大。冢子：长子。**奉先帝之遗训⑦，荷本朝之厚恩。**(补)先帝：指唐高宗。荷：蒙受。**宋**

wēi zǐ zhī xīng bēi liáng yǒu yǐ yě
微子之兴悲，良有以也；微子过殷故墟，悲之，作《麦秀》之歌。一云箕子所作。㊟良：确实。以：原因，道理。

huán jūn shān zhī liú tì qǐ tú rán zāi
桓君山之流涕⑧，岂徒然哉！汉袁安，以外戚专权，言及国事，每喑呜流涕。㊟桓谭，字君山，东汉光武帝时，因上疏直陈时弊而被贬谪，郁郁不乐而死。桓君山，原作“袁君山”。惟袁安字邵公，不当曰袁君山，此当为桓君山，指桓谭。岂：难道。徒然：谓无原因。

shì yòng qì fèn fēng yún zhì ān shè jì
是用气愤风云，志安社稷。㊟是用：因此。气愤：情绪激愤。社稷：土神和谷神，代称国家。

yīn tiān xià zhī shī wàng shùn yǔ nèi zhī tuī xīn yuán jǔ yì qí shì qīng yāo niè
因天下之失望，顺宇内之推心，爰举义旗，誓清妖孽⑨。以上述兴师之故。㊟因：顺应。宇内：指天下。推心：推戴之心。爰：连词，于是。

nán lián bǎi yuè běi jìn sān hé
南连百越，北尽三河⑩，㊟汉代称河东、河内、河南三郡为三河，即今洛阳黄河南北一带，借指中原。

tiě qí chéng qún yù zhóu xiāng jiē
铁骑成群，玉轴相接。以言乎马，则铁骑万千以成群。以言乎车，则玉轴远近以相接。

hǎi líng hóng sù cāng chǔ zhī jī mǐ qióng
海陵红粟，仓储之积靡穷；粟多。㊟海陵：地名，唐代属扬州，徐敬业兵起扬州。红粟：陈年的米，因储藏过久而颜色变红，指粮食充足。靡：不。

jiāng pǔ huáng qí kuāng fù zhī gōng hé yuǎn
江浦黄旗，匡复之功何远。兵众。㊟江浦：指举义的东南地区。黄旗：指大将的军旗。匡复：谓复兴李唐王朝。

bān shēng dòng ér běi fēng qǐ jiàn qì chōng ér nán dǒu píng
班声动而北风起，剑气冲而南斗平。班马之声动，而凛然若北风起。悬剑之气冲，而焕然若南斗平。㊟班声：原指班马之鸣声，泛指马嘶。剑气：指剑的光芒。南斗：星名，在北斗星以南，借指南方。

yīn wū zé shān yuè bēng tuí chì zhà zé fēng yún biàn sè
喑呜则山岳崩颓，叱咤则风云变色。喑呜，怀怒气。叱咤，发怒声。

yǐ cǐ zhì dí hé dí bù cuī yǐ cǐ gōng chéng hé chéng bú kè
以此制敌，何敌不摧！以此攻城⑪，何城不克⑫！以上写兵威之盛。㊟克：战胜，攻取。

gōng děng huò jiā chuán hàn jué
公等或家传汉爵⑬，异姓。㊟公等：泛指文武官员。或：有的。汉爵：指唐朝的封爵。

huò dì
或地

协周亲⑭，同姓。(补)地协周亲：指身份地位合于周亲。周亲，至亲。**或膺重寄于爪牙**⑮，分封于外。(补)意谓曾被已死的皇帝视作爪牙，而寄托以重任。膺：接受。重寄：重托。**或受顾命于宣室。**受托于朝。○二句合同异姓。(补)顾命：皇帝临终遗命。宣室：指汉代未央宫中之宣室殿，汉文帝曾在此召见贾谊，因指帝王召见大臣之所。**言犹在耳，忠岂忘心！一抔之土未干，六尺之孤安在**⑯？一掬曰抔。土，指坟墓也。土未干，谓高宗葬未久也。六尺孤，指中宗言。**倘能转祸为福**⑰，转武氏之祸而为福。(补)倘：倘若，假如。**送往事居，**往，谓高宗。居，谓中宗。(补)谓礼葬死者，奉事生者。**共立勤王之勋，**事居。(补)勤王：指天子蒙难，臣子起兵救助。**无废旧君之命**⑱，送往。(补)旧君：天子，指高宗。**凡诸爵赏，同指山河。**爵赏有功，共指山河以为信。(补)山河：泰山黄河。**若其眷恋穷城，徘徊歧路，**谓进退不果，徘徊于两途之间。(补)若其：如果。穷城：危城。**坐昧先几之兆，必贻后至之诛。**禹致群臣于会稽，防风氏后至，禹戮之。○以上励共事之人。(补)坐：由于。昧：看不清。先几之兆：事先的预兆。贻：致使。后至之诛：意谓迟迟不响应的，一定要按军法从事。**请看今日之域中，竟是谁家之天下！**试观今日之域中，毕竟是谁家之天下。言将来必归唐也。○结语峭劲。**移檄州郡，咸使知闻**⑲。

起写武氏之罪不容诛，次写起兵之事不可缓，末则示之以大义，动之以刑赏。雄文劲采，足以壮军声而作义勇，宜则天见檄而叹其才也。

〔校记〕

①《骆临海集笺注》篇名作“代李敬业传檄天下文”。
②“人非温顺”，原作“性非和顺”，据《骆临海集笺注》改。

③“尝”，原作“曾”，据《骆临海集笺注》改。
④“密”，原作“潜”，据《骆临海集笺注》改。
⑤“庭”，原作“房”，据《骆临海集笺注》改。
⑥“神人之所共疾”，原作“人神之所同嫉”，据《骆临海集笺注》改。
⑦“帝之遗训”，原作“君之成业”，据《骆临海集笺注》改。
⑧“桓”，原作“袁”，据《骆临海集笺注》改。
⑨“誓”，原作“以”，据《骆临海集笺注》改。
⑩“三”，原作“山”，据《骆临海集笺注》改。
⑪“攻城”，原作“图功”，据《骆临海集笺注》改。
⑫“城”，原作“功”，据《骆临海集笺注》改。
⑬“家传汉爵”，原作“居汉地”，据《骆临海集笺注》改。
⑭“地协”，原作“叶”，据《骆临海集笺注》改。
⑮“爪牙”，原作“话言”，据《骆临海集笺注》改。
⑯“安在”，原作“何托”，据《骆临海集笺注》改。
⑰“傥”，原作“倘”，据《骆临海集笺注》改。
⑱“旧”，原作“大”，据《骆临海集笺注》改。
⑲“移檄州郡咸使知闻”，原缺，据《骆临海集笺注》补。

téng wáng gé xù
滕王阁序

wáng bó
王勃

yù zhāng gù jùn hóng dū xīn fǔ
豫章故郡①，洪都新府。江西南昌府，号为洪都。㊟豫章是汉朝设置的郡，治所在南昌，所以称“故郡”。唐初把豫章郡改为洪州，设大都督府，所以称“新府”。xīng fēn yì zhěn **星分翼轸，**翼、轸，二星，在楚之分野。dì jiē héng lú **地接衡庐。**衡山峙立于西南，庐山近联于北境。jīn sān jiāng ér dài wǔ hú **襟三江而带五湖，**三江，荆江在荆州，淞江在苏州，浙江在杭州。此据其上，如衣之襟焉。五湖，太湖在苏州，鄱阳湖在饶州，青草湖在岳州，丹阳湖在润州，洞庭湖在鄂州。此据其中，如带之束焉。kòng mán jīng ér yǐn ōu yuè **控蛮荆而引瓯越。**荆楚本南蛮之区，此则控扼之。闽越连东瓯之境，此则接引之。○首叙地形之雄。wù huá tiān bǎo **物华天宝，**物之光华，乃天之宝。lóng guāng shè niú dǒu zhī **龙光射牛斗之**

墟（xū）；丰城有二剑，曰干将，曰莫邪。其龙文光彩，直上射牛、斗。[补]龙光：指剑光。墟：指星座位置。**人杰地灵**（rén jié dì líng），人之英杰，由地之灵。**徐孺下陈蕃之榻**（xú rú xià chén fán zhī tà）。徐稺，字孺子，洪州高士也。陈蕃为豫章太守，特设一榻以待之。○次序人物之异。**雄州雾列**（xióng zhōu wù liè），雄州，谓大郡。如雾之浮列于上。○承“星分”四句。[补]雄州：指洪州。**俊采星驰**（jùn cǎi xīng chí）②。俊采，谓人物，如星之奔驰于前。○承“物华”四句。**台隍枕夷夏之交**（tái huáng zhěn yí xià zhī jiāo），台，亭台。隍，城下。以首据物曰枕。夷，谓正南荆楚之地。夏，谓东南扬州之域。○再承“星分”四句。[补]台隍：城台和城池，此指南昌城。夷夏之交：谓夷夏交接之地。**宾主尽东南之美**（bīn zhǔ jìn dōng nán zhī měi）。时宴于此阁之宾主，尽东南人物之美。○再承“物华”四句，随起下文。**都督阎公之雅望，棨戟遥临**（dū dū yán gōng zhī yǎ wàng, qǐ jǐ yáo lín）；时阎伯屿为洪州牧，即都督也。棨戟，有衣之戟。遥远而临于洪州。○主。[补]雅望：好声望。**宇文新州之懿范，襜帷暂驻**（yǔ wén xīn zhōu zhī yì fàn, chān wéi zàn zhù）。宇文钧，新除洋州牧，道经于此。襜帷，盖坐车马者，蔽前曰襜，在旁曰帷。○宾。[补]懿范：美好的风范。暂驻：谓路过洪州参加宴会。**十旬休假**（shí xún xiū jià）③，**胜友如云**（shèng yǒu rú yún）；以宾主交欢日久言。[补]十旬：十日为旬。唐制，官员十日休假一日。胜友：良友。**千里逢迎，高朋满座**（qiān lǐ féng yíng, gāo péng mǎn zuò）。以宾朋来自远方言。[补]逢迎：迎接。**腾蛟起凤，孟学士之词宗；紫电青霜**（téng jiāo qǐ fèng, mèng xué shì zhī cí zōng; zǐ diàn qīng shuāng）④，**王将军之武库**（wáng jiāng jūn zhī wǔ kù）。蛟气之腾，光焰夺目；凤毛之起，文彩耀空。喻才华也。词宗，谓词章之宗。光辉之发，闪如紫电；浩气之凝，凛若青霜。喻节操也。武库，言无所不有。孟学士、王将军，是会中显客。[补]紫电：宝剑名。青霜 也指剑，剑光青凛若霜色，故称。**家君作宰，路出名区；童子何知，躬逢胜饯**（jiā jūn zuò zǎi, lù chū míng qū; tóng zǐ hé zhī, gōng féng shèng jiàn）。勃父名福畤，为交趾令。勃往省焉，道经洪州。童子，勃自称。○此段述宾主之美。[补]家君：家父。作宰：作县令。出：过。名区：指洪州。躬：亲身。胜饯：盛大的饯别酒宴。

时维九月，序属三秋（shí wéi jiǔ yuè, xù zhǔ sān qiū）。[补]时：时令。维：是。序：时序，季节。属：正值。三秋：季秋。**潦**（lǎo）

水尽而寒潭清，烟光凝而暮山紫。只二句，已写尽九月之景。(补)潦水：雨后积水。清：寒凉。凝：凝结。俨骖騑于上路，俨，望也。骖騑，马行不止也。行马于道路之上，谓宾客所来之途也。(补)俨：整理。骖騑：指驾车之马。上路：大路。访风景于崇阿；崇阿，高陵也。采访风景于高陵，谓沿途揽胜也。临帝子之长洲，帝子，谓滕王也。建阁长洲之上。临，谓至其所也。得天人之旧馆⑤。天人旧馆，称滕王阁也。得，谓登其上也。○此段叙到阁之由。(补)天人：也是指滕王。层峦耸翠，上出重霄；阁之当山，但见层叠峰峦，耸其翠色，上出于重重霄汉之上。(补)重霄：九霄，天空高处。飞阁流丹⑥，下临无地。阁之映水，飞舞莫定，影若流丹，下临于江上无地之处。(补)飞阁：高阁。流丹：色彩鲜红欲滴。下临：下视。无地：极言阁子高俊。鹤汀凫渚，穷岛屿之萦回；汀，水际平地。渚，小洲也。海中山曰岛。山在水曰屿。鹤聚于汀，凫宿于渚，已穷尽水中岛屿萦曲回环之处。(补)凫：野鸭。桂殿兰宫，即冈峦之体势⑦。江神祠宇，以桂为殿庭，以兰为宫阙。前后分列，如冈峦之体势。○此段言阁在山水之间，乃近景也。(补)即：犹像。体势：形体态势，指山势起伏。

披绣闼，俯雕甍，披，开也。门屏曰闼，屋栋曰甍。(补)绣闼：绘饰华美的门。俯：俯视。山原旷其盈视，山、原之深旷者，足以极吾之所视。(补)旷：开阔。川泽纡其骇瞩⑧。瞩，视之甚也。川泽纡回曲折，而有以骇吾之所瞩。(补)纡：纡回曲折。骇瞩：对所看到的感到吃惊。骇，惊诧。闾阎扑地，钟鸣鼎食之家；闾阎，里中门也。扑地，谓排列于地也。鸣钟列鼎而食，尽大家也。舸舰迷〔弥〕津，青雀黄龙之轴〔舳〕。舸，大船。舰，战船。迷塞水津，皆彩画青雀、黄龙于船轴之上。(补)迷：布满。津：渡口。轴：船尾，此借指舟船。云销〔消〕雨霁⑨，彩彻区明⑩。云气已销，雨开新霁，而光彩映彻于云衢之间。(补)霁：雨止天晴。彩：指阳光。区明：天空明朗。区，指天空。落霞与孤

wù qí fēi　qiū shuǐ gòng cháng tān yí sè
鹜齐飞，秋水共长天一色。落霞自天而下，孤鹜自下而上，故曰齐飞。秋水碧而连天，长天空而映水，故曰

一色。〇警句。自使伯
屿心服。⑩鹜：野鸭。渔舟唱晚，响穷彭蠡之滨；雁阵惊
yú zhōu chàng wǎn　xiǎng qióng péng lǐ zhī bīn　yàn zhèn jīng

hán　shēng duàn héng yáng zhī pǔ
寒，声断衡阳之浦。彭蠡，鄱阳湖也。衡阳，衡山之南有回雁峰，雁不过此。
渔唱不到彭蠡不穷，雁声不到衡阳不断，总言其极多耳。

〇此段言阁极山水之外，乃远景也。⑪渔舟唱晚：渔船上的
渔夫在傍晚唱歌。响：指歌声。穷：尽。断：止。浦：水边。

yáo jīn fǔ chàng⑪　yì xìng chuán fēi
遥襟甫畅⑪，逸兴遄飞。遄，速也。⑪遥：指登高望远。襟：
胸怀。甫：顿时。畅：舒畅。逸兴：

超逸豪放的兴致。
遄飞：勃发飞扬。爽籁发而清风生，凡孔窍机括皆曰籁。秋晚之爽气，发
于万籁之鸣，故清风飒飒而生。⑪
shuǎng lài fā ér qīng fēng shēng

爽籁
指箫。纤歌凝而白云遏。纤，细也。女乐之细歌，凝止于侍宴之侧，而白
云为之遏留。⑪纤歌：声音柔细的歌。遏：止。
xiān gē níng ér bái yún è

suī yuán lǜ zhú　qì líng péng zé zhī zūn
睢园绿竹，气凌彭泽之樽；意其用《淇奥》绿竹事，以嘉有德。陶渊
明为彭泽令，尝置酒召客。此美座中之有

德而善饮者。⑪睢园：西汉梁孝王刘武在睢水旁修建的竹园
他常和文人在此饮酒赋诗。气：豪气，形容酒量大。凌：超过。邺水朱华，光照
yè shuǐ zhū huā　guāng zhào

lín chuān zhī bǐ
临川之笔。邺，曹魏所兴之地也。曹植诗："朱华冒绿池。"临川，今抚州。王羲之善
书，尝为临川内史。此美座中之有文而善书者。⑪朱华：指荷花，一说临

川内史指南朝
诗人谢灵运。四美具，良辰、美景、
赏心、乐事。二难并。贤主、嘉宾。〇此段叙宴会之人，
歌、饮、文词，无所不妙。⑪具：
sì měi jù　èr nán bìng

齐全。二难并：谓贤主、嘉宾
二者难得遇合。并，聚合。穷睇眄于中天，睇，小视。眄，邪视。穷极观览于
中天之际。〇起"天高地迥"句。
qióng dì miǎn yú zhōng tiān

⑪睇眄：顾盼。
中天：半天空。极娱游于暇日。极尽娱乐嬉游于闲暇之
日。起"兴尽悲来"句。天高地迥，
jí yú yóu yú xiá rì　tiān gāo dì jiǒng

jué yǔ zhòu zhī wú qióng
觉宇宙之无穷；迥，寥远也。〇二
句收拾上文性景。兴尽悲来，识盈虚之
xìng jìn bēi lái　shí yíng xū zhī

yǒu shù
有数。二句引起下文命运。⑪盈虚：指
盛衰成败等。数：定数，即命运。望长安于日下，目吴会
wàng cháng ān yú rì xià　mù wú kuài

于云间⑫。望天子长安之处于日下，目苏州吴会之在于云间。(补)意谓远望长安，遥看吴会。日下：指京师。目：遥看。吴会：指吴郡，今江苏苏州。云间：华亭(今上海松江)的别称，借指东南名胜之地。**地势极而南溟深，天柱高而北辰远。**地缺东南，势极于南，而南溟最深。天倾西北，柱高于北，而北辰亦远。○四句起“关山”四句。(补)极：远。溟：海。天柱：星官名，属紫薇垣，共五星。北辰：北极星。这里的天柱和北辰，都是用以暗指朝廷。**关山难越，谁悲失路之人？萍水相逢⑬，尽是他乡之客。**失路，喻不得志也。萍，浮生水上，随风漂流。故人称邂逅相遇，曰萍水相逢。○四句言在会者，多属他乡失志之人，能不感慨系之？下乃承此意细写之。(补)关山：关隘山岭。悲：怜悯。**怀帝阍而不见，奉宣室以何年？**怀思君门，而不可得见。欲如贾谊奉宣室之问，不知又在何年？(补)帝阍：宫门，借指朝廷。宣室：汉未央宫之宣室殿。

嗟乎⑭！时运不齐，命途多舛。(补)时运不齐：谓命运不好。不齐，有蹉跌，有坎坷。命途：平生的经历。舛：不顺，不幸。**冯唐易老，**冯唐，汉人，白首为郎。文帝辇过郎署，与论将帅，拜为车骑都尉。**李广难封。**汉李广，武帝时为右北平太守，匈奴号为飞虎将军。以数奇，不得封侯。**屈贾谊于长沙，非无圣主；**绛、灌屈贾谊，谪为长沙王太傅。非无汉文帝之圣主。(补)屈：压抑。**窜梁鸿于海曲，岂乏明时？**佞臣毁梁鸿，逐之于北海。岂无魏武帝之明时？○此段言怀才而际时者，皆失志如此。后之悲失志者，亦可因之以自慰。(补)窜：逃隐。海曲：海边隐僻处，指齐鲁滨海之地。曲，偏僻处所。明时：政治昌明的时代。**所赖君子见机⑮，达人知命。**(补)所赖：所可依仗的。见机：事前洞察事物的细微动向。机，预兆。达人：通达事理的人。知命：知道自己的命运。**老当益壮，宁移白首之心⑯？穷且益坚，不坠青云之志。**(补)益：更加。宁：难道。移：改变。白首：犹白发，表示年老。穷：困窘，不得志。坠：丧失。青云之志：崇高的志向。

zhuó tān quán ér jué shuǎng chǔ hé zhé ér xiāng huān
酌贪泉而觉爽，处涸辙而相欢⑰。

广州一水，谓之贪泉。饮此水者，廉士亦贪。吴隐之诗：“试使夷齐饮，终当不易心。”身当困穷，如鱼处涸辙之内，而犹欢悦。㊟涸辙：干枯无水的车辙，比喻困境。涸，干。

běi hǎi suī shē fú yáo kě jiē
北海虽赊，扶摇可接；

赊，远也。扶摇，风势也。《庄子》：北海有鱼，其名为鲲。化而为鹏，抟扶摇而上者九万里。㊟扶摇：急剧盘旋而上的暴风。接：达到。

dōng yú yǐ shì sāng yú fēi wǎn
东隅已逝，桑榆非晚。

东隅，日出处。桑榆，谓晚也。汉光武劳冯异诏：“始虽垂翅回溪，终能奋翼渑池。可谓失之东隅，收之桑榆。”㊟意谓早晨已过，若能把握傍晚，犹未为晚。

mèngcháng gāo jié kōng yú bào guó zhī qíng
孟尝高洁，空余报国之情⑱；

孟尝，字伯周，汉顺帝时为合浦太守。性行高洁，不见升擢，故云空余。

ruǎn jí chāngkuáng qǐ xiào qióng tú zhī kū
阮籍猖狂，岂效穷途之哭？

晋阮籍，率意独驾，车迹所穷，辄痛哭而返。是猖狂也，吾辈岂可效之？○此段言士虽遭时命之穷，正当因之以自励。㊟猖狂：任性不拘。

bó sān chǐ wēi mìng yí jiè shū shēng
勃，三尺微命，一介书生。

方说到自己。㊟三尺微命：指官阶地下。一介：一个，谦辞。

wú lù qǐng yīng děng zhōng jūn zhī ruò guàn
无路请缨，等终军之弱冠；

《曲礼》：“二十曰弱冠。”南越与汉和亲，终军年二十余，自愿受长缨，必羁南越王而致之阙下。勃谓无路请缨于朝，比终军弱冠之年。㊟缨：绳子，后用“请缨”指投军报国。等：同于。

yǒu huái tóu bǐ mù zōng què zhī cháng fēng
有怀投笔，慕宗悫之长风⑲。

汉班超尝为人书记，意不屑，投笔有封侯万里之志。宋宗悫，叔父问所志，悫曰：“愿乘长风破万里浪。”后果为将军。勃谓有志于投笔，景慕宗悫破浪之长风。○自负不凡。

shě zān hù yú bǎi líng fèng chén hūn yú wàn lǐ
舍簪笏于百龄，奉晨昏于万里。

舍去簪笏于百年富贵之途，奉父晨昏定省之礼于万里之外。言往交阯省父。㊟簪笏：冠簪和手版，仕宦所用，代指官职。百龄：指一生。晨昏：“晨昏定省”之略语，谓朝夕奉侍父母。

fēi xiè jiā zhī bǎo shù
非谢家之宝树，

谢玄为叔父安所器，曰：‘子弟亦何预人事，而欲使其佳？”玄曰：“如芝兰玉树，欲使生于庭阶耳。”

jiē mèng shì zhī fāng lín
接孟氏之芳邻。

孟母三迁，为子择邻。言己幸与诸贤相接。㊟接：结交。

tā rì qū tíng tāo péi lǐ duì
他日趋庭，叨陪鲤对；

异日到交阯侍受父教，叨陪

孔鲤趋庭之对。㊟他日：来日。趋庭：快步走过庭院。叨：惭愧地承受，谦辞。陪：陪侍。鲤：指孔鲤。鲤对：指接受父亲教诲。**今兹捧袂[20]，喜托龙门。**（jīn zī pěng mèi, xǐ tuō lóng mén）汉李膺以声名自高，士有被其容接者，名为登龙门。勃谓今日捧袂而进，喜托姓名于阎公之门，亦若龙门也。㊟今兹：现在。捧袂：举起双袖作揖，指谒见阎公。**杨意不逢，抚凌云而自惜；**（yáng yì bù féng, fǔ líng yún ér zì xī）杨得意曾荐司马相如，后相如遂显。勃言不逢杨得意之荐，但诵相如凌云之赋，而自惜其不遇耳。**钟期既遇，奏流水以何惭？**（zhōng qī jì yù, zòu liú shuǐ yǐ hé cán）伯牙鼓琴，志在流水。钟子期曰：“洋洋若江河。”勃谓既遇阎公之知音，即呈所为文，又何愧焉？
○此段自叙以省父过此，得与宴会，不敢辞作序之意。

呜呼！胜地不常，盛筵难再，（wū hū! shèng dì bù cháng, shèng yán nán zài）㊟胜地：指洪州。不常：不能常游。盛筵：盛大的宴会。难再：难再遇到。**兰亭已矣，**（lán tíng yǐ yǐ）兰亭，王羲之宴集之地，今已往矣。**梓泽丘墟。**（zǐ zé qiū xū）梓泽，石崇金谷园。今已荒废而为丘墟。**临别赠言，幸承恩于伟饯；**（lín bié zèng yán, xìng chéng ēn yú wěi jiàn）序系勃作，故曰临别赠言。既承阎公之恩于伟饯矣。㊟赠言：指作序。幸：荣幸。伟饯：盛大的饯别宴会。**登高作赋，是所望于群公。**（dēng gāo zuò fù, shì suǒ wàng yú qún gōng）登高阁而作赋，勃诚不能，是有望于在会之群公也。○勃居末座，而僭作序，故以逊词作结。得体。**敢竭鄙怀[21]，恭疏短引，**（gǎn jié bǐ huái, gōng shū duǎn yǐn）结作序。㊟敢：冒昧，谦辞。竭：穷尽。鄙：鄙人，谦辞。疏：陈述，指撰写。短引：小序。**一言均赋，四韵俱成。**（yì yán jūn fù, sì yùn jù chéng）勃先申一言，以均此意而赋之，而八句四韵俱成矣。○起作诗。㊟一言均赋：“均赋一言”的倒装。一言，指一首诗。四韵俱成：“俱成四韵”的倒装。四韵，由四韵八句构成的诗，即五言、七言律诗。**请洒潘江，各倾陆海云尔[22]。**（qǐng sǎ pān jiāng, gè qīng lù hǎi yún ěr）㊟潘江、陆海：潘指潘岳，陆指陆机，二人为晋代文学家，南朝梁人钟嵘的《诗品》说“陆才如海，潘才如江”，后因以“潘江、陆海”比喻富于文才。
云尔：语气助词，用在句尾，表示结束。

滕王高阁临江渚，（téng wáng gāo gé lín jiāng zhǔ）阁耸而依江。**佩玉鸣鸾罢歌舞。**（pèi yù míng luán bà gē wǔ）

宴罢而佩玉、鸣銮之歌舞亦罢。**画栋朝飞南浦云**（huà dòng zhāo fēi nán pǔ yún），朝看画栋，俨若飞南浦之云。**朱帘暮卷西山雨**（zhū lián mù juǎn xī shān yǔ）。暮收朱帘，宛若卷西山之雨。㊟朱帘，一本作“珠帘”。**闲云潭影日悠悠**（xián yún tán yǐng rì yōu yōu），云映深潭，日悠悠而自在。**物换星移几度秋**（wù huàn xīng yí jǐ dù qiū）。物象之改换，星宿之推移，此阁至今，凡几度秋。**阁中帝子今何在**（gé zhōng dì zǐ jīn hé zài）？伤今思古。**槛外长江空自流**（jiàn wài cháng jiāng kōng zì liú）。伤其物是而人非也。○序词藻丽，诗意淡远，非是诗不能称是序。

唐高祖子元婴，为洪州刺史，建此阁，后封滕王，故曰滕王阁。咸亨二年，阎伯屿为洪州牧，重修。九月九日，宴宾僚于阁。欲夸其婿吴子章才，令宿构序。时王勃省父，次马当，去南昌七百里。梦水神告曰：“助风一帆。”达旦，遂抵南昌与宴。阎请众宾序，至勃，不辞。阎恚甚，密令吏得句即报。至“落霞”二句，叹曰：“此天才也。”想其当日对客挥毫，珍词绣句，层见叠出，洵是奇才。

〔校记〕

①“豫章”，原作“南昌”，据《王子安集注》改。
②“采”，原作“彩”，据《王子安集注》改。
③“假”，原作“暇”，据《王子安集注》改。
④“青”，原作“清”，据《王子安集注》改。
⑤“天”，原作“仙”，据《王子安集注》改。
⑥“飞阁流丹”，《王子安集注》作“飞阁翔丹”。
⑦“即”，原作“列”，据《王子安集注》改。
⑧“纡”，原作“盱”，据《王子安集注》改。
⑨“云”，原作“虹”，据《王子安集注》改。
⑩“区明”，原作“云衢”，据《王子安集注》改。
⑪“襟甫”，原作“吟俯”，据《王子安集注》改。
⑫“目”，原作“指”，据《王子安集注》改。
⑬“萍水相逢”，《王子安集注》作“沟水相逢”。
⑭“嗟乎”，原作“呜呼”，据《王子安集注》改。
⑮“见机”，原作“安贫”，据《王子安集注》改。
⑯“移”，原作“知”，据《王子安集注》改。
⑰“而相欢”，原作“以犹欢”，据《王子安集注》改。
⑱“空余报国之情”，原作“空怀报国之心”，据《王子安集注》改。
⑲“慕宗悫之长风”，《王子安集注》作“爱宗悫之长风”。
⑳“兹”，原作“晨”，据《王子安集注》改。
㉑“怀”，原作“诚”，据《王子安集注》改。
㉒“请洒潘江各倾陆海云尔”，原缺，据《王子安集注》补。

与韩荆州书
yǔ hán jīng zhōu shū

李白
lǐ bái

白闻天下谈士相聚而言曰：
bái wén tiān xià tán shì xiāng jù ér yán yuē

㊴谈士：谈论世事之士人。

"生不用万户侯①，但愿一识韩荆州。"何令人之景
shēng bú yòng wàn hù hóu，dàn yuàn yì shí hán jīng zhōu，hé lìng rén zhī jǐng

慕，一至于此耶②？
mù，yī zhì yú cǐ yé

韩朝宗当玄宗时，为荆州刺史，人皆景慕之。故太白上书以自荐。〇欲赞韩荆州，却借天下谈士之言，排宕而出之，便与谀美者异。㊴景慕：景仰。一：乃，竟。

岂不以有周公之风③，躬吐握之
qǐ bù yǐ yǒu zhōu gōng zhī fēng，gōng tǔ wò zhī

事，
shì

周公一沐三握发，一饭三吐哺，起以待士。㊴不以：不是因为。风：风范。躬：亲自实行。

使海内豪俊奔走而
shǐ hǎi nèi háo jùn bēn zǒu ér

归之，一登龙门，则声誉十倍④？
guī zhī，yī dēng lóng mén，zé shēng yù shí bèi

汉李膺以声名自高，士有被其容接者，谓之登龙门。

所以龙盘凤逸之士⑤，皆欲收名定价于君侯。
suǒ yǐ lóng pán fèng yì zhī shì，jiē yù shōu míng dìng jià yú jūn hóu

龙盘凤逸，谓士之俊秀者。皆欲奉谒荆州，收美名，定声价也。〇此段叙荆州平日能得士。㊴君侯：此指韩朝宗。

愿君侯不以富贵
yuàn jūn hóu bù yǐ fù guì

而骄之、寒贱而忽之⑥，则三千宾中有毛遂⑦，
ér jiāo zhī、hán jiàn ér hū zhī，zé sān qiān bīn zhōng yǒu máo suì

使白得颖脱而出，即其人焉。
shǐ bái dé yǐng tuō ér chū，jí qí rén yān

平原君食客三千。毛遂，平原君客也。颖，锥柄。平原君谓毛遂曰："失士之处世，譬若锥处囊中，其末立见。"毛遂曰："臣乃今日请处囊中耳。使遂早得处囊中，乃颖脱而出，非特其末见而已。"借毛遂落到自己。言己在群士中，为尤异者。起下自叙。㊴颖：锥尖。

白，陇西布衣，流落楚汉。十五好剑术，
bái，lǒng xī bù yī，liú luò chǔ hàn，shí wǔ hào jiàn shù

biàn gān zhū hóu　　sān shí chéng wén zhāng　　lì dǐ qīng xiàng
遍干诸侯；三十成文章，历抵卿相。

> 干，犯也。抵，触也。㊶干、抵：皆
> 干谒，即对人有所求而见也。

suī cháng bù mǎn qī chǐ　　ér xīn xióng wàn fū
虽长不满七尺，而心雄万夫，

> 身虽小而志实大。

wáng gōng dà rén xǔ yǔ qì yì
王公大人许与气义⑧。

> 气义见许于王公大人。㊷许与：称许。气义：气节道义。

cǐ chóu náng xīn jì
此畴囊心迹，

ān gǎn bú jìn yú jūn hóu zāi
安敢不尽于君侯哉？

> 此平昔所怀，安敢不尽告于荆州！〇此段叙自己平日能见重于诸侯、卿相。起下愿识荆州。㊸畴囊：
> 往日。心迹：思想与行为。
> 尽：谓全部倾吐出来。

jūn hóu zhì zuò móu shén míng　　dé xíng dòng tiān dì　　bǐ cān zào
君侯制作侔神明，德行动天地，笔参造

huà　　xué jiū tiān rén
化，学究天人。

> 颂荆州四句。㊹制作：制礼作乐，借指功业。侔：齐等。
> 笔：文章。造化：创造化育。究：穷尽。天人：天道人事。

xìng yuàn kāi zhāng xīn yán　　bù yǐ cháng yī jiàn jù
幸愿开张心颜，不以长揖见拒。

> 凡士人见公卿，长揖不拜。㊺幸：希望。开张心颜：同"开心张颜"。
> 以：因为。长揖：见面礼，拱手高举，自上而下。见：被。

bì ruò jiē zhī yǐ gāo yàn　　zòng zhī yǐ qīng tán
必若接之以高宴，纵之以清谈，

qǐng rì shì wàn yán　　yǐ mǎ kě dài
请日试万言，倚马可待。

> 桓温北征鲜卑，命袁宏倚马作露布文，手不辍笔，俄成七纸。绝妙。㊻必若：假若。之：代
> 词，用于自称。纵：听任。清谈：指尽情畅谈。倚马：靠在马身上。

jīn tiān xià yǐ jūn hóu wéi wén zhāng zhī sī mìng
今天下以君侯为文章之司命，

rén wù zhī quán héng
人物之权衡，

> 司文章之命脉，察人物之重轻。㊼司命：文昌星，主司文运。权衡：权，秤砣；衡，秤杆，引申为衡量的标准。

yì jīng pǐn tí　　biàn zuò jiā shì
一经品题，便作佳士。

> 应上"一登龙门"二句。㊽品题：品评。

ér jūn hóu hé xī jiē qián
而君侯何惜阶前

yíng chǐ zhī dì　　bù shǐ bái yáng méi tǔ qì　　jī áng qīng yún yé
盈尺之地⑨，不使白扬眉吐气、激昂青云耶？

> 言使己得见所长于荆州之前，犹致身于青云之上，故曰激昂青云。〇此
> 段正写己愿识荆州，却绝不作一分寒乞态，殊觉豪气逼人。㊾盈：满。

昔王子师东汉人。为豫州，未下车即辟荀慈明，即荀爽。既下车又辟孔文举。即孔融。㊟为：任职。下车：指官员到任。辟：征召，任用。山涛晋人。作冀州，甄拔三十余人，或为侍中、尚书，先代所美。子师、山涛，皆能接引后进，为先代人之所称美。○前人已有其事。㊟作：任职。甄拔：考察选拔。而君侯亦荐一严协律[10]，入为秘书郎；中间崔宗之、房习祖、黎昕、许莹之徒，或以才名见知，或以清白见赏。白每观其衔恩抚躬，忠义奋发，荆州能接引后进，为当时人之所鼓舞。○荆州亦有其事。㊟衔恩：感恩。抚躬：省察自己。以此感激[11]，㊟感激：感奋激发。知君侯推赤心于诸贤腹中[12]，㊟谓以至诚对待贤人。赤心：诚心。所以不归他人，而愿委身国士。委，托也。国士，谓荆州。言其才德为当今第一人，所谓国士无双也。傥急难有用[13]，敢效微躯。亦当奋发其忠义，以报国士知遇之恩。○此段誉荆州有荐人之美，所以动其荐己之心。㊟傥：倘若，如果。敢：愿意。效：贡献。

且人非尧舜，谁能尽善？白谟猷筹画，安能自矜？不敢强己所短。㊟谟猷：谋略。矜：自夸。至于制作，㊟指诗文创作。积成卷轴，则欲尘秽视听，正欲献己所长。㊟尘秽：玷污。恐雕虫小技，不合大人。雕虫技，谓作诗赋之类。若赐观刍荛，则请给纸墨[14]，兼之书

rén rán hòu tuì sǎo xián xuān shàn xiě chéngshàng
人，然后退扫闲轩，缮写呈上。 既以文自荐，却又不即自献其文。先请给纸墨、书人，何等身分！[补]刍荛：指浅陋的见解，比指自己的诗文。给：赐予，给予。书人：指抄写的人。轩：小屋。缮写：誊写。

shù qīng píng jié lǜ zhǎng jià yú xuē biàn zhī mén
庶青萍、结绿，长价于薛、卞之门。 青萍，剑名。结绿，玉名。薛烛善相剑，卞和善识玉。〇仍拈“价”字作结，关应甚紧。[补]庶：希望。长价：增价。

xìng wéi xià liú
幸惟下流⑮， [补]幸：期望。惟：念。下流：指处于下位之人。

dà kāi jiǎng shì wéi jūn hóu tú zhī
大开奖饰，惟君侯图之⑯！ [补]奖饰：夸奖称誉。惟：表希望、祈请。图：考虑。

本是欲以文章求知于荆州，却先将荆州人品极力抬高，以见国士之出不偶，知己之遇当急。至于自述处，文气骚逸，词调豪雄，到底不作寒酸求乞态。自是青莲本色。

〔校记〕

① “用”后原有一“封”字，据《李白集校注》删；《全唐文》作“生不用封万户侯”。
② “耶”，原缺，据《李白集校注》补。
③ “有”，原缺，据《李白集校注》补。
④ “誉”，原作“价”，据《李白集校注》改。
⑤ “盘”，原作“蟠”，据《李白集校注》改。
⑥ “愿”，原缺，据《李白集校注》补。
⑦ “宾”，原作“中”，据《李白集校注》改。
⑧ “王”前原有一“皆”字，据《李白集校注》删。
⑨ “而”后原有一“今”字，据《李白集校注》删。
⑩ “荐一”，原作“一荐”，据《李白集校注》改。
⑪ “以”前原有一“白”字，据《李白集校注》删。
⑫ “贤”后原有一“之”字，据《李白集校注》删。
⑬ “傥”，原作“倘”，据《李白集校注》改。
⑭ “则”，原缺，据《李白集校注》补；“墨”，原作“笔”，亦据改。
⑮ “惟”，原作“推”，据《李白集校注》改。
⑯ “惟”，原作“唯”，据《李白集校注》改。

春夜宴从弟桃花园序[1]

chūn yè yàn cóng dì táo huā yuán xù

李　白
lǐ bái

夫天地者，万物之逆旅也[2]；逆旅，客舍也。光阴者，
fú tiān dì zhě wàn wù zhī nì lǚ yě guāng yīn zhě

百代之过客也[3]。〔补〕百代：世世代代，此指世世代代之人。而浮生若梦，为欢几何？〔补〕浮生：人生。语本《庄子·刻意》“其生若浮”句，谓人生世上，虚浮无定，故曰“浮生”。为欢：行乐。古人秉烛夜
jǐ hé gǔ rén bǐng zhú yè

游，良有以也。古诗云：“昼短苦夜长，何不秉烛游。”○点“夜”字。〔补〕秉：执。良有以：确实很有道理。良，确实。以，道理。况
yóu liáng yǒu yǐ yě kuàng

阳春召我以烟景，大块假我以文章。烟景，春景也。大块，天地也。触目
yáng chūn zhào wǒ yǐ yān jǐng dà kuài jiǎ wǒ yǐ wén zhāng

春景，皆天地之文章。○点“春”字。〔补〕阳春：温暖的春天。假：给予。文章：错综华美的色彩花纹，此指春日之美景。会桃花之芳园[4]，序叙天伦之乐事。时园中桃花盛开，太白与诸兄弟共宴于其中。○是设宴本意。〔补〕序：叙说。天伦：天然的伦次，此指兄弟。群
xù tiān lún zhī lè shì qún

季俊秀，皆为惠连；群季，谓诸弟也。谢灵运之弟曰惠连。○美诸弟之才。〔补〕俊秀：才智杰出。吾人咏
jì jùn xiù jiē wéi huì lián wú rén yǒng

歌，独惭康乐。谢灵运封康乐侯。○谦自己之拙。〔补〕独惭康乐：却自愧不如谢灵运。幽赏未已，高谈转清。〔补〕幽赏：幽雅地观赏。未已：未毕。清：指清雅的话题。开琼筵以坐花，飞羽觞
tán zhuǎn qīng kāi qióng yán yǐ zuò huā fēi yǔ shāng

而醉月。二句，确是春夜宴桃花园。〔补〕琼筵：盛宴。坐花：坐在花间。羽觞：酒器，作鸟雀状，左右形如两翼。醉月：对月酣饮。不有佳咏[5]，何伸雅怀？〔补〕不有：没有。佳咏：好的诗作。咏，诗作。伸：抒发。怀：情怀。如诗不成，罚
yǒng hé shēn yǎ huái rú shī bù chéng fá

依金谷酒数（yī jīn gǔ jiǔ shù）。石崇宴客于金谷园，赋诗不成者，罚三觞。○末数语，写一觞一咏之乐，与世俗浪游者迥别。

发端数语，已见潇洒风尘之外。而转落层次，语无泛设；幽怀逸趣，辞短韵长。读之增人许多情思。

〔校记〕

①“春夜宴从弟桃花园序”，原作“春夜宴桃李园序”，据《李白集校注》改。

②③“也”，原缺，据《李白集校注》补。

④“花”，原作“李”，据《李白集校注》改。

⑤“咏”，原作“作”，据《李白集校注》改。

吊古战场文（diào gǔ zhàn chǎng wén）

李华（lǐ huá）

浩浩乎平沙无垠，夐不见人（hào hào hū píng shā wú yín，xiòng bú jiàn rén）。垠，崖际也。夐，远也。言边塞之间，浩浩乎皆平沙无崖，又远不见人。㊎浩浩：广大无际貌。平沙：平旷的沙漠。河水萦带，群山纠纷（hé shuǐ yíng dài，qún shān jiū fēn）。萦带，萦绕如带也。纠纷，杂乱也。言举目惟有山水也。黯兮惨悴，风悲日曛（àn xī cǎn cuì，fēng bēi rì xūn）。黯，深惨色。曛，无光也。㊎惨悴：凄惨忧伤。风悲：风声凄厉。蓬断草枯，凛若霜晨（péng duàn cǎo kū，lǐn ruò shuāng chén）。蓬草尽枯断，终日如霜落之晨。㊎凛：寒冷。鸟飞不下，兽铤亡群（niǎo fēi bú xià，shòu tǐng wáng qún）。铤，疾走貌。○先将空场写出愁惨气象。㊎亡：迷失。亭长告余曰：“此古战场也，常尝覆三军。往往鬼哭，天阴则闻。”（tíng zhǎng gào yú yuē：cǐ gǔ zhàn chǎng yě，cháng fù sān jūn。wǎngwǎng guǐ kū，tiān yīn zé wén。）述亭长言，倍加愁惨。“常覆三军”四字，是一篇之纲。㊎亭长：秦汉制度，十里一亭，设亭长一人，掌捕劾盗贼。此指地方上掌管治安与传达禁令的小官吏。常：曾经。伤心（shāng xīn）

哉！秦欤？汉欤？将近代欤？总吊一笔，只用“伤心哉”三字，便愁惨无极。(补)将：还是。

吾闻夫齐魏徭戍，荆韩召募。徭，役也。戍，守边卒也。召募，以财招兵也。(补)荆：楚国。万里奔走，连年暴(曝)露。奔走既遥，暴露又久。沙草晨牧，河冰夜渡。晨则牧马，夜则渡河。(补)沙草：指沙漠中有水草之地。河冰：指结冰的黄河。地阔天长，不知归路。寄身锋刃，腷臆谁诉？腷臆，意不泄也。○此是写三军初合未覆时，就秦、汉之先说起。(补)寄身：托身。谁诉：向谁诉说。秦汉而还，多事四夷。(补)事：军事，指用兵。四夷：边疆少数民族。中州耗斁，无世无之。耗，损也。斁，败也。○总言秦汉以来，事战场之苦。(补)中州：中原地区。耗斁：遭受损害。古称戎夏，不抗王师。自古天子以文教安天下。外戎、中夏，不敢抗拒王者之师，以王师用正也。(补)王师：帝王的军队。文教失宣，武臣用奇。不用正而用奇。(补)文教：文德教化，即用以维持统治的礼乐典章制度。失宣：没有得到提倡。奇：指奇谋诡计。奇兵有异于仁义，王道迂阔而莫为。因此多杀伤之惨。(补)王道：指儒家所主张的以仁义治理天下的办法。迂阔：迂远不切实际。莫为：谓没有谁去实行。呜呼噫嘻！

吾想夫北风振漠，胡兵伺便；漠，沙漠之地。伺，侦候也。北风振漠之时，边防易于疏虞，敌兵常伏，而伺察其便。主将骄敌，期门受战。期门，军卫之门。主将轻敌，遂临期门以受战。野竖旄旗，川回组练。组，组甲。漆甲成组文。练，练袍。皆战备也。(补)旄旗：指军旗。川：平川。回：奔驰。组练：借指军队。法重心骇，威尊命贱。八字，尤极酸楚。(补)法：指军法。利镞穿骨，惊沙入面。【补】镞：箭头。主客相搏，山川震眩。主客合围而相击，则金鼓互喧，山川亦为之震眩。【补】眩：迷乱。声析江河，势崩雷电。析，分也。声之震也，足以分江河；势之崩也，不异于雷电。○此是写初战未覆时。至若穷阴凝闭，凛冽海隅；凛冽，寒气严也。【补】至若：至于。穷阴：极其阴沉的天气。凝闭：天寒地冻。海隅：海边，借指边疆。积雪没胫，坚冰在须；鸷鸟休巢，征马踟蹰；休巢，休于巢中不出也。踟蹰，行不进貌。言皆畏寒也。【补】鸷鸟：凶猛的鸟。缯纩无温，堕指裂肤。缯，帛也。纩，绵也。当此苦寒，天假强胡，凭陵杀气，以相剪屠。加写苦寒，更自凄惨。【补】假：给予机会。凭陵：凭借。杀气：寒气。径截辎重，横攻士卒。辎重，载衣物车。【补】径截：直接劫夺。横：凶暴。都尉新降，将军覆没。【补】都尉：武官名。尸填巨港之岸，血满长城之窟。窟，孔穴也。【补】填：塞满。巨港：大河。无贵无贱，同为枯骨。可胜言哉？此是写三军正覆时。【补】胜：尽。鼓衰兮力尽，矢竭兮弦绝，白刃交兮宝刀折，两军蹙兮生死决。蹙，迫也。降矣哉？终身夷狄。战矣哉？骨暴曝沙砾。砾，小石。○此重写三军欲覆未覆时。【补】沙砾：指沙漠、原野。鸟无声兮山寂寂，夜正长兮风淅淅。淅淅，声肃也。魂魄结兮天沉沉，沉沉，昏暗也。【补】结：凝结。鬼神聚兮云幂幂。幂幂，阴惨也。日光寒兮草短，月色苦兮霜白。伤心惨目，有如是耶？此则写三军已覆之后也。

吾闻之：牧用赵卒，大破林胡，开地千里，遁逃匈奴。李牧，赵良将。○叹赵。〔补〕林胡：古族名。遁逃匈奴：使匈奴遁逃。汉倾天下，财殚力痡。任人而已，其在多乎？痡，病也。汉虽倾动天下，而财尽力病。因思守边之将，在得人，不在多也。○怨汉。周逐猃狁，北至太原，既城朔方，全师而还。饮至策勋，和乐且闲，穆穆棣棣，君臣之间。猃狁，北狄也。朔方，北荒之地。饮至，归而告至于庙而饮也。穆穆，幽深和敬之貌。棣棣，威仪闲习之貌。○叹周。〔补〕城：筑城。朔方：北方。策勋：记功勋于简策之上。秦起长城，竟海为关，荼毒生灵，万里朱殷。殷，赤黑色。朱，血色。血色久则殷。○怨秦。〔补〕竟海：直到海边。竟，至。荼毒：残害。生灵：百姓。汉击匈奴，虽得阴山，枕骸遍野，功不补患。怨汉。○看他叠叠只怨秦、汉，即近代，不言可知。〔补〕枕骸：指堆积的尸骸。补：补偿。患：祸害。

苍苍蒸民，苍苍，天也。蒸，众也。言天生众民。谁无父母？提携捧负，畏其不寿。谁无兄弟？如足如手。谁无夫妇？如宾如友。生也何恩？杀之何咎？死于战者有何罪？〔补〕咎：罪过。其存其没殁，家莫闻知。父母兄弟妻子，不得而知。人或有言，将信将疑。悁悁心目，寝寐见之。悁悁，忧忿也。布奠倾筋^{shāng}，哭望天涯^{kū wàng tiān yá}。布奠而哭望，不知其死所也。⊕布奠：陈列祭品。天地为愁^{tiān dì wèi chóu}，草木凄^{cǎo mù qī}

悲^{bēi}。⊕为愁：为之愁。吊祭不至^{diào jì bú zhì}，精魂何依^{jīng hún hé yī}？又从家中写出酸楚。⊕精魂：精神魂魄。必有^{bì yǒu}

凶年^{xiōng nián}，人其流离^{rén qí liú lí}。《老子》云："大军之后，必有凶年。"不但死者可伤，生者亦可虑也。⊕凶年：荒年。呜呼噫^{wū hū yī}

嘻^{xǐ}！时耶命耶^{shí yé mìng yé}？从古如斯^{cóng gǔ rú sī}。总结秦、汉、近代。为之奈何^{wéi zhī nài hé}？守^{shǒu}

在四夷^{zài sì yí}。虽有宣文教、施仁义以行王道，使戎、夏为一，而四夷各为天子守土，则无事于战矣。〇结出一篇主意。⊕奈何：怎么办。

通篇只是极写亭长口中"常覆三军"一语。所以常覆三军，因多事四夷故也。遂将秦、汉至近代，上下数千百年，反反复复，写得愁惨悲哀，不堪再诵。

陌 室 铭
^{lòu shì míng}

刘禹锡
^{liú yǔ xī}

山不在高^{shān bú zài gāo}，有仙则名^{yǒu xiān zé míng}。水不在深^{shuǐ bú zài shēn}，有龙则^{yǒu lóng zé}

灵^{líng}。以山水引起陋室。⊕名：出名。灵：神异。斯是陋室^{sī shì lòu shì}，惟吾德馨^{wéi wú dé xīn}。有吾德之馨香，可以忘室之陋。⊕斯：

这。陋室：简陋狭小的居室。惟：只有。德馨：指德行美好。苔痕上阶绿^{tái hén sàng jiē lǜ}，草色入帘青^{cǎo sè rù lián qīng}。室中景。

谈笑有鸿儒^{tán xiào yǒu hóng rú}，往来无白丁^{wǎng lái wú bái dīng}。室中人。⊕鸿儒：大儒。白丁：平民。可以调素^{kě yǐ tiáo sù}

琴^{qín}，阅金经^{yuè jīn jīng}。⊕调：调弄。素琴：不加装饰的琴。金经：用泥金书写的佛经。无丝竹之乱耳^{wú sī zhú zhī luàn ěr}，无^{wú}

案 dú zhī láo xíng
案牍之劳形。　室中事。㉔丝竹：弦乐器与管乐器，泛指音乐。乱耳：扰乱双耳。案牍：官府文书。形：形体。

nán yáng zhū gě
南阳诸葛

lú　xī shǔ zǐ yún tíng
庐，西蜀子云亭。　孔明居南阳草庐。子云居西蜀，有玄亭。○引证陋室。㉔扬雄，字子云，西汉蜀郡成都人。

kǒng zǐ
孔子

yún　hé lòu zhī yǒu
云：何陋之有？　应"德馨"结。㉔"何陋之有"：宾语前置句，正常语序为"有何陋"。陋，简陋。之，助词，作为宾语前置的标志。

　　陋室之可铭，在德之馨，不在室之陋也。惟有德者居之，则陋室之中，触目皆成佳趣。末以"何陋"结之，饶有逸韵。

阿房宫赋
ē páng gōng fù

dù mù
杜 牧

liù wáng bì　sì hǎi yī　shǔ shān wù　ē páng chū
六王毕，四海一，蜀山兀，阿房出。　燕、赵、韩、魏、齐、楚灭，而海

内一统；蜀山木尽，而阿房始成。○起四语，只十二字，便将始皇混一已后，纵心溢志写尽。真突兀可喜。㉔毕：完结。兀：光秃。

fù yā sān bǎi yú
覆压三百余

lǐ，gé lí tiān rì
里，广。隔离天日。　仅与天、日相隔离。○高。㉔覆压：覆盖。

lí shān běi gòu ér xī zhé
骊山北构而西折，

zhí zǒu xián yáng
直走咸阳。　骊山在北，咸阳在西。自骊山北结屋，曲折而至西，直赴咸阳殿为大宫。㉔构：架木建造。走：通向。

èr chuān róng
二川溶

róng　liú rù gōng qiáng
溶，流入宫墙。　二川，渭川、樊川也。溶溶，安流也。○此段总写其大，下乃细写之。㉔溶溶：河水缓流貌。

wǔ bù yī
五步一

lóu　shí bù yì gé　láng yāo màn huí　yán yá gāo zhuó
楼，十步一阁；廊腰缦回，檐牙高啄；　廊腰曲折，如缯缦之回环。檐牙

尖耸，如禽鸟之高啄。㉔连接房屋的走廊好像人的腰部，故曰"廊腰"。房檐的滴水瓦像牙齿似的，故曰"檐牙"。

gè bào dì shì　gōu xīn dòu
各抱地势，钩心斗

角（jiǎo）。或楼或阁，各因地势而环抱其间。屋心聚处如钩，屋角相凑若斗。补 心：指宫室的中心区。角：指屋角。盘盘焉（pán pán yān），囷囷焉（qūn qūn yān），蜂房水涡（fēng fáng shuǐ wō），矗不知其几千万落（chù bù zhī qí jǐ qiān wàn luò）。盘盘，周回也。囷囷，屈曲也。远望天井，如蜂之房。水溜天井中为涡，即瓦沟也。矗，高起貌。落，檐滴也。○此段写宫中楼阁之多。补 焉：词尾。落：一说指院落。长桥卧波（cháng qiáo wò bō），未云何龙（wèi yún hé lóng）？自阿房渡渭，属之咸阳，以象天极。有长桥卧水波上，疑是为龙。然龙必有云，今无云，知非龙。补 波：指渭水。复道行空（fù dào xíng kōng），不霁何虹（bú jì hé hóng）？自殿下直抵南山之巅，架木为复道，若空中行。朱碧相照，疑是为虹。然虹必待霁，今不霁，知非虹。补 复道：楼阁间架在空中的通道。霁：雨止天晴。高低冥迷（gāo dī míng mí），不知西东（bù zhī xī dōng）。言长桥、复道，无从辨高低、西东也。○此段写桥梁、道路之远。补 冥迷：分辨不清。歌台暖响（gē tái nuǎn xiǎng），春光融融（chūn guāng róng róng）；临台而歌，则响为之暖，如春光之融和。舞殿冷袖（wǔ diàn lěng xiù），风雨凄凄（fēng yǔ qī qī）。舞罢闲散，则袖为之冷，如风雨之凄凉。一日之内（yí rì zhī nèi），一宫之间（yì gōng zhī jiān），而气候不齐（ér qì hòu bù qí）。言非一日暖、一日冷，或一宫暖、一宫冷也，只一日一宫，其气候之变如此。○此段写宫殿歌舞之盛。

妃嫔媵嫱（fēi pín yìng qiáng），自皇后而下，为妃、为嫔。又其次，则为媵、为嫱。○六国宫妃。王子皇孙（wáng zǐ huáng sūn），六国公族。辞楼下殿（cí lóu xià diàn），辞六王之楼，下六王之殿。辇来于秦（niǎn lái yú qín）。驾人以行曰辇。朝歌夜弦（zhāo gē yè xián），为秦宫人（wéi qín gōng rén）。早以声歌，夜以丝弦，转而为秦皇之宫人。○六句承上写歌舞，接下写美人。明星荧荧（míng xīng yíng yíng），开妆镜也（kāi zhuāng jìng yě）；疑其星，言镜之多。补 荧荧：光闪烁貌。绿云扰扰（lǜ yún rǎo rǎo），梳晓鬟也（shū xiǎo huán yě）；疑其云，言鬟之多。补 扰扰：纷乱貌。鬟：妇女的环形发髻。渭流涨腻（wèi liú zhǎng nì），弃脂水也（qì zhī shuǐ yě）；言脂之多。补 涨腻：谓弥漫着一层油腻。脂水：指含有脂粉的洗脸水。烟斜雾横（yān xié wù héng），焚椒兰也（fén jiāo lán yě）。言香之多。补 椒兰：椒和兰，皆香料植物。雷霆乍惊（léi tíng zhà jīng），宫（gōng）

chē guò yě　　lù lù yuǎn tīng　　yǎo bù zhī qí suǒ zhī yě

车过也；辘辘远听，杳不知其所之也。

> 辘辘，车声。言车之多。比上增一句，参差。㊹乍：突然。杳：远，指宫车渐行渐远。

yì jī yì róng　　jìn tài jí yán　　màn lì yuǎn shì

一肌一容，尽态极妍，缦立远视，

ér wàng xìng yān

而望幸焉。

> 缦，宽心也。天子车驾所至曰幸。㊹态：指妩媚之态。极：竭尽。妍：美丽。缦立：久立。望幸：盼望皇帝来临。

yǒu bù jiàn zhě①

有不见者①，

sān shí liù nián

三十六年。

> 始皇在位三十六年。言终其身，而不得一见也。〇此段写宫中美人之多。

yān zhào zhī shōu cáng

燕赵之收藏，

hán wèi zhī jīng yíng　　qí chǔ zhī jīng yīng

韩魏之经营，齐楚之精英，

> 收藏、经营、精英，指下金玉等言。〇横写六国珍奇。

jǐ shì jǐ nián

几世几年，

piāo lüè qí rén②　　yǐ dié rú shān

剽掠其人②，倚叠如山。

> 六国历久，剽掠于人，故多积如山。〇竖写六国珍奇。

> ㊹剽掠：掠夺。人：民。唐人避太宗李世民的讳，所以用"人"字。

yí dàn bù néng yǒu　　shū lái qí jiān

一旦不能有，输来其间。

> 六国一旦不能自保其所有，尽输于秦。㊹其间：指阿房宫内。

dǐng chēng yù shí　　jīn kuài zhū lì

鼎铛玉石，金块珠砾，

> 铛，釜属。砾，小石。谓视鼎如铛、玉如石、金如块、珠如砾也。㊹铛：平底铁锅。块：土块。

qì zhì lǐ yí

弃掷逦迤，

> 弃掷，言其多，不能尽庋阁于几席也。逦迤，连接也，言弃掷不止一处也。

qín rén shì zhī　　yì bú shèn xī

秦人视之，亦不甚惜。

> 言不惟秦皇，即秦民亦侈甚也。〇此段写宫中珍奇之多。㊹秦人：指阿房宫中的人。

jiē hū　　yì rén zhī xīn　　qiān wàn rén zhī xīn yě

嗟乎！一人之心，千万人之心也。

> ㊹谓人心皆同。

qín ài fēn shē　　rén yì niàn qí jiā

秦爱纷奢，人亦念其家。

> 人情不甚相远。㊹纷奢：繁华奢侈。

nài hé qǔ zhī jìn zī zhū

奈何取之尽锱铢，

yòng zhī rú ní shā

用之如泥沙？

> ㊹奈何：为何。锱铢：指极微小的数量。六铢为锱，四锱为两。

shǐ fù dòng zhī zhù

使负栋之柱，

duō yú nán mǔ zhī nóng fū

多于南亩之农夫；

> ㊹负：支撑。栋：房屋大梁。南亩：泛指农田。

jià liáng zhī chuán

架梁之椽，

duō yú jī shàng zhī gōng nǚ

多于机上之工女；

> ㊹椽：放在檩上以支架屋瓦的条木。机：指织布机。

dīng tóu líng líng　　duō

钉头磷磷，多

于在庾之粟粒；（补磷磷：物体有棱角，这里形容钉头突出。庾：谷仓。）瓦缝参差，多于周身之帛缕；（补帛缕：指衣服上的缝线。）直栏横槛，多于九土之城郭；（补栏、槛：都是栏杆。九土：九州之土，犹言全国的土地。城郭：城墙。城指内城墙，郭指外城墙。）管弦呕哑，多于市人之言语。（总上极写。补管弦：管乐器和弦乐器，泛指音乐。呕哑：形容嘈杂的乐声。）使天下之人，不敢言而敢怒。独夫之心，日益骄固。（独夫，指秦皇。○写秦止此。补日益：一天比一天。骄固：骄横顽固。）戍卒叫，（陈涉乃戍卒，一呼而人相应。）函谷举，（汉高入函谷关。补指刘邦打进关中，函谷关也守不住了。举：占领。）楚人一炬，（项羽烧秦宫室。）可怜焦土！（一篇无数壮丽，只以四字了之。）

呜呼！灭六国者六国也，非秦也；（断六国。）族秦者秦也，非天下也。（断秦。补族秦：使秦灭族。族：灭族。）嗟乎③！使六国各爱其人，则足以拒秦；（痛惜六国。补使：假使。足以：完全可以。）使秦复爱六国之人④，则递三世可至万世而为君，谁得而族灭也？（秦止二世而亡。○痛惜秦。补递三世：指传位到三世。递：依次传递。得而：得以。）秦人不暇自哀，而后人哀之；后人哀之而不鉴之，亦使后人而复哀后人也。（言尽而意无穷。补不暇：来不及。鉴：指引为教训。）

前幅极写阿房之瑰丽，不是羡慕其奢华，正以见骄横敛怨之至，而

民不堪命也，便伏有不爱六国之人意在。所以一炬之后，回视向来瑰丽，亦复何有？以下因尽情痛悼之，为隋广、叔宝等人炯戒，尤有关治体。不若《上林》《子虚》，徒逢君之过也。

〔校记〕

①“不”后原有一“得”字，据《樊川文集》《杜牧集系年校注》删。
②“剽”，原作“取”，据《杜牧集系年校注》改。
③“乎”，原作“夫”，据《樊川文集》改。
④“使”，原缺，据《樊川文集》《杜牧集系年校注》补。

yuán dào
原道

hán yù
韩愈

bó ài zhī wèi rén, xíng ér yí zhī zhī wèi yì, yóu shì ér zhī yān zhī wèi dào, zú hū jǐ wú dài yú wài zhī wèi dé
博爱之谓仁，行而宜之之谓义，由是而之焉之谓道，足乎己无待于外之谓德。下二句，俱指仁义说。○起四语，具四法。[补]博爱：广泛爱人。行：行为。宜：指合于人情事理所当然。是：此，指仁义。之焉：前行，指进修。足乎己：谓仁义发于内心而有足够的自我修养。

rén yǔ yì wéi dìng míng, dào yǔ dé wéi xū wèi
仁与义为定名，道与德为虚位。所谓道德云者，仁义而已。故以仁义为定名，道德为虚位。道德之实非虚，而道德之位则虚也。[补]定名：有确定内容的名称。虚位：指道德可以作不同的解释。

gù dào yǒu jūn zǐ xiǎo rén
故道有君子小人，如《易》言“君子道长，小人道消”之类。

ér dé yǒu xiōng yǒu jí
而德有凶有吉。如《易》言“恒其德，贞。妇人吉，夫子凶”之类。此所以谓之虚位也。

lǎo zǐ zhī xiǎo rén yì
老子之小仁义，《老子》：“大道废，有仁义。”[补]小：轻视。

fēi huǐ zhī yě, qí jiàn zhě xiǎo yě
非毁之也，其见者小也。见小，是老子病源。[补]见：见识。

zuò jǐng ér guān tiān, yuē tiān xiǎo zhě, fēi tiān xiǎo yě
坐井而观天，曰天小者，非天小也。忙中著此数语，如落叶惊湍，大有致趣。**彼以煦煦为仁，孑孑为义，其小之也则宜。**煦煦，小惠貌。孑孑，孤立貌。老子错认仁义，故以为小。㊟孑孑：谨于小事。**其所谓道，道其所道，非吾所谓道也；其所谓德，德其所德，非吾所谓德也。**《老子》：“道可道，非常道。”又：“上德不德，是以有德。”老子不知有仁义，并错认道德。㊟所谓：所说的。**凡吾所谓道德云者，合仁与义言之也，天下之公言也。老子之所谓道德云者，去仁与义言之也，一人之私言也。**老子平日谈道德，乃欲离却仁义，一味自虚无上去。曾不知道德自仁义中出，故据此辟之，已括尽全篇之意。

周道衰，孔子没殁**，火于秦，**秦李斯，请史官非秦记，皆烧之；非博士官所职，而天下敢有收藏《诗》、《书》、百家语者，悉诣守尉杂烧之。㊟火：焚。**黄老于汉，**黄老，黄帝、老子也。汉曹参始荐盖公能言黄老，文帝宗之。自是相传学道众矣。**佛于晋、魏、梁、隋之间。**后汉明帝夜梦金人飞行殿庭。以问于朝，而传毅以佛对。帝遣使往天竺，得佛经及释迦像。自后佛法遍中夏焉。此特南举晋、梁，北举魏、隋也。**其言道德仁义者，不入于杨，则入于墨；不入于老，则入于佛。**杨、墨、佛、老虽并点，只重佛、老一边。**入于彼，必出于此。入者主之，出者奴之；入者附之，出者污之。**入于杨、墨、佛、老者，必出于圣人之学。主异端者，必以圣人为奴。附异端者，必以圣人为迂也。○此处说人从异端。衍此六句，方顿挫。㊟主：崇尚。奴：鄙视。附：附和。污：污蔑。**噫！后之人其欲闻仁义道德之**

说，孰从而听之？冷语收上。下又翻出佛、老两段作波澜。〔补〕孰：谁。老者曰："孔子，吾师之弟子也。"佛者曰："孔子，吾师之弟子也。"老者、佛者，谓治老、佛之道者。如孟子所谓墨者是也。为孔子者，习闻其说，乐其诞而自小也，亦曰："吾师亦尝师之"云尔。为，治也。言治孔子之道者，喜佛、老之怪诞，而自以儒道为小，而愿附之。〔补〕诞：夸大。自小：犹自卑，自以为小。云尔：语助词，相当于"等等"。不惟举之于其口，而又笔之于其书。笔之于书，如《庄子·天运》篇："孔子见老子而语仁义。老子曰：'仁义憯然乃愤吾心，乱莫大焉。'孔子归，三日不谈"之类也。〔补〕不惟：不仅。举：言说。笔：书写。噫！后之人虽欲闻仁义道德之说，其孰从而求之？重上一段作小束，宕甚。甚矣！人之好怪也！不求其端，不讯其末，惟怪之欲闻。端，始也。末，终也。佛、老之说甚怪，而人好之。故反足以胜吾道。○数语是文章之要领。〔补〕甚：过分。怪：怪诞。讯：问。古之为民者四，〔补〕指士农工商。今之为民者六；古之教者处其一，今之教者处其三。添了佛、老二种。〔补〕古之教者：指士。处其一：于四民之中居其一。今之教者：指士和僧、道。处其三：于六民之中居其三。农之家一，而食粟之家六；工之家一，而用器之家六；贾之家一，而资焉之家六。农、工、贾三句，紧顶上古、今四句，总言佛、老之害。〔补〕资焉：取用于此。奈之何民不穷且盗也！有此句，下面许多功用，便少不得。

gǔ zhī shí，rén zhī hài duō yǐ
古之时，人之害多矣。害，指下文虫蛇禽兽、饥寒颠病等语。

yǒu shèng rén zhě
有圣人者

lì，rán hòu jiāo zhī yǐ xiàngshēngxiāng yǎng zhī dào
立，然后教之以相生相养之道。见得天地间不可无圣人之道，有功于人，非佛、老可及。

wéi zhī jūn，wéi zhī shī
为之君，为之师，《书》："天降下民，作之君，作之师。"

qū qí chóng shé qín shòu ér
驱其虫蛇禽兽而

chǔ zhī zhōng tǔ
处之中土。㊹处：居住。中土：中原地区。

hán，rán hòu wéi zhī yī；jī，rán hòu
寒，然后为之衣；饥，然后

wéi zhī shí
为之食。

mù chǔ ér diān，tǔ chǔ ér bìng yě，rán hòu wéi zhī gōng
木处而颠，土处而病也，然后为之宫

shì
室。㊹木处：巢居。颠：坠落。土处：穴居。

wéi zhī gōng
为之工，

yǐ shàn qí qì yòng
以赡其器用；㊹赡：供给。器用：器皿用具。

wéi
为

zhī gǔ
之贾，

yǐ tōng qí yǒu wú
以通其有无；㊹贾：商业。

wéi zhī yī yào
为之医药，

yǐ jì qí yāo
以济其夭

sǐ
死；㊹济：救治。夭死：早死。

wéi zhī zàng mái jì sì
为之葬埋祭祀，

yǐ zhǎng qí ēn ài
以长其恩爱；㊹长：崇尚。

wéi
为

zhī lǐ
之礼，

yǐ cì qí xiān hòu
以次其先后；㊹次：位次。先后：指尊卑。

wéi zhī yuè
为之乐，

yǐ xuān qí yān
以宣其湮

yù
郁；㊹宣：发泄。湮郁：抑郁。

wéi zhī zhèng
为之政，

yǐ shuài qí dài juàn
以率其怠倦；㊹率：劝诫。怠倦：松懈倦怠。

wéi zhī
为之

xíng
刑，

yǐ chú qí qiánggěng
以锄其强梗。㊹锄：铲除。强梗：指骄横不法之人。

xiāng qī yě，wéi zhī fú xǐ
相欺也，为之符玺、

dǒu hú
斗斛、

quán héng yǐ xìn zhī
权衡以信之；㊹符玺：符节和印信，指信物。斗斛：斗和斛，两种量器。权衡：秤。权为秤砣，衡为秤杆。

xiāng
相

duó yě，wéi zhī chéng guō
夺也，为之城郭、

jiǎ bīng yǐ shǒu zhī
甲兵以守之。㊹城郭：城墙。内城谓之城，外城谓之郭。甲兵：铠甲和兵械。

hài zhì ér wéi zhī bèi，huàn shēng ér wéi zhī fáng
害至而为之备，患生而为之防。连用十七个"为之"字，起伏顿挫，如层峰叠岚，如惊波巨

浪。自不觉其重复，盖句法善转换也。○说出圣人许多实功，正见佛、老之谬，全在下"清净寂灭"四字。

jīn qí yán yuē
今其言曰："

shèng rén bù
圣人不

死，大盗不止；剖斗折衡，而民不争。”其言指老氏之书。补剖：破开，砸。呜呼！其亦不思而已矣！如古之无圣人，人之类灭久矣。用反语束上文。圣人治天下，许多条理，一句可以唤醒。何也？无羽毛鳞介以居寒热也，无爪牙以争食也。言人不若禽兽之有羽、毛、鳞、介、爪、牙，必待圣人衣食之。若无圣人，岂能至今有人类乎？补介：虫或水族动物的甲壳。居：适应。

是故君者，出令者也；臣者，行君之令而致之民者也；补致：施行。民者，出粟米麻丝、作器皿、通货财以事其上者也。补事：供奉。君不出令，则失其所以为君；臣不行君之令而致之民①，民不出粟米麻丝、作器皿、通货财以事其上，则诛。提出君、臣、民三项，一正一反，以形佛、老之无父、无君。补诛：责罚。今其法曰：必弃而君臣，去而父子，禁而相生养之道②，其法，指佛、老之教。而，汝也。补去：舍弃。以求其所谓清净寂灭者。老言清净，佛言寂灭，此佛、老之反于圣人处。呜呼！其亦幸而出于三代之后，不见黜于禹、汤、文、武、周公、孔子也；补幸：侥幸。见：被。黜：贬斥。其亦不幸而不出于三代之前，不见正于禹、汤、文、武、周公、孔子也。著此感慨一段，味便深长，文便鼓宕。(补)正：纠正。

帝之与王，(补)五帝与三王。其号名殊③，其所以为圣一也。夏葛而冬裘，渴饮而饥食，其事殊④，其所以为智一也。(补)葛：葛衣。裘：毛皮衣。今其言曰："曷不为太古之无事？"此老庄之语。(补)曷不：何不，为什么不。太古：远古。无事：指无为。老子主张无为而治。是亦责冬之裘者曰："曷不为葛之之易也？"责饥之食者曰："曷不为饮之之易也？"突入譬喻，破其清净、无为之说。传曰：(补)传：解释儒家经义之书。以下引自《礼记·大学》。"古之欲明明德于天下者，先治其国；欲治其国者，先齐其家；欲齐其家者，先修其身；欲修其身者，先正其心；欲正其心者，先诚其意。"然则古之所谓正心而诚意者，将以有为也。佛、老托于无为，《大学》功在"有为"，二字尽折其谬。(补)有为：有所作为。今也欲治其心，佛、老亦治心之学。而外天下国家，灭其天常，子焉而不父其父，臣焉而不君其君，民焉而不事其事。此佛、老之无为。(补)外：用如动词，抛弃。天常：天伦。焉：语气词。孔子之作《春秋》也，诸侯用夷礼则夷之，进于中国则中国之。(补)夷：夷狄，指中原以外的各族。中国之：视之为中国。中国，指中原。经曰："夷狄之有君，不如诸夏之亡(无)。"(补)引自《论语·八佾》，《论语》为七经之一，故称"经曰"。诸夏：指中国。《诗》曰："戎狄是膺，荆舒是惩。"(补)是：起把宾语提前的作用。膺：讨伐。荆舒：指楚国和舒国，舒为楚盟国，故连称。惩：惩戒。今也举夷狄之法，而加之先王之教之上，几何其不胥而为夷也！极言佛、老之祸天下，所以深恶而痛绝之。(补)举：称述。几何：用不了多久。胥：都。

夫所谓先王之教者，何也？紧接。博爱之谓仁，行而宜之之谓义，由是而之焉之谓道，足乎己无待于外之谓德。其文《诗》《书》《易》《春秋》，其法礼乐刑政，其民士农工贾，其位君臣父子、师友宾主、昆弟夫妇，其服麻丝，其居宫室，其食粟米果蔬鱼肉。其为道易明，而其为教易行也。"夫所谓"至此一段，收拾前文，生发后文，绝妙章法。(补)道：道理。是故以之为己，则顺而祥；以之为人，则爱而公；以之

wéi xīn zé hé ér píng yǐ zhī wéi tiān xià guó jiā wú suǒ chǔ ér
为心，则和而平；以之为天下国家，无所处而

bú dàng shì gù shēng zé dé qí qíng sǐ zé jìn
不当。(补)上述四个“为”分别表示：约束、对待、修养、治理。是故生则得其情，死则尽

qí cháng jiāo yān ér tiān shén gé miào yān ér rén guǐ xiǎng
其常；郊焉而天神假，庙焉而人鬼飨享。(补)常：天常。郊：祭天。假：至。庙：祭祖。人鬼：指祖先。

yuē sī dào yě hé dào yě yuē
曰：“斯道也，何道也？”问语作态。(补)斯：此。曰：

sī wú suǒ wèi dào yě fēi xiàng suǒ wèi lǎo yǔ fó zhī dào yě
“斯吾所谓道也，非向所谓老与佛之道也。”应“非吾所谓道”一段。是“原道”结穴。(补)向：从前。

yáo yǐ shì chuán zhī shùn shùn yǐ shì chuán zhī
尧以是传之舜，舜以是传之

yǔ yǔ yǐ shì chuán zhī tāng tāng yǐ shì chuán zhī wén wǔ zhōu
禹，禹以是传之汤，汤以是传之文、武、周

gōng wén wǔ zhōu gōng chuán zhī kǒng zǐ kǒng zǐ chuán zhī mèng kē
公，文、武、周公传之孔子，孔子传之孟轲，

kē zhī sǐ bù dé qí chuán yān xún yǔ yáng yě
轲之死，不得其传焉。“轲之死”一句，承上极有力。一篇精神在此。荀与扬也，

zé yān ér bù jīng yǔ yān ér bù xiáng
择焉而不精，语焉而不详。荀卿，名况，赵人。尝推儒、墨、道德之行事兴坏，序列著数万言而卒。汉扬雄，字子云，所撰有《法言》十三卷。○故云孟子之后不得其传。(补)择：选取。语：论述。

yóu zhōu gōng ér shàng shàng ér wéi jūn
由周公而上，上而为君，

gù qí shì xíng yóu zhōu gōng ér xià xià ér wéi chén gù qí shuō
故其事行；由周公而下，下而为臣，故其说

cháng rán zé
长。事行，谓得位以行道。说长，谓立言以明道也。○重下二句，是《原道》本意。(补)周公而上：指尧舜禹汤文武。周公而下：指孔孟。说：言论。长：流传。然则

rú zhī hé ér kě yě yuē bú sè bù liú bù zhǐ
如之何而可也？完矣，又一转。(补)然则：那么。曰：“不塞不流，不止

bù xíng rén qí rén huǒ
不行。佛老之道，不塞不止。圣人之道，不流不行。人其人，僧、道俱令还俗。(补)前“人”字用如动词，使其为民。后“人”字指僧、道。火

其书，绝其惑人之说。庐其居，寺、观改作民房。明先王之道以道导之，鳏寡孤独废疾者有养也。以无佛、老之害，故穷民皆得其所养。㊟道：教导。其亦庶乎其可也！”两“可”字呼应作结，言有尽而意无穷。㊟庶乎：差不多。

孔孟没，大道废，异端炽。千有余年，而后得《原道》之书辟而辟之，理则布帛菽粟，气则山走海飞，发先儒所未发，为后学之阶梯，是大有功名教之文。

〔校记〕

①“民”后原有“则失其所以为臣”七字，据《韩昌黎文集校注》删。
②“生”后原有一“相”字，据《韩昌黎文集校注》删。
③“名”，原作“虽”，据《韩昌黎文集校注》改。
④“事”后原有一“虽”字，据《韩昌黎文集校注》删。

原毁

韩愈

古之君子，其责己也重以周，其待人也轻以约。此孔子所谓“躬自厚而薄责于人”之意。○二语是一篇之柱。㊟责：要求。重以周：严格而周全。轻以约：宽容而简略。重以周，故不怠；轻以约，故人乐为善。申上文作两对，是双关起法。闻古之人有舜者，其为人也，仁义人也。求其所以为舜者，责于己曰：“彼，人也；予，人也。彼能

shì ér wǒ nǎi bù néng shì zǎo yè yǐ
是，而我乃不能是！”(补)求：探求。所以：表示原因。彼：他。予：我。是：这样。乃：却。早夜以

sī qù qí bù rú shùn zhě jiù qí rú shùn zhě wén gǔ zhī
思，去其不如舜者，就其如舜者。(补)就：接近。闻古之

rén yǒu zhōu gōng zhě qí wéi rén yě duō cái yǔ yì rén yě qiú
人有周公者，其为人也，多才与艺人也。(补)艺：技艺。求

qí suǒ yǐ wéi zhōu gōng zhě zé yú jǐ yuē bǐ rén yě yú
其所以为周公者，责于己曰：“彼，人也；予，

rén yě bǐ néng shì ér wǒ nǎi bù néng shì zǎo yè yǐ sī
人也。彼能是，而我乃不能是！”早夜以思，

qù qí bù rú zhōu gōng zhě jiù qí rú zhōu gōng zhě
去其不如周公者，就其如周公者。此二段语意，俱本《孟子》“舜何人，予何人”一段来。

shùn dà shèng rén yě hòu shì wú jí yān zhōu gōng dà shèng
舜，大圣人也，后世无及焉；周公，大圣

rén yě hòu shì wú jí yān shì rén yě nǎi yuē
人也，后世无及焉。(补)及：比得上。焉：代词，之。是人也，(补)指古之君子。乃曰：

bù rú shùn bù rú zhōu gōng wú zhī bìng yě shì
“不如舜，不如周公，吾之病也。”只转说。一说便见波澜。(补)病：缺点。是

bú yì zé yú shēn zhě zhòng yǐ zhōu hū qí yú
不亦责于身者重以周乎？应一句。(补)不亦：不就是。用于表肯定的反问句。其于

rén yě yuē bǐ rén yě néng yǒu shì shì zú
人也，(补)其：他，指古之君子。于：对待。曰：“彼人也，能有是，是足

wéi liáng rén yǐ néng shàn shì shì zú wéi yì rén yǐ
为良人矣；能善是，是足为艺人矣。”从上段“能”字，生出“善”字。

qǔ qí yī bù zé qí èr jí qí xīn bù jiū
(补)良人：良善的人。善：擅长。艺人：有技能的人。取其一，不责其二；即其新，不究

qí jiù kǒng kǒng rán wéi jù qí rén zhī bù dé wéi
其旧；(补)即：依据。新：指现在。究：追究。旧：指过去。恐恐然惟惧其人之不得为

shàn zhī lì yí shàn yì xiū yě yí yì
善之利。顺势衍足上意。(补)恐恐然：担心的样子。不得为善之利：得不到做好事的益处。一善易修也，一艺

易能也。其于人也，乃曰："能有是，是亦足矣。"曰："能善是，是亦足矣。"亦转说。一说又作波澜。不亦待于人者轻以约乎？应一句。○已上写古之君子，作两扇，是宾。

今之君子则不然。一句折入。〔补〕不然：不是这样。其责人也详，其待己也廉。详，故人难于为善；廉，故自取也少。亦作双关起法。〔补〕详：周详。廉：少。自取：谓自己得益。己未有善，曰："我善是，是亦足矣。"己未有能，曰："我能是，是亦足矣。"外以欺于人，内以欺于心，未少有得而止矣，不亦待其身者已廉乎？应一句。〔补〕少：稍。已廉：太少。其于人也，曰："彼虽能是，其人不足称也；彼虽善是，其用不足称也。"〔补〕其人：谓其人品。称：称道。用：才能。举其一，不计其十；究其旧，不图其新；〔补〕举：指摘。图：考虑。恐恐然惟惧其人之有闻也。〔补〕闻：声誉。是不亦责于人者已详乎？应一句。○已上写今之君子，作两扇，是主。亦只就"能""善"二字，翻弄成文，妙。夫是之谓不以众人待其身，而以圣人望于人，吾未见其尊己也。

文极滔滔莽莽，有一泻千里之势。不意从此间忽作一小束，何等便捷！是文章中深于开合之法者。㊟是之谓：这就叫作。不以：不用。众人：一般人。

虽然，急转。㊟即使如此。**为是者有本有原(源)，**㊟有根源。**怠与忌之谓也。**㊟怠：懈怠，指对自己。忌：忌妒，指对他人。谓：说的是。**怠者不能修，而忌者畏人修。**“怠”“忌”二字，切中今人病痛。下文只说“忌者”，而“怠者”自可知，惟“怠”故“忌”也。○方说到本题，此为毁之根也。㊟修：指品德进修。

吾尝试之矣。又作一扬，生下二比。**尝试语于众曰：“某良士，某良士。”其应者，必其人之与也；**㊟应：附和。与：党与，朋友。**不然，则其所疏远不与同其利者也；**㊟不然：否则。不与同其利者：指同他没有利害关系的人。**不然，则其畏也。不若是，**总撇上三句。㊟不若是：如果不是这样。**强者必怒于言，懦者必怒于色矣。**“良士”一段，是主中之宾。㊟怒于色：在表情上流露愤怒。

又尝语于众曰：“某非良士，某非良士。”其不应者，必其人之与也；不然，则其所疏远不与同其利者也；不然，则其畏也。不若是，总撇上三句。**强者必说(悦)于言，懦者必说(悦)于色矣。**“非良士”一段，是主中之主。○两意形出“忌”字，以原毁者之情，委婉曲折，词采若画。**是故事修而谤兴，德高而毁来。**㊟事修：意谓事业成功。**呜呼！士之处此世，而望名誉之光、道**

dé zhī xíng nán yǐ
德之行，难已！《原毁》篇，到末才露出“毁”字。大都“详”与“廉”，毁之枝叶；“怠”与“忌”，毁之本根。不必说“毁”，而“毁”意自见。㊉行：实行。已：语气词，相当于“了”。

jiāng yǒu zuò yú shàng zhě dé wú shuō ér cún zhī qí guó jiā kě jī ér lǐ yú
将有作于上者，得吾说而存之，其国家可几而理欤！慨然有余思。㊉有作：谓有所作为。几：庶几。理：治理得好，与“乱”相对。唐人避高宗李治的讳，用“理”代替“治”字。

全用重周、轻约、详廉、怠忌八字立说。然其中只以一“忌”字，原出毁者之情。局法亦奇。若他人作此，则不免露爪张牙，多作仇愤语矣。

huò lín jiě
获麟解

hán yù
韩愈

lín zhī wéi líng zhāo zhāo yě
麟之为灵，昭昭也。麟，麇身、牛尾、马蹄、一角，毛虫之长，王者之瑞也。○先立一句，“灵”字伏“德”字。㊉灵：灵异。昭昭：明明白白。yǒng yú shī shū yú chūn qiū zá chū yú zhuàn jì bǎi jiā zhī shū suī fù rén xiǎo zǐ jiē zhī qí wéi xiáng yě **咏于《诗》，书于《春秋》，杂出于传记百家之书，虽妇人小子皆知其为祥也。**《诗·麟之趾》。《春秋》：鲁哀公十三年“西狩获麟”。传记百家，谓史传所记及诸子百家也。虽妇人小子皆知其为祥瑞，正见其昭昭处。○一转。㊉虽：即使。

rán lín zhī wéi wù bú xù yú jiā bù héng yǒu yú tiān xià
然麟之为物，不畜于家，不恒有于天下。㊉畜：饲养。恒：经常。qí wéi xíng yě bú lèi fēi ruò mǎ niú quǎn shǐ **其为形也不类，非若马、牛、犬、豕、**

豺、狼、麋、鹿然。补不类：不好归类。类，族类。若……然：像……那样。豕：猪。然则虽有麟，不可知其为麟也。知其为祥，不可知其为麟，所以为灵。○二转。补然则：那么。

角者，吾知其为牛；鬣者，吾知其为马；补鬣：马颈上的长毛。犬、豕、豺、狼、麋、鹿，吾知其为犬、豕、豺、狼、麋、鹿；惟麟也不可知。不可知，则其谓之不祥也亦宜。既不可知其为麟，则谓麟为不祥之物，亦无足怪。○三转，起下“圣人必知麟”。补谓：说。

虽然，麟之出，必有圣人在乎位，麟为圣人出也。帝王之世，麟在郊薮。圣人者，必知麟。麟之果不为不祥也。麟必待有知麟之圣人而后出，麟固无有谓其不祥者。○四转。补果：终究。

又曰：麟之所以为麟者，以德不以形。“以德”句，正与“为灵昭昭”句相应。“德”字，即“灵”字之意。惟“德”故“灵”也。补所以：表示原因。“以德”之“以”：介词，凭、根据。若麟之出不待圣人，则谓之不祥也亦宜。若出非其时，则失其所以为麟矣，何祥之有？○五转。○上“不祥”，是天下不知麟也，非麟之咎也。此“不祥”，真麟之罪也，非天下之咎也。

此解与论龙、论马，皆退之自喻。有为之言，非有所指实也。文仅一百八十余字，凡五转，如游龙，如辘轳，变化不穷，真奇文也。

杂说一

韩愈

龙嘘气成云，云固弗灵于龙也。嘘气，虚口出气也。云为龙之所自有，故弗能灵于龙。○一节，言龙之灵。轻。下急转。[补]固：本来。灵：神奇。**然龙乘是气，茫洋穷乎玄间，**[补]茫洋：遨游驰骋、行动自如貌。穷：达到尽头。乎：相当介词“于”。玄间：指天空。《易·坤卦》曰“天玄而地黄”，因以“玄”指天。**薄日月，伏光景，感震电，神变化，水下土，汩陵谷。云亦灵怪矣哉！**茫洋云水之气，极乎穹苍，日月为之掩蔽，光影为之伏藏，雷电为之震动，其变化风雨，则水遍乎下土，陵谷为之汩没，云亦灵怪极矣。○二节，言云之灵。重。[补]薄：逼近。伏：遮蔽。光景：阳光。感：引动。神：使之神奇。汩：淹没。陵谷：丘陵和山谷。

云，龙之所能使为灵也。[补]使为灵：使之为灵。**若龙之灵，则非云之所能使为灵也。**三节，申言龙之灵。轻。下急转。[补]若：至于。**然龙弗得云，无以神其灵矣。**[补]无以：无从。神：谓显示出。**失其所凭依，信不可欤？**四节，申言云之灵。重。[补]信：果真。**异哉！其所凭依，乃其所自为也。**云为龙之嘘气，故曰自为。○五节，言龙能为云，若无龙，则亦无云矣。轻。**《易》曰：“云从龙。”**《易》：“云从龙，风从虎，圣人作而万物睹。”[补]从：跟随。**既曰龙，云从之矣。**六节，言龙必有云，若无云，则亦非龙矣。重。

此篇以龙喻圣君，云喻贤臣。言贤臣固不可无圣君，而圣君尤不可无贤臣。写得婉委曲折，作六节转换。一句一转，一转一意。若无而又有，若绝而又生，变变奇奇，可谓笔端有神。

杂说四

韩愈

世有伯乐，然后有千里马。伯乐，秦穆公时人，姓孙，名阳，善相马。此以伯乐喻知己，以千里马喻贤士。〇一叹。千里马常有，而伯乐不常有。二叹。故虽有名马，祇(只)辱于奴隶人之手①，骈死于槽枥之间，不以千里称也。骈，并也。〇三叹。(补)祇：只，仅。辱：辱没。奴隶人：奴仆。骈：并，一同。槽枥：马槽。

马之千里者，一食或尽粟一石。(补)一食：吃一顿。食，吃。或：有时。石：容量单位，十斗为一石。食(饲)马者不知其能千里而食(饲)也。(补)食：喂养。是马也，虽有千里之能，食不饱，力不足，才美不外见(现)，且欲与常马等不可得，拗一笔。安求其能千里也？四叹。〇“千里”二字，凡七唱，感慨悲婉。(补)才美：才能特长。见：显现。且：尚且。等：一样。安：怎么。

策之不以其道，(补)策：鞭打。以：依。道：指千里马的习性。食(饲)之不能尽其材才，㊟尽其材：使它竭尽才能。材，才能。鸣之而不能通其意，㊟鸣：马嘶鸣。之：助词，用以调解音节。通：通晓。执策而临之，㊟策：马鞭。临：面对。曰："天下无马！"呜呼！其真无马邪？㊟其：表示诘问语气，难道。其真不知马也！五叹，总结。

此篇以马取喻，谓英雄豪杰必遇知己者，尊之以高爵，养之以厚禄，任之以重权，斯可展布其材。否则，英雄豪杰亦已埋没多矣。而但谓之天下无才，然耶？否耶？甚矣，知遇之难其人也。

〔校记〕

①"衹"，原作"秖"，据《韩昌黎文集校注》改。

古文观止卷之八

师说

韩愈

古之学者必有师。(补)学者：求学之人。师者，所以传道受授业解惑也。说得师道如此郑重。一篇大纲领，具见于此。(补)所以：用来。道：指儒家之道。业：指儒家经典。惑：指道与业两方面的疑难问题。人非生而知之者，孰能无惑？(补)之：指道和业。孰：谁。惑而不从师，其为惑也，终不解矣。紧承“解惑”说，下承“传道”说。生乎吾前，其闻道也固先乎吾，吾从而师之；生乎吾后，其闻道也亦先乎吾，吾从而师之。(补)乎：于。闻道：懂得道。固：本来。先：早。从：跟从。吾师道也，夫庸知其年之先后生于吾乎？(补)师：学习。庸知其：哪管他。庸，哪里。是故无贵无贱，无长无少，道之所存，师之所存也。道在即师在，是绝世议论。(补)是故：因此。无：无论。

嗟乎！师道之不传也久矣！欲人之无惑也难矣！忽作慨叹，若承若起，佳甚。补师道：尊师学习的风尚。古之圣人，其出人也远矣，犹且从师而问焉；补出人：谓超出一般人。犹且：尚且，还。今之众人，其下圣人也亦远矣，而耻学于师。补众人：指一般人。下：低于。是故圣益圣，古人。愚益愚。今人。补益：更加，越发。圣人之所以为圣，愚人之所以为愚，其皆出于此乎？此是高一等说话，翻前面“人非生知”之说。补所以：表示原因。其：大概。出于此：由于此。爱其子，择师而教之；于其身也，则耻师焉，惑矣。补于：对待。身：自身。惑：糊涂。彼童子之师，授之书而习其句读者①，非吾所谓传其道解其惑者也。补彼：那。句读：指文章的断句知识。句读之不知，惑之不解，或师焉，或不否焉，小学而大遗，吾未见其明也。童子句读之不知，则为之择师。其身惑之不解，则不择师。是学其小，而遗忘其大者，可谓不明也。○此就寻常话头，从容体出至情。其理明，其辞切。补小：指“句读之不知”。大：指“惑之不解”。巫医乐师百工之人，不耻相师。补不以互相学习为耻。士大夫之族，曰师曰弟子云者，则群聚而笑之。补族：类。云者：助词，用于句末，表提顿，以引起下文。问之，则曰：“彼与彼年相若也，道相似也，有长有少矣。㊟相若：相近。位卑则足羞，官盛则近谀。”有贵有贱矣。㊟言以位卑于己的人为师，则感到十分耻辱；以大官为师，则又有近于谄谀的嫌疑。盛：大。呜呼！师道之不复，可知矣。可为长太息。㊟复：恢复。巫医乐师百工之人，君子不齿，齿，列也。㊟不齿：谓不屑与之同列。今其智乃反不能及，其可怪也欤！此与前论圣人且从师同意。前以至贵者形今人之不从师，此以至贱者形今人之不从师。反复剧论，意甚切至。㊟智：谓见识。乃：竟。不能及：比不上。

圣人无常师。㊟固定的老师。孔子师郯子、苌弘[2]、师襄、老聃。郯子之徒，省句。㊟郯子那些人。徒：同类的人。其贤不及孔子。孔子询官名于郯子，访乐于苌弘，学琴于师襄，问礼于老聃。㊟贤：才德优秀。孔子曰：三人行，则必有我师。借孔子作证，取前圣人从师意。是故弟子不必不如师，师不必贤于弟子，㊟不必：不一定。贤：胜过，超过。闻道有先后，术业有专攻，如是而已。收前“吾师道”意，完足。㊟术业：学术技艺。专攻：专门研究。如是：像这样。而已：罢了。

李氏子蟠，年十七，蟠，贞元十九年进士。好古文，六艺经传皆通习之，不拘于时，学于余。异于今人。㊟六艺经传：六经的经文和传文。通习：通晓熟习。不拘于时：指没有受到时俗的影响，不以师为耻。余嘉其能行古道，不异于古人。㊟嘉：赞许。古道：指古人从师之道。作《师说》以贻之。㊟贻：赠送。

通篇只是"吾师道也"一句。言触处皆师，无论长幼贵贱，惟人自择。因借时人不肯从师，历引童子、巫医、孔子喻之。总是欲李氏子能自得师，不必谓公慨然以师道自任，而作此以倡后学也。

〔校记〕

① "者"后原有一"也"字，据《韩昌黎文集校注》删。
② "弘"，原作"宏"，据《韩昌黎文集校注》改。

进 学 解
jìn xué jiě

韩 愈
hán yù

国子先生_{guó zǐ xiān shēng}元和七年，公复为国子博士。晨入太学_{chén rù tài xué}，招诸生立馆_{zhāo zhū shēng lì guǎn}下，_{xià}㊷馆：学舍。诲之曰_{huì zhī yuē}："业精于勤_{yè jīng yú qín}，荒于嬉_{huāng yú xī}；行成于_{xíng chéng yú}思，毁于随_{sī huǐ yú suí}。随，因循也。○陡然四句，起下"不明""不公"意。㊸业：指学业。嬉：游玩。行：德行。思：思考。方今圣_{fāng jīn shèng}贤相逢_{xián xiāng féng}，圣君、贤臣。治具毕张_{zhì jù bì zhāng}。需才分任。㊹治具：指法令。毕张：全部实施。拔去凶邪_{bá qù xiōng xié}，登崇俊良_{dēng chóng jùn liáng}。㊺登崇：选拔任用。俊良：才德超卓之人。占小善者率以已录_{zhàn xiǎo shàn zhě shuài yǐ lù}，名_{míng}一艺者无不庸_{yí yì zhě wú bù yōng}。庸，用也。㊻占：具有。率：大都。录：录用。名一艺者：指能以治一种经书而有名的人。爬罗剔_{pá luó tī}抉，_{jué}谓搜取人才。㊼爬罗：搜罗。剔抉：挑选。刮垢磨光_{guā gòu mó guāng}。谓造就人才。㊽刮垢：刮去污垢。磨光：磨出光彩。盖有幸_{gài yǒu xìng}而获选_{ér huò xuǎn}，孰云多而不扬_{shú yún duō ér bù yáng}？"幸"字，最有含蓄。㊾盖：大概。幸：侥幸。多：犹优秀。扬：显扬。诸_{zhū}生业患不能精_{shēng yè huàn bù néng jīng}，无患有司之不明_{wú huàn yǒu sī zhī bù míng}；行患不能_{xíng huàn bù néng}

成，无患有司之不公。”此四句，是一篇议论张本。㊟患：担心。有司：主管官吏。明：明察。行：德行。

言未既，有笑于列者曰：“先生欺余哉！弟子事先生，于兹有年矣。头。㊟既：完毕。列：行列。事：侍奉。于兹：至今。有年：多年。先生口不绝吟于六艺之文，手不停披于百家之编；㊟六艺：指六经。披：翻阅。百家之编：指诸子的著作。纪事者必提其要，举纲挈领。㊟纪事者：指记事的著作。提：摘录。要：纲要。纂言者必钩其玄；极深研几。㊟纂言者：指立论的著作。钩：探求。玄：指精深的道理。贪多务得，㊟多：广泛。得：指心得。细大不捐；悉备。㊟细：小。捐：舍弃。焚膏油以继晷，恒兀兀以穷年。晷，日景也。兀兀，劳苦也。○恒久。㊟膏油：灯油。继晷：谓夜以继日。晷，日影。恒：经常。兀兀：勤勉貌。穷年：终年。先生之业，可谓勤矣。一段，言勤于己业。抵排异端，攘斥佛老；抵，触也。○辟邪说。㊟抵排：抵制排斥。攘斥：驳斥。补苴罅漏，张皇幽眇；苴所以藉履。《吕览》：“衣弊不补，履决不苴。”罅，孔隙也。皇，大也。言儒术缺漏处，则补苴之；圣道隐微处，则张大之。○翼圣学。㊟补苴：弥补。罅漏：缺漏。张皇：阐发。幽眇：隐微。寻坠绪之茫茫，独旁搜而远绍；承“补苴”“张皇”说。㊟坠绪：指衰落不振的儒学。旁搜：广泛搜求。绍：继承。障百川而东之，回狂澜于既倒。承“抵排”“攘斥”说。㊟障：防堵。回：回转。百川、狂澜：都比喻异端。既：已经。先生之于儒，可谓有劳矣①。二段，言劳于卫道。沉浸醲郁，含英咀华；读书而涵泳其味。㊟醲郁：味浓厚。醲，味浓的酒。含英咀华：谓品味文章的精华。

作为文章，其书满家。作文而悉本于古。[补]作为：撰写。其书：指著述的文章。**上规姚姒，浑浑无涯；**姚，虞姓。姒，夏姓也。扬子："虞夏之书浑浑尔。"[补]规：取法。浑浑：广大貌。无涯：无边。**周《诰》殷《盘》，佶屈聱牙；**周《诰》，《大诰》《康诰》《酒诰》《召诰》《洛诰》是也。殷《盘》，《盘庚》上、中、下三篇是也。佶屈、聱牙，皆艰涩难读貌。**《春秋》谨严，**一字褒贬，谨而严毅。**《左氏》浮夸，**《左传》释经，浮虚夸大。[补]浮夸：指文辞铺张华美。**《易》奇而法，**《易》之变易甚奇，而正当之理可法。[补]奇：奇妙。法：有法则。**《诗》正而葩；**《诗》之义理甚正，而藻丽之词实华。[补]正：雅正。葩：华美。**下逮《庄》《骚》，**《庄子》《离骚》。**太史所录，**《史记》《汉书》。**子云、相如，**扬雄，字子云。司马长卿，名相如。**同工异曲。**犹乐之同工，而异其曲调。○文章不本六经，虽生剥子云之篇，行剽相如之籍，辞非不美，总属无根之学。故公必"上规姚姒"，而始下逮百家也。[补]工：精妙。**先生之于文，可谓闳其中而肆其外矣。**三段，言文章之著见。[补]闳其中：指内容宏富。肆其外：指文笔恣肆。**少始知学，勇于敢为；长通于方，左右具宜。**[补]长：成年。通于方：通达待人处事之道。具：完全。宜：适宜。**先生之于为人，可谓成矣。**四段，言为人之成立。○上三段论业精，此一段论行成，共为一腹。[补]成：完备。**然而公不见信于人，私不见助于友，跋前疐后，动辄得咎。**《诗·豳风》："狼跋其胡，载疐其尾。"跋，躐也。胡，老狼颔下悬肉也。疐，跲也。狼进而躐其胡，则退而跲其尾，言进退不得自由也。[补]跋：踩。疐：绊。辄：就，总是。得咎：获罪。咎，罪过。**暂为御史，遂窜南夷。**贞元十九年，公为监察御史，谪阳山令。[补]窜：流放。

sān nián bó shì rǒng bú xiàn zhì
三年博士，冗不见现治。公元和元年六月为博士，四年六月迁都官史。冗，散也。处闲散之地，而无以自见其治才。(补)见：表现。治：政绩。

mìng yǔ chóu móu qǔ bài jǐ shí
命与仇谋，取败几时。命与仇敌为谋，数遭败坏。(补)命：命运。谋：共谋。几时：谓时不时。

dōng nuǎn ér ér háo hán nián fēng ér qī tí jī tóu tóng chǐ huō jìng
冬暖而儿号寒，年丰而妻啼饥。头童齿豁，竟

sǐ hé bì bù zhī lǜ cǐ ér fǎn jiào rén
死何裨？山无草木曰童。豁，落也。裨，益也。(补)竟死：直到死。不知虑此，而反教人

wéi
为②？”勤业四段，从“能精”“能成”二语发来，然而一转，正破“不公”“不明”也。(补)为：助词，表诘问。

xiān shēng yuē xū zǐ lái qián fú dà mù wéi máng xì mù
先生曰：“吁！子来前！夫大木为杗，细木

wéi jué bó lú zhū rú wēi niè diàn xiē
为桷，杗，梁也。桷，椽也。欂栌、侏儒，欂栌，短柱。侏儒，短椽。椳闑扂楔，椳，门枢也。闑，门中橛也。扂，户牡也。楔，门柣也。(补)椳：门枢之臼。闑：门槛。扂：门闩。楔：门两旁的木柱。

gè dé qí yí shī yǐ chéng shì
各得其宜，施以成室

zhě jiàng shì zhī gōng yě yù zhá dān shā chì
者，匠氏之工也。匠斤木，无论小大。○一喻。(补)施：用。工：技艺。玉札、丹砂，赤

jiàn qīng zhī niú sōu mǎ
箭、青芝，玉屑，一名玉札，生蓝田山谷。丹砂，朱砂也。赤箭，生陈仓及太山少室。青芝，出太山。四者，皆贵药。牛溲、马

bó bài gǔ zhī pí jù shōu bìng xù dài
勃，败鼓之皮，牛溲，牛溺也。马勃，马屁菌也。败鼓皮，主虫毒。三者，皆贱药。俱收并蓄，待

yòng wú yí zhě yī shī zhī liáng yě dēng míng xuǎn gōng
用无遗者，医师之良也。医用药，无论贵贱。○二喻。(补)良：良术。登明选公，

zá jìn qiǎo zhuō yū yú wéi yán zhuó
(补)登：进用。明：贤明之人。杂进巧拙，(补)杂：一起。纡余为妍，作缓态者。(补)纡余：舒缓从容。妍：美。卓

luò wéi jié jiào duǎn liáng cháng wéi qì shì shì zhě zǎi xiàng
荦为杰，行直道者。(补)卓荦：超绝出众。校短量长，惟器是适者，宰相

zhī fāng yě xī zhě mèng kē hào biàn
之方也。宰相用人，无论智之巧拙、才之长短。○三结。(补)校：比较。器：能力。方：指治术。昔者孟轲好辩，

kǒng dào yǐ míng zhé huán tiān xià zú lǎo yú xíng xún
孔道以明，辙环天下，卒老于行；一引。㊟以：因而。辙：车迹。环：周遍。荀

qīng shǒu zhèng dà lùn shì hóng táo chán yú chǔ fèi sǐ lán líng
卿守正，大论是弘③，逃谗于楚，废死兰陵。荀卿，赵人。齐襄王时，为稷下祭酒，避谗适楚，春申君以为兰陵令。春申君死，而荀卿废。著书数万言而卒，因葬兰陵。○二引。㊟正：正道。弘：弘扬。

shì èr rú zhě
是二儒者，

tǔ cí wéi jīng jǔ zú wéi fǎ jué lèi lí lún yōu rù shèng yù
吐辞为经，举足为法，绝类离伦，优入圣域，

qí yù yú shì hé rú yě
其遇于世何如也？冷语不尽。○三结。下转正文。㊟吐辞：言论。举足：行动。法：法则。绝类离伦：超出同类，无与伦比。优：谓绰绰有余。遇：遭遇。

jīn xiān shēng xué suī qín ér bù yóu qí tǒng yán suī duō ér bù
今先生学虽勤而不由其统，言虽多而不

yāo qí zhòng wén suī qí ér bú jì yú yòng xíng suī xiū ér bù xiǎn
要其中，文虽奇而不济于用，行虽修而不显

yú zhòng
于众。四句，解前四段意。○再转。㊟由：遵从。统：指儒家的道统。要：求。中：要害。

yóu qiě yuè fèi fèng qián suì
犹且月费俸钱，岁

mí lǐn sù zǐ bù zhī gēng fù bù zhī zhī
靡廪粟④；子不知耕，妇不知织；有以养家。㊟犹且：尚且。靡：耗费。廪：指官仓。

chéng mǎ cóng tú ān zuò ér shí
乘马从徒，安坐而食；有以自养。㊟从徒：使仆役跟随伺候。

zhǒng cháng tú zhī cù cù kuī chén biān yǐ dào qiè
踵常途之促促⑤，窥陈编以盗窃。盗窃旧章，而无创解。○再转。㊟踵：追随。常途：平常的路。促促：拘谨小心貌。陈编：古籍。盗窃：剽窃。

rán ér shèng zhǔ bù jiā zhū
然而圣主不加诛，诛，责也。

zǎi chén bú jiàn chì zī fēi qí xìng yú
宰臣不见斥，兹非其幸欤⑥！幸其遇世，愈于二儒。○再转。㊟见斥：被贬斥。

dòng ér dé bàng
动而得谤，㊟谤：毁谤。

míng yì suí zhī
名亦随之。㊟言名声也跟着起来了。

tóu xián zhì sǎn nǎi fèn zhī yí
投闲置散，乃分之宜。此段解前“公不见信”一段意。言有司未有不公、不明处。㊟闲、散：指闲散职位。分：本分。宜：适宜，适当。

ruò fú shāng cái huì zhī yǒu wú jì bān zī zhī chóng bì
若夫商财贿之有亡（无），计班资之崇庳，

wàng jǐ liàng zhī suǒ chèn zhǐ qián rén zhī xiá cī

忘己量之所称，指前人之瑕疵， 财贿，谓禄也。班资，品秩也。庳，下也。前人，暗指执政。瑕疵，谓不公、不明也。㊟若夫：至于。商：计较。计：考虑。量：指才能。称：适合。指：指责。

shì suǒ wèi jié jiàng shì zhī bù yǐ yì wéi yíng

是所谓诘匠氏之不以杙为楹， 杙，橛也。楹，柱也。杙小楹大。㊟诘：责问。

ér zǐ yī shī yǐ chāng yáng yǐn nián yù jìn qí xī líng yě

而訾医师以昌阳引年，欲进其豨苓也。” 昌阳，即昌蒲，久服可以延年。豨苓，即猪苓，主渗泄。○掉尾抱前，最耐寻味。㊟訾：诋毁。引年：延长年寿。

公自贞元十八年至元和七年，屡为国子博士，官久不迁，乃作《进学解》以自喻。主意全在宰相，盖大才小用，不能无憾。而以怨怼无聊之词托之人，自咎自责之词托之己，最得体。

〔校记〕

①“谓”，原缺，据《韩昌黎文集校注》补。
②“而”，原缺，据《韩昌黎文集校注》补。
③“弘”，原作“宏”，据《韩昌黎文集校注》改。
④“靡”，原作“縻”，据《韩昌黎文集校注》改。
⑤“促促”，原作“役役”，据《韩昌黎文集校注》改。
⑥“兹”，原缺，据《韩昌黎文集校注》补。

wū zhě wáng chéng fú zhuàn

圬者王承福传

hán yù

韩 愈

wū zhī wéi jì jiàn qiě láo zhě yě

圬之为技，贱且劳者也。 一抑。㊟圬：抹灰，粉刷。

yǒu yè zhī qí sè ruò zì dé zhě

有业之，其色若自得者。 ㊟业之 以之为职业。色：表情，神态。自得：自己感到得意。

tīng qí yán yuē ér jìn

听其言，约而尽。 一扬。○陡然立论，领起一篇精神。㊟约而尽：简要而透彻。

wèn zhī wáng qí xìng chéng fú qí míng

问之，王其姓，承福其名，

世为京兆长安农夫。㊟京兆：指京师。天宝之乱，发人为兵，天宝十四年冬十一月，安禄山反，帝以郭子仪为朔方节度使讨之。出内府钱帛，于京师募兵十一万，旬月而集，皆市井子弟也。㊟发：征发。持弓矢十三年，有官勋，弃之来归，丧其土田，手镘衣食。镘，圬具也。○弃官勋而就佣工，使人不可测。㊟手镘：手拿抹子，指从事泥水匠的工作。余三十年，舍于市之主人，而归其屋食之当焉。屋食，谓屋租也。当，谓所当之值。㊟余：之后。舍：居住。市：街市。主人：指房东。屋食之当：谓相当于房租和伙食的费用。视时屋食之贵贱，而上下其圬之佣以偿之。视屋租之贵贱，而增减其圬之工价。偿，还也。㊟上下：增减。佣：工钱。有余，则以与道路之废疾饿者焉。此段写承福去官归乡手镘衣食来由，画出高士风味。

又曰："粟，稼而生者也；㊟稼：种植。若布与帛，必蚕绩而后成者也；㊟蚕绩：指纺织。其他所以养生之具，皆待人力而后完也，吾皆赖之。然人不可遍为，宜乎各致其能以相生也。此言彼此各致其能。㊟致：尽。故君者，理我所以生者也；而百官者，承丞君之化者也。㊟理：治理。承：辅佐。化：教化。任有小大①，惟其所能，若器皿焉。㊟任：责任。食焉而怠其事，必有天殃，一篇主意，特为提出。故吾不敢一日舍镘以嬉。（此言小大不怠其事。〔补〕嬉：游玩。）夫镘，易能可力焉，又诚有功，取其直〔值〕，虽劳无愧，吾心安焉。（〔补〕能：指技能。诚：确实。直：报酬。）夫力，易强而有功也，心，难强而有智也。（〔补〕强：勉强。心：指脑力。）用力者使于人，用心者使人，亦其宜也。吾特择其易为而无愧者取焉。（此言难易自择其宜。）嘻！吾操镘以入富贵之家有年矣。（忽生感慨，无限烟波。〔补〕有年：多年。）有一至者焉，又往过之，则为墟矣；有再至、三至者焉，而往过之，则为墟矣。问之其邻，或曰：‘噫！刑戮也。’或曰：‘身既死而其子孙不能有也。’或曰：‘死而归之官也。’（此是王承福所自省验得力处，故言极痛快。）吾以是观之，非所谓食焉怠其事而得天殃者邪？非强心以智而不足、不择其才之称否而冒之者邪？（〔补〕择：区别。称：适合。冒：冒进。）非多行可愧、知其不可而强为之者邪？（三层，就前所目见处翻案。）将富贵难守、薄功而厚飨〔享〕之者邪？抑丰悴有时、一去一来而

bù kě cháng zhě yé
不可常者邪？二层，又开一步感慨。㉞将：或者。抑：还是。丰悴：兴衰。时：时运。

wú zhī xīn mǐn yān
吾之心悯焉，

shì gù zé qí lì zhī kě néng zhě xíng yān
是故择其力之可能者行焉。言己志。㉟悯：忧郁，感伤。

lè fù guì ér
乐富贵而

bēi pín jiàn　wǒ qǐ yì yú rén zāi
悲贫贱，我岂异于人哉？"反一句，束得有力。○此段写所以弃官业圬之故，是绝大议论。

yòu yuē　　gōng dà zhě　qí suǒ yǐ zì fèng yě bó　qī yǔ
又曰："功大者，其所以自奉也博。妻与

zǐ　jiē yǎng yú wǒ zhě yě　wú néng bó ér gōng xiǎo　bù yǒu zhī kě
子，皆养于我者也，吾能薄而功小，不有之可

yě　㊱所以：用来。奉：供养。博：多。薄：弱。
也。

yòu wú suǒ wèi láo lì zhě　ruò lì wú jiā ér
又吾所谓劳力者，若立吾家而

lì bù zú　zé xīn yòu láo yě　yì shēn ér èr rèn yān　suī shèng
力不足，则心又劳也。一身而二任焉，虽圣

zhě bù kě néng yě
者不可能也②。"此段写自业自食有余之意，是绝大见识。○此"又曰"以下，又转一步，为自己折衷张本。㊲二任：双重负担，指劳力又劳心。

yù shǐ wén ér huò zhī　　yòu cóng ér sī zhī　gài xián zhě yě
愈始闻而惑之，又从而思之，盖贤者也，

gài suǒ wèi dú shàn qí shēn zhě yě　一　rán wú yǒu jī yān　wèi
盖所谓独善其身者也。扬。然吾有讥焉：㊳讥：批评。谓

qí zì wèi yě guò duō　qí wèi rén yě guò shǎo　qí xué yáng zhū zhī
其自为也过多，其为人也过少，其学杨朱之

dào zhě yé？一抑　yáng zhī dào　bù kěn bá wǒ yì máo ér lì tiān xià
道者邪？杨之道，不肯拔我一毛而利天下。

ér fú rén yǐ yǒu jiā wéi láo xīn　bù kěn yí dòng qí xīn yǐ xù qí
而夫人以有家为劳心，不肯一动其心以畜其

qī zǐ　㊴畜：养育。
妻子，

qí kěn láo qí xīn yǐ wèi rén hū zāi
其肯劳其心以为人乎哉！似抑而实扬之。

suī rán
虽然，

qí xián yú shì zhī huàn bù dé zhī ér huàn shī zhī zhě　yǐ jì qí shēng
其贤于世之患不得之而患失之者，以济其生

zhī yù tān xié ér wú dào yǐ sàng qí shēn zhě qí yì yuǎn yǐ
之欲，贪邪而亡无道以丧其身者，其亦远矣！昌黎作传，全在此数语上。○"愈始闻"一转，忽赞忽讥，波澜曲折。[补]虽然：即使如此。济：满足。

yòu qí yán yǒu kě yǐ jǐng yú
又其言有可以警余

zhě gù yú wèi zhī zhuàn ér zì jiàn yān
者，故余为之传而自鉴焉。以自鉴结，意极含蓄。

前略叙一段，后略断数语，中间都是借他自家说话，点成无限烟波。机局绝高，而规世之意，已极切至。

〔校记〕

①"小大"，原作"大小"，据《韩昌黎文集校注》改。
②"能"，原作"为"，据《韩昌黎文集校注》改。

huì biàn

讳辩

hán yù

韩愈

yù yǔ lǐ hè shū quàn hè jǔ jìn shì

愈与李贺书，劝贺举进士。[补]举进士：被举荐参加进士科考试。

hè jǔ
贺举

jìn shì yǒu míng yǔ hè zhēng míng zhě huǐ zhī yuē hè fù míng jìn
进士有名，与贺争名者毁之，曰："贺父名晋

sù hè bù jǔ jìn shì wéi shì quàn zhī jǔ zhě wéi fēi
肃，贺不举进士为是，劝之举者为非。"欲夺贺名，故毁之如此。

tīng zhě bù chá yě hè ér chàng zhī tóng rán yì cí huáng
听者不察也，和而唱之，同然一辞。一时俗人为其所惑。

huáng
皇

fǔ shí yuē ruò bù míng bái zǐ yǔ hè qiě dé zuì
甫湜曰："若不明白，子与贺且得罪。"言公若不辨明，必见咎于贺也。○此段叙公作辨之由。[补]子与贺且得罪：谓韩愈与李贺都将获罪。且，将要。

yù yuē rán
愈曰："然。"先用一"然"字接住。下方起。

律曰：〔补〕律：唐律。"二名不偏讳。"〔补〕偏讳：指名字为两个字的，偏举其中的一个字，也要避讳。释之者曰："谓若言'徵'不称'在'，言'在'不称'徵'是也。"孔子母名"徵在"，言"在"不称"徵"，言"徵"不称"在"。律曰："不讳嫌名。"〔补〕嫌名：与人姓名读音相近的字。释之者曰："谓若'禹'与'雨'，'丘'与'蓲'之类是也。"谓其声音相近。今贺父名晋肃，贺举进士，上引律文，此入叙事。为犯"二名律"乎？为犯"嫌名律"乎？贺父名"进肃"，律尚不偏讳；今贺父名晋肃，律岂讳嫌者乎？〇此二句设疑问之，不直说破不犯讳。妙。父名晋肃，子不得举进士；若父名"仁"，子不得为人乎？嫌名独生一脚作波澜。奇极。

夫讳始于何时？作法制以教天下者，非周公、孔子欤？周公作诗不讳，谓文王名昌，武王名发。若曰"克昌厥后"，又曰"骏发尔私"。孔子不偏讳二名，若曰"宋不足征"，又曰"某在斯"。《春秋》不讥不讳嫌名。若卫桓公名完。康王钊之孙，实为昭王。康王名钊。〔补〕周康王之子是周昭王，昭为其谥号。文中作康王之孙，误。曾参之父名皙，曾子不讳"昔"。若曰"昔者吾友"。〇此言周公、孔子皆作讳礼之人，亦有所不讳者。然周公只是一句，孔子却是四句。盖《春秋》为孔子之书，曾子为孔子之徒也。"康王钊"句，又只在《春秋》句中，所谓文章虚实繁省之法也。周之时有骐期，汉之时有杜度，此其子宜如何讳？将讳其嫌，遂讳其姓乎？将不讳其嫌者乎？此又设疑问之，不说破。妙。补宜：应该。嫌：指嫌名。汉讳武帝名“彻”为“通”，谓彻侯为通侯、蒯彻为蒯通之类。不闻又讳车辙之“辙”为某字也；讳吕后名“雉”为“野鸡”，吕后，汉高帝后。不闻又讳治天下之“治”为某字也。今上章及诏，不闻讳“浒”“势”“秉”“饥”也①。浒、势、秉、饥，为近太祖、太宗、世祖、玄宗庙讳也。盖太祖名虎，太宗名世民，世祖名昞，玄宗名隆基。补上章：上奏章。诏：诏书。惟宦官宫妾，乃不敢言“谕”及“机”，以为触犯。以“谕”为近代宗庙讳，以“机”为近玄宗庙讳。代宗讳豫，玄宗讳见上。○此段全是不讳嫌名事，乃用宦官宫妾讳嫌名承上，极有势。士君子言语行事②，宜何所法守也？将要收归周、孔、曾参事，且问起“何所法守”，句已含周、孔、曾参意。今考之于经，指上文《诗》与《春秋》。补考：考察。质之于律，指上文二律。补质：对照。稽之以国家之典，指上文“汉讳武帝”三段。补稽：核查。贺举进士为可邪？为不可邪？到底是一疑案，不直说破。

凡事父母，得如曾参，可以无讥矣；作人得如周公、孔子，亦可以止矣。一转，忽作余文。以文为戏，以文为乐。补止：尽头。

今世之士，指倡和人。不务行曾参、周公、孔子之行，而讳亲之名，则务胜于曾参、周公、孔子，亦见其惑也！二转。〔补〕务：致力。胜：胜过，超过。夫周公、孔子、曾参卒不可胜；胜周公、孔子、曾参，乃比于宦者宫妾③。三转。〔补〕卒：终。比：等同。则是宦者宫妾之孝于其亲④，贤于周公、孔子、曾参者耶⑤？四转。○一齐收卷上文。不用辨折，愈转愈紧，愈不穷。〔补〕贤：超过。

前分律、经、典三段，后尾抱前，婉鬯显快。反反复复，如大海回风，一波未平，一波复起。尽是设疑两可之辞，待智者自择，此别是一种文法。

〔校记〕

①“饥”，原作“机”，据《韩昌黎文集校注》改。
②“言语”，原作“立言”，据《韩昌黎文集校注》改。
③④“者”，原作“官”，据《韩昌黎文集校注》改。
⑤“耶”，原作“邪”，据《韩昌黎文集校注》改。

争臣论

韩愈

或问谏议大夫阳城于愈：“可以为有道之士乎哉？“乎哉”二字，连下作疑词。○立此句为一篇纲领，下段段关应。〔补〕或：有人。谏议大夫：官名。学广而闻多，不求闻于人也；行古人之道，居于晋之鄙，鄙，边境也。晋之鄙人薰其德而善良者几千人。城好学，贫不能得书，乃求为集贤写书吏，窃官书读之，昼夜不出。六年已无所不通。及进士第，乃去隐中条山。远近慕其德行，多从之学。（补）薰：谓受其感化。几：将近。大臣闻而荐之，天子以为谏议大夫。城徙居陕州夏县。李泌为陕虢观察使，闻城名，泌入相，荐为著作郎。后德宗令长安尉杨宁，赍束帛，召为谏议大夫。人皆以为华，阳子不色喜。公力去陈言，如"荣"字变为"华"字，"无喜色"变为"不色喜"，可见。（补）华：荣耀。居于位五年矣，视其德如在野。彼岂以富贵移易其心哉？"不以富贵易其贫贱之心，所以为有道之士也。

愈应之曰："是《易》所谓'恒其德，贞'，而'夫子凶'者也，《易·恒卦》六五："恒其德，贞。妇人吉，夫子凶。"言以柔顺从人，而常久不易其德，可谓正矣。然乃妇人之道，非丈夫之宜也。恶得为有道之士乎哉？接口一句断住。（补）恶：怎么。得为：能够成为。在《易·蛊》之上九云：'不事王侯，高尚其事'；《易·蛊卦》上九，刚阳居上，在事之外，不臣事乎王侯，惟高尚吾之事而已。《蹇》之六二则曰：'王臣蹇蹇，匪（非）躬之故'，蹇，难也。《蹇卦》六二，柔顺中正，正应在上，而在险中。是君在难中也。故不避艰险以求济之，是蹇而又蹇，非以其身之故也。（补）意谓王臣不避艰险，济君之难，绝不以个人利害为念。夫不以所居之时不一①，而所蹈之德不同也？正解二句。（补）居：处在。蹈：践行。若《蛊》之上九，居无用之地，而致匪(非)躬之节；(补)用：任用。致：尽力。节：节操。以《蹇》之六二，在王臣之位，而高不事之心：(补)高：高尚。不事：不侍奉。则冒进之患生，无用而匪躬者。(补)冒进：冒求仕进。旷官之刺兴，王臣而不事者。(补)旷官：荒废职守。刺：指责。兴：产生。志不可则，而尤不终无也。《蛊》上九《象》曰："不事王侯，志可则也。"《蹇》六二《象》曰："王臣蹇蹇，终无尤也。"○反振一段。○上接口一句，用经断住，此又再引经反复。(补)则：效法。尤：过失。不终无：终将会有。今阳子在位不为不久矣，闻天下之得失不为不熟矣，天子待之不为不加矣，在王臣之位。(补)加：重用。而未尝一言及于政。视政之得失，若越人视秦人之肥瘠，忽焉不加喜戚于其心。高不事之心。○百忙中，忽著一譬喻，与《原道》"坐井而观天"同法。(补)忽：不经心。问其官，则曰'谏议也'；问其禄，则曰'下大夫之秩也'；问其政，则曰'我不知也'。又作三叠，申前意。(补)秩：官吏的俸禄。有道之士，固如是乎哉？第一断。(补)固：岂，难道。且吾闻之：更端再起。'有官守者，不得其职则去；有言责者，不得其言则去。'(补)官守：官位职守。言责：进言劝谏的责任。今阳子以为得其言，言乎哉[2]？得其言而不言，与不得其言而不去，无一可者也。有言责则当言，言不行则当去。不言与不去，无一可者也。阳子将为禄仕乎？不消多语，只看“阳子将为禄仕乎”一转，当令阳子俯颈吐舌，不敢伸气。(补)将：难道。为禄仕：为俸禄而居官。古之人有云：‘仕不为贫，而有时乎为贫。’谓禄仕者也。(补)为：前一个当“为了”讲，后一个当“因为”讲。谓：说的是。宜乎辞尊而居卑，辞富而居贫，若抱关击柝者可也。(补)宜：应该。若：像。抱关：看守城门。击柝：打更。盖孔子尝为委吏矣，尝为乘田矣，亦不敢旷其职，(补)委吏：管理粮仓的小官。乘田：主管畜牧的小吏。旷：荒废。必曰‘会计当而已矣’，必曰‘牛羊遂而已矣’。看他添减孟子文字，成自己文字。(补)会计：指财物核计。当：相符。遂：顺利生长。若阳子之秩禄，不为卑且贫，章章明矣，而如此，其可乎哉？”第二断。(补)不为：不算。章章：昭著貌。其：表诘问，难道。

或曰：“否，非若此也。夫阳子恶讪上者，恶为人臣招其君之过而以为名者。招，举也。(补)恶：厌恶。讪：诋毁。招：揭露。故虽谏且议，使人不得而知焉。《书》曰：《周书·君陈篇》。‘尔有嘉谟嘉猷，(补)嘉：美好。谟：谋划。猷：规划。则入告尔后于内，(补)后：君主。尔乃顺之于外，(补)顺：附和。曰：“斯谟斯猷，惟我后之德。”’㊟斯：此。惟：只是。夫阳子之用心，亦若此者。”前面意思已说尽了，主意只在再设问处斡旋，一节深于一节。

愈应之曰：“若阳子之用心如此，滋所谓惑者矣！接口一句断住。㊟滋：更加。惑：糊涂。入则谏其君，出不使人知者，大臣宰相者之事，非阳子之所宜行也。夫阳子，段段提起阳子说，不犯重，亦不冷淡。如千斛泉随地而出，有许多情趣在。本以布衣隐于蓬蒿之下，主上嘉其行谊义，擢在此位。㊟布衣：平民。蓬蒿：蓬草和蒿草，借指偏僻之处。行谊：品行道义。擢：提拔。官以谏为名，诚宜有以奉其职，㊟奉：奉行。使四方后代，知朝廷有直言骨鲠之臣，㊟骨鲠：喻刚直。天子有不僭赏、从谏如流之美。不僭赏，指擢居谏位言。㊟僭赏：滥用奖赏。庶岩穴之士，㊟庶：希望。岩穴之士：指隐士。闻而慕之，束带结发，愿进于阙下而伸其辞说，㊟阙下：指朝廷。伸：陈述。致吾君于尧舜，熙鸿号于无穷也。熙，明也。鸿号，大名也。㊟致：置。若《书》所谓，则大臣宰相之事，非阳子之所宜行也。复句，愈见醒透。且阳子之心，将使君人者恶闻其过乎？是启之也！”

是开君文过之端也。○又翻一笔作波澜，就缴上意。○第三断。〔补〕君：统治。启：启导。

或曰：“阳子之不求闻而人闻之，不求用而君用之，不得已而起，守其道而不变，何子过之深也？”议端全在“守其道而不变”处。〔补〕过：责难。

愈曰：“自古圣人贤士，皆非有求于闻、用也。接口一句断住。〔补〕闻：声誉。用：重用。闵（悯）其时之不平，人之不乂，乂，治也。〔补〕闵：忧虑。乂：安定。得其道，不敢独善其身，而必以兼济天下也。孜孜矻矻，死而后已。孜孜，勤也。矻矻，劳也。故禹过家门不入，孔席不暇暖，而墨突不得黔。孔子坐席不及温，又游他国。墨翟灶突不及黑，即又他适。突，灶额。黔，黑也。〔补〕突：烟囱。彼二圣一贤者，岂不知自安佚（逸）之为乐哉？诚畏天命而悲人穷也。畏时之不平，悲人之不乂。○以圣贤皆无心求闻、用，折不求闻、用句。以得其道不敢独善，折守道不变句。仍引禹、孔、墨作证，行文步骤秩然。〔补〕天命：上天之意旨。人穷：人之困厄处境。夫天授人以贤圣才能，岂使自有余而已？诚欲以补其不足者也。再作顿跌，逼出妙理。耳目之于身也，耳司闻而目司见，〔补〕司：主管。听其是非，视其险易，然后身得安焉。圣贤者，时人之耳目也；时人者，圣贤之身也。更端生一议论，尤见入情。当看圣贤、时人一语，真名世之见、名世之言。(补)时人：当时的人。且阳子之不贤，则将役于贤以奉其上矣；(补)且：若，如果。役：役使，差遣。若果贤，则固畏天命而闵悯人穷也，恶得以自暇逸乎哉？”两路夹攻，愈击愈紧。○第四断。○每段皆用一“且”字，故为进步作波澜。(补)固：必。恶：怎么。得以：可以。自暇逸：自己闲适安逸。

或曰：“吾闻君子不欲加诸人，而恶讦以为直者。(补)加：凌辱。诸：之于。讦：攻击他人的短处。若吾子之论，直则直矣，无乃伤于德而费于辞乎？(补)无乃：恐怕是。好尽言以招人过，国武子之所以见杀于齐也，吾子其亦闻乎？”《国语》：柯陵之会，单襄公见国武子。其言尽。襄公曰：“立于淫乱之国，而好尽言以招人过，怨之本也。”鲁成公十八年，齐人杀武子。○前段攻击阳子，直是说得他无逃避处。此段假“或人”之辞以攻己，其言亦甚峻，文法最高。(补)尽言：直言，指毫无保留的话。

愈曰：“君子居其位，则思死其官；(补)死：殉职。未得位，则思修其辞以明其道。我将以明道也，非以为直而加人也。接口断住。且国武子不能得善人而好尽言于乱国，是以见杀。(补)是以：连词，所以。见：被。传曰：

'惟善人能受尽言。'补引文见《国语·周语下》。谓其闻而能改之也。有此一句分疏，才有收拾。子告我曰：'阳子可以为有道之士也。'照"有道之士"一篇关键。今虽不能及已，阳子将不得为善人乎哉？"以善人能受尽言奖阳子，回互得好。令阳子闻之，亦心平气和，引过自责矣。○第五断。补将：难道。

阳城拜谏议大夫，闻得失熟，犹未肯言，故公作此论讥切之。是箴规攻击体，文亦擅世之奇，截然四问四答，而首尾关应如一线。时城居位五年矣。后三年，而能排击裴延龄，或谓城盖有待，抑公有以激之欤！

〔校记〕

①"不"，原作"亦"，据《韩昌黎文集校注》改。
②"言"，原缺，据《韩昌黎文集校注》补。

后十九日复上宰相书

韩愈

二月十六日，前乡贡进士韩愈，谨再拜言相公阁下：补乡贡：唐制，取士之科，由学馆者曰生徒，由州县者曰乡贡，天子自诏者曰制学。相公：对宰相的敬称，拜相者必封公，故称相公。

向上书及所著文，后待命凡十有九日，不得命。补向：从前。待命：等待复命。恐惧不敢逃遁，不知所为。

乃复敢自纳于不测之诛，以求毕其说，而请命于左右。从前书叙起。(补)复：再。诛：责备。毕：全部。左右：书信中不直称对方，而称其左右办事之人，表示尊敬。

愈闻之，蹈水火者之求免于人也，不惟其父兄子弟之慈爱，然后呼而望之也。(补)蹈：陷入。免：指免除水火之害。不惟：不只。将有介于其侧者，(补)将：如果。介于其侧：处在他旁边。介，临近。虽其所憎怨，(补)虽：即使。苟不至乎欲其死者，(补)苟：只要。则将大其声疾呼而望其仁之也。设喻一段，却作两层写。(补)仁：怜悯。彼介于其侧者，闻其声而见其事，不惟其父兄子弟之慈爱，然后往而全之也。(补)全：救援。虽有所憎怨，苟不至乎欲其死者，则将狂奔尽气，濡手足，焦毛发，救之而不辞也。看他复写上文，不换一字。(补)濡：沾湿。若是者何哉？其势诚急，而其情诚可悲也。总上两段，势急是总前一段，情悲是总次一段。(补)若是：这样。势：情势。悲：怜悯。

愈之强学力行有年矣，(补)强学力行：勤勉学习，努力实践。有年：多年。愚不惟道之险夷，行且不息，以蹈于穷饿之水火，其既危且亟矣，大其声而疾呼矣，阁下其亦

wén ér jiàn zhī yǐ
闻而见之矣。

四句四"矣"字生姿。㊴惟：考虑。险夷：艰险与平坦。息：停止。亟：急迫。

qí jiāng wǎng ér quán
其将往而全

zhī yú　　yì jiāng ān ér bú jiù yú
之欤？抑将安而不救欤？

㊵将：欲。抑：还是。

yǒu lái yán yú gé
有来言于阁

xià zhě yuē　　yǒu guān nì yú shuǐ ér ruò yú huǒ zhě
下者曰："有观溺于水而蒸于火者，

㊶蒸：焚烧。

yǒu kě jiù
有可救

zhī dào ér zhōng mò zhī jiù yě
之道而终莫之救也。"

gé xià qiě yǐ wéi rén rén hū
阁下且以为仁人乎

zāi
哉？

㊷且：难道。

bù rán　　ruò yù zhě　　yì jūn zǐ zhī suǒ yí dòng xīn zhě
不然，若愈者，亦君子之所宜动心者

yě
也。

两"将……欤"字，一"乎哉"，跌出此句，最见精神。㊸若：像。

huò wèi yù
或谓愈："

zǐ yán zé rán yǐ　　zǎi xiàng zé zhī zǐ yǐ
子言则然矣，宰相则知子矣，

rú shí bù kě hé
如时不可何？"

"时"字正与上"势"字对看。言势虽急，而时不可也。下文三转，深辟其"时不可"之说。㊹如……何：奈何，怎么办。

yù qiè wèi zhī bù zhī yán zhě　　chéng qí cái néng bù zú dāng wú xián xiàng
愈窃谓之不知言者，诚其材能不足当吾贤相

zhī jǔ ěr
之举耳。

㊺窃：私自。不知言：没有见识的话。不足：不值得。当：承受，承当。

ruò suǒ wèi shí zhě　　gù zài
若所谓时者，固在

shàng wèi zhě zhī wéi ěr　　fēi yān zhī suǒ wéi yě　　qián wǔ liù nián shí
上位者之为耳，非愈之所为也。前五六年时，

zǎi xiàng jiàn wén　　shàng yǒu zì bù yī méng chōu zhuó zhě　　yǔ jīn qǐ yì
宰相荐闻，尚有自布衣蒙抽擢者，与今岂异

shí zāi
时哉？

布衣蒙抽擢，自是公自开后门。㊻荐：推荐。闻：奏闻，谓向皇帝报告。抽擢：提拔。

qiě jīn jié dù　　guān chá shǐ
且今节度、观察使

jí fáng yù　　yíng tián zhū xiǎo shǐ děng　　shàng dé zì jǔ pàn guān　　wú
及防御、营田诸小使等，尚得自举判官，无

jiàn yú yǐ shì wèi shì zhě　　kuàng zài zǎi xiàng　　wú jūn suǒ zūn jìng zhě
间于已仕未仕者，况在宰相，吾君所尊敬者，

而曰不可乎？一段即今比拟。〔补〕判官：唐代节度使、观察使、防御使等的僚属，辅理政事。无间：不分。**古之进人者，或取于盗，或举于管库；**《礼记》：“管仲遇盗，取二人焉，上以为公臣。”赵文子“所举于晋国管库之士，七十有余家”。〔补〕管库：指管理仓库的役吏。**今布衣虽贱，犹足以方于此。**一段援古自况。〔补〕方：比拟。**情隘辞戚①，不知所裁，亦惟少垂怜焉。**〔补〕隘：窘迫。戚：忧伤。裁：写作。惟：愿，希望。垂怜：赐予怜悯。**愈再拜。**

前幅设喻，中幅入正文，后幅再起一议。总以“势”字、“时”字作主。到底曲折，无一直笔。所见似悲戚，而文则宕逸可诵。

〔校记〕

①“戚”，原作“蹙”，据《韩昌黎文集校注》改。

后廿九日复上宰相书

韩愈

三月十六日，前乡贡进士韩愈，谨再拜言相公阁下：

愈闻周公之为辅相，其急于见贤也，方一食三吐其哺，方一沐三握其发。周公戒伯禽曰：“我文王之子、武王之弟、今王之叔，我于天下亦不贱矣。然我一沐三握发，一饭三吐哺，起以待士，犹恐失天下之贤人。”○述周公急于见贤，是一篇主意。(补)辅相：宰相。哺：口中所含的食物。沐：洗头发。**当是时，**将当时劈空振起，为下“设使其时”一段作势，为后“岂尽”一段伏案。**天下之贤才，皆已举用；奸邪谗佞欺负之徒，皆已除去；**(补)举用：选拔任用。奸邪：奸诈邪恶。谗佞：谗邪奸佞。欺负：欺诈背信。徒：同类的人。**四海皆已无虞；**(补)虞：忧虑。**九夷八蛮之在荒服之外者，皆已宾贡；**荒服去王畿益远，以其荒野，故谓之荒服。要服外四面又各五百里也。《禹贡》：“五百里荒服。”(补)九夷：泛指东方的民族。八蛮：泛指南方的民族。宾贡：归顺纳贡。**天灾时变、昆虫草木之妖，皆已销息；**(补)时变：指时令的反常变化。妖：指事物的反常怪异。销息：消除。**天下之所谓礼乐刑政教化之具，皆已修理；**(补)教化：教育感化。修理：整治完善。**风俗皆已敦厚；**(补)敦厚：诚朴宽厚。**动植之物、风雨霜露之所沾被者，皆已得宜；**(补)沾被：滋润庇荫。**休征嘉瑞、麟凤龟龙之属，皆已备至。**《礼运》：“麟、凤、龟、龙，谓之四灵。”○此段连用九个“皆已”字，化作七样句法。字有多少，句有长短，文有反顺，起伏顿挫，如惊涛怒波。读者但见其精神，不觉其重叠，此章法、句法也。(补)休征嘉瑞：吉兆祥瑞。属：类。备至：俱至。**而周公以圣人之才，凭叔父之亲，其所辅理承化之功，又尽章章如是。**一段就周公振势。(补)辅理：辅助协理。承化：承运教化。尽：都。章章：昭著貌。如是：像这样。**其所求进见之士，岂复有贤于周公者哉？不惟不贤于周公而**

已，岂复有贤于时百执事者哉？〔补〕不惟：不仅。百执事：百官。岂复有所计议能补于周公之化者哉？一段就贤士振势。○前下九“皆已”字，此下三“岂复”字，专为下文打照。〔补〕计议：谋划。化：教化。然而周公求之如此其急，惟恐耳目有所不闻见，思虑有所未及，以负成王托周公之意，不得于天下之心。此一转最有力。以上论周公之待士，反复委曲。如周公之心，设使其时辅理承化之功，未尽章章如是，而非圣人之才，而无叔父之亲，则将不暇食与沐矣，岂特吐哺握发为勤而止哉！又推周公之心，反写一笔。妙在虚字斡旋，将无作有，生烟波。〔补〕设使：即使。不暇：没有时间。特：只是。维其如是，故于今颂成王之德，而称周公之功不衰。句已可住，而添“不衰”二字，奇峭。○正写一笔，收完前一幅文字。凡作无数转折，写周公方毕。〔补〕维：因为。衰：减退。

今阁下为辅相亦近耳。方入正文，竟作两对，运局甚奇。〔补〕近：指地位与周公相近似。天下之贤才，岂尽举用？奸邪谗佞欺负之徒，岂尽除去？四海岂尽无虞？九夷八蛮之在荒服之外者，岂尽宾贡？天灾时变、昆虫草木之妖，岂尽销息？天下之所谓礼乐刑政教化之具，岂尽修理？风俗岂尽敦厚？动植之物、风雨霜露之所沾被者，岂尽得宜？休征嘉瑞、麟凤龟龙之属，岂尽备至？此段连用九“岂尽”字，对上九“皆已”字，亦就当时振势一段。其所求进见之士，虽不足以希望盛德，至比于百执事，岂尽出其下哉？其所称说，岂尽无所补哉？又添两“岂尽”字，即上三“岂复有哉”变文耳，亦就贤士振势一段。㊟称说：建议。今虽不能如周公吐哺握发，亦宜引而进之，察其所以而去就之，不宜默默而已也。至此方尽言攻击。○说阁下毕，下始入自复上书意。㊟所以：所作所为。去就：取舍。

愈之待命，四十余日矣。书再上，而志不得通。㊟通：上达。足三及门，而阍人辞焉。阍人，守门隶。㊟及门：登门。惟其昏愚，不知逃遁，故复有周公之说焉。挽周公一句。㊟惟其：正因为。逃遁：擅自离开。阁下其亦察之。以前是论相之道，以后是论士之情。古之士，三月不仕则相吊，故出疆必载质贽。㊟吊：慰问。出疆：指前往他国。载质：带着晋见的礼物。然所以重于自进者，㊟自进：犹自荐。以其于周不可则去之鲁，于鲁不可则去之齐，于齐不可则去之宋、之郑、之秦、之楚也。犹言故不必复上书也。（补）之：往。今天下一君，四海一国，舍乎此则夷狄矣，去父母之邦矣。书安得不复上？（补）父母之邦：指祖国。故士之行道者，不得于朝，则山林而已矣。（补）行道：践行自己的主张。山林：指隐居。而已：助词，犹罢了。山林者，士之所独善自养，而不忧天下者之所能安也。如有忧天下之心，则不能矣。书安得不复上？○此段以古道自处，节节占地步，文章绝妙。故愈每自进而不知愧焉，书亟上，足数及门，而不知止焉。上用四“矣”字，其势急。此用二“焉”字，其势缓。如摆布阵势，操纵如法。文章家所谓虚字上斡旋也。其两“不知”字，归结自身上，与上“不知逃遁”响应。最妙。（补）亟：一再。数：屡次。宁独如此而已，惴惴焉惟不得出大贤之门下是惧。又一转生姿，以大贤之门，打照周公。（补）宁：难道。独：只是。惴惴：惶恐貌。亦惟少垂察焉。渎冒威尊，（补）渎：轻慢。惶恐无已。愈再拜。

通篇将周公与时相，两两作对照。只用一二虚字，斡旋成文。直言无讳，而不犯嫌忌。末述再三上书之故，曲曲回护自己。气杰神旺，骨劲格高，足称绝唱。

与于襄阳书

韩愈

七月三日，将仕郎守国子四门博士韩愈，谨奉书尚书阁下：（贞元十四年九月，以工部尚书于頔为山南东道节度使。公书称守国子四门博士，则当在十六年秋也。（补）将仕郎：官名，唐代文职散官。守：摄，兼职。国子：指国子监。）

士之能享大名显当世者，莫不有先达之士、负天下之望者为之前焉；（言下之人必如此。一扇。（补）先达：前辈。）士之能垂休光照后世者，亦莫不有后进之士、负天下之望者为之后焉。（言上之人必如此。一扇。（补）垂：传。休光：美德。为之后：为之后继。）莫为之前，虽美而不彰；（翻前扇。）莫为之后，虽盛而不传。（翻后扇。）是二人者，未始不相须也，（后先有待。（补）是：此。未始：未必。相须：相互依存。）然而千百载乃一相遇焉，（上下难逢。（补）乃：才。）岂上之人无可援，下之人无可推欤？（援，犹干也。推，求而进之也。（补）援：求。）何其相须之殷，而相遇之疏也？（上下之间，是必有故。（补）殷：恳切。）其故在下之人负其能，不肯谄其上；（下不肯援。㊟负：依恃。谄：奉承。）上之人负其位，不肯顾其下。（上不肯推。）故高材多戚戚之穷，（不能享大名、显当世。㊟戚戚：忧伤貌。穷：不得志。）盛位无赫赫之光。（不能垂休光、照后世。㊟赫赫：显赫貌。）是二人者之所为皆过也。（负能负位，各有其咎。○一句断定。）未尝干之，不可谓上无其人；（非无可援。㊟未尝：不曾。干：请求。）未尝求之，不可谓下无其人。（非无可推。○自起至此，只是相须殷而相遇疏一句话，却作许多曲折。㊟求：寻求。）愈之诵此言久矣，未尝敢以闻于人。（言已平日诵此言已熟，终未尝轻以告人。○承上起下。㊟敢：谦辞，犹冒昧。）

侧闻阁下（方入襄阳。㊟侧闻：从旁闻知，听说。）抱不世之才，特立而独行，道方而事实，卷舒不随乎时，文武唯其所用，岂愈所谓其人哉？（上有其人。㊟不世：非一世所能有，谓非凡。特立而独行：谓志行高洁而不随波逐流。道方：道德方正。事实：行事踏实。卷舒：指官场进退。时：时俗。文武：文臣武将。）抑未闻后进之士，有遇知于左右、获礼于门下者，（莫为之后。㊟抑：然而。遇知：受到赏识。获礼：得到尊敬。）岂求之而未得邪？将志存乎立功，而事专乎报主，虽遇其人，未暇礼邪？（㊟将：或者。未暇：谓没有时间顾及。）何其宜闻而久不闻也！（问得委婉，疑得风刺。㊟何其：为什么那样。）

愈虽不材，方入自己。其自处不敢后于恒人。以其人自处。（补）自处：自我要求。恒人：常人，一般人。阁下将求之而未得欤？（补）将：大概。古人有言："请自隗始。"《国策》：燕昭王收破燕后即位，卑身厚币以招贤者，将欲报仇，往见郭隗先生。对曰："今王欲致士，先从隗始。隗且见事，况贤于隗者乎？岂远千里哉。"○横插一句，有情更有力。愈今者惟朝夕刍米仆赁之资是急，不过费阁下一朝之享飨而足也。应求之未得。（补）刍米仆赁之资：指生活费。刍，饲草。仆赁，雇佣仆人。资，费用。是：起把宾语提前的作用。一朝之享：一顿早餐之费。如曰："吾志存乎立功，而事专乎报主，虽遇其人，未暇礼焉。"则非愈之所敢知也。应吾志未暇。○后半截议论，皆是设为疑词以自道达，首尾回顾，联络精神。世之龊龊者，既不足以语之；龊龊，急促局狭貌。（补）语：告诉。磊落奇伟之人，又不能听焉。则信乎命之穷也！一结悲凉慷慨，淋漓尽致。（补）信：确实。谨献旧所为文一十八首，（补）首：诗文一篇叫一首。如赐览观，亦足知其志之所存。可即文以见志。愈恐惧再拜。

前半幅只是泛论，下半幅方入正文。前半凡作六转，笔如弄丸，无一字一意板实。后半又作九转，极其凄怆，堪为动色。通篇措词立意，不亢不卑，文情绝妙。

与陈给事书

韩愈

愈再拜：愈之获见于阁下有年矣，[补]有年：若干年。始者亦尝辱一言之誉。叙相见。[补]辱：谦辞，犹承蒙。贫贱也，衣食于奔走，倒句法。不得朝夕继见。叙不相见。其后阁下位益尊，伺候于门墙者日益进。[补]伺候：等候。门墙：指尊者的门下。进：增多。夫位益尊，则贱者日隔；伺候于门墙者日益进，则爱博而情不专。忽开二扇，一扇陈给事。○陈给事，名京，字庆复。大历元年中进士第，贞元十九年，将禘，京奏禘祭必尊太祖，正昭穆，帝嘉之。自考功员外，迁给事中。愈也道不加修，而文日益有名。夫道不加修，则贤者不与；文日益有名，则同进者忌。一扇自己。[补]贤者：指陈给事。与：赏识。同进者：谓同路求进之人。始之以日隔之疏，加之以不专之望，[补]望：抱怨。以不与者之心，而听忌者之说，由是阁下之庭，无愈之迹矣。总上两扇，叙所以不相见之故。

去年春，亦尝一进谒于左右矣。[补]进谒：拜见。左右：称对方，书信中不直称其人，仅称其左右以示尊敬。温乎其容，若加嘉其新也；属乎其言，若闵悯其穷也。属，连续也。（补）温：温和。容：指脸色。加：嘉许。新：新交。退而喜也，以告于人。重起二扇，一扇再叙相见。其后如东京取妻子，东京，洛阳也。（补）如：往，去。又不得朝夕继见。及其还也，亦尝一进谒于左右矣。邈乎其容，若不察其愚也；悄乎其言，若不接其情也。悄，静也。（补）邈：谓表情冷淡。察：体察。愚：谦辞，指内心。悄：谓寡言。接：理会。退而惧也，不敢复进。一扇，再叙不相见。

今则释然悟，翻然悔曰：（补）释然：疑虑消除貌。翻然：迅速转变貌。其邈也，乃所以怒其来之不继也；其悄也，乃所以示其意也。单就不相见中，翻出陈给事意思来，奇绝妙绝。不敏之诛，诛，责也。（补）敏：聪敏。无所逃避。（补）无所：犹不能。不敢遂进，辄自疏其所以，并献近所为《复志赋》以下十首为一卷，卷有标轴。（补）遂：立即。辄：就。疏：分条说明。所以：缘由。标轴：标明题号的书轴。《送孟郊序》一首，生纸写，不加装饰，皆有揩字注字处，急于自解而谢，不能俟更写，唐人有生纸、熟纸，生纸非有丧故不用。公用生纸，急于自解，不暇择耳。揩，涂抹也。（补）注：添加。自解：自我解释。谢：道歉。俟：

等待。更：再，重新。**阁下取其意，而略其礼可也。愈恐惧再拜。**

通篇以“见”字作主，上半篇从见说到不见，下半篇从不见说到要见。一路顿挫跌宕，波澜层叠，姿态横生，笔笔入妙也。

应科目时与人书

韩愈

月、日，愈再拜：一云“应博学宏词前进士韩愈谨再拜上书舍人阁下”。**天池之滨，大江之溃，**天池，谓南海也。《庄子》：“南冥者，天池也。”滨，水际。溃，水涯。[补]大江：指长江。**曰有怪物焉；**怪物，龙之别名。[补]作者以此自比。**盖非常鳞凡介之品汇匹俦也！**汇，类也。○总领一句。下一连六转。[补]常鳞凡介：指普通的水族。鳞，鳞片，指鱼类。介，甲壳，指虾蟹龟鳖类。品汇：品种族类。匹俦：比得上的。**其得水，变化风雨，上下于天不难也；**得水，一转。[补]其：如果。**其不及水，盖寻常尺寸之间耳。**[补]盖：大概。寻常尺寸：皆长度单位，喻活动范围狭小。**无高山、大陵、旷途、绝险为之关隔也，**顿宕。[补]陵：大土山。旷途：远路。绝险：指极险之处。关隔：阻隔。**然其穷涸不能自致乎水，为獱獭之笑者，盖十**

bā jiǔ yǐ
八九矣。獱，小獭也。〇不及水，二转。〔补〕穷：困厄。涸：水枯竭。致：谓自己到达。乎：于。

rú yǒu lì zhě āi qí qióng ér yùn zhuǎn zhī, gài yì jǔ shǒu yì tóu zú zhī láo yě.
如有力者哀其穷而运转之，盖一举手一投足之劳也。顿宕。

rán shì wù yě, fù qí yì yú zhòng yě,
然是物也，负其异于众也，〔补〕负：仗势。

qiě yuē: "làn sǐ yú shā ní, wú nìng lè zhī; ruò fǔ shǒu tiē ěr yáo wěi ér qǐ lián zhě, fēi wǒ zhī zhì yě."
且曰："烂死于沙泥，吾宁乐之；若俯首贴耳摇尾而乞怜者，非我之志也。"气骨矫矫，明明托物自喻。〇不肯乞怜，三转。〔补〕贴耳：垂着耳朵，驯服的样子。

shì yǐ yǒu lì zhě yù zhī, shú shì zhī ruò wú dǔ yě.
是以有力者遇之，熟视之若无睹也。〔补〕是以：因此。熟视：见惯。若无睹：像不曾看见。

qí sǐ qí shēng, gù bù kě zhī yě.
其死其生，固不可知也。有力者不知，四转。〔补〕固：的确，确实。

jīn yòu yǒu yǒu lì zhě dāng qí qián yǐ, liáo shì yǎng shǒu yì míng háo yān, yōng jù zhī yǒu lì zhě bù āi qí qióng, ér wàng yì jǔ shǒu yì tóu zú zhī láo ér zhuǎn zhī qīng bō hū?
今又有有力者当其前矣，聊试仰首一鸣号焉，庸讵知有力者不哀其穷，而忘一举手一投足之劳而转之清波乎？仰首鸣号，五转。句句抱前，句句刺心。〔补〕聊：姑且。庸讵：岂，怎么。

qí āi zhī, mìng yě; qí bù āi zhī, mìng yě; zhī qí zài mìng ér qiě míng háo zhī zhě, yì mìng yě.
其哀之，命也；其不哀之，命也；知其在命而且鸣号之者，亦命也。作三叠，总结。六转。

yù jīn zhě shí yǒu lèi yú shì.
愈今者实有类于是。一篇皆是譬喻，只一句归结自己，甚妙。〔补〕类：相似。

shì yǐ wàng qí shū yú zhī zuì, ér yǒu shì shuō yān.
是以忘其疏愚之罪，而有是说焉。〔补〕忘：不顾。疏愚：粗疏愚昧。罪：过错。

gé xià qí yì lián chá zhī.
阁下其亦怜察之。〔补〕其：语气词，表示希望。怜察：察知其情而怜惜之。

此贞元九年宏词试也。无端突起譬喻，不必有其事，不必有其理，却作无数曲折，无数峰峦，奇极、妙极。

送孟东野序

韩 愈

大凡物不得其平则鸣。起句，是一篇大旨。(补)鸣：发出声响。草木之无声，风挠之鸣。草木，一。(补)挠：搅动。水之无声，风荡之鸣。水，二。其跃也或激之，(补)跃：跳动。激：阻遏水势使其飞溅。其趋也或梗之，梗，塞也。(补)趋：疾行。其沸也或炙之。水独加三句。错综入妙。(补)沸：沸腾。炙：烧。金石之无声，或击之鸣。金石，三。人之于言也亦然，说到人。有不得已者而后言，其歌也有思，其哭也有怀。(补)思、怀：思绪，情感。哭：指悲歌。凡出乎口而为声者，其皆有弗平者乎！一锁，应起句，笔宕甚。○人言，四。(补)其：大概。

乐也者，郁于中而泄于外者也，突然说乐。择其善鸣者而假之鸣。生出“善”字与“假”字，为下面议论张本。(补)假：借助。金石丝竹匏土革木金，钟。石，磬。丝，琴瑟。竹，箫管。匏，笙。土，埙。革，鼓。木，柷敔也。八者，物之善鸣者也。乐，五。维天之于时也亦然①，突然说天时。择其善鸣者而假之鸣。是故以鸟鸣春，以雷鸣夏，以虫鸣秋，以风鸣冬。四时之相推敚夺，其必有不得其平者乎！天时，六。○乐与天时两段，俱是陪客。(补)推敚：推移。敚，更替。

其于人也亦然。收转人上，下畅发之。人声之精者为言，文辞之于言，又其精也，尤择其善鸣者而假之鸣。上文已再言“择其善鸣者而假之鸣”矣。则此又言“人声之精者为言”，而文辞又其精者，故“尤择其善鸣者而假之鸣”。“又”字、“尤”字，正是关键血脉、首尾相应处。其在唐虞，咎陶、禹其善鸣者也，而假以鸣；咎陶、禹，一。夔弗能以文辞鸣，又自假于《韶》以鸣；后夔作《韶》乐，以鸣唐、虞之治。○夔，二。夏之时，五子以其歌鸣；太康盘游无度，厥弟五人咸怨，述大禹之戒以作歌。○五子，三。伊尹鸣殷；伊尹，四。周公鸣周。周公，五。凡载于《诗》《书》六艺，皆鸣之善者也。略结。周之衰，孔子之徒鸣之，其声大而远。传曰：“天将以夫子为木铎。”其弗信矣乎？孔子之徒，六。(补)传：典籍。此指《论语》。木铎：以木为舌的铜质大铃。古代宣布政令时摇铃以召集百姓，亦用以比喻宣扬教化的人。其：难道。**其末也，庄周以其荒唐之辞鸣。**庄周，楚人，著书名《庄子》。荒，大。唐，空也。○庄周，七。〔补〕荒唐：广大无边。**楚，大国也，其亡也，以屈原鸣。**屈原，楚之同姓，忧愁幽思而作《离骚》。○屈原，八。**臧孙辰、**即鲁大夫臧文仲。**孟轲、荀卿，以道鸣者也。**臧孙辰、孟轲、荀卿，九。**杨朱、墨翟、管夷吾、晏婴、老聃、**姓李，名耳，字伯阳。著书名《老子》。**申不害、**以黄老刑名之学，相韩昭侯。著书二篇，名《申子》。**韩非、**韩诸公子，与李斯俱师荀卿。善刑名法律之学，著书五十六篇，名《韩非子》。**慎到、**韩大夫，申、韩称之。有书四十六篇。**田骈、**齐人，好谈论，时称“谈天口”。**邹衍、**临淄人，著书十万余言，名重列国。燕昭师事之。**尸佼、**鲁人，卫商鞅师之。著书二十篇，号《尸子》。**孙武、**齐人，著《兵法》十三篇。**张仪、苏秦之属，皆以其术鸣。**杨朱十四人，十。○此十人，或邪说，或功利，或清净寂灭，或刑名惨刻，或尚杀伐之计，或专纵横之谋，皆非吾道。故公称一“术”字，大有分晓。**秦之兴，李斯鸣之。**李斯，秦相，专言威令。○李斯，十一。**汉之时，司马迁、**即太史公，作《史记》。**相如、**姓司马，蜀人。有赋、檄、封禅等文。**扬雄，**字子云，有诸赋与《太玄》《法言》等书。**最其善鸣者也。**二司马、扬雄，十二。**其下魏晋氏，鸣者不及于古，然亦未尝绝也；就其善者，其声清以浮，**〔补〕浮：浮华。**其节数以急，**〔补〕繁密而急促。节：节奏。数：频繁。**其辞淫以哀，**〔补〕淫：放荡。**其志弛以肆，**〔补〕志：意志。弛：懈怠。肆：放纵。**其为言也，乱杂而无章。**即其所谓善鸣者，亦且如此，所以为不及于古。**将天丑其德莫之顾邪？何为乎不鸣其善鸣者也？**魏、晋，十三。○将入题，又顿此一段，先写出感慨之致。〔补〕将：大概。丑：以之为丑，厌恶。莫：表示否定，不。

唐之有天下，以下始说唐人。**陈子昂、**字伯玉，号海内文宗。○一。**苏源明、**京兆武功人，工文辞。有名。○二。**元结、**字次山，所著有《元子》十篇。○三。**李白、**四。**杜甫、**五。**李观，**字元宾，公之友。○六。**皆以其所能鸣。**此六子，皆当时先达之人。**其存而在下者，孟郊东野，始以其诗鸣。**七。○从许多物、许多人，奇奇怪怪，繁繁杂杂说来，无非要显出孟郊以诗鸣。文之变幻至此。〔补〕存：指在世者。在下：处在下位。**其高出魏晋，不懈而及于古，**若无懈笔，可追唐、虞三代文辞。〔补〕不懈：无懈可击，指作品精妙。**其他浸淫乎汉氏矣。**其他美处，纯乎其为汉氏。○三句，总收前文。〔补〕浸淫：犹接近。**从吾游者，李翱、张籍其尤也。**李翱有集，张籍善乐府。○李翱八。张籍九。又添二人于后，妙绝。〔补〕尤：特出，特别出众。**三子者之鸣信善矣。**结出“善鸣”二字。〔补〕信：确实，的确。**抑不知天将和其声，而使鸣国家之盛邪？**〔补〕抑：然而。**抑将穷饿其身，思愁其心肠，而使自鸣其不幸邪？**两句叹咏有味。括尽前面圣贤君子之鸣。〔补〕抑：还是。**三子者之命，则悬乎天矣。其在上也，**鸣国家之盛。**奚以喜？其在下也，**自鸣其不幸。**奚以悲？**二语甚占地步。〔补〕奚以：何有。**东野之役于江南也，**时东野为溧阳尉。○单结东野。〔补〕役：指任职。

有若不释（怿）然者，结出不平。㊟释然：怡悦貌。释，喜悦。故吾道其命于天者以解之。应前四“天”字收。㊟解：宽解，安慰。

此文得之悲歌慷慨者为多。谓凡形之声者，皆不得已。于不得已中，又有善不善。所谓善者，又有幸不幸之分。只是从一“鸣”中，发出许多议论。句法变换，凡二十九样。如龙之变化，屈伸于天，更不能逐鳞逐爪观之。

〔校记〕

①“维”，原作“惟”，据《韩昌黎文集校注》改。

送李愿归盘谷序

韩愈

太行之阳有盘谷，太行，山名。○起得奇崛。㊟阳：山的南面。盘谷之间，泉甘而土肥，草木藂（丛）茂，㊟藂：丛生。居民鲜少。或曰：“谓其环两山之间，故曰盘。”或曰：“是谷也，宅幽而势阻，隐者之所盘旋。”两“或曰”，跌宕起“盘”字义。虽似闲情，只呼出“隐者”一句为主。㊟宅：位置。阻：阻隔。盘旋：逗留往来。友人李愿居之。李愿，西平忠武王晟之子。归隐盘谷，号盘谷子。○只六字，题已尽了。下全凭愿之言行文。

愿之言曰："人之称大丈夫者，我知之矣。此句是提纲，直缩到"我则行之"。利泽施于人，名声昭于时。叙功名。(补)利泽：利益恩泽。施：给予。昭：显扬。时：当时。坐于庙朝，(补)谓参与国家大事。庙：宗庙。朝：朝廷。进退百官而佐天子出令。(补)进退：指任免。其在外，则树旗旄，罗弓矢，树，立也。罗，列也。武夫前呵，(补)呵：喝道。从者塞途；供给之人，各执其物，夹道而疾驰。喜有赏，怒有刑。叙威令。才畯(俊)满前，道古今而誉盛德，入耳而不烦。叙门客。曲眉丰颊，清声而便体，(补)便体：体态轻盈。秀外而惠(慧)中，外貌秀美，中心聪敏。飘轻裾，翳长袖，裾，衣后。翳，曳也。○叙近侍。(补)裾：衣襟。粉白黛绿者，黛，画眉墨。列屋而闲居，(补)列屋：众屋排列。妒宠而负恃，(补)负恃：仗恃美貌。争妍而取怜。叙姬妾。(补)妍：美。取怜：求得爱怜。大丈夫之遇知于天子，用力于当世者之所为也。极写世上有此一辈大丈夫。(补)遇知：受到赏识。用力：施展才能。吾非恶此而逃之，是有命焉，不可幸而致也。著此句，逗起下段。(补)恶：厌恶。幸：侥幸。致：获得。

"穷居而野处，升高而望远，坐茂树以终日，濯清泉以自洁。叙居处之幽。(补)濯：洗涤。采于山，美可茹；

茹，食也。钓于水，鲜可食。叙饮食之便。起居无时，惟适之安。叙晨昏之逸。(补)适：舒适。与其有誉于前，孰若无毁于其后；与其有乐于身，孰若无忧于其心。横插隐士自得语。妙。(补)孰若：何如，怎么比得上。车服不维，刀锯不加，刑赏不相及。(补)车服：车舆礼服。维：束缚。刀锯：刑具。理乱不知，黜陟不闻。朝政不相关。(补)黜陟：官职升降。黜，贬官。陟，升官。大丈夫不遇于时者之所为也，极写世上又有此一辈大丈夫。我则行之。结出本意。与上“不可幸致”句，紧照。

“伺候于公卿之门，(补)伺候：等待，等候。奔走于形势之途，(补)形势：指权贵。足将进而趑趄，趑趄，欲行不行之貌。口将言而嗫嚅，嗫嚅，欲言不言之貌。处污秽而不羞，触刑辟而诛戮，(补)污秽：借指卑下污辱的地位。刑辟：刑法。侥幸于万一，老死而后止者，此是不安于隐，求进不得者之所为。其于为人贤不肖何如也？”此其人，视前两样人物，孰贤孰不肖，其等第当何如？○只以一句收尽一篇意，最有含蓄。(补)言这样做人到底是好呢还是不好呢？不肖：不贤。何如：如何。

昌黎韩愈闻其言而壮之，断其为高隐一辈大丈夫。(补)壮：推崇。与之酒而为之歌曰：“盘之中，维子之宫。(补)维：是。宫：房屋。盘之土，可以稼。叶故。(补)稼：耕种。盘之泉，可濯可沿。沿，循行也。

盘之阻，谁争子所？阻，曲折也。〔补〕所：住处。窈而深，廓其有容。叶营。〔补〕窈：幽远。深：深邃。廓：广阔。其：助词。有容：无所不有。缭而曲，如往而复。四句承“盘之阻”来，窈深缭曲，极力形容，其妙可想。〔补〕缭：迂回。曲：曲折。复：还。嗟盘之乐兮，乐且无央！央，尽也。○“乐”字，承上起下。〔补〕嗟：赞叹。无央：不尽。虎豹远迹兮，蛟龙遁藏；鬼神守护兮，呵禁不祥。〔补〕呵：呵斥。饮且食兮寿而康，无不足兮奚所望？〔补〕望：埋怨。膏吾车兮秣吾马，以脂涂辖曰膏。以粟饭马曰秣。从子于盘兮，终吾生以徜徉。”徜徉，自得之貌。送李却说到自亦欲往，何等兴会！

一节是形容得意人，一节是形容闲居人，一节是形容奔走伺候人。都结在“人贤不肖何如也”一句上。全举李愿自己说话，自说只前数语写盘谷，后一歌咏盘谷，别是一格。

送董邵南序

韩愈

燕赵古称多感慨悲歌之士。燕，今北京。赵，今真定。俱当时河北地。感慨悲歌，乃豪杰之士也。○兀然而起，以士风立论，奇。董生举进士，连不得志于有司，怀抱利器，郁郁适兹土，邵南举进士，屡次不得志，去游河北。时河北诸镇，不禀命朝廷，每自辟士，故邵南欲往。兹土，指河北。㊟举进士：被乡里所贡举到长安参加进士科考试。有司：指主管考试的官员。利器：比喻杰出的才能。适：往。**吾知其必有合也。**董生亦豪杰，自与燕赵之士意气相投合。○“吾知其”，妙。**董生勉乎哉！**此段勉董生行，是正写。宾。

夫以子之不遇时，苟慕义强仁者，皆爱惜焉。皆爱惜董生，而愿引荐焉。○“慕”字、“强”字，对下“性”字。㊟时：时机。苟：如果。强仁：勉力行仁。爱惜：犹同情。**矧燕赵之士出乎其性者哉！**况燕赵之士，仁义性成，故吾知其必有合。○将上文再作一曲折掉转，应篇首燕赵多感慨意。㊟矧：何况。**然吾尝闻风俗与化移易，**㊟化：教化。**吾恶知其今不异于古所云邪？**怜才出乎天性，风俗固然。然当时河北藩镇，多习乱不臣。其风俗或与治化相移易，而今日之燕赵，未必不异于昔日之所称也。○“吾恶知其”，妙。㊟恶知：哪里知道。**聊以吾子之行卜之也。**风俗之异与不异，我不敢悬断，聊以董生之合与不合卜之也。㊟聊：姑且。吾子：对人相亲爱的称呼。卜之：验证之。之，指风俗是否改变。**董生勉乎哉！**此段勉董生行，是反写。主。

吾因子有所感矣①。上一正一反，俱送董生，此下特论燕赵。**为我吊望诸君之墓，**乐毅去燕之赵，赵封于观津，号望诸君。此燕赵之古人也。㊟为：替。**而观于其市，复有昔时屠狗者乎？**荆轲至燕，爱燕之屠狗者高渐离，日饮燕市，酒酣，歌于市中。乃感慨不得志之士也。㊟而：并且。**为我谢曰：“明天子在上，可以出而仕矣！”**送董生，却劝燕赵之士来仕。则董生之不当往，已在言外。㊟谢：告知。

董生愤己不得志，将往河北，求用于诸藩镇，故公作此送之。始言

董生之往必有合，中言恐未必合，终讽诸镇之归顺及董生不必往。文仅百十余字，而有无限开阖，无限变化，无限含蓄。短章圣手。

〔校记〕

①“子”，原作“之”，据《韩昌黎文集校注》改。

送杨少尹序

韩愈

昔疏广、受二子，以年老一朝辞位而去。汉疏广，东海兰陵人，仕至太子太傅。兄子受，仕至太子少傅。在位五年，广谓受曰：“知足不辱，知止不殆。……宦成名立，如此不去，惧有后悔。”乃上疏乞骸骨，上许之。于时公卿设供张帐，祖道都门外，车数百两辆。供张，谓供具张设也。祭道神曰祖。祖道，谓饯行也。两，一车也。一车两轮，故谓之两。(补)供张：指举行宴会。道路观者，多叹息泣下，共言其贤。汉史既传其事，(补)传：记载。而后世工画者，(补)工：擅长。又图其迹，(补)迹：故事。至今照人耳目，赫赫若前日事。叙二疏事引起。(补)赫赫：显耀盛大貌。

国子司业杨君巨源，入题。(补)国子司业：国子监的副长官。方以能诗训后进，此句补杨君在官时事。(补)方：正。训：教诲。一旦以年满七十，亦白丞相去归其乡。叙杨君事毕，以下发议论。（补）白：禀告。世常说古今人不相及，今杨与二疏，其意岂异也？随手先作一总。

予忝在公卿后，时公为吏部侍郎。（补）忝：有愧于，谦辞。遇病不能出。一篇情景，全在托病上写出。不知杨侯去时，（补）杨侯：指杨巨源，侯为尊称。城门外送者几人，车几两（辆），马几匹，道边观者，亦有叹息知其为贤以否①？而太史氏又能张大其事，为传继二疏踪迹否？不落莫（寞）否？司业去位，国史亦书。但不张大其事，虽书亦落莫也。（补）张大：广泛宣扬。为传：立传。传，传记。踪迹：事迹。落莫：冷落。见（现）今世无工画者，而画与不画固不论也。上文图迹，原属后世事，所以付之不论。○此段从二疏合到杨侯。（补）固：暂且，先。然吾闻杨侯之去，丞相有爱而惜之者，白以为其都少尹，不绝其禄，白之于朝命，为其邑少尹，不绝其俸禄。（补）少尹：官名，为地方府州的副职。又为歌诗以劝之，（补）劝：勉励。京师之长于诗者，亦属而和之。（补）属：撰写。和：以诗歌应和酬答。又不知当时二疏之去，有是事否？此段从杨侯合到二疏。古今人同不同，未可知也。随手再作一总，应前“古今人不相及”。

中世士大夫，以官为家，罢则无所于归。

反衬杨侯。㉕于：语助词，无实义。杨侯始冠^{yáng hóu shǐ guàn}，举于其乡^{jǔ yú qí xiāng}，歌《鹿鸣》而^{gē lù míng ér}来也^{lái yě}。宾句。㉖始冠：谓二十岁。冠，古代男子在二十岁举行的加冠礼，以示成年。举：指科考中选。乡：指乡试。《鹿鸣》：《诗·小雅·鹿鸣》篇。唐代乡举考试后，州县长官宴请得中举子，歌《鹿鸣》之诗。今之归^{jīn zhī guī}，主句。指其树曰^{zhǐ qí shù yuē}："某树，吾先人^{mǒu shù wú xiān rén}之所种也^{zhī suǒ zhòng yě}；某水、某丘^{mǒu shuǐ mǒu qiū}，吾童子时所钓游也^{wú tóng zǐ shí suǒ diào yóu yě}。"点出归乡风趣。乡人莫不加敬^{xiāng rén mò bù jiā jìng}，诫子孙以杨侯不去其乡^{jiè zǐ sūn yǐ yáng hóu bú qù qí xiāng}为法^{wéi fǎ}。法其不以官为家，罢后有归。㉗诫：告诫。去：离开。法：榜样。古之所谓^{gǔ zhī suǒ wèi}"乡先生没^{xiāng xiān shēng mò}殁而可祭于社^{ér kě jì yú shè}"者^{zhě}，古人临文不讳。㉘乡先生：乡贤之长者。社：社坛，古代祭祀土神之所。其在斯人^{qí zài sī rén}欤^{yú}？其在斯人欤^{qí zài sī rén yú}？感叹不尽。㉙其：表示推测，大概。

巨源之去，未必可方二疏。公欲张大之，将来形容，又不可确言。特前说二疏所有，或少尹所无；后说少尹所有，或二疏所无。则巨源之美不可掩，而己亦不至失言。末托慨世之词，写出杨侯归乡，可敬可爱，情景宛然。

〔校记〕

① "以"，原作"与"，据《韩昌黎文集校注》改。

送石处士序
sòng shí chǔ shì xù

韩愈
hán yù

文之生路也。　yuē　xiān shēng jū sōng máng chán gǔ zhī jiān

河阳军节度、御史大夫乌公为节度之三
hé yáng jūn jié dù　yù shǐ dà fū wū gōng wéi jié dù zhī sān

月，元和五年四月，诏用乌公重裔，为河阳军节度使、御史大夫，治孟州。其曰“节度之三月”，则是岁六七月间也。求士于从事之
qiú shì yú cóng shì zhī

贤者，有荐石先生者。
xián zhě　yǒu jiàn shí xiān shēng zhě

石先生，名洪，字浚川，洛阳人。罢黄州录事参军，退居于洛，十年不仕。〔补〕士：指贤才。从事：官名，三公及州郡长官自行聘用的僚属。公曰：“先生何如？”
gōng yuē　xiān shēng hé rú

因此一问，下便借从事之荐词，以代己之颂美。所谓避实行虚，文之生路也。曰：“先生居嵩、邙、瀍、谷之间，嵩、邙，山名。瀍、谷，水名。皆在洛阳之境。冬一裘，夏一葛；食朝夕，饭一盂，蔬一盘。〔补〕裘：毛皮衣。葛：葛布衣。盂：圆口餐具。人与之钱，则辞；请与出游，未尝
rén yǔ zhī qián　zé cí　qǐng yǔ chū yóu　wèi cháng

以事辞①；〔补〕辞：谢绝。未尝：未曾。劝之仕，不应。坐一室，左右
quàn zhī shì　bú yìng　zuò yí shì　zuǒ yòu

图书。
tú shū

一路短句错落。〔补〕左右：两旁。与之语道理，辨古今事当否，论
yǔ zhī yǔ dào lǐ　biàn gǔ jīn shì dàng fǒu　lùn

人高下，事后当成败，若河决下流而东注，若
rén gāo xià　shì hòu dāng chéng bài　ruò hé jué xià liú ér dōng zhù　ruò

驷马驾轻车就熟路，而王良、造父为之先后
sì mǎ jià qīng chē jiù shú lù　ér wáng liáng　zào fǔ wèi zhī xiān hòu

也，王良、造父，皆古善御者。〔补〕先后：辅助。若烛照数计而龟卜也。”
ruò zhú zhào shù jì ér guī bǔ yě

“与之语道理”，管到“龟

卜也”止。中间用三个“若”字，有三意，文法变化不同。补烛照数计：用烛光照亮，以数字计算，比喻料事明察准确。龟卜：指用龟甲占卜吉凶。**大夫曰：“先生有以自老，**补自老：谓隐居到老。**无求于人，其肯为某来邪？”**因此再问，下又借从事之言，安顿石处士。补其：难道。**从事曰：“大夫文武忠孝，求士为国，不私于家。方今寇聚于恒，师环其疆，**元和四年三月，成德军节度王士真卒，其子承宗叛。十二月，诏吐突承璀，率诸道兵讨之。《地理志》：镇州恒山郡，本恒州。天宝元年更名镇，成德军所治也。**农不耕收，财粟殚亡无。**补殚亡：罄尽。殚，尽。**吾所处地，归馈输之涂途，**粮运辐辏之区。补归输：馈送转输，借指漕运。**治法征谋，宜有所出。**急需贤才以济。补治：治理。征：征讨。**先生仁且勇，**仁则易于感动，勇则敢于有为。**若以义请而强委重焉，其何说之辞？”**此段句句为石生占地步。补委重：委以重任。辞：推辞。**于是撰书词，具马币，卜日以授使者②，求先生之庐而请焉。**写大夫求士郑重。补书词：书信。具马币：备办车马和礼物。卜日：选择吉日。庐：住处。

先生不告于妻子，不谋于朋友，冠带出见客，拜受书礼于门内。此与“劝之仕，不应”相反，然其出处之意，已见于从事之言，所以“不告”“不谋”。较有意味。补冠带：戴冠束带。**宵则沐浴，戒行李，载书册，问道所由，告行于常所来往。**补宵：夜。戒：准备。所由：所经过的地方。**晨则毕至，张帐**

上东门外。张，供张也。如今筵会铺张设席之类。○只此一句，又生出下半篇文字。㊟上东门：洛阳城门。酒三行，且起，酒三行后，且将起别。○得此一句，落下便有势。有执爵而言者曰：“大夫真能以义取人，先生真能以道自任，决去就。为先生别。”第一祝，并赞二人。㊟爵：酒器。去就：进退。又酌而祝曰：上只执爵而言。此乃酌而祝也。“凡去就出处何常，惟义之归。照上“劝之仕，不应”。㊟出处：出仕和隐居。常：固定不变。遂以为先生寿。”第二祝，独寿处士。㊟遂：就。寿：指奉酒祝人长寿。又酌而祝曰：“使大夫恒无变其初，无务富其家而饥其师，无甘受佞人而外敬正士，㊟佞人：善于巧言献媚的人。外敬：表面恭敬。无昧于谄言，㊟昧：蒙蔽。惟先生是听，以能有成功，保天子之宠命。”第三祝，规大夫。㊟宠命：加恩特赐的任命。又祝曰：不再酌也。“使先生无图利于大夫而私便其身图。”第四祝，规先生。○四祝词。一段紧一段。先生起拜祝辞曰：“敢不敬蚤早夜以求从祝规！”须有此一答，上四祝便有收拾。㊟敢：岂敢。祝规：祝词中劝勉的话。于是东都之人士，咸知大夫与先生果能相与以有成也。一篇之意，归结此一句上。何等笔力！㊟咸：都。相与：相互配合。遂各为歌诗六韵，退③，愈为之序云。㊟六韵：由六韵十二句构成的诗。

纯以议论行序事，序之变也。看前面大夫从事，四转反复。又看后面四转祝词，有无限曲折变态，愈转愈佳。

〔校记〕

①"辞"，原作"免"，据《韩昌黎文集校注》改。
②"授"，原作"受"，据《韩昌黎文集校注》改。
③"退"，原作"遣"，据《韩昌黎文集校注》改。

sòng wēn chǔ shì fù hé yáng jūn xù

送温处士赴河阳军序

hán yù

韩愈

bó lè yí guò jì běi zhī yě ér mǎ qún suì kōng

伯乐一过冀北之野，而马群遂空。伯乐，姓孙，名阳，古之善相马者。○凭空作奇语起，下一难一解。㊟冀北：冀州的北部，今河北、山西一带地方，相传盛产良马，《左传》有"冀之北土，马之所生"的记载，因指冀北为人才荟萃之地。

fú jì běi mǎ duō tiān xià bó lè suī shàn zhī mǎ ān néng kōng qí qún yé jiě zhī zhě yuē wú suǒ wèi kōng fēi wú mǎ yě wú liáng mǎ yě bó lè zhī mǎ yù qí liáng zhé qǔ zhī qún wú liú liáng yān gǒu wú liáng suī wèi wú mǎ bù wéi xū yǔ yǐ

夫冀北马多天下，伯乐虽善知马，安能空其群邪？解之者曰："吾所谓空，非无马也，无良马也。伯乐知马，遇其良，辄取之，群无留良焉。苟无良，虽谓无马，不为虚语矣。"已上以譬喻起。不独为送温，并送石亦连及。伯乐譬乌公，冀北譬东都，马譬处士，良马譬温、石，凡四段。㊟辄：就。苟：如果。

dōng dū gù shì dà fū zhī jì běi yě

东都，固士大夫之冀北也。一语，即从喻处渡下。㊟东都：指洛阳。固：本来。

恃才能深藏而不市者，〔补〕市：谓做官换取俸禄。洛之北涯曰石生，连石。其南涯曰温生。出温。〔补〕洛：水名，即洛河。涯：岸。大夫乌公以𫓧钺镇河阳之三月，以石生为才，以礼为罗，罗而致之幕下。幕，帷幕也。在旁曰帷，在上曰幕。军旅无常居，曰幕府。○连石。〔补〕𫓧钺：腰斩、砍头的刑具，此指节度使的身份。罗：捕鸟兽的网。前一“罗”指手段，后一“罗”谓网罗，招请。未数月也，以温生为才，于是以石生为媒，以礼为罗，又罗而致之幕下。出温生，自见所以连石之故。○“为罗”“为媒”，字法新奇。〔补〕媒：介绍人。东都虽信多才士，朝取一人焉，拔其尤；暮取一人焉，拔其尤。所谓遇其良辄取之。〔补〕信：确实。尤：突出的。自居守河南尹，以及百司之执事，与吾辈二县之大夫，居守，谓东都留守。二县，谓东都郭下二邑，洛阳、河南也。〔补〕百司之执事：各个官署的官员。政有所不通，事有所可疑，奚所谘而处焉？写空群，一。〔补〕奚所：何处。谘：咨询。处：处理。士大夫之去位而巷处者，谁与嬉游？写空群，二。〔补〕谁与：与谁。小子后生，于何考德而问业焉？写空群，三。〔补〕考德而问业：研求道德，请问学业。缙绅之东西行过是都者，无所礼于其庐。写空群，四。○美处士在去后感慨中见之。妙。〔补〕缙绅：古代官员插笏于绅带间，故用以借指官员。礼：指拜访。庐：房屋。若是而称曰：“大夫乌公一镇河阳，而东都处士之庐无人焉。”岂不可也？以乌公为士之伯乐，应首句意。

夫南面而听天下，〔补〕南面：面向南方。古代以坐北朝南为尊位，人君坐位向南，因用以借指帝王。听：治理。其所托重而恃力者，惟相与将耳。陪一相。相为天子得人于朝廷，陪。将为天子得文武士于幕下，正。求内外无治，不可得也。此段推开一步，以归美乌公，文气始足。愈縻于兹，縻，系也。时公为河南令。〔补〕縻于兹：束缚在这里。兹，此。不能自引去，〔补〕自引去：自己引退。资二生以待老。〔补〕资：依靠。今皆为有力者夺之，其何能无介然于怀邪？本以致颂，反更生怨，绝妙文情。〔补〕介然于怀：耿耿于怀，心中在意。生既至，拜公于军门，其为吾以前所称，为天下贺；应“求内外无治”句。以后所称，为吾致私怨于尽取也。应“何能无介然”句。〔补〕致：转告。留守相公，首为四韵诗歌其事，愈因推其意而序之。〔补〕四韵诗：由四韵八句构成的诗，即五言七言律诗。推：推衍。

全篇无一语实说温生之贤，而温生已处处跃露。“若是而称曰”数语，是结前半篇。“其为吾以前所称”，是结后半篇。然“致私怨于尽取”句，直挽到篇首“空”字，收尽通章。

祭十二郎文

韩愈

年、月、日，或作贞元十九年五月二十六日。季父愈闻汝丧之七日，乃能衔哀致诚，使建中远具时羞馐之奠，告汝十二郎之灵：七日乃能者，以所报月、日不同，欲审其实，故迟迟若此。建中，人名。十二郎，名老成，公兄韩介之子、韩会之继子也。〔补〕季父：叔父。丧：指死讯。乃：才。衔哀：心怀哀痛。致诚：表达诚意。具：置办。时羞：时鲜美食。奠：祭品。灵：指灵位。

呜呼！吾少孤，大历五年，公父仲卿卒，公时三岁。○从自说起。〔补〕幼而无父曰孤。及长，不省所怙，《小雅》："无父何怙。"〔补〕省：知。所怙：指父亲。惟兄嫂是依。兄韩会，嫂郑夫人，即十二郎父母。公于郎，虽叔侄，犹兄弟。其情谊尽在此。〔补〕是：起把宾语提前的作用。中年兄殁南方，吾与汝俱幼，大历十二年五月，起居舍人韩会，坐宰相元载党与，贬为韶州刺史，寻卒于官。公时年十一，从至贬所。○始入十二郎，只"俱幼"二字，已不胜酸楚。〔补〕中年：指兄韩会卒年四十二。从嫂归葬河阳。〔补〕河阳：在今河南孟州市，韩愈祖先的坟墓所在地。既又与汝就食江南，建中二年，中原多故，公避地江左，家于宣州。〔补〕既：不久。就食江南：到江南谋生。零丁孤苦，未尝一日相离也。一段叙幼时相依。吾上有三兄，皆不幸早世。〔补〕早世：早去世。承先人后者，在孙惟汝，在子惟吾。〔补〕先人：指韩愈已死去的父亲。

liǎng shì yì shēn xíng dān yǐng zhī sǎo cháng fǔ rǔ zhǐ wú
两世一身，形单影只。写尽零丁孤苦。㊟一身：一人。嫂常抚汝指吾
ér yán yuē hán shì liǎng shì wéi cǐ ér yǐ rǔ shí
而言曰①："韩氏两世，惟此而已！"引嫂言，尤悲惨不堪。汝时
yóu xiǎo dāng bú fù jì yì wú shí suī néng jì
尤小，当不复记忆；上说俱幼，此又略分。㊟尤：还。当：必定。不复：不再。吾时虽能记
yì yì wèi zhī qí yán zhī bēi yě
忆，亦未知其言之悲也。虽略分，又不甚分，妙，妙。○一段，叙叔侄二人，关系韩氏甚重。

wú nián shí jiǔ shǐ lái jīng chéng qí hòu sì
吾年十九，始来京城。贞元二年，公自宣州游京师。○与郎别。其后四
nián ér guī shì rǔ yòu sì nián wú wǎng hé yáng xǐng fén mù
年，而归视汝。与郎会。又四年，吾往河阳省坟墓，
yù rǔ cóng sǎo sāng lái zàng yòu èr nián wú
与郎别。㊟省坟墓：祭扫坟墓。遇汝从嫂丧来葬。与郎会。㊟从：护送。丧：指灵柩。又二年，吾
zuǒ dǒng chéng xiàng yú biàn zhōu rǔ lái xǐng wú
佐董丞相于汴州，贞元十三年，董晋帅汴州。○与郎别。汝来省吾，与郎会。㊟省：探望。
zhǐ yí suì qǐng guī qǔ qí nú míng nián chéng xiàng hōng
止一岁，㊟止：居住。请归取其孥。孥，妻子也。○与郎别。明年，丞相薨，
wú qù biàn zhōu rǔ bù guǒ lái
㊟唐代二品以上官员去世称薨。吾去汴州，汝不果来。与郎不复会。㊟去：离开。果：凡事与预期相合的称果，不合为不果。
shì nián wú zuǒ róng xú zhōu shǐ qǔ rǔ zhě
是年，吾佐戎徐州，是岁张建封辟公为徐州节度推官。○与郎别。㊟佐戎：协理军务。使取汝者
shǐ xíng wú yòu bà qù rǔ yòu bù guǒ lái
始行，吾又罢去，汝又不果来。十六年五月，张建封卒，公西归洛阳。○与郎不复会。㊟使：派
wú niàn rǔ cóng yú dōng dōng yì kè
遣。罢去：免职离去。吾念汝从于东，㊟即"从我于东"。东，指汴州、徐州，均在韩愈家乡河阳之东。东亦客
yě bù kě yǐ jiǔ tú jiǔ yuǎn zhě mò rú xī guī jiāng chéng
也，不可以久；㊟客：异乡。图久远者，莫如西归，将成
jiā ér zhì rǔ wū hū shú wèi rǔ jù qù
家而致汝。图与郎长会。㊟西归：西归河阳。成家：谓安顿好家小。致：接。呜呼！孰谓汝遽去

wú ér mò hū
吾而殁乎！与郎永别不会。○自“吾年十九”以下，追忆其离合之不常，卒不可合而遽死。意只是平平，读之自不觉酸楚。(补)孰谓：谁料想。遽：突然。吾

yǔ rǔ jù shào nián yǐ wéi suī zàn xiāng bié zhōng dāng jiǔ xiāng yǔ chǔ
与汝俱少年，以为虽暂相别，终当久相与处。

gù shě rǔ ér lǚ shí jīng shī yǐ qiú dǒu hú zhī lù
故舍汝而旅食京师，以求斗斛之禄。承写相离之故。(补)旅食京师：客居京师谋生。斗斛之禄：形容微薄的俸禄。

chéng zhī qí rú cǐ
诚知其如此，(补)诚：如果。虽万乘之公相，(补)即使有高官厚禄。公相：指公卿宰相。

wú bù yǐ yī rì chuò rǔ ér jiù yě
吾不以一日辍汝而就也。真言肠断。(补)辍：离开。就：就职上任。

㉔诚：如果。

suī wàn shèng zhī gōng xiàng

qù nián mèng dōng yě wǎng wú shū yǔ rǔ yuē wú nián wèi

去年，孟东野往，吾书与汝曰：“吾年未

sì shí ér shì mángmáng
四十，而视茫茫，(补)茫茫：模糊貌。

ér fà cāng cāng
而发苍苍，(补)苍苍：斑白貌。而齿牙

dòng yáo niàn zhū fù yǔ zhū xiōng jiē kāng qiáng ér zǎo shì rú wú zhī
动摇。念诸父与诸兄，皆康强而早世，如吾之

shuāi zhě qí néng jiǔ cún hū
衰者，其能久存乎？(补)诸父：指伯父叔父辈。康强：康健。其：难道。

wú bù kě qù rǔ
吾不可去，汝

bù kěn lái kǒng dàn mù sǐ ér rǔ bào wú yá zhī qī yě
不肯来，恐旦暮死，而汝抱无涯之戚也。”倒跌起下。(补)旦暮：早晚。无涯：无穷尽。戚：悲伤。

shú wèi shào zhě mò ér zhǎng zhě cún qiáng zhě yāo ér bìng
孰谓少者殁而长者存，强者夭而病

zhě quán hū
者全乎？(补)夭：早死。

㉔苍苍：斑白貌。

ér chǐ yá

㉔夭：早死。

wū hū qí xìn rán yé

㉔嗣：儿子。

rǔ zhī chún míng ér bú kè méng qí

呜呼！其信然邪？(补)其：岂，难道。信然：确实如此。

qí mèng yé
其梦邪？(补)其：还是。其

chuán zhī fēi qí zhēn yé
传之非其真邪？承上发出一段疑信惝恍光景。下分承一段疑，一段信。

xìn yě wú xiōng zhī
信也，吾兄之

shèng dé ér yāo qí sì hū
盛德而夭其嗣乎？(补)嗣：儿子。汝之纯明而不克蒙其

泽乎？（补）纯明：纯朴贤明。克：能够。蒙：蒙受。少者强者而夭殁，长者衰者而存全乎？未可以为信也！一段从信转到疑。梦也，传之非其真也，东野之书，耿兰家人名。之报，何为而在吾侧也？呜呼！其信然矣！（补）其：大概。吾兄之盛德而夭其嗣矣，汝之纯明宜业其家者，不克蒙其泽矣。一段从疑转到信。（补）宜：应该。业其家：继承家业。业，继承。所谓天者诚难测，而神者诚难明矣。所谓理者不可推，而寿者不可知矣。言其不应死而死，卒归咎于天，与神，与理，哀伤之至也。（补）推：推究。

虽然，吾自今年来，苍苍者或化而为白矣，动摇者或脱而落矣，毛血日益衰，志气日益微，几何不从汝而死也。此言己亦不可必，回顾前寄孟东野书上意。（补）或：有的。毛血：指体质。志气：指精神。微：减退。几何不：谓过不了多久。死而有知，其几何离？（补）那我们的分离又会有多久呢？几何：多久。其无知，悲不几时，而不悲者无穷期矣。言有知，不久与郎复会。若无知，悲日无多。而不悲者，终古无尽时。盖以生知悲，死不知悲也。○达生之言。可括蒙庄一部。（补）其：如果。穷期：尽期。

汝之子始十岁，谓湘也。（补）始：才，刚。吾之子始五岁，谓昶也。

shào ér qiáng zhě bù kě bǎo rú cǐ hái tí zhě yòu kě jì qí chéng
少而强者不可保，如此孩提者，又可冀其成

lì yé wū hū āi zāi wū hū āi zāi
立邪？呜呼哀哉！呜呼哀哉！忽然于郎前写自家不保，忽然又于郎后写二子不保，文情绝妙。

[补]孩提：指幼童。冀：希望。成立：成长立业。

rǔ qù nián shū yún bǐ dé ruǎn jiǎo bìng wǎngwǎng ér jù
汝去年书云：“比得软脚病，往往而剧。”

剧，甚也。[补]比：近来。往往：常常。剧：严重。

wú yuē shì jí yě jiāng nán zhī rén chángcháng
吾曰：“是疾也，江南之人，常常

yǒu zhī wèi shǐ yǐ wéi yōu yě
有之。”未始以为忧也。[补]不曾把它当作可担心的事。未始：不曾。

wū hū qí jìng
呜呼，其竟

yǐ cǐ ér yǔn qí shēng hū yì bié yǒu jí ér zhì sī hū
以此而殒其生乎？抑别有疾而至斯乎②？此段伏下“汝病吾不知时”句。[补]其：难道。殒：丧。抑：还是。斯：此，指死亡。

rǔ zhī shū liù yuè shí qī rì yě
汝之书，六月十七日也；上言病。下言殁。一句接，无痕。

dōng yě yún
东野云，

rǔ mò yǐ liù yuè èr rì gěng lán zhī bào wú yuè rì
汝殁以六月二日；耿兰之报无月日。[补]以：在，于。报：报丧的信。

gài dōng yě zhī shǐ zhě bù zhī wèn jiā rén yǐ yuè rì
盖东野之使者不知问家人以月日，[补]盖：大概。

rú gěng lán
如耿兰

zhī bào bù zhī dāng yán yuè rì
之报，不知当言月日。言耿兰之报，所以无月日者，由其不知报告之体，当具月日以报也。[补]如：而。当言：应该告诉。

dōng yě yǔ wú shū nǎi wèn shǐ zhě shǐ zhě wàngchēng yǐ yìng zhī ěr
东野与吾书，乃问使者，使者妄称以应之耳。

[补]乃：才。妄：随便。

qí rán hū
其然乎？[补]其：表推测，大概。

qí bù rán hū
其不然乎？此段伏下“汝殁吾不知日”句。[补]其：表选择，还是。

jīn wú shǐ jiàn zhōng jì rǔ diào rǔ zhī gū yǔ rǔ zhī rǔ
今吾使建中祭汝，吊汝之孤与汝之乳

母。(补)使：派遣。吊：抚慰。孤：指十二郎的儿子。彼有食可守，以待终丧，则待终丧而取以来；如不能守以终丧，则遂取以来。(补)终丧：丧期完毕。古礼，人死三年除服，称为终丧。其余奴婢，并令守汝丧。吾力能改葬，终葬汝于先人之兆，然后惟其所愿。此告之欲处置其身后，以慰死者之心。意到笔随，不觉其词之刺刺也。(补)兆：墓地。惟：随，从。其：指“其余奴婢”。

呜呼！自此以下，一往恸哭而尽。汝病吾不知时，汝殁吾不知日，生不能相养以共居，殁不得抚汝以尽哀③，敛殓不凭其棺，窆不临其穴。窆，下棺也。(补)敛：给死者穿衣入棺。凭：靠着。临：哭吊死者。吾行负神明，而使汝夭。不孝不慈，而不得与汝相养以生，相守以死。一在天之涯，(补)涯：边际。一在地之角，(补)地之角：地的尽头。生而影不与吾形相依，死而魂不与吾梦相接，吾实为之，其又何尤！(补)又能怨谁啊！何尤：同“尤何”，疑问代词“何”作宾语，前置。何，谁。尤，怨恨。彼苍者天，曷其有极！更不能分句，何况分段、分字。真是一恸而尽。(补)彼：那。曷：何时。其：指上述生离死别的悲痛。极：尽头。自今已往，吾其无意于人世矣！宕一句，起下。(补)无意：不愿。人世：指做官。当求数顷之田于伊、颍之

shàng yǐ dài yú nián jiào wú zǐ yǔ rǔ zǐ xìng
上，伊、颍，二水名。[补]顷：土地单位，一顷一百亩。以待余年。教吾子与汝子，幸
qí chéng zhǎng wú nǚ yǔ rǔ nǚ dài qí jià rú cǐ ér
其成；[补]幸：希望。长吾女与汝女，[补]长：养育。待其嫁，如此而
yǐ
已。教子、嫁女，又慰死者之心，自是天理人情中体贴出来。

wū hū yán yǒu qióng ér qíng bù kě zhōng rǔ qí zhī yě yé
呜呼，言有穷而情不可终，汝其知也邪？
qí bù zhī yě yé wū hū āi zāi shàngxiǎng
其不知也邪？总结，更复惝恍。呜呼哀哉！尚飨！[补]祭文之结束语，希望死者来享用祭品。

情之至者，自然流为至文。读此等文，须想其一面哭一面写，字字是血，字字是泪。未尝有意为文，而文无不工。祭文中千年绝调。

〔校记〕

①“常”，原作“尝”，据《韩昌黎文集校注》改。
②“至”，原作“致”，据《韩昌黎文集校注》改。
③“得”，原作“能”，据《韩昌黎文集校注》改。

jì è yú wén
祭鳄鱼文①

hán yù
韩愈

wéi nián yuè rì cháo zhōu cì shǐ hán yù shǐ jūn shì yá tuī qín
维年月日，潮州刺史韩愈，使军事衙推秦
jì yǐ yáng yī zhū yī tóu è xī zhī tán shuǐ yǐ yǔ è yú
济，以羊一、猪一，投恶溪之潭水，以与鳄鱼
shí ér gào zhī yuē
食，而告之初，公至潮，问民疾苦，皆曰恶溪有鳄鱼，食民产且尽。数日，公令其属秦济，以一羊、一豚投溪水而祝之。[补]维：助词。潭：深。曰：

xī xiān wáng jì yǒu tiān xià liè shān zé wǎng shéng chuò rèn
昔先王既有天下，列[迾]山泽，罔[网]绳擉刃，

以除虫蛇恶物为民害者，驱而出之四海之外。
^{yǐ chú chóng shé è wù wéi mín hài zhě　qū ér chū zhī sì hǎi zhī wài}

列，遮道也。揭，刺也。C正议支端，便不可犯。⑬先王：指上古贤明君王。四海之外：指国境之外。

及后王德薄，不能远有，则江汉之间，尚皆弃之以与蛮夷楚越，况潮，岭海之间，去京师万里哉！鳄鱼之涵淹卵育于此，亦固其所。
^{jí hòu wáng dé bó　bù néng yuǎn yǒu　zé jiāng hàn zhī jiān　shàng jiē qì zhī yǐ yǔ mán yí chǔ yuè　kuàng cháo　lǐng hǎi zhī jiān　qù jīng shī wàn lǐ zāi　è yú zhī hán yān luǎn yù yú cǐ　yì gù qí suǒ}

潮在岭外、海内，较江、汉更远，毋怪为鳄鱼所据。涵淹，潜伏也。卵育，生息也。○先归咎后王，故意放宽一步。妙。⑬江汉：长江和汉水。岭海：五岭和南海。固：确实。所：场所。

今天子嗣唐位，神圣慈武，四海之外，六合之内，皆抚而有之；
^{jīn tiān zǐ sì táng wèi　shén shèng cí wǔ　sì hǎi zhī wài　lù hé zhī nèi　jiē fǔ ér yǒu zhī}

能远有矣。⑭嗣：继承君位。六合：天地四方。抚：据有。

况禹迹所揜，扬州之近地，刺史、县令之所治，出贡赋以供天地宗庙百神之祀之壤者哉！
^{kuàng yǔ jì suǒ yǎn　yáng zhōu zhī jìn dì　cì shǐ xiàn lìng zhī suǒ zhì　chū gòng fù yǐ gōng tiān dì zōng miào bǎi shén zhī sì zhī rǎng zhě zāi}

揜，止也。潮于古为扬州之境，以四海、六合言之，则潮地又甚近也。○二十四字作一句读。⑮禹迹所揜：大禹足迹所至。相传大禹治水，足迹遍于九州，故"禹迹"用以指九州之地。扬州：古九州之一。壤：土地。

鳄鱼其不可与刺史杂处此土也！
^{è yú qí bù kě yǔ cì shǐ zá chǔ cǐ tǔ yě}

此句是一篇纲领。前将天子立一议论，此下专在与刺史争土上发议。⑯其：袁示祈使，当。

刺史受天子命，守此土，治此民，而鳄鱼睅然不安溪潭，据处食民畜、熊豕鹿獐，以肥其身，以种其子孙，与刺史亢拒，争为长雄。
^{cì shǐ shòu tiān zǐ mìng　shǒu cǐ tǔ　zhì cǐ mín　ér è yú hàn rán bù ān xī tán　jù chǔ shí mín chù　xióng shǐ lù zhāng　yǐ féi qí shēn　yǐ zhòng qí zǐ sūn　yǔ cì shǐ kàng jù　zhēng wéi zhǎng xióng}

睅，目出貌。据处，谓据其地而处之也。食民畜，谓食人与六畜也。刺史欲安民，而鳄鱼为害若此，是与亢拒争雄矣。〔补〕据处：占据地方。种：繁殖。长雄：指为首称雄的强者。**刺史虽驽弱，**〔补〕驽弱：谓才能低下，力量薄弱。**亦安肯为鳄鱼低首下心，伈伈睍睍，为民吏羞，以偷活于此邪！**伈伈，恐惧貌。睍睍，小目貌。〔补〕下心：屈从。睍睍：不敢正视。为：使。羞：以为耻辱。以：而。偷活：偷生。**且承天子命以来为吏，固其势不得不与鳄鱼辨。**凛以天子，凛以天子命吏，词严义正，是一篇讨贼檄文。〔补〕固：固然。**鳄鱼有知，其听刺史言：**总喝一句，起下文。

潮之州，大海在其南，鲸鹏之大，〔补〕鹏：鲲，传说能化为大鹏的一种大鱼。**虾蟹之细，无不容归，以生以食，鳄鱼朝发而夕至也。**为鳄鱼寻去路。〔补〕以生以食：以之生，以之食。**今与鳄鱼约：尽三日，其率丑类南徙于海，以避天子之命吏。**〔补〕丑类：族类。徙：迁移。命吏：命官。**三日不能，至五日；五日不能，至七日；**为鳄鱼限日期。**七日不能，是终不肯徙也。是不有刺史，**〔补〕不有：犹没有。**听从其言也；不然，则是鳄鱼冥顽不灵，刺史虽有言，不闻不知也。**层叠而下，犀利无前。〔补〕冥顽不灵：愚昧无知。闻：听。知：了解。**夫傲天子之命吏，不听其言，不徙以避之，**

yǔ míng wán bù líng ér wéi mín wù hài zhě　jiē kě shā

与冥顽不灵而为民物害者，皆可杀！

闪电轰雷，一齐俱发。㊶傲：轻视。

cì shǐ zé xuǎn cái jì lì mín　cāo qiáng gōng dú shǐ　yǐ yǔ è yú

刺史则选材技吏民，操强弓毒矢，以与鳄鱼

cóng shì　bì jìn shā nǎi zhǐ　qí wú huǐ

从事，必尽杀乃止。其无悔！

是夕有暴风震雷，起湫水中。数日，水尽涸，西徙六十里，自是

潮州无鳄鱼患。㊷材技：武艺过人。从事：周旋。

全篇只是不许鳄鱼杂处此土，处处提出"天子"二字、"刺史"二字压服他。如问罪之师，正正堂堂之阵，能令反侧子心寒胆栗。

〔校记〕

①《韩昌黎文集校注》篇名作"鳄鱼文"。

liǔ zǐ hòu mù zhì míng

柳子厚墓志铭

hán yù

韩　愈

zǐ hòu huì zōng yuán

子厚讳宗元。

㊶讳：敬称死者之名。生时叫名，死后叫讳。

qī shì zǔ qìng wéi tuò bá

七世祖庆为拓跋

wèi 北魏姓拓跋。 shì zhōng

魏侍中，

㊶侍中：官名，位相当于宰相。

fēng jǐ yīn gōng

封济阴公。

zēng bó zǔ shì wéi táng

曾伯祖奭为唐

zǎi xiàng　yǔ chǔ suì liáng　há yuàn jù dé zuì wǔ hòu　sǐ gāo zōng cháo

宰相，与褚遂良、韩瑗俱得罪武后，死高宗朝。

huáng kǎo　huì zhèn　yǐ shì mǔ qì tài cháng bó shì

皇考父。讳镇，以事母弃太常博士，

㊶事：侍奉。

qiú wéi xiàn

求为县

lìng jiāng nán　qí hòu yǐ bù néng mèi quán guì　shī yù shǐ　quán guì rén

令江南；其后以不能媚权贵，失御史，权贵人

sǐ nǎi fù bài shì yù shǐ
死，乃复拜侍御史；⊕拜：授官。

hào wéi gāng zhí suǒ yǔ yóu jiē dāng
号为刚直，所与游皆当

shì míng rén
世名人。叙其前人节慨，所以形子厚之附

叔文，是公微意。⊕游：交往。

zǐ hòu shào jīng mǐn wú bù tōng dá
子厚少精敏，无不通达。⊕通达：犹通晓。

dài qí fù shí
逮其父时，⊕在他父亲在世时。

suī shào nián yǐ zì chéng rén néng qǔ jìn shì dì zhǎn rán
虽少年，已自成人，能取进士第，崭然

xiàn tóu jiǎo zhòng wèi liǔ shì yǒu zǐ yǐ
见现头角，众谓柳氏有子矣。崭，尖锐貌。⊕崭然：形容超出一般。见头角：显露才华。见，显露。

有子：谓有光耀门第之子。

qí hòu yǐ bó xué hóng cí shòu jí xián diàn zhèng zì
其后以博学宏词授集贤殿正字。⊕博学宏词：唐代

考试科目的一种，由吏部考选进士中博学能文之士，取中后即授官职。集贤殿：集贤殿书院，是收藏整理图书的机构。正字：官名，掌雠校典籍、刊正文字。

jùn jié lián hàn
俊杰廉悍，四字，为柳文写照。⊕俊杰：才能出众。廉悍：刚正有为。廉，刚直。

yì lùn zhèng jù jīn gǔ chū rù jīng
议论证据今古，出入经

shǐ bǎi zǐ chuō lì fēng fā shuài cháng qū qí zuò rén míng shēng dà
史百子，踔厉风发，率常屈其座人，名声大

zhèn yì shí jiē mù yǔ zhī jiāo
振，一时皆慕与之交。⊕证据今古：引古证今。出入：谓融会贯通。百子：指诸子百家。踔厉风发：见识高远、精神风发。率

常：经常。屈：折服。

zhū gōng yào rén zhēng yù lìng chū wǒ mén xià jiāo kǒu jiàn yù
诸公要人，争欲令出我门下，交口荐誉

zhī
之。子厚为诸公要人所争致，初非求附之也。全为附王叔文一节出脱。⊕交口：众口同声。荐誉：推举赞美。

zhēn yuán shí jiǔ nián yóu lán tián wèi bài jiān chá yù shǐ
贞元十九年，由蓝田尉拜监察御史，⊕尉：县尉。

shùn zōng jí wèi bài lǐ bù yuán wài láng yù yòng shì zhě dé zuì lì
顺宗即位，拜礼部员外郎。遇用事者得罪，例

chū wéi cì shǐ wèi zhì yòu lì biǎn zhōu sī mǎ
出为刺史；未至，又例贬州司马。王叔文、韦执谊用事，拜宗元礼部员外郎，且将大用。

宪宗即位，贬叔文渝州司户参军。宗元坐王叔文党，贬邵州刺史，未至，道贬永州司马。○志其被贬，不露叔文辈姓名，甚婉曲。㊟例：照例。**居闲，**㊟处于闲散之地。唐代州司马为闲职，多用来安置被贬官员。**益自刻苦，务记览，为词章泛滥停蓄，**㊟泛滥停蓄：形容学问文章的广博和深厚。**为深博无涯涘，而自肆于山水间。**宗元既窜斥，地又荒疠，因自放山泽间。其湮厄感郁，一寓诸文，放《离骚》数十篇，读者咸悲恻。㊟涯涘：边际。自肆：任意放纵。

元和中，尝例召至京师，又偕出为刺史，而子厚得柳州。伏为刘禹锡请播州一节。㊟尝：曾经。偕：一起。**既至，叹曰："是岂不足为政邪？"**㊟是：这里，指柳州。不足：不值得。**因其土俗，为设教禁，州人顺赖。**㊟因：顺着。为：替。教禁：教化和禁令。顺赖：顺从依赖。**其俗以男女质钱，**㊟质：抵押。**约不时赎，**㊟时：按时。**子本相侔，**㊟子：指利息。本：指本钱。侔：齐等。**则没为奴婢。子厚与设方计，悉令赎归。**㊟与：替。方计：计策。悉：全部。**其尤贫力不能者，**㊟尤：特别。**令书其佣，**㊟命令记下人质在主人家的劳动所值。佣：工钱。**足相当，则使归其质。观察使下其法于他州，比一岁，免而归者且千人。**柳州之政，详见《罗池庙碑》。独书赎子一节，撮其有德于民之大者。㊟下：推广。比：到。且：将近。**衡湘以南为进士者，**㊟衡湘：衡山和湘江。为进士：参加进士考试。**皆以子厚为师，其经承子厚口讲指画为文词者，悉**

有法度可观。前叙其自为词章，此叙其教人为文词。公推重子厚，特在文章。[补]经：已。文词：文章。法度：规范。

其召至京师而复为刺史也，遥接。中山刘梦得禹锡亦在遣中，当诣播州。[补]诣：往。播州：在今贵州遵义。子厚泣曰："播州非人所居，而梦得亲在堂，[补]亲：母亲。吾不忍梦得之穷，[补]穷：困窘。无辞以白其大人，[补]白：宽慰。且万无母子俱往理。"请于朝，将拜疏，[补]拜疏：上奏章。愿以柳易播，虽重得罪，死不恨。遇有以梦得事白上者，梦得于是改刺连州。子厚所至，皆有树立。其处中山，尤其行之卓异者。[补]刺：做刺史。呜呼！士穷乃见（现）节义。今夫平居里巷相慕悦，酒食游戏相征逐，诩诩强笑语以相取下，握手出肺肝相示，指天日涕泣，誓生死不相背负，真若可信；[补]今夫：发语词。征逐：邀请应酬。诩诩：取悦貌。相取下：指互相采取谦下的态度。一旦临小利害，仅如毛发比，反眼若不相识，[补]临：碰上。比：类似。反：翻转。落陷阱，不一引手救，反挤之，又下石焉者，皆是也。[补]引手：伸手。挤：推挤使坠。此宜禽兽夷狄所不忍为，而其人自视以为得计。闻子厚之风，亦可以少愧矣。此段因事发议，全学伯夷、屈原传。

子厚前时少年，㊟从前年轻时。勇于为人，㊟为：帮助。不自贵重说出子厚病根。顾藉，㊟不珍重顾惜自己，指参加王叔文集团。谓功业可立就，故坐废退。㊟因而废退。废退：指远谪边地，不用于朝廷。既退，又无相知有气力得位者推挽，故卒死于穷裔，㊟推挽：推荐提携。穷裔：指偏僻边地。材不为世用，道不行于时也。只数语总叙子厚生平，且悲且惜。㊟为：被。使子厚在台省时，㊟使：假使。台省：御史台和尚书省。自持其身，㊟能够自我约束，指不参与改革。已能如司马、刺史时，亦自不斥；㊟斥：贬斥。斥时，有人力能举之，且必复用不穷。反振起下意。㊟穷：困窘。然子厚斥不久，穷不极，虽有出于人，其文学辞章，必不能自力以致必传于后如今，无疑也。就“斥”“穷”二字，一转。极为子厚喜幸。㊟致：达到。如：像。虽使子厚得所愿，为将相于一时，以彼易此，孰得孰失，必有能辨之者。又一转，语带规讽，意亟含蓄。㊟虽使：纵然。

子厚以元和十四年十一月八日卒，年四

shí qī yǐ shí wǔ nián qī yuè shí rì guī zàng wàn nián xiān rén mù
十七。以十五年七月十日，归葬万年先人墓

cè zǐ hòu yǒu zǐ nán èr rén zhǎng yuē zhōu liù
侧。(补)以：在，于。万年：在今陕西西安市境内。子厚有子男二人，长曰周六，

shǐ sì suì jì yuē zhōu qī zǐ hòu zú nǎi shēng nǚ zǐ èr rén
始四岁；季曰周七，子厚卒乃生。女子二人，

jiē yòu qí dé guī zàng yě fèi jiē chū guān chá shǐ hé dōng péi jūn
皆幼。其得归葬也，费皆出观察使河东裴君

xíng lì xíng lì yǒu jié gài zhòng rán nuò yǔ zǐ hòu jié jiāo
行立。行立有节概，重然诺，(补)然诺：犹信用。与子厚结交，

zǐ hòu yì wèi zhī jìn jìng lài qí lì zàng zǐ hòu yú wàn nián
子厚亦为之尽，(补)尽：尽力。竟赖其力。葬子厚于万年

zhī mù zhě jiù dì lú zūn zūn zhuō rén xìng jǐn shèn
之墓者，舅弟卢遵。(补)舅弟：指表弟。遵，涿人，性谨慎，

xué wèn bú yàn zì zǐ hòu zhī chì zūn cóng ér jiā yān dài
学问不厌。(补)厌：满足。自子厚之斥，遵从而家焉，逮

qí sǐ bú qù jì wǎng zàng zǐ hòu yòu jiāng jīng jì qí jiā
其死不去。(补)逮：到。去：离开。既往葬子厚，又将经纪其家，

shù jī yǒu shǐ zhōng zhě
庶几有始终者。附书裴、卢二人，与前“士穷见节义”一段对照。(补)经纪：安排照料。庶几：差不多。

míng yuē shì wéi zǐ hòu zhī shì jì gù jì ān yǐ lì qí
铭曰：是惟子厚之室，既固既安，以利其

sì rén
嗣人。(补)室：墓室。嗣人：后代。

子厚不克持身处，公亦不能为之讳，故措词隐跃，使人自领。只就文章一节，断其必传，下笔自有轻重。

古文观止卷之九

驳复仇议

柳宗元

臣伏见天后唐武后。时，有同州下邽人徐元庆者，父爽为县吏赵师韫所杀①，卒能手刃父仇，束身归罪。后师韫为御史，元庆变姓名，于驿家佣力。久之，师韫以御史舍亭下。元庆手刃之，自囚诣官。(补)伏：敬辞，古时臣对君奏言多用之。同州：州治在今陕西大荔。下邽：同州属县。当时谏臣陈子昂建议，诛之而旌其闾，且请“编之于令，永为国典”。时议者以元庆孝烈，欲舍其罪。子昂建议，以为国法专杀者死，元庆宜正国法，然旌其闾墓，以褒其孝义可也。议者以子昂为是。○叙述其事作案。(补)谏臣：掌谏诤的官员。旌：表彰。闾：乡里。臣窃独过之。总驳一句。(补)窃：私下，谦辞。过之：以之为错。

臣闻礼之大本，以防乱也，若曰无为贼虐，凡为子者杀无赦；子不当仇而仇者，死。(补)大本：根本作用。无：禁止。贼虐：指行凶杀人。刑之大本，亦以防乱也，若曰无为贼虐，凡为治者杀无赦。更不当杀而杀者，死。○以礼刑大本上说起，是议论大根源处。(补)为治者：为官治民者。其本则合，其用则异，旌与诛莫得而并焉。一句点醒，破其首鼠两端之说。(补)莫：不。并：并用。诛其可旌，兹谓滥，黩刑甚矣；旌其可诛，兹谓僭，坏礼甚矣。《左传》："善为国者，赏不僭，刑亦不滥。"○互发以足上句意。(补)滥：指滥杀。黩：滥用。僭：越分。果以是示于天下，传于后代，趋义者不知所以向，违害者不知所以立②，以是为典，可乎？以上泛言旌诛并用之非。(补)违：避。

盖圣人之制，穷理以定赏罚，本情以正褒贬，统于一而已矣。此言圣人旌诛不并用。"穷理""本情"四字，甚细。(补)制：法度。穷理：穷究事物之理。本情：推原人之常情。统于一：指目的统于"防乱"。向使刺谳其诚伪，考正其曲直，原始而求其端，则刑礼之用，判然离矣。刺，讯也。议罪曰谳。诚伪，以情言。曲直，以理言。○承上正转一笔，起下二段议论。(补)向使：假使。刺谳：讯问审判。原始：考察根源。端：原因。判然：明显。离：分辨。何者？若元庆之父，不陷于公罪，(补)国法规定的犯罪。师韫之诛，独以其私怨，奋其吏气，(补)气：气焰。虐于非辜，(补)虐：残害。非辜：无罪。州牧不知罪，(补)州牧：一州之长。不知罪：不知惩罚。刑官不知问，上下蒙冒，吁号不闻；吁，呼也。（补）蒙冒：掩盖。而元庆能以戴天为大耻，枕戈为得礼，《礼记》："父之仇，不与共戴天。"又曰："居父母之仇，寝苫枕戈，不仕，弗与共天下也。"（补）戴天：同立于天下。枕戈：以戈为枕，谓随时准备报仇。处心积虑，以冲仇人之胸，介然自克，即死无憾，是守礼而行义也。（补）冲：刺。介然：坚定不动摇。克：完成。执事者宜有惭色，将谢之不暇，而又何诛焉？一段写旌之不宜诛。（补）谢：谢罪，认错。其或元庆之父，不免于罪，师韫之诛，不愆于法，（补）愆：违背。是非死于吏也，是死于法也。法其可仇乎？仇天子之法，而戕奉法之吏，（补）戕：杀害。是悖骜而凌上也。（补）悖骜：狂悖傲慢。凌上：侮犯尊长。执而诛之，所以正邦典，而又何旌焉？一段写诛之不宜旌。○二段透发"旌与诛莫得而并"之意。（补）邦典：国家法典。

且其议曰："人必有子，子必有亲，（补）亲：父母。亲亲相仇，（补）为了爱自己的父母而互相仇杀。其乱谁救？"述子昂原议。是惑于礼也甚矣。礼之所谓仇者，盖以冤抑沉痛③，而号无告也；（补）冤抑：冤屈压抑。沉痛：深切悲痛。号：大声呼叫。非谓抵罪触法，陷于大戮。（补）抵罪：犯罪。大戮：指死刑。而曰"彼杀之，我乃杀之"，不议曲直，暴寡胁弱而已。〔补〕暴：欺凌。其非经背圣，不亦甚哉？此段申明“仇”字之义，正驳子昂言仇之失。〔补〕非：违背。

《周礼》：“调人调人，官名。掌司万人之仇。”〔补〕负责调解民众之间的仇怨、纠纷。“凡杀人而义者，〔补〕义：指符合情理。令勿仇，仇之则死。”〔补〕仇：复仇。“有反杀者，邦国交仇之。”《周礼》，见《地官》。〔补〕反杀：指为报杀人之仇而杀人。交：俱。又安得亲亲相仇也？《春秋公羊传》曰：“父不受诛，子复仇可也。父受诛，子复仇，此推刃之道，复仇不除害。”《公羊传》，见定公四年。不受诛，谓罪不当诛也。一来一往曰推刃。不除害，谓取仇身而已，不得兼其子也。今若取此以断两下相杀，则合于礼矣。两下相杀，谓师韫杀元庆之父，元庆又杀师韫。○引《周礼》《公羊》，以明杀人不义，与不受诛者，皆可复仇。论有根据，一篇主意，具见于此。〔补〕两下：双方。

且夫不忘仇，孝也；不爱死，义也。〔补〕爱：吝惜。元庆能不越于礼，服孝死义，是必达理而闻道者也。〔补〕达：明白。夫达礼闻道之人，岂其以王法为敌仇者哉？议者反以为戮，黩刑坏礼，其不可以为典，明矣。收段就元庆立论，所以重与之。而深抑当时之议诛者，是通篇结案。〔补〕典：法律。

qǐng xià chén yì　fù yú lìng　yǒu duàn sī yù zhě　bù yí yǐ
请下臣议，附于令，有断斯狱者，不宜以前议从事。补下：颁布。附于令：附在法令之后。断斯狱：审判这类案件。谨议。

看叙起“手刃父仇，束身归罪”八字，便见得宜旌不宜诛。中段是论理，故作两平之言。后段是论事，故作侧重之语。引经据典，无一字游移，乃成铁案。

〔校记〕

①“吏”，原作“尉”，据《柳宗元集》改。
②“所以向”“所以立”之“以”字，原缺，据《柳宗元集》补。
③“以”，原作“其”，据《柳宗元集》改。

tóng yè fēng dì biàn

桐叶封弟辨

lǐu zōng yuán

柳宗元

gǔ zhī zhuàn zhě yǒu yán　　　chéngwáng yǐ tóng yè yǔ xiǎo ruò dì

古之传者有言，成王以桐叶与小弱弟，戏曰：“以封汝。”补古之传者：古代的 zhōu gōng rù hè　wáng yuē
戏曰："以封汝。" 记载。弱弟：幼弟。周公入贺。王曰：

xì yě　　zhōu gōng yuē　　tiān zǐ bù kě xì　　　nǎi fēng xiǎo ruò
“戏也。”周公曰：“天子不可戏。”乃封小弱弟于唐。《史记·晋世家》：‘成王与叔虞戏，削桐叶为珪，以与叔虞曰：‘以此封若。’史佚因请择日立之。成王曰：‘吾与之戏耳。’史佚曰：‘天子无戏言。’于是遂封叔虞于唐。”若曰“周公入贺”，史不之见，特于刘向《说苑》云云。补唐：诸侯国名，周成王封弟叔虞于尧之故墟唐，至叔虞子燮父改国号为晋。

wú yì bù rán　　一句　wáng zhī dì dāng fēng yé　　zhōu gōng yí

吾意不然。一句抹倒。王之弟当封耶①？周公宜以时言于王，不待其戏而贺以成之也；一层。不当封耶？周公乃成其不中之戏，以地以人与小弱者为之主②，其得为圣乎？二层。补不中：不合情理。中，符合。且周公以王之言，不可苟焉而已，必从而成之耶？补且：或者。以：认为。苟：随便。设有不幸，王以桐叶戏妇寺，亦将举而从之乎？三层。补妇寺：宫妇近侍。举：提出。凡王者之德，在行之何若。设未得其当，补设：假如。虽十易之不为病；补病：错误。要于其当，补关键在于恰当。要：关键。不可使易也，而况以其戏乎？若戏而必行之，是周公教王遂过也。此段方是正断，严切不留余漏。下乃就周公身上另起，再作断。补遂过：掩饰过失。

吾意周公辅成王，宜以道，补道：正道。从容优乐，补言行举止，开玩笑娱乐。要归之大中而已，应“要于其当”句。补大中：指无过无不及的中正之道。必不逢其失而为之辞。一层。补逢：逢迎。为之辞：谓替他掩饰。又不当束缚之，驰骤之，使若牛马然，急则败矣。言不能从容优乐，若制牛马然。束缚之使不得行，驰骤之使之必行，迫之太甚，则败坏矣。○二层。补驰骤：驱使。使：使唤。且家人父子尚不能以此自克，

kuàng hào wéi jūn chén zhě　yé
况号为君臣者耶？ 言父子之间，尚不能以束缚、驰骤之事相胜，何况君臣？○三层。㊹自克：自我约束。

shì zhí
是直

xiǎo zhàng fū quē quē zhě zhī shì　fēi zhōu gōng suǒ yí yòng　gù bù kě
小丈夫𡙇𡙇者之事，非周公所宜用，故不可

xìn
信。 《老子》："其政察察，其民𡙇𡙇。"𡙇𡙇，小智貌。○正结一段。㊹是：这。直：只是。小丈夫：见识短浅的庸人。

huò yuē
或曰： ㊹一说，有人说。

fēng táng shū　shǐ yì chéng zhī
封唐叔，史佚成之。 史佚，周武王时太史尹佚也。○结束有不尽

意，不指定史佚，妙。㊹史佚成之：
见本文前注引《史记·晋世家》记载。

前辐连设数层翻驳，后辐连下数层断案，俱以理胜，非尚口舌便便也。读之反复重叠愈不厌，如眺层岙，但见苍翠。

〔校记〕

① "耶"，原作"邪"，据《柳宗元集》改，下三"耶"字同。
② "弱"后原有一"弟"字，据《柳宗元集》删。

箕子碑
Jī zǐ bēi

liǔ zōng yuán
柳宗元

fán dà rén zhī dào yǒu sān　　yī yuē zhèng méng nàn　　èr yuē fǎ
凡大人之道有三：一曰正蒙难，二曰法

shòu shèng　sān yuē huà jí mín　yīn
授圣，三曰化及民。 蒙，犯也。正蒙难者，以正犯难也。○总提三柱立论。㊹大人：指德行高尚的人。正：坚持正道。

殷

yǒu rén rén yuē jī zǐ　shí jù zī dào　yǐ lì yú shì　gù kǒng zǐ
有仁人曰箕子，实具兹道，以立于世。故孔子

shù liù jīng zhī zhǐ　yóu yīn qín yān
述六经之旨，尤殷勤焉。 谓下《易》《书》《诗》所载是也。○出箕子。㊹殷勤：情意深厚。

当纣之时，大道悖乱，天威之动不能戒，
dāng zhòu zhī shí　dà dào bèi luàn　tiān wēi zhī dòng bù néng jiè

圣人之言无所用。
shèng rén zhī yán wú suǒ yòng
《书》："今天动威。"○总起。[补]大道：正道，指最高的治世原则。悖乱：昏乱。天威：上天的威怒，指天象的各种异常变化。戒：警戒。进死以并[屏]命，诚仁矣，无益吾祀故不
jìn sǐ yǐ bǐng mìng　chéng rén yǐ　wú yì wú sì gù bù

为；阁过比干。[补]并：屏弃。祀：指殷祀。委身以存祀，诚仁矣，与去吾国
wěi shēn yǐ cún sì　chéng rén yǐ　yù qù wú guó

故不忍①。阁过微子。[补]委身：托身，指微子以身事周。与：参与。具是二道，有行之者
jù shì èr dào　yǒu xíng zhī zhě

矣。将正写箕子，先入此段，斡旋多少。是用保其明哲，与之俯仰，[补]是用：因此。哲：智。俯仰：周旋。晦是谟范，辱于囚奴，[补]晦：隐藏。谟范：谋略。囚奴：囚犯和奴隶。昏而无
hūn ér wú

邪，隤而不息。[补]昏：世道黑暗。隤：指世风败坏。故在《易》曰"箕子
gù zài yì yuē jī zǐ

之明夷"，正蒙难也。
zhī míng yí　zhèng méng nàn yě
《诗》："既明且哲，以保其身。"《书》："囚奴正士。"正士，谓箕子也。《易·明夷卦》六五："箕子之明夷。"夷，伤也。言六五以宗臣居暗地、近暗君，而能正其志，箕子之《象》也。○应前"一曰"。[补]明夷：喻昏君在上，贤人不得志。及天命既
jí tiān mìng jì

改，生人以正，乃出大法，用为圣师，周人
gǎi　shēng rén yǐ zhèng　nǎi chū dà fǎ　yòng wéi shèng shī　zhōu rén

得以序彝伦而立大典。[补]生人：生民，人民。序：次序。彝伦：常理。大典：重要的典章。故在《书》曰："以箕子归，作《洪范》"，法授圣也。
shū yuē yǐ jī zǐ guī zuò hóng fàn fǎ shòu shèng yě

大法，谓《洪范》。洪，大也。范，法也。《书》："天乃锡禹《洪范》九畴，彝伦攸叙。"《汉·志》曰："禹治洪水，锡《洛书》，法而陈之，《洪范》是也。"《史记》：武王克殷，访问箕子以天道，箕子以《洪范》陈之。盖《洪范》发之于禹，箕子推衍增益，以成篇软。○应前"二曰"。及封朝鲜，推道训俗，
jí fēng cháo xiǎn　tuī dào xùn sú

wéi dé wú lòu　wéi rén wú yǎn　yòng guǎng yīn sì　bǐ yí wéi huá

惟德无陋，惟人无远，用广殷祀，俾夷为华，

huà jí mín yě

化及民也。朝鲜，东夷地。《汉书·地理志》：箕子去之朝鲜，教其民以礼义、田蚕，民犯禁八条，其民终不相盗，无门户之闭。妇人贞信不淫僻，其教民饮食，以笾豆为可贵。此仁贤之化也。○应前“三曰”。(补)无陋：指不分尊卑。无远：指无论远近。俾：使。

shuài shì dà dào　cóng yú jué

率是大道，藂丛于厥躬，天地变化，我得其正，其大人欤！应前“大人”第一句。○首提作柱，以次分应，似正意，却是客也。下一段写出箕子意中事，是作者大旨。(补)率：遵循。是：这。藂：聚集。厥：其。躬：自身。

wū hū　dāng qí zhōu shí wèi zhì　yīn sì wèi tiǎn

於虖！同“呜呼”。当其周时未至，(补)时：时机。殷祀未殄，(补)殄：断绝。比干已死，微子已去，向使纣恶未稔而自毙，(补)向使：假使。未稔：未满盈。武庚念乱以图存，国无其人，谁与兴理？(补)念乱以图存：考虑发动叛乱来图谋复辟。其人：那种合适的人。是固人事之或然者也。(补)固：本来。或然：或许可能。然则先生隐忍而为此，其有志于斯乎？忽然别起波浪，语极淋漓感慨，使人失声长恸。(补)其：表推测，大概，也许。

táng mǒu nián　zuò miào jí jùn　suì shí zhì sì

唐某年，作庙汲郡，岁时致祀。汲郡，纣故都，今为河南卫辉府。(补)岁时：每年按一定的时间。致祀：祭祀。致，举行。祀，祭礼。

jiā xiān shēng dú liè yú yì xiàng　zuò shì sòng

嘉先生独列于《易·象》，作是颂云。颂不载。(补)嘉：钦佩。颂：文体的一种，以颂扬为宗旨的诗文。

前立三柱，真如天外三峰，卓然峭峙。“於虖”以下，忽然换笔，一往更有深情。

〔校记〕

①“去”，原作“亡”，据《柳宗元集》改。

捕蛇者说
bǔ shé zhě shuō

柳宗元
liǔ zōngyuán

永州之野产异蛇，黑质而白章，黑体白文。㊟质：指蛇皮。章：花纹。触草木尽死，以啮人，无御之者。异蛇最毒。㊟以：如果。啮：咬。御：指治疗。然得而腊之以为饵，可以已大风、挛踠、瘘、
rán dé ér xī zhī yǐ wéi ěr kě yǐ yǐ dà fēng luán wǎn lòu

疠，去死肌，杀三虫。
lì qù sǐ jī shā sān chóng

腊，干肉也。饵，药饵也。已，止也。挛踠，曲脚不能伸也。瘘，颈肿。疠，恶创。死肌，如痈疽之腐烂者。三虫，三尸之虫也。○毒蛇偏为要药。㊟腊：用如动词，晒干肉。大风：麻风病。三虫：寄生虫。其始，太医以王命聚之，㊟聚：征集。岁赋其二，两次。㊟赋：征收。募有能捕之者，当
mù yǒu néng bǔ zhī zhě dàng

其租入。永之人争奔走焉。叙捕蛇事。㊟当：抵充。租入：指应纳的租税。入，缴纳。

有蒋氏者，专其利三世矣。
yǒu jiǎng shì zhě zhuān qí lì sān shì yǐ

入题。问之，则曰：
wèn zhī zé yuē

“吾祖死于是，吾父死于是，今吾嗣为之十二
wú zǔ sǐ yú shì wú fù sǐ yú shì jīn wú sì wéi zhī shí èr

年，几死者数矣。”㊟
nián jǐ sǐ zhě shuò yǐ

㊹嗣：继承。几：差一点。数：多次。言之，貌若甚戚
yán zhī mào ruò shèn qī

者。摹泰山妇，伏结处。〔补〕戚：忧愁，悲伤。

zhě
者。 ㊶戚：忧愁，悲伤。
慕泰山妇，伏结处。

yú bēi zhī qiě yuē ruò dú zhī hū yú jiāng gào yú lì
**余悲之，且曰："若毒之乎？余将告于莅

shì zhě gēng ruò yì fù ruò fù zé hé rú
事者，更若役，复若赋，则何如？"**若，汝也。言改汝捕蛇之役，复汝输租之赋，以免其死。〔补〕毒：痛恨。莅事者：主事的人。更：更换。役：差役。赋：租税。

jiǎng shì dà qī wāng rán chū tì yuē

蒋氏大戚，汪然出涕曰：〔补〕汪然：泪水满眶貌。汪：液体积聚。涕：泪。**"君

jiāng āi ér shēng zhī hū
将哀而生之乎？**〔补〕之：我，蒋氏自称。**
zé wú sī yì zhī bú xìng wèi ruò
则吾斯役之不幸，未若

fù wú fù bú xìng zhī shèn yě
复吾赋不幸之甚也。**犯死捕蛇，乃以为幸。更役复赋，反以为不幸。此岂人之情哉？必有甚不得已者耳。〔补〕甚：严重。

向吾不为斯役，则久已病矣。提一句，起下文。直贯至"捕蛇独存"句。〔补〕向：如果。病：困苦。

zì wú shì sān shì jū shì xiāng jī yú jīn liù shí suì yǐ ér xiāng

**自吾氏三世居是乡，积于今六十岁矣，而乡

lín zhī shēng rì cù
邻之生日蹙。**〔补〕蹙：困窘。**
dān qí dì zhī chū jié qí lú zhī rù
殚其地之出，竭其庐之入，**赋敛之苦。〔补〕殚、竭：尽。庐：房舍，指家。**
háo hū ér zhuǎn xǐ jī kě ér dùn bó
号呼而转徙，饥渴而顿踣，**迫于赋敛而徙。〔补〕转徙：辗转迁移。顿踣：困顿倒下。**
chù fēng yǔ fàn hán shǔ hū xū dú lì wǎngwǎng ér sǐ
触风雨，犯寒暑，呼嘘毒疠，往往而死

zhě xiāng jiè yě
者相藉也。**疠，疫气。藉，枕藉也。○劳于迁徙而死。○写得惨毒。是一幅流民图。〔补〕呼嘘：呼吸。相藉：交错地倒在一起。**
nǎng yǔ wú
曩与吾

zǔ jū zhě jīn qí shì shí wú yī yān yǔ wú fù jū zhě jīn qí
祖居者，今其室十无一焉；与吾父居者，今其

shì shí wú èr sān yān yǔ wú jū shí èr nián zhě jīn qí shì shí
室十无二三焉；与吾居十二年者，今其室十**

wú sì wǔ yān　fēi sǐ zé xǐ ěr　ér wú yǐ bǔ shé
无四五焉。应前“三世”。补曩：从前。非死则徙尔，而吾以捕蛇

dú cún　hàn lì zhī lái wú xiāng　jiào xiāo hū dōng
独存。二句收上转下，有力。补以：凭。悍吏之来吾乡，补悍：凶狠。叫嚣乎东

xī　huī tū hū nán běi　huá rán ér hài zhě　suī jī gǒu bù dé níng
西，隳突乎南北，哗然而骇者，虽鸡狗不得宁

yān　wú xún xún ér qǐ　shì qí fǒu　ér wú
焉。追呼之扰，所不忍言。补隳突：骚扰。隳，毁坏。骇：惊扰。吾恂恂而起，视其缶，而吾

shé shàng cún　zé chí rán ér wò　jǐn sì zhī
蛇尚存，则弛然而卧。蛇存放心。补恂恂：戒惧貌。缶：瓦罐。弛然：安适貌。谨食饲之，

shí ér xiàn yān　tuì ér gān shí qí tǔ zhī yǒu
时而献焉。小心养食，俟其时之所需，而献上焉。补食：喂养。退而甘食其土之有，

yǐ jìn wú chǐ　gài yí suì
以尽吾齿。退而甘食其土地之所产，以尽其天年。○摹拟自得光景，真情真语，大有笔趣。补尽吾齿：终我天年。齿，年龄。盖一岁

zhī fàn sǐ zhě èr yān　qí yú zé xī xī ér lè　qǐ ruò wú xiāng
之犯死者二焉，其余则熙熙而乐，岂若吾乡

lín zhī dàn dàn yǒu shì zāi
邻之旦旦有是哉！言吾犯蛇毒而死者，一岁只有两次。非若吾乡邻遭悍吏之毒，无日不犯死也。补熙熙：和乐貌。岂：哪。若：像。

jīn suī sǐ hū cǐ　bǐ wú xiāng lín zhī sǐ zé yǐ hòu yǐ　yòu
旦旦：天天。今虽死乎此，比吾乡邻之死则已后矣，又

ān gǎn dú yé
安敢毒邪？”今吾虽终死于斯役，比吾乡邻被重赋而死者，已在后矣。安敢怨其为毒，而不为此？○此段正明“斯役之不幸，未若复吾赋不幸之甚”二句。情态曲尽，而一段无聊之意，溢于言表。

yú wén ér yù bēi　kǒng zǐ yuē　kē zhēng měng yú hǔ
余闻而愈悲。孔子曰：“苛政征猛于虎

yě　wú cháng yí hū shì　jīn yǐ jiǎng shì guān zhī　yóu
也。”补苛政：繁苛的赋税和徭役。吾尝疑乎是，今以蒋氏观之，犹

xìn
信。《檀弓》：“孔子过泰山侧，有妇人哭于墓者而哀。夫子式而听之。使子路问之曰：‘子之哭也，壹似重有忧者？’而曰：‘然。昔者吾舅死于虎，吾夫又死焉，今吾子又死焉。’夫

子曰：'何为不去也？'曰：'无苛政。' 夫子曰：'小子识之，苛政猛于虎也。'" ^{wū hū}鸣呼！^{shú zhī fù liǎn zhī dú yǒu}孰知赋敛之毒，有

^{shèn shì shé zhě hū}甚是蛇者乎！ 一句绾出。㊹赋敛：征收赋税。敛，征收。 ^{gù wéi zhī shuō yǐ sì fú guān}故为之说，以俟夫观

^{rén fēng zhě dé yān}人风者得焉。 ㊹说：文体的一种，亦称杂说，用来阐述义理或主张。 俟：等待。夫：那。观人风者：指观察民间风俗之官。

　　此小文耳，却有许大议论。必先得孔子"苛政猛于虎"一句，然后 有一篇之意。前后起伏抑扬，含无限悲伤凄恻之态。若转以上闻， 所谓言之者无罪，闻之者足以为戒，真有用之文。

^{zhòng shù guō tuó tuó zhuàn}
种树郭橐驼传

^{liǔ zōng yuán}
柳宗元

^{guō tuó tuó bù zhī shǐ hé míng}郭橐驼，不知始何名。 ㊹始：原来。 ^{bìng lóu lóng rán fú}病偻，隆然伏

^{xíng yǒu lèi tuó tuó zhě gù xiāng rén hào zhī tuó tuó wén zhī}行，有类橐驼者，故乡人号之"驼"。驼闻之

^{yuē shèn shàn míng wǒ gù dāng yīn shě qí míng yì zì wèi tuó}曰："甚善。名我固当。"因舍其名，亦自谓"橐

^{tuó yún}驼"云。 偻，伛疾也。隆然，高起貌。橐驼，即骆驼。○以上先将橐驼命名写作一 笑。㊹病偻：患有驼背的病。伏行：弯着腰走。当：恰当。因：于是。

^{qí xiāng yuē fēng lè xiāng zài cháng ān xī}其乡曰丰乐乡，在长安西。 何为书其乡？只为欲写其 在长安，长安人争迎也。 ^{tuó}驼

^{yè zhòng shù fán cháng ān háo fù rén wéi guān yóu jí mài guǒ}业种树， ㊹以种树为业。 凡长安豪富人为观游 种树行乐 及卖果

^{zhě shì tuó suǒ zhòng}者①， 种树谋生。 ^{jiē zhēng yíng qǔ yǎng}皆争迎取养。 争相迎取驼于家而养之。 ㊹为：从事。养：指雇用。 视驼所种

树，或移徙②，无不活；无不活，双承种与移。(补)移徙：指移植。且硕茂，早实以蕃③。其树大而盛，其实早而多。○活外又添写此一句。(补)硕茂：硕大繁茂。实：用如动词，结果实。以：而。蕃：繁多。他植者虽窥伺效慕，莫能如也。又反衬一句，伏后文。(补)窥伺：暗中观察。效慕：仿效。莫：没有谁。

有问之，对曰："橐驼自谓橐驼。非能使木寿且孳也，折一笔。(补)寿：活得长久。孳：长得茂盛。能顺木之天，(补)天：天性。以致其性焉尔。一篇之意，已尽于此。(补)致：使达到。性：习性。凡植木之性，承其"性"字。(补)性：方法。其本欲舒，(补)本：根。舒：舒展。其培欲平，(补)培：培土。其土欲故，(补)故：旧的。其筑欲密。此四"欲"字，本性欲也。(补)筑：指捣土。密：密实。既然已，(补)既然：已经这样。已：语气词，了。勿动勿虑，去不复顾。(补)顾：照看。其莳也若子，其置也若弃，则其天者全而其性得矣。莳，种也。○此段是畅讲"无不活"三字理。(补)子：育子。置：放下。故吾不害其长而已，非有能硕茂之也；不抑耗其实而已，(补)实：果实。非有能早而蕃之也④。耗，损也。○此段又反复"硕""茂""早""蕃"四字理。○以上只浅浅就植木上说道理，从《孟子》养气工夫体贴出来。他植者则不然。一句提转，上言无心之得，下言有心之失。根拳而土易，拳，曲也。易，更也。其培之也，若不过焉则不及。苟有能反是者，则又爱之太恩⑤，忧之太勤。【补】苟：假使。是：这。恩：指用心。旦视而暮抚，已去而复顾。甚者，爪其肤以验其生枯，摇其本以观其疏密，而木之性日以离矣。【补】爪：用指甲抠、掐。肤：指树皮。疏密：指土的松紧。离：背离。虽曰爱之，其实害之；虽曰忧之，其实仇之；故不我若也。【补】“不若我”的倒装句。吾又何能为哉！”此段明他植者“莫能如”一句理。○以上论种树毕。以下入正意，发出议论。

问者曰：“以子之道，移之官理，可乎？”【补】官理：做官治民。理，治。唐人避高宗李治的讳，以“理”代“治”。驼曰：“我知种树而已，理⑥，非吾业也。然吾居乡，见长人者好烦其令，若甚怜焉，而卒以祸。总提一句，下就“他植者则不然”一段摹出。【补】长人者：当官的。长，统治。人，民，百姓。唐人避太宗李世民的讳，以“人”代“民”。烦：繁多。怜：爱护。卒：最终。旦暮吏来而呼曰：‘官命促尔耕，勖尔植，督尔获，【补】尔：你们。勖：勉励。获：收割。早缫而绪⑦，早织而缕⑧，缫，绎茧为丝也。缕，布缕也。【补】而：你们的。绪：丝头。缕：线。字而幼孩，遂而鸡豚。’字，养也。遂，长也。【补】豚：小猪。鸣鼓而聚之，击木而召之。【补】击木：敲木梆。吾小人辍飧饔以劳吏者，【补】小人：小民。辍飧饔：中断吃饭。飧，晚饭。饔，早饭。劳：犹招待。且不得暇，【补】暇：空闲。又何以蕃吾生而安吾性耶⑨？【补】蕃：兴旺。

故病且怠。[补]病：困苦。怠：指疲倦。若是，则与吾业者其亦有类乎？”写出俗吏情弊、民间疾苦，读之令人凄然。[补]类：相似。

问者曰：“嘻⑩，不亦善夫！吾问养树，得养人术。”传其事以为官戒也。一篇精神命脉，直注末句结出。语极冷峭。[补]养人：治民。传：作传，记载。官戒：官吏的鉴戒。

前写橐驼种树之法，琐琐述来，涉笔成趣。纯是上圣至理，不得看为山家种树方。末入“官理”一段，发出绝大议论，以规讽世道。守官者当深体此文。

〔校记〕

①“豪”后原有一“家”字，据《柳宗元集》删。
②“移”，原作“迁”，据《柳宗元集》改。
③④⑦⑧“早”，原作“蚤”，据《柳宗元集》改。
⑤“恩”，原作“殷”，据《柳宗元集》改。
⑥“理”前原有一“官”字，据《柳宗元集》删。
⑨“耶”，原作“邪”，据《柳宗元集》改。
⑩“问者曰嘻”之“曰嘻”，原作“嘻曰”，据《柳宗元集》改。

梓人传

柳宗元

裴封叔之第，在光德里。裴封叔，名瑾。子厚之妹夫。[补]第：住宅。有梓人款其门，愿佣隙宇而处焉。梓人，即木匠。款，叩也。隙宇，空屋也。佣，役于主人以代租也。[补]

佣：租赁。处：居住。所职寻引、规矩、绳墨，家不居砻斫之器。寻，八尺。引，十丈。寻引，所以度长短。砻，砺石。斫，刀锯斧斤之属。○出语便作意凝注。㊟职：掌管。规矩：圆规和曲尺。绳墨：墨绳和墨斗，用于画直线。居：存放。问其能，曰：“吾善度材，㊟度：计算。视栋宇之制，㊟栋宇：指房屋。制：规格样式。高深、圆方、短长之宜，吾指使而群工役焉。㊟役：劳作。舍我，众莫能就一宇。㊟就：造成。故食于官府，吾受禄三倍；㊟食：养。禄：俸禄。作于私家，吾收其直值太半焉①。”此以言语代叙事。㊟直：指工钱。太半：多半。他日，入其室，其床阙足而不能理，㊟阙：缺损。曰：“将求他工。”余甚笑之，谓其无能而贪禄嗜货者。故作一折。㊟嗜：贪求。货：钱财。

其后，京兆尹将饰官署，余往过焉。㊟京兆尹：京师地区的行政长官。饰：修理。往：去。过：拜访。委群材，会众工。委，蓄也。○写梓人一。或执斧斤，或执刀锯，皆环立向之。㊟斧斤：指各种斧子。斤，斧头。环立：立于四周。之：指梓人。梓人左持引，右执杖，而中处焉。写梓人二。㊟中处：位置在中。量栋宇之任，视木之能，举挥其杖曰“斧！”彼执斧者奔而右；顾而指曰：“锯！”彼执锯者趋而左。

写梓人三。(补)任：相称，引申为需要。顾：回首。趋：奔跑。俄而斤者斫、刀者削，皆视其色，俟其言，莫敢自断者。写梓人四。(补)俄而：顷刻。斫：砍。俟：等待。自断：自作主张。其不胜任者，怒而退之，亦莫敢愠焉。写梓人五。(补)愠：抱怨。画宫于堵，盈尺而曲尽其制，计其毫厘而构大厦，无进退焉。写梓人六。(补)宫：指房屋的图样。堵：墙。盈尺：一尺见方。曲尽：详尽。制：指结构样式。进退：指误差。既成，书于上栋《易》："上栋下宇。"曰："某年某月某日某建"，则其姓字也。凡执用之工不在列。写梓人七。余圜视大骇，然后知其术之工大矣。圜，惊视也。○句句包含下意，摹写甚工致，"既成"数句，尤极含蓄，为下文张本。(补)圜视：向四周看。圜，环绕。工大：谓技艺精巧博大。

继而叹曰：转笔。"彼将舍其手艺，照"不居砻斫之器"。(补)将：大概。专其心智，照"所职寻引、规矩、绳墨"。而能知体要者欤？"体要"二字，是一篇之纲。(补)体要：指要领。吾闻劳心者役人，劳力者役于人，彼其劳心者欤？能者用而智者谋，彼其智者欤？又就"专其心智"句，写作二层。(补)用：出力。是足为佐天子、相天下法矣！物莫近乎此也。物，事也。○连下三"者欤"字赞美，方转入正意，如黄河之流，九折而入海，何等委曲！以下将梓人一一翻案。(补)相：治理。乎：于。彼为天下者本于人。(补)为：治理。本：指根本。其执役者，为徒隶，为乡师、里胥；(补)执役：工作人员。徒隶：刑徒奴隶。乡师：乡长。里胥：里长。其上为下士，又其上为中士、为上士；(补)士的地位次于大夫。又其上为大夫、为卿、为公。(补)指高级官员。离而为六职，判而为百役。此以王都内言。(补)离：区别。六职：指六官，隋唐后中央政权置吏户礼兵刑工六部，六部之尚书总称六官。判：区分。百役：指各种职任。外薄四海，薄，迫也。有方伯、连率。《礼·王制》："千里之外，设方伯。"又"十国以为连，连有帅"。(补)方伯：指地方长官。连率：连帅，古代十国诸侯之长。郡有守，邑有宰，皆有佐政。(补)邑：县。宰：县令。佐政：辅政僚属。其下有胥吏，又其下皆有啬夫、版尹，以就役焉，汉制，乡小者，置啬夫一人。版尹，掌户版者。○此以王都外言。(补)胥吏：掌文书的小吏。犹众工之各有执伎以食力也②。犹众工一。彼佐天子相天下者，举而加焉，(补)举：举荐。加：犹任职。指而使焉，条其纲纪而盈缩焉，(补)条：条理。纲纪：大纲要领。盈缩：伸屈，指权变。齐其法制而整顿焉，(补)齐：规范。犹梓人之有规矩、绳墨以定制也。犹梓人二。(补)定制：拟定法式。择天下之士，使称其职；居天下之人，(补)居：安置。使安其业。视都知野，(补)都：国都。视野知国，(补)野：郊野。国：指郡国。视国知天下，其远迩细大，可手据其图而究焉，〔补〕远迩：远近。据：按着。究：清楚。犹梓人画宫于堵而绩于成也。犹梓人三。〔补〕绩：功绩，作动词用。能者进而由之，〔补〕由：任用。使无所德；〔补〕德：感恩。不能者退而休之，〔补〕休：罢黜。亦莫敢愠。不衒能，〔补〕衒：炫耀。不矜名，〔补〕矜：自夸。不亲小劳，〔补〕小劳：指琐事。不侵众官，日与天下之英才讨论其大经。〔补〕侵：指侵夺职权。大经：指国家大事。犹梓人之善运众工而不伐艺也。犹梓人四。〔补〕运：用。伐艺：谓自夸技艺。夫然后相道得而万国理矣。单承一句，侧出第五段，句法变化。〔补〕相道：为相之道，即做宰相的方法。理：谓治理得好。相道既得，万国既理，天下举首而望曰：‘吾相之功也。’后之人循迹而慕曰：‘彼相之才也。’士或谈殷、周之理者，曰：伊、傅、周、召，〔补〕伊尹、傅说、周公旦、召公奭。其百执事之勤劳，而不得纪（记）焉，〔补〕百执事：百官。执事，有职守之人，即官员。纪：记载。犹梓人自名其功，而执用者不列也。犹梓人五。○以上阐相道之合梓人处，凡五段。文势层叠，措词有法。大哉相乎！通是道者，所谓相而已矣。一赞作总结，即宕起“不知体要”一段。其不知体要者反此。以恪勤为公（功），以簿书为尊，〔补〕恪勤：谨慎勤劳。公：功劳。簿书：官署中的文书簿

册，指处理公文。尊：重要。衒能矜名，亲小劳，侵众官，窃取六
xuàn néng jīn míng　qīn xiǎo láo　qīn zhòng guān　qiè qǔ liù

职百役之事，听听于府庭，而遗其大者远者
zhí bǎi yì zhī shì　yǐn yǐn yú fǔ tíng　ér yí qí dà zhě yuǎn zhě

焉，所谓不通是道者也。听听，犹断断，辨争貌。犹梓人而不知绳墨之曲直、规矩之方圆、寻引之短长，姑
shéng mò zhī qū zhí　guī jǔ zhī fāng yuán　xún yǐn zhī duǎn cháng　gū

夺众工之斧斤刀锯以佐其艺，又不能备其
duó zhòng gōng zhī fǔ jīn dāo jù yǐ zuǒ qí yì　yòu bù néng bèi qí

工，以至败绩用而无所成也。不亦谬欤？”此就上
gōng　yǐ zhì bài jì yòng ér wú suǒ chéng yě　bú yì miù yú
五“犹梓人”意，反写一段。文字已毕，下另发议。
yān　suǒ wèi bù tōng shì dào zhě yě　　　　　　　yóu zǐ rén ér bù zhī
断，辨争貌。

(补)备：齐备。绩用：犹功用。不亦：不也是。

yóu wǒ zé gù　　　　bù yóu wǒ zé pǐ　　bǐ jiāng lè qù gù ér
听任。　　　坍塌。

或曰：“彼主为室者，傥或发其私智，牵
huò yuē　bǐ zhǔ wéi shì zhě　tǎng huò fā qí sī zhì　qiān

制梓人之虑，夺其世守而道谋是用，虽不能
zhì zǐ rén zhī lǜ　duó qí shì shǒu ér dào móu shì yòng　suī bù néng

成功，岂其罪耶③？亦在任之而已。”《诗》：“如彼筑室
chéng gōng　qǐ qí zuì yé　yì zài rèn zhī ér yǐ
于道谋，是用不溃于成。”言筑室而与行道之人谋之，人人得为异论，不能有成也。〇此以主为室者，喻人君之任相当专一意。(补)傥或：假若。虑：谋划。世守：指世代遵守的准则。余曰：不然。夫绳墨诚陈，规矩诚设，(补)绳墨、规矩：都指设计的式样尺
rán　fú shéng mò chéng chén　guī jǔ chéng shè
寸。诚：确实。陈、设：谓确定。高者不可抑而下也，(补)抑：压低。狭者不可张而广也。由我则固，(补)由：听任。不由我则圮。(补)圮：坍塌。彼将乐去固而就圮也，则卷其术，默其智，悠尔而去，不屈
jiù pǐ yě　zé juǎn qí shù　mò qí zhì　yōu ěr ér qù　bù qū

吾道，是诚良梓人耳。〔补〕悠尔：犹悠然。其或嗜其货利，忍而不能舍也，丧其制量，屈而不能守也，栋桡屋坏，则曰："非我罪也。"可乎哉？可乎哉？此又从梓人上喻为相者，以合则留、不合则去，不可贬道，亦不可嗜利意。〔补〕制量：法度标准。桡：折断。

余谓梓人之道类于相，〔补〕类：类似。故书而藏之。喻意正意，总结一句。梓人，盖古之审曲面势者，今谓之都料匠云。审曲面势，出《考工记》。言审察五材曲直、方面形势之宜也。〔补〕都料匠：营造师，工匠。余所遇者，杨氏，潜其名。住法亦奇。

前细写梓人，句句暗伏相道。后细写相道，句句回抱梓人。末又补出人主任相、为相自处两意。次序摹写，意思满畅。

〔校记〕

①"太"，原作"大"，据《柳宗元集》改。
②"伎"，原作"技"，据《柳宗元集》改。
③"耶"，原作"邪"，据《柳宗元集》改。

愚溪诗序

柳宗元

灌水之阳有溪焉，东流入于潇水。灌、潇二水，在永州府城外。〔补〕

huò yuē rǎn shì cháng jū yě gù xìng shì xī wéi rǎn xī
阳：水的北面。或曰：“冉氏尝居也，故姓是溪为冉溪。”

huò yuē kě yǐ rǎn yě míng zhī yǐ qí néng
〔补〕或：有人。姓：用如动词，称呼。是溪：这条溪。或曰：“可以染也，名之以其能，

gù wèi zhī rǎn xī yú yǐ yú chù zuì zhé xiāo shuǐ
故谓之染溪。”题前先作影二层。〔补〕能：指作用。余以愚触罪，谪潇水

shàng ài shì xī rù èr sān lǐ dé qí yóu jué zhě jiā yān
上，爱是溪。入二三里，得其尤绝者家焉。宪宗

gǔ yǒu yú gōng
朝，宗元坐王叔文党，贬永州司马。○提“愚”字作主。〔补〕谪：官吏被贬职或流放。尤绝者：指风景特别好的地方。绝，独一无二。家：安家。古有愚公

gǔ jīn yú jiā
谷，齐桓公出猎，入山谷中，见一老。问曰：“是为何谷？”对曰：“为愚公之谷。”桓公曰：“何故？”对曰：“以臣名之。”○引古作陪。今予家

shì xī ér míng mò néng dìng tǔ zhī jū zhě yóu yín yín rán
是溪①，而名莫能定。土之居者犹龂龂然，龂龂，辨争貌。应

bù kě yǐ bù gēng yě gù gēng zhī wéi yú xī
上两“或曰”。〔补〕土：当地。不可以不更也，故更之为愚溪。叙出名溪之故。

yú xī zhī shàng mǎi xiǎo qiū wéi yú qiū zì
愚溪之上，买小丘，为愚丘。又就“愚”字生发。○二愚。自

yú qiū dōng běi xíng liù shí bù dé quán yān yòu mǎi jū zhī wéi yú
愚丘东北行六十步，得泉焉。又买居之，为愚

quán yú quán fán liù xué jiē chū shān xià píng dì gài shàng
泉。三愚。〔补〕焉：于此。居：拥有。愚泉凡六穴，皆出山下平地，盖上

chū yě hé liú qū qū ér nán wéi yú gōu suì fù
出也。〔补〕凡：总共。上出：向上涌出。合流屈曲而南，为愚沟。四愚。遂负

tǔ lěi shí sāi qí ài wéi yú chí yú chí zhī
土累石，塞其隘，为愚池。五愚。〔补〕负：背。累：堆积。隘：狭窄处。愚池之

dōng wéi yú táng qí nán wéi yú tíng chí zhī zhōng wéi yú dǎo
东为愚堂，六愚。其南为愚亭。七愚。池之中为愚岛，

jiā mù yì shí cuò zhì jiē shān shuǐ zhī qí zhě yǐ yú gù xián
八愚。嘉木异石错置，皆山水之奇者，以余故，咸

以愚辱焉。
yǐ yú rǔ yān

总结“愚”字一笔。○叙出八愚，亦极错落，指点如画。〔补〕错置：杂然罗列。咸：皆，都。

夫水，智者乐也。〔补〕《论语·雍也》：“知者乐水，仁者乐山。”乐：喜好。今是溪独见辱于愚，〔补〕见辱：被屈辱。何哉？盖其流甚下，〔补〕指水流行的位置很低。不可以灌溉。一。又峻急多坻石，大舟不可入也。
kě yǐ guàn gài　yòu jùn jí duō chí shí　dà zhōu bù kě rù yě

小沚曰坻。○二。〔补〕峻急：湍急。坻石：水中滩石。幽邃浅狭，蛟龙不屑，不能兴云
yōu suì qiǎn xiá　jiāo lóng bú xiè　bù néng xīng yún

雨，三。〔补〕幽邃：幽深。不屑：谓不屑居住。无以利世，而适类于余，然则虽
wú yǐ lì shì　ér shì lèi yú yú　rán zé suī

辱而愚之可也。
rǔ ér yú zhī kě yě

此段明溪之所以为愚。〔补〕适：恰好。类：像。愚之：叫它作愚。愚，用如动词。

甯武子“邦无道则愚”，智而为愚者也；
nìng wǔ zǐ　bāng wú dào zé yú　zhì ér wéi yú zhě yě

颜子“终日不违如愚”，睿而为愚者也。〔补〕睿：睿智。皆不得为真愚。今余遭有道，而违于理，悖于事，
bù dé wéi zhēn yú　jīn yú zāo yǒu dào　ér wéi yú lǐ　bèi yú shì

故凡为愚者，莫我若也。是为真愚。〔补〕遭：逢。有道：有道之世，即太平盛世。悖：违背。莫我若：“莫若我”的倒装。若，比得上。夫然，则天下莫能争是溪，余得专而名
fú rán　zé tiān xià mò néng zhēng shì xī　yú dé zhuān ér míng

焉。此段明己之所以名溪。〔补〕专：独占。

溪虽莫利于世，而善鉴万类。〔补〕鉴：映照。万类：万物。清莹秀澈，锵鸣金石，〔补〕水声锵锵如金石之声。锵：金玉之声。能使愚者喜笑眷

慕，乐而不能去也。与上“其流甚下”一段，抑扬对照。(补)眷慕：依恋。余虽不合于俗，亦颇以文墨自慰。漱涤万物，牢笼百态，而无所避之。与上违理、悖事一段，抑扬对照。(补)漱涤：洗涤。牢笼：包罗。以愚辞歌愚溪，则茫然而不违，昏然而同归，(补)不违：指不违于外物。超鸿蒙，混希夷，寂寥而莫我知也。鸿蒙，元气也，一云海上气。《老子》：“听之不闻，名曰希；视之不见，名曰夷。”○将己之愚、溪之愚，写作一团，无从分别，奇绝，妙绝。(补)超鸿蒙：犹言出世。混希夷：指与自然混同，物我不分。寂寥：寂静无声。于是作《八愚诗》，记于溪石上。仍收转“八愚”，作结。

通篇就一“愚”字，点次成文。借愚溪自写照，愚溪之风景宛然，自己之行事亦宛然。前后关合照应，异趣沓来，描写最为出色。

〔校记〕

①“予”，原作“余”，据《柳宗元集》改。

永州韦使君新堂记

柳宗元

将为穹谷、嵁岩、渊池于郊邑之中，则必辇山石，沟涧壑，陵绝险阻，疲极人力，乃可以有为也。劈空翻起。㊟穹谷：深谷。嵁岩：峭壁。渊池：深池。辇：载运。陵绝：跨越。然而求天作地生之状，咸无得焉。又翻。逸其人，因其地，全其天，昔之所难，今于是乎在。落入。○发端忽作数折，全用虚字衬成，笔法奇幻。㊟天：指天然的形状。

永州实惟九疑之麓。九疑，山名，有九溪，皆相似，故名。麓，山足也。㊟惟：为，是。其始度土者，环山为城。《书》："惟荒度土功。"○此句追原城中所以有自然泉石之故。㊟度土：度土建城。度，测量。有石焉，翳于奥草；有泉焉，伏于土涂。蛇虺之所蟠，狸鼠之所游，茂树恶木，嘉葩毒卉，乱杂而争植，号为秽墟。翳，蔽也。奥，深也。虺，蛇属。葩，花貌。卉，草之总名。○写得荒芜不堪，以起下开辟之功。㊟伏：隐藏。土涂：泥土。蟠：盘踞。狸：狸猫。恶木：贱劣的树。植：生长。秽墟：草木杂生的废墟。

韦公永州刺史。之来既逾月，理甚无事。欲写韦公之开辟新堂，先著"理甚无事"四字，妙。㊟既：已经。逾：超过。理：治理。望其地，且异之。六字，写出理甚无事人闲心妙眼。始命芟其芜，行其涂，积之丘如，蠲之浏如。既焚既酾，奇势迭出，除草曰芟。积，聚其草也。丘如，草高貌。蠲，除其秽也。浏如，水清貌。焚，烧其所积之草也。酾，疏其已清之流也。○此记始事。㊟芜：杂草。行：疏通。涂：泥。迭：接连。清浊辨质，美恶异位。非秽墟矣。视其植，㊟植：树木。则清秀敷舒；茂树嘉葩。㊟敷舒：枝叶茂盛貌。视其蓄，则溶漾纡余。蓄，水聚处。溶，安流也。漾，水摇动貌。纡，曲也。余，绕也。○有泉。〔补〕溶漾：水波荡漾貌。纡余：迂回曲折。怪石森然，〔补〕森然：耸立貌。周于四隅，〔补〕周：环绕。或列或跪，或立或仆，窍穴逶邃，堆阜突怒。逶，曲也。邃，深也。○有石。○此记毕工。〔补〕窍穴：洞穴。逶邃：曲折幽深。堆阜：小丘。突怒：高耸突出。乃作栋宇，以为观游。〔补〕栋宇：指房屋。以为：把它作为。凡其物类，无不合形辅势，〔补〕形、势：地形地势。效伎于堂庑之下。此记新堂。〔补〕效伎：献技。堂庑：指厅堂。外之连山高原，林麓之崖，间厕隐显；〔补〕连山：连绵的山岭。林麓：山林。崖：边际。间厕：夹杂。迩延野绿，远混天碧，咸会于谯门之内。谯门，城门上楼，以望敌者。新堂在郊邑中，故云谯门之内。○此记堂外。○叙荒芜处，便是个荒芜境界。叙修洁处，便是个修洁场所。可谓文中有画。〔补〕迩：近。野绿：绿野。天碧：碧天。

已乃延客入观，继以宴娱。〔补〕已：随后。延客：迎客。或赞且贺曰："见公之作，知公之志。推进一步。公之因土而得胜，岂不欲因俗以成化？〔补〕因土：谓因地制宜。因，顺着。胜：指胜景。成化：完成教化。公之择（释）恶而取美，〔补〕择：剔除。岂不欲除残而佑仁？公之蠲浊而流清，岂不欲废贪而立廉？公之居高以望远，岂不欲家抚而户晓？赞贺语，说出新堂关系政教，所见者大。夫然，〔补〕然：这样。则是堂也，宕开一笔。以作总束。岂独草木、土石、

shuǐ quán zhī shì yú
水泉之适欤？㊿适：适意。

shān yuán　　lín lù zhī guān yú　jiāng shǐ jì
山原、林麓之观欤？将使继

gōng zhī lǐ zhě
公之理者，㊿指下任刺史。

shì qí xì　zhī qí dà yě
视其细，知其大也。" 结出斯堂之不朽。

zōng yuán qǐng zhì zhū shí　　cuò zhū bì　　biān yǐ wéi èr qiān shí kǎi
宗元请志诸石，措诸壁，编以为二千石楷

fǎ
法。刺史称二千石。楷，式也。《儒行》："今世行之，后世以为楷。"
㊿志：记载。诸：之于。措：嵌置。编：列入。楷法：典范。

只要表章韦使君开辟新堂之功，先说一段名胜之难得，又说一段旧
址之荒秽，以起韦公于政理之暇新之，所以为有功。末特开一议，
见新堂煞甚关系，是记中所不可少。

gǔ mǔ tán xī xiǎo qiū jì
钴鉧潭西小丘记

liǔ zōng yuán
柳宗元

dé xī shān hòu bā rì　　xún shān kǒu xī běi dào èr bǎi bù　　yòu
得西山后八日，寻山口西北道二百步，又

dé gǔ mǔ tán　　tán xī èr shí wǔ bù　dāng tuān ér jùn zhě wéi yú
得钴鉧潭。潭西二十五步①，当湍而浚者为鱼

liáng
梁。西山，在永州城西潇江之浒。钴鉧潭，在西山之西。湍，波流濑回之貌。浚，深也。
鱼梁，堰石障水而空其中，以通鱼之往来者。㊿得：发现。寻：沿着。道：方向。

liáng
梁

zhī shàng yǒu qiū yān　　sheng zhú shù　　　qí shí zhī tū nù
之上有丘焉，点"丘"字。生竹树。含下"嘉木""美竹"。其石之突怒

yǎn jiǎn　　fù tǔ ér chū　zheng wéi qí zhuàng zhě　　dài bù kě shù
偃蹇，负土而出，争为奇状者，殆不可数。含下

qí qīn rán xiāng lěi ér xià zhě　　ruò niú mǎ zhī
"奇石"。㊿突怒：突出高起。偃蹇：错综盘踞。殆：几乎。其嵌然相累而下者，若牛马之

饮于溪；其冲然角列而上者，若熊罴之登于山。嵚，高耸也。冲，向也、突也。○单承石之奇状，描写一笔。（补）相累：重叠。冲然：突起貌。角列：如犄角般对立排列。

丘之小不能一亩，可以笼而有之。笼，包举也。○又点“小”字。（补）不能：不到。笼而有之：谓全部买下。问其主，曰：“唐氏之弃地，货而不售。”以物售与人曰货。（补）不售：卖不出。问其价，曰：“止四百。”余怜而售之。（补）止：仅。怜：爱惜。售之：使之售出。李深源、元克己时同游，皆大喜，出自意外。叙买已。即更取器用，铲刈秽草，伐去恶木，烈火而焚之。（补）更：又，接着。取：拿。器用：器具。刈：割取。秽草：杂草。恶木：不成材的杂树。烈火：引火。嘉木立，美竹露，奇石显。叙开辟。由其中以望，则山之高，云之浮，溪之流，鸟兽之遨游，举熙熙然回巧献技，以效兹丘之下。叙玩赏。（补）遨游：嬉游。举：都。熙熙：和乐貌。回巧：表现技巧。效：呈现。兹：此。枕席而卧，则清泠之状与目谋，（补）清泠之状：指清爽的景色。谋：会合。瀯瀯之声与耳谋，瀯瀯，水回貌。悠然而虚者与神谋，（补）悠然而虚者：悠闲空灵的情境。渊然而静者与心谋。叙玩赏中，生出静机。（补）渊然而静者：深邃静谧的气氛。不匝旬而得异地者二，匝，周也。十日曰旬。○此句，应起“八日”“又得”字。（补）匝：满。异地：胜地，指钴鉧潭和小丘。

suī gǔ hào shì zhī shì　　　huò wèi néng zhì yān
虽古好事之士，或未能至焉。收住。下忽从小丘发出感慨，寄意更远。

yī　yǐ zī qiū zhī shèng　　zhì zhī fēng hào　hù　dù

噫！以兹丘之胜，致之沣、镐、鄠、杜，沣、镐、鄠、杜，俱属右扶风，汉上林苑地。（补）胜：指优美景色。致：放置。

zé guì yóu zhī shì zhēng mǎi zhě　　rì zēng
则贵游之士争买者，日增

qiān jīn ér yù bù kě dé　　jīn qì shì zhōu yě　　nóng fū yú fù guò
千金而愈不可得。今弃是州也，农夫渔父过而陋之，（补）陋：鄙视。贾四百②，（补）贾：价格。连岁不能售。而我与深源、克己独喜得之，是其果有遭乎！（补）遭：时运。书于石，所以贺兹丘之遭也。感慨不尽。

shēn yuán　　kè jǐ dú xǐ dé zhī　　shì qí guǒ yǒu zāo hū　㉟遭：shū

前幅平平写来，意只寻常。而立名造语，自有别趣。至末从小丘上发出一段感慨，为兹丘致贺。贺兹丘，所以自吊也。

〔校记〕

①“潭”，原缺，据《柳宗元集》补。
②“贾”，原作“价”，据《柳宗元集》改。

xiǎo shí chéng shān jì

小石城山记

lǐu zōng yuán

柳宗元

zì xī shān dào kǒu jìng běi　　yú huáng máo lǐng ér xià　　yǒu èr

qí yī xī chū　xún zhī wú suǒ dé　阁起

自西山道口径北，逾黄茅岭而下，有二道。故写二道。（补）道口：路口。径：一直。逾：越过。其一西出，寻之无所得；阁起一道。其一少北而东，不过四十丈，土断而川分，有积石横当其垠。其上为睥睨梁欐之形。垠，崖也。睥睨，城上女垣也。梁欐，屋栋也。山以小石城名者以此。（补）少：稍。垠：边界。其旁出堡坞，有若门焉。窥之正黑。堡，小城也。坞，水障也。（补）堡坞：堡垒。投以小石，洞然有水声，其响之激越，良久乃已。此不是写水。只极写“窥之正黑”四字。（补）洞然：象声词。激越：高亢清远。已：停止。环之可上，望甚远。其旁可以窥深，其上可以望远。（补）环：环绕。无土壤而生嘉树美箭，益奇而坚，其疏数偃仰，类智者所施设也。“无土壤”三字，妙。“类智者所施设”一句，生下“有无”一段。（补）美箭：美竹。数：密。偃：倒伏。施设：布置。

噫！吾疑造物者之有无久矣。宕笔。及是，愈以为诚有。疑其有。（补）愈：更加。诚：确实。又怪其不为之于中州，而列是夷狄，更千百年不得一售其伎，是固劳而无用。（补）中州：指中原地区。夷狄：指偏远地区。更：经过。伎：技艺。固：的确。神者傥不宜如是，则其果无乎？疑其无。（补）傥：或许，似乎。或曰：“以慰夫贤而辱于此者。”或曰：“其气之灵，不为伟人，而独为是物。故楚之南，（补）永州曾地属古代楚国南部。少人而多石。”借两“或曰”，错落自说胸中愤懑，随笔蓬勃。是二者，余未信之。不说煞，妙。

借石之瑰玮，以吐胸中之气。柳州诸记，奇趣逸情，引人以深。而此篇议论，尤为崛出。

贺进士王参元失火书

柳宗元

得杨八书，㊟杨八：名敬之，排行老八，柳宗元亲戚，王参元好友。知足下遇火灾，家无余储。储，积蓄也。㊟足下：对人的敬称。仆始闻而骇，中而疑，终乃大喜，盖将吊而更以贺也。因骇、疑而将吊，因大喜而更以贺。㊟仆：自称的谦辞。盖：发语词。吊：对遭不幸者给予慰问。更：改变。道远言略，犹未能究知其状，㊟究：详尽。若果荡焉泯焉而悉无有，乃吾所以尤贺者也。再足一句。〇以上总提作柱，下文分疏。㊟荡：毁坏。泯：消失。焉：词尾。悉：全部。尤：尤其。

足下勤奉养，宁朝夕①，惟恬安无事是望也。㊟奉养：侍奉父母。恬安：平安。今乃有焚炀赫烈之虞，以震骇左右，㊟炀：焚烧。赫烈：炽烈。虞：灾害。左右：信札用以敬称对方。而脂膏滫瀡之具，或以不给，滫瀡，米滋也。《礼·内则》："滫瀡以滑之，脂膏以膏之。"谓调和饮食也。吾是以始而骇也。承写一段骇。

凡人之言，皆曰盈虚倚伏，去来之不可常。《老子》："祸兮福所倚，福兮祸所伏。"（补）盈虚：盛衰。倚伏：谓祸福相因。常：永久。或将大有为也，乃始厄困震悸，于是有水火之孽，有群小之愠，《诗》："忧心悄悄，愠于群小。"（补）厄困：窘迫。震悸：惊恐。孽：祸殃。愠：怨恨。劳苦变动，而后能光明，古之人皆然。斯道辽阔诞漫，虽圣人不能以是必信，是故中而疑也。承写一段疑。（补）道：道理。辽阔：漫无边际。诞漫：荒诞虚妄。

以足下读古人书，为文章，善小学，（补）语言文字之学。其为多能若是，而进不能出群士之上，以取显贵者，无他故焉②，无有他故。京城人多言足下家有积货，（补）货：钱财。士之好廉名者，皆畏忌，不敢道足下之善，独自得之，心蓄之，衔忍而不出诸口，以公道之难明，而世之多嫌也。好廉名者，所以不敢道。（补）诸：之于。嫌：猜疑。一出口，则嗤嗤者以为得重赂。嗤嗤，笑貌。○虽道亦必见笑于人。

仆自贞元十五年见足下之文章，蓄之者

盖六七年未尝言。是仆私一身而负公道久矣，非特负足下也。己亦避忌世嫌，有负公道。及为御史、尚书郎，自以幸为天子近臣，得奋其舌，思以发明天下之郁塞③。然时称道于行列，犹有顾视而窃笑者。即欲一明公道，究不免于嗤嗤者之窃笑。[补]发明：说明。郁塞：郁闷。时：有时。行列：指同僚。仆良恨修己之不亮，素誉之不立，而为世嫌之所加，常与孟几道言而痛之。孟简，字几道。○公道难明，古今重叹。借以抒发，不胜世变之感。[补]良：甚。素誉：平素之声誉。

乃今幸为天火之所涤荡，[补]涤荡：犹烧光。凡众之疑虑，举为灰埃。黔其庐，赭其垣，黔，黑也。赭，赤也。[补]庐：房屋。垣：墙壁。以示其无有，而足下之才能乃可显白而不污④。[补]显白：显示。不污：不被辱没。其实出矣，是祝融、回禄之相吾子也。祝融、回禄，皆火神。相，助也。○奇语，快语。[补]实：实质，指王参元的才能。则仆与几道十年之相知，不若兹火一夕之为足下誉也。奇极，快极。[补]不若：不如。兹：此。宥而彰之，人皆宽宥，而可以彰明其美。使夫蓄于心者，咸得开其喙，发策决科者，授子而不栗。喙，口也。发策决科，谓明经取士，必为问难疑义书之于策，以试诸士，定为甲乙之科。栗，惧也。㊟夫：那些。咸得：都能够。授：指授功名。虽欲如向之蓄缩受侮，其可得乎？蓄缩，谓畏忌世嫌。受侮，谓被人窃笑。㊟向：从前。于兹吾有望乎尔⑤！庶几能出群士之上，以取显贵。㊟于兹：从此。望：希望，指王参元能仕途通达。尔：你。是以终乃大喜也。承写一段喜。大喜是主，故此段独详。

古者列国有灾，同位者皆相吊。许不吊灾，君子恶之。《左传·昭公十八年》：宋、卫、陈、郑灾，陈不救火，许不吊灾，君子是以知陈、许之亡也。今吾之所陈若是，指第三段。有以异乎古，原不是灾。㊟乎：于。故将吊而更以贺也。承写一段吊且贺。颜、曾之养，其为乐也大矣，又何阙焉？想参元亲在，故前云"勤奉养，乐朝夕"。末慰之言，正照上"养"字、"乐"字。

闻失火而贺，大是奇事。然所以贺之之故，自创一段议论，自辟一番实理，绝非泛泛也。取径幽奇险仄，快语惊人，可以破涕为笑。

〔校记〕

①"宁"，原作"乐"，据《柳宗元集》改。
②"无他故焉"，原作"盖无他焉"，据《柳宗元集》改。
③"天"，原作"足"，据《柳宗元集》改。
④"可"后原有一"以"字，据《柳宗元集》删。
⑤"乎尔"，原作"于子"，据《柳宗元集》改。

待漏院记

王禹偁

天道不言，而品物亨、岁功成者，何谓也？【补】天道：天之道，指大自然。品物亨：万物滋生。亨，通达。岁功：一年之收成。四时之吏，五行之佐，宣其气矣。【补】四时：四季。五行：金木水火土。吏、佐：指天神，因其助天为治，故称。宣：宣导。圣人不言，而百姓亲、万邦宁者，何谓也？【补】圣人：指皇帝。三公论道，六卿分职，张其教矣。天道、圣人对起，立论阔大。【补】论道：谋虑治国的大道。分职：各司其职。张：宣扬。教：指教化。是知君逸于上，臣劳于下，法乎天也。三句收上二段。古之善相天下者，自咎、夔至房、魏，可数也。咎陶、后夔，舜臣。房玄龄、魏徵，唐相。【补】相：治理。是不独有其德，亦皆务于勤尔①。先提一"勤"字，引起待漏意。【补】务于勤：勤于职守。况夙兴夜寐，以事一人，卿大夫犹然，况宰相乎？侧重宰相当勤。【补】夙兴夜寐：早起晚睡。一人：指皇帝。卿大夫：指高级官员。犹然：尚且如此。

朝廷自国初因旧制，设宰臣待漏院于丹凤门之右②，丹凤门，即朱雀门。凡宰相来朝，至此待玉漏，及晨而后趋朝。○点待漏院。【补】因：沿袭。待漏院：百官晨集准备朝拜之所。漏，古代计时器。

示勤政也。紧接上“勤”字。至若北阙向曙③，东方未明，相君启行，煌煌火城；㊟至若：至于。北阙：宫殿北面的门楼，此指宫殿。向曙：拂晓。煌煌：明亮辉耀貌。火城：指早朝时宰相的火炬仪仗，犹如火城。相君至止，哕哕鸾声。㊟止：语助词。哕哕：有节奏的铃声。鸾：车铃。金门未辟，玉漏犹滴，㊟金门；指宫门。辟：开启。玉漏犹滴：计时漏壶还在滴水，谓天还未亮。彻盖下车④，于焉以息。忽作韵语，描写宰相入院之景，妙甚。㊟彻盖：撤下车篷伞盖。于焉：在此。息：休息。待漏之际，相君其有思乎？轻轻带出一“思”字，生出下文二大段文字。㊟待漏之际：指等待上朝之际。其：大概。

其或兆民未安，思所泰之；㊟泰：安宁。四夷未附，思所来之；㊟四夷：四方少数民族。附：归附。来：使归顺。兵革未息，何以弭之；㊟兵革：兵器和甲胄，指战争。弭：止息。田畴多芜，何以辟之；㊟田畴：田地。辟：开垦。贤人在野，我将进之；佞臣立朝⑤，我将斥之；㊟佞臣：奸邪谄上之臣。六气不和，六气，阴、阳、风、雨、晦、明。灾眚荐至，愿避位以禳之；㊟灾眚：灾祸。荐：接连。禳：消除灾祸。五刑未措，欺诈日生，请修德以厘之。厘，理也。㊟五刑：五种刑罚，如秦汉为墨、劓、刵、宫、大辟，隋唐至清代为笞、杖、徒、流、死。措：废置。忧心忡忡，待旦而入。九门既启，四聪甚迩。四聪，四方之听也。《虞书》：“达四聪。”言广四方之听，以决天下之壅蔽也。㊟九门：天之居处有九门，此泛指宫门。迩：近。相君言焉，时君纳焉。

huáng fēng yú shì hū qīng yí　cāng shēng yǐ zhī ér fù shù

皇风于是乎清夷，苍生以之而富庶。补皇风：朝廷的政治风气。清夷：清平。夷，平。 ruò rán　zé zǒng bǎi guān　shí wàn qián　fēi xìng yě　yí

苍生：百姓。若然，则总百官、食万钱，非幸也，宜也。此段写贤相勤政之思。先用两个“思”字，又转用两个“何以”字、“我将”字，何等可师可法。补总：统领。食：俸禄。幸：侥幸。

qí huò sī chóu wèi fù　sī suǒ zhú zhī　jiù ēn wèi bào　sī

其或私仇未复，思所逐之；旧恩未报，思所荣之；子女玉帛，何以致之；补致：获得。车马器玩[6]，何以取之；奸人附势，我将陟之；补陟：提拔。直士抗言，我将黜之；补直：正直。抗言：直言。黜：斥退。三时告灾，上有忧色，构巧词以悦之；补三时：指春夏秋农 qún lì nòng fǎ　jūn wén yuàn

构巧词以悦之；作之时。构：编造。群吏弄法，君闻怨言，进谄容以媚之。补弄法：谓玩弄法条以舞弊。sī xīn tāo tāo

言，进谄容以媚之。谄容：谄媚之容。媚：取悦。私心慆慆，慆，慢也。补慆慆：纷乱貌。假寐而坐。不脱衣冠而寐，曰假寐。九门既开，重瞳屡回。补重瞳：指帝王的眼睛。相君言焉，时君惑焉。政柄于是乎隳哉，帝位以之而危矣！补柄：权。隳：毁坏。若然，则死下

yù　tóu yuǎn fāng　fēi bú xìng yě　yì yí yě

狱、投远方，非不幸也，亦宜也。此段写奸相乱政之思，与上贤相一样大费经营，可鄙可恨。

suǒ róng zhī　zǐ nǚ yù bó　hé yǐ zhì zhī　㉜致：chē mǎ qì wán ⑥

yán　wǒ jiāng chù zhī　㉞直：正直。抗言：sān shí gào zāi　shàng yǒu yōu sè

huī zāi　dì wèi yǐ zhī ér wēi yǐ　㊸柄：权。ruò rán　zé sǐ xià

shì zhī yì guó zhī zhèng　wàn rén zhī mìng　xuán yú zǎi xiàng　kě

是知一国之政，万人之命，悬于宰相，可不慎欤？总收上二段。复有无毁无誉，旅进旅退，旅，众也。言与众进退。补

复：又。旅进旅退：犹言随大流。

**窃位而苟禄，备员而全身者，亦无所

qiè wèi ér gǒu lù　bèi yuán ér quán shēn zhě　yì wú suǒ

取焉。** 贤相不世出，奸相亦不恒有，此等庸相却多，点出尤足示戒。㊟苟禄：无功而受俸禄。备员：充数。全身：保全身家。

棘寺小吏王禹偁为文⑦， 棘寺，周官所谓外朝之左棘，卿大夫之位也。**请志
jí sì xiǎo lì wáng yǔ chēng wéi wén　　　　　　　　　　qǐng zhì

院壁，用规于执政者。** 是作记本意。㊟志：记载。规：劝诫。
yuàn bì　　yòng guī yú zhí zhèng zhě

将千古贤相、奸相心事，曲曲描出。辞气严正，可法可鉴。尤妙在先借“勤”字立说，后将“慎”字作收。盖为相者，一出于勤、慎，则所思自有善而无恶。末又说出一种苟禄全身之庸相，其害正与奸相等，尤足以为后世戒。虽名为记，极似箴体。

〔校记〕

①“尔”，原作“耳”，据《小畜集》《宋文鉴》改。
②“臣”，原作“相”，据《小畜集》改。
③“至”，原作“乃”，据《小畜集》《宋文鉴》改。
④“彻”，原作“撤”，据《小畜集》《宋文鉴》改。
⑤“臣”，原作“人”，据《小畜集》《宋文鉴》改。
⑥“器玩”，原作“玩器”，据《小畜集》《宋文鉴》改。
⑦“王禹偁”，《小畜集》作“王某”。

黄冈竹楼记

huáng gāng zhú lóu jì

王禹偁
wáng yǔ chēng

黄冈之地多竹， 黄冈，县名，今属湖广黄州府。**大者如椽。竹工
huáng gāng zhī dì duō zhú　　　　　dà zhě rú chuán　zhú gōng

破之，刳去其节，用代陶瓦，比屋皆然，以其**
pò zhī　kū qù qí jié　yòng dài táo wǎ　bǐ wū jiē rán　yǐ qí

价廉而工省也。从竹说起。㊟刳：挖。比屋：家家户户。皆然：都是这样。

子城西北隅①，㊟子城：大城所属的小城。隅：角。雉堞圮毁，蓁莽荒秽，雉堞，城上女垣也。㊟圮毁：坍塌毁坏。蓁莽荒秽：杂草丛生，脏乱不堪。因作小楼二间，与月波楼通。月波楼，在府城上，亦王禹偁建。○次说因竹作楼。㊟通：相通。远吞山光，平挹江濑，幽阒辽夐，不可具状。濑，水流沙上也。阒，寂静也。夐，远也。○写山川之景。㊟吞：容纳。挹：牵引。具：完全。状：描绘。夏宜急雨，有瀑布声；飞泉悬水曰瀑布。冬宜密雪，有碎玉声。宜鼓琴，琴调虚畅②；㊟虚畅：谓声音悠扬。虚，空灵。畅，舒畅。宜咏诗，诗韵清绝；㊟谓清丽至极。绝：极。宜围棋，子声丁丁然；宜投壶，矢声铮铮然：㊟丁丁、铮铮：象声词。皆竹楼之所助也。上二句，写天时之景。下四句，写人事之景。连下六“宜”字，又下一“助”字，正见有声韵者，与竹相应而倍佳。文致隽绝。

公退之暇，披鹤氅③，羽衣。戴华阳巾，道冠。手执《周易》一卷，焚香默坐，消遣世虑。㊟谓消解世俗杂念。江山之外，第见风帆沙鸟、烟云竹树而已。㊟第：只是。待其酒力醒，茶烟歇，送夕阳，迎素月，亦谪居之胜概也。时禹偁谪贬黄州郡。○上写竹楼之景，令读者心开目朗。此写登楼之胜，则遥情独往，翩翩欲仙矣。㊟歇：消失。素月：明月。谪居：官吏被贬官降职到外地居住。胜概：胜事，美好的境界。概：状况。

彼齐云、落星，高则高矣！齐云，楼名，五代韩浦建。落星，亦楼名。井幹、丽谯，华则华矣！汉武帝立井幹楼，高二十丈。丽谯楼，曹操建。止于贮妓女，藏歌舞，非骚人之事，吾所不取。骚，忧也。屈原作《离骚》，言遭忧也。今谓诗人为骚人。○又借四楼反照竹楼，以我幽冷，傲彼繁华。襟怀何等洒落！

吾闻竹工云："竹之为瓦，仅十稔，若重覆之，得二十稔。"谷熟曰稔。古人谓一年为一稔，取谷一熟也。○应前竹工一段，起下"明年何处"之意。噫！吾以至道宋太宗年号。乙未岁，自翰林出滁上；贬滁州。丙申，移广陵；迁扬州。丁酉，又入西掖。中书省曰西掖。戊戌岁除日，有齐安之命。黄州郡名齐安。㊟除日：除夕。己亥闰三月，到郡。四年之间，奔走不暇；未知明年又在何处！岂惧竹楼之易朽乎？细叙数年履历，如闲云野鹤，去留无定。读之可为怆然。幸后之人与我同志④，㊟幸：希望，希冀。同志：志趣相同。嗣而葺之，庶斯楼之不朽也。以修葺望之后人，极系恋，又极旷达。㊟嗣：继续。葺：修理。庶：或许。斯：此。

冷淡萧疏，无意于安排措置，而自得之于景象之外。可以上追柳州

得意诸记。起结摇曳生情，更觉蕴藉。

〔校记〕

①“子”，原作“予”，据《小畜集》改。
②“虚”，原作“和”，据《小畜集》改。
③“披鹤氅”，原作“被鹤氅衣”，据《小畜集》改。
④“幸”，原缺，据《小畜集》补。

shū luò yáng míng yuán jì hòu

书洛阳名园记后

lǐ gé fēi

李格非

luò yáng chǔ tiān xià zhī zhōng xié xiáo miǎn zhī zǔ
洛阳处天下之中，挟殽渑之阻①，[补]挟：依恃。殽渑：殽山和渑池。阻：险要之地，险阻。

dāng qín lǒng zhī jīn hóu ér zhào wèi zhī
当秦陇之襟喉，[补]当：正处于。襟喉：衣襟和咽喉，比喻要害之地。而赵魏之

zǒu jí gài sì fāng bì zhēng zhī dì yě tiān xià cháng wú
走集，[补]走集：交通要冲。盖四方必争之地也。点洛阳。天下常无

shì zé yǐ yǒu shì zé luò yáng xiān shòu bīng yú gù cháng
事则已②，有事则洛阳先受兵③。[补]兵：战争。予故尝

yuē luò yáng zhī shèngshuāi zhě tiān xià zhì luàn zhī hòu yě
曰：“洛阳之盛衰者④，天下治乱之候也。”盛衰不过洛阳，而治乱关于天下。[补]候：征兆。

fāng táng zhēn guān kāi yuán zhī jiān gōng qīng guì qī kāi
方唐贞观、太宗年号。开元明皇年号。之间⑤，公卿贵戚开

guǎn liè dì yú dōng dū zhě hào qiān yǒu yú dǐ jí
馆列第于东都者，号千有余邸。点名园。[补]列第：指建造府第。邸：府第。及

qí luàn lí jì yǐ wǔ jì zhī kù qí chí táng zhú shù bīng chē
其乱离，继以五季（五代。）之酷，其池塘竹树，兵车

róu jiàn fèi ér wéi qiū xū gāo tíng dà xiè yān
蹂践⑥，废而为丘墟；（补乱离：遭乱流离。酷：指战乱。蹂践：践踏。）高亭大榭，烟

huǒ fén liáo huà ér wéi huī jìn yǔ táng gòng miè
火焚燎，化而为灰烬，（补榭：建在高台上的木屋，多为游观之所。焚燎：焚烧。）与唐共灭

ér jù wáng zhě wú yú chù yǐ yú gù cháng yuē yuán pǔ
而俱亡者⑦，（补俱：一起。）无余处矣。予故尝曰：“园圃

zhī fèi xīng luò yáng shèngshuāi zhī hòu yě
之废兴⑧，洛阳盛衰之候也。”（兴废不过园圃，而盛衰关于洛阳。补园圃：指园林。）

qiě tiān xià zhī zhì luàn hòu yú luò yáng zhī shèngshuāi ér zhī
且天下之治乱，候于洛阳之盛衰而知；（补候：观察。）

luò yáng zhī shèngshuāi hòu yú yuán pǔ zhī fèi xīng ér dé
洛阳之盛衰，候于园圃之废兴而得⑨。（将“候”字倒用，甚生活。）

zé míng yuán jì zhī zuò yú qǐ tú rán zāi
则《名园记》之作，予岂徒然哉？（将上二段一总，写出作记意。）

wū hū gōng qīng dà fū fāng jìn yú cháo fàng hū
呜呼！公卿大夫方进于朝，（补正当进用于朝廷。进：进用，出仕。）放乎

yǐ yì jǐ zhī sī zì wéi ér wàng tiān xià zhī zhì
以一己之私自为⑩，（补放：放纵。自为：随心所欲，为所欲为。）而忘天下之治

hū yù tuì xiǎng cǐ lè dé hū táng
忽，欲退享此乐⑪，得乎？（补治忽：治理与忽怠；一说，治忽即治乱。退：告老退休。得：能够。）唐

zhī mò lù shì yǐ
之末路是已。（感叹歔欷以收之。补末路：下场。）

名园特游观之末耳。今张大其事，恢广其意，其兴废可以占盛衰，可以占治乱。至小之物，关系至大。有学有识，方有此文。

〔校记〕

①“渑”，原作“黾”，据《洛阳名园记》改。
②“常”，原作“当”，据《洛阳名园记》改。
③“阳”后原有一“必”字，据《洛阳名园记》删。

④⑦“者”，原缺，据《洛阳名园记》补。
⑤“方”，原缺，据《洛阳名园记》补。
⑥“践”，原作“蹴”，据《洛阳名园记》改。
⑧⑨“园圃之废兴”，原作“园囿之兴废”，据《洛阳名园记》改。
⑩“以一己之私自为”，原作“一己之私自为之”，据《洛阳名园记》改。
⑪“乐”，原缺，据《洛阳名园记》补。

yán xiān shēng cí táng jì

严先生祠堂记

fàn zhòng yān

范仲淹

xiān shēng hàn guāng wǔ zhī gù rén yě xiāngshàng
先生，汉光武之故人也①， 先生、光武并点出。㊉先生：指严光。**相尚**

yǐ dào jí dì wò chì fú
以道。 总赞一句，就平日言。㊉相尚：相互推崇。**及帝握《赤符》，** 光武至鄗，儒生强华奉《赤伏符》奏上，遂即帝位。

chéng liù lóng dé shèng rén zhī shí chén
乘六龙， 《易》曰：“时乘六龙以御天。”㊉乘六龙：指即天子之位。**得圣人之时，** ㊉圣人：指天子。**臣**

qiè yì zhào tiān xià shú jiā yān wéi xiān shēng yǐ
妾亿兆， ㊉统治众庶万民。臣妾：用如动词。**天下孰加焉？** ㊉加：超过。**惟先生以**

jié gāo zhī jì ér dòng xīng xiàng
节高之。 从光武侧到先生。**既而动星象，** 帝与光共卧，光以足加帝腹，明日太史奏客星犯帝座甚急。帝笑曰：“朕与故人严子陵共卧耳。”

guī jiāng hú dé shèng rén zhī qīng
归江湖， 帝除光为谏议大夫，不屈。去耕钓于富春山中。**得圣人之清，** ㊉谓严光是情操自守的圣人。

ní tú xuān miǎn tiān xià shú jiā yān wéi
泥涂轩冕， ㊉泥涂：轻贱。轩冕：官员的车乘和冕服，此指官位爵禄。**天下孰加焉？惟**

guāng wǔ yǐ lǐ xià zhī
光武以礼下之。 从先生打转光武。○“以节高之”“以礼下之”，正见先生与光武，始终相尚以道处。㊉下：谦让。

zài gǔ zhī shàng jiǔ zhòng fāng yǒu wéi ér dú bú shì
在《蛊》之上九，众方有为，而独“不事

王侯，高尚其事”，《易·蛊卦》上九爻曰：“不事王侯，高尚其事。”蛊，坏极而有事也。处蛊之世，众皆有为，而上九独在事外，惟高尚其事而已。先生以之。引经证先生。㊉以：象，类似。在《屯》之初九，阳德方亨，而能“以贵下贱，大得民也”，《易·屯卦》初九《象》曰：“以贵下贱，大得民也。”屯，难也。屯难之初，德足亨屯，而乃能以贵下贱，民心无不归之也。㊉亨：通达。光武以之。引经证光武。盖先生之心，出乎日月之上；高。光武之器②，㊉器：器量。包乎天地之外。大。微先生不能成光武之大，微光武岂能遂先生之高哉？互言之以终相尚之意。㊉微：无。遂：成就。而使贪夫廉，懦夫立，是有大功于名教也③。只用“而使”二字过文，独归到先生，见当立祠意，妙。㊉立：自立。名教：指正名定分的教化。

仲淹来守是邦，㊉守是邦：指任睦州知州。睦州辖桐庐、建德、淳安等县，徽宗宣和三年改名严州。始构堂而奠焉。祠堂在严州桐庐县。㊉奠：祭祀。乃复其为后者四家④，以奉祠事。复者，免其赋役也。㊉后：指后代子孙。又从而歌曰：云山苍苍，江水泱泱，㊉泱泱：水深广的样子。先生之风，山高水长。风，犹《孟子》“故闻伯夷之风者”之“风”。正与上“贪夫廉，懦夫立”六字相关应。山高水长，言与山水并垂千古。○以歌结，有余韵。

题严先生，却将光武两两相形，竟作一篇对偶文字。至末乃归到先生，最有体格。且以歌作结，能使通篇生动，不失之板。妙甚。

〔校记〕

①“汉”，原缺，据《范仲淹全集》补。
②“器”，原作“量”，据《范仲淹全集》改。
③“有大”，原作“大有”，据《范仲淹全集》改。
④“其为”，原作“为其”，据《范仲淹全集》改。

yuè yáng lóu jì
岳阳楼记

fàn zhòng yān
范仲淹

qìng lì　sì nián chūn，téng zǐ jīng　zhé shǒu bā líng jùn
庆历仁宗年号。四年春，滕子京名宗谅。谪守巴陵郡。巴陵，即岳州。宋曰岳阳。[补]谪：因罪而被降官职或被流放。守：做州郡的长官。

yuè míng nián　zhèng tōng rén hé
越明年，[补]到了第二年。越：到。政通人和，

bǎi fèi jù xīng　nǎi chóng xiū yuè yáng
百废具[俱]兴，提句，最不可少。[补]通：通达。百废：所有废弛的政事。具：全，皆。兴：兴办。乃重修岳阳

lóu，zēng qí jiù zhì　kè táng xián jīn rén shī fù yú qí
楼，增其旧制，[补]增：扩大。旧制：旧有的规模。刻唐贤今人诗赋于其

shàng，zhǔ yú zuò wén yǐ jì zhī
上，属[嘱]予作文以记之。述作记之由。[补]属：嘱托。

yú guān fú bā líng shèngzhuàng，zài dòng tíng yì hú
予观夫巴陵胜状，在洞庭一湖。洞庭湖，在府城西南。○先总点一句。[补]夫：那。胜状：美景。

xián yuǎn shān，tūn cháng jiāng，hào hào shāngshāng，héng wú jì
衔远山，吞长江，浩浩汤汤，横无际

yá
涯，[补]衔：含。远山：指洞庭湖中的君山。吞：吸纳。浩浩汤汤：水势壮阔貌。横：宽广。际涯：边际。

zhāo huī xī yīn
朝晖夕阴，[补]晖：阳光。夕阴：傍晚阴晦的景象。

qì xiàng wàn qiān　cǐ zé yuè yáng lóu zhī dà
气象万千，四字，包许多景致。[补]气象：景色，景象。万千：千变万化。此则岳阳楼之大

guān yě qián rén zhī shù bèi yǐ rán zé
观也，前人之述备矣。述，指上诗赋言。○只用虚笔，轻轻提过。(补)大观：壮丽景观。备：详尽。然则

běi tōng wū xiá nán jí xiāo xiāng
北通巫峡，南极潇湘，巫峡，山名，在四川夔州。潇、湘，二水名，在九江之间。(补)然则：连词，如此……那么。极：至。

qiān kè sāo rén duō huì yú cǐ lǎn wù zhī qíng dé
迁客骚人，多会于此，迁客，迁谪之客也。骚人，即诗人。览物之情，得

wú yì hū
无异乎？“览物之情”一句，起下二段文字。(补)得无：恐怕会，表示推测。

ruò fú yín yǔ fēi fēi lián yuè bù kāi
若夫淫雨霏霏，连月不开，(补)若夫：至于。淫雨霏霏：久雨不停。淫雨，久雨。霏霏，雨雪盛貌。开：指天气放晴。

yīn fēng nù háo zhuó làng pái kōng rì xīng yǐn
阴风怒号，浊浪排空，(补)阴风：冷风。排空：冲向高空翻腾。日星隐

yào shān yuè qián xíng shāng lǚ bù xíng qiáng qīng jí cuī
曜，(补)曜：光芒。山岳潜形，(补)潜：隐没。商旅不行，(补)行：通行。樯倾楫摧，(补)樯：桅杆。楫：船桨。摧：折断。

bó mù míng míng hǔ xiào yuán tí dēng sī lóu
薄暮冥冥，虎啸猿啼。(补)薄暮：傍晚。冥冥：昏暗貌。登斯楼

yě zé yǒu qù guó huái xiāng yōu chán wèi jī mǎn
也，则有去国怀乡，(补)去：离开。国：国都。乡：家乡。忧谗畏讥，(补)谗：毁谤。满

mù xiāo rán gǎn jí ér bēi zhě yǐ
目萧然，感极而悲者矣。一段写迁客、骚人之悲，是览物之情而忧者。(补)萧然：萧条凄凉貌。

zhì ruò chūn hé jǐng míng bō lán bù jīng
至若春和景明，波澜不惊，(补)春和：春日和暖。景明：天气晴朗。景，日光。波澜不惊：波平浪静。

shàng xià tiān guāng yì bì wàn qǐng shā ōu xiáng
上下天光，一碧万顷，(补)谓天色湖光相接，一片青绿，广阔无际。沙鸥翔

jí jǐn lín yóu yǒng àn zhǐ tīng lán yù yù qīng qīng
集，锦鳞游泳，(补)翔集：或飞或停。锦鳞：美丽的鱼。岸芷汀兰，郁郁青青。(补)芷：香草。汀：小沙洲。兰：指兰草。郁郁青青：香气浓郁，草木茂盛。

ér huò cháng yān yì kōng hào yuè qiān lǐ
而或长烟一空，皓月千里，(补)而或：有时。长烟：指云雾。一空：一扫而空。一，全部。

fú guāng yuè jīn jìng yǐng chén bì
浮光跃金①，静影沉璧，(补)浮光：月光浮动在水波上。跃

金：金光闪跃。静影：指月影倒映。沉璧：沉入水中的玉璧。璧，圆形玉器。渔歌互答，此乐何极！(补)渔歌：渔人唱的民歌小调。何极：没有穷尽。登斯楼也，则有心旷神怡，(补)怡：愉悦。宠辱偕忘②，(补)宠辱：荣耀和屈辱。偕：一起。把酒临风，其喜洋洋者矣。一段写迁客、骚人之喜，是览物之情而乐者。(补)把酒临风：端着酒，迎着风。把，执。洋洋：喜乐貌。

嗟夫！予尝求古仁人之心，或异二者之为，何哉？上写悲、喜二段，只是欲起“古仁人”一段正意。(补)尝：曾经。求：探求。或：或许。异：不同于。二者之为：指对上述感物而悲与览物而喜的反应。不以物喜，不以己悲，(补)物：外部环境。己：指自身处境。居庙堂之高进。则忧其民，处江湖之远退。则忧其君。(补)居庙堂：指在朝为官。处江湖：指被贬谪做闲官或退居在野。是进亦忧，(补)进：进用。退亦忧。(补)退：退隐。然则何时而乐耶？从悲、喜引出忧、乐，明古之仁人忧多乐少。与人情之随感而忧乐顿殊者不同。其必曰“先天下之忧而忧，后天下之乐而乐”乎③！先生少有大志，尝自诵曰：“士当先天下之忧而忧，后天下之乐而乐。”此其志也，今于此发之。○忧乐俱在天下，正见其不以物喜、不以己悲意。(补)言忧在天下人之先，乐在天下人之后。噫！微斯人，吾谁与归？斯人，指古仁人。结句一往情深。(补)微：如果没有。谁与归：同“与谁归”，“谁”作介宾，前置。归：趋向，同道。时六年九月十五日④。(补)言写于庆历六年九月十五日。

岳阳楼大观，已被前人写尽。先生更不赘述，止将登楼者览物之情写出。悲、喜二意，只是翻出后文忧、乐一段正论。以圣贤忧国忧

民心地，发而为文章，非先生其孰能之！

〔校记〕

①“跃”，原作“耀”，据《范仲淹全集》改。
②“偕”，原作“皆”，据《范仲淹全集》改。
③“乎”，原作“欤”，据《范仲淹全集》改。
④“时六年九月十五日”，原缺，据《范仲淹全集》补。

jiàn yuàn tí míng jì

谏院题名记

sī mǎ guāng
司马光

gǔ zhě jiàn wú guān zì gōng qīng dà fū zhì yú gōng shāng wú
古者谏无官，自公卿大夫至于工商，无

bù dé jiàn zhě hàn xīng yǐ lái shǐ zhì guān fú
不得谏者。突然而起，高题一层。[补]工商：指百工商贾。汉兴以来，始置官。夫

yǐ tiān xià zhī zhèng sì hǎi zhī zhòng dé shī lì bìng cuì yú yī guān
以天下之政，四海之众，得失利病，萃于一官

shǐ yán zhī qí wéi rèn yì zhòng yǐ jū shì guān
使言之，其为任亦重矣。非古之无不得谏者，此谏官何等关系。[补]萃：集中。居是官

zhě dāng zhì qí dà shě qí xì xiān qí jí hòu qí huǎn
者，当志其大①，[补]志：记住。舍其细，先其急，后其缓，

zhuān lì guó jiā ér bú wèi shēn móu bǐ jí jí yú míng zhě yóu jí
专利国家而不为身谋。彼汲汲于名者，犹汲

jí yú lì yě qí jiān xiāng qù hé yuǎn zāi
汲于利也，其间相去何远哉？谏官本无利，然最易犯名。必须名利并戒，方是不为身谋。二语极精细。[补]汲汲：急切追求。犹：如同。间：差别，距离。

tiān xǐ chū zhēn zōng zhào zhì jiàn guān liù yuán zé qí zhí
天禧真宗年号。初，真宗诏置谏官六员，责其职

事。先记谏院。㊉责：规定。职事：职责。庆历仁宗年号。中，钱君始书其名于版。次记题名。㊉版：木板。光恐久而漫灭，嘉祐仁宗年号。八年，刻著于石。次记易版为石。㊉漫灭：磨灭，模糊难辨。后之人将历指其名而议之曰：某也忠，某也诈，某也直，某也回②。呜呼，可不惧哉！结出题名之意，言下凛然。㊉历：依次。回：邪，邪僻。可不：难道不。

文仅百余字，而曲折万状，包括无遗。尤妙在末后一结。后世以题名为荣，此独以题名为惧。立论不磨，文之有关世道者。

〔校记〕

①“当”，原作“常”，据《司马光集》《宋文鉴》改。
②“回”，原作“曲”，据《司马光集》《宋文鉴》改。

义田记

钱公辅

范文正公，名仲淹，字希文。苏人也。平生好施与，择其亲而贫、疏而贤者，咸施之。三句，是一篇之总。

方贵显时，置负郭常稔之田千亩，号曰义田，以养济群族之人。点“义田”。㊉负郭：靠近城郭，即近郊。常稔：收成好。稔，庄稼成熟。日有食，岁有衣，嫁娶婚葬皆有赡①。〔补〕赡：周济。择族之长而贤者主其计，而时其出纳焉②。此中大有经济。〔补〕计：指会计。时其出纳：按时支出。出纳，支出。日食，人一升；岁衣，人一缣。〔补〕缣：细绢。嫁女者五十千，再嫁者三十千；〔补〕千：一千枚。古代用绳索将钱币贯穿成串，千枚钱为一贯，亦称一吊。娶妇者三十千，再娶者十五千。葬者如再嫁之数，幼者十千③。族之聚者九十口，岁入给稻八百斛，以其所入，给其所聚，沛然有余而无穷。此叙分给之法。〔补〕给稻：指义田的收成。斛：量词，一斛为十斗。所聚：指聚居的族人。沛然：充足貌。仕而家居俟代者与焉④，仕而居官者罢其给⑤。又加一语，分给之法始备。〔补〕仕而家居：曾做官而离职居家。俟代：等待补缺。仕而居官：当官在职。此其大较也。一句顿住。〔补〕大较：大略，大致。

初，公之未贵显也，有志于是矣⑥，而力未逮者三十年⑦。言公早有此志。〔补〕是：指“养济群族之人”。未逮：不及。既而为西帅，及参大政，于是始有禄赐之入，而终其志。庆历二年，公出为陕西路安抚经略招讨使。三年，入为参知政事。○言公得遂其志。〔补〕赐：赏赐。终：完成。公既殁，后世子孙修其业，承其志，如公之存也。其子纯祐、纯仁、纯礼、纯粹，皆贤。祐、仁，尤行仁义。○言子孙

gōng jì wèi chōng lù hòu ér pín zhōng qí shēn mò zhī rì
能继公之志。(补)修：实行。公既位充禄厚[8]，而贫终其身。殁之日，

shēn wú yǐ wéi liàn zǐ wú yǐ wéi sāng wéi yǐ
身无以为敛殓，子无以为丧。(补)敛：入殓，此指无入殓的寿衣。丧：指办丧事。惟以

shī pín huó zú zhī yì yí qí zǐ ér yǐ
施贫活族之义，遗其子而已。收完前文。下一段引古，一段叹今，总是借客形主之法。

xī yàn píng zhòng bì chē léi mǎ huán zǐ yuē shì
昔晏平仲敝车羸马，(补)破车瘦马。敝：破旧。羸：瘦弱。桓子曰："是

yǐn jūn zhī cì yě yàn zǐ yuē zì chén zhī guì fù zhī zú
隐君之赐也。"晏子曰："自臣之贵，父之族，

wú bù chéng chē zhě mǔ zhī zú wú bù zú yú yī shí qī zhī
无不乘车者；母之族，无不足于衣食[9]；妻之

zú wú dòng něi zhě qí guó zhī shì dài chén ér jǔ
族，无冻馁者；(补)冻馁：谓饥寒交迫。馁，饥饿。齐国之士，待臣而举

huǒ zhě sān bǎi yú rén yǐ cǐ wéi yǐn jūn zhī cì hū zhāng
火者三百余人。(补)举火：指生活。以此为隐君之赐乎[10]？彰

jūn zhī cì hū yú shì qí hóu yǐ yàn zǐ zhī shāng ér
君之赐乎？"(补)彰：彰显。于是齐侯以晏子之觞，(补)觞：酒器。而

shāng huán zǐ yú cháng ài yàn zǐ hào rén qí hóu zhī
觞桓子。罚以酒。○引古。(补)觞：用如动词。予尝爱晏子好仁，齐侯知

xián ér huán zǐ fú yì yě yòu ài yàn zǐ zhī
贤，而桓子服义也；受觞不辞，是服义。○并美三人。(补)爱：仰慕。知：赏识。又爱晏子之

rén yǒu děng jí ér yán yǒu cì yě xiān fù zú cì mǔ zú cì
仁有等级，而言有次也[11]。先父族，次母族，次

qī zú ér hòu jí qí shū yuǎn zhī xián mèng zǐ yuē qīn qīn ér
妻族，而后及其疏远之贤。孟子曰："亲亲而

rén mín rén mín ér ài wù yàn zǐ wéi jìn
仁民，仁民而爱物。"(补)亲亲：爱其亲人，前字为动词，后字为名词。仁：仁爱。晏子为近

zhī guān wén zhèng zhī yì xián yú shēn hòu qí guī mó yuǎn
之。专美晏子。观文正之义[12]，贤于身后[13]，其规摹远

举⑭，又疑过之。结到文正公。㊟贤：尊崇。规摹：指制度和办法。疑：好像。

呜呼！世之都三公位，享万钟禄，㊟都：居，处于。万钟禄：指优厚的俸禄。钟，古容量单位。其邸第之雄、车舆之饰、声色之多、妻孥之富，止乎一己⑮；㊟邸第：府第。妻孥：妻子和儿女。富：多。而族之人不得其门而入者岂少哉⑯？况于施贤乎！其下为卿、大夫⑰，为士，廪稍之充、饩廪曰稍。㊟廪稍：指官府发给的俸禄。奉养之厚，止乎一己⑱；族之人瓢囊为沟中瘠胔者岂少哉⑲？㊟瓢囊：瓢勺与食袋，指行乞用具。瘠：肉未烂尽的骨殖，泛指尸体。况于他人乎？叹今。是皆公之罪人也。骂世人之不义，正以赞公之义。

公之忠义满朝廷，事业满边隅，㊟边隅：犹边境。功名满天下，后必有史官书之者⑳，予可略也㉑。他人作记，必以此于起手处张大之，今只于结尾略带，高绝。独高其义，因以遗于世云㉒。

常见世之贵显者，徒自肥而已，视亲族不异路人。如公之义，不独难以望之晚近，即求之千古以上，亦不可多得。作是记者，非特以之高公之义，亦以望后世之相感而效公也。

〔校记〕

①“婚”，原作“凶”，据《宋文鉴》改。
②“其”，原作“共”，据《宋文鉴》改。

③“幼”前原有一“葬”字，据《宋文鉴》删。
④“仕”，原作“屏”，据《宋文鉴》改。
⑤“其”，原作“莫”，据《宋文鉴》改。
⑥“有”前原有一“尝”字，据《宋文鉴》删。
⑦“三”，原作“二”，据《宋文鉴》改。
⑧“既”，原作“虽”，据《宋文鉴》改。
⑨“食”后原有一“者”字，据《宋文鉴》删。
⑩“以此”，原作“如此而”，据《宋文鉴》改。
⑪“次”后原有一“第”字，据《宋文鉴》删。
⑫“观文正之义”，原作“今观文正公之义田”，据《宋文鉴》改。
⑬“身后”，原作“平仲”，据《宋文鉴》改。
⑭“摹”，原作“模”，据《宋文鉴》改。
⑮“已”后原有“而已”二字，据《宋文鉴》删。
⑯“而入”，原缺，据《宋文鉴》补；“少”后原有一“也”字，亦据删。
⑰“大夫”前原有一“为”字，据《宋文鉴》删。
⑱“已”后原有“而已而”三字，据《宋文鉴》删。
⑲“瓢囊”，原作“操壶瓢”，据《宋文鉴》改；“者”后原有一“又”字，亦据删。
⑳“后”后原有一“世”字，据《宋文鉴》删。
㉑“略”，原作“无录”，据《宋文鉴》改。
㉒“于”，原作“其”，据《宋文鉴》改。

袁州州学记（yuán zhōu zhōu xué jì）

李觏（lǐ gòu）

皇帝（huáng dì）仁宗。二十有三年（èr shí yòu sān nián），制诏州县立学（zhì zhào zhōu xiàn lì xué）。㊟制诏：皇帝的命令。立学：兴建学校。惟时守令（wéi shí shǒu lìng），有哲有愚（yǒu zhé yǒu yú）。㊟守令：州太守和县令。有屈力殚虑（yǒu jué lì dān lǜ），祗顺德意（zhī shùn dé yì）；屈，尽也。祗，敬也。○此等或亦间有。㊟殚虑：竭尽思虑。德意：布施恩德的心意。有假官借师（yǒu jiǎ guān jiè shī），苟具文书（gǒu jù wén shū）。官，以治民言。师，以教士言。假借云者，谓徒有官、师之名，而无其实，惟苟且具奉诏文书，以上闻而已。○此等比比皆是。

^{huò lián shù chéng　wú　sòng xiá shēng} ^{chàng ér bú hè} ^{jiào nì bù xíng}
或连数城，亡无诵弦声。倡而不和，教尼不行。

尼，沮也。○一段先叙祖君未来以前。㊟诵弦：诵读诗歌，指读书。倡：倡导。和：响应。教：教化。尼：阻止。

^{sān shí yòu èr nián} ^{fàn yáng zǔ jūn wú zé} ^{zhī yuán zhōu}

三十有二年，范阳祖君无泽，知袁州。㊟知：主政。始至，进诸生，知学宫阙状，阙，废坏也。大惧人材放

^{yì} ^{rú xiào kuò shū} ^{wú} ^{yǐ chèn shàng zhǐ}
失佚，儒效阔疏，亡无以称上旨①。写得阔大。㊟放失：流失。阔疏：削弱。称：符合。

^{tōng pàn yǐng chuān chén jūn shēn} ^{wén ér shì zhī} ^{yì yǐ kè hé}
通判颍川陈君侁，闻而是之，议以克合。先书祖君，次书陈君。㊟是之：以之为是。克：能够。合：相同，一致。相旧夫子庙，㊟相：察看。狭隘不足改为，提过。

^{nǎi yíng zhì zhī zhī dōng běi yú}
乃营治之东北隅②。㊟营：建造。治：治所，指州衙。隅：角，边侧。厥土燥刚，厥

^{wèi miàn yáng} ^{jué cái kǒng liáng}
位面阳，厥材孔良。记地之吉，与材之美。㊟厥：其。面阳：朝南。孔：甚，很。瓦甓黝垩丹漆③，举以法。黝，微青黑色。垩，白土也。○记制作黝之佳。㊟甓：砖。黝垩丹漆：泛指涂饰墙壁门窗的材料。举以法：办理的合乎法度。

^{gù diàn táng shì fáng wǔ mén} ^{gè dé qí dù}
故殿堂室房庑门，各得其度④。㊟庑：堂下周围的走廊、廊屋。度：规格，尺度。百

^{ěr qì bèi} ^{bìng shǒu xié zuò}
尔器备，并手偕作。记学中次第兴理。㊟百尔：所有的。偕作：共同行动。工善吏勤，晨

^{yè zhǎn lì} ^{yuè míng nián chéng}
夜展力，越明年成。记用力勤而成工速。○详记立学毕。㊟展力：效力。

舍释菜且有日，释，陈设也。菜，蘋蘩之属。立学之初，释菜以告先圣先师也。㊟且：将近。有日：不久。盱江李觏谂于众曰：谂，告也。惟四代之学，考诸经可见

已。作学记，自当从虞、夏、商、周说起。今只以一句道破，高绝。秦以山西鏖六国，尽死杀人曰鏖。[补]以：凭借。山西：指殽山以西。鏖：激战。欲帝万世，刘氏汉高。一呼而关门不守，武夫健将卖降恐后，何邪⑤？《诗》《书》之道废，人唯见利而不闻义焉耳⑥。引古废学之祸。孝武汉武。乘丰富，世祖光武。出戎行，皆孳孳学术，[补]孳孳：勤勉不懈的样子。俗化之厚，延于灵、献。灵帝、献帝。[补]俗化：习俗教化。草茅危言者，折首而不悔；谓窦武、陈蕃、李膺、杜密、郭泰、范滂、张俭、王章等。[补]草茅：在野未仕之人，平民。危言：直言。折首：断头。功烈震主者，闻命而释兵。群雄相视，不敢去臣位，尚数十年，谓曹操等。[补]去：弃。教道之结人心如此。引古兴学之效。今代遭圣神，尔袁得贤君⑦，俾尔由庠序践古人之迹。谓建学。[补]遭：逢。俾：使。尔：你们。庠序：学校。践：追踪。天下治，则禅礼乐以陶吾民⑧；教之于无事之先。[补]禅：传授。陶：陶冶，造就。一有不幸，尤当伏大节⑨，为臣死忠，为子死孝。[补]伏：保持，坚守。大节：临难不苟的节操。使人有所法⑩，且有所赖⑪，报之于有事之日。是惟朝家教学之意。应前“称上意旨”句作收。[补]朝家：朝廷。若其弄笔墨以徼(邀)利达而已，岂徒二三子

zhǐ xiū　　yì wéi guó zhě zhī yōu

之羞，抑为国者之忧⑫。又反收一笔，为之慨然。㊉徽：求取。利达：显达。岂徒：何止。二三子：诸君。抑：而且。

作学记，如填入先王教化话头，便落俗套。是作开口讲四代之学，轻轻点过。只举秦、汉衰亡故事，学校之有关于国家，立论最为警切。至末“不幸”一转，不顾忌讳，尤见胆识。读竟，令人忠孝之心，油然而生。真关系世教之文。

〔校记〕

①“上”后原有一“意”字，据《李觏集》删。
②“北隅”，原缺，据《李觏集》补。
③“瓦甓”，原作“殿堂门庑”，据《李觏集》改。
④“殿堂室房庑门各得其度”，原作“生师有舍庖廪有次”，据《李觏集》改。
⑤“邪”，原作“耶”，据《李觏集》改。
⑥“唯”，原作“惟”，据《李觏集》改。
⑦“贤”，原作“圣”，据《李觏集》改。
⑧“禅”，原作“谭”，据《李觏集》改。
⑨“伏”，原作“仗”，据《李觏集》改。
⑩“法”，原作“赖”，据《李觏集》改。
⑪“赖”，原作“法”，据《李觏集》改。
⑫“抑”后原有一“亦”字，据《李觏集》删。

péng dǎng lùn

朋党论

ōu yáng xiū

欧阳修

chén wén péng dǎng zhī shuō　　zì gǔ yǒu zhī　　wéi xìng rén jūn biàn qí

臣闻朋党之说，自古有之，惟幸人君辨其

jūn zǐ xiǎo rén ér yǐ

君子小人而已。归重人君，一篇主意。㊉朋党：指因相同政见或利益而形成的宗派。幸：希望。

dà fán jūn zǐ

大凡君子

yǔ jūn zǐ　　yǐ tóng dào wéi péng　　xiǎo rén yǔ xiǎo rén　　yǐ tóng lì wéi

与君子，以同道为朋；小人与小人，以同利为朋。此自然之理也。君子小人，先平写一笔。(补)同道：志同道合。

然臣谓小人无朋，惟君子则有之。其故何哉？侧注君子立论。小人所好者，禄利也①；(补)好：喜爱。禄利：爵禄之利。所贪者，财货也②。当其同利之时，暂相党引以为朋者，伪也。(补)党引：勾结，结党互为援引。及其见利而争先，或利尽而交疏，则反相贼害，(补)贼：伤害。虽其兄弟亲戚，不能相保。故臣谓小人无朋，其暂为朋者，伪也。承写小人无朋。君子则不然。所守者道义，所行者忠信，所惜者名节。(补)守：坚持。名节：名誉节操。以之修身，则同道而相益；以之事国，则同心而共济。(补)济：扶持。终始如一，此君子之朋也。承写君子有朋。故为人君者，但当退小人之伪朋，用君子之真朋，则天下治矣。应转"人君辨其君子小人"句，作一束，以起下六段意。(补)退：罢黜。治：指政治清明，社会安定。

尧之时，小人共工、驩兜等四人为一朋，(补)即四凶：共工、驩兜、三苗、鲧。君子八元、伯奋、仲堪、叔献、季仲、伯虎、仲熊、叔豹、季狸。(补)上古高辛氏的八个才子。元：善良之人。八恺（kǎi）苍舒、隤敳、梼戭、大临、龙降、庭坚、仲容、叔达。③上古高阳氏的八个才子。恺：忠诚之人。十六人为一朋（shí liù rén wéi yì péng）。舜佐（shùn zuǒ）

尧（yáo），退四凶小人之朋（tuì sì xiōng xiǎo rén zhī péng），而进元（ér jìn yuán）、恺君子之朋（kǎi jūn zǐ zhī péng），

尧之天下大治（yáo zhī tiān xià dà zhì）。君子一证。及舜自为天子（jí shùn zì wéi tiān zǐ），而皋（ér gāo）、夔（kuí）、

稷（jì）、契等二十二人（xiè děng èr shí èr rén），四岳、九官、十二牧。并列于朝（bìng liè yú cháo）③，更相称（gēng xiāng chēng）

美，更相推让（měi gēng xiāng tuī ràng），④更相：互相。推让：才谦让。凡二十二人为一朋（fán èr shí èr rén wéi yì péng），④凡：总共。

而舜皆用之（ér shùn jiē yòng zhī），天下亦大治（tiān xià yì dà zhì）。君子又一证。《书》曰（shū yuē）："纣（zhòu）

有臣亿万（yǒu chén yì wàn），惟亿万心（wéi yì wàn xīn）；周有臣三千（zhōu yǒu chén sān qiān），惟一心（wéi yì xīn）。"

④《书》：《尚书》。惟：为。纣之时（zhòu zhī shí），亿万人各异心（yì wàn rén gè yì xīn），可谓不为朋（kě wèi bù wéi péng）

矣（yǐ），然纣以亡国（rán zhòu yǐ wáng guó）。小人一证。周武王之臣（zhōu wǔ wáng zhī chén），三千人为一（sān qiān rén wéi yì）

大朋（dà péng），而周用以兴（ér zhōu yòng yǐ xīng）。君子又一证。④用：任用。后汉献帝时（hòu hàn xiàn dì shí），尽取（jìn qǔ）

天下名士囚禁之（tiān xià míng shì qiú jìn zhī），目为党人（mù wéi dǎng rén）。时以窦武、陈蕃、李膺、郭泰、范滂、张俭等为党人。④东汉"党锢之祸"发生在桓帝、灵帝时。及黄巾贼起（jí huáng jīn zéi qǐ），汉室大乱（hàn shì dà luàn），后方悔悟（hòu fāng huǐ wù），尽（jìn）

解党人而释之（jiě dǎng rén ér shì zhī），然已无救矣（rán yǐ wú jiù yǐ）。钜鹿张角，聚众数万，皆著黄巾以为标帜，时人谓之黄巾贼。帝召群臣会议，皇甫嵩以为宜解党禁，帝惧而从之。○小人又一证。唐之晚年（táng zhī wǎn nián），渐起朋党之论（jiàn qǐ péng dǎng zhī lùn）。李德裕之党多君子，牛僧孺之党多小人，号牛、李党。及昭宗时（jí zhāo zōng shí），尽杀朝之名士（jìn shā cháo zhī míng shì），或投之（huò tóu zhī）

huáng hé yuē cǐ bèi qīng liú kě tóu zhuó liú ér táng suì wáng
黄河，曰：“此辈清流，可投浊流。”而唐遂亡

yǐ
矣。天祐二年，朱全忠聚朝士贬官者三十余人，于白马驿尽杀之。时李振屡举进士不中第，深疾缙绅之士，言于全忠曰：“此辈尝自谓清流，宜投之黄河，使为浊流。”全忠笑而从之。○小人又一证。[补]“白马驿之祸”发生在唐末代帝王唐哀帝时。

fú qián shì zhī zhǔ néng shǐ rén rén yì xīn bù wéi péng mò rú
夫前世之主，能使人人异心不为朋，莫如

zhòu néng jìn jué shàn rén wéi péng mò rú hàn xiàn dì néng zhū lù
纣；能禁绝善人为朋，莫如汉献帝；能诛戮

qīng liú zhī péng mò rú táng zhāo zōng zhī shì rán jiē luàn wáng qí guó
清流之朋，莫如唐昭宗之世。然皆乱亡其国。

缴上纣、汉、唐三段，是不能辨君子小人者。

gēng xiāng chēng měi tuī ràng ér bú zì yí mò rú shùn
更相称美、推让而不自疑，莫如舜

zhī èr shí èr chén shùn yì bù yí ér jiē yòng zhī rán ér hòu shì
之二十二臣；舜亦不疑而皆用之。然而后世

bú qiào shùn wéi èr shí èr rén péng dǎng suǒ qī ér chēng shùn wéi cōng
不诮舜为二十二人朋党所欺，[补]诮：嘲笑。而称舜为聪

míng zhī shèng zhě yǐ néng biàn jūn zǐ yǔ xiǎo rén yě zhōu wǔ zhī shì
明之圣者，以能辨君子与小人也。周武之世，

jǔ qí guó zhī chén sān qiān rén gòng wéi yì péng zì gǔ wéi péng zhī
举其国之臣三千人共为一朋，[补]举：总括。自古为朋之

duō qiě dà mò rú zhōu rán zhōu yòng cǐ yǐ xīng zhě shàn rén suī duō ér
多且大莫如周，然周用此以兴者，善人虽多而

bú yàn yě
不厌也。缴前舜、武三段，是能辨君子小人者。○看他一一用倒卷之法，五“莫如”字，尤错落可诵。[补]以：因此。不厌：不满足。

fú xīng wáng zhì luàn zhī jì wéi rén jūn zhě kě yǐ jiàn yǐ
夫兴亡治乱之迹[4]，为人君者，可以鉴矣！

总缴“兴亡治乱”四字。归到人君身上，直与篇首“惟幸人君”句相应。[补]迹：事迹，引申为道理。鉴：镜子，意谓引为教训。

公此论为杜、范、韩、富诸人发也。时王拱辰、章得象辈欲倾之。公既疏救，复上此论。盖破蓝元震朋党之说，意在释君之疑。援古事以证辨，反复曲畅，婉切近人。宜乎仁宗为之感悟也。

〔校记〕

①“禄利”，原作“利禄”，据《欧阳修全集》改。
②“财货”，原作“货财”，据《欧阳修全集》改。
③“列”，原作“立”，据《欧阳修全集》改。
④“夫兴亡治乱”，原作“嗟呼治乱兴亡”，据《欧阳修全集》改。

纵囚论

欧阳修

信义行于君子，而刑戮施于小人。两句立柱。刑入于死者，乃罪大恶极，此又小人之尤甚者也。悬指所纵之囚。宁以义死，不苟幸生，而视死如归，此又君子之尤难者也。悬指囚之自归。○两“尤”字，最见精神。㊟不苟：不随便。幸：侥幸。

方唐太宗之六年，㊟唐太宗即位的第六年，即贞观六年。录大辟囚三百余人，纵使还家，约其自归以就死。㊟录：甄别。大辟：死刑，古五刑之一。纵：释放。就：受。是以君子之难能，期小人之尤者以必能也。一断。㊟尤：指最恶劣。其囚及期，而卒自归无后者，是君子之所难，而小人之所易也。一断。〔补〕卒：最后。后：延误，逾期。此岂近于人情①？一句收紧，伏后“必本人情”句。

或曰：“罪大恶极，诚小人矣，〔补〕诚：确实。及施恩德以临之，可使变而为君子。盖恩德入人之深，而移人之速，有如是者矣。”设一难，起下本旨。〔补〕盖：由于。

曰：“太宗之为此，所以求此名也。言太宗为此，正求恩德入人之名。○劈手一接，喝破太宗一生病根，刺心刻骨。然安知夫纵之去也，不意其必来以冀免，所以纵之乎？〔补〕意：预料。冀：希求。免：赦免。又安知夫被纵而去也，不意其自归而必获免，所以复来乎？将太宗与囚之心事，一一写出，深文曲笔。夫意其必来而纵之，是上贼下之情也；意其必免而复来，是下贼上之心也。贼，犹盗也。〔补〕言在下者窥测在上者之心思。贼：犹窥测。吾见上下交相贼以成此名也，乌有所谓施恩德与夫知信义者哉？上以贼下，非真施恩德也。下以贼上，非真知信义也。○反应上文收住。〔补〕交相：互相。乌：何，哪里。夫：那。不然，太宗施德于天下，于兹六年矣，〔补〕兹：今，此指当时。不能使小人不为极恶大罪，而一日之恩，能使视死如归而存信义，此又不通之论也。”反复辨驳，愈驳愈快。

“然则何为而可？”曰：“纵而来归，杀之无赦。而又纵之，而又来，则可知为恩德之致尔。又起一波。(补)致尔：犹使然，使其如此。然此必无之事也。急转。若夫纵而来归而赦之，可偶一为之尔。(补)若夫：至于。尔：相当于“而已”。若屡为之，则杀人者皆不死，是可为天下之常法乎？不可为常者，其圣人之法乎？提出“常法”二字，纵囚之失，显然可见。(补)常法：固定的法律。是以尧、舜、三王之治，必本于人情。(补)三王：指夏禹、商汤、周武王。不立异以为高，不逆情以干誉。”前不说尧、舜、三王，留在后结，辞尽而意无穷。(补)逆：违背。干誉：求取名誉。

太宗纵囚，囚自来归，俱为反常之事。先以不近人情断定，末以不可为常法结之，自是千古正论。通篇雄辨深刻，一步紧一步，令无可躲闪处。此等笔力，如刀斫斧截，快利无双。

〔校记〕

①“情”后原有一“哉”字，据《欧阳修全集》删。

释秘演诗集序

欧阳修

予少以进士游京师，因得尽交当世之贤豪。当世贤豪，指在位及求仕者。[补]游：游历。然犹以谓国家臣一四海，[补]犹：还。以谓：以为。臣一：统一。臣，使臣服。四海：指天下。休兵革，[补]兵革：指战争。养息天下以无事者四十年，[补]养息：休养生息。无事：无兵革之事。而智谋雄伟非常之士，[补]非常：不一般。无所用其能者，往往伏而不出，[补]伏：隐居。不出：出仕。山林屠贩，[补]山林：借指隐居。屠贩：屠夫商贩，指地位低微者。必有老死而世莫见者，伏秘演、曼卿二人。欲从而求之不可得。此段言非常之士不易见，先作一折。

其后得吾亡友石曼卿。先出曼卿作陪引。曼卿为人，廓然有大志，[补]廓然：开阔旷达貌。时人不能用其材，曼卿亦不屈以求合，无所放其意，[补]放：发舒。则往往从布衣野老，[补]布衣：指平民。野老：村野老人。酣嬉淋漓，颠倒而不厌。伏后"隐于酒"，与极饮醉歌一段案。[补]酣嬉：饮酒嬉游。淋漓：酣畅快意。颠倒：形容醉酒状态。厌：满足。予疑所谓伏而不见者，庶几狎而得之，补疑：估计。庶几：或许。狎：亲近。故尝常喜从曼卿游，欲因以阴求天下奇士。从曼卿吊起秘演。补因：凭借。阴：暗地里。

浮屠秘演者，浮屠，僧也。○入题。与曼卿交最久，亦能遗外世俗，以气节相高①。补遗外：超脱。相高：相推崇。二人欢然无所间。补欢然：喜悦貌。间：隔阂。曼卿隐于酒，秘演隐于浮屠，皆奇男子也。二人合写。补隐：隐遁。浮屠：佛教语，即佛陀，此指佛门。然喜为歌诗以自娱。点出诗字。当其极饮大醉，歌吟笑呼，以适天下之乐，何其壮也！叙其盛。补适：享受。何其：多么。壮：豪壮，豪迈。一时贤士皆愿从其游，予亦时至其室。插入自家。补一时：同时代。十年之间，秘演北渡河，东之济、郓，无所合，困而归。补河：指黄河。济郓：济州和郓州。合：谓志趣投合的人。困：指境遇困顿。曼卿已死，秘演亦老病。叙其衰。嗟夫！二人者，予乃见其盛衰，则予亦将老矣。插入自家。○写秘演，将曼卿引来陪说。写二人，将自家插入陪说。文情绝妙。

夫曼卿诗辞清绝，尤称秘演之作，以为雅健有诗人之意。不脱曼卿。补清绝：清妙绝伦。雅健：典雅刚健。秘演状貌雄杰，其胸中浩然，应“奇男子”。（补）浩然：正大豪迈貌。既习于佛，无所用，深惜秘演。独其诗可行于世，而懒不自惜。已老，胠其橐，胠，发也。（补）橐：盛物的袋子，借指箱子。尚得三四百篇，皆可喜者。此段方叙其集诗，是正文。

曼卿死，秘演漠然无所向。到底不脱曼卿。（补）漠然：寂寞。闻东南多山水，其巅崖崛嵂，江涛汹涌，甚可壮也，应前“壮”字。（补）巅崖：高崖。崛嵂：高峻貌。遂欲往游焉。足以知其老而志在也。年虽老而志犹壮。○结“老”字。于其将行，为叙其诗，因道其盛时以悲其衰。仍以“盛”“衰”二字结，妙。（补）叙：写序。因：于是。

写秘演绝不似释氏行藏，序秘演诗亦绝不作诗序套格。只就生平始终盛衰叙次，而以曼卿夹入写照，并插入自己。结处说曼卿死，秘演无所向；秘演行，欧公悲其衰，写出三人真知己。

〔校记〕

①“相”，原作“自”，据《欧阳修全集》改。

古文观止卷之十

méi shèng yú shī jí xù

梅圣俞诗集序

ōu yáng xiū

欧阳修

yú wén shì wèi shī rén shǎo dá ér duō qióng

gǔ qióng rén zhī cí yě　*fán shì zhī yùn qí*

> ㊣放：纵情。

zhī zhuàng lèi　*wǎngwǎng tàn cí qí guài*　*nèi yǒu yōu sī gǎn fèn zhī*

予闻世谓诗人少达而多穷，劈头引一语，拈“穷”字起。㊟闻世谓：听世人说。达：指显达。穷：不得志。夫岂然哉？㊟然：这样。盖世所传诗者，多出于古穷人之辞也。一句驳倒诗人多穷，下详写诗非能穷人。㊟穷人：不得志之人。

suǒ yǒu ér bù dé shī yú shì zhě　*duō xǐ zì*
凡士之蕴其所有而不得施于世者，㊟士：指读书人。蕴：蓄藏。所有：指才能、抱负。施：施展。

fàng yú shān diān shuǐ yá　*wài jiàn chóng yú cǎo mù*　*fēng yún niǎo shòu*
多喜自放于山巅水涯。㊟放：纵情。外见虫鱼草木、风云鸟兽之状类①，往往探其奇怪。内有忧思感愤之

yù jī　*qí xīng yú yuàn cì*　*yǐ dào jī chén guǎ fù zhī suǒ*
郁积，其兴于怨刺，㊟兴：产生。怨刺：讽刺。以道羁臣寡妇之所叹，㊟道：表达。羁臣：指羁旅流窜之臣。而写人情之难言，盖愈穷则愈工。述古今诗人，作意摹写。㊟工：巧，精。然则非诗之能穷人，殆穷者而

后工也。惟穷而后工，故世所传诗者，多出于古穷人之辞。○一语点正，引出圣俞。㊟殆：大概。

予友梅圣俞，点出人。少以荫补为吏，累举进士，辄抑于有司，困于州县凡十余年。㊟荫补：指因祖先功勋而补官。辄：每每。抑：向下压。有司：官吏，此指主考官。年今五十，犹从辟书，为人之佐，郁其所蓄，不得奋见（现）于事业。辟书，聘书也。为人佐，如作幕宾之类。○点出遭遇，正写其穷。㊟今：将。犹：还。从：接受。其家宛陵，幼习于诗，自为童子出语已惊其长老。㊟长老：指前辈。既长，学乎六经仁义之说，其为文章，简古纯粹，㊟简朴古雅，精纯完美。不求苟说（悦）于世，世之人徒知其诗而已。点出文章，为诗作陪引。㊟说：苟且取悦。徒：仅，只。然时无贤愚，语诗者必求之圣俞。㊟时：指当时的人。圣俞亦自以其不得志者，乐于诗而发之。故其平生所作，于诗尤多。方正点出诗。世既知之矣，而未有荐于上者。昔王文康公尝见而叹曰："二百年无此作矣！"虽知之深，亦不果荐也。㊟知：赏识。不果：谓终于没有实行。若使其幸得用于朝廷，作为"雅""颂"，以歌咏大

sòng zhī gōng dé jiàn zhī qīng miào ér zhuī shāng zhōu lǔ sòng
宋之功德，荐之清庙，而追商、周、鲁《颂》

zhī zuò zhě qǐ bù wěi yú nài hé shǐ qí lǎo bù dé
之作者，岂不伟欤！㊟荐：进献。清庙：宗庙。追：赶得上。奈何使其老不得

zhì ér wéi qióng zhě zhī shī nǎi tú fā yú chóng yú wù lèi jī chóu
志而为穷者之诗，乃徒发于虫鱼物类、羁愁

gǎn tàn zhī yán shì tú xǐ qí gōng bù zhī qí qióng zhī jiǔ
感叹之言？㊟奈何：犹为何。世徒喜其工，不知其穷之久

ér jiāng lǎo yě kě bù xī zāi
而将老也，可不惜哉！此段正写圣俞之诗，穷而后工。如叙事、如发论，开合照应。尽态极妍，亦复感慨无限。

shèng yú shī jì duō bú zì shōu shí qí qī zhī xiōng zǐ
圣俞诗既多，不自收拾。㊟收拾：犹整理。其妻之兄子

xiè jǐng chū jù qí duō ér yì shī yě qǔ qí zì luò yáng zhì yú
谢景初，惧其多而易失也，取其自洛阳至于

wú xīng yǐ lái suǒ zuò cì wéi shí juàn yú cháng shì shèng yú
吴兴以来所作，次为十卷。㊟次：编纂。予尝嗜圣俞

shī ér huàn bù néng jìn dé zhī jù xǐ xiè shì zhī néng lèi cì yě
诗，而患不能尽得之，遽喜谢氏之能类次也，

zhé xù ér cáng zhī qí hòu shí wǔ nián shèng
辄序而藏之。结出作序意。㊟嗜：喜爱。遽：遂。类次：分类编次。辄：就。其后十五年，圣

yú yǐ jí zú yú jīng shī yú jì kū ér míng zhī yīn
俞以疾卒于京师。余既哭而铭之，㊟哭：吊唁。铭：作墓志铭。因

suǒ yú qí jiā dé qí yí gǎo qiān yú piān bìng jiù suǒ cáng duō qí
索于其家，得其遗稿千余篇，并旧所藏，掇其

yóu zhě liù bǎi qī shí qī piān wéi yī shí wǔ juàn
尤者六百七十七篇，为一十五卷。记所集篇数。㊟因：就。掇：选取。尤：最优异。

wū hū wú yú shèng yú shī lùn zhī xiáng yǐ gù bú fù yún
呜呼！吾于圣俞诗，论之详矣，故不复云。言于圣俞诗中，已论之详。故于序中，不复言其所以工也。○惘然不尽。

“穷而后工”四字，是欧公独创之言，实为千古不易之论。通篇写来，低昂顿折，一往情深。“若使其幸得用于朝廷”一段，尤突兀争奇。

〔校记〕

①“外”前原有一“之”字，据《欧阳修全集》删。

送杨寘序

欧阳修

予尝有幽忧之疾，(补)幽忧：过度的忧劳。幽，深。退而闲居，不能治也。既而学琴于友人孙道滋，受宫声数引，久而乐之，不知疾之在其体也①。先自记往事，提出学琴，送扬子意在此。(补)既而：不久。宫声：指乐曲。引：琴曲单位。按，此下尚有一大段文字，似是二吴有意删去。

夫琴之为技小矣，顿折。及其至也，大者为宫，细者为羽。该商、角、徵。(补)至：指技艺尽善尽美、最为精湛。该：包括。操弦骤作，忽然变之，声以情迁。急者凄然以促，缓者舒然以和。如崩崖裂石，高山出泉，而风雨夜至也；如怨夫寡妇之叹息，雌雄雍雍之相鸣也。(补)怨夫：旷夫，指成年而无妻的男子。雍雍：

鸟和鸣声。其忧深思远，则舜与文王、孔子之遗音也；悲愁感愤，则伯奇孤子、屈原忠臣之所叹也。伯奇，尹吉甫子。吉甫听后妻之言，疑而逐之。伯奇事后母孝，自伤无罪，投河死。屈原，楚怀王臣，被放作《离骚》。○借景形容，连作三四叠，乃韩、欧得意之笔。喜怒哀乐，动人心深②。二句为下转笔。而纯古淡泊，与夫尧舜三代之言语、孔子之文章、《易》之忧患、《诗》之怨刺无以异。必如此写，方不是琵琶与筝。补三代：指夏、商、周。孔子之文章：指《春秋》。怨刺：讥刺。其能听之以耳，应之以手，取其和者，道（导）其湮郁，补道：疏导。湮郁：郁闷。写（泻）其忧思③，补写：宣泄。忧思：忧虑。则感人之际亦有至者焉。写琴至此极尽。补至：大。按，此下删"是不可以不学也"一句。

予友杨君，入扬子。好学有文，累以进士举，不得志。及从荫调，为尉于剑浦，区区在东南数千里外，是其心固有不平者。补荫调：因先世荫庇被征调任官。尉：县尉，掌一县治安。剑浦：县名，今福建南平。区区：小小的。且少又多疾，而南方少医药，风俗饮食异宜。以多疾之体，有不平之心，居异宜之俗，其能郁郁以久乎？三句，总摄"幽忧"意，情至而语深。补郁郁：忧伤沉闷貌。然欲平

其心以养其疾，于琴亦将有得焉。读至此，则知通篇之说

qí xīn yǐ yǎng qí jí　yú qín yì jiāng yǒu dé yān

琴，意不在琴也。止借琴以释其幽忧耳。故予作《琴说》以赠其行，且邀道滋酌酒

gù yú zuò qín shuō　yǐ zèng qí xíng　qiě yāo dào zī zhuó jiǔ

进琴以为别。一结泠然。(补)酌酒：喝酒。进琴：弹琴。

送友序，竟作一篇琴说，若与送友绝不相关者。及读至末段，始知前幅极力写琴处，正欲为杨子解其郁郁耳。文能移情，此为得之。

〔校记〕

①“疾之在其”，原作“其疾之在”，据《欧阳修全集》改。
②“心”，原作“必”，据《欧阳修全集》改。
③“忧”，原作“幽”，据《欧阳修全集》改。

五代史伶官传序

wǔ dài shǐ líng guān zhuàn xù

ōu yáng xiū

欧阳修

呜呼！盛衰之理，虽曰天命，岂非人事

wū hū　shèng shuāi zhī lǐ　suī yuē tiān mìng　qǐ fēi rén shì

哉！原庄宗之所以得天下，与其所以失之者，

zāi　yuán zhuāng zōng zhī suǒ yǐ dé tiān xià　yǔ qí suǒ yǐ shī zhī zhě

可以知之矣。

kě yǐ zhī zhī yǐ

庄宗，姓朱邪，名存勖，先世事唐，赐姓李。父克用，以平黄巢功，封晋王。至存勖，灭梁自立，号后唐。○先作总挈。“盛”“衰”“得”“失”四字，是一篇关键。(补)人事：人的作为。原：推其根本。

世言晋王之将终也，(补)世：世人。终：指人死。以三矢赐庄

yǐ sān shǐ cì zhuāng

zōng ér gào zhī yuē　liáng　wú chóu yě

宗而告之曰："梁，吾仇也；朱温从黄巢为盗，既而降唐，拜为宣武军节度使，赐名全忠，未几，进封梁王。竟移唐祚。[补]矢：箭。**燕王吾所立，**燕王姓刘，名守光，晋王尝推为尚父。守光曰："我作河北天子，谁能禁我！"遂称帝。[补]立：扶植。**契

dān yǔ wú yuē wéi xiōng dì　ér jiē bèi jìn yǐ guī liáng

丹与吾约为兄弟，而皆背晋以归梁①。**契丹耶律阿保机帅众入寇，晋王与之连和，约为兄弟。既归而背盟，更附于梁。**

cǐ sān zhě　wú yí hèn yě　yǔ ěr sān shǐ ěr

此三者，吾遗恨也。与尔三矢，尔

qí wú wàng nǎi fù zhī zhì

其无忘乃父之志！"**[补]其：表示祈使，应当。乃：你的。**

zhuāng zōng shòu ér cáng zhī yú

庄宗受而藏之于

miào

庙。**[补]庙：太庙。**其后用兵，则遣从事以一少牢告庙，**羊曰少牢。[补]从事：官名，此指属吏。少牢：古代祭品，牛羊猪三牲谓之太牢，只用羊猪谓之少牢。告庙：祭告于太庙。**

qǐng qí shǐ　chéng yǐ jǐn

请其矢，盛以锦

náng　fù ér qián qū　jí kǎi xuán ér nà zhī

囊，负而前驱，及凯旋而纳之。**凯，军胜之乐。〇以上叙事。[补]锦囊：丝织的袋子。负：背着。前驱：指做先锋。凯旋：唱着凯歌胜利回师。纳之：再把箭收藏在太庙。

㊺庙：太庙。

qí hòu yòng bīng　zé qiǎn cóng shì yǐ yí shào láo gào miào

fāng qí xì yān fù zǐ yǐ zǔ

方其系燕父子以组，守光父仁恭。周德威伐燕，守光曰："俟晋王至听命。"晋王至而擒之。[补]方：正当。其：指代李存勖。系：捆绑。组：丝带，泛指绳索。**

hán liáng jūn chén zhī shǒu

函梁君臣之首，**晋兵入梁，梁主友贞谓皇甫麟曰："李氏吾世仇，理难降之，卿可断吾首。"麟遂泣弑梁主，因自杀。函，以木匣盛其首也。**

rù yú tài miào　huán shǐ xiān wáng　ér gào yǐ chéng

入于太庙，还矢先王，而告以成

gōng　qí yì qì zhī shèng　kě wèi zhuàng zāi

功，其意气之盛，可谓壮哉！**一段扬。[补]意气：气概。**及仇雠已

miè　tiān xià yǐ dìng　yì fū yè hū　luàn zhě sì yìng　cāng huáng dōng

灭，天下已定，一夫夜呼，乱者四应，仓皇东

chū　wèi jí jiàn zéi ér shì zú lí sàn　jūn chén xiāng gù　bù zhī

出，未及见贼而士卒离散②，君臣相顾，不知**

所归，(补)仇雠：仇人。一夫：一人。乱者：叛乱的人。仓皇：匆忙急迫。所归：同“归所”，归往何处。至于誓天断发，泣下沾襟，何其衰也！一段抑。(补)至于：甚至于。誓天：对天发誓。断发：割断头发。岂得之难而失之易欤？抑本其成败之迹，而皆自于人欤？复作虚神，宕出正意，应缴人事。(补)抑：或许。本：探究。自：由。《书》曰：“满招损，谦得益。”(补)语出《尚书·大禹谟》，原作“满招损，谦受益”。忧劳可以兴国，逸豫可以亡身③，自然之理也。引《书》作断，应篇首“理”字。(补)逸豫：安乐。自然：当然。

故方其盛也，举天下之豪杰，莫能与之争；又一段扬，仍用“方其”字，妙。(补)举：全。及其衰也，数十伶人困之，而身死国灭，为天下笑。伶人，乐工也。庄宗善音律，或时自傅粉墨，与优人共戏于庭。后为伶人郭从谦所弑。○又一段抑，仍用“及其”字，妙。夫祸患常积于忽微，而智勇多困于所溺，岂独伶人也哉？结出正意，慨想独远。(补)忽微：忽、微均为古代极小的度量单位，指极小的事。溺：沉溺。

起手一提，已括全篇之意。次一段叙事，中、后只是两扬两抑。低昂反复，感慨淋漓，直可与史迁相为颉颃。

〔校记〕

①“皆”，原缺，据《新五代史·伶官传》补。
②“及”，原缺，据《新五代史·伶官传》补。
③“亡”，原作“忘”，据《新五代史·伶官传》改。

五代史宦者传论

欧阳修

自古宦者乱人之国，其源深于女祸。女，色而已；宦者之害，非一端也。自来妇与寺只是并提，此特与极力分出。(补)端：方面。盖其用事也近而习，其为心也专而忍。先总挈二句，是宦者为害之根，下文俱从此转出。(补)用事：指日常办事。近而习：亲近且熟悉（皇帝）。专而忍：专一而隐忍。能以小善中人之意，小信固人之心，使人主必信而亲之。宦者之害，一转。(补)中：迎合。固：稳住。待其已信，然后惧以祸福而把持之。(补)祸福：复词偏义，祸。把持：控制。虽有忠臣、硕士列于朝廷，而人主以为去己疏远，不若起居饮食、前后左右之亲为可恃也。宦者之害，二转。(补)硕士：品节高尚、学问渊博之士。故前后左右者日益亲，则忠臣、硕士日益疏，而人主之势日益孤。势孤，则惧祸之心日益切，而把持者日益牢。安危出其喜怒，祸患伏于帷闼，则向之所谓可恃者，乃所以为患也。宦者之害，三转。(补)帷闼：指宫廷之内。帷，帷帐。闼，内门。向：原来。患已深而觉之，欲与疏远之臣图左右之亲近，缓之则养祸而益深，急之则挟人主以为质。虽有圣智，不能与谋。宦者之害，四转。(补)亲近：指宦官。质：人质。与谋：参与谋划。谋之而不可为，为之而不可成，至其甚，(补)甚：严重。则俱伤而两败。故其大者亡国，其次亡身，而使奸豪得借以为资而起，至抉其种类，尽杀以快天下之心而后已。董卓因而亡汉，朱温因而篡唐，千古同辙。○宦者之害，五转。(补)资：指口实。抉：挖出。种类：同类。此前史所载宦者之祸常如此者，非一世也。应前“自古”二字，总兜一句。

夫为人主者，非欲养祸于内，而疏忠臣、硕士于外，盖其渐积而势使之然也。放宽一步，正是打紧一步。履霜之戒，可不慎欤？夫女色之惑，不幸而不悟，则祸斯及矣。(补)斯：就。及：降临。使其一悟，捽而去之可也。持头发曰捽。宦者之为祸，虽欲悔悟，而势有不得而去也，唐昭宗之事是已。昭宗与崔胤谋诛宦官，宦官惧。刘季述等乃以银挝画地，数上罪数十，幽上于少阳院，而立太子裕。故曰“深于女祸”者，谓此也。可不戒哉？结段申前“深于女祸”一句，最深切著明，可为痛戒。

宦官之祸，至汉、唐而极，篇中详悉写尽。凡作无数层次，转折不穷，只是“深于女祸”一句意。名论卓然，可为千古龟鉴。

相州昼锦堂记

欧阳修

仕宦而至将相，富贵而归故乡，此人情之所荣，而今昔之所同也。富贵归故乡，犹当昼而锦，何荣如之？《史记》：“富贵不归故乡，如衣绣夜行，谁知之者？”昼锦之说本此。○四句，乃一篇大意。㊟仕宦：为官。盖士方穷时，困厄闾里，庸人孺子皆得易而侮之，㊟穷：指不得志。困厄：穷困。闾里：乡里。庸人：平常的人。孺子：儿童。易：轻视。若季子不礼于其嫂，苏秦，字季子，说秦，大困而归，嫂不为炊。买臣见弃于其妻。朱买臣家贫，采薪自给。妻羞之，求去。买臣笑曰：“待吾富贵当报汝。”妻怒曰：“从君终饿死。”买臣不能留，即去。㊟见：被。一旦高车驷马，㊟驷马：四匹马。旗旄导前而骑卒拥后，夹道之人，相与骈肩累迹，瞻望咨嗟，㊟骈肩：肩挨肩。累迹：足踵相接。瞻望：仰望。咨嗟：赞叹。而所谓庸夫愚妇者，奔走骇汗，羞愧俯伏，以自悔罪于车尘马足之间。历数世态炎凉，何等痛切！补骇汗：因惊慌而流汗。此一介之士得志于当时，而意气之盛，昔人比之衣锦之荣者也。数句收拾前文，振起下意。补一介：一个。衣锦：穿锦绣衣裳，比喻荣耀。

惟大丞相魏国公则不然。韩琦，字稚圭，封魏国公。○一句撇过上文。补不然：不是如此。公，相人也。相州，今河南彰德府安阳县。○伏句。世有令德，补世：世代。令德：美德。为时名卿。自公少时，已擢高科、登显仕①，补擢：拔取，考中。高科：指进士科。显仕：高管。海内之士闻下风而望余光者，补闻下风：闻风钦慕。余光：仰望其风采。盖亦有年矣。补有年：好几年。所谓将相而富贵，皆公所宜素有。应起二句。补宜：表示本当如此。素：向来。非如穷厄之人，侥幸得志于一时，出于庸夫愚妇之不意，以惊骇而夸耀之也。翻季子、买臣一段。然则高牙大纛不足为公荣，桓圭衮冕不足为公贵②。高牙，车轮之牙。大纛，车上羽葆幢。桓圭，三公所执。衮冕，三公所服。补高牙大纛：指居高位者的仪仗。衮冕：亦指登朝入仕。惟德被生民，而功施社稷，补被：施加。生民：人民。施：奉献。社稷：指国家。勒之金石，补勒：刻。金石：钟鼎碑碣。播之声诗，补播：传扬。声诗：乐歌。以耀后世而垂无穷，补垂：流传。此公之志，而士亦以此望于公也。岂止夸一时而荣一乡哉？此又道公平生之志，以见异于季子、买臣处。

公在至和中，至和，仁宗年号。尝以武康之节来治于相，以武康节度来知相州，是富贵而归故乡也。乃作昼锦之堂于后圃。点题。〔补〕圃：花园，园地。既又刻诗于石以遗相人。〔补〕遗：赠送。其言以快恩仇、矜名誉为可薄，〔补〕快：纵情。矜：自夸。薄：鄙薄。盖不以昔人所夸者为荣，而以为戒。于此见公之视富贵为何如，而其志岂易量哉？就诗中之言，见其轻富贵，而不以昼锦为荣，为韩公解释最透。故能出入将相，公先经略西夏，后同平章事。勤劳王家，而夷险一节。夷，平时。险，处难。一节，谓一致也。至于临大事，决大议，垂绅正笏，〔补〕身垂衣带，手执朝笏。不动声色而措天下于泰山之安，〔补〕措：安排。可谓社稷之臣矣。公在谏垣，前后凡七十余疏。及为相，劝上早定皇嗣，以安天下。故曰“临大事”云云。○此段所称皆是实事。初无溢美。其丰功盛烈，〔补〕盛烈：盛大的功业。烈，功业。所以铭彝鼎而被弦歌者，应前“勒金石，播声诗”二句。〔补〕铭彝鼎：刻在彝鼎上。彝鼎，指古代祭祀用的鼎尊等礼器。被弦歌：谱入乐歌中。被，遍布。乃邦家之光，非闾里之荣也。一篇结穴只二语。笔力千钧。〔补〕邦家：国家。

余虽不获登公之堂，幸尝窃诵公之诗，乐

gōng zhī zhì yǒu chéng ér xǐ wèi tiān xià dào yě yú shì hū shū
公之志有成，而喜为天下道也。于是乎书。拈出作记意。

[补]不获：不得，不曾。
幸：有幸。窃：私下。

魏公、永叔，岂皆以昼锦为荣者？起手便一笔撇开，以后俱从第一层立议，此古人高占地步处。按魏公为相，永叔在翰林。人曰："天下文章，莫大于是。"即《昼锦堂记》。以永叔之藻采，著魏公之光烈，正所谓天下莫大之文章。

〔校记〕

①"仕"，原作"士"，据《欧阳修全集》改。
②"冕"，原作"裳"，据《欧阳修全集》改。

fēng lè tíng jì
丰乐亭记

ōu yáng xiū
欧阳修

xiū jì zhì chú zhī míng nián xià shǐ yǐn chú shuǐ
修既治滁之明年，滁，滁州，在淮东。时公守是州。夏，始饮滁水

ér gān wèn zhū chú rén dé yú zhōu nán bǎi bù
而甘，始饮而甘，明初至滁，未暇知水甘也。只此句，意极含蓄。问诸滁人，得于州南百步

zhī jìn qí shàng fēng shān sǒng rán ér tè lì
之近。出其处。[补]诸：之于。其上丰山耸然而特立①，陪一上。[补]耸然：高耸貌。特立：挺立。

xià zé yōu gǔ yǎo rán ér shēn cáng zhōng yǒu qīng quán
下则幽谷窈然而深藏，陪一下。[补]幽谷：幽深的山谷。窈然：幽暗深远貌。中有清泉

wěng rán ér yǎng chū fǔ yǎng zuǒ yòu gù
滃然而仰出。出泉。[补]滃然：水沸涌貌。仰出：向上涌出。俯仰左右，[补]环视上下左右的景色。顾

ér lè zhī yú shì shū quán záo shí pì dì yǐ wéi tíng ér
而乐之。再陪左右。[补]顾：看。于是疏泉凿石，辟地以为亭，而

与滁人往游其间。出亭。○以上叙亭之景，当滁之胜。末带“与滁人”句，为下文发论张本。

滁于五代干戈之际，用武之地也。五代，梁、唐、晋、汉、周也。○议论忽开一篇结构。昔太祖皇帝，赵匡胤。尝以周师破李景南唐。兵十五万于清流山下，生擒其将皇甫晖、姚凤于滁东门之外，遂以平滁。周主柴世宗征淮南，唐人恐，皇甫晖、姚凤退保清流关，关在滁州西南，世宗命匡胤突阵而入，晖等走入滁，生擒之。○此滁所为用武之地，不能丰乐，以起下文。修尝考其山川，按其图记，升高以望清流之关，欲求晖、凤就擒之所，而故老皆无在者，盖天下之平久矣。就平滁想出天下之平，一往深情，是龙门得意之笔。(补)按：查验。图记：地图和文字记载。故老：指那些经历过战乱的老人。自唐失其政，海内分裂，豪杰并起而争，所在为敌国者，何可胜数？宕开一笔，不独说滁也。(补)所在：到处。胜：尽。及宋受天命，圣人出而四海一。(补)圣人：指宋太祖。向之凭恃险阻，划削消磨。(补)向：从前。划削：铲除。百年之间，漠然徒见山高而水清。(补)漠然：寂静貌。欲问其事，而遗老尽矣。再叠一笔，虚神不尽。今滁单接“今滁”。介于江淮之间②，舟车商贾、四方宾客之所不至。民生不见外事，

(补)谓不与外界接触。而安于畎亩衣食，以乐生送死。(补)畎亩：田地。畎，田间水沟。而孰知上之功德，休养生息，涵煦百年之深也③？归重上之功德，是为“丰乐”之所由来。凡作数层跌宕，方落到此句。文致生动不迫。(补)涵煦：滋润养育。

修之来此，乐其地僻而事简，又爱其俗之安闲。应“舟车商贾”数句。既得斯泉于山谷之间，乃日与滁人仰而望山，俯而听泉，掇幽芳春。而荫乔木，夏。(补)掇：拾取。幽芳：香花。荫：乘凉。乔木：高大的树木。风霜冰雪，刻露清秀，峭刻呈露，清爽秀出。○秋冬。四时之景无不可爱。又幸其民乐其岁物之丰成，而喜与予游也。点出题面，应转“与滁人往游”句。(补)岁物：农作物。因为本其山川，道其风俗之美，使民知所以安此丰年之乐者，幸生无事之时也。结出作记意，应转“休养生息”句。(补)因为：因而，因此。本：根据。

夫宣上恩德，以与民共乐，刺史之事也。遂书以名其亭焉。收极端庄郑重。妙绝。

作记游文，却归到大宋功德休养生息所致，立言何等阔大！其俯仰今昔，感慨系之，又增无数烟波。较之柳州诸记，是为过之。

〔校记〕

①“上”后原有一“则”字，据《欧阳修全集》删。

②“于”，原缺，据《欧阳修全集》补。
③“煦”后原有一“于”字，据《欧阳修全集》删。

醉翁亭记

欧阳修

环滁皆山也。滁，州名，在淮东。○一“也”字，领起下文许多“也”字。(补)环：环绕。其西南诸峰，林壑尤美，从山单出西南诸峰。(补)林壑：山林涧谷。望之蔚然而深秀者，琅琊也。从诸峰单出琅琊。(补)蔚然：草木茂盛貌。深秀：山色幽深秀丽。山行六七里，渐闻水声潺潺，而泻出于两峰之间者，酿泉也。从山出泉。(补)潺潺：流水声。泻，倾泻。峰回路转，(补)山势迂回，路随之曲折。回：回环。有亭翼然临于泉上者，醉翁亭也。从泉出亭。(补)有亭翼然：谓亭子四角的飞檐上翘，像鸟张开翅膀。临：居高临下。作亭者谁？山之僧智仙也①。出作亭之人。名之者谁？太守自谓也。出名亭之人。法只应云“太守也”。又加“自谓”二字，因有下注故耳。(补)名：命名。自谓：用自己的别号命名。太守与客来饮于此，饮少辄醉，而年又最高，故自号曰醉翁也。接手自注名亭之意，注“醉”一句，注“翁”一句，妙。(补)少：少量。辄：就。醉翁之意不在酒，

zài hū shān shuǐ zhī jiān yě
在乎山水之间也。㊹意：意趣。
在乎：在于。

shān shuǐ zhī lè　 dé zhī xīn ér
山水之乐，得之心而

yù zhī jiǔ yě
寓之酒也。
接手又自破名亭之意。一句不在酒，
一句亦在酒，妙。㊹寓：寄托。

ruò fú rì chū ér lín fēi kāi
若夫日出而林霏开，
明。㊹若夫：至于。林霏：
林中之云气。开：消散。

yún guī ér
云归而

yán xué míng
岩穴暝，
晦。㊹云归：谓云雾回到山谷。
岩穴：指山谷。暝：昏暗。

huì míng biàn huà zhě
晦明变化者，
㊹指天气阴晴
明暗的变化。

shān
山

jiān zhī zhāo mù yě
间之朝暮也。
记亭之
朝暮。

yě fāng fā ér yōu xiāng
野芳发而幽香，
春。㊹野芳：野花。
幽香：香气清淡。

jiā
佳

mù xiù ér fán yīn
木秀而繁阴，
夏。㊹秀：茂盛。
繁阴：树荫浓密。

fēng shuāng gāo jié
风霜高洁，
秋。㊹即"风高霜洁"，
谓天高气爽，霜色洁白。

shuǐ luò ér shí chū zhě
水落而石出者，
冬。㊹溪水低
落，石块显露。

shān jiān zhī sì shí yě
山间之四时也。
记亭之四
时。㊹

四时
四季。

zhāo ér wǎng　　mù ér guī　　sì shí zhī jǐng bù tóng　　ér lè yì
朝而往，暮而归，四时之景不同，而乐亦

wú qióng yě
无穷也。
又总收朝暮、四时，申出"乐"
字，起下文数"乐"字。

zhì yú
至于
二字贯
下段。

fù zhě gē yú tú
负者歌于途，
㊹负：
背负。

xíng zhě xiū yú shù　　qián
行者休于树，前

zhě hū　　hòu zhě yìng　　yǔ lǚ tí xié
者呼，后者应，伛偻提携，
伛偻，不伸也。㊹伛偻：指
老人。提携：牵扶，指小孩。

wǎng lái
往来

ér bù jué zhě　　chú rén yóu yě
而不绝者，滁人游也。
lín xī ér yú
临溪而渔，
㊹渔：
捕鱼。

xī shēn ér
溪深而

yú féi　　niàng quán wéi jiǔ　　quán xiāng ér jiǔ liè
鱼肥，酿泉为酒，泉香而酒洌，
洌，清
洁也。

shān yáo yě sù
山肴野蔌，

菜谓之蔌。㊹山肴：
野味。肴：荤菜。

zá rán ér qián chén zhě　　tài shǒu yàn yě
杂然而前陈者，太守宴也。
先记滁人游，次记
太守宴，妙。㊹杂

然：交错貌。
陈：摆放。

yàn hān zhī lè　　fēi sī fēi zhú
宴酣之乐，非丝非竹，
二句贯下段。㊹酣：饮酒尽兴，酣
畅。丝竹：弦乐器与管乐器，泛指

音乐。射者中，投壶。弈者胜，围棋。觥筹交错，觥，谓爵。筹，所以记罚。㊟交错：交叉，错杂。起坐而喧哗者②，众宾欢也。苍颜白发，颓然乎其间者③，太守醉也。记众宾自欢，太守自醉，妙。㊟苍颜：苍老的容颜。颓：醉倒。乎：于。

已而二字贯下段。夕阳在山，人影散乱，太守归而宾客从也。归时景。㊟已而：旋即，不久。树林阴翳，鸣声上下，游人去而禽鸟乐也。归后景。○记太守去，宾客亦去，滁人亦去。忽又添出禽鸟之乐来，下便借势一路卷转去，设想甚奇。㊟阴翳：树木遮蔽成荫。翳，遮盖。然而禽鸟知山林之乐，而不知人之乐；人知从太守游而乐，而不知太守之乐其乐也。刻划四语，从前许多铺张，俱有归束。㊟乐其乐：以众人之乐为乐。其，指众人。醉能同其乐，醒能述以文者，太守也。结出作记。太守谓为谁？庐陵欧阳修也。结出作记姓名。㊟谓：为，是。庐陵：庐陵郡，今江西吉安。

通篇共用二十个“也”字，逐层脱卸，逐步顿跌，句句是记山水，却句句是记亭，句句是记太守。似散非散，似排非排，文家之创调也。

〔校记〕

①“山之僧智仙也”，《欧阳修全集》作“山之僧曰智仙也”。
②“起坐”，原作“坐起”，据《欧阳修全集》改。
③“颓然乎其间”，原作“颓乎其中”，据《欧阳修全集》改。

秋声赋

欧阳修

欧阳子方夜读书，闻有声自西南来者，先出"声"字。(补)方：正在。悚然而听之，"听"字，领起下文。(补)悚然：惊惧貌。曰："异哉！"初淅沥以萧飒①，含"风雨"句。(补)淅沥：象声词，雨声。以：而。萧飒：风吹树木的声音。忽奔腾而砰湃，含"波涛"句。(补)奔腾：谓水流汹涌。砰湃：象声词，波浪声。如波涛夜惊，一喻。风雨骤至。二喻。其触于物也，鏦鏦铮铮，(补)象声词，金属撞击声。金铁皆鸣；含"赴敌"数句。(补)鸣：发出声响。又如赴敌之兵，衔枚疾走，不闻号令，但闻人马之行声。衔枚，所以止喧哗也。枚，形似箸，两端有小绳，衔于口而系于颈后，则不能言。○三喻，连下三喻，长短参差，虚状秋声，极意描写。(补)但：只，仅。予谓童子："此何声也？汝出视之。"借"视"陪"闻"，作波。(补)童子：指未成年的仆役。童子曰："星月皎洁，明河在天。是方夜。(补)皎洁：明亮洁白。明河：指银河。四无人声，声在树间。"是"视"不是"闻"，妙。

予曰："噫嘻，悲哉！此秋声也，胡为而来哉②？借童子语，翻出"秋声"二字。先咨嗟，次怪叹，领起全篇。(补)胡为：为什么。盖夫秋之为状也，其

sè cǎn dàn yān fēi yún liǎn qí róng qīng
色惨淡，烟霏云敛；其色，宾。[补]状：情状。惨淡：暗淡。烟霏：烟雾弥漫。敛：聚。其容清
míng tiān gāo rì jīng qí qì lì liè biān
明，天高日晶；晶，光也。○其容，宾。[补]清明：清澈明朗。日晶：阳光灿烂。其气栗冽，砭
rén jī gǔ qí yì xiāo tiáo shān chuān jì liáo
人肌骨；其气，宾。[补]栗冽：寒冷。砭：用石针刺穴治病，引申为刺。其意萧条，山川寂寥。
gù qí wéi shēng yě qī qī qiè qiè hū háo fèn fā
其意，宾。[补]萧条：凋零。寂寥：寂静。故其为声也，凄凄切切，呼号奋发。
fēng cǎo lǜ rù ér zhēng mào jiā mù cōng lóng ér kě
从其色、其容、其气、其意，唤出其声。丰草绿缛而争茂，佳木葱茏而可
yuè cǎo fú zhī ér sè biàn mù zāo zhī ér yè
悦。二句未秋。[补]绿缛：碧绿而繁茂。葱茏：青翠而茂盛。草拂之而色变，木遭之而叶
tuō qí suǒ yǐ cuī bài líng luò zhě nǎi yī qì zhī yú
脱。[补]拂：掠过。遭：逢，遇。其所以摧败零落者，乃一气之余
liè
烈。实写秋声已毕。[补]摧败：折损。零落：凋谢。零、落，皆堕也。草曰零，木曰落。一气：指秋气。余烈：余威。

fú qiū xíng guān yě yú shí wéi yīn
“夫秋，刑官也，司寇为秋官，掌刑。于时为阴；以二气言。[补]春夏为阳，秋冬为阴。时：
yòu bīng xiàng yě yú xíng wéi jīn shì wèi tiān dì zhī yì
季节。又兵象也，主肃杀。于行为金。以五行言。是谓天地之义
qì cháng yǐ sù shā ér wéi xīn tiān zhī yú
气，常以肃杀而为心。《乡饮酒礼》云：天地肃杀，“此天地之义气也”。[补]心：本性。天之于
wù chūn shēng qiū shí gù qí zài yuè yě shāng shēng
物，春生秋实，“实”字，含“既老”“过盛”意。故其在乐也，商声
zhǔ xī fāng zhī yīn yí zé wéi qī yuè zhī lǜ
主西方之音，商声，属金，故主西方之音。夷则为七月之律。夷则，七月律名。《月令》：
shāng shāng yě wù jì lǎo ér bēi shāng yí lù
“孟秋之月，……律中夷则。”[补]律：音律。商，伤也，物既老而悲伤；夷，戮
yě wù guò shèng ér dāng shā
也，物过盛而当杀。注四句。○此段又细写秋之为义，洗刷无余。下乃从秋畅发“悲哉”意。[补]杀：摧残。

"嗟乎！草木无情，有时飘零。人为动物，惟物之灵。草木无情，而人有情。无情者，尚有时而飘零，况有情者乎？○四句起下数层，是作赋本意。(补)飘零：凋零。惟：为，是。百忧感其心，万事劳其形；有动于中③，必摇其精。人之秋，非一时也。(补)感：触动。中：内心。摇：损耗。精：精神。而况思其力之所不及，忧其智之所不能。人或有时非秋，而又欲故自寻秋也。宜其渥然丹者为槁木，黝然黑者为星星④。朱颜忽而变枯，黑发忽而变白，犹草木之绿缛而色变，葱茏而叶脱也。(补)渥然：色泽红润貌。槁木：枯木。黝然：深黑色。星星：指白发。奈何以非金石之质⑤，欲与草木而争荣？若欲任其忧思，必此身为金石而后可也。奈何非金非石，而欲与草木争一日之荣乎？(补)奈何：为何。念谁为之戕贼，亦何恨乎秋声！"念此槁木、星星，乃忧思所致，是自为戕贼耳，亦何恨乎天地自有之秋声哉！○结出悲秋正旨。(补)念：思考。戕贼：伤害。

童子莫对，垂头而睡。但闻四壁虫声唧唧，如助予之叹息。又于秋声中添出一声，作余波。(补)睡：打瞌睡。唧唧：虫鸣声。

秋声，无形者也。却写得形色宛然，变态百出。末归于人之忧劳，自少至老，犹物之受变，自春至秋，凛乎悲秋之意，溢于言表。结尾虫声唧唧，亦是从声上发挥，绝妙点缀。

〔校记〕

①"萧"，原作"潇"，据《欧阳修全集》改。
②"而"，原作"乎"，据《欧阳修全集》改。
③"于"，原作"乎"，据《欧阳修全集》改。
④"黝"，原作"黟"，据《欧阳修全集》改。
⑤"以"，原缺，据《欧阳修全集》补。

祭石曼卿文

欧阳修

维治平英宗年号。四年七月日，具官欧阳修，谨遣尚书都省令史李敭，至于太清，以清酌庶羞之奠，致祭于亡友曼卿之墓下，而吊之以文曰：㊉维：助词。具官：具位。唐宋以后，官吏常把应写明的官职爵位写作“具位”。太清：石曼卿的故乡，在今河南商丘。清酌：清酒。庶羞：多种美食。奠：祭品。

呜呼曼卿！一呼。生而为英，死而为灵。生死并点。㊉英：德才超群之人。其同乎万物生死，而复归于无物者，暂聚之形；不与万物共尽，而卓然其不朽者，后世之名。许其名传后世，单就死一边说。㊉形：指身体。此自古圣贤莫不皆然，而著在简册者，昭如日星。引古圣贤一证，言其名之必传。十九字，一句读。㊉著：记载。简册：史书。昭：明亮。

呜呼曼卿！二呼。吾不见子久矣，犹能仿佛子之平生。唤起下文。㊉仿佛：依稀。平生：平素，平日的样子。其轩昂磊落，㊉轩昂：气度不凡。磊落：谓胸怀坦荡。突兀峥嵘，㊉突兀：才能卓越。峥嵘：指气质超群。而埋藏于地下者，十六字，一句读。意其不化为朽壤，而为金玉之精。不然，生长松之千尺，产灵芝而九茎。此从生前想其死后，必当化为金玉、为长松、为灵芝，必不与万物同为朽壤也。○中间用“不然”一折，更快。[补]灵芝：传说中的瑞草。奈何荒烟野蔓，荆棘纵横，风凄露下，走磷飞萤？磷，鬼火。[补]奈何：怎么。荒烟：指荒凉的地方。但见牧童樵叟，歌吟而上下，与夫惊禽骇兽，悲鸣踯躅而咿嘤。悲其今日之墓。[补]上下：往来行走。夫：那。踯躅：徘徊不前貌。咿嘤：鸟兽啼叫声。今固如此，更千秋而万岁兮，安知其不穴藏狐貉与鼯鼪？悲其后日之墓。[补]固：已经。更：再。狐貉：狐与貉。鼯鼪：鼯鼠和黄鼠狼，泛指小动物。此自古圣贤亦皆然兮，独不见夫累累乎旷野与荒城！又牵“自古圣贤皆然”，呼应有情。[补]累累：重叠貌。荒城：荒坟。

呜呼曼卿！三呼。盛衰之理，吾固知其如此，临了又一折。而感念畴昔，悲凉凄怆，不觉临风而陨涕者，有愧乎太上之忘情①。自述伤感，欷歔欲绝。[补]畴昔：往日。陨涕：落泪。太上：最上，指圣人。忘情：无喜怒哀乐之情。尚飨！[补]亦作“尚享”，表示希望死者来享用祭品的意思。尚，庶几，表示希冀。飨，通“享”，神鬼享用祭品。

篇中三提曼卿：一叹其声名，卓然不朽；一悲其坟墓，满目凄凉；一叙己交情，伤感不置。文亦轩昂磊落，突兀峥嵘之甚。

〔校记〕

①“乎”，原作“夫”，据《欧阳修全集》改。

泷冈阡表

欧阳修

呜呼！惟我皇考崇公，卜吉于泷冈之六十年，其子修始克表于其阡，泷冈，在江西吉安府永丰县。阡，茔也。(补)惟：发语词，无义。皇考：对亡父的尊称。父曰皇考，母曰皇妣。崇公：崇国公。卜吉：指占卜选择墓地。克：能够。表：石碑，此指立墓碑。阡：坟冢。非敢缓也，盖有待也。提出缓表之故，包下种种恩荣。

修不幸，生四岁而孤。(补)孤：丧父。太夫人守节自誓，居穷，自力于衣食，以长以教，俾至于成人。为下"告之"发端。(补)太夫人：母亲之尊称。守节：丧夫不再嫁。誓：发誓。居穷：家境贫寒。以：助词。长：抚育。俾：使。太夫人告之曰："汝父为吏廉，而好施与，喜宾客，其俸禄虽薄，常不使有余，曰：'毋以是为我累。'(补)累：负担。故其亡也，无一瓦之覆、一垄之植，以庇而为生。十四字，一句读。(补)庇：供养，养育。吾何恃而能自守邪？反跌一句。吾于汝父，知其一二，以有待于汝也。起下"能养""有后"。自吾为汝家妇，不及事吾姑，（【补】姑：婆婆。）然知汝父之能养也。汝孤而幼，吾不能知汝之必有立，然知汝父之必将有后也。（一段，叙父之孝亲裕后。）吾之始归也，汝父免于母丧方逾年，（【补】归：女子出嫁。免：除去。丧：丧服。逾年：过了一年。）岁时祭祀，（【补】岁时：每年一定的时节或时间。）则必涕泣曰：'祭而丰，不如养之薄也。'间御酒食，（【补】间：偶尔。御：指进用。）则又涕泣曰：'昔常不足，而今有余，其何及也！'（浅语，更觉入情。）吾始一二见之，以为新免于丧适然耳。（顿宕。【补】适：偶然。然：如此，这样。）既而其后常然，至其终身未尝不然。（【补】未尝：犹没有。不然：不是这样。）吾虽不及事姑，而以此知汝父之能养也。（一段，承写孝亲。）汝父为吏，尝夜烛治官书，屡废而叹。（【补】烛：点蜡烛。治：处理。官书：指公文。废：停止。）吾问之，则曰：'此死狱也，我求其生不得尔。'（【补】死：死罪。狱：指案件。）吾曰：'生可求乎？'曰：'求其生而不得，则死者与我皆无恨也。（【补】恨：遗憾。）矧求而有得邪？（【补】矧：况且。）以其有得，则知不求而死者有恨也。夫常求其生，犹失之死，而世常求其死也。’[仁人之言，缠绵恺恻。(补)犹：还有。失：错误。世：谓世间的官吏。]回顾乳者，抱汝而立于旁①，[生波。]因指而叹曰：[(补)因：于是。]‘术者谓我岁行在戌将死，使其言然，吾不及见儿之立也，后当以我语告之。’[谓死狱求生之语。○述至此，不胜酸楚。(补)术者：指算命看相者。岁行在戌：指岁星（木星）运行到戌那一年。]其平居教他子弟，[(补)平居：犹平日。]常用此语，吾耳熟焉，故能详也。[描情真切。]其施于外事，吾不能知；[补笔。]其居于家，无所矜饰，而所为如此，是真发于中者邪！[(补)矜饰：矜夸修饰。中：指内心。]呜呼！其心厚于仁者邪！此吾知汝父之必将有后也。[一段，承写裕后。]汝其勉之！[(补)其：表示祈使语气，应当。]夫养不必丰，要于孝；利虽不得博于物，要其心之厚于仁。[(补)要：关键。博于物：谓遍及于人。]吾不能教汝，此汝父之志也。”[总束数语，有收拾。○以上并太夫人之言。]修泣而志之，不敢忘。[结受母教。(补)志：记。]

先公少孤力学，咸平[真宗年号。]三年进士及第，为道州判官，泗、绵二州推官，又为泰州判官。

享年五十有九，葬沙溪之泷冈。一段，详崇公仕宦年葬。太夫人姓郑氏，考讳德仪，世为江南名族。太夫人恭俭仁爱而有礼，初封福昌县太君，进封乐安、安康、彭城三郡太君。一段，详太夫人氏族德爵。自其家少微时，(补)微：贫困。治其家以俭约，其后常不使过之，曰："吾儿不能苟合于世，俭薄所以居患难也。"逆知后来迁谪之事，有先见。(补)苟合：迎合。居：犹度过。其后修贬夷陵，太夫人言笑自若，曰："汝家故贫贱也，吾处之有素矣。汝能安之，吾亦安矣。"一段，又表太夫人安于俭薄。(补)有素：谓已经习惯。

自先公之亡二十年，修始得禄而养。又十有二年，列官于朝，始得赠封其亲。(补)赠封：古代朝廷对官员尊亲赐以爵位和称号。又十年，修为龙图阁直学士、尚书吏部郎中，留守南京，太夫人以疾终于官舍，享年七十有二。带点太夫人年寿。又八年，修以非才，(补)为自谦之辞。入副枢密，遂参政事，又七年而罢。详记年数，应起手"六十年"句。自登二府，㊟中书省和枢密院。天子推恩，褒其三世，盖自嘉祐仁宗年号。以来，逢国大庆，必加宠锡（赐）。皇曾祖府君，累赠金紫光禄大夫、太师、中书令。㊟府君：对已故者的敬称。曾祖妣，累封楚国太夫人。皇祖府君，累赠金紫光禄大夫、太师、中书令兼尚书令。祖妣，累封吴国太夫人。皇考崇公，累赠金紫光禄大夫、太师、中书令兼尚书令。皇妣，累封越国太夫人。今上初郊，皇考赐爵为崇国公，太夫人进号魏国。一段，叙出自己出处及历朝宠锡。㊟今上：当今皇上，指宋神宗。郊：郊祀。帝王于郊外祭祀天地，南郊祭天，北郊祭地。

于是小子修泣而言曰：此段归美祖先，方入己意。“呜呼！为善无不报，而迟速有时，此理之常也。名言至理，足以训世。惟我祖考，积善成德，宜享其隆，虽不克有于其躬，而赐爵受封，显荣褒大，实有三朝之锡（赐）命。㊟不克：不能。躬：亲身。褒大：称扬而使之光大。实：语助词，用以加强语意。三朝：指仁宗、英宗、神宗。锡命：天子所赐予的诏命。是足以表见（现）于后世，而庇赖其子孙矣。”总赞前人。㊟庇赖：庇荫。乃列其世谱，具(俱)刻于碑。既又载我皇考崇公之遗训，太夫人之所以教而有待于修者，并揭于阡。总收父母教训，言约而尽。㊟揭：公布。俾知夫小子修之德薄能鲜，遭时窃位，而幸全大节不辱其先者，其来有自。

结出己之立身，本于先泽，最得体要。㊟鲜：少。遭时：遇到好时势。窃位：谓才德不称，窃取名位。来：发生。自：缘由。

熙宁神宗年号。三年岁次庚戌四月辛酉朔十有五日乙亥，男推诚保德崇仁翊戴功臣、观文殿学士、特进、行兵部尚书、知青州军州事、兼管内劝农使、充京东东路安抚使②、上柱国、乐安郡开国公，食邑四千三百户、食实封一千二百户修表。㊟“推诚保德崇仁翊戴功臣”以下所列，是欧阳修当时的全部封爵、官衔和职务。

善必归亲，褒崇先祖。仁人孝子之心，率意写出，不事藻饰，而语语入情。只觉动人悲感，增人涕泪。此欧公用意合作也。

〔校记〕

①“抱”，《欧阳修全集》作“剑”。
②“京东东路”，原作“京东路”，据《欧阳修全集》改。

管仲论

苏洵

管仲相桓公①，（(补)桓公：齐桓公。相：辅佐。）霸诸侯，攘夷狄，（(补)霸：用如动词，称霸。攘：抵御。）终其身齐国富强，诸侯不叛②。（功案。）管仲死，竖刁、易牙、开方用，桓公薨于乱，五公子争立，（公子武孟、公子元、公子潘、公子商人、公子雍、公子昭。昭立，是为孝公，故曰五公子。(补)用：当权。薨：诸侯死曰薨。）其祸蔓延，讫简公，（(补)讫：至，到。简公：齐简公。）齐无宁岁。（祸案。）

夫功之成，非成于成之日，盖必有所由起；（(补)所由起：发生的原因。起，起因。）祸之作，不作于作之日，亦必有所由兆。（接上生下。(补)所由兆：发生预兆的迹象。兆，征兆。）则齐之治也③，吾不曰管仲，而曰鲍叔；（鲍叔荐管仲，桓公用之。○承功“所由起”，是客。）及其乱也，吾不曰竖刁、易牙、开方，而曰管仲。（承祸“所由兆”，是主。）何则？竖刁、易牙、开方三子，彼固乱人国者，顾其用之者，桓公也。（责桓公，是客。(补)彼：他们。固：本来。顾：不过，但是。）夫有舜而后知放四凶，有仲尼而后知去少正卯。㊟放：放逐。《尚书·舜典》：舜“流共工于幽州，放驩兜于崇山，窜三苗于三危，殛鲧于羽山”。彼桓公何人也？句含蓄。顾其使桓公得用三子者，管仲也。责管仲，是主。事见下文。仲之疾也，公问之相。当是时也，吾意以仲且举天下之贤者以对，而其言乃不过曰竖刁、易牙、开方三子，非人情，不可近而已。管仲病，桓公问曰：“群臣谁可相者？”管仲曰：“知臣莫如君。”公曰：“易牙如何？”对曰：“杀子以适君，非人情，不可。”“开方如何？”对曰：“倍亲以适君，非人情，难近。”“竖刁如何？”对曰：“自宫以适君，非人情，难亲。”管仲死，而桓公不用其言，近用三子。三子专权。○入管仲罪处，全在此段，以下反复畅发此意。

呜呼！仲以为桓公果能不用三子矣乎？仲与桓公处几年矣，㊟几年：犹多年。亦知桓公之为人矣乎？桓公声不绝乎耳④，色不绝乎目⑤，而非三子者，则无以遂其欲。㊟遂：满足。彼其初之所以不用者，徒以有仲焉耳。㊟徒：只。以：因为。一日无仲，则三子者，可以弹冠而相庆矣。须看“有”“无”二字意。㊟弹冠：弹去冠上的灰尘，指准备做官。仲以为将死之言，可以絷桓公之手足邪？㊟絷：束缚。

夫齐国不患有三子，而患无仲。有仲，则三子者，三匹夫耳。转换警策。(补)匹夫：常人。不然，天下岂少三子之徒哉？虽桓公幸而听仲，诛此三人，而其余者，仲能悉数而去之邪？此转更透。(补)悉数：全部。呜呼！仲可谓不知本者矣。断句有关锁。因桓公之问，(补)因：趁着。举天下之贤者以自代，则仲虽死，而齐国未为无仲也。夫何患三子者？不言可也。此段设身置地，代仲为谋，论有把握。

五霸莫盛于桓、文⑥。文公之才，不过桓公，其臣狐偃、赵衰、先轸、阳处父。又皆不及仲；灵公文公子。之虐，不如孝公桓公子。之宽厚。文公死，诸侯不敢叛晋，晋袭文公之余威，得为诸侯之盟主者百有余年⑦。(补)袭：沿袭。盟主：诸侯盟会之主，即霸主。何者？其君虽不肖，而尚有老成人焉。晋以有贤而强。(补)不肖：谓子不似父。老成人：年高有德之人，此指旧臣。桓公之薨也，一乱涂地⑧，无惑也，彼独恃一管仲，而仲则死矣。齐以无贤而败。○此把晋文来照齐桓，方知管仲无所逃责。(补)惑：怀疑。

夫天下未尝无贤者，盖有有臣而无君者矣。未有有君而无臣者也。㊟未尝：并非，未必。桓公在焉，而曰天下不复有管仲者，吾不信也。见非天下无贤，正罪仲不能荐。仲之书，《管子》。㊟唐代孔颖达称："世有《管子》书者，或是后人所录。"有记其将死，论鲍叔、宾胥无之为人，且各疏其短。管子寝疾，对桓公曰："鲍叔之为人也，好直而不能以国强。宾胥无之为人也，好善而不能以国诎。"㊟疏：列举，指出。是其心以为是数子者⑨，㊟这几个人。是：此，这。皆不足以托国；而又逆知其将死，则其书诞谩不足信也。据仲之书，竟以为无贤，故不足信。㊟逆知：预知。诞谩：荒诞虚妄。吾观史鰌即史鱼。以不能进蘧伯玉而退弥子瑕，故有身后之谏；《家语》：史鱼病，将卒。命其子曰："吾仕卫不能进蘧伯玉，退弥子瑕，是吾生不能正君，死无以成礼。我死，汝置尸牖下，于我毕矣。"其子从之。灵公吊焉，怪而问之。其子以告。公愕然失容，于是命殡之客位。进蘧伯玉，而退弥子瑕。萧何且死，举曹参以自代。大臣之用心，固宜如此也。引二人，俱临殁时进贤切证。㊟且：将要。夫国以一人兴，以一人亡。贤者不悲其身之死，而忧其国之衰，故必复有贤者，而后可以死。彼管仲者，何以死哉？结语冷绝。

通篇总是责管仲不能临没荐贤。起伏照应，开阖抑扬。立论一层深

一层，引证一段紧一段。似此卓识雄文，方能令古人心服。

〔校记〕

①“桓公”，原作“威公”，宋本因避宋钦宗赵桓讳，改“桓”为“威”，今据《嘉祐集笺注》正，全文均同。
②“不”后原有一“敢”字，据《嘉祐集笺注》删。
③“则”，原作“故”，据《嘉祐集笺注》改。
④⑤“乎”，原作“于”，据《嘉祐集笺注》改。
⑥“霸”，原作“伯”，据《嘉祐集笺注》改。
⑦“得为诸侯之盟主者百有余年”，原作“犹得为诸侯之盟主百余年”，据《嘉祐集笺注》改。
⑧“乱”，原作“败”，据《嘉祐集笺注》改。
⑨“是数子者”之“是”，原缺，据《嘉祐集笺注》补。

bàn jiān lùn

辨奸论

sū xún

苏洵

shì yǒu bì zhì lǐ yǒu gù rán

事有必至，理有固然。引成语起。[补]语本《战国策》。必至：必然归向。固然：本来就如此。**惟 wéi

tiān xià zhī jìng zhě nǎi néng jiàn wēi ér zhī zhù
天下之静者，乃能见微而知著。**惟静故能知几，此先生自负之言也。○开端三句，言安石必乱天下，但静以观之自见，虚虚冒起全篇。[补]著：明显。**月晕而风，础润而雨，**础，柱下石也。月旁 yuè yùn ér fēng chǔ rùn ér yǔ 昏气曰晕，柱础生汗曰润。**人人知之。**天地阴阳之事，人无不知。**人事之推移，理势之相 rén rén zhī zhī rén shì zhī tuī yí lǐ shì zhī xiāng

yīn qí shū kuò ér nán zhī biàn huà ér bù kě cè zhě shú yǔ tiān
因，其疏阔而难知，变化而不可测者，孰与天地阴阳之事，**人事、理势，较天地阴阳，则为易知。[补]推移：变化。理势：

dì yīn yáng zhī shì
情势。相因：相互承袭。疏阔：疏远。孰与：哪能比得上。**而**

贤者有不知，欧阳公亦劝先生与荆公游。其故何也？好恶乱其中，而利害夺其外也。常人尚能知天地阴阳之事，而贤者反不能知人事之推移、理势之相因，盖其心汩于好恶利害，而不能静也。○此段申明起手三句意。【补】中：内心主见。夺：谓左右、影响。外：行为。

昔者，引证。山巨源见王衍，曰："误天下苍生者，必此人也。"晋惠帝时，王衍为尚书令，乐广为河南令，皆善清谈。衍少时，山涛见之，叹曰："何物老妪，生宁馨儿。然误天下苍生者，必此人也。"【补】误：妨害。苍生：指百姓。郭汾阳见卢杞，曰："此人得志，吾子孙无遗类矣。"唐德宗以杨炎、卢杞同平章事。杞貌丑，有才辨，悦之。时郭子仪每见宾客，姬妾不离侧。惟杞至，子仪悉屏侍妾。或问其故，对曰："杞貌丑而心险，妇人见之必笑。他日杞得志，吾族无遗类矣。"【补】遗类：指残存者。自今而言之，其理固有可见者。理有固然。以吾观之，王衍之为人，容貌言语，固有以欺世而盗名者，然不忮不求，与物浮沉。无卢杞之阴险。【补】不忮不求：不害人亦不贪求。与物浮沉：随世俗而进退。使晋无惠帝，仅得中主，虽衍百千，何从而乱天下乎？反照神宗，伏下"愿治之主"。【补】使：假使。中主：中等才德的君主。虽：即使。何从：怎能。卢杞之奸，固足以败国，然而不学无文，容貌不足以动人，言语不足以眩世，无王衍之虚名。【补】眩：迷惑。非德宗之鄙暗，亦何从而用之？反照神宗，伏下"愿治之主"。

（补）鄙暗：犹昏昧。由是言之，二公之料二子，亦容有未必然也。虽理有固然，非事所必至。○此段言衍、杞之奸，未甚。特其遇惠帝、德宗而为乱耳，正形安石为极奸。（补）容：或许。

今有人，暗指安石。口诵孔、老之言，身履夷、齐之行，（补）履：实行。夷齐：伯夷和叔齐。收召好名之士、不得志之人，相与造作言语，（补）造作：制造。言语：指舆论。私立名字，（补）名字：犹声誉。以为颜渊、孟轲复出，有王衍之虚名。而阴贼险狠，与人异趣，有卢杞之阴险。是王衍、卢杞合而为一人也，其祸岂可胜言哉？厥后卒生靖康之祸，直是目见，非为悬断。（补）胜：尽。夫面垢不忘洗，衣垢不忘浣，此人之至情也。（补）垢：污浊。浣：洗衣。至情：常情。今也不然，衣臣虏之衣，食犬彘之食，囚首丧面，而谈诗书，囚，不栉首。居丧者，不洗面。○明指安石。（补）臣虏：囚犯。彘：猪。此岂其情也哉？从恒情勘出至奸，所谓见微知著者以此。凡事之不近人情者，鲜不为大奸慝，竖刁、易牙、开方是也。注见《管仲论》中。○拓开一步。（补）鲜：少。奸慝：邪恶。以盖世之名，而济其未形之患，紧入本人。（补）以：凭借。济：促成。形：显现。虽有愿治之主、好贤之相，犹将举而用之，规讽仁宗。（补）犹：还。则其为天下患，必然

ér wú yí zhě fēi tè èr zǐ zhī bǐ yě
而无疑者，非特二子之比也。 应上二子容有未然意。
⑭特：副词，仅仅。

sūn zǐ yuē shàn yòng bīng zhě wú hè hè zhī gōng
孙子曰："善用兵者，无赫赫之功。" 不欲有功，恐
致伤人也。⑭

赫赫：显
赫盛大貌。

shǐ sī rén ér bú yòng yě zé wú yán wéi guò ér sī rén
使斯人而不用也，则吾言为过，而斯人

yǒu bú yù zhī tàn
有不遇之叹。 ⑭使：假使。斯人：这个人。
过：错。不遇：怀才不遇。

shú zhī qí huò zhī zhì yú
孰知其祸之至于

cǐ zāi① bù rán tiān xià jiāng bèi qí huò ér wú huò zhī yán zhī
此哉①？不然，天下将被其祸，而吾获知言之

míng bēi fú
名，悲夫！ 宁愿安石不见用，使天下以吾言为过。毋愿安石用，使天下被其祸，而吾
获知言之名也。○结得淋漓感慨。⑭被：遭受。知言：谓有先见之明。

介甫名始盛时，老苏作《辨奸论》，讥其不近人情。厥后新法烦苛，
流毒寰宇。见微知著，可为千古观人之法。

〔校记〕

①"其"，原缺，据《嘉祐集笺注》补。

心　术
xīn shù

苏　洵
sū xún

wéi jiàng zhī dào dāng xiān zhì xīn
为将之道，当先治心。 ⑭治：
修养。

tài shān bēng yú qián ér
泰山崩于前而

sè bú biàn mí lù xīng yú zuǒ ér mù bú shùn rán hòu kě yǐ zhì
色不变，麋鹿兴于左而目不瞬，然后可以制

lì hài kě yǐ dài dí
利害，可以待敌。 第一段，言为将当先治心。○此篇每段自为节奏，而以治
心为主。⑭左：旁。瞬：眨眼。制：判断。待：对付。

凡兵上(尚)义；不义，虽利勿动。〔补〕上：崇尚。义：正义。虽：即使。非一动之为害①，而他日将有所不可措手足也。〔补〕有所：有。所，助词。不可措手足：犹言手足无措。措，处置。夫惟义可以怒士，士以义怒，可与百战。第二段，言举兵当知尚义。〔补〕惟：只有。怒：激怒。

凡战之道，未战养其财，将战养其力，既战养其气，既胜养其心。谨烽燧，严斥堠，烽燧所以警寇。昼则燔燧，夜则举燧。斥，度也。堠，望也。以望烽火也。〔补〕白天放烟叫烽，夜间举火叫燧。斥堠：侦察，候望。使耕者无所顾忌，所以养其财；丰犒而优游之，所以养其力；〔补〕丰犒：优厚的犒赏。优游：使……休养。小胜益急，小挫益厉(励)，所以养其气；〔补〕厉：鼓励。用人不尽其所欲为，所以养其心。虽平叙，自归重养心。〔补〕尽：竭尽。欲为：欲望。故士常蓄其怒、怀其欲而不尽。怒不尽则有余勇，欲不尽则有余贪。〔补〕谓欲望尚未满足仍有追求。故虽并天下而士不厌兵，此黄帝之所以七十战而兵不殆(怠)也。〔补〕并：吞并。厌兵：厌战。殆：怠倦。不养其心，一战而胜，不可用矣。第三段，言议战当知所养。

凡将欲智而严，凡士欲愚。智则不可测，严则不可犯，故士皆委己而听命，夫安得不愚？夫惟士愚，而后可与之皆死。第四段，言将与士当得智愚。

凡兵之动，知敌之主，知敌之将，而后可以动于险。邓艾缒兵于蜀中，非刘禅之庸，则百万之师可以坐缚，彼固有所侮而动也。后汉炎兴元年，魏将邓艾入蜀，自阴平行无人之地七百余里，凿山通道，造作桥阁，山高谷深，至为艰险。艾以毡自裹，推转而下。将士皆攀木缘崖，鱼贯而进。先登至江油，遂至成都。后主禅出降，汉亡。(补)缒：以绳拴人而下。固：原本。侮：轻视。故古之贤将，能以兵尝敌，而又以敌自尝，故去就可以决。此段，就上段分出，申说“智”字。(补)尝：试探。去就：去留，此指撤退或进攻。

凡主将之道，知理而后可以举兵，知势而后可以加兵，知节而后可以用兵。(补)理：战争原理。势：敌我态势。加兵：指出兵。节：指节制。知理则不屈，知势则不沮，知节则不穷。(补)屈：屈服。沮：沮丧。穷：困窘。见小利不动，见小患不避，小利小患，不足以辱吾技也，夫然后可以支大利大患②。夫惟养技而自爱者，无敌于天下。故一忍可以支百勇，一静可以制百动。第五段，言主将当知理、势、节三者。

兵有长短，敌我一也。敢问："吾之所长，吾出而用之，彼将不与吾校；(补)校：较量。吾之所短，吾蔽而置之，彼将强与吾角，奈何？"(补)角：较量。奈何：怎么办。曰："吾之所短，吾抗而暴之，使之疑而却；(补)抗：树立。暴：暴露。却：退。吾之所长，吾阴而养之，使之狎而堕其中。(补)阴：隐藏。狎：轻忽。堕：落。此用长短之术也。"第六段，言主将当善用长短之术。

善用兵者，使之无所顾、有所恃。无所顾，则知死之不足惜；有所恃，则知不至于必败。尺棰当猛虎，奋呼而操击；喻有所恃。(补)棰：木棍。当：对着。徒手遇蜥蜴，变色而却步，喻无所恃。人之情也。知此者，可以将矣。袒裼而按剑③，则乌获不敢逼；(补)袒裼：赤膊露体。按剑：以手抚剑。乌获：战国时秦之大力士。逼：迫近。冠胄衣甲，(补)戴头盔穿铠甲。冠、衣：二词皆用如动词。据兵而寝，则童子弯弓杀之矣。此喻不可徒恃，比前喻更深一层。(补)据兵：靠着兵器。弯弓：拉弓。故善用兵者以形固。(补)意谓凭借外在的形势使自己稳固。以：凭借。形：指力量强弱的形势。夫能以形固，则力有余矣。第七段，论有备无患之道。而以“善用兵者，以形固”终焉。

此篇逐节自为段落，非一片起伏首尾议论也。然先后不紊。由治心而养士，由养士而审势，由审势而出奇，由出奇而守备，段落鲜明，井井有序。文之善变化也。

〔校记〕

①“为”后原有一“利”字，据《嘉祐集笺注》删。
②“可”，原作“有”，据《嘉祐集笺注》改。
③“按”，原作“案”，据《嘉祐集笺注》改。

张益州画像记

苏洵

至和仁宗年号。元年秋，蜀人传言有寇至①。[补]寇：强盗。边军夜呼，野无居人。四语写出将乱光景。[补]野：郊外，乡村。妖言流闻，京师震惊。[补]妖言：犹谣言。方命择帅，天子曰：“毋养乱！毋助变！众言朋兴，朕志自定。[补]众言：谓各种谣言。朋兴：群起，蜂起。朋，一起。外乱不作②，变且中起。[补]不作：不会兴起。且：将。中：内部。不可以文令③，又不可以武竞。[补]文令：指颁布政令止乱。武竞：谓武力平乱。惟朕一二大吏，孰为能处兹文武之间，其命往抚朕师？”代天子言，便是天子气象。且语语为下伏根。（补）孰：谁。其：表未来时间，犹将。乃推曰：众推也。“张公方平其人。”天子曰：“然。”公以亲辞，（补）亲：父母。不可，遂行。冬十一月至蜀。至之日，归屯军，撤守备，伏根。（补）归：遣归。屯军：驻军。使谓郡县：（补）使：派人。“寇来在吾，无尔劳苦。”（补）尔：你们。明年正月朔旦，（补）朔旦：旧历每月初一。蜀人相庆如他日，遂以无事。又明年正月，相告留公像于净众寺，公不能禁。叙事简严，质而不俚。

眉阳苏洵言于众曰：（补）眉阳：位于眉山之阳，故名。苏洵原籍眉山。“未乱，易治也；既乱，易治也；有乱之萌，无乱之形，是谓将乱。（补）萌：萌芽。将乱难治，不可以有乱急，亦不可以无乱弛。有乱急，无乱弛，即上不可以武竞，不可以文令意。（补）弛：松懈。是惟元年之秋[4]，如器之欹[5]，未坠于地，欹，不正也。惟尔张公，安坐于其旁，颜色不变，徐起而正之。（补）徐：缓慢。既正，油然而退，无矜容。得坐镇之体，即上归屯、撤守意。（补）油然：舒缓貌。矜：骄傲。为天子牧小民不倦，惟尔张公；（补）牧小民：治理百姓。尔繄以生，惟尔父母。以下至“不忍为也”，皆述张公之言，发挥本意。补繄：是。且公尝为我言：‘民无常性，惟上所待。补为：对。性：性情。人皆曰蜀人多变，于是待之以待盗贼之意，而绳之以绳盗贼之法，补绳：约束，引申为制裁。重足屏息之民，而以砧斧令。补重足屏息：谓极度畏惧。重足，叠足站立，不敢向前。屏息，憋住呼吸，不敢出声。砧斧：砧板与斧钺，皆为杀人刑具。于是民始忍以其父母妻子之所仰赖之身，而弃之于盗贼，故每每大乱。夫约之以礼，驱之以法，惟蜀人为易。至于急之而生变，虽齐鲁亦然。补齐鲁：齐国和鲁国，借指礼仪之邦。吾以齐鲁待蜀人，而蜀人亦自以齐鲁之人待其身。若夫肆意于法律之外，以威劫齐民，齐等之民。补肆意：纵情任意。威劫：威胁。齐民：平民。吾不忍为也。’此段议论，皆从上叙事中发出，虽称道张公，实回护蜀人，盖先生本蜀人，不得不回护也。呜呼！爱蜀人之深，待蜀人之厚，自公而前，吾未始见也。”皆再拜稽首曰：“然。”收拾前文，下乃拈出画像意。补稽首：跪拜礼，叩头至地。

苏洵又曰：“公之恩在尔心，尔死，在尔子孙。其功业在史官，叠下三“在”字，错落有致。无以像为也。且公意不欲，如何？”先作一折。皆曰：“公则何事于斯？虽然，于我心有不释焉。(补)不释：放不下。今夫平居闻一善，(补)平居：犹平日。必问其人之姓名，与乡里之所在⑥，以至于其长短、大小⑦、美恶之状。甚者，或诘其平生所嗜好，以想见其为人，(补)诘：追问。而史官亦书之于其传。意使天下之人，思之于心，则存之于目；存之于目，故其思之于心也固。由此观之，像亦不为无助。”此段就人之至情上，曲曲写出留像意，文势激昂，笔墨精采。苏洵无以诘，(补)诘：反驳。遂为之记。

公南京人，(补)今河南商丘。为人慷慨有大节，以度量容天下⑧。(补)度量：指胸襟。天下有大事，公可属。数语应篇首，以起扬颂意。(补)属：托付。系之以诗曰：(补)系：连缀。天子在祚，(补)祚：帝位。岁在甲午。(补)岁：岁星。西人传言，有寇在垣。(补)垣：城墙，此指边地。庭有武臣，谋夫如云。天子曰嘻，命我张公。舍武臣、谋夫不用，而特用张公。公来自东，旗纛舒舒。(补)旗纛：仪仗大旗。舒舒：迎风飘拂貌。西人聚观，于巷于涂途。谓公暨暨，公来于于。暨暨，果毅貌。于于，自足貌。公谓西人：安尔室家，无敢或讹。(补)或：助词。讹：指谣言。讹言不祥，往即尔常。春尔条桑，秋尔涤场。条，枝落也。○此乃是常。是归屯、撤守实际。(补)涤场：清扫打谷场。西人稽首，公我父兄。公在西囿，草木骈骈。公宴其僚，伐鼓渊渊。骈骈，并茂也。渊渊，鼓声平和不暴怒也。○就归屯、撤守描写。(补)伐：敲击。西人来观，祝公万年。有女娟娟，闺闼闲闲。有童哇哇，亦既能言。娟娟，美好貌。闲闲，自得貌。哇哇，小儿啼也。(补)闺闼：闺房。昔公未来，期汝弃捐。倒转二句，妙。(补)期：预料。弃捐：抛弃。禾麻芃芃，仓庾崇崇。芃芃，美盛貌。(补)仓庾：粮仓。崇崇：高貌。嗟我妇子，乐此岁丰。是归屯、撤守后效。(补)嗟：感叹。公在朝廷，天子股肱。天子曰归，公敢不承？转到公归留像。(补)股肱：大腿和胳膊，喻辅佐之臣。作堂严严，有庑有庭。(补)严严：庄严貌。庑：堂下周围的廊屋。庭：厅堂。公像在中，朝服冠缨。(补)缨：冠带。西人相告，无敢逸荒。(补)荒：荒怠。公归京师，公像在堂。结有余韵。

前叙事，后议论。叙事古劲，而议论许多斡旋回护，尤高。末一段，写像处说不必有像，而亦不可无像。三四转折，殊为深妙。系诗一结，更见风雅遗音。

〔校记〕

①“至”后原有一“边”字，据《嘉祐集笺注》删。
②“作”，原作“足”，据《嘉祐集笺注》改。
③“不”前原有一“既”字，据《嘉祐集笺注》删。
④“是惟”，原作“惟是”，据《嘉祐集笺注》改。
⑤“欹”，原作“攲”，据《嘉祐集笺注》改。
⑥“乡里”，原作“其邻里”，据《嘉祐集笺注》改。
⑦“大小”，原作“小大”，据《嘉祐集笺注》改。
⑧“容”，原作“雄”，据《嘉祐集笺注》改。

刑赏忠厚之至论

苏轼

尧、舜、禹、汤、文、武、成、康之际，何其爱民之深，忧民之切，而待天下之以君子长者之道也①！正是忠厚处，一篇主意，在此一句。○总冒以咏叹起，另是一种起法。㊟尧舜禹汤文武成康：皆古代帝王，即唐尧、虞舜、大禹、商汤、周文王、周武王、周成王、周康王。何其：多么。切：真切。有一善，从而赏之，又从而咏歌嗟叹之，所以乐其始而勉其终；㊟从而：然后，因而。咏歌：吟咏歌唱。嗟叹：赞美。有一不善，从而罚之，又从而哀矜惩创之，所以弃其旧而开其新。一意翻作两层。㊟哀矜：怜悯。惩创：惩戒。故其吁俞之声，欢休惨戚②，见于虞、夏、商、周之书。吁，叹其不然之辞。俞，应许之辞也。○应上尧舜禹汤文武成康，此言盛时之忠厚。[补]吁俞：嗟叹赞许。欢休：欢乐。惨戚：悲戚。

成、康既没（殁），穆王立而周道始衰，然犹命其臣吕侯，而告之以祥（详）刑。《吕刑》："告尔祥刑。"刑，凶器。而谓之祥者，刑期无刑，民协于中，其祥莫大焉。[补]吕侯：周穆王大臣，《吕刑》为其请命而颁。告：告诫。祥刑：谓审慎断狱。其言忧而不伤，威而不怒，慈爱而能断，恻然有哀怜无辜之心，故孔子犹取焉[3]。此言至衰世而忠厚犹存。[补]断：决断。恻然：哀怜悲伤貌。

《传》曰："赏疑从与，所以广恩也。罚疑从去，所以慎刑也。"当赏而疑，则宁与之。当罚而疑，则宁不致罚。○就疑处见出忠厚来，篇中不出此意。[补]传：阐释经文的著作，此指孔安国的《传》。从：采取某种处理方针。与：给予。去：免除。慎刑：审慎用刑。当尧之时，皋陶为士，[补]士：掌管刑狱的官员。将杀人，皋陶曰"杀之"三，尧曰"宥之"三，[补]宥：赦免。故天下畏皋陶执法之坚，而乐尧用刑之宽。"皋陶曰"二句，诸主文不知其出处，及入谢，欧阳公问其出处，东坡笑曰："想当然耳。"数公大笑。四岳曰："鲧可用。"尧曰："不可，鲧方命圮族。"既而曰："试之。"四岳，官名。一人而总四岳诸侯之事也。方命，逆命而不行也。圮族，犹言败类也。[补]圮：毁。何尧之不听皋陶之杀人，而从四岳之用鲧也？然则圣人之意，盖亦可见矣。独举尧以为舜、禹、汤、文、武之例，刑赏忠厚，意便跃然。《书》曰："罪疑惟轻，功疑惟重。与其杀不辜，宁失不经。" 罪可疑者，则从轻以罚之。功可疑者，则从重以赏之。法可以杀、可以无杀者，与其杀之而害彼之生，宁姑生之而自受失刑之责。㊟《书》：《尚书》。惟：从。不辜：无罪。失：失职。不经：不合常法。呜呼！尽之矣。引经顿住。下乃畅发题旨，得意疾书，如长江大河，一泻千里。

可以赏，可以无赏，赏之过乎仁；可以罚，可以无罚，罚之过乎义。过乎仁，不失为君子；过乎义，则流而入于忍人。㊟忍人：残忍的人，硬心肠的人。故仁可过也，义不可过也。至理快论。

古者，赏不以爵禄，刑不以刀锯。又振起。赏以爵禄[4]，是赏之道行于爵禄之所加，而不行于爵禄之所不加也；刑之以刀锯[5]，是刑之威施于刀锯之所及，而不施于刀锯之所不及也。又将刑赏振宕一番，下便一转而入，快利无前。先王知天下之善不胜赏，而爵禄不足以劝也，知天下之恶不胜刑，而刀锯不足以裁也，㊟胜：尽。劝：鼓励。裁：杀。是故疑则举而归之于仁，到底不脱“疑”字。以君子长者之道待天下，使天下相率而归于君子长者之道，应前。补相率：相继，一个接一个。故曰忠厚之至也。一句点出。文气已完。下作余波。补至：达到极点。

《诗》曰：“君子如祉，乱庶遄已。君子如怒，乱庶遄沮。”祉，喜也。遄，速也。补庶：将近。已：制止。沮：终止。夫君子之已乱，岂有异术哉？补已乱：平息动乱。时其喜怒⑥，而无失乎仁而已矣。补时：使合于时宜。而已：表示仅止于此，犹罢了。《春秋》之义，立法贵严，而责人贵宽，因其褒贬之义以制赏罚，亦忠厚之至也。引《诗》、引《春秋》，亦见同归于忠厚，深著夫子作《春秋》之意，有得于尧舜禹汤文武成康之心。补因：依照。

此长公应试文也。只就本旨，从“疑”上全写其忠厚之至。每段述事，而断以婉言警语。天才灿然，自不可及。

〔校记〕

①“天下之”之“之”，原缺，据《苏轼文集》补。
②“休”，《经进东坡文集事略》作“忻”。
③“犹”后原有一“有”字，据《苏轼文集》删。
④“赏”后原有一“之”字，据《苏轼文集》删。
⑤“之”，原缺，据《苏轼文集》补。
⑥“时”，《经进东坡文集事略》作“制”。

范增论

苏轼

汉用陈平计，间疏楚君臣，(补)间：离间。项羽疑范增与汉有私，稍夺其权。(补)有私：谓暗中勾结。稍：逐渐。增大怒曰："天下事大定矣，君王自为之。愿赐骸骨归卒伍。"(补)赐骸骨：请求辞官的婉辞。归卒伍：离开军队。归未至彭城，疽发背死。(补)疽：毒疮。

苏子曰：增之去善矣，不去，羽必杀增。略一扬。独恨其不早耳。劈下一断，作冒。(补)恨：遗憾。然则当以何事去？故作问。增劝羽杀沛公，羽不听，终以此失天下。当于是去耶？故作问。(补)是：这时候。曰：否。增之欲杀沛公，人臣之分也；羽之不杀，犹有君人之度也。增曷为以此去哉！故作答。○故作问答，以起下正意。(补)曷为：为什么。《易》曰："知几其神乎！"(补)几：隐微，指事物变化的先兆。《诗》曰："相彼雨雪，先集维霰。"霰，雪之始凝者也。将大雨雪，必先微温。雪自上下，遇温气而抟，谓之霰。久而寒胜，则大雪矣。○先引《诗》《易》语，文势不迫。(补)相：看。彼：那。雨雪：下雪。

集：聚集。维：是。霰：雪珠。**增之去，当于羽杀卿子冠军时也。**义帝命宋义为上将，号曰卿子冠军，后为项羽所杀。○通篇只一句断尽。

陈涉之得民也，以项燕、扶苏。陈涉初起兵，假楚将项燕、秦太子扶苏为名。二人已死，陈涉诈称，以感动人心。○借陈涉引起项氏。**项氏之兴也，以立楚怀王孙心，而诸侯叛之也，以弑义帝。**楚怀王入秦，无罪而亡，楚人怜之。南公曰："楚虽三户，亡秦必楚。"范增劝项梁求楚怀王孙名心者，立以为楚怀王。项羽阳尊怀王为义帝，阴使人弑之。○此言楚之盛衰，系于义帝之存亡。(补)弑：卑幼杀死尊长叫弑。**且义帝之立，增为谋主矣。义帝之存亡，岂独为楚之盛衰，亦增之所与同祸福也。**(补)独：只是。**未有义帝亡而增独能久存者也。**此言义帝之存亡，关乎范增之祸福。**羽之杀卿子冠军也，是弑义帝之兆也。其弑义帝，则疑增之本也，岂必待陈平哉？**三人生死去就，最相关涉。推原出来，正见增之去，当于杀卿子冠军时也。(补)本：开始。**物必先腐也，而后虫生之；人必先疑也，而后谗入之。陈平虽智，安能间无疑之主哉？**反振二句，结过疑增不待陈平意。

吾尝论义帝，天下之贤主也。独遣沛公入关，而不遣项羽①；借遣沛公引起识卿子冠军。**识卿子冠军于稠**

人之中，而擢以为上将，不贤而能如是乎？叹义帝之贤，以起羽与义帝，势不两立。㊟稠人：众人。擢：提升。如是：像这样。羽既矫杀卿子冠军，义帝必不能堪，㊟矫：诈称。堪：谓容忍。非羽弑帝，则帝杀羽，不待智者而后知也。申上“羽杀卿子冠军，是弑义帝之兆”句。㊟不待：用不着。增始劝项梁立义帝，诸侯以此服从，中道而弑之，非增之意也。夫岂独非其意，将必力争诤而不听也。空中著想，妙。㊟岂独：何止。争：诤谏，规劝。不用其言，而杀其所立，羽之疑增，必自是始矣。申上“弑义帝，则疑增之本”句。㊟是：此时，这时候。

方羽杀卿子冠军，增与羽比肩而事义帝，救赵时，项羽为次将，范增为末将。故曰“比肩事义帝”。㊟比肩：并列，居同等地位。君臣之分未定也。为增计者，力能诛羽则诛之，不能则去之，岂不毅然大丈夫也哉？代增处置一番。增年已七十，合则留，不合则去。不以此时明去就之分，而欲依羽以成功②，陋矣！责增之不能知几，由于不明去就之分，最有关锁。㊟明去就之分：谓作去留的决定。陋：目光短浅。虽然，增，高帝之所畏也。增不去，项羽不亡。呜呼！

zēng yì rén jié yě zāi
增亦人杰也哉！

结尾作赞叹语，尽抑扬之致。

前半多从实处发议，后半多从虚处设想。只就增去不能早处，层层驳入，段段回环。变幻无端，不可测识。

〔校记〕

① "而"，原缺，据《苏轼文集》补。
② "功"后原有一"名"字，据《苏轼文集》删。

liú hóu lùn
留 侯 论

sū shì
苏 轼

gǔ zhī suǒ wèi háo jié zhī shì zhě   bì yǒu guò rén zhī jié
古之所谓豪杰之士者①，必有过人之节。

伏能忍。⑪节：志节，志向。

rén qíng yǒu suǒ bù néng rěn zhě   pǐ fū jiàn rǔ   bá jiàn
人情有所不能忍者，匹夫见辱，拔剑

ér qǐ   tǐng shēn ér dòu   cǐ bù zú wéi yǒng yě
而起，挺身而斗，此不足为勇也。

不能忍者。⑪匹夫：普通人。见：受到。

tiān
天

xià yǒu dà yǒng zhě   cù rán lín zhī ér bù jīng   wú gù jiā zhī ér
下有大勇者，卒然临之而不惊，无故加之而

bú nù   cǐ qí suǒ xié chí zhě shèn dà   ér qí zhì shèn yuǎn yě
不怒，此其所挟持者甚大，而其志甚远也。

能忍者。

○能忍不能忍，是一篇主意。⑪卒然：突然。加：欺凌。挟持：抱负。

fú zǐ fáng shòu shū yú yí shàng zhī lǎo rén yě   qí shì shèn
夫子房受书于圯上之老人也，其事甚

guài
怪。

楚人谓桥为圯。《史记》：张良尝游下邳，圯上有一老父，衣褐至良所，直堕其履圯下，顾谓良曰："孺子，下取履！"良愕然，欲殴之。为其老，强忍下取履。父曰："履我！"良

业为取履，因长跪履之。父以足受，笑而去。去里所，复还曰："孺子可教矣。"约后五日平明，会圯上。怒良后至者再。最后出一篇书曰："读此则为王者师矣。后十年兴。十三年，孺子见我济北谷城山下，黄石即我矣。"遂去，不复见。○入事。

然亦安知其非秦之世有隐君子者，出而试之？(补)隐君子：比指隐士。观其所以微见现其意者，皆圣贤相与警戒之义，而世不察，以为鬼物，亦已过矣。看老人事，非涉乇鬼怪。特作翻案，妙。(补)相与：互相。过：错误。且其意不在书。深入一层发议，此句乃一篇之头也。(补)书：指授兵书事。

当韩之亡，秦之方盛也，以刀锯鼎镬待天下之士，其平居无罪夷灭者[2]，不可胜数，(补)刀锯鼎镬：四者皆刑具，借指酷刑。平居：平时。夷灭：诛杀。胜：尽。虽有贲、孟贲。育，夏育。无所复施[3]。(补)施：施展。夫持法太急者，其锋不可犯，而其末可乘[4]。有大勇者，当此时自能忍之。(补)可乘：可以利用。子房不忍忿忿之心，以匹夫之力，而逞于一击之间。(补)忿忿：愤怒不平貌。逞：快意。当此之时，子房之不死者，其间不能容发，盖亦已危矣[5]。良，韩人，其先五世相韩。秦灭韩，良欲为韩报仇。求得力士，为铁椎重百二十斤，狙击秦皇帝博浪沙中，误中副车。秦皇帝大怒，大索天下十日，弗获。○此正不能忍之故。先抑一笔。(补)其间不能容发：空隙极小，容不下一根头发，比喻情势危急。

千金之子，(补)指富贵人家子弟。千金：形容富贵。不死于盗贼。何者[6]？其身之可爱[7]，而盗贼之不足以死也。(补)可爱：值得爱惜。足：值得。子房以盖世之才，不为伊尹、太公之谋，而特出于荆轲、聂政两刺客。之计，以侥幸于不死，再抑一笔。(补)盖世：谓才能、功绩等高出当代之上。特：仅，只是。此固圯上之老人所为深惜者也⑧，惜其不能忍。是故倨傲鲜腆而深折之。鲜腆，言不为礼也。(补)倨傲：傲慢不恭。折：挫折。彼其能有所忍也，然后可以就大事。故曰：孺子可教也。此段见老人以一“忍”字，造就子房。是解上文“意不在书”一句。(补)其：如果。孺子：年轻人。

楚庄王伐郑，郑伯肉袒牵羊以迎⑨。(补)露体牵羊，以示降服顺从。庄王曰：“其君能下人⑩，必能信用其民矣。”遂舍之。郑伯能忍。(补)下人：屈居人下。勾践之困于会稽而归，臣妾于吴者，三年而不倦。勾践能忍。(补)归臣妾于吴：谓投降吴国后自居于臣妾的地位。不倦：不厌倦。且夫有报人之志，而不能下人者，是匹夫之刚也。此下又提前语申论之，前只虚括，此乃实发。(补)且夫：况且。报：报复。夫老人者，以为子房才有余，而忧其度量之不足，故深折其少年刚锐之气，使之忍小忿而就大谋。(补)度量：器量，涵养。就：成就。何则？非有平生之素，(补)素：交情。卒猝然相遇于草野之间，而命以仆妾之役，油然而不怪者，（补）油然：犹安然。此固秦皇之所不能惊，而项籍之所不能怒也。子房之于老人，可谓卒然临之而不惊，无故加之而不怒矣。虽有秦皇、项籍，亦不能惊而怒之也。○此段极写子房之能忍，以见其为天下之大勇。

观夫高祖之所以胜，（补）高祖：汉高祖。而项籍之所以败者⑪，在能忍与不能忍之间而已矣。忽推论到高祖、项籍，正欲说归子房。项籍唯不能忍，是以百战百胜而轻用其锋。（补）轻：轻率。高祖忍之，养其全锋而待其弊⑫，此子房教之也。高祖能忍，由子房教之，所谓“忍小忿而就大谋”者以此。（补）锋：锋芒，锐气。弊：疲惫。教：传授。当淮阴破齐而欲自王，高祖发怒，见（现）于词色。（补）王：称王。词色：言语和神态。由此观之⑬，犹有刚强不忍之气⑭，非子房其谁全之？淮阴侯韩信请为假王，汉王大怒，张良蹑汉王足，因附耳语，汉王悟，立信为齐王。○举一事，以明子房教高祖能忍。（补）其：助词，起强调作用。

太史公疑子房以为魁梧奇伟，（补）太史公：指司马迁。魁梧：犹言高大壮实。奇伟：谓奇异不凡。而其状貌乃如妇人女子，不称其志气。《史记·留侯世家》赞：“余以为其人，计魁梧奇伟，至见其图，状貌如妇人好女。”（补）称：相称。呜呼⑮，此其所以为子房欤！淡语作收，含蓄多少！

人皆以受书为奇事，此文得意在“且其意不在书”一句撇开，拿定“忍”字发议。滔滔如长江大河，而浑浩流转，变化曲折之妙，则纯以神行乎其间。

〔校记〕

①“者”，原缺，据《苏轼文集》补。
②“罪”，原作“事”，据《苏轼文集》改。
③“复”，原作“获”，据《苏轼文集》改。
④“其末可乘”，原作“其势未可乘”，据《苏轼文集》改。
⑤“已”，原缺，据《苏轼文集》补。
⑥“者”，原作“哉”，据《苏轼文集》改。
⑦“之”，原缺，据《苏轼文集》补。
⑧“固”“之”，原缺，据《苏轼文集》补。
⑨“迎”，《苏轼文集》《经进东坡文集事略》作“逆”。
⑩“君”，原作“主”，据《苏轼文集》改。
⑪“而”，原缺，据《苏轼文集》补。
⑫“弊”，原作“敝”，据《苏轼文集》改。
⑬“此”，原作“是”，据《苏轼文集》改。
⑭“不”后原有一“能”字，据《苏轼文集》删。
⑮“呜呼”，《经进东坡文集事略》《宋文鉴》作“而愚以为”。

贾谊论
jiǎ yì lùn

苏轼
sū shì

fēi cái zhī nán suǒ yǐ zì yòng zhě shí nán
非才之难，所以自用者实难。㊟非：不是。才：指有才能。自用：发挥自己的才能。xī hū jiǎ shēng wáng zhě zhī zuǒ ér bù néng zì yòng qí cái yě
惜乎！贾生，王者之佐，而不能自用其才也。

贾谊，雒阳人。年二十余，文帝召以为博士，一岁中至大中大夫。天子议以为贾生任公卿之位，绛、灌之属尽害之，乃短贾生，帝于是疏之，出为长沙王太傅。后召对宣室，拜为梁王太傅。因上疏曰：“臣窃惟今之事势，可为痛哭者一，可为流涕者二，可为长太息者六。”帝虽纳其言，而终不见用。卒以自伤哭泣而死，年三十三。○一起断尽，立一篇主意。

fú jūn
夫君

子之所取者远，则必有所待；所就者大，则必有所忍。(补)所取者：指功业。所就者：也指功业。古之贤人，皆有可致之才①，(补)致：谓成就功业。而卒不能行其万一者，未必皆其时君之罪，或者其自取也。以其不能“待”且“忍”，故云自取。○申“不能自用其才”句。(补)卒：最终。时君：当时的君主。罪：过错。

愚观贾生之论，如其所言，虽三代何以远过。(补)愚：自称之谦辞。三代：指夏商周。远过：超过。得君如汉文，(补)汉文：汉文帝。犹且以不用死。然则是天下无尧舜，终不可以有所为耶②？冷语破的。仲尼圣人，历试于天下，苟非大无道之国，(补)苟：只要。皆欲勉强扶持，庶几一日得行其道。(补)庶几：表期望。将之荆，先之以子夏③，申之以冉有④。荆，楚本号。将适楚，而先使二子继往者，盖欲观楚之可仕与否，而谋其可处之位欤。君子之欲得其君，如此其勤也。得君勤。一引。孟子去齐，三宿而后出昼，(补)去：离开。昼：齐地名。犹曰“王其庶几召我”。君子之不忍弃其君，如此其厚也。爱君厚。一引。公孙丑问曰：“夫子何为不豫？”(补)豫：喜悦。孟子曰：“方今天下，舍我其谁哉，

ér wú hé wèi bú yù jūn zǐ zhī ài qí shēn rú cǐ qí zhì
而吾何为不豫？”君子之爱其身，如此其至

yě fú rú cǐ ér bú yòng rán hòu zhī tiān xià zhī guǒ
也。爱身至。一引。㊟至：周到。夫如此而不用，然后知天下之果

bù zú yǔ yǒu wéi ér kě yǐ wú hàn yǐ
不足与有为⑤，而可以无憾矣。得此一锁，方可接到贾生。㊟不足：不值得。有为：有所作为。

ruò jiǎ shēng zhě fēi hàn wén zhī bú yòng shēng shēng zhī bù néng yòng
若贾生者，非汉文之不用生⑥，生之不能用

hàn wén yě
汉文也。此段说出得君勤、爱君厚、爱身至，必如是始可以无憾。摹写古圣贤用世之不苟，以责贾生。见得贾生欲得君甚勤，但爱君不厚，爱身不至耳。故曰“生之不能用汉文也”，甚有意味。

fú jiàng hóu qīn wò tiān zǐ xǐ ér shòu zhī wén dì
夫绛侯亲握天子玺而授之文帝，帝初封代王，孝惠无嗣，大臣迎立之。始至渭桥，太尉勃跪上天子玺符。㊟绛侯：周勃。

guàn yīng lián bīng shù shí wàn yǐ jué liú lǚ zhī
灌婴连兵数十万，以决刘、吕之

cí xióng
雌雄，高后时，诸吕欲危刘氏。大将军灌婴，与齐王襄连和，以待吕氏之变，共诛之。㊟连兵：集结军队。雌雄：比喻胜负高下。

yòu jiē gāo dì
又皆高帝

zhī jiù jiàng cǐ qí jūn chén xiāng dé zhī fèn qǐ tè fù zǐ gǔ ròu
之旧将，此其君臣相得之分，岂特父子骨肉

shǒu zú zāi
手足哉？㊟相得：彼此投合。分：情分。岂特：难道只是。

jiǎ shēng luò yáng zhī shào nián yù
贾生，洛阳之少年，欲

shǐ qí yì zhāo zhī jiān jìn qì qí jiù ér móu qí xīn yì yǐ nán
使其一朝之间，尽弃其旧而谋其新，亦已难

yǐ
矣。此言其上疏中之意。〇此段发明贾生不善用才之故。

wéi jiǎ shēng zhě shàng dé qí jūn xià dé
为贾生者，上得其君，下得

qí dà chén rú jiàng guàn zhī shǔ yōu yóu jìn zì ér shēn jiāo zhī
其大臣，如绛、灌之属，优游浸渍而深交之，

㊟属：指同一类人。优游：从容。浸渍：渐渐渗透。

shǐ tiān zǐ bù yí dà chén bú jì rán hòu jǔ
使天子不疑，大臣不忌，然后举

天下而唯吾之所欲为，不过十年，可以得志。代为贾生画策。（补）举：全。唯：独，只有。安有立谈之间，而遽为人痛哭哉？责倒贾生，觉《治安》等篇，俱属无谓。（补）立谈：极短暂。遽：迫不及待地。观其过湘，为赋以吊屈原，有“造托湘流兮，敬吊先生”句。（补）湘：湘水。赋：《吊屈原赋》。纡郁愤闷⑦，趯然有远举之志。有“予独抑郁其谁语？凤缥缥其高逝兮，夫固自引而远去”句。（补）纡郁：抑郁。趯然：犹超然。远举：谓退隐。其后卒以自伤哭泣⑧，至于夭绝。梁王骑堕马而死，贾生自伤为傅无状，哭泣岁余，亦死。（补）夭绝：早死。是亦不善处穷者也。不善处穷，即不能自用意。（补）穷：指不得志。夫谋之一不见用，安知终不复用也⑨？不知默默以待其变，而自残至此。文情开宕。呜呼！贾生志大而量小，才有余而识不足也。总断二句，是“不能用汉文”之本，一字一惜。

古之人，有高世之才，（补）高世：高超卓绝，超越世俗。必有遗俗之累。（补）遗俗：违反习俗。累：指忧虑。是故非聪明睿哲不惑之主⑩，则不能全其用。（补）睿哲：圣明，明智。全其用：谓充分信用。古今称苻坚得王猛于草茅之中，一朝尽斥去其旧臣，而与之谋。彼其匹夫，略有天下之半，其以此哉！秦王苻坚，因吕婆楼以招王猛。一见大悦，自谓如刘玄德之遇诸葛孔明也，乃以国事任之。○借苻坚能用王猛，正归过汉文不能用贾生，此一转尤妙。补匹夫：指王猛。略有：拥有。以：原因。

愚深悲贾生之志[11]，故备论之。补备：详尽。**亦使人君得如贾谊之臣[12]，则知其有狷介之操，一不见用，则忧伤病沮，不能复振。**二十一字为一句。○补出人主当怜才意。补狷介：孤高洁身。操：操守。见：被。病沮：沮丧。**而为贾生者，亦慎其所发哉[13]！**仍归结到本身上去。○双关作收，深情远想，无限低徊。补发：发泄，引申为处世。

贾生有用世之才，卒废死于好贤之主。其病原欲疏间绛、灌旧臣，而为之痛哭，故自取疏废如此。所谓不能“谨其所发”也。末以苻坚用王猛，责人君以全贾生之才，更有不尽之意。

〔校记〕

①“有”，原作“负”，据《苏轼文集》改。
②“以”，原缺，据《苏轼文集》补。
③“子夏”，原作“冉有”，据《苏轼文集》改。
④“冉有”，原作“子夏”，据《苏轼文集》改。
⑤“之”，原缺，据《苏轼文集》补。
⑥“不”后原有一“能”字，据《苏轼文集》删。
⑦“纡郁愤闷”，原作“萦纡郁闷”，据《苏轼文集》改。
⑧“卒”，原缺，据《苏轼文集》补。
⑨“安”前原有一“则”字，据《苏轼文集》删。
⑩“哲”，原作“智”，据《苏轼文集》改。
⑪“贾”，原缺，据《苏轼文集》补。
⑫“谊”，原作“生”，据《苏轼文集》改。
⑬“慎”，原作“谨”，据《苏轼文集》改。

晁错论

苏轼

天下之患，最不可为者，名为治平无事，而其实有不测之忧。暗说景帝时诸侯强大。坐观其变，而不为之所，（补）所：处置。则恐至于不可救。开。起而强为之，则天下狃于治平之安，而不吾信。狃，习也。〇阖。暗说晁错建言削诸侯。惟仁人君子豪杰之士，为能出身为天下犯大难，以求成大功。三句为一篇关键。（补）犯大难：冒大险。此固非勉强期月之间，而苟以求名者之所能也①。暗说晁错非其伦。〇一段是冒。（补）固：本来。期月：一月。苟：希望。

天下治平，暗说景帝时。无故而发大难之端，暗说削七国。吾发之，吾能收之，然后有以辞于天下②。所谓出身犯难。事至而循循焉欲去之，暗说错居守。（补）循循：徘徊不前貌。去：躲开。使他人任其责，暗说使天子将。则天下之祸，必集于我。暗说诛错。〇一段是承。〇以上两段，摄尽通篇大意。

昔者晁错尽忠为汉，谋弱山东之诸侯。山东

zhū hóu bìng qǐ　　 yǐ zhū cuò wéi míng　　 ér tiān zǐ bù chá③　　 yǐ cuò

诸侯并起，以诛错为名。而天子不察③，以错为说悦④。景帝三年，晁错患七国强大，请削诸侯郡县。吴王濞、胶西王卬、胶东王雄渠、淄川王贤、济南王辟光、楚王戊、赵王遂，合兵反。罪状晁错，欲共诛之。帝与错议出军事，错欲令上自将，而身居守。袁盎素与错有隙，因言唯斩错可以谢诸侯，帝遂斩错东市。○入事。补说：犹讨好、取悦，使之满意。使动用法。

tiān xià bēi

天下悲

cuò zhī yǐ zhōng ér shòu huò　　 ér bù zhī cuò zhī yǒu yǐ qǔ zhī yě⑤

错之以忠而受祸，而不知错之有以取之也⑤。一句断定，全篇俱发此句。
补有以：有因。以，原因。

gǔ zhī lì dà shì zhě　　 bù wéi yǒu chāo shì zhī cái⑥　　 yì bì

古之立大事者，不唯有超世之才⑥，亦必

yǒu jiān rěn bù bá zhī zhì

有坚忍不拔之志。惟坚忍不拔，故能从容收功。伏下“徐”字，反照下“骤”字。补不唯：不仅。超世：谓杰出不凡。昔

yǔ zhī zhì shuǐ　　 záo lóng mén　　 jué dà hé ér fàng zhī hǎi

禹之治水，凿龙门，决大河而放之海。补决：疏通。方

qí gōng zhī wèi chéng yě　　 gài yì yǒu kuì mào chōng tū kě wèi zhī huàn

其功之未成也，盖亦有溃冒冲突可畏之患，

wéi néng qián zhī qí dāng rán⑦　　 shì zhì bú jù　　 ér xú wéi zhī suǒ⑧

唯能前知其当然⑦，事至不惧，而徐为之所⑧，

shì yǐ dé zhì yú chéng gōng

是以得至于成功。借禹作证，为立论之根。补盖：大概。溃冒：冲决泛滥。冲突：水流奔突。徐：缓慢，从容不迫。所：谓解决方法。

fú yǐ qī guó zhī qiáng ér zhòu xuē zhī

夫以七国之强而骤削之，不能“徐为之图”。补骤：突然，匆忙。其为

biàn qǐ zú guài zāi

变岂足怪哉！不能“前知其当然”。

cuò bù yú cǐ shí juān qí shēn　　 wèi tiān

错不于此时捐其身，为天

xià dāng dà nàn zhī chōng　　 ér zhì wú chǔ zhī mìng

下当大难之冲，而制吴楚之命，补捐：舍弃，献出。当：抵挡。冲：交通要道，指冲突前沿。吴楚：叛乱的七国中以吴楚二国最为强大。

nǎi wéi zì quán zhī jì　　 yù shǐ tiān zǐ zì jiàng ér

乃为自全之计，欲使天子自将，而

己居守。一句指出晁错破绽，通篇从此发议。(补)乃：竟。自将：亲自带兵。居守：留守。且夫发七国之难者谁乎？紧喝一句。(补)且夫：况且。发：引起。己欲求其名，应前“求名”。安所逃其患？应前“祸”字。(补)安所：何处。以自将之至危，与居守之至安，己为难首，(补)难首：犹祸首。择其至安，而遗天子以其至危，(补)遗：留给。此忠臣义士所以愤惋而不平者也⑨。断尽晁错，与袁盎何与耶？(补)愤惋：愤恨。

当此之时，虽无袁盎，错亦不免于祸⑩。承上递下。何者？己欲居守，而使人主自将，以情而言，天子固已难之矣，而重违其议，是以袁盎之说得行于其间。正见受祸皆错自取。(补)难：谓难以忍受。重违：犹难违。其：指朝中大臣。使吴楚反，错以身任其危，日夜淬砺，火入水为淬。砺，磨也。(补)使：假使。淬砺：激励，引申为操劳。东向而待之，使不至于累其君，则天子将恃之以为无恐。虽有百袁盎⑪，可得而间哉？此段是代为错计，作正意收住。(补)累：连累，使受害。间：离间。

嗟夫！世之君子，欲求非常之功，则无务

wéi zì quán zhī jì shǐ cuò zì jiàng ér jī wú chǔ wèi bì wú
为自全之计。又唤醒。使错自将而击吴楚⑫，未必无

gōng wéi qí yù zì gù qí shēn ér tiān zǐ bú
功。到底只责其不自将，收足“出身犯难”意。唯其欲自固其身⑬，而天子不

yuè jiān chén dé yǐ chéng qí xì cuò zhī suǒ yǐ zì quán zhě
悦，奸臣得以乘其隙。错之所以自全者，㊟所以：用以，用来。

nǎi qí suǒ yǐ zì huò yú
乃其所以自祸欤！收上“错有以取之”句。㊟所以：表示原因。

此篇先立冒头，然后入事，又是一格。晁错之死，人多叹息，然未有说出被杀之由者。东坡之论，发前人所未发，有写错罪状处，有代错画策处，有为措致惜处，英雄失足，千古兴嗟。任大事者，尚其思坚忍不拔之义哉！

〔校记〕

①“者”，原缺，据《苏轼文集》补。
②“以”，原缺，据《苏轼文集》补。
③“不”后原有一“之”字，据《苏轼文集》删。
④“为”后原有一“之”字，据《苏轼文集》删。
⑤“而不知错之”，原作“不知错”，据《苏轼文集》改。
⑥⑦⑬“唯”，原作“惟”，据《苏轼文集》改。
⑧“所”，原作“图”，据《苏轼文集》改。
⑨“惋”，原作“怨”，据《苏轼文集》改。
⑩“错亦不”，原作“亦未”，据《苏轼文集》改。
⑪“袁”，原缺，据《苏轼文集》补。
⑫“击”，原作“讨”，据《苏轼文集》改。

古文观止卷之十一

shàng méi zhí jiǎng shū
上梅直讲书

sū shì
苏　轼

shì měi dú shī zhì chī xiāo dú shū zhì jūn
轼每读《诗》至《鸱鸮》，读《书》至《君
shì cháng qiè bēi zhōu gōng zhī bú yù
奭》，常窃悲周公之不遇。《鸱鸮》，《国风》篇名。周公相成王，管、蔡流言于国曰，公将不利于孺子。故周公东征二年，而成王犹未知周公之意，公乃作《鸱鸮》之诗以贻王。《君奭》，《周书》篇名。君者，尊之之称。奭，召公名也。成王幼，周公摄政，当国践祚。召公疑之，乃作《君奭》。○劈头叹周公起，奇绝。（补）窃：私下。不遇：不被了解。
jí guān shǐ jiàn kǒng zǐ è yú chén
及观《史》，《史记》。（补）汉司马迁著。见孔子厄于陈、
cài zhī jiān ér xián gē zhī shēng bù jué yán yuān zhòng yóu zhī tú
蔡之间，而弦歌之声不绝，颜渊、仲由之徒，
xiāng yǔ wèn dá fū zǐ yuē fěi sì fěi hǔ shuài
相与问答。（补）厄：被困。弦歌：弹琴诵诗。夫子曰：“‘匪非兕匪非虎，率
bǐ kuàng yě wú dào fēi yé wú hé wèi yú
彼旷野。’（补）兕：兽名，像犀牛。率：沿着，引申为奔走。吾道非邪①？吾何为于
cǐ yán yuān yuē fū zǐ zhī dào zhì dà gù tiān xià mò
此？”颜渊曰：“夫子之道至大，（补）至大：犹最大。故天下莫
néng róng suī rán bù róng hé bìng bù róng rán hòu xiàn jūn zǐ
能容。虽然，不容何病？不容然后见现君子。”

[补]虽然：即使这样。病：忧虑。夫子油然而笑曰："回，使尔多财，吾为尔宰。"[补]回：指颜回，字子渊。油然：安然。宰：总管。夫天下虽不能容，而其徒自足以相乐如此。接手又羡孔子，更奇。○通篇以"乐"字为主。乃今知周公之富贵，有不如夫子之贫贱。夫以召公之贤，以管、蔡之亲，而不知其心，则周公谁与乐其富贵？[补]周公：周公旦，周文王之子，武王之弟，武王死，周公摄政。召公：召公奭，周文王庶子。管蔡：管叔和蔡叔，皆周公之弟。而夫子之所与共贫贱者，皆天下之贤才，则亦足与乐乎此矣②。富贵而不乐，贫贱而足乐，此周公所以不如夫子也。○双收周公、孔子，暗以孔子比欧、梅，以其徒自比，意最高，而自处亦高。

轼七八岁时，始知读书，闻今天下有欧阳公者，[补]欧阳公：指欧阳修。其为人如古孟轲、韩愈之徒；先出欧阳公。而又有梅公者从之游，[补]梅公：梅尧臣。之：指欧阳修。而与之上下其议论。次出梅公。[补]上下：商榷。其后益壮，始能读其文词，想见其为人，[补]想见：犹向往。意其飘然脱去世俗之乐而自乐其乐也。欧、梅之乐只虚写，妙。[补]飘然：潇洒超脱貌。方学为对偶声律之文，即作诗及词赋之类。求斗升之禄③，[补]斗升：言其少。自度无以进见于诸公之间。〔补〕度：估量。来京师逾年，未尝窥其门。欲写其得见，先写其不得见。文势开拓。〔补〕逾年：超过一年。今年春，天下之士，群至于礼部，执事与欧阳公实亲试之。诚不自意④，获在第二。〔补〕执事：书信中对受信者的尊称。诚：确实。不自意：自己没有料到。既而闻之人⑤，执事爱其文，〔补〕其：我的。以为有孟轲之风。而欧阳公亦以其能不为世俗之文也而取焉⑥，是以在此。嘉祐二年，欧阳文忠公考试礼部进士，疾时文之诡异，思有以救之。梅圣俞时与其事，得公《论刑赏》以示文忠，文忠惊喜，以为异人。欲以冠多士，疑曾子固所为，子固，文忠门下士也，乃置公第二。○“不为世俗之文”，应上“脱去世俗之乐”，正见知己处。非左右为之先容，非亲旧为之请属嘱，〔补〕先容：先加修饰，引申为事先为人介绍、推荐或关说。请属：请托。而向之十余年间，〔补〕向：从前。闻其名而不得见者，一朝为知己。以上叙欧、梅之识拔，自己之遭遇，极为淋漓酣畅。退而思之，人不可以苟富贵，亦不可以徒贫贱。应在富贵、贫贱。〔补〕苟富贵：贪求富贵。苟，贪求。徒：空守。有大贤焉而为其徒，则亦足恃矣。占地步多少。〔补〕恃：依赖。苟其侥一时之幸，〔补〕苟：如果。从车骑数十人，使闾巷小民聚观而赞叹之，亦何以易此乐也！自东坡说出自己之真乐，乃一篇之关键。〔补〕闾巷：里巷，泛指民间、乡里。易：替代。

传曰“不怨天，不尤人”，㊉尤：怪罪。盖“优哉游哉，可以卒岁”。引成语四句收住。㊉卒岁：度过岁月。执事名满天下，而位不过五品，其容色温然而不怒，其文章宽厚敦朴而无怨言。㊉温然：温和貌。敦朴：敦厚朴实。此必有所乐乎斯道也，轼愿与闻焉。末复以“乐乎斯道”，专颂梅公，是“乐”字结穴。㊉与：参与。

此书叙士遇知己之乐。遂首援周公有管、蔡之流言，召公之不悦以形起，而自比于圣门之徒。长公之推尊梅公，与阴自负意，亦极高矣。细看此文，是何等气象，何等采色！其议论真足破千古来俗肠。绝妙。

〔校记〕

①“邪”，原作“耶”，据《苏轼文集》改。
②“与”，原作“以”，据《苏轼文集》改。
③“斗升”，原作“升斗”，据《苏轼文集》改。
④“诚”，原作“轼”，据《苏轼文集》改。
⑤“人”，原缺，据《苏轼文集》补。
⑥“焉”，原缺，据《苏轼文集》补。

喜雨亭记

苏轼

亭以雨名，志喜也。起笔便将“喜雨亭”三字拆开，倒点出，已尽一篇之意。㊉志：记。古者有喜，则以名物，示不忘也。释所以志喜之意。周公得禾，以名其书；唐叔得禾，异母同颖，献之成王。成王命唐叔以馈周公于东土。周公嘉天子之命，作《嘉禾》。汉武得鼎，以名其年；汉武帝元狩六年夏，得宝鼎汾水上，改元为元鼎元年。叔孙胜狄①，以名其子。鲁文公十一年，叔孙得臣获长狄侨如，乃名其子曰侨如。其喜之大小不齐，其示不忘一也。引古为证。补齐：同。

余至扶风之明年②，始治官舍。补扶风：凤翔府。为亭于堂之北，而凿池其南，引流种树，以为休息之所。先记作亭。是岁之春，雨麦于岐山之阳，其占为有年。纵一笔，下便可用“既而”字转，文始曲折。补雨麦：下麦雨。雨，用如动词，如下雨。阳：山南。占：占卜。有年：丰年。既而弥月不雨，民方以为忧。跌一句，借“忧”字形出“喜”字。补既而：不久。弥月：整月。越三月，补过了三月。乙卯乃雨，补四月初二。甲子又雨，补四月十一。民以为未足。又跌一句。丁卯大雨，补四月十四。三日乃止。次记雨。官吏相与庆于庭，商贾相与歌于市，农夫相与忭于野，“庆”“歌”“忭”三字，易法。补忭：高兴。忧者以乐③，病者以愈，次记喜。补以：因。愈：痊愈。而吾亭适成。紧接此句，妙。雨更不可不喜，喜更不可不志，志喜更不可不以名亭在此。补适：正好。

于是举酒于亭上以属客，补属客：为客斟酒，劝客饮酒。而告之开出波澜。曰："五日不雨，可乎？"更五日也。曰："五日不雨，则无麦。""十日不雨，可乎？"更十日也。曰："十日不雨，则无禾。"[补]禾：谷子。"无麦无禾，岁且荐饥，狱讼繁兴，而盗贼滋炽。[补]荐饥：连年灾荒。繁兴：兴起甚多。滋炽：更加猖獗。则吾与二三子，虽欲优游以乐于此亭，其可得耶？以无雨之可忧，形出得雨之可乐。[补]二三子：诸君。优游：悠闲自得。今天不遗斯民，[补]遗：遗弃。始旱而赐之以雨，使吾与二三子得相与优游而乐于此亭者，皆雨之赐也。其又可忘耶？"应前"示不忘"，结住。

既以名亭，又从而歌之，曰："使天而雨珠，寒者不得以为襦；[补]襦：短袄。使天而雨玉，饥者不得以为粟。一雨三日，繄谁之力④？一眼注著亭，却不肯一笔便说亭。[补]繄：语气助词。民曰太守，太守不有；[补]有：占有。归之天子，天子曰不然；归之造物，造物不自以为功；[补]造物：造物主。归之太空，太空冥冥。[补]冥冥：渺茫貌。不可得而名，吾以名吾亭。"歌非余文。盖喜雨固必志，而志喜雨何故却于亭？此理还未说出，因借歌以发之。

只就"喜雨亭"三字，分写、合写，倒写、顺写，虚写、实写，即小见大，以无化有。意思愈出而不穷，笔态轻举而荡漾，可谓极才人之雅致矣。

〔校记〕

①"狄"，原作"敌"，据《苏轼文集》改。
②"余"，原作"予"，据《苏轼文集》改。
③"乐"，原作"喜"，据《苏轼文集》改。
④"繄"，原作"伊"，据《苏轼文集》改。

凌虚台记

líng xū tái jì

苏轼

sū shì

guó yú nán shān zhī xià，yí ruò qǐ jū yǐn shí yǔ shān jiē yě。
国于南山之下，宜若起居饮食与山接也。笔亦凌虚而起。㊟国：用如动词，筑城。宜若：似乎。sì fāng zhī shān，mò gāo yú zhōng nán，
四方之山，莫高于终南，终南山，在陕西西安府。ér dū yì zhī lì shān zhě，mò jìn yú fú fēng。
而都邑之丽山者，莫近于扶风。丽，附也。yǐ zhì jìn qiú zuì gāo，qí shì bì dé，ér tài shǒu zhī jū，wèi cháng zhī yǒu shān yān。
以至近求最高，其势必得，而太守之居，未尝知有山焉。suī fēi shì zhī suǒ yǐ sǔn yì，ér wù lǐ yǒu bù dāng rán zhě，
虽非事之所以损益，而物理有不当然者，应"宜若"句。㊟损益：好坏。物理：事理。当然：应当这样。cǐ líng xū zhī suǒ wèi zhù yě。
此凌虚之所为筑也。点出台。㊟所为：所以，表示原因。

fāng qí wèi zhù yě，tài shǒu chén gōng zhàng lǚ xiāo yáo yú qí xià，
方其未筑也，太守陈公杖履逍遥于其下，㊟陈公：陈希亮，时为凤翔知府。杖履：拄杖漫步。逍遥：安闲自在。jiàn shān zhī chū yú lín mù zhī shàng
见山之出于林木之上

者，累累如人之旅行于墙外而见其髻也，曰："是必有异。"叙未筑台之先。补累累：连贯成串貌。髻：发髻。异：指奇异的景致。使工凿其前为方池，以其土筑台，高出于屋之危而止①。补危：屋脊。然后人之至于其上者，恍然不知台之高，而以为山之踊跃奋迅而出也。叙既筑台之后。"恍然不知"二句，正写凌虚意。补恍然：仿佛。踊跃：跳跃。奋迅：突然间。公曰："是宜名凌虚。"点出名台。以告其从事苏轼，而求文以为记。点出作记。补从事：僚佐。汉以后三公及州郡长官皆自辟僚属，多称从事。

轼复于公曰："物之废兴成毁，不可得而知也。提句寄想甚远。昔者荒草野田，霜露之所蒙翳，狐虺之所窜伏。补蒙翳：遮蔽覆盖。虺：毒蛇。窜伏：逃匿隐藏。方是时，岂知有凌虚台耶？台从无而有，是说兴、成。废兴成毁，相寻于无穷，则台之复为荒草野田，皆不可知也。台自有而无，是说废、毁。补相寻：接连不断。尝试与公登台而望，其东则秦穆之祈年、橐泉也，祈年、橐泉，皆宫名。补秦穆：秦穆公。其南则汉武之长杨、五柞，长杨，较猎之所。五柞，祀神宫。补汉武：汉武帝。而其北则隋之仁寿、唐之九成也。仁寿，

jì qí yì shí zhī shèng hóng jié guǐ lì jiān gù

隋文宫名。九成，唐太宗所建宫，以避暑。**计其一时之盛，**(补)计：推想。**宏杰诡丽，坚固**

ér bù kě dòng zhě qǐ tè bǎi bèi yú tái ér yǐ zāi

而不可动者，岂特百倍于台而已哉！例兴、成。(补)宏杰：宏伟。诡丽：奇异华丽。岂特：难道只是，何止。

rán ér shù shì zhī hòu yù qiú qí fǎng fú ér pò wǎ

然而数世之后，欲求其仿佛，而破瓦

tuí yuán wú fù cún zhě jì yǐ huà wéi hé shǔ jīng jí

颓垣无复存者，(补)仿佛：约略的形迹。破瓦颓垣：破屋断墙。**既已化为禾黍荆棘**

qiū xū lǒng mǔ yǐ ér kuàng yú cǐ tái yú

丘墟陇垄亩矣，而况于此台欤！例废、毁。○凭吊今古，唏嘘感慨，欲歌欲泣。(补)禾黍：指庄稼。丘墟：荒野。

fú tái yóu bù zú shì yǐ cháng jiǔ ér kuàng yú rén shì zhī

夫台犹不足恃以长久，而况于人事之

dé sàng hū wǎng ér hū lái zhě yú ér huò zhě yù yǐ kuā shì ér

得丧，忽往而忽来者欤？而或者欲以夸世而

zì zú zé guò yǐ gài shì yǒu zú shì zhě ér bú

自足，则过矣。推进一层说。(补)而：如果。或者：有人。**盖世有足恃者，而不**

zài hū tái zhī cún wáng yě

在乎台之存亡也。"托意有在，而不说出，妙。(补)在乎：在于。

jì yǐ yán yú gōng tuì ér wéi zhī jì

既已言于公②，退而为之记。

通篇只是兴成、废毁二段，一写再写，悲歌慷慨，使人不乐。然在我有足恃者，何不乐之有？盖其胸中实有旷观达识，故以至理出为高文。若认作一篇讥太守文字，恐非当日作记本旨。

〔校记〕

①“危”，原作“檐”，据《苏轼文集》改。
②“已”，原作“以”，据《苏轼文集》改。

超然台记

苏轼

凡物皆有可观。苟有可观，皆有可乐，“乐”字，是一篇主意。非必怪奇玮丽者也①。补怪奇：怪异奇特，玮丽：华美。铺糟啜醨，醨，薄酒。补铺：吃。啜：食，饮。皆可以醉；果蔬草木，皆可以饱。推此类也，吾安往而不乐？此即蔬食饮水，乐在其中，箪食瓢饮，不改其乐意。〇一起便见超然。

夫所为求福而辞祸者，以福可喜而祸可悲也。人之所欲无穷，而物之可以足吾欲者有尽。指富贵利达。美恶之辨战乎中②，而去取之择交乎前，则可乐者常少，而可悲者常多。不超然则不乐。补辨：辨别。中：内心。是谓求祸而辞福。福可喜，祸可悲，今以求福辞祸之故，而多悲少乐，是求祸辞福也。夫求祸而辞福，岂人之情也哉？物有以盖之矣。盖，蔽也。〇承上起下。彼游于物之内，而不游于物之外。反超然说。补彼：他。游：超脱。物非有大小也，自其内而观之，未有不高且大者也。彼挟其高大以临我，则我常眩乱反复，即《孟子》“勿视其巍巍”之意。〔补〕临：俯视。眩乱：迷惑。如隙中之观斗，〔补〕隙：缝隙。又乌知胜负之所在？喻眼界之小。〔补〕乌：哪里。是以美恶横生，而忧乐出焉，可不大哀乎！此段言游于物之内，则因其美恶而生忧乐；游于物之外，则无所往而不乐。〔补〕横生：不断发生。

余自钱塘移守胶西③，钱塘，属浙江杭州。胶西，即胶州，属山东莱州。○入题。释舟楫之安，而服车马之劳；〔补〕释：放弃。服：犹承受。去雕墙之美，而庇采椽之居；采椽不斫。〔补〕雕墙：指华丽的建筑。庇：遮蔽，指居住。采椽：栎木或柞木椽子，指简陋的房屋。背湖山之观，〔补〕背：离开。而行桑麻之野。安得超然。始至之日，岁比不登，〔补〕比：连续。不登：歉收。盗贼满野，狱讼充斥，而斋厨索然，日食杞菊，春食苗，夏食叶，秋食花，冬食根。○安得超然。〔补〕斋厨：厨房。索然：空乏貌。杞菊：枸杞与菊花，泛指野菜。人固疑余之不乐也④。反跌一句，起下文。〔补〕固：一定。处之期年，而貌加丰，发之白者，日以反返黑。〔补〕期年：满一年。余既乐其风俗之淳⑤，而其吏民亦安予之拙也。正写己之安往而不乐。〔补〕拙：笨拙。于是治其园囿，洁其庭宇，〔补〕治：整修。园囿：园地。庭宇：庭院。伐安丘、高密之木，安丘、高密，二县名。以修补破败，〔补〕破败：犹残破。为苟完之计。

补苟完：苟且算作完备。而园之北，因城以为台者旧矣，补因：靠着。稍葺而新之。补葺：修补。时相与登览，放意肆志焉。叙完作台事。○上写因乐而有台，下写因台而得乐。“放意肆志”四字，正为“乐”字写照。上下关锁。补相与：共同。放意肆志：纵情而无所顾忌。南望马耳、常山，二山名。秦汉间，高人多隐于此。出没隐见现，若近若远，庶几有隐君子乎？南。补庶几：或许。隐君子：指隐士。而其东则卢山⑥，即秦始皇遣卢生入海，求羡门子高者。秦人卢敖秦博士。之所从遁也。东。补所从：所往。遁：隐居。西望穆陵，关名。《左传》：齐桓公曰：“赐我先君履，南至于穆陵。”即此。隐然如城郭，师尚父、太公。齐桓公之遗烈⑦，犹有存者。西。补遗烈：遗留的业迹。北俯潍水，韩信与龙且战，夹潍水而阵。即此。慨然太息⑧，思淮阴韩信封淮阴侯。之功，而吊其不终。北。○凭今吊古，感慨淋漓，超然山水之外。补吊：伤悼。台高而安，深而明，夏凉而冬温。写台。雨雪之朝，风月之夕，余未尝不在，客未尝不从。写人。撷园蔬，取池鱼，酿秫酒，瀹脱粟而食之，曰：乐哉游乎！撷，捋取也。酝酒为酿。秫，稷之粘者，即糯也。瀹，粗熟而出之也。脱粟，才脱谷而已，言不精凿也。○写人与台之日用平常。○“乐”字一振。补瀹：煮。脱粟：糙米。游：逍遥。

方是时⑨，余弟子由适在济南⑩，闻而赋

之，㊟子由：苏辙，字子曰。适：恰巧。苏辙作《超然台赋》。且名其台曰超然。点台名字。以见余之无所往而不乐者⑪，盖游于物之外也。应前“安往而不乐”及“游于物之外”句。超然之意，得此一结，更畅。㊟盖：大概是。

是记先发超然之意，然后入事。其叙事处，忽及四方之形胜，忽入四时之佳景，俯仰情深，而总归之一乐。真能超然物外者矣。

〔校记〕

①“玮”，原作“伟”，据《苏轼文集》改。
②“乎”，原作“于”，据《苏轼文集》改。
③④⑤⑩⑪“余”，原作“予”，据《苏轼文集》改。
⑥“卢”，原作“庐”，据《苏轼文集》改。
⑦“桓”，原作“威”，据《苏轼文集》改。
⑧“太”，原作“大”，据《苏轼文集》改。
⑨“方是时”，原缺，据《苏轼文集》补。

放鹤亭记

苏轼

熙宁神宗年号。十年秋，彭城彭城，今徐州是。大水。云龙山人张君天骥之草堂①，水及其半扉。云龙山，在州城南，张天骥隐此。㊟半扉：指半扇门的高度。扉，门扇。明年春，㊟明年：第二年。水落，迁于故居之东，东山之麓。麓，山足。升高而望，得异境焉，作亭于其上。先点作亭。㊟异境：指风景奇特的地方。彭城之山，冈岭四合，隐然如大环，独缺其西十二②，而山人之亭，适当其缺。承写因异境作亭。㊟十二：十分之二。适当其缺：正好对着那个缺口。春夏之交，草木际天；㊟际天：谓茂盛。际，接近。秋冬雪月，千里一色。风雨晦明之间，俯仰百变。又从异境上摹写一番。㊟晦明：阴晴。山人有二鹤，甚驯而善飞。驯，顺习也。㊟甚：非常。驯：谓顺服。旦则望西山之缺而放焉，纵其所如，㊟旦：早晨。纵：听任。如：往，去。或立于陂田，泽障曰陂。㊟陂田：山田。或翔于云表，暮则傃东山而归，傃，向也。㊟表：外。故名之曰放鹤亭。次点名亭。○二段叙事，错落多致。

郡守苏轼，时从宾客僚吏③，㊟宾客和部下。往见山人，饮酒于斯亭而乐之。藏"饮酒"二字，作后案。揖山人而告之曰④：㊟谓拱手行礼。"子知隐居之乐乎？虽南面之君，未可与易也。三句，是一篇纲领。㊟易：交换。《易》曰：'鸣鹤在阴，其子和之。'《易·中孚》九二爻辞。言九二中孚之实，而九五亦以中孚之实应之，如鹤鸣于幽隐之处，而其子自和之也。《诗》曰：'鹤鸣于九皋，声闻于天。'《诗·小雅·鹤鸣》之篇。皋，泽中水溢出所为坎，从外数至九，喻深远也。言鹤之鸣在于九皋，至深远矣，而声则闻于天。犹德至幽，而有至著者焉。㊟九皋：深泽。盖其为物，清远闲放，超然于尘垢之外⑤，故《易》《诗》人以比贤人君子。隐德之士，㊟清远：清高旷远。闲放：悠闲自在。尘垢：世俗。隐德之士：隐居的有德之士。狎而玩之，宜若有益而无损者，然卫懿公好鹤则亡其国。卫懿公好鹤，出则鹤乘轩而行。一日，敌患，欲御之，皆曰：“公有鹤，何不以御敌，乃烦吾为。”遂亡国。㊟狎：亲近。宜若：好像。周公作《酒诰》，《酒诰》，《周书》篇名。商受酗酒，天下化之。妹土，商之都邑，其染恶尤甚，武王以其地封康叔，故周公作《酒诰》以教之。卫武公作《抑》戒，《抑》戒，即《诗·大雅·抑》之篇。卫武公行年九十有五，作《抑》戒以自儆。其三章云：“颠覆厥德，荒湛于酒。”以为荒惑败乱无若酒者，而刘伶、阮籍之徒，以此全其真而名后世。晋刘伶、阮籍，崇尚虚无，轻蔑礼法，纵酒昏酣，遗落世事。与阮咸、山涛、向秀、王戎、嵇康，为“竹林七贤”。○引鹤，从上名亭来。引酒，从上饮酒来。㊟徒：同类的人。真：本性。嗟夫！南面之君，虽清远闲放如鹤者，犹不得好，好之则亡其国。㊟好：喜爱。而山林遁世之士，㊟指避世隐居之人。虽荒惑败乱如酒者，犹不能为害，而况于鹤乎？由此观之，其为乐未可以同日而语也。”应上“隐居之乐”三句。远想远韵，笔势澜翻。㊟同日而语：犹言相提并论。

山人听然而笑曰⑥：“有是哉！”仍就山人作收。㊟听：张口笑貌。乃作放鹤、招鹤之歌曰：“鹤飞去兮，西山之缺。

高翔而下览兮，择所适。翻然敛翼，宛将集兮，忽何所见，矫然而复击。(补)翻然：高飞貌。宛：犹仿佛。集：降落。矫然：矫健貌。击：振翅飞翔。独终日于涧谷之间兮，啄苍苔而履白石。”歌放鹤。“鹤归来兮，东山之阴。(补)东山的北面。其下有人兮，黄冠草履，(补)指道士装束。葛衣而鼓琴。躬耕而食兮，其余以汝饱。归来归来兮，西山不可以久留。”歌招鹤。

记放鹤亭，却不实写隐士之好鹤。乃于题外寻出“酒”字，与“鹤”字作对。两两相较，真见得南面之乐，无以易隐居之乐。其得心应手处，读之最能发人文机。

〔校记〕

① “天骥”，原缺，据《苏轼文集》补。
② “十二”，原作“一面”，据《苏轼文集》改。
③ “客”，原作“佐”，据《苏轼文集》改。
④ “揖”，原作“挹”，据《苏轼文集》改。
⑤ “垢”，原作“埃”，据《苏轼文集》改。
⑥ “听”，原作“欣”，据《苏轼文集》改。

石钟山记

苏轼

《水经》云：“彭蠡之口有石钟山焉。”彭蠡，即鄱阳湖。

○引《水经》起，更典实。郦元郦道元，注《水经》。以为下临深潭，微风鼓浪，水石相搏，声如洪钟。一说。是说也，人常疑之。人疑。今以钟磬置水中，虽大风浪不能鸣也，而况石乎！一驳，伏下“简”字案。(补)磬：用玉或者石制成的打击乐器。至唐李渤少室山人，唐顺宗征为左拾遗，称疾不至。始访其遗踪，(补)访：探寻。得双石于潭上，扣而聆之，(补)扣：敲，击。聆：听。南声函胡，宫音。(补)模糊不清。北音清越，商音。(补)清脆悠扬。枹止响腾，余韵徐歇。枹，鼓槌也。(补)响腾：声音传播。余韵：余音。徐歇：缓慢消失。自以为得之矣。一说。然是说也，余尤疑之。余疑。石之铿然有声者，所在皆是也，而此独以钟名，何哉？一驳，伏下“陋”字案。(补)铿然：金石铿锵声。

元丰神宗年号。七年六月丁丑，余自齐安舟行适临汝，齐安、临汝，皆邑名。(补)适：去，往。而长子迈将赴饶之德兴尉，时公之长君苏迈，为饶州府德兴县尉。送之至湖口，(补)县名，属江西。因得观所谓石钟者。寺僧使小童持斧，于乱石间择其一二扣之，硿硿焉①。此即李渤之故智。(补)硿硿：象声词。余固笑而不信也。仍然是疑，转下有势。至暮夜月明②，独与迈乘小舟，至绝壁下。大石侧立千尺，如猛兽奇鬼，森然欲搏人；（补）森然：阴森貌。搏：抓。而山上栖鹘，闻人声亦惊起，磔磔云霄间；（补）栖：禽鸟歇宿。鹘：隼的旧称。磔磔：鸟鸣声。云霄：高空。又有若老人咳且笑于山谷中者，或曰此鹳鹤也。一段点缀奇景，惨淡凄其，侵人毛发。伏下“士大夫不肯以小舟夜泊绝壁”句。（补）或：有人。鹳鹤：水鸟。余方心动欲还，折笔妙。（补）心动：心里害怕。而大声发于水上，噌吰如钟鼓不绝。噌吰，钟声。舟人大恐。徐而察之，则山下皆石穴罅，不知其浅深，微波入焉，涵澹澎湃而为此也。一处见闻得其实。（补）穴：洞孔。罅：裂缝。微波：微小的波浪。涵澹：水波动荡。澎湃：波浪相击。舟回至两山间，将入港口，（补）河湾入口处。有大石当中流，（补）水流的中央。可坐百人，空中而多窍，（补）空中：中空。窍：孔。与风水相吞吐，有窾坎镗鞳之声，窾坎镗鞳，钟鼓声。与向之噌吰者相应，（补）向：刚才。如乐作焉。两处见闻得其实。因笑谓迈曰：“汝识之乎？（补）识：知道。噌吰者，周景王之无射也；无射，周景王所铸钟名。窾坎镗鞳者，魏庄子之歌钟也③。魏庄子，晋大夫。○两处石声，与古钟声无异。（补）歌钟：编钟。古之人不余欺也！”始知古人以钟名石为不谬。（补）不余欺：不欺余。

事不目见耳闻，而臆断其有无，可乎？人谓石置水中不能鸣，盖臆断耳。（补）臆：推测。郦元之所见闻，殆与余同，（补）殆：大概。而言之不详；简。士大夫终不肯以小舟夜泊绝壁之下，故莫能知；而渔工水师虽知而不能言。此世所以不传也。破“人常疑之”句。（补）水师：指船夫。而陋者乃以斧斤考击而求之，自以为得其实。破“余尤疑之”句。（补）陋者：见识浅陋的人，此指李渤。斧斤：斧头。考击：敲击。余是以记之，盖叹郦元之简，而笑李渤之陋也。结出。

世人不晓石钟命名之故，始失于旧注之不详，继失于浅人之俗见。千古奇胜，埋没多少！坡公身历其境，闻之真，察之详，从前无数疑案，一一破尽。爽心快目。

〔校记〕

①“焉”，原作“然”，据《苏轼文集》改。
②“暮”，原作“其”，据《苏轼文集》改。
③“庄”，原作“献”，据《苏轼文集》改。

潮州韩文公庙碑

苏轼

匹夫而为百世师，一言而为天下法，东坡作此碑，不能得一起头，起行数十遭，忽得此两句。是从古来圣贤，远远想入。[补]匹夫：指平常之人。法：效法。是皆有以参天地之化，关盛衰之运。用“是皆”二字接，包括古今圣贤多少。[补]参：参与。化：化育。其生也有自来，生不苟生。[补]自来：来历。其逝也有所为。死不苟逝。故申、吕自岳降，《大雅》：“维岳降神，生甫及申。”甫，即吕也。《书·吕刑》，《礼记》作《甫刑》，而孔氏以为吕侯，后为甫侯是也。申，申伯也。○生有自来。[补]岳降：高山降神，称颂诞生。傅说为列星，《庄子》：傅说“乘东维，骑箕尾，而比于列星”。○逝有所为。古今所传，不可诬也。略证，顿住。[补]诬：虚假。孟子曰：“我善养吾浩然之气。”忽然提出“气”字来。[补]浩然之气：至大至刚之气，即正气。是气也，寓于寻常之中，而塞乎天地之间。卒猝然遇之，[补]卒：突然。则王公失其贵，晋、楚失其富，[补]《孟子·公孙丑下》：“晋楚之富，不可及也。”良、平张良、陈平。失其智，贲、育孟贲、夏育。失其勇，仪、秦张仪、苏秦。失其辩①。一遇是气，则贵、富、智、勇、辨，皆无所用，才见浩然。是孰使之然哉？顿上起下，有力。[补]孰：什么。然：这样。其必有不依形而立，不恃力而行，不待生而存，不随死而亡者矣。叠四语，刻画“气”字。（补）亡：消亡。故在天为星辰，在地为河岳，幽则为鬼神，而明则复为人。（补）幽：幽冥处。明：指人世间。此理之常，无足怪者。以上言古今圣贤殁后必为神。是一篇之冒。

自东汉以来，道丧文弊，（补）道：儒学。丧：衰微。文弊：文风败坏。异端并起，（补）异端：指佛老。历唐贞观、太宗年号。开元明皇年号。之盛，辅以房、玄龄。杜、如晦。姚、崇。宋璟。而不能救。折入。（补）辅：辅佐。救：纠正。独韩文公起布衣，谈笑而麾之，天下靡然从公，复归于正，文公排异端，明天道，正人心，布衣而挽回世教，其功尤烈。（补）麾：指挥。靡然：倾倒貌，喻望风响应。正：正统。盖三百年于此矣。宕句得神。文起八代之衰，八代，东汉、魏、晋、宋、齐、梁、陈、隋。（补）起：振作。而道济天下之溺，公《原道》等篇，奥衍宏深，障百川，回狂澜，所以救济人心之溺。（补）济：拯救。忠犯人主之怒，宪宗迎佛骨入禁中，公上表极谏，帝怒，贬潮州。而勇夺三军之帅。镇州乱，杀帅洪正，而立王廷凑，诏公宣抚，众皆危之。公至，大廷凑力折其党。○四句，说尽韩公一生。（补）夺：压倒。此岂非参天地、关盛衰、浩然而独存者乎！应前结住。下提笔再起。

盖尝论天人之辨，（补）尝：曾经。天人之辨：谓天理与人事的区别。以谓人无所不至，可以智力胜。(补)以谓：认为。无所不至：无所不为，什么事都干得出来。惟天不容伪。必以精诚感。○总二句。智可以欺王公，人。不可以欺豚鱼；《易·中孚》彖曰："信及豚鱼。"○天。(补)豚鱼：猪和鱼，喻微贱之物。力可以得天下，人。不可以得匹夫匹妇之心。天。○四句，承上生下。(补)匹夫匹妇：普通百姓。故公之精诚，能开衡山之云，公有谒衡山南岳庙诗云："我来正逢秋雨节，阴气晦昧无清风。潜心默祷若有应，岂非正直能感通！须臾尽扫众峰出，仰天突兀撑晴空。"是诚能开衡山之云也。○天。(补)精诚：真诚。而不能回宪宗之惑；谓贬潮州。○人。(补)回：劝回。惑：迷惑。能驯鳄鱼之暴，潮州鳄鱼为患，公为文投水中，是夕暴风震电起溪中，数日水尽涸，西徙六十里。○天。(补)驯：驯服。暴：残暴。而不能弭皇甫镈、李逢吉之谤；宪宗得公潮州谢表，颇感悔，欲复用之，镈忌公，奏改袁州。李逢吉因台参之事，使公与李绅交斗，遂罢公为兵部侍郎。是不能止谤也。○人。(补)弭：防止。能信于南海之民，庙食百世，谓潮州立庙祀公。○横插一笔。○天。(补)庙食：谓死后立庙，受人祭祀。而不能使其身一日安于朝廷之上。公自观察推官入仕，贬山阳，贬潮州，移袁州，行军蔡州，宣抚镇州，是不能一日在朝也。○人。盖公之所能者，天也；所不能者②，人也。一点便醒。应上"人无所不至"二句，收住。(补)盖：表原因。

始，潮人未知学，公命进士赵德为之师。自是潮之士，皆笃于文行，延及齐民，齐等之民。(补)笃：专注。文行：文章与品行。延及：普及到。齐民：平民。至于今，号称易治。信乎孔子之言：

㊟信：果真。"君子学道则爱人，小人学道则易使也。"记公于潮。㊟孔子语引自《论语·阳货第十七》。潮人之事公也，饮食必祭，水旱疾疫，凡有求必祷焉。记潮于公。㊟事：侍奉。祷：祈祷。而庙在刺史公堂之后，民以出入为艰。前守欲请诸朝作新庙③，不果。㊟艰：谓不方便。前守：指前太守。诸：于。作：建造。元祐哲宗年号。五年，朝散郎王君涤来守是邦，凡所以养士治民者，一以公为师。民既悦服，凡作记，最要补出此一笔。则出令曰："愿新公庙者，听。"听其所令。㊟新：新建。听：允许。民欢趋之。卜地于州城之南七里，期年而庙成。记新庙。下忽作辨难，文情涌起。㊟卜地：择地。期年：满一年。

或曰："公去国万里而谪于潮，不能一岁而归，不及一年而去。㊟或：有人。去国：离开京都。谪：贬职。不能：不到。没殁而有知，其不眷恋于潮④，审矣。"㊟没：死。审：明白。轼曰："不然。公之神在天下者，如水之在地中，无所往而不在也。何尝不在潮？而潮人独信之深，思之至，焄蒿凄怆，鬼神精气蒸上处，是焄蒿。使人精神悚然，是凄怆。㊟焄蒿凄怆：祭祀时引起凄怆的感情。若或见之。譬如凿井得泉，而曰水专在是，岂理也哉？”何尝专在潮？○现前点拨，妙解妙喻。

元丰神宗年号。七年⑤，诏封公昌黎伯，昌黎，郡名。(补)韩愈郡望昌黎，故封为昌黎伯。故榜曰“昌黎伯韩文公之庙”。点出庙门上额。(补)榜：题匾额。潮人请书其事于石，点出碑。因作诗以遗之，使歌以祀公。(补)遗：送给。使：让。歌：歌唱。其词曰⑥：

公昔骑龙白云乡，《庄子》：“乘彼白云，游于帝乡。”谓公昔日骑龙作马，乘白云于帝乡。(补)白云乡：仙乡。手抉云汉分天章，《诗》曰：“倬彼云汉，为章于天。”谓公以手抉开云汉，分为之天章。(补)抉：挑开。云汉：银河。天章：指日月星辰的光芒文采。天孙为织云锦裳。天孙，织女也。言若织女为公织就云锦之裳。○此言公之文章，自天而成。飘然乘风来帝旁，飘飘然乘高风而降自上帝之侧。下与浊世扫粃糠，浊世粃糠，喻世俗文章之陋。○此言公从天而降，为一代词章之宗。西游咸池略扶桑。《淮南子》：“日出阳谷，浴于咸池，拂于扶桑。”谓公西游咸池日浴之地，而略过于扶桑日拂之方。(补)略：巡行。草木衣被昭回光，公光辉发越，被及草木，犹日月之昭回于天而光明也。○此言公光被四表，而为民物之所瞻仰。(补)衣被：犹加惠。昭回：光辉普照。追逐李、杜参翱翔，李白、杜甫，唐之诗士。公与之追逐，参列翱翔于其间。(补)参：一同。汗流籍、湜走且僵。张籍、皇甫湜同名于时，而不及公远甚。汗流者，言其愧汗如流也。走且僵，谓其退避奔走而僵仆也。(补)僵：仆倒。灭没倒景影不可望⑦，日光冲激谓之灭没，反从下照谓之倒影。喻公之道德光辉，炫耀夺目，人不能拟而望之也。○此言公之文章道德，大莫能及。作书诋佛讥君王，谓《佛骨表》。(补)讥：劝谏。要观

南海窥衡、湘。（nán hǎi kuī héng xiāng）公被谪潮州，跋涉岭、海，是谓要观南海，窥衡山、湘水。〔补〕要：要服，指边远地区。**历舜九嶷吊英、皇，**（lì shùn jiǔ yí diào yīng huáng）九嶷，山名。在苍梧、零陵之间，舜所葬处。英、皇，尧女娥皇、女英也。从舜南狩，道死衡、湘之间。公历行舜所巡之地，吊娥皇、女英之灵。○此言公谪潮及所经历之处。〔补〕历：经过。**祝融先驱海若藏，**（zhù róng xiān qū hǎi ruò cáng）南海之神曰祝融。海若，亦海神。公涉岭外海道，祝融为之先驱于前，而海若亦率怪物以敛藏。**约束蛟鳄如驱羊。**（yuē shù jiāo è rú qū yáng）谓驱鳄鱼之暴。○此言公之德足以感神，威足以服物。**钧天无人帝悲伤，**（jūn tiān wú rén dì bēi shāng）九天，中天曰钧天。言大钧之天无人，而上帝为之悲伤。〔补〕钧天：天之中央，此指天帝的住所。**讴吟下招遣巫阳，**（ōu yín xià zhāo qiǎn wū yáng）特遣巫阳讴吟，以下招文公。○此言公没仍归帝旁。〔补〕讴吟：歌唱吟咏。招：招回。巫阳：女巫名。**犦牲鸡卜羞我觞。**（bó shēng jī bǔ xiū wǒ shāng）犦牲，即犎牛。鸡卜，岭表凡小事必卜，名鸡卜、鼠卜。羞，进也。言祭以犦牲鸡卜之薄，而进我之觞，所以表诚也。〔补〕觞：盛满酒的杯。**於粲荔丹与蕉黄⑧，**（wū càn lì dān yǔ jiāo huáng）公《罗池庙碑》："荔枝黑兮蕉叶黄。"为迎送柳子厚之歌。东坡引用其语，以见潮人祭公，亦如公之祭子厚也。○此言庙中陈祭之品。〔补〕於粲：赞叹色泽鲜明。荔丹：红色荔枝。蕉黄：黄色香蕉。**公不少留我涕滂，**（gōng bù shǎo liú wǒ tì pāng）伤公之殁。〔补〕涕滂：泪水涌流。**翩然被（披）发下大荒。**（piān rán pī fà xià dà huāng）韩公诗云："翩然下大荒，被发骑麒麟。"东坡用此语，盖祝其来享也。○歌词蹈厉发越，直追《雅》《颂》。〔补〕翩然：飘逸的样子。被发：散发。大荒：荒远之地，此指潮州。

韩公贬于潮，而潮祀公为神。盖公之生也，参天地、关盛衰，故公之没也，是气犹浩然独存。东坡极力推尊文公，丰词瑰调，气焰光采。非东坡不能为此，非韩公不足当此。千古奇观也！

〔校记〕

①"辩"，原作"辨"，据《苏轼文集》改。
②"所"前原有一"其"字，据《苏轼文集》删。
③"前"后原有一"太"字，据《苏轼文集》删。
④"潮"后原有一"也"字，据《苏轼文集》删。
⑤"七"，原作"元"，据《苏轼文集》改。

⑥“词”，原作“辞”，据《苏轼文集》改。
⑦“景”原作“影”，“可”原作“能”，均据《苏轼文集》改。
⑧“粲”，原作“餐”，据《苏轼文集》改。

乞校正陆贽奏议进御札子①

qǐ jiào zhèng lù zhì zòu yì jìn yù zhá zǐ

苏轼

sū shì

chén děng wěi yǐ kōng shū bèi yuán jiǎng dú
臣等猥以空疏，备员讲读。时任翰林，与吕希哲、范祖禹同进。㊟猥：承蒙，谦辞。空疏：空乏疏陋。备员：凑数，谦辞。讲读：指侍讲、侍读。shèng míng tiān zòng xué wèn rì xīn 圣明天纵，学问日新。㊟纵：赋予。chén děng cái yǒu xiàn ér dào wú qióng xīn yù yán ér kǒu bú dài yǐ cǐ zì kuì mò zhī suǒ wéi 臣等才有限而道无穷，心欲言而口不逮，以此自愧，莫知所为。自谦引起。㊟逮：及。qiè wèi rén chén zhī nà zhōng pì rú yī zhě zhī yòng yào yào suī jìn yú yī shǒu fāng duō chuán yú gǔ rén ruò yǐ jīng xiào yú shì jiān bú bì jiē cóng yú jǐ chū 窃谓人臣之纳忠，譬如医者之用药，药虽进于医手，方多传于古人。若已经效于世间，不必皆从于己出。设一确喻，便可转入宣公奏议。

fú jiàn táng zǎi xiàng lù zhì cái běn wáng zuǒ xué wéi dì shī
伏见唐宰相陆贽，才本王佐，学为帝师。㊟伏：敬辞，臣对君奏言多用之。王佐：王者的辅佐。lùn shēn qiè yú shì qíng yán bù lí yú dào dé 论深切于事情，言不离于道德。zhì rú zǐ fáng ér wén zé guò 智如子房而文则过，㊟张良，字子房，汉高祖的谋士。biàn rú jiǎ yì ér shù bù shū 辩如贾谊而术不疏②。㊟辩：论说。术：策略。疏：空疏。shàng yǐ gé jūn xīn zhī fēi xià yǐ tōng tiān xià 上以格君心之非，下以通天下之志。极赞宣公。㊟格：正。三代已还，一人而已③。㊟三代：指夏商周。以还：以来，以后。但其不幸，仕不遇时。便发感慨。德宗以苛刻为能，而贽谏之以忠厚；德宗以猜疑为术④，而贽劝之以推诚；德宗好用兵，而贽以消兵为先；德宗好聚财，而贽以散财为急。至于用人听言之法，治边御将之方，罪己以收人心，改过以应天道，去小人以除民患，惜名器以待有功，如此之流，未易悉数，举奏议中大要言。㊟惜：珍惜。名器：爵号与车服，用以分别尊卑。流：类。可谓进苦口之药石，针害身之膏肓。肓，膈也。心下为膏。《左传》：晋景公疾病，秦伯使医缓治之。未至，公梦疾为二竖子曰：‘彼良医也，惧伤我，焉逃之？”其一曰：“居肓之上、膏之下，若我何？”医至，曰：“疾不可为也，在肓之上、膏之下。攻之不可，达之不及，药不至焉。”㊟药石：药剂和砭石，指药物。针：谓治疗。膏肓：指严重的疾病。使德宗尽用其言，则贞观太宗年号。可得而复。反振一顿，起下仁宗当用宣公之言。㊟使：假使。

臣等每退自西阁，即私相告言⑤，以陛下圣明，必喜贽议论。㊟西阁：宋朝皇帝听讲的地方。私：私下。但使圣贤之相契，即如臣主之同时。取善不必以时代拘。㊟但：只要。契：合。昔冯唐论颇、

mù zhī xián zé hàn wén wèi zhī tài xī

牧之贤，则汉文为之太息。汉文帝谓冯唐曰：“昔有为我言赵将李齐之贤，战于钜鹿下，吾每饭未尝不在巨鹿。”唐对曰：“尚不如廉颇、李牧之为将也。”帝拊髀曰：“我独不得颇、牧为将，何忧匈奴哉！”

wèi xiàng tiáo cháo dǒng zhī duì zé

魏相条晁、董之对，则

xiào xuān yǐ zhì zhōng xīng

孝宣以致中兴。魏相好观汉故事，数条汉兴以来国家便宜行事及晁错、仲舒等所言，请施行之。上任用焉。㊟条：条陈。孝宣：西汉宣帝。致中兴：谓成就中兴之治。

ruò bì xià néng zì dé shī mò ruò jìn qǔ zhū zhì

若陛下能自得师，莫若近取诸贽⑥。此段劝勉仁宗听信之意，最为婉切。

fú liù jīng sān shǐ zhū zǐ bǎi jiā fēi wú kě

夫六经三史，《史记》及两《汉书》为三史。诸子百家，非无可观，皆足为治。但圣言六经。幽远，末学子、史。支离，譬如山海之崇深，难以一二而推择。如贽之论，开卷了然。聚古今之精英，实治乱之龟鉴。以经、史、诸子形出奏议，深明宣公之论，便于观览推行。㊟了然：明白。龟鉴：龟甲和镜子，谓可供人引以为戒。

chén děng yù qǔ qí zòu

臣等欲取其奏

yì shāo jiā jiào zhèng shàn xiě jìn chéng yuàn bì xià zhì zhī zuò yú

议，稍加校正，缮写进呈。愿陛下置之坐隅，㊟坐：座。隅：边侧。如见贽面，反复熟读，如与贽言。必能发圣性之高明，成治功于岁月。直写乞校正进御之意。㊟岁月：指短时间。

guān jiē zú wéi zhì dàn shèng yán yōu yuǎn mò xué zhī lí

> 六经。 子、史。

pì rú shān hǎi zhī chóng shēn nán yǐ yī èr ér tuī zé rú zhì zhī

rú jiàn zhì miàn fǎn fù shú dú rú yǔ zhì yán bì néng fā

如见赞面，反复熟读，如与赞言。必能发

shèng xìng zhī gāo míng chéng zhì gōng yú suì yuè

chén děng bú shèng qū qū zhī yì qǔ jìn zhì

臣等不胜区区之意，取进止。㊟不胜：非常。区区：谓真情挚意。取进止：古代奏疏末所用的套语，意谓听候旨意，以决行止。取，听从。

东坡说宣公，便学宣公文章。讽劝鼓舞，激扬动人。宣公当时不见

知于德宗，庶几今日受知于陛下，与其观六经、诸子之崇深，不如读宣公奏议之切当，尤使人主有欣然向往，恨不同时之想。

〔校记〕

①《苏轼文集》篇名作“乞校正陆贽奏议上进札子”。
②“辩”，原作“辨”，据《苏轼文集》改。
③“三代已还一人而已”，原缺，据《苏轼文集》补。
④“疑”，原作“忌”，据《苏轼文集》改。
⑤“言”，原缺，据《苏轼文集》补。
⑥“莫”前原有一“则”字，据《苏轼文集》删。

qián chì bì fù

前赤壁赋

sū shì

苏 轼

rén xū zhī qiū qī yuè jì wàng sū zǐ
壬戌元丰五年。**之秋，七月既望，**〔补〕农历每月十六日。望：十五日。既：已。**苏子**

yǔ kè fàn zhōu yóu yú chì bì zhī xià
与客泛舟游于赤壁之下。建安十三年，曹操自江陵追刘备，备求救于孙权，权将周瑜请兵三万拒之。瑜部将黄盖建议以斗舰载荻柴，先以书诈降。时东南风急，盖以十舰著前，余船继进，去二里许，同时火发。火烈风猛，烧尽北船，操军大败，石壁尽赤。赤壁有二，惟蒲圻县西北乌林，与赤壁相对，乃周瑜破曹操处。东坡所游，则黄州之赤壁，误也。〔补〕泛舟：行船。

qīng fēng xú lái shuǐ bō bù xīng jǔ jiǔ
清风徐来，水波不兴。先赋风。**举酒**

zhǔ kè sòng míng yuè zhī shī gē yǎo tiǎo zhī zhāng
属客，诵明月之诗，歌窈窕之章。谓明月诗中窈窕一章。〔补〕属客：劝客。明月之诗：指《诗经·陈风·月出》，窈窕章为《月出》诗首章。

shǎo yān yuè chū yú dōng shān zhī shàng pái huái yú
少焉，月出于东山之上，徘徊于

dǒu niú zhī jiān bái lù héng jiāng shuǐ
斗牛之间。斗、牛，二星。○次赋月。○风、月是一篇张本。〔补〕少焉：一会儿。徘徊：停留不前貌。**白露横江，水**

光接天。写秋景二句。（补）露：水汽。纵一苇之所如，凌万顷之茫然。一苇，谓小舟也。苇，蒹葭之属。《卫风》："谁谓河广，一苇杭之。"（补）纵：放任。如：往。凌：越过。万顷：指广阔的江面。茫然：旷远的样子。

hào hào

浩浩

hū rú píng xū yù fēng　ér bù zhī qí suǒ zhǐ

乎如冯〔凭〕虚御风，而不知其所止；列子御风而行，泠然善也。（补）浩浩：广大无际貌。冯：乘。虚：

piāo piāo hū rú yí shì dú lì　yǔ huà ér dēng xiān

太空。御：驾。飘飘乎如遗世独立，羽化而登仙。道家飞升遐举，谓之羽化。○赋领受此风此月者，一路都写乐景。（补）飘飘：轻盈舒缓、超尘脱俗的样子。遗世独立：超然独立于世俗之外。遗世，脱离尘世。羽化而登仙：变化成仙。

guāng jiē tiān

zòng yì wěi zhī suǒ rú　líng wàn qīng zhī máng

yú shì yǐn jiǔ lè shèn

于是饮酒乐甚，点出"乐"字。（补）甚：很，极。扣舷而歌之。舷，船边。（补）扣：敲。歌曰："

guì zhào xī lán jiǎng

桂棹兮兰桨，舟中前推曰桨，后推曰棹。（补）桂木和兰木做成的桨。

Jī kōng míng xī

击空明兮

sù liú guāng

溯流光。摇桨曰击。月在水中，谓之空明。逆水而上曰溯。月光与波俱动，谓之流光。

miǎo miǎo xī yú huái　wàng měi

渺渺兮予怀，望美

rén xī tiān yì fāng

人兮天一方。"美人，谓同朝君子。此先生眷眷不忘朝廷之意也。（补）渺渺：悠远貌。怀：情怀。一方：一边。

kè yǒu chuī dòng

客有吹洞

xiāo zhě

箫者，无底者谓洞箫。（补）客：指同游之人。

yǐ gē ér hè zhī①

倚歌而和之①。（补）倚：依。和：随着歌声伴奏。

qí shēng wū

其声呜

wū rán　rú yuàn rú mù　rú qì rú sù　yú yīn niǎo niǎo　bù

呜然，如怨如慕，如泣如诉，余音袅袅，不绝如缕。（补）怨：哀怨。慕：思慕。余音：尾声。袅袅：声音婉转悠长。缕：细丝。

wǔ yōu hè zhī qián jiāo　qì

舞幽壑之潜蛟，泣

gū zhōu zhī lí fù

孤舟之嫠妇。嫠妇，寡妇也。○忽因吹洞箫发出一段悲歌感慨，起下愀然意。（补）舞、泣：皆用如使动。幽壑：深渊。蛟：蛟龙。

sū zǐ qiǎo rán　zhèng jīn wēi zuò ér wèn kè yuē　hé wèi qí

yuè míng xīng xī

月明星稀，

苏子愀然，正襟危坐而问客曰："何为其然也？"生出后半篇文字。（补）愀然：容色改变貌。危坐：端坐。何为：为什么。然：这样。客曰："'月明星稀，乌鹊南飞'，此非曹孟德之诗乎？《文选》：魏武帝《短歌》曰："月明星稀，乌鹊南飞，绕树三匝，无枝可依。"孟德，曹操字也，是为魏武帝。○先引昔所诵诗。西望夏口，东望武昌，武昌，即鄂州。夏口，在鄂州江夏县西。山川相缪缭，郁乎苍苍，此非孟德之困于周郎者乎？缪，绕也。周瑜，字公瑾，曹操呼为周郎。此谓曹操为周瑜败于赤壁。○现指今所遭境。(补)相缪：相互环绕。郁乎苍苍：犹言苍翠茂盛。此：这地方。方其破荆州，刘琮降。(补)方：当。破：攻克。下江陵，自江陵至赤壁。(补)下：攻下。顺流而东也，舳舻千里，(补)舳舻：谓船只首尾连接，此指战船。舳：船尾。舻：船头。旌旗蔽空，酾酒临江，横槊赋诗，酾，酌酒也。槊，矛属。曹氏父子，鞍马间为文，往往横槊赋诗。(补)蔽空：遮蔽天空。固一世之雄也，(补)固：确实是。一世之雄：一个时代的英雄。而今安在哉？一段借曹公发端，其伤心却在下一段。况吾与子渔樵于江渚之上，(补)此句言贬官后放逐在江湖间的生活。渔樵：打鱼砍柴。江渚：江中小洲，指江边。侣鱼虾而友麋鹿，驾一叶之扁舟，小舟曰扁舟。(补)侣、友：皆为意动用法。一叶：一片叶子，形容船小。举匏樽以相属。匏樽，酒器之质者。(补)匏樽：用干匏（葫芦）做成的盛酒器。寄蜉蝣于天地，渺沧海之一粟。蜉蝣，小虫，一名渠略，朝生暮死。○无有曹公舳舻千里，旌旗蔽空也。(补)寄：寄居。渺：渺小。沧海：大海。按，苏轼手写本《赤壁赋》作"浮海"。一粟：一粒米。哀吾生之须臾，羡长江之无穷。承上"而今安在"。(补)须臾：片刻。挟飞仙以遨游，抱明月而长终。遐想此事。(补)挟：携带。飞仙：会飞的仙人。长终：长存，永久。知不可乎骤得，托

yí xiǎng yú bēi fēng

遗响于悲风。” 终无可奈何也，故借此意于悲声之中。○以上拟客发议，以抒下文。〔补〕骤：立即。托：寄托。遗响：余音，指箫声。悲风：秋风。

sū zǐ yuē　　kè yì zhī fú shuǐ yǔ yuè hū

苏子曰：“客亦知夫水与月乎？现前指点。逝者如斯，客所知。而未尝往也；客所未知。○此句说水。〔补〕逝：消逝。斯：指江水。未尝往：未曾消失。盈虚者如彼，客所知。〔补〕盈虚：月之圆缺。彼：指月亮。而卒莫消长也。客所未知。○此句说月。〔补〕卒：终究。消长：增减。盖将自其变者而观之，则天地曾不能以一

shùn

瞬；瞬，目摇也。○客所知。〔补〕将：如果。曾：竟。自其不变者而观之，则物与我

jiē wú jìn yě　　ér yòu hé xiàn hū

皆无尽也，而又何羡乎！客所未知。“羡”字应上。○即水、月、天、地以自解，见得天地盈虚消息之理，本无终穷。况

qiě fú tiān dì zhī jiān　　wù gè yǒu zhǔ　　gǒu fēi

眼前境界，自有风月可乐，何事悲感？〔补〕无尽：永恒。且夫天地之间，物各有主，苟非

wú zhī suǒ yǒu　　suī yì háo ér mò qǔ

吾之所有，虽一毫而莫取。推开一步。〔补〕且夫：况且。苟：假如。惟江上之清风，与山间之明月，应前风月。 ěr dé zhī ér wéi shēng　　mù 耳得之而为声，风。目

yù zhī ér chéng sè　　　　qǔ zhī wú jìn　　yòng zhī bù jié　　shì zào wù

遇之而成色，月。取之无禁，用之不竭，是造物

zhě zhī wú jìn zàng yě　　ér wú yǔ zǐ zhī suǒ gòng shì

者之无尽藏也，而吾与子之所共适②。” 客曰“况吾与子”，此曰“而吾与子”。一酬一对之间，差却境界多少。〔补〕造物者：指大自然。无尽藏：佛教语，意谓无尽的宝藏。适：享用。按，台北故宫博物院藏苏轼手写本《赤壁赋》作“食”。

kè xǐ ér xiào

客喜而笑，客转悲而喜。洗盏更酌。〔补〕洗盏：洗杯子。更酌：轮流斟酒。肴核既尽，杯盘狼籍③。〔补〕肴核：荤菜和果品。狼籍：同“狼藉”，错杂散乱貌。 xiāng yǔ zhěn jiè hū 相与枕藉乎

^{zhōu zhōng}
^{bù zhī dōng fāng zhī jì bái}

舟中，不知东方之既白。结出人自在。㊟相与枕藉：彼此紧靠着睡觉。既：已经。

欲写受用现前无边风月，却借吹洞箫者发出一段悲感，然后痛陈其胸前一片空阔。了悟风月不死，先生不亡也。

〔校记〕

①“倚”，原作“依”，据《苏轼文集》改。
②“适”，《苏轼文集》作“食”。
③“籍”，原作“藉”，据《苏轼文集》改。

后赤壁赋
^{hòu chì bì fù}

苏轼
^{sū shì}

是岁承上篇。十月之望，步自雪堂，将归于临
^{shì suì}　^{shí yuè zhī wàng}　^{bù zì xuě táng}　^{jiāng guī yú lín}

皋。公年四十六，在黄州寓居临皋亭。就东坡筑雪堂，自号“东坡居士”。堂以大雪中为之，故名。○写不必定游赤壁。二客从予，过
^{gāo}　^{èr kè cóng yú}　^{guò}

黄泥之坂。黄泥坂，雪堂至临皋之道也。○写不必定约某客。㊟坂：山坡。霜露既降，木叶
^{huáng ní zhī bǎn}　^{shuāng lù jì jiàng}　^{mù yè}

尽脱。赋十月。人影在地，仰见明月。赋望。顾而乐之，
^{jìn tuō}　^{rén yǐng zài dì}　^{yǎng jiàn míng yuè}　^{gù ér lè zhī}

行歌相答。赋自本欲归，客亦偶从。㊟仰：抬头。顾：环顾四周。行歌相答：边走边吟诗相唱和。
^{xíng gē xiāng dá}

已而叹曰：“有客无酒，有酒无肴，月白
^{yǐ ér tàn yuē}　^{yǒu kè wú jiǔ}　^{yǒu jiǔ wú yáo}　^{yuè bái}

风清，如此良夜何？”仍用“风”“月”二字，乃长公一生襟怀。㊟客
^{fēng qīng}　^{rú cǐ liáng yè hé}　㊷已而：旋即。肴：熟肉，指下酒菜。客

曰："今者薄暮，薄，迫也。迫晚曰薄暮。举网得鱼，巨口细鳞，状似松江之鲈①。顾安所得酒乎？"客创逸兴。(补)顾：但是。安所：何处。归而谋诸妇。(补)诸：之于。妇曰："我有斗酒，藏之久矣，以待子不时之须②。"妇更凑趣。(补)斗酒：一斗酒。斗，盛酒器。不时：临时。

于是携酒与鱼，复游于赤壁之下。泛舟复游。○叙出复游之端，最有头绪。江流有声，断岸千尺；山高月小，水落石出。壮景写情，字字若画。(补)断岸：江边绝壁。曾日月之几何，而江山不可复识矣！感慨多少。(补)曾：曾经。日月：时光。几何：多少。江山：江景山色。予乃摄衣而上，舍舟登岸。(补)摄衣：撩起衣襟。上：指上岸。履巉岩，巉岩，高危也。(补)履：踏。巉岩：险峻的山崖。披蒙茸，披，开也。蒙茸，草卉丛生也。踞虎豹，石类虎豹之状者，踞而坐之。(补)踞：蹲。登虬龙。草木有类虬龙者，登而援之。(补)登：爬上。虬龙：借指弯曲的树木。攀栖鹘之危巢，鹘，鹰属，夜则宿于危巢。吾仰而欲攀之。(补)句意谓攀登鹘鸟巢居的崖壁。危：高。俯冯夷之幽宫。冯夷，水神，息于深渊之幽宫。吾俯而欲窥之。盖二客不能从焉。上六句，又添此一句，写尽崎岖险仄。划然长啸，啸，蹙口出声，以舒愤懑之气。(补)划然：拟声词。草木震动，山鸣谷应，风起水涌。写出萧瑟景况。予亦悄然而悲，肃然而恐，凛乎其不可留也。先生至此，亦不能不知难而退也。(补)悄然：忧愁貌。肃然：畏惧貌。凛乎：令人敬畏。反返而登舟，

fàng hū zhōng liú tīng qí suǒ zhǐ ér xiū yān
舍岸登舟。放乎中流，听其所止而休焉。赋出入自在。㊟中流：水流的中央。听：任凭。

shí yè jiāng bàn sì gù jì liáo shì yǒu gū hè héng jiāng
时夜将半，四顾寂寥，㊟寂寥：寂静无声。适有孤鹤，横江

dōng lái chì rú chē lún xuán cháng gǎo yī jiá rán
东来，翅如车轮，玄裳缟衣，㊟玄：黑色。裳：下衣。缟：白色。衣：上衣。戛然

cháng míng lüè yú zhōu ér xī yě
长鸣，掠予舟而西也。空中奇想。㊟戛然：象声词。掠：擦过。

xū yú kè qù yú yì jiù shuì mèng yí dào shì
须臾客去，予亦就睡，舍舟登岸。㊟须臾：片刻。梦一道士，

yǔ yī piān xiān guò lín gāo zhī xià yī yú ér yán yuē chì bì
羽衣翩跹③，过临皋之下，揖予而言曰：“赤壁

zhī yóu lè hū wèn qí xìng
之游乐乎？”应“乐”字。㊟羽衣：用鸟羽制成的衣服，道士之服，亦代指道士。翩跹：飘然起舞的样子。揖：拱手行礼。问其姓

míng fǔ ér bù dá wū hū yī xī wǒ zhī zhī yǐ chóu
名，俯而不答。㊟俯：俯首。“呜呼噫嘻！我知之矣，畴

xī zhī yè fēi míng ér guò wǒ zhě fēi zǐ yě yé
昔之夜，飞鸣而过我者，非子也耶？”㊟畴昔：往日，这里指昨天。

dào shì gù xiào yú yì jīng wù kāi hù shì zhī
道士顾笑，予亦惊寤。借鹤与道士，寄写旷达胸次。㊟顾：回头。寤：醒。开户视之，

bú jiàn qí chù
不见其处。岂惟无鹤、无道士？并无鱼，并无酒，并无客，并无赤壁，只有一片光明空阔。

前篇写实情实景，从“乐”字领出歌来。此篇作幻境幻想，从“乐”字领出叹来。一路奇情逸致，相逼而出。与前赋同一机轴，而无一笔相似。读此两赋，胜读《南华》一部。

〔校记〕

①“似”，原作“如”，据《苏轼文集》改。
②“须”，原作“需”，据《苏轼文集》改。
③“翩”，原作“蹁”，据《苏轼文集》改。

三槐堂铭

苏轼

天可必乎？贤者不必贵，仁者不必寿①。天不可必乎？仁者必有后。〔补〕必：信赖。不必：不一定。二者将安取衷哉！入手便作疑词，文势曲折。〔补〕衷：正确，一说作“折中”解释。

吾闻之申包胥楚人。曰：“人众者胜天②，天定亦能胜人。”引证。〔补〕天定：天的定数，天意。世之论天者，皆不待其定而求之，故以天为茫茫。〔补〕定：谓天意确定。茫茫：渺茫，广大而辽阔。善者以怠，恶者以肆，〔补〕肆：放纵。盗跖之寿，孔、颜之厄，此皆天之未定者也。判断极得。松柏生于山林，其始也，困于蓬蒿，厄于牛羊，而其终也，贯四时、阅千岁而不改者，其天定也。即物以验之。〔补〕贯：贯通。阅：经历。善恶之报，至于子孙，则其定也久矣。不必待其已报而后定。吾以所见所闻所传闻考之③，而其可必也，审矣。此句便是入题

笔势。[补]
审：明白。

guó zhī jiāng xīng bì yǒu shì dé zhī chén hòu shī
国之将兴，暗指宋。必有世德之臣④，[补]世德：累世积德。厚施

ér bù shí qí bào rán hòu qí zǐ sūn néng yǔ shǒu wén tài píng zhī
而不食其报，暗指晋国。然后其子孙能与守文太平之

zhǔ gòng tiān xià zhī fú gù bīng bù shì láng jìn
主，共天下之福。暗指魏国。〇先虚虚说起。[注]守文：指遵循先王成法。故兵部侍郎晋

guó wáng gōng xiǎn yú hàn zhōu zhī jì lì shì tài zǔ tài zōng
国王公，王祐。显于汉、周之际，历事太祖、太宗，

wén wǔ zhōng xiào tiān xià wàng yǐ wéi xiàng ér gōng zú yǐ zhí dào
文武忠孝，厚施。天下望以为相，而公卒以直道

bù róng yú shí gài cháng shǒu zhí sān huái yú tíng yuē
不容于时。不食其报。[补]卒：终究。以：因为。盖尝手植三槐于庭，曰：

wú zǐ sūn bì yǒu wéi sān gōng zhě
"吾子孙必有为三公者。"未定之天。[补]三公：北宋以太师、太傅、太保为三公，亦指位极人臣之高官。

yǐ ér qí zǐ wèi guó wén zhèng gōng xiàng zhēn zōng huáng dì yú jǐng
已而其子魏国文正公，王旦。相真宗皇帝于景

dé xiáng fú zhī jiān cháo tíng qīng míng tiān xià wú shì zhī
德、祥符俱年号。之间，既定之天。朝廷清明、天下无事之

shí xiǎng qí fú lù róng míng zhě shí yǒu bā nián jīn fú
时，享其福禄荣名者十有八年。与守文太平之主共天下之福。今夫

yù wù yú rén míng rì ér qǔ zhī yǒu dé yǒu fǒu ér
寓物于人，[补]寓：寄存。明日而取之，有得有否。跌宕。而

jìn gōng xiū dé yú shēn zé bào yú tiān qǔ bì yú shù shí nián zhī
晋公修德于身，责报于天，取必于数十年之

hòu rú chí zuǒ qì jiāo shǒu xiāng fù wú shì yǐ zhī tiān zhī guǒ kě
后，如持左契，交手相付，吾是以知天之果可

bì yě
必也。前言"其可必也审矣"，此言"天之果可必也"，正是决词，以应"天可必乎"之说。转盼有情。[补]责报：求取报答。左契：契约的左半，为索偿的凭据。

吾不及见魏公，而见其子懿敏公，王素。○写世德子孙，故又添出一世。以直谏事仁宗皇帝，出入侍从、将帅三十余年，位不满其德。【补】出入：谓朝廷内外，指出将入相。天将复兴王氏也欤？何其子孙之多贤也！此言王氏之得天未已。意思唱叹不尽。世有以晋公比李栖筠唐人。者，请李栖筠作陪。其雄才直气，【补】才能出众，气节刚直。雄：杰出。真不相上下。且说同。而栖筠之子吉甫，其孙德裕，功名富贵，略与王氏等，且说同。而忠信仁厚⑤，不及魏公父子。请李栖筠，乃只为此句也。由此观之，王氏之福，盖未艾也。此又借一相近人出色一番。【补】艾：尽。

懿敏公之子巩与吾游，又添出一世。【补】游：交往。好德而文，以世其家，吾是以录之⑥。收结劲健。【补】世：指继承家风。是以：因此。铭曰：呜呼休哉！【补】休：美善。魏公之业，与槐俱萌。封植之勤，必世乃成。【补】封植：壅土培育。必世：《论语·子路》："如有王者，必世而后仁。"三十年曰世。既相真宗，四方砥平。【补】砥平：喻安定。归视其家，槐阴满庭。吾侪小人，朝不及夕。相时射利，皇（遑）恤厥德。【补】侪：辈。射利：谋求财利。皇：怎能。

恤：顾及。厥：其。庶几侥幸，不种而获。不有君子，其何能国？(补)庶几：希望。不有：犹没有。王城之东，(补)王城：指汴梁。晋公所庐。郁郁三槐，惟德之符。呜呼休哉！铭意言种槐即是种德。(补)庐：用如动词，居住。符：见证。

起手以"可必""不可必"两设疑局，作诘问体。次乃说出有未定之天，有一定之天，历世数来，乃见人事既尽，然后可以取必于天心。此长公作铭微意。王氏勋业，与槐俱荫，实与此文而俱永。

〔校记〕

①"贤者不必贵仁者不必寿"，《经进东坡文集事略》作"贤者不必寿"。
②"众"，原作"定"，据《苏轼文集》改。
③"所传闻"，原缺，据《苏轼文集》补。
④"德"，《经进东坡文集事略》作"禄"。
⑤"信"，原作"恕"，据《苏轼文集》改。
⑥"是以录"，《经进东坡文集事略》作"以是铭"。

方山子传

苏轼

方山子，光、黄间隐人也。一句伏案。(补)光黄：光州和黄州。隐人：隐士。少时慕朱家、郭解俱汉时游侠。为人，闾里之侠皆宗之。好侠是一篇之纲。(补)闾里：乡里。宗：尊奉，推尊而效法之。稍壮，折节读书，欲以此驰骋当世，仍是侠。(补)折节：改变平素志向。驰骋：纵马疾驰，谓施展才能。然终不遇。总是豪侠气概，伏下使酒好剑轻财一段。(补)不遇：不得志。

晚乃遁于光、黄间，曰岐亭。伏岐亭相见。〔补〕遁：隐居。岐亭：在今湖北麻城西南。庵居蔬食，不与世相闻；〔补〕庵：圆顶草屋。蔬食：指粗食，以草菜为食。弃车马，毁冠服，徒步往来山中，人莫识也。伏山中人。见其所著帽，方耸而高，〔补〕方：方形。曰："此岂古方山冠之遗像乎？"〔补〕像：样式。因谓之方山子。《后汉书》："方山冠似进贤冠，以五采縠为之。"○方山子，是想像得名。

余谪居于黄，谪黄州监税。〔补〕谪居：贬官降职到边远外地居住。过岐亭，适见焉。〔补〕适：恰巧。曰："呜呼！此吾故人陈慥季常也，姓、名、字，并点出。何为而在此？"惊怪之词。方山子亦矍然，问余所以至此者，紧接妙，真似一时适见光景。〔补〕矍然：惊视貌。余告之故。告以谪居之故。俯而不答，仰而笑，逼真隐士行径。呼余宿其家。环堵萧然，而妻子奴婢皆有自得之意。描写隐居之乐，刻画入情。〔补〕环堵：四壁。萧然：空寂貌。自得：谓自得其乐。

余既耸悚然异之。一顿，便作波澜。〔补〕既：已经。耸然：诧异貌。独念方山子少时，使酒好剑，用财如粪土。追叙其侠。〔补〕使酒：纵酒任性。使，放纵。前十有九年①，余在岐山，见方山子从两骑，挟二矢，游西山。鹊起于前，使骑逐而射之，不获。

方山子怒马独出，一发得之。游侠之态如画。㊟怒马：奔马。一发：射一支箭。因与余马上论用兵及古今成败，自谓一世豪士②。得此一转，更见悲壮。㊟因：因此。豪士：豪放任侠之士。今几日耳，精悍之色，犹见现于眉间，而岂山中之人哉？应前“山中之人”唤起有得意。㊟精悍：精明强干。见：显现。

然方山子世有勋阀，当得官。使从事于其间，今已显闻。一跌。㊟勋阀：指功勋之家。当得官：应当荫补得官。使：假使。显闻：显达闻名。而其家在洛阳，园宅壮丽，与公侯等。㊟公侯：指有爵位的贵族和官高位显的人。等：等同。河北有田，岁得帛千匹，亦足以富乐。二跌。㊟河：指黄河。帛：丝织物的通称。皆弃不取，独来穷山中，此岂无得而然哉？掉转“自得意”句。有声响。㊟岂：难道。得：心得，指人生的领悟。然：这样。

余闻光、黄间多异人，往往阳狂垢污③，不可得而见，方山子傥见之欤？作不凡语，余波宕漾。㊟异人：有异才的人。阳狂垢污：假装癫狂，故意弄成垢污不洁的样子，表示不愿为人所知。阳狂，即佯狂。傥：或许，可能。

前幅自其少而壮而晚，一一顺叙出来。中间“独念方山子”一转，由后追前，写得十分豪纵，并不见与前重复，笔墨高绝。末言舍富贵而甘隐遁，为有得而然，乃可称为真隐人。

〔校记〕

①“有”，原缺，据《苏轼文集》补。
②“世”，原作“时”，据《苏轼文集》改。
③“阳”，原作“佯”，据《苏轼文集》改。

六国论

苏辙

愚读六国《世家》①，《史记》，六国俱有《世家》。㊟愚：谦辞，我。窃怪天下之诸侯，㊟窃：私下。用作谦辞。以五倍之地，十倍之众，发愤西向，以攻山西千里之秦，而不免于灭亡。先怪六国灭亡。㊟山西：战国、秦汉时称崤山、华山以西地区。常为之深思远虑，以为必有可以自安之计，次为六国代计。盖未尝不咎其当时之士虑患之疏，而见利之浅，且不知天下之势也。次咎当时策士，不知天下之势。下乃发议。

夫秦之所与诸侯争天下者，不在齐、楚、燕、赵也，而在韩、魏②。秦之有韩、魏，譬如人之有腹心之疾也。韩、魏塞秦之冲，㊟塞：遏制。冲：交通要道。而蔽山东之诸侯，㊟蔽：屏障。山东：指秦以外的六国。故夫天下之所重者，莫如韩、魏也。比言韩、魏为六国蔽障，为秦咽喉。深明天下大势。昔者范雎用于秦而收韩，㊟范雎：战国时魏人，游说秦昭王，任秦相，封于应（今河南鲁山东），称应侯。他主张远交近攻，逐步歼灭列国主力。商鞅用于秦而收魏，收者，使之附秦也。㊟商鞅：战国时卫人，公孙氏，名鞅，入秦说服秦孝公变法图强，因战功封于商，号商君，因称商鞅。昭王未得韩、魏之心，而出兵以攻齐之刚、寿，㊟刚：在今山东宁阳。寿：在今山东东平西南。而范雎以为忧。一反更醒。然则秦之所忌者，可以见矣[3]。引证以明已说之有据。秦之用兵于燕、赵，秦之危事也。越韩过魏，而攻人之国都，燕、赵拒之于前，而韩、魏乘之于后，此危道也。而秦之攻燕、赵，未尝有韩、魏之忧，八句，只是一句。㊟未尝：不曾。则韩、魏之附秦故也。夫韩、魏，诸侯之障，而使秦人得出入于其间，此岂知天下之势邪[4]？此切责韩、魏。委区区之韩、魏以当强虎狼之秦，彼安得不折而入于秦哉？㊟委：丢弃。区区：小小的。当：阻挡。折：屈服。韩、魏折而入

yú qín rán hòu qín rén dé tōng qí bīng yú dōng zhū hóu ér shǐ tiān
于秦，然后秦人得通其兵于东诸侯，而使天

xià biàn shòu qí huò
下遍受其祸。此切责东诸侯。

fú hán wèi bù néng dú dāng qín ér tiān xià zhī zhū hóu jiè zhī
夫韩、魏不能独当秦，而天下之诸侯藉之

yǐ bì qí xī gù mò rú hòu hán qīn wèi yǐ bìn qín
以蔽其西，故莫如厚韩亲魏以摈秦。通篇结穴。下只一意，转折而尽。[补]藉：凭借。摈：排斥，抵御。

qín rén bù gǎn yú hán wèi yǐ kuī qí chǔ yān zhào
秦人不敢逾韩、魏以窥齐、楚、燕、赵

zhī guó ér qí chǔ yān zhào zhī guó yīn dé yǐ
之国，一转。[补]逾：越过。窥：伺机图谋，觊觎。而齐、楚、燕、赵之国因得以

zì ān yú qí jiān yǐ yǐ sì wú shì zhī guó zuǒ dāng kòu zhī
自安于其间矣[5]。二转。以四无事之国，佐当寇之

hán wèi shǐ hán wèi wú dōng gù zhī yōu ér wèi
韩、魏，三转。[补]佐：帮助。寇：敌寇，此指秦国。使韩、魏无东顾之忧，而为

tiān xià chū shēn yǐ dāng qín bīng yǐ èr guó wěi qín ér sì guó xiū
天下出身以当秦兵。四转。以二国委秦，而四国休

xī yú nèi yǐ yīn zhù qí jí ruò cǐ kě yǐ yìng
息于内，以阴助其急。五转。[补]委：对付。阴助：暗地帮助。若此，可以应

fú wú qióng bǐ qín zhě jiāng hé wéi zāi bù zhī chū
夫无穷，彼秦者将何为哉？此段深著自安之计在知天下之势。不知出

cǐ ér nǎi tān jiāng yì chǐ cùn zhī lì bèi méng bài
此，而乃贪疆埸尺寸之利[6]，[补]疆埸：边疆。埸，边界，边境。背盟败

yuē yǐ zì xiāng tú miè qín bīng wèi chū ér tiān xià zhū hóu yǐ zì
约，以自相屠灭。秦兵未出，而天下诸侯已自

kùn yǐ zhì shǐ qín rén dé jiàn qí xì yǐ qǔ qí guó kě bù
困矣。至使秦人得间其隙[7]，以取其国，可不

bēi zāi
悲哉！感叹作结，遗恨千古。[补]间：窥伺。隙：空子，可乘之机。

是论只在“不知天下之势”一句。苏秦之说六国，意正如此。当时六国之策，万万无出于亲韩、魏者。计不出此，而自相屠灭。六国之愚，何至于斯？读之可发一笑。

〔校记〕

①“愚”，原作“尝”，据《栾城集》改。
②“魏”后原有“之郊诸侯之所与秦争天下者不在齐楚燕赵也而在韩魏之野”二十五字，据《栾城集》删。
③“以”，原缺，据《栾城集》补。
④“邪”，原作“耶”，据《栾城集》改。
⑤“安”，原作“完”，据《栾城集》改。
⑥“埸”，原作“场”，据《栾城集》改。
⑦“使”原作“于”，“间”原作“伺”，均据《栾城集》改。

上枢密韩太尉书
shàng shū mì hán tài wèi shū

苏辙

太尉执事：㊟太尉：指韩琦，字稚圭，封魏国公，时任枢密使，主管全国军事，相当于秦汉时太尉，故称。执事：对对方的敬称。辙生好为文，思之至深。以为文者气之所形，然文不可以学而能，气可以养而致。以养气冒起一篇大意。㊟气：指作者的气质。形：表现。致：获得。孟子曰：“我善养吾浩然之气。”㊟至大至刚之气，即正气。今观其文章，宽厚宏博，充乎天地之间，称其气之小大。一证。㊟称：相称，符合。太史公司马迁。行天下，周览四海名山大川，(补)四海：指天下。与燕赵间豪俊交游，故其文疏荡，颇有奇气。二证。(补)疏荡：流畅奔放。颇：甚，很。奇气：不平凡的气势。此二子者，岂尝执笔学为如此之文哉？跌荡。其气充乎其中而溢乎其貌，动乎其言而见〔现〕乎其文，而不自知也。申明文为气之所形。非亲尝者不能道此。

辙生十有九年矣①。开宕。其居家所与游者，不过其邻里乡党之人；一。(补)乡党：同乡。所见不过数百里之间，无高山大野可登览以自广；二。(补)自广：扩大自己的识见。百氏之书，(补)百氏：诸子百家。虽无所不读，然皆古人之陈迹，不足以激发其志气。三。恐遂汩没，(补)汩没：沉沦，谓使志气消沉。故决然舍去，求天下奇闻壮观，以知天地之广大。虚提以起下四段。过秦、汉之故都，(补)秦都咸阳、前汉都长安、后汉都洛阳。恣观终南、嵩、华之高，一。(补)恣观：尽情观赏。终南：终南山。嵩华：嵩山和华山。北顾黄河之奔流，慨然想见古之豪杰。二。(补)顾：眺望。慨然：感情激昂貌。至京师，(补)京师：今开封。仰观天子宫阙之壮，与仓廪府库、城池苑囿之富且大也，而后知天下之巨丽。三。〇本欲说见太尉，却自嵩、华、黄河、京师许多奇闻壮观说来，文势浩瀚。㊟宫阙：宫殿。仓廪：粮仓。城池：城墙和护城河。苑囿：皇家园林。巨丽：极其美好。见翰林欧阳公，欧阳修。听其议论之宏辩②，观其容貌之秀伟，与其门人贤士大夫游，而后知天下之文章聚乎此也。四。〇又引一欧阳公，陪起太尉，妙。㊟宏辩：指见识广博。秀伟：俊秀奇伟。太尉以才略冠天下，转接无痕。天下之所恃以无忧，四夷之所惮以不敢发，㊟四夷：四方外族。惮：畏惧。发：谓发动侵扰。入则周公、召公，出则方叔、召虎，皆周宣一时人。㊟入：入相。出：出将。而辙也未之见焉。一句挽上起下。

且夫人之学也，不志其大，虽多而何为？开宕。㊟且夫：况且。志：向慕，有志于。辙之来也，于山见终南、嵩、华之高，于水见黄河之大且深，于人见欧阳公，而犹以为未见太尉也。一齐收卷，势如破竹。㊟犹：还。故愿得观贤人之光耀，㊟贤人：指韩琦，即本文所称“太尉”。光耀：对人仪容的敬称。闻一言以自壮，然后可以尽天下之大观，而无憾者矣。应奇闻壮观结束，笔力千钧。

辙年少，未能通习吏事。㊟通习：贯通熟悉。吏事：政事业务。向之来，(补)言先前来京应试。非有取于斗升之禄，偶然得之，非其所乐。又自明志气。(补)斗升之禄：微薄的俸禄。然幸得赐归待选，(补)待选：等待朝廷选任。使得优游数年之间，将归益治其文[③]，且学为政。(补)优游：悠闲。益：进一步。治：指研习。太尉苟以为可教而辱教之，又幸矣！住意洒然。(补)苟：如果。辱：谦辞，犹承蒙。

意只是欲求见太尉，以尽天下之大观，以激发其志气，却以得见欧阳公，引起求见太尉；以历见名山大川、京华人物，引起得见欧阳公；以作文养气，引起历见名山大川、京华人物。注意在此，而立言在彼，绝妙奇文。

〔校记〕

①“十有九年”，原作“年十有九”，据《栾城集》改。
②“辩”，原作“辨”，据《栾城集》改。
③“归”，原作“以”，据《栾城集》改。

黄州快哉亭记

苏辙

江出西陵，西陵，即黄州地。始得平地，其流奔放肆大；南合湘、沅，北合汉沔，湘、沅，二水名。汉水出为漾，东南流为沔，至汉中东行为汉沔。(补)肆大：浩大。

其势益张；至于赤壁之下，波流浸灌，与海相若。以亭览观江流，故从江叙起。(补)张：盛大。相若：类似。清河张君梦得，谪居齐安，齐安，即黄州。(补)谪：贬官。即其庐之西南为亭，以览观江流之胜，点“亭”字。(补)即：靠近。胜：美景。而余兄子瞻名之曰“快哉”。倒出“快哉”。

盖亭之所见，南北百里，东西一舍①，(补)三十里为一舍。涛澜汹涌，风云开阖。(补)风云变幻。开阖：散聚。昼则舟楫出没于其前，夜则鱼龙悲啸于其下。变化倏忽，(补)倏忽：犹迅速。动心骇目，不可久视。今乃得玩之几席之上，举目而足。(补)玩：尽情观赏。之：指“江流之胜”。几：古人坐时用以凭依的小桌子。足：满足，谓看个够。西望武昌诸山，冈陵起伏，草木行列，烟消日出，渔夫樵父之舍，皆可指数，此其所以为快哉者也。一段写当日所见以为快。(补)武昌：今湖北省鄂州市。冈陵：丘陵。行列：谓纵横排列。指数：一一指点出来。至于长洲之滨，故城之墟，曹孟德、孙仲谋之所睥睨，周瑜、陆逊之所驰骛，其流风遗迹②，亦足以称快世俗。曹操，字孟德。孙权，字仲谋。睥睨，邪视貌。周瑜，权将，尝破曹操赤壁下。陆逊，亦权将，尝破曹休，振旅过武昌，权以御盖覆逊。出入直骋曰驰，乱驰曰骛。○一段吊往古之事以为快。(补)长洲：水中长形陆地。故城：指孙权的故都。墟：遗迹。睥睨：傲视。驰骛：奔走追逐。流风遗迹：遗风故迹。称快世俗：使世俗之人快意。

昔楚襄王从宋玉、景差于兰台之宫，(补)兰台：战国时代楚国台名，故址传说在今湖北省钟祥市东。**有风飒然至者，王披襟当之，曰："快哉此风！寡人所与庶人共者耶？"**(补)飒然：形容风声。披襟：敞开衣襟。当：对着。庶人：指百姓。**宋玉曰："此独大王之雄风耳，庶人安得共之！"玉之言，盖有讽焉。**(补)盖：大概。有讽：有所讽谏。**夫风无雌雄之异③，而人有遇不遇之变。**(补)遇：得志。**楚王之所以为乐，与庶人之所以为忧，此则人之变也，而风何与焉？**因"快哉"二字，发此一段论端，寻说到张梦得身上，若断若续，无限烟波。(补)何与：犹言何干。与，参与。**士生于世，使其中不自得，将何往而非病？**(补)使：假使。中：指心中。不自得：自己感到不满足。病：忧愁。**使其中坦然，不以物伤性，将何适而非快？**"快"字从其中看出，才起得张君谪居之快来。(补)坦然：指心无顾虑。物：外物。性：指心性。何适：到哪儿去。**今张君不以谪为患，窃会计之余功④，**会计，指簿书钱谷言。(补)谓利用职事之闲暇。**而自放山水之间，此其中宜有以过人者。**与上两"其中"应。(补)放：任情。**将蓬户瓮牖，无所不快，**蓬户，编蓬为户也。瓮牖，以破瓮口为牖也。○翻跌。(补)将：即使。户：门。牖：窗。**而**

kuàng hū zhuó cháng jiāng zhī qīng liú　　yì xī shān zhī bái yún　　qióng ěr mù

况乎濯长江之清流，挹西山之白云⑤，穷耳目

zhī shèng yǐ zì shì yě zāi

之胜以自适也哉！紧收，正写快哉。何等酣畅。④濯：洗涤。挹：汲取。西山：指樊山，在鄂州西。穷：尽。胜：胜景。自适：舒心快意。

bù rán　　lián shān jué hè　　cháng lín gǔ mù　　zhèn zhī yǐ qīng fēng　　zhào

不然，连山绝壑，长林古木，振之以清风，照

zhī yǐ míng yuè　　cǐ jiē sāo rén sī shì zhī suǒ yǐ bēi shāng qiáo cuì ér

之以明月，此皆骚人思士之所以悲伤憔悴而

bù néng shèng zhě　　wū dǔ qí wéi kuài yě zāi

不能胜者，乌睹其为快也哉⑥！反结，更有余味。④振：摇动。骚人：泛指文人。思士：忧思善

感之士。胜：承受。
乌睹：哪里看得出。

前幅握定"快哉"二字洗发，后幅俱从谪居中生意，文势汪洋，笔力雄壮。读之令人心胸旷达，宠辱都忘。

〔校记〕

① "舍"，原作"合"，据《栾城集》改。
② "流风"，原作"风流"，据《栾城集》改。
③ "雌雄"，原作"雄雌"，据《栾城集》改。
④ "窃会计之余功"，原作"收会稽之余"，据《栾城集》改。
⑤ "挹"，原作"挹"，据《栾城集》改。
⑥ "哉"，原缺，据《栾城集》补。

jì ōu yáng shè rén shū

寄欧阳舍人书

zēng gǒng

曾巩

gǒng dùn shǒu zài bài shè rén xiān shēng　　qù qiū rén huán　　méng cì

巩顿首再拜舍人先生①：去秋人还，蒙赐

书及所撰先大父墓碑铭，反复观诵，感与惭并。㊟先大父：指曾巩已故的祖父，名致尧，字正臣，北宋名臣，官至尚书户部郎中。墓碑铭：指作者请欧阳修为其祖父撰写的《尚书户部郎中赠右谏议大夫曾公神道碑铭》。

夫铭志之著于世，义近于史，而亦有与史异者。三句，是一篇纲领。㊟铭志：指墓志铭一类的文章。义：意义。盖史之于善恶无所不书，而铭者，盖古之人有功德、材行、志义之美者，惧后世之不知，则必铭而见（现）之。或纳于庙，或存于墓，一也。古之铭志必勒之石。或留于家庙，或置之墓前，其义一也。㊟材行：才能操行。志义：志向气节。铭：用如动词，撰写铭文。苟其人之恶，则于铭乎何有？此其所以与史异也。史兼载善恶，铭独记善，所以异也。○此段申明“与史异”句。㊟苟：假如，如果。其辞之作，所以使死者无有所憾，生者得致其严。严，敬也。㊟辞：指铭文。致：表达。而善人喜于见传，则勇于自立；恶人无有所纪（记），则以愧而惧。㊟见传：被立传。见，表示被动。自立：谓自己有所建树。至于通材达识，㊟达识：见识练达之人。义烈节士，㊟义：忠义。嘉言善状，㊟即嘉言善行，美善的言行。嘉：美。状：行状，事迹。皆见（现）于篇，则足为后法。警劝之道，非近乎史，其将安近？此段申明“义近于史”句。㊟警劝：警戒劝勉。将：与。安：什么。

及世之衰，为人之子孙者②，一欲褒扬其亲而不本乎理。㊟世：谓世风。一：一心一意。故虽恶人，皆务勒铭以夸后世。㊟务：一定。勒铭：谓刻铭文于碑石。立言者，㊟指撰写铭文的人。既莫之拒而不为，又以其子孙之所请也③，书其恶焉，则人情之所不得，于是乎铭始不实。此段言衰世铭不得实，起下段“当观其人”意。㊟得：适合。于是乎：于是。后之作铭者，常观其人④。铭以人重，此句为通篇关锁。苟托之非人，则书之非公与是，徇私则不公。惑理则失是。㊟苟：如果。非人：谓不适当的人。公与是：公正与真实。则不足以行世而传后。㊟行世而传后：指流行于当世并传于后代。故千百年来，公卿大夫至于里巷之士，莫不有铭，而传者盖少。其故非他，托之非人，书之非公与是故也。又从“观其人”翻出“公与是”一语。见今世之铭，于其义之近于史者，亦失之矣。㊟盖：大概。

然则孰为其人而能尽公与是欤？非畜道德而能文章者无以为也。此一转，徐徐引入欧公身上来。㊟畜：积累，培养。盖有道德者之于恶人，则不受而铭之；公。于众人，㊟众人：一般人。则能辨焉。是。而人之行，有情善而迹非，有意奸而外淑，有善恶相悬而不可以实指，有实大于名，有名侈于实。辨之甚难。(补)情：本性。意：内心。淑：善良，美好。相悬：相差很大。侈：大，超过。犹之用人，非畜道德者，恶能辨之不惑，而是。(补)恶能：怎么能。恶，怎，如何。议之不徇？而公。○此以见必畜道德者，而后可以为。(补)不徇：谓不徇私情。徇，曲从，顺从。不惑不徇，则公且是矣。从道德侧到文章。而其辞之不工，则世犹不传，于是又在其文章兼胜焉。此以见必畜道德而能文章者，而后可以为。(补)工：精。文章：文辞。兼：同时。胜：美好。故曰非畜道德而能文章者无以为也，岂非然哉？此段申明能尽公与是，必待畜道德而能文章者。下便可直入欧公。

然畜道德而能文章者，虽或并世而有，亦或数十年或一二百年而有之。(补)并世：同时代。其传之难如此，其遇之难又如此。可直入欧公矣，偏又作此一顿，文更曲折。若先生之道德文章，固所谓数百年而有者也。千里来龙，至此结穴。先祖之言行卓卓，(补)卓卓：犹卓越。幸遇而得铭其公与是，其传世行后无疑也。挽上略顿。而世之学者，每观传记所书古人之事，至其所可感⑤，则往往衋然不知涕之流落也，蠹，方痛也。○波荡。〔补〕涕：眼泪。况其子孙也哉？况巩也哉？收转，感慨呜咽。其追睎祖德⑥，〔补〕追睎：追念仰慕。睎，仰望，仰慕。而思所以传之之繇由⑦，则知先生推一赐于巩而及其三世。〔补〕繇：原由。推一赐：谓惠赐一篇铭文。三世：祖孙三代。其感与报，宜若何而图之？即感恩图报意顿住，下乃发出绝大议论。正是铭与史异用而同功。〔补〕若何：怎样。图：感恩图报。

抑又思，〔补〕抑：于是。表示承接。若巩之浅薄滞拙，而先生进之；〔补〕浅薄滞拙：学识浅薄，迟钝笨拙。进：提拔。先祖之屯蹶否塞以死，而先生显之。〔补〕屯蹶否塞：困顿不得志。屯，艰难。蹶，挫折。否塞，困厄。则世之魁闳豪杰不世出之士，〔补〕魁闳：俊伟。不世出：非一世所能出现，非凡。其谁不愿进于门？潜遁幽抑之士，〔补〕潜遁：隐退。幽抑：不得志。其谁不有望于世？善谁不为，而恶谁不愧以惧？遥应前段“警劝之道”。〔补〕愧：谓感到惭愧。为人之父祖者，孰不欲教其子孙？为人之子孙者，孰不欲宠荣其父祖？〔补〕宠荣：光荣耀。此数美者，一归于先生。铭一人而天下之为父祖子孙者，皆知所警劝，其为美更多于作史者。数美归于先生一语，极力推重欧公。若徒为己之祖父作感激，是犹一人之私耳。〔补〕一：一概。

既拜赐之辱，且敢进其所以然。所以感欧公者。〔补〕拜赐：拜受赐赠。

辱：谦辞，承蒙。敢：谦辞，冒昧。进：
进言。所以然：所以如此，指原因。

suǒ yù shì zú zhī cì
所谕世族之次⑧，

gǎn bù chéng jiào
敢不承教

ér jiā xiáng yān
而加详焉？

承欧公来书之教而加详。⑭谕：告知。
次：次序。敢：岂敢。详：审察。

kuì shèn bù xuān
愧甚，不宣。

并结出
自惭意。

⑭不宣：谓不一一细说，
旧时书信末尾的常用语。

gǒng zài bài
巩再拜⑨。

子固感欧公铭其祖父，寄书致谢，多推重欧公之辞。然因铭祖父而
推重欧公，则推重欧公正是归美祖父。至其文纡徐百折，转入幽深，
在南丰集中，应推为第一。

〔校记〕

① "巩顿首再拜舍人先生"，原缺，据《曾巩集》补。
② "为"，原缺，据《曾巩集》补。
③ "所"，原缺，据《曾巩集》补。
④ "常"，原作"当"，据《曾巩集》改。
⑤ "其"，原作"于"，据《曾巩集》改。
⑥ "睎"，原作"唏"，据《曾巩集》改。
⑦ "繇"，原作"由"，据《曾巩集》改。
⑧ "谕"，原作"论"，据《曾巩集》改。
⑨ "巩再拜"，原缺，据《曾巩集》补。

zèng lí ān èr shēng xù
赠黎安二生序

zēng gǒng
曾巩

zhào jùn sū shì yú zhī tóng nián yǒu yě
赵郡苏轼，余之同年友也①。

提苏轼说入。⑭赵郡：古郡
名，治所在今河北赵州，苏轼

之远祖唐代苏味道为赵郡人，故
云。同年：同科考中者之互称。

zì shǔ yǐ shū zhì jīng shī wèi yú chēng shǔ zhī
自蜀以书至京师遗余，称蜀之

shì yuē lí shēng ān shēng zhě
士曰黎生、安生者。

点出二生。⑭遗：送交。称：
称道。生：为读书人的通称。

jì ér lí shēng
既而黎生

携其文数十万言，安生携其文亦数千言，辱以顾余。（补）既而：不久。辱：承蒙。顾：拜访。读其文，诚闳壮隽伟，（补）言确实是规模宏大，意味深长。闳壮：犹雄健。隽伟：优美而宏伟。善反复驰骋，（补）谓尽情发挥。驰骋：比喻文章气势奔放。穷尽事理，而其才力之放纵②，若不可极者也。叙出二生之文。（补）放纵：恣肆奔放。极：达到尽头。二生固可谓魁奇特起之士，而苏君固可谓善知人者也。一总顿住。（补）固：确实。魁奇：杰出。特起：特异。

顷之，黎生补江陵府司法参军，将行，请予言以为赠。（补）顷：不久。补：指官有缺位，补充缺额。余曰："余之知生，既得之于心矣，乃将以言相求于外邪？"通篇意在勉二生以行道，不当但求为文词。（补）得：有，表示存在。乃：岂，难道。黎生曰："生与安生之学于斯文，插入安生，妙。（补）斯文：指当时欧阳修、苏轼等所倡导的古文。里之人皆笑以为迂阔。（补）里之人：同乡邻里。迂阔：不切合实际。今求子之言，盖将解惑于里人。"因"迂阔""解惑"二句，生出下两段文字。余闻之，自顾而笑。

夫世之迂阔，孰有甚于予乎？自负不少。（补）孰：谁。知信乎古，而不知合乎世；知志乎道，而不知同乎俗。(补)道：指圣人之道。此余所以困于今而不自知也。迂阔至此。世之迂阔，孰有甚于予乎？叠一句，妙。今生之迂，特以文不近俗，(补)特：只是。迂之小者耳，患为笑于里之人。(补)患：担心。若余之迂大矣，使生持吾言而归，且重得罪，庸讵止于笑乎？一段答他“笑以为迂阔”句。(补)使：假使。且：将要。重得罪：谓再次冒犯。庸讵：岂止。然则若余之于生，将何言哉？谓余之迂为善，则其患若此。(补)患：害处。谓为不善，则有以合乎世，必违乎古；有以同乎俗，必离乎道矣。应前错落有致。生其无急于解里人之惑，则于是焉，必能择而取之。一段答他“解惑于里人”句。(补)其：表示祈使，当，可。遂书以赠二生，并示苏君，以为何如也。照起作结。

文之近俗者，必非文也。故里人皆笑，则其文必佳。子固借“迂阔”二字，曲曲引二生入道。读之觉文章声气，去圣贤名教不远。

〔校记〕

①“余”，原作“予”，据《曾巩集》改，下九“余”字同。

②“才”，原作“材”，据《曾巩集》改。

读孟尝君传

王安石

世皆称孟尝君能得士，士以故归之，而卒赖其力，以脱于虎豹之秦。秦昭王囚孟尝君，欲杀之。孟尝君使人抵昭王幸姬求解。幸姬曰：“妾愿得君狐白裘。”此时孟尝君有一狐白裘，入秦，献之昭王。客有能为狗盗者，乃夜为狗，以入秦宫藏中，取所献狐白裘，以献幸姬。幸姬为言昭王，释孟尝君。孟尝君得出，即驰去。夜半，至函谷关。昭王后悔出孟尝君，求之，已去，即使人驰传追之。孟尝君至关，关法鸡鸣而出客，孟尝君恐追至。客有能为鸡鸣，而鸡尽鸣，遂得出。○立案。(补)卒：最终。赖：依靠。

嗟乎！孟尝君特鸡鸣狗盗之雄耳，岂足以言得士？陡然一劈。(补)特：仅，只是。雄：指为首者。足以：够得上。不然，(补)如果不是这样的话。擅齐之强，得一士焉，宜可以南面而制秦，尚何取鸡鸣狗盗之力哉①？驳得倒。(补)擅：凭借。宜：应该。南面：指居帝王之位。制秦：制服秦国。尚：还。何取：哪里用得着。夫鸡鸣狗盗之出其门②，此士之所以不至也。断得尽。○疾转疾收，字字警策。(补)夫：那些。至：来。

文不满百字，而抑扬吞吐，曲尽其妙。

〔校记〕

①“何”，原缺，据《临川先生文集》补。

②“夫”，原缺，据《临川先生文集》补。

同学一首别子固

王安石

江之南有贤人焉，〔补〕江：长江。字子固，〔补〕曾巩，字子固。非今所谓贤人者，予慕而友之。淮之南有贤人焉，〔补〕淮：淮河。字正之，〔补〕孙侔，字正之。非今所谓贤人者，予慕而友之。两“非今所谓贤人者”，见其俱以古处自期也。〇分提。二贤人者，足未尝相过也，口未尝相语也，辞币未尝相接也。其师若友，岂尽同哉？先翻“同”字。〔补〕未尝：不曾。过：拜访。辞币：文章和币帛。币，缯帛，泛指馈赠的礼品。相接：互相交换。若：和，及。予考其言行，其不相似者何其少也！曰：学圣人而已矣。次点“学”字。〔补〕而已：罢了。学圣人，则其师若友，必学圣人者。圣人之言行，岂有二哉？其相似也适然。接上相似总点“同学”。〇合写。〔补〕适然：当然。

予在淮南，为正之道子固，正之不予疑也。【补】不予疑：“不疑予”的倒装。还江南，为子固道正之，子固亦以为然。空中立说，句法变换，自成隽永。予又知所谓贤人者，既相似又相信不疑也。醒发“同学”二字，先后缀映，百倍精神。子固作《怀友》一首遗予，其大略欲相扳（攀）以至乎中庸而后已。【补】遗：赠送。大略：大意。扳：援引。中庸：不偏不倚、无过无不及。正之盖亦尝云尔。此处微分主客，是大家点题法。

夫安驱徐行，【补】安驱：缓步徐行。驱，行进。徐行：缓慢前行。轥中庸之庭，而造于其堂①，轥，车践也。【补】轥：车轮碾过。造于其堂：《论语·先进》：“子曰：‘由也升堂矣，未入于室也。’”作者用以比喻学问由浅入深，渐入佳境。造，到达。舍二贤人者而谁哉？写出两人阶级。到底只用合发。【补】舍：除去。予昔非敢自必其有至也，【补】自必：自己坚信。必，肯定。其：指自己，我。亦愿从事于左右焉尔，辅而进之，其可也。插入自己。【补】从事：追随。其：表推测，大概，或许。噫！官有守，私有系，会合不可以常也。结出“别”意。同学兄弟，每每若此，言之慨然。【补】守：职守。系：牵挂。作《同学一首别子固》，以相警，且相慰云。正文只此二语。【补】同学：指共同学习圣人之道。警：告诫。云：助词，无义。

别子固而以正之陪说，交互映发，错落参差。至其笔情高寄，淡而

弥远，自令人寻味无穷。

〔校记〕

①“堂”，原作“室”，据《临川先生文集》改。

yóu bāo chán shān jì

游褒禅山记

wáng ān shí

王安石

bāo chán shān yì wèi zhī huā shān　táng fú tú huì bāo

褒禅山亦谓之华山，㊟在安徽含山东北。**唐浮图慧褒**浮图，僧也。

shǐ shè yú qí zhǐ ér zú zàng zhī yǐ gù qí hòu míng zhī yuē bāo

始舍于其址，而卒葬之，以故其后名之曰“褒

chán　jīn suǒ wèi huì kōng chán yuàn

禅”。㊟舍：筑舍居住。址：山麓，山脚。卒：最后。以故：因为这个缘故。褒禅：指慧褒禅师。**今所谓慧空禅院**

zhě bāo zhī lú zhǒng yě　jù qí yuàn dōng wǔ

者，褒之庐冢也。叙出所由名。㊟禅院：寺院。庐：指墓旁的房舍。冢：坟墓。**距其院东五**

lǐ suǒ wèi huā shān dòng zhě yǐ qí nǎi huā shān zhī yáng míng zhī yě

里，所谓华山洞者，以其乃华山之阳名之也。

jù dòng bǎi yú bù yǒu bēi pū dào

通篇借游华山洞发挥，故先点出洞名。㊟乃：为。阳：山的南面。**距洞百余步，有碑仆道，**伏篇末案。㊟仆道：

qí wén màn miè dú qí wéi wén yóu kě shí yuē huā

“仆于道”，即倒在路边。**其文漫灭，独其为文犹可识，曰“花**

shān　jīn yán huā rú huá shí zhī huá

山”。㊟漫灭：磨灭，模糊难辨。其为文：碑上残存的文字。**今言“华”如“华实”之“华”**

zhě gài yīn miù yě

者，盖音谬也。闲文生趣。㊟盖：大概是。谬：错。

qí xià píng kuàng yǒu cuán cè chū ér jì yóu zhě shèn zhòng suǒ
其下平旷，有泉侧出，而记游者甚众，所

wèi qián dòng yě yóu shān yǐ shàng wǔ
谓前洞也。点前洞，是宾。㊟平旷：平坦空阔。侧出：从旁边流出。记游者：指在洞壁上题字留念的人。由山以上五

liù lǐ yǒu xué yǎo rán rù zhī shèn hán wèn qí shēn zé
六里，有穴窈然，㊟窈然：幽深貌。入之甚寒。问其深，则

qí hào yóu zhě bù néng qióng yě wèi zhī hòu dòng yú
其好游者不能穷也，谓之后洞。点出后洞，是主。(补)穷：尽，谓走到尽头。余

yǔ sì rén yōng huǒ yǐ rù rù zhī yù shēn qí jìn yù nán ér
与四人拥火以入①，入之愈深，其进愈难，而

qí jiàn yù qí yǒu dài ér yù chū zhě yuē bù
其见愈奇。隐下正旨在内。(补)拥火：拿着火把。奇：奇妙。有怠而欲出者，曰："不

chū huǒ qiě jìn suì yǔ zhī jù chū
出，火且尽。"(补)怠：怠惰，指不想再往里走。且：将要。遂与之俱出。已上叙游事，笔笔伏后议论。

gài yú suǒ zhì bǐ hào yóu zhě shàng bù néng shí yī rán shì qí zuǒ
盖予所至，比好游者尚不能十一，然视其左

yòu lái ér jì zhī zhě yǐ shǎo gài qí yòu shēn
右，来而记之者已少。(补)尚：还。不能十一：不及十分之一。能，及，到。盖其又深，

zé qí zhì yòu jiā shǎo yǐ fāng shì shí yú zhī lì shàng
则其至又加少矣。借此以喻学之深造。(补)加：更加。方是时，予之力尚

zú yǐ rù huǒ shàng zú yǐ míng yě
足以入，火尚足以明也。顿宕。(补)方：正在。是时：这个时候。是，此。足以：完全可以。明：用如动词，照明。

jì qí chū ʒǎ huò jiù qí yù chū zhě ér yú yì huǐ
既其出，(补)已经出来。其：语气词，无义。则或咎其欲出者，而予亦悔

qí suí zhī ér bù dé jí fú yóu zhī lè yě
其随之，而不得极夫游之乐也②。归结在此一句。(补)或：有人。咎：责怪。悔其随之：后悔自己跟着出来。极：尽兴。夫：助词。

yú shì yú yǒu tàn yč gǔ rén zhī guān yú tiān dì shān
于是予有叹焉。(补)叹：感慨。古人之观于天地、山

川、草木、虫鱼、鸟兽，往往有得，以其求思之深而无不在也。文情开拓。（补）得：指收获。以：因为。求思：思考。无不在：谓没有不探究、思考到的。夫夷以近，则游者众；应“前洞”。（补）夷：平坦。以：而。险以远，（补）险：艰难。则至者少。应“后洞”。而世之奇伟、瑰怪、非常之观，常在于险远，而人之所罕至焉，故非有志者，不能至也。接入主意。（补）瑰怪：珍贵奇特。非常之观：不同寻常的景象。罕至：很少到达。有志矣，不随以止也，然力不足者，亦不能至也。翻跌尽致，亦以曲折递下。（补）随以止：谓随从别人而停下。有志与力，而又不随以怠，至于幽暗昏惑而无物以相之，亦不能至也。挽上“拥火”句。（补）幽暗昏惑：指幽深昏暗使人迷惑之地。物：外物。相：帮助。然力足以至焉，于人为可讥，应“咎其欲出”句。（补）于：在。人：别人。讥：讥笑。而在己为有悔。应“悔其随之”句。尽吾志也而不能至者，可以无悔矣，其孰能讥之乎？（补）其：表示反问，岂，难道。孰：谁。此予之所得也。无悔与讥，便是有得，真论学名言。○一路俱是论游，按之却俱是论学。古人诣力到时，头头是道。川上山梁，同一趣也。

余于仆碑③，应篇首。又以悲夫古书之不存④，后世之谬其传而莫能名者，何可胜道也哉！无限感慨。（补）

以：因此。悲：感叹。谬其传：以北传讹。
谬，弄错。莫能名：不能称名。胜：尽。

cǐ suǒ yǐ xué zhě bù kě yǐ bù shēn
此所以学者不可以不深

sī ér shèn qǔ zhī yě
思而慎取之也。

直至此，方点明学者。记意寓体，收拾已
尽。⑬所以：原因。学者：做学问的人。

sì rén zhě lú líng xiāo jūn guī jūn yù
四人者：庐陵萧君圭君玉，

⑭庐陵：今江西吉安。萧君
圭君玉：萧君圭，字君玉。

cháng lè wáng huí shēn fǔ
长乐王回深父，

⑭长乐：今福建长乐。王回深父：
王回，字深父，北宋理学家。

yú dì ān guó píng
余弟安国平

fǔ ān shàng chún fǔ
父、安上纯父⑤。

点四
人结。

zhì hé yuán nián qī yuè mǒu rì lín chuān
至和元年七月某日，临川

wáng mǒu jì
王某记⑥。

⑭至和：宋仁宗
赵祯的年号。

借游华山洞，发挥学道。或叙事，或诠解，或摹写，或道故，意之
所至，笔亦随之。逸兴满眼，余音不绝。可谓极文章之乐。

〔校记〕

①③⑤ "余"，原作"予"，据《临川先生文集》改。
② "夫"，原作"乎"，据《临川先生文集》改。
④ "以"，原作"有"，据《临川先生文集》改。
⑥ "至和元年七月某日临川三某记"，原缺，据《临川先生文集》补。

tài zhōu hǎi líng xiàn zhǔ bù
泰州海陵县主簿

xǔ jūn mù zhì míng
许君墓志铭

wáng ān shí
王安石

jūn huì píng zì bǐng zhī xìng xǔ shì
君讳平，字秉之，姓许氏。

⑭讳：指已故
尊长者之名。

yú cháng pǔ
余尝谱

其世家，所谓今泰州海陵县主簿者也。点得有致。㊟谱：编撰家谱。世家：家族世系。所谓：所说的。主簿：官名，为县令的佐吏，掌管簿书。君既与兄元相友爱称天下，㊟元：许元。而自少卓荦不羁，㊟才能出众而不受拘束。卓荦：超绝出众。羁：束缚。善辩说，㊟辩说：长于雄辩。与其兄俱以智略为当世大人所器。略顿。㊟大人：指有名望有地位的人。器：器重。宝元仁宗年号。时，朝廷开方略之选，㊟宋仁宗时设置的一项临时制举科目，目的在于选拔有治国用兵才能的人，必须由皇帝的近臣推荐才能参加考试。以招天下异能之士，而陕西大帅范文正公、㊟范仲淹，字希文，文正为其谥号，曾任陕西西路经略副使。郑文肃公㊟郑戬，字天休，文肃为其谥号。争以君所为书以荐，于是得召试，为太庙斋郎，㊟所为书：所写的文章。太庙斋郎：官名，掌太庙、陵寝祭祀等事。已而选泰州海陵县主簿。长才屈于下位者，不堪展读。㊟已而：不久。贵人多荐君有大才，可试以事，不宜弃之州县。君亦尝慨然自许，欲有所为。㊟慨然：感情激昂貌。自许：自信而又自负。然终不得一用其智能以卒。噫！其可哀也已。一句断。下发议。

士固有离世异俗，㊟超脱世俗。固：本来。独行其意，骂讥笑侮、困辱而不悔。彼皆无众人之求，而有所待于后世者也，其龃龉固宜。龃龉，谓不遇也。○此是另一种人，提过一边。㊟宜：当然。若夫智谋功名之士，窥时俯仰，以赴势物之会①，而辄不遇者，乃亦不可胜数。似说许，又似不说许。㊟若夫：至于。俯仰：周旋。赴：投身。势物：权利。会：机会。辄：总是。不遇：不得志。胜：尽。辩足以移万物，而穷于用说之时；㊟穷：困窘。谋足以夺三军，㊟夺：制服。而辱于右武之国，此又何说哉？韩非工说而发愤于韩王，李广善战而终诎于汉武，千古恨事不少。㊟右武：崇尚武勇。嗟乎！彼有所待而不悔者，其知之矣。收上，妙不说尽。

君年五十九，以嘉祐仁宗年号。某年某月某甲子，葬真州之杨子县甘露乡某所之原。㊟原：墓地。夫人李氏。子男瓌，不仕；璋，真州司户参军；琦，太庙斋郎；琳，进士。女子五人，已嫁二人：进士周奉先、泰州泰兴县令陶舜元②。

铭曰：有拔而起之，莫挤而止之。指范、郑诸公。㊟有：有人。拔而起：提拔起用。莫：没有谁。挤而止：排挤阻挠。呜呼许君！而已于斯，谁或使之？感慨不尽。㊟已：止。斯：此，指县主簿。或：助词，无义。

起手叙事，以后痛写淋漓，无限悲凉。总是说许君才当大用，不宜以泰州海陵县主簿终，此作铭之旨也。文情若疑若信，若近若远，令人莫测。

〔校记〕

①“物”，原作“利”，据《临川先生文集》改。
②“县”，原缺，据《临川先生文集》补。

古文观止卷之十二

sòng tiān tāi chén tíng xué xù

送天台陈庭学序

sòng lián

宋濂

xī nán shān shuǐ wéi chuān shǔ zuì qí rán qù
西南山水，惟川蜀最奇。提一句，作一篇之冒。（补）川蜀：指四川。然去
zhōng zhōu wàn lǐ lù yǒu jiàn gé zhàn dào zhī xiǎn
中州万里，陆有剑阁栈道之险，一难。（补）中州：中原。剑阁栈道：古栈道，在今四川剑阁东北大剑山、小剑山之间，三国时诸葛亮凿剑山，开设阁道三十里，为川陕间主要通道，自古戍守要地。武则天时于此设立剑门关。
shuǐ yǒu qú táng yàn yù
水有瞿唐滟滪
zhī yú
之虞。二难。（补）瞿唐：瞿塘峡，也称夔峡，长江三峡之一，两岸悬崖壁立，江流湍急，号称西蜀江路之门户。峡口有夔门和滟滪堆，滟滪堆为长江三峡著名的险滩。虞：忧虑。
kuà mǎ xíng huáng zhú jiān shān gāo zhě lěi xún rì bú jiàn qí diān jì
跨马行篁竹间①，山高者累旬日不见其巅际；
lín shàng ér fǔ shì jué hè wàn rèn yǎo mò cè qí suǒ qióng
（补）篁：竹。巅：山顶。临上而俯视，绝壑万仞，杳莫测其所穷，
gān dǎn wéi zhī diào lì shuǐ xíng zé jiāng shí hàn
肝胆为之掉栗。陆行之难。（补）绝壑：深谷。杳：幽深。为：使。掉栗：战栗。水行，则江石悍
lì bō è wō guǐ zhōu yì shī chǐ cùn zhé
利，波恶涡诡，（补）恶：凶险。涡：水的旋流。诡：变幻莫测。舟一失尺寸②，辄
mí suì tǔ chén xià bǎo yú biē qí nán zhì rú cǐ
糜碎土沉，下饱鱼鳖。水行之难。（补）辄：常常。糜碎：粉碎。其难至如此。

总锁一笔。**故非仕有力者，**〔补〕仕：为官。**不可以游；非材有文者，纵游无所得；**〔补〕纵：即使。**非壮强者，多老死于其地。**极言游历之难，句句伏下案。**嗜奇之士恨焉。**应“奇”字，顿住。〔补〕嗜：喜爱。奇：指奇山异水。恨：遗憾。

天台陈君庭学，〔补〕天台：隶浙江。**能为诗，**材有文。**由中书左司掾，**掾，官属。**屡从大将北征，有劳，擢四川都指挥司照磨，**仕有力。〔补〕擢：提升。照磨：掌管文书核对、钱谷的属吏。**由水道至成都。成都，川蜀之要地，扬子云、**〔补〕扬雄，字子云。**司马相如、诸葛武侯**皆成都人。**之所居，英雄俊杰战攻驻守之迹，诗人文士游眺饮射、赋咏歌呼之所，**述成都人物形胜，思致勃勃。〔补〕游眺：游览眺望。饮射：饮酒投壶。赋咏：创作和吟诵诗文。歌呼：歌唱。**庭学无不历览。**无处不游。**既览，必发为诗，以纪**记**其景物时世之变，**游有所得。〔补〕发：抒发。时世：时代。**于是其诗益工。**挽“能为诗”一笔，遒紧。〔补〕益：更加。工：精妙。**越三年，以例自免归，**壮强不老死。〔补〕越：经过。例：旧规惯例。**会予于京师。**〔补〕京师：今南京。**其气愈充，其语愈壮，其志意愈高，盖得于山水之助者侈矣。**“山水”一应。〔补〕盖：承接上文，表示原因。侈：大。

yú shèn zì kuì fāng yú shào shí cháng yǒu zhì yú chū yóu tiān
予甚自愧，方予少时，尝有志于出游天
xià gù yǐ xué wèi chéng ér bù xiá jí nián zhuàng
下，顾以学未成而不暇。非材有文。(补)顾：但是。不暇：没有时间。及年壮
kě chū ér sì fāng bīng qǐ wú suǒ tóu zú dài jīn shèng zhǔ
可出，而四方兵起，无所投足。非仕有力。逮今圣主
xīng ér yǔ nèi dìng jí hǎi zhī jì hé wéi yì jiā ér yú chǐ
兴而宇内定，极海之际，合为一家，而予齿
yǐ jiā mào yǐ yù rú tíng xué zhī yóu shàng kě
已加耄矣③，非壮强。(补)逮：及至。齿：年纪。耄：年老。欲如庭学之游，尚可
dé hū
得乎？收转庭学一句，下又推开。(补)尚：还。

rán wú wén gǔ zhī xián shì ruò yán huí yuán xiàn jiē
然吾闻古之贤士，若颜回、原宪，(补)皆孔子弟子。皆
zuò shǒu lòu shì péng hāo mò hù ér zhì yì chángchōng rán yǒu
坐守陋室，蓬蒿没户，(补)蓬蒿：指野草。而志意常充然，有
ruò náng kuò yú tiān dì zhě cǐ qí gù hé yě dé wú yǒu chū yú
若囊括于天地者。此其故何也？得无有出于
shān shuǐ zhī wài zhě hū tíng xué qí shì
山水之外者乎？勘进一层，“山水”再应。(补)充然：盛大貌。囊括：包罗。得无：岂不，莫非。庭学其试
guī ér qiú yān gǒu yǒu suǒ dé zé yǐ gào yú yú jiāng bù yí kuì
归而求焉，苟有所得，则以告予，予将不一愧
ér yǐ yě
而已也。应“愧”字结。(补)其：表示祈使，可。试：尝试。归：归乡。苟：如果。而已：罢了。

先叙游蜀之难，引起庭学之能游，是正文。继叙己之不能游，与前作反衬。末更推进一步。起伏应合，如峰回路转，真神明变化之笔。

〔校记〕

①“篁”，原作“则”，据《宋濂全集》改。
②“失”后原有一“势”字，据《宋濂全集》删。
③“已”，原作“益”，据《宋濂全集》改。

阅江楼记

宋濂

金陵为帝王之州，金陵即江南江宁府。(补)金陵：南京的古称。南齐诗人谢朓《入朝曲》云："江南佳丽地，金陵帝王州。"**自六朝迄于南唐，类皆偏据一方，无以应山川之王气。**六朝，谓三国东吴、东晋、宋、齐、梁、陈也。五代时，徐知诰号为南唐。(补)迄：到。类：大抵。皆：都。偏据：偏安据守。王气：帝王之气。**逮我皇帝，定鼎于兹，始足以当之。**(补)逮：及至。皇帝：指明太祖朱元璋。定鼎：建都。当：相称。**由是声教所暨，罔间朔南；**暨，及也。朔南，朔北与极南之地也。《禹贡》："朔南暨声教，讫于四海。"(补)声教：声威教化。罔间：不分。**存神穆清，与道同体①，**(补)存神：指皇上心神。穆清：和穆清明。道：天道，天理。**虽一豫一游，亦思为天下后世法②。**二句是立言本旨。(补)一豫一游：一次游乐。豫，指帝王秋季出巡。游，指帝王春季出巡。法：楷模。**京城之西北，有狮子山，自卢龙蜿蜒而来，长江如虹贯，蟠绕其下。**卢龙，山名。蜿蜒，龙屈伸貌。虹，蝃蝀也。(补)蟠绕：环绕。**上以其地雄胜，诏建楼于巅，**先点作楼。(补)上：皇上。雄胜：雄奇险要。**与民同游观之乐，遂锡**赐**嘉名为"阅江"云。**次点楼名。○已上叙事，下发论。(补)嘉名：美名。

登览之顷，万象森列，㊟万千景象，纷然罗列。顷：时。千载之秘，一旦轩露。㊟顿时显露。轩露：显露。岂非天造地设，以俟大一统之君③，而开千万世之伟观者欤？登高一呼，气势雄阔。㊟俟：等待。伟观：雄伟奇观。当风日清美，法驾幸临，㊟法驾：指帝王的车驾。升其崇椒，凭栏遥瞩④，山巅曰椒。瞩，视之甚也。㊟崇：高。凭：靠着。遥瞩：遥望。必悠然而动遐思。一"思"字，生下许多"思"字。㊟悠然：闲适貌。遐思：悠远地思虑。见江汉之朝宗，诸侯之述职，城池之高深，关阨之严固，诸侯春见天子曰朝，夏见曰宗。《小雅》："沔彼流水，朝宗于海。"言流水亦知所向也。㊟江汉：长江和汉水。朝宗：喻江汉之水归宗入海。城池：城墙和护城河。关阨：险要的关口。阨，险要之地。必曰："此朕沐风栉雨⑤、㊟让风梳发，让雨洗头，形容奔波劳苦。战胜攻取之所致也。"中夏之广，益思有以保之。一段"思有以"怀诸侯。㊟中夏：华夏，中国。益：更加。见波涛之浩荡，风帆之上下，番舶接迹而来庭，蛮琛联肩而入贡，舶，海中大船。琛，宝也。㊟番舶：外国航船。接迹：前后相接。蛮琛：指四方贡物。联肩：并肩。必曰："此朕德绥威服，覃及外内之所及也⑥。"四夷之远⑦，益思所以柔之⑧。一段"思有以"柔远人。㊟德绥：谓以恩德安抚。覃及：延及。四夷：四方之夷邦。柔：怀柔，安抚。见两岸之间、四郊之上，耕人有炙肤皲足之烦，农女有斨桑行馌之勤[⑨]，皲，足坼冻裂。捋，取也。馌，馈也。〔补〕炙：曝晒。斨：以斧砍伐。行馌：往田头送饭。必曰："此朕拔诸水火，而登于衽席者也。"万方之民，益思有以安之。一段"思有以"子庶民。○从"阅"字注一"思"字发出三大段议论，体裁宏远。〔补〕拔：拯救。诸："之于"的合音。水火：谓水深火热，比喻艰难的境地。衽席：卧席，借指太平安居的生活。触类而推[⑩]，不一而足。〔补〕足：尽举。臣知斯楼之建，皇上所以发舒精神，因物兴感，无不寓其致治之思，奚止阅夫长江而已哉？一总，文势开宕。〔补〕发舒：犹振奋。寓：寄托。致治：使国家在政治上安定清平。奚止：何止。

彼临春、结绮，非弗华矣[⑪]；齐云、落星，非不高矣。临春、结绮、齐云、落星，皆古楼名。不过乐管弦之淫响，藏燕赵之艳姬，一旋踵间而感慨系之[⑫]，臣不知其为何说也。又叹前代所建之楼，以寓箴规意。〔补〕旋踵：旋转脚跟，形容时间短促。感慨：感叹。虽然，长江发源岷山，岷山，在蜀。委蛇七千余里而始入海[⑬]，〔补〕长江发源于唐古拉山的主峰各拉丹东雪山，全长六千三百千米。委蛇：同"逶迤"，曲折绵延貌。白涌碧翻，六朝之时，往往倚之为天堑。应篇首。〔补〕倚：凭借。天堑：天然的壕沟。今则南北一家，视为安流，无所事乎战争矣。前从"阅"字上注想，此又从"江"字上点缀，笔无渗漏。〔补〕安流：平稳的水流。然

zé guǒ shuí zhī lì yú　　féng yè zhī shì
则果谁之力欤？呼一句，承上起下。逢掖之士，逢掖，大衣也。《儒行》："丘少居鲁，衣逢掖之衣。"(补)逢掖之士：指儒生。
yǒu dēng sī lóu ér yuè sī jiāng zhě　dāng sī dì dé rú
有登斯楼而阅斯江者，当思帝德如
tiān　dàngdàng nán míng　yǔ shén yǔ shū záo zhī gōng　tóng yī wǎng jí
天⑭，荡荡难名，与神禹疏凿之功，同一罔极。可谓赞扬之至。(补)荡荡：广远博大貌。神禹：大禹。疏凿：开凿，指治水。罔极：恩德无穷。
zhōng jūn bào shàng zhī xīn　qí yǒu bù
忠君报上之心，其有不
yóu rán ér xīng zhě yé
油然而兴者耶⑮？既颂君，又讽臣，意极周匝得体。(补)其：表诘问，犹难道。油然：自然而然。

chén bù mǐn　fèng zhǐ zhuàn jì　gù shàng tuī xiāo gàn tú zhì zhī
臣不敏，奉旨撰记。故上推宵旰图治之
qiè zhě　lè zhū zhēn mín
切者⑯，勒诸贞珉。珉，石之美者。(补)不敏：谦辞，犹不才。宵旰："宵衣旰食"之简称，天不亮就穿衣起身，天晚了才吃饭。用以称颂帝王勤于政事。切：迫切。勒：雕刻。诸：之于。贞珉：石刻碑铭的美称。
tā ruò liú lián guāng jǐng zhī cí　jiē lüè
他若留连光景之辞，皆略
ér bù chén　jù xiè yě
而不陈，惧亵也。结又补出此意。何等郑重。(补)留连：留恋。亵：轻慢。

奉旨撰记，故篇中多规颂之言，而为庄重之体，真台阁应制文字。明初朝廷大制作，皆出先生之手，洵堪称为一代文宗。

〔校记〕

①"道"，原作"天"，据《宋濂全集》改。
②"思"，原作"可"，据《宋濂全集》改。
③"大"，原作"夫"，据《宋濂全集》改。
④"栏"，原作"阑"，据《宋濂全集》改。
⑤"沐风栉雨"，原作"栉风沐雨"，据《宋濂全集》改。
⑥"外内"，原作"内外"，据《宋濂全集》改。
⑦"夷"，原作"陲"，据《宋濂全集》改。
⑧"所"，原作"有"，据《宋濂全集》改。
⑨"斲"，原作"捋"，据《宋濂全集》改。
⑩"推"，原作"思"，据《宋濂全集》改。
⑪"弗"，原作"不"，据《宋濂全集》改。
⑫"一"，原作"不"，据《宋濂全集》改。

⑬"始"，原缺，据《宋濂全集》补。
⑭"帝"，原作"圣"，据《宋濂全集》改。
⑮"者"，原缺，据《宋濂全集》补。
⑯"故"原作"欲"，"切"原作"功"，均据《宋濂全集》改。

司马季主论卜

刘基

东陵侯既废，过司马季主而卜焉。邵平为秦东陵侯，秦破，为布衣，种瓜长安城东。司马季主，汉时善卜者。(补)过：拜访。卜：占卜。季主曰："君侯何卜也？"东陵侯曰："久卧者思起，久蛰者思启，久懑者思嚏。蛰，伏藏也。懑，烦闷也。嚏，鼻塞喷嚏。○三句，喻废久则思用。(补)启：出来。吾闻之：'蓄极则泄，閟极则达①，热极则风，壅极则通。一冬一春，靡屈不伸；一起一伏，无往不复。'六句，喻废极则必用。(补)泄：发泄，发散。閟：关闭。达：畅通。壅：堵塞。靡：无，没有。仆窃有疑，愿受教焉。"当复用而终不用，故疑而欲卜。(补)仆：谦称自己。季主曰："若是，则君侯已喻之矣，又何卜为？"卜以决疑，既已喻之，何待于卜？(补)喻：明白。为：语助词。东陵侯曰："仆未究其奥也，愿先生卒教之。"不知之深，虽喻犹疑，何可不卜？(补)究：清楚。卒：尽，彻底。

季主乃言曰："呜呼！天道何亲？惟德之亲；鬼神何灵？因人而灵。【补】灵：灵验。夫蓍，枯草也；龟，枯骨也，物也。【补】蓍：草名，古代常用其茎作占筮之具。龟：龟甲，用作龟卜之具。人，灵于物者也，何不自听而听于物乎？泛言不必卜之理。下乃转入正旨。【补】听：听从。且君侯何不思昔者也？有昔者必有今日。昔者，谓见用之日。今日，谓处废之时。○"思"字，与上三"思"字应。东陵知既废之当用，而不知既用之当废也。季主点醒他，全在此二句。是故碎瓦颓垣，昔日之歌楼舞馆也；【补】颓垣：倒塌的墙。颓，坍塌。垣，墙。荒榛断梗，昔日之琼蕤玉树也；【补】荒榛断梗：枯木断枝。榛，丛木。梗，草茎。琼蕤玉树：玉花美木。琼，美玉。蕤，指花。露蛬风蝉②，昔日之凤笙龙笛也；【补】露蛬：露水中的蟋蟀。风蝉：秋风中的蝉。凤笙龙笛：指和谐悦耳的笙歌。鬼磷萤火，昔日之金釭华烛也③；秋荼春荠，昔日之象白驼峰也；丹枫白荻，昔日之蜀锦齐纨也。磷，鬼火。象白、驼峰，皆美味。○六段，由今思昔，现前指点，何等醒快。【补】金釭华烛：金灯彩烛。釭，灯。荼：苦菜。荠：荠菜。象白：象的白色脂肪。丹枫白荻：红色枫叶和白色荻花。蜀锦齐纨：蜀地产的彩锦和齐地产的细绢。昔日之所无，今日有之不为过；暗指昔废今用者。昔日之所有，今日无之不为不足。暗指昔用今废者。是故一昼一夜，华开者谢；【补】华：花。谢：凋谢。一秋一春[4]，物故者新。补故：枯萎。激湍之下，必有深潭；高丘之下，必有浚谷。句句与东陵之言相对。补激湍：急流。激，急。湍，急流的水。浚谷：深谷。君侯亦知之矣，何以卜为？”应前作收。紧峭。

通篇只说得一个循环道理。吃紧唤醒东陵处，全在“何不思昔者”一句，以下总发明此意。世之人，类多时命之感，读此可以晓然矣。

〔校记〕

①“阒”，原作“闷”，据《诚意伯文集》《刘伯温集》改。
②“萆”，原作“蚕”，据《诚意伯文集》改。
③“釭”，原作“缸”，据《诚意伯文集》《刘伯温集》改。
④“一秋一春”，原作“一春一秋”，据《诚意伯文集》《刘伯温集》改。

卖柑者言

刘基

杭有卖果者，善藏柑，补藏：储藏。涉寒暑不溃。补经过冬夏不腐烂。溃：腐烂。出之烨然，玉质而金色。置于市，贾十倍，人争鬻之。予贸得其一，剖之[1]，如有烟扑口鼻，视其中，则干若败絮[2]。金玉其外，败絮其中，映衔外意。补烨然：光彩鲜明貌。玉质：质美如玉。鬻：购买。贸：买。败絮：破旧棉絮。予怪而问之曰：“若所市于人者，将以实笾豆、奉祭祀、供宾客乎？㊟若：你。市：卖。实：装满。笾豆：笾和豆，古代祭祀及宴会时盛果脯的器具，竹制为笾，木制为豆。将衒外以惑愚瞽也③？甚矣哉，为欺也。”提出“欺”字作主。通篇俱从此发论。㊟将：还是。衒外：炫耀外表。愚瞽：呆子和瞎子。甚矣哉：太过分了。甚，过分。

卖者笑曰：“吾业是有年矣，吾赖是以食吾躯④。㊟业是：以是为业。是，指卖柑。有年：多年。食：养活。吾售之，人取之，未尝有言⑤，而独不足子所乎？㊟足：满足。所：犹心意。世之为欺者不寡矣，而独我也乎？吾子未之思也。欺世盗名，举天下皆是。下历说居官之为欺者以实之。㊟未之思：同“未思之”。今夫佩虎符、坐皋比者，皋比，虎皮也。㊟虎符：虎形的兵符。洸洸乎干城之具也⑥，果能授孙、膑。吴起。之略耶？武将欺。㊟洸洸：威武貌。干城：指捍卫者。干，盾。具：才具，指有才能的人。略：谋略。峨大冠、拖长绅者，昂昂乎庙堂之器也，果能建伊、尹。皋陶。之业耶？文臣欺。○忽发两段大议论，文臣、武将，何处可置面目？㊟峨：高耸。拖：下垂。绅：士大夫腰间束的大带。昂昂：气宇轩昂貌。庙堂：指朝廷。器：喻人才。盗起而不知御，民困而不知救，吏奸而不知禁，法斁而不知理，坐糜廪粟而不知耻。㊟斁：败坏。理：整顿。坐：空。糜：耗费。廪粟：公粮。廪，粮仓。观其坐高堂，骑大马，醉醇醲而饫肥鲜者[7]，孰不巍巍乎可畏，赫赫乎可象也？又何往而不金玉其外、败絮其中也哉！承上二段细写之。借题骂世之文，得此遂为酣畅。（补）醇𬪩：指美酒。饫：饱食。肥鲜：指肥美的食物。巍巍：高大貌。赫赫：显耀盛大貌。象：效法。何往：到哪里。今子是之不察，而以察吾柑！”作反诘语。极冷隽。（补）是：此。之：作宾语前置的标志。而：然而，却。

予默然无以应[8]。退而思其言，类东方生滑稽之流。滑稽，诙谐也。东方朔善诙谐，号滑稽。（补）类：像。东方生：东方朔，字曼倩，汉武帝时人。岂其愤世疾邪者耶[9]？而托于柑以讽耶？结出立言之旨。（补）疾：憎恶，痛恨。托：假借。讽：讥讽。

青田此言，为世人盗名者发，而借卖柑影喻。满腔愤世之心，而以痛哭流涕出之。士之金玉其外，而败絮其中者，闻卖柑之言，亦可以少愧矣。

〔校记〕

① “剖”前原缺“置于市贾十倍人争鬻之予贸得其一”十五字，其后原缺“之如有烟扑口鼻视”八字，据《诚意伯文集》《刘伯温集》补。
② “则”，原缺，据《诚意伯文集》《刘伯温集》补。
③ “也”，原作“乎”，据《诚意伯文集》《刘伯温集》改。
④ “吾”后原有一“业”字，据《诚意伯文集》《刘伯温集》删。
⑤ “尝”，原作“闻”，据《诚意伯文集》《刘伯温集》改。
⑥ “洸洸”，原作“恍恍”，据《诚意伯文集》《刘伯温集》改。
⑦ “𬪩”，原作“醴”，据《诚意伯文集》《刘伯温集》改。
⑧ “默然”，原作“默默”，据《诚意伯文集》《刘伯温集》改。
⑨ “愤世疾邪”，原作“忿世嫉邪”，据《诚意伯文集》《刘伯温集》改。

深虑论

方孝孺

虑天下者，常图其所难，而忽其所易；备其所可畏，而遗其所不疑。〔(补)图：谋虑。备：防范。遗：遗漏。〕然而祸常发于所忽之中，而乱常起于不足疑之事。岂其虑之未周与？盖虑之所能及者，人事之宜然；〔(补)盖：承接上文，表示原因，犹言这是由于。人事：指人力所及的事。宜然：本该如此。〕而出于智力之所不及者，天道也。〔从人事侧到天道，为一篇议论张本。(补)天道：天意。〕

当秦之世，而灭六诸侯①，一天下，而其心以为周之亡在乎诸侯之强耳，变封建而为郡县，方以为兵革可不复用，天子之位可以世守，〔人事。〕而不知汉帝起陇亩之匹夫②，而卒亡秦之社稷。〔天道。○引秦事一证。(补)封建：封邦建国。陇亩：草野。匹夫：平民。社稷：代称政权。〕汉惩秦之孤立，于是大建庶孽而为诸侯，以为同姓之亲可以相继而无变，人事。而七国萌篡弑之谋。景帝三年，晁错患七国强大，请削诸侯郡县。吴王濞、胶西王卬、胶东王雄渠、淄川王贤、济南王辟光、楚王戊、赵王遂同举兵反。○天道。㊟惩：引以为鉴戒。庶孽：妃妾所生之子，指亲属。萌：产生。武、宣以后，稍剖析之而分其势，以为无事矣，人事。而王莽卒移汉祚。天道。○引汉事一证。㊟剖析：指分割。移：篡夺。祚：帝位。光武之惩哀、平，魏之惩汉，晋之惩魏，各惩其所由亡而为之备，人事。而其亡也，皆出其所备之外[3]。天道。○引东汉、魏、晋一证。唐太宗闻武氏之杀其子孙，求人于疑似之际而除之，贞观二十二年，有传秘记云：“唐三世之后，女主武氏，代有天下。”上密问太史令李淳风：“秘记所云，信有之乎？”对曰：“臣仰观天象，俯察历数，其人已在陛下宫中。自今不过三十年，当王天下，杀唐子孙殆尽，其兆既成矣。”上曰：“疑似者尽杀之，何如？”○人事。而武氏则天。日侍其左右而不悟。天道。○引唐事一证。㊟不悟：没有觉察。宋太祖见五代方镇之足以制其君，尽释其兵权，㊟释：解除。使力弱而易制，人事。而不知子孙卒困于夷狄[4]。天道。○引宋事一证。㊟夷狄：外族。此其人总承。皆有出人之智，负盖世之才[5]，其于治乱存亡之几，㊟几：迹象。思之详而备之审矣。㊟审：周密。虑切于此而祸兴于彼，㊟切：切合。终至于乱亡者[6]，何哉？

跌宕甚紧。

gài zhì kě yǐ móu rén
盖智可以谋人，

盖：因为。

ér bù kě yǐ móu tiān
而不可以谋天。

总断一笔。应上天、人二意。关锁甚紧。

liáng yī zhī zǐ　　duō sǐ yú bìng　 liáng wū zhī zǐ　　duō sǐ yú guǐ
良医之子，多死于病；良巫之子，多死于鬼。

巫：巫师。

bǐ qǐ gōng yú huó rén
彼岂工于活人⑦，

ér zhuō yú huó jǐ zhī zǐ zāi
而拙于活己之子哉⑧？

跌宕。

工于：善于。
拙于：不善于。

nǎi gōng yú móu rén
乃工于谋人，

ér zhuō yú móu tiān yě
而拙于谋天也。

又引医、巫以为不能深虑之喻，尤见醒快。乃：副词，原来是。

gǔ zhī shèng rén　　 zhī tiān xià hòu shì zhī biàn　　 fēi zhì lǜ zhī
古之圣人，知天下后世之变，非智虑之

suǒ néng zhōu　　 fēi fǎ shù zhī suǒ néng zhì　　 bù gǎn sì qí sī móu guǐ
所能周，非法术之所能制，不敢肆其私谋诡

jì
计，

肆：放纵。

ér wéi jī zhì chéng　　 yòng dà dé yǐ jié hū tiān xīn　　 shǐ
而惟积至诚⑨、用大德以结乎天心，使

tiān juàn qí dé　　 ruò cí mǔ zhī bǎo chì zǐ ér bù rěn shì
天眷其德，若慈母之保赤子而不忍释。

结：联结。赤子：婴儿。

眷：眷顾。
释：舍弃。

gù qí zǐ sūn suī yǒu zhì yú bú xiào zhě zú yǐ wáng guó　　 ér
故其子孙虽有至愚不肖者足以亡国，而

tiān xià bù rěn jù wáng zhī　　　 cǐ lǜ zhī yuǎn zhě yě
天下不忍遽亡之⑩，此虑之远者也。

此段才说出工于谋天而能为深虑者。一篇主意，结穴在此。不肖：不成材。遽：立即。

fú gǒu bù néng zì jié yú tiān　　 ér yù yǐ qū qū
夫苟不能自结于天，而欲以区区

zhī zhì　　 lóng luò dāng shì zhī wù　　 ér bì hòu shì zhī wú wēi wáng　　 cǐ
之智，笼络当世之务，而必后世之无危亡，此

lǐ zhī suǒ bì wú zhě yě　　　 ér qǐ tiān dào zāi
理之所必无者也⑪，而岂天道哉！

反掉作结，尤见老法。苟：假如，如果。区区：小小的，形容微不足道。笼络：控制。必：一定。

天道为智力之所不及，然尽人事以合天心，即天亦有可谋处。此文归到积至诚、用大德，正是祈天永命工夫。古今之论天道、人事者多，得此乃见透快。

〔校记〕

①“六”，原缺，据《逊志斋集》补。
②“匹夫”，原作“中”，据《逊志斋集》改。
③“皆出其”，原作“盖出于”，据《逊志斋集》改。
④“夷狄”，原作“敌国”，据《逊志斋集》改。
⑤“负”，原缺，据《逊志斋集》补。
⑥“于”，原缺，据《逊志斋集》补。
⑦“彼”，原缺，据《逊志斋集》补。
⑧“活己之子”，原作“谋子也”，据《逊志斋集》改。
⑨“惟”，原作“唯”，据《逊志斋集》改。
⑩“下”，原作“卒”，据《逊志斋集》改。
⑪“也”，原缺，据《逊志斋集》补。

豫让论
yù ràng lùn

方孝孺
fāng xiào rú

士君子立身事主，既名知己，则当竭尽智谋，忠告善道导，销患于未形，保治于未然，俾身全而主安。㊟名：被称为。销：消除。未形：尚未形成。保治：治理使安定。未然：还没有成为事实。俾：使。生为名臣，死为上鬼，垂光百世，照耀简策，斯为美也。就正意泛论起。㊟简策：史册。苟遇知己，㊟苟：如果。不能扶危于未乱之先，而乃捐躯殒命于既败之后，钓名沽誉，炫世骇俗①，由君子观之，皆所不取也。暗贬豫让一流人，作一篇之冒。(补)钓名沽誉：有意做作以猎取名誉。炫：惑乱。骇俗：震惊世俗。

盖尝因而论之。(补)因：依据。豫让臣事智伯，及赵襄子杀智伯，让为之报仇，赵襄子约韩、魏大败智伯军，遂杀之，尽灭智氏之族。智伯之臣豫让，欲为之报仇。声名烈烈，虽愚夫愚妇，莫不知其为忠臣义士也。宽一笔。(补)烈烈：显赫貌。呜呼！让之死固忠矣，惜乎处死之道有未忠者存焉。二句为一篇纲领。何也？观其漆身吞炭，谓其友曰："凡吾所为者极难，将以愧天下后世之为人臣而怀二心者也。"谓非忠可乎？初，豫让入襄子宫中，欲刺襄子，被获。襄子义而舍之。让又漆身为癞，吞炭为哑，行乞于市。其友曰："以子之才，臣事赵孟，必得近幸，子乃为所欲为，顾不易耶！"让曰："既已委质为臣，而又求杀之，是二心也。凡吾所为者，极难耳，然所以为此者，将以愧天下后世之为人臣怀二心者也。"○申"让之死固忠"句。及观斩衣三跃②，襄子责以不死于中行氏，而独死于智伯，让应曰："中行氏以众人待我，我故以众人报之；智伯以国士待我，我故以国士报之。”即此而论，让有余憾矣。襄子出，豫让伏于桥下，获之。襄子曰：“子不尝仕范、中行氏乎？智伯灭范、中行氏，而子不为报仇，反委质仕智伯。智伯已死，子独何为报仇之深也？”让曰：“范、中行氏以众人遇臣，臣故众人报之。智伯以国士遇臣，臣故国士报之。”襄子使兵环之。让曰：“今日之事，臣固伏诛，然愿请君之衣而击之，虽死不恨。”襄子义之，持衣与让。让拔剑三跃，呼天击之，遂伏剑死。○申“处死之道有未忠”句。（补）国士：一国之杰出人士。余憾：遗憾。

段规之事韩康，任章之事魏献，未闻以国士待之也，而规也、章也，力劝其主从智伯之请，与之地以骄其志，而速其亡也。智伯请地于韩康子，康子欲弗与，段规曰：“不如与之。彼狃于得地，必请于他人，他人不与，必向之以兵，然则我得免于患，而待事之变矣。”康之乃与之。智伯悦，又求地于魏桓子，桓子以无故欲弗与，任章曰：“无故索地，诸大夫必惧。吾与之地，智伯必骄。彼骄而轻敌，此惧而相亲，智氏之命，必不长矣。”桓子亦与之。○请规、章作陪客。郄疵之事智伯，亦未尝以国士待之也，而疵能察韩、魏之情以谏智伯，（补）情：实情。虽不用其言以至灭亡，而疵之智谋忠告，已无愧于心也。智伯帅韩、魏之兵，围赵城而灌之。郄疵谓智伯曰：“夫从韩、魏而攻赵，赵亡，难必及韩、魏。韩、魏必反矣。”智伯不听。襄子阴与韩、魏约，夜使人杀守堤之吏，而决水灌智伯军，遂灭智氏。○又请郄疵作陪客。○两段先就他人翻驳“国士”二字，而豫让可见。

让既自谓智伯待以国士矣，国士，济国之事也③。注一句，起下正论。（补）济：救助，拯救。当伯请地无厌之日，（补）厌：满足。纵欲荒弃之时④，为让者，正宜陈力就列，谆谆然而告之曰：补陈力就列：在新任职位上尽力而为。谆谆然：反复告诫貌。“诸侯大夫，各受分地⑤，无相侵夺，古之制也。今无故而取地于人，人不与，而吾之忿心必生；与之，则吾之骄心以起。忿必争，争必败；骄必傲，傲必亡。”补忿：怨恨。骄：骄纵。傲：轻慢。谆切恳告⑥，补谆切：犹真诚。谏不从，再谏之；再谏不从，三谏之；三谏不从，移其伏剑之死，死于是日。补伏剑：指自刎。伯虽顽冥不灵，感其至诚，庶几复悟；补顽冥：愚昧无知。庶几：或许，也许。和韩、魏，释赵围，保全智宗，守其祭祀。若然，则让虽死犹生也，岂不胜于斩衣而死乎⑦？一段代为豫让画策，信手拈来，都成妙理。所谓“扶危于未乱之先”，而中国士之报者如此。补若然：如果这样。不胜：不比。让于此时，曾无一语开悟主心，视伯之危亡，犹越人视秦人之肥瘠也。补曾：竟然。开悟：开导。肥瘠：肥瘦。袖手旁观，坐待成败，国士之报，曾若是乎？补曾：难道。智伯既死，而乃不胜血气之悻悻，甘自附于刺客之流，何足道哉！何足道哉！安有既命为国士，而旁观其主纵欲荒暴，不救其亡者乎？如此辨驳，足令九泉心服。
㊶乃：却。不胜：受不了。悻悻：恼怒貌。何足：哪里值得。

suī rán yǐ guó shì ér lùn yù ràng gù bù zú yǐ dāng yǐ
虽然，以国士而论，豫让固不足以当矣。

转开
生面。
bǐ zhāo wéi chóu dí mù wéi jūn chén tiǎn rán ér zì dé zhě yòu
彼朝为仇敌，暮为君臣，觍然而自得者，又

ràng zhī zuì rén yě yī
让之罪人也。噫！

觍，面目貌。○结处忽与豫让，无限
感慨。㊶彼：那些。觍然：厚颜貌。

此论责豫让不能扶危于智氏未乱之先，而徒欲伏剑于智氏既败之
后，独辟见解，从来未经人道破。通篇主意，只在"让之死固忠矣"
二句上。先扬后抑，深得《春秋》褒贬之法。

〔校记〕

① "炫世骇俗"，原作"眩世炫俗"，据《逊志斋集》改。
②⑦ "斩衣"，《逊志斋集》作"斩剑"。
③ "事"，原作"士"，据《逊志斋集》改。
④ "弃"，原作"暴"，据《逊志斋集》改。
⑤ "受"，原作"安"，据《逊志斋集》改。
⑥ "告"，原作"至"，据《逊志斋集》改。

qīn zhèng piān
亲 政 篇

wáng áo
王 鏊

yì zhī tài yuē shàng xià jiāo ér qí zhì tóng
《易》之《泰》曰："上下交而其志同。"

qí pǐ yuē shàng xià bù jiāo ér tiān xià wú bāng gài shàng
分
提。
其《否》曰："上下不交而天下无邦。" 盖上

zhī qíng dá yú xià xià zhī qíng dá yú shàng shàng xià yì tǐ suǒ
之情达于下，下之情达于上，上下一体，所

以为泰。上之情壅阏而不得下达①，下之情壅阏而不得上闻，上下间隔，虽有国，如无国矣②，所以为否也。分疏。(补)壅阏：谓阻塞不通。交则泰，(补)泰：通畅。不交则否，(补)否：闭塞。自古皆然，而不交之弊，未有如近世之甚者。双承，侧入时弊。君臣相见，止于视朝数刻；上下之间，章奏批答相关接，刑名法度相维持而已。虚文何补？非独沿袭故事，亦其地势使然。二句，推出弊源。(补)故事：先例，旧日的典章制度。何也？国家常朝于奉天门，未尝一日废，可谓勤矣。(补)国家：指皇帝。然堂陛悬绝，威仪赫奕，御史纠仪，鸿胪举不如法，通政司引奏，上特是之③，(补)堂陛：朝堂和台阶。赫奕：显赫貌。举：纠正。引奏：奏知引见。特：只是。谢恩见辞，惴惴而退，上何尝问一事④？下何尝进一言哉？上下不交如此。(补)惴惴：恐惧的样子。此无他，地势悬绝，所谓堂上远于万里，虽欲言，无由言也。与明目达聪之治异。(补)无由：没有途径。

愚以为欲上下之交，莫若复古内朝之

法。此句为一篇之纲。〔补〕愚：自称之谦辞。莫若：不如。盖周之时有三朝：库门之外为外朝⑤，询大事在焉⑥；路门之外为治朝，日视朝在焉；路门之内曰内朝，亦曰燕朝。〔补〕库门：天子宫室有五门，库门是最外之门。路门：宫室最里层的正门。《玉藻》云："君日出而视朝，退适路寝听政。"《玉藻》，《礼记》篇名。〔补〕适：往。路寝：天子处理政事的宫室。盖视朝而见群臣，所以正上下之分；听政而适路寝，所以通远近之情。注《玉藻》四句。○一段言周制。汉制：大司马、左右前后将军、侍中、散骑常侍⑦、散骑诸吏为中朝，丞相以下至六百石为外朝。一段言汉制。唐皇城之北，南三门曰承天，元正、冬至受万国之朝贡则御焉，盖古之外朝也；〔补〕元正：元旦。御：皇帝幸临。其北曰太极门，其内曰太极殿⑧，朔望则坐而视朝，盖古之正朝也；〔补〕朔望：农历每月初一和十五，指每逢朔望朝谒之礼。又北曰两仪门，其内曰两仪殿⑨，常日听朝而视事，盖古之内朝也。一段言唐制。宋时，常朝则文德殿，五日一起居则垂拱殿，

[补]起居：指群臣随宰相入内问候天子起居。正旦、冬至、圣节称贺则大庆殿，[补]正旦：元旦，正月初一。圣节：万寿节，皇帝生日。赐宴则紫宸殿或集英殿，试进士则崇政殿。侍从以下，五日一员上殿，谓之轮对，[补]对：奏对。则必入时政利害[10]。内殿引见，亦或赐坐，或免穿靴，盖亦三朝之遗意焉[11]。挽一句，法变。○一段言宋制。[补]引见：引导入见。盖天有三垣，天子象之。正朝，象太微也[12]；外朝，象天市也；内朝，象紫微也。自古然矣。再提三朝之象，间衬作渡。[补]三垣：中国古代将天体的恒星分为三垣、二十八宿及其他星座，三垣即太微垣、紫微垣、天市垣。象：仿效。

国朝圣节、正旦、冬至大朝会则奉天殿，即古之正朝也；常朝则奉天门[13]，即古之外朝也；而内朝独缺。然非缺也，立言本旨，专注内朝，故特笔提清。华盖、谨身、武英等殿，岂非内朝之遗制乎？明初之制，有正朝、外朝，而内朝独缺。乃以临御武英等殿，证合内朝，识议俱见精确。[补]遗制：旧制。洪武太祖年号。中如宋濂、刘基，永乐成祖年号。以来如杨士奇、杨荣等，日侍左右，大臣蹇义、夏原吉等[14]，常奏对便殿。[补]奏对：当面回答皇帝的询问。便殿：帝王休息消闲的别殿。于斯时也，岂有壅隔之患哉？一段言明制。(补)壅隔：阻隔。今内朝罕复临御⑮，常朝之后，人臣无复进见。三殿高閟，鲜或窥焉。(补)罕：很少。复：再。临御：谓皇帝坐朝。閟：闭，引申为幽深。故上下之情壅而不通，天下之弊由是而积。上下不交，弊日益甚。孝宗年号弘治。晚年，深有慨于斯，屡召大臣于便殿，讲论天下事，将大有为⑯，而民之无禄，不及睹至治之美，天下至今以为恨矣。无限感慨。(补)无禄：无福分。至治：指太平盛世。恨：遗憾。

惟陛下远法圣祖，(补)惟：希望。近法孝宗，尽刬近世壅隔之弊。(补)刬：废除。常朝之外，即文华、武英⑰，仿古内朝之意，著紧在此。(补)即：到。大臣三日或五日一次起居，侍从、台谏各一员上殿轮对；(补)台谏：台官和谏官，明代指监察御史和给事中。诸司有事咨决，上据所见决之；(补)诸司：众官吏。咨决：请示裁夺。有难决者，与大臣面议之。不时引见群臣，凡谢恩辞见之类，皆得上殿陈奏。虚心而问之，和颜色而道之，(补)道：教导。如此，人人得以自尽。(补)自尽：谓详尽陈述其意见。陛下虽身居九重⑱， (补)九重：指宫禁。 而天下之事，灿然毕陈于前。 交泰之象，固自如是。(补)灿然：清楚。毕：统统，全部。陈：上言，陈说。 外朝所以正上下之分，内朝所以通远近之情。 外朝、内朝双结。 如此，岂有近世壅隔之弊哉⑲？ 权尽通章。 唐、虞之世⑳， (补)指唐尧、虞舜的时代，古人以为太平盛世。 明目达聪， (补)语本《尚书·舜典》："明四目，达四聪。"谓广视听于四方，使天下无壅塞。达聪：明鉴四方。 嘉言罔伏， (补)语本《尚书·大禹谟》："嘉言罔攸伏，野无遗贤，万邦咸宁。"嘉言：善言。罔：不。伏：埋没。 野无遗贤，亦不过是而已。

稽核朝典，融贯古今，而于兴复内朝之制，深致意焉。人主亲贤士大夫之日多，亲宦官宫妾之日少，则上下之情通，而奸伪不得壅蔽矣。谁谓唐、虞之治，不可见于今哉？

〔校记〕

①"上之情壅阏而不得下达"，原缺，据《震泽集》《王鏊集》补。
②"如"，原作"而"，据《震泽集》《王鏊集》改。
③"是"，原作"视"，据《震泽集》《王鏊集》改。
④"问"，原作"治"，据《震泽集》《王鏊集》改。
⑤"外"，原作"正"，据《震泽集》《王鏊集》改。
⑥"询大事"，原作"询谋大臣"，据《震泽集》《王鏊集》改。
⑦"散骑常侍"，原缺，据《震泽集》《王鏊集》补。
⑧"内"，原作"西"，据《震泽集》《王鏊集》改。
⑨"门其内曰两仪"，原缺，据《震泽集》《王鏊集》补。
⑩"入"后原有一"陈"字，据《震泽集》《王鏊集》删。
⑪"亦"后原有一"有"字，据《震泽集》《王鏊集》删。
⑫"微"，原作"极"，据《震泽集》《王鏊集》改。
⑬"朝"，原作"日"，据《震泽集》《王鏊集》改。
⑭"原"，原作"元"，据《震泽集》《王鏊集》改。
⑮"罕"，原作"未"，据《震泽集》《王鏊集》改。
⑯"将大"，原作"方将"，据《震泽集》《王鏊集》改。
⑰"英"后原有"二殿"二字，据《震泽集》《王鏊集》删。

⑱“身”，原作“深”，据《震泽集》《王鏊集》改。
⑲“岂有”，《王鏊集》作“岂徒”；“世”，原作“时”，据《震泽集》《王鏊集》改。
⑳“世”，原作“时”，据《震泽集》《王鏊集》改。

zūn jīng gé jì

尊经阁记

wángshǒu rén

王守仁

经，常道也。劈手便疏“经”字。冒下三段。(补)常道：永恒的真理。其在于天，谓
jīng cháng dào yě
zhī mìng qí fù yú rén wèi zhī xìng qí zhǔ yú shēn wèi zhī xīn

之命；其赋于人，谓之性；其主于身，谓之心。“心”“性”“命”三字，为一篇之纲领。“心”字又为三句之纲领。

rén wù dá sì hǎi sè tiān dì gèn gǔ jīn wú yǒu hū fú jù

心也，性也，命也，一也。通人物，达四海，塞天地，亘古今，无有乎弗具，

wú yǒu hū fú tóng wú yǒu hū huò biàn zhě yě shì cháng dào yě

无有乎弗同，无有乎或变者也，是常道也。一段提出心、性、命。(补)人物：人与物。塞：充满。亘：贯通。具：具备。

常道：永恒的真理。

xīn yě xìng yě mìng yě yī yě tōng

心也，性也，命也，一也。通

qí yìng hū gǎn yě zé wéi cè yǐn wéi xiū wù wéi cí ràng

wéi shì fēi qí xiàn yú shì yě zé wéi fù

其应乎感也，则为恻隐，为羞恶，为辞让，为是非；(补)应乎感：反映在情感上。应，应和。恻隐：同情。其见现于事也，(补)见：表现。则为父子之亲，为君臣之义，为夫妇之别，为长幼之

xù wéi péng yǒu zhī xìn shì cè yǐn yě xiū wù yě cí ràng yě

序，为朋友之信。是恻隐也，羞恶也，辞让也，

是非也；是亲也，义也①，序也，别也，信也，一也②。皆所谓心也，性也，命也。通人物，达四海，塞天地，亘古今，无有乎弗具，无有乎弗同，无有乎或变者也，是常道也。二段推出四端、五伦。

是常道也③，以言其阴阳消息之行焉④，则谓之《易》；(补)消息：谓盛衰兴亡。以言其纪纲政事之施焉，则谓之《书》；(补)纪纲：谓法纪纲维。以言其歌咏性情之发焉，则谓之《诗》；(补)性情：谓思想情感。以言其条理节文之著焉，则谓之《礼》；(补)条理节文：指礼仪制度。著：建立。以言其欣喜和平之生焉，则谓之《乐》；以言其诚伪邪正之辩焉⑤，则谓之《春秋》。(补)诚伪：真诚与虚伪。辩：辨正。是阴阳消息之行也⑥，以至于诚伪邪正之辩也⑦，一也。皆所谓心也，性也，命也。通人物，达四海，塞天地，亘古今，无有乎弗具，无有乎弗同，无有乎或变者也，夫是之谓六经。(补)夫：这些。六经者非他，吾心之常道也。三段疏出六经。○心、性、命之论，了然洞达，凡三见而不易一字。斩尽理学葛藤，下乃归到尊经之意，云净水空，绝无凝滞。

故《易》也者[8]，志吾心之阴阳消息者也；《书》也者，志吾心之纪纲政事者也；《诗》也者，志吾心之歌咏性情者也；《礼》也者，志吾心之条理节文者也；《乐》也者，志吾心之欣喜和平者也；《春秋》也者，志吾心之诚伪邪正者也。说六经而归之于心，才是实学。君子之于六经也，求之吾心之阴阳消息而时行焉，所以尊《易》也；求之吾心之纪纲政事而时施焉，所以尊《书》也；求之吾心之歌咏性情而时发焉，所以尊《诗》也；求之吾心之条理节文而时著焉，所以尊《礼》也；求之吾心之欣喜和平而时生焉，所以尊《乐》也；求之吾心之诚伪邪正而时辩焉[9]，所以尊《春秋》也。一言志吾心，即所以为经；一言求之吾心，即所以尊经。分作两层，说得至平至易。独探圣贤真种子。

㊟志：记载。

盖昔者圣人之扶人极⑩，忧后世，而述六经也，〔补〕扶：扶正。人极：纲常，为人的准则。犹之富家者之父祖，虑其产业库藏之积，其子孙者，或至于遗忘散失⑪，卒困穷而无以自全也，而记籍其家之所有以贻之，使之世守其产业库藏之积而享用焉，以免于困穷之患。一喻。〔补〕库藏：仓库。记籍：记于账簿。贻：遗留。故六经者，吾心之记籍也，而六经之实，则具于吾心。处处不脱"吾心"二字。两语为一篇关锁。〔补〕具：收录。犹之产业库藏之实积，种种色色，具俱存于其家⑫，其记籍者，特名状数目而已。即前喻再喻。〔补〕犹：好比。具：全。特：只是。名状：名称形状。而世之学者，不知求六经之实于吾心，而徒考索于影响之间，牵制于文义之末，硁硁然以为是六经矣。〔补〕考索：探求。影响：影子和回声，谓传闻不实。牵制：拘泥。硁硁然：固执貌。是犹富家之子孙，不务守视享用其产业库藏之实积，日遗忘散失⑬，至为窭人丐夫，而犹嚣嚣然指其记籍曰："斯吾产业库藏之积也！"何以异于是？即前喻再喻。○只是一喻翻剔，愈折愈醒，可为不知尊经者戒。㊟守视：看护。窭人：穷人。嚣嚣然：自得貌。

呜呼！六经之学，其不明于世，非一朝一夕之故矣。感叹不尽。尚功利，崇邪说，是谓乱经；㊟尚：重视。习训诂，传记诵，没溺于浅闻小见，以涂天下之耳目，是谓侮经；㊟训诂：解释文词字义。涂：泥，引申为蒙蔽。侈淫辞⑭，竞诡辩，饰奸心盗行，逐世垄断，而自以为通经⑮，是谓贼经。举“乱经”“侮经”“贼经”三项，正与“尊经”相反。恶似而非，不可不深辨也。㊟侈：夸大。淫辞：浮华不实的言辞。奸心：邪恶之心。盗行：谓卑鄙的行为。逐世：角逐于世，指排斥异己。垄断：把持，指独擅其利。贼：戕害。若是者，是并其所谓记籍者而割裂弃毁之矣，宁复知所以为尊经也乎？仍点前喻，掉转尊经，劲甚，快甚。㊟宁：岂，怎么。复：还。

越城旧有稽山书院，在卧龙西冈，卧龙山，在越城内。㊟越城：在今浙江绍兴。荒废久矣。郡守渭南南君大吉⑯，既敷政于民，则慨然悼末学之支离，将进之以圣贤之道，于是使山阴令吴君瀛拓书院而一新之。㊟敷政：施政。慨然：感慨貌。悼：伤感。末学：无本之学。支离：烦琐杂乱。拓：扩大。又为尊经之阁于其

hòu　yuē　jīng zhèng　zé shù mín xīng　shù mín xīng　sī
后，才点出尊经阁。曰：“经正，则庶民兴；庶民兴[17]，斯

wú xié tè yǐ　gé chéng　qǐng yú yì yán yǐ shěn duō shì
无邪慝矣。”[补]斯：则。邪慝：邪恶。阁成，请予一言以谂多士，

yú jì bú huò cí　zé wéi jì zhī ruò shì　wū
[补]谂：告诉。多士：众多的士子。予既不获辞，则为记之若是。入题只此数语。呜

hū　shì zhī xué zhě　jì dé wú shuō ér qiú zhū qí xīn yān　qí
呼！世之学者，既得吾说而求诸其心焉[18]，其

yì shù hū zhī suǒ yǐ wéi zūn jīng yě yǐ
亦庶乎知所以为尊经也矣[19]。仍归心上作结。[补]庶乎：大概。

六经不外吾心，吾心自有六经。学道者何事远求？返之于心，而六经之要，取之当前而已矣。阳明先生一生训人，一以良知、良能，根究心性。于此记略，已备具矣。

〔校记〕

①“义也”，原缺，据《王阳明全集》补。
②“一也”，原缺，据《王阳明全集》补。
③“是常道也”，原缺，据《王阳明全集》补。
④“消息”，原作“消长”，据《王阳明全集》改；“焉”，原缺，亦据补，下五“焉”字同。
⑤⑦⑨“辩”，原作“辨”，据《王阳明全集》改。
⑥“消息”，原作“消长”，据《王阳明全集》改。
⑧“故”前原有一“是”字，据《王阳明全集》删。
⑩“者”，原缺，据《王阳明全集》补。
⑪⑬“忘”，原作“亡”，据《王阳明全集》改。
⑫“具”，原作“其”，据《王阳明全集》改。
⑭“辞”，原作“词”，据《王阳明全集》改。
⑮“而”后原有一“犹”字，据《王阳明全集》删。
⑯“君”，原缺，据《王阳明全集》补。
⑰“庶民兴”，原缺，据《王阳明全集》补。
⑱“既”，原缺，据《王阳明全集》补。
⑲“其”原作“则”，“矣”原作“已”，均据《王阳明全集》改。

象祠记

王守仁

灵博之山，有象祠焉。(补)灵博：山名，在今贵州黔西。象祠：象的祠庙。焉：于此。其下诸苗夷之居者，咸神而事之①。(补)咸：都。事：奉事。宣慰安君②，因诸苗夷之请，新其祠屋，而请记于予。(补)宣慰安君：指水西宣慰使安贵荣。宣慰，指宣慰使，明代专设于西南边地，掌军民事务，为土司世袭之官。因：顺应。新：使之新。予曰：“毁之乎，其新之也？”提出“毁”字发义。(补)其：还是。曰：“新之。”“新之也，何居乎？”波折。(补)何居：何故。居，语助词。曰：“斯祠之肇也，盖莫知其原，然吾诸蛮夷之居是者，自吾父、吾祖溯曾、高而上，皆尊奉而禋祀焉，举之而不敢废也③。”(补)肇：创始。原：起因。溯：追溯。禋祀：祭祀。予曰：“胡然乎？有庳之祠④，唐之人盖尝毁之。应“毁之”句。(补)胡然：为什么这样。有庳：古地名，亦作有鼻，在今湖南道县，舜封其弟象于此。古有象祠，唐宪宗元和年间，道州刺史薛伯高毁之。象之道，以为子则不孝，以为弟则傲。斥于唐，而犹存于今；(补)斥：废弃。毁于有庳⑤，

ér yóu shèng yú zī tǔ yě　hú rán hū
而犹盛于兹土也。胡然乎？”

故为疑词。跌起自己一段议论。㊸兹：此。

wǒ zhī zhī yǐ　jūn zǐ zhī ài ruò rén yě　tuī jí yú qí wū
我知之矣，君子之爱若人也，推及于其屋

zhī wū
之乌，

刘向《说苑》："爱其人者，兼爱屋上之乌。"㊹若：这个。乌：乌鸦。

ér kuàng yú shèng rén zhī dì hū
而况于圣人之弟乎

zāi　rán zé sì zhě wéi shùn⑥　fēi wéi xiàng yě
哉？然则祀者为舜⑥，非为象也。

推出祀象之由，奇确。

yì xiàng zhī
意象之

sǐ　qí zài gān yǔ jì gé zhī hòu hū
死，其在干羽既格之后乎？

舜命禹征有苗，三旬，苗民逆命，禹班师，帝乃诞敷文德，舞干羽于两阶，七旬有苗格。○承"为舜"句推出此意，独辟见解，名论不磨。㊺意：猜想。干羽：古代舞者所执的舞具，武舞执干，文舞执羽。干，盾。羽：雉羽。干羽并舞，示偃武修文。格：来。

bù
不

rán　gǔ zhī ào jié zhě qǐ shǎo zāi　ér xiàng zhī cí dú yán yú shì
然，古之鹜桀者岂少哉？而象之祠独延于世。

㊻鹜桀：凶悍倔强。延：延续。

wú yú shì yì yǒu yǐ jiàn shùn dé zhī zhì⑦　rù rén zhī
吾于是益有以见舜德之至⑦，入人之

shēn　ér liú zé zhī yuǎn cǐ jiǔ yě
深，而流泽之远且久也。

以上从舜德看出当祠。以下从象化看出当祠。㊼流泽：谓流布恩德。

xiàng zhī bù rén　gài qí shǐ yān ěr⑧　yòu wū zhī qí zhōng bú
象之不仁，盖其始焉尔⑧，又乌知其终不

jiàn huà yú shùn yě⑨
见化于舜也⑨？

"始""终"二字，伏后断案。"化"字，是立论本旨。㊽乌：哪里。见化于舜：被舜感化。

shū bù
《书》不

yún hū　kè xié yǐ xiào　zhēngzhēng yì　bù gé jiān　gǔ sǒu
云乎？"克谐以孝，烝烝乂，不格奸。"瞽瞍

yì yǔn ruò
亦允若，

谐，和也。烝，进也。乂，善也。格，至也。言舜遭人伦之变，而能和以孝，使之进进以善自治，而不至于大为奸恶也。允，信也。若，顺也。㊾克：能够。烝烝：上进貌。瞽瞍：舜父。

zé yǐ huà ér wéi cí fù　xiàng yóu bú tì　bù kě yǐ
则已化而为慈父。象犹不弟㈩，不可以

wéi xié
为谐。

奇思创解。㊿犹：若。弟：顺从和敬爱兄长。

jìn zhì yú shàn　zé bú zhì yú è　bù
进治于善，则不至于恶；不

抵于奸⑩，则必入于善。信乎象盖已化于舜矣。一证。[补]抵：至。信：确实。《孟子》曰："天子使吏治其国。"象不得以有为也。[补]使：派遣。得以：可以。有为：谓为所欲为。斯盖舜爱象之深而虑之详，[补]盖：大概。所以扶持辅导之者之周也。不然，周公之圣，而管、蔡不免焉。[补]管蔡：管叔、蔡叔，皆周武王之弟，因不满周公摄政，同纣王子武庚一起发动叛乱。斯可以见象之既化于舜⑪，再证。故能任贤使能而安于其位，泽加于其民，既死而人怀之也。落到象祠上。[补]泽：恩德。加：施及。诸侯之卿，命于天子，盖《周官》之制，其殆仿于舜之封象欤？[补]殆：大概。吾于是益有以信人性之善⑫，天下无不可化之人也。推开一笔，下急收住。然则唐人之毁之也，据象之始也；今之诸夷之奉之也⑬，承象之终也。一篇议论，只二语结尽。[补]承：敬奉。象之终：指象的晚年表现。斯义也，吾将以表于世，使知人之不善，虽若象焉，犹可以改；[补]虽：即使。而君子之修德，及其至也，虽若象之不仁，而犹可以化之也。结出勉人正意。

傲弟见化于舜，从象祠想出，从来未经人道破。当与柳子厚《毁鼻亭神记》参看，各辟一解。俱有关名教之文。

〔校记〕

①“事”，原作“祠”，据《王阳明全集》改。
②“慰”，原作“尉”，据《王阳明全集》改。
③“之”，原缺，据《王阳明全集》补。
④“庳”原作“鼻”，“祠”原作“祀”，均据《王阳明全集》改。
⑤“毁”原作“坏”，“庳”原作“鼻”，均据《王阳明全集》改。
⑥“祀”，原作“祠”，据《王阳明全集》改。
⑦“益”，原作“盖”，据《王阳明全集》改。
⑧“尔”，原作“耳”，据《王阳明全集》改。
⑨“终”后原有一“之”字，据《王阳明全集》删。
⑩“抵”，原作“底”，据《王阳明全集》改。
⑪“既”，原作“见”，据《王阳明全集》改。
⑫“益”，原作“盖”，据《王阳明全集》改。
⑬“夷”，原作“苗”，据《王阳明全集》改。

瘗旅文
yì　lǚ　wén

wáng shǒu rén

王守仁

wéi zhèng dé sì nián qiū yuè sān rì　yǒu lì mù yún zì jīng lái

维正德四年秋月三日，有吏目云自京来

zhě　bù zhī qí míng shì　xié yì zǐ yì pú jiāng zhī rèn　guò lóng chǎng
者，不知其名氏，携一子一仆将之任，过龙场，正德二年，先生以兵部主事疏救戴铣，下狱廷杖，谪贵州龙场驿丞。(补)维：发语词。吏目：低级官名。明代于知州下设吏目，掌佐理刑狱及官署事务。之任：去上任。

tóu sù
投宿土苗家。(补)土苗：当地的 yú cóng lí luò jiān wàng jiàn zhī　yīn yǔ hūn
土苗家。 苗人。土，土著。予从篱落间望见之，阴雨昏

hēi　yù jiù wèn xùn běi lái shì　bù guǒ
黑，欲就问讯北来事，不果。安顿一笔，有情。(补)篱落：篱笆。就：趋前。果：实现。明

早，遣人觇之，【补】觇：察看。已行矣。薄午，【补】薄：迫近。有人自蜈蚣坡来，云一老人死坡下，傍（旁）两人哭之哀。予曰："此必吏目死矣。伤哉！"吏目死，独作摹揣，妙。薄暮，【补】暮：傍晚。复有人来，云坡下死者二人，傍（旁）一人坐叹①。询其状，则其子又死矣。明日，复有人来，云见坡下积尸三焉。则其仆又死矣。呜呼伤哉！叙三人之死，作一样写法。

念其暴骨无主，将二童子持畚锸往瘗之。瘗，埋也。【补】念：可怜。暴骨：暴露尸骨。将：带领。畚锸：畚箕和铁锹。二童子有难色然。亦惧死耶。予曰："嘻②！吾与尔犹彼也。"伤情处只在此一语。二童悯然涕下③，请往。自然感动。【补】悯然：忧伤貌。涕：眼泪。就其傍山麓为三坎，埋之。【补】就：就近。傍：靠近。山麓：山脚。坎：墓穴。又以只鸡、饭三盂，盂，饭器。嗟吁涕洟而告之曰：【补】嗟吁：伤感长叹。涕洟：眼泪和鼻涕，指涕泪俱下。

呜呼伤哉！繄何人？繄何人？不识彼之姓名。【补】繄：是，此。吾龙场驿丞余姚王守仁也。告以己之姓名。吾与尔皆中土之产，吾不知尔郡邑，尔乌为乎来为兹山之鬼乎④？先作疑讶。（补）中土：中原。乌为：为何。古者重去其乡，游宦不逾千里。（补）重：难，不轻易。去：离开。游宦：外出做官。吾以窜逐而来此，宜也。尔亦何辜乎？再作悲悯。（补）窜逐：流放。辜：罪，罪过。闻尔官，吏目耳，俸不能五斗，尔率妻子躬耕可有也，乌为乎以五斗而易尔七尺之躯⑤？（补）不能：不到。五斗：指微薄的官俸。躬耕：亲身耕作。乌为：为什么。易：交换。又不足，而益以尔子与仆乎？呜呼伤哉！为五斗丧身，又益以尔子与仆，言至此为之凄绝。（补）益：加上。尔诚恋兹五斗而来，（补）诚：如果。则宜欣然就道，乌为乎吾昨望见尔容蹙然⑥，盖不任其忧者⑦？（补）蹙然：忧愁不悦貌。不任：不堪。夫冲冒雾露⑧，扳攀援崖壁，行万峰之顶，饥渴劳顿，筋骨疲惫，而又瘴疠侵其外⑨，忧郁攻其中，其能以无死乎？瘴疠固能死人，忧郁之死人更甚。（补）冲冒：触犯。劳顿：劳累疲困。瘴疠：指浸染瘴气而生的病。疠，瘟疫。吾固知尔之必死，然不谓若是其速，又不谓尔子、尔仆亦遽然奄忽也。前云益以子与仆，此云不谓子与仆，婉转情深。（补）固：本来。不谓：不料。其：之。遽然：突然。奄忽：指死亡。皆尔自取，谓之何

zāi
哉？恋兹五斗而来，又不胜其忧，非自取而何？㊙言还有什么好说的呢？

wú niàn ěr sān gǔ zhī wú yī ér lái yì ěr nǎi shǐ wú yǒu wú qióng zhī chuàng yě wū hū tòng zāi
吾念尔三骨之无依而来瘗尔⑩，乃使吾有无穷之怆也！呜呼，痛哉⑪！㊙怆：悲伤。

zòng bù ěr yì yōu yá zhī hú chéng qún yīn hè zhī huǐ rú chē lún yì bì néng zàng ěr yú fù bú zhì jiǔ bào lù ěr
纵不尔瘗，幽崖之狐成群，阴壑之虺如车轮，亦必能葬尔于腹，不致久暴露尔⑫。㊙纵：即使。幽崖：僻静的山崖。阴壑：阴暗的深谷。虺：毒蛇。

ěr jì yǐ wú zhī rán wú hé néng wéi xīn hū
尔既已无知，然吾何能为心乎？一反一转，有非常苦心。㊙何能为心：言怎能过意得去。

zì wú qù fù mǔ xiāng guó ér lái cǐ èr nián yǐ lì zhàng dú ér gǒu néng zì quán yǐ wú wèi cháng yí rì zhī qī qī yě
自吾去父母乡国而来此，二年矣⑬，历瘴毒而苟能自全，以吾未尝一日之戚戚也。㊙乡国：家乡。苟：暂且。未尝：不曾。戚戚：忧伤貌。

jīn bēi shāng ruò cǐ shì wú wèi ěr zhě zhòng ér zì wèi zhě qīng yě wú bù yí fù wèi ěr bēi yǐ
今悲伤若此，是吾为尔者重，而自为者轻也。吾不宜复为尔悲矣。有情归之无情，深于学问之言。

wú wèi ěr gē ěr tīng zhī
吾为尔歌，尔听之。

gē yuē lián fēng jì tiān xī fēi niǎo bù tōng yóu zǐ huái xiāng xī mò zhī xī dōng
歌曰：连峰际天兮飞鸟不通，游子怀乡兮莫知西东。㊙际：接近。游子：离家远游的人。莫：不。

mò zhī xī dōng xī wéi tiān zé tóng yì yù shū fāng xī huán hǎi zhī zhōng
莫知西东兮维唯天则同，异域殊方兮环海之中。㊙维：只有。异域殊方：异地他乡。环海之中：四海之内。

dá guān suí yù xī xī bì yú gōng hún xī hún xī wú bēi yǐ tōng
达观随寓兮奚必予宫⑭，魂兮魂兮无悲以恫！言虽身处异乡，总同在天之中，不必悲也。㊙达观：心怀旷达。随寓：随所居而安。寓，寓所。奚：疑问词，何。予：我，自己的。宫：房屋。以：和。恫：哀痛。

yòu gē yǐ wèi zhī yuē yǔ ěr jiē xiāng tǔ zhī lí xī mán
又歌以慰之曰：与尔皆乡土之离兮，蛮

zhī rén yán yǔ bù xiāng zhī xī xìng mìng bù kě qī
之人言语不相知兮。㊟乡土之离：远离家乡故土的人。性命不可期，㊟期：预料。

wú gǒu sǐ yú zī xī shuài ěr zǐ pú lái cóng yú xī wú yǔ
吾苟死于兹兮，㊟苟：如果。率尔子仆来从予兮。吾与

ěr áo yǐ xī xī cān zǐ biāo ér chéng wén chī xī dēng wàng gù xiāng
尔遨以嬉兮，骖紫彪而乘文螭兮，登望故乡

ér xū xī xī
而嘘唏兮。洒洒落落，足以慰死。㊟遨：游。骖紫彪而乘文螭：驾着紫彪和文龙所拉的车子。骖，驾驭。紫彪，小虎。文螭，有花纹的螭龙。嘘唏：叹息流泪。

wú gǒu huò shēng guī xī ěr zǐ ěr pú shàng ěr suí xī wú yǐ wú
吾苟获生归兮，尔子尔仆尚尔随兮，无以无

lǚ bēi xī dào páng zhī zhǒng lěi lěi xī duō zhōng tǔ zhī liú lí
侣悲兮⑮。道傍旁之冢累累兮，多中土之流离

xī xiāng yǔ hū xiào ér pái huái xī
兮，相与呼啸而徘徊兮。㊟尚：还。冢：坟墓。累累：众多重叠貌。流离：指漂泊转徙之人。徘徊：来回走动。

sūn fēng yǐn lù wú ěr jī xī zhāo yǒu mí lù mù yuán yǔ qī
飧风饮露⑯，无尔饥兮。朝友麋鹿，暮猿与栖

xī ěr ān ěr jū xī wú wéi lì yú zī xū xī
兮。尔安尔居兮，无为厉于兹墟兮！精诚可以格幽冥。㊟厉：恶鬼。墟：村落。

先生罪谪龙场，自分一死，而幸免于死。忽睹三人之死，伤心惨目，悲不自胜。作之者固为多情，读之者能无泪下。

［校记］

①“叹”，原作“哭”，据《王阳明全集》改。
②“嘻”，原作“噫”，据《王阳明全集》改。
③“悯”，原作“闵”，据《王阳明全集》改。
④“乌为”之“为”字，原缺，据《王阳明全集》补。
⑤⑥“乌”，原作“胡”，据《王阳明全集》改。
⑦“任”，原作“胜”，据《王阳明全集》改。
⑧“雾”，原作“霜”，据《王阳明全集》改。
⑨“厉”，原作“疠”，据《王阳明全集》改。
⑩“尔”，原作“耳”，据《王阳明全集》改。

⑪“痛”，原作“伤”，据《王阳明全集》改。
⑫“露”，原缺，据《王阳明全集》补。
⑬“二”，原作“三”，据《王阳明全集》改。
⑭“奚”，原作“莫”，据《王阳明全集》改。
⑮“无以无侣悲兮”，原缺，据《王阳明全集》补。
⑯“飧”，原作“餐”，据《王阳明全集》改。

信陵君救赵论

唐顺之

论者以窃符为信陵君之罪，信陵君，魏公子无忌也。秦围赵邯郸，公子姊为平原君夫人，平原君遗书公子，请救于魏。魏王使将军晋鄙救赵，畏秦留军壁邺。平原君使让公子曰：“胜所以自附为婚姻者，以公子之高义，为能急人之困也。”公子约车骑百余乘，欲赴秦军与赵俱死。夷门监者侯生，教公子请如姬窃兵符于王之卧内。公子尝为如姬报其父仇，果盗兵符与公子，夺晋鄙军，救邯郸，存赵。**余以为此未足以罪信陵也。**一句立案。(补)罪：怪罪。**夫强秦之暴亟矣，**(补)亟：危急。**今悉兵以临赵，赵必亡。**(补)悉：全部。**赵，魏之障也；**(补)障：屏障。**赵亡，则魏且为之后。**(补)且：将要。**赵、魏，又楚、燕、齐诸国之障也；赵、魏亡，则楚、燕、齐诸国为之后。天下之势，未有岌岌于此者也。**(补)岌岌：危急貌。**故救赵者，亦以救魏；救一国者，亦以救六国也。**

(补)亦以：也就是。窃魏之符以纾魏之患，借一国之师以分六国之灾，夫奚不可者？先论六国大势，明信陵救赵之功。欲擒先纵，此宽一步法。(补)纾：解除。夫：这。奚：为何。

然则信陵果无罪乎？曰：又不然也。余所诛者，(补)诛：责备。信陵君之心也。一语扼定主意。信陵一公子耳，魏固有王也。提清。(补)公子：称诸侯之庶子。王：指魏安釐王。赵不请救于王，而谆谆焉请救于信陵，是赵知有信陵，不知有王也。(补)谆谆：诚恳貌。平原君以婚姻激信陵，(补)平原君：赵国公子，名胜。而信陵亦自以婚姻之故，欲急救赵，是信陵知有婚姻，不知有王也。其窃符也，非为魏也，非为六国也，为赵焉耳。非为赵也，为一平原君耳。层层驳入。使祸不在赵而在他国，则虽撤魏之障，撤六国之障，信陵亦必不救。使赵无平原，(补)使：假使。或平原而非信陵之姻戚，虽赵亡，信陵亦必不救。又反证二层，更醒。则是赵王与社稷之轻重，不能当一平原公子；(补)社稷：指国家。当：相当。而魏之兵甲所恃以固其社稷者，只以供信陵君一姻戚之用。议论刺入心髓。幸而战胜，可也；不幸战不胜，为虏于秦，是倾魏国数百年社稷以殉姻戚，吾不知信陵何以谢魏王也？又设一难以诘之，信陵真难置喙。〔补〕倾：倾覆。殉：陪葬。谢：谢罪。夫窃符之计，盖出于侯生，而如姬成之也。〔补〕侯生：侯嬴，魏都大梁夷门的守门人。如姬：魏安釐王之宠姬。侯生教公子以窃符，如姬为公子窃符于王之卧内，是二人亦知有信陵，不知有王也。又生一枝节，以为后半篇议论张本。

余以为信陵之自为计，曷若以唇齿之势激谏于王；〔补〕曷若：何如。唇齿之势：唇亡齿寒的形势。不听，则以其欲死秦师者，而死于魏王之前，王必悟矣。侯生为信陵计，曷若见魏王而说之救赵；不听，则以其欲死信陵君者，而死于魏王之前，王亦必悟矣。如姬有意于报信陵，曷若乘王之隙而日夜劝之救；〔补〕隙：空暇。不听，则以其欲为公子死者，而死于魏王之前，王亦必悟矣。一段代为区处，反笔敲击，愈读愈快。如此，则

xìn líng jūn bú fù wèi yì bú fù zhào èr rén bú fù wáng yì bú
信陵君不负魏，亦不负赵；二人不负王，亦不
fù xìn líng jūn hé wèi jì bù chū cǐ xìn líng zhī yǒu hūn
负信陵君。何为计不出此？补何为：为什么。信陵知有婚
yīn zhī zhào bù zhī yǒu wáng nèi zé xìng jī wài zé lín guó jiàn
姻之赵，不知有王；内则幸姬，外则邻国，贱
zé yí mén yě rén yòu jiē zhī yǒu gōng zǐ bù zhī yǒu wáng zé shì
则夷门野人，又皆知有公子，不知有王，则是
wèi jǐn yǒu yī gū wáng ěr
魏仅有一孤王耳。作一总收，深明信陵之非，使之无地逃隐。补幸姬：指如姬。夷门野人：指侯嬴。夷门，战国魏都大梁城的东门。

wū hū zì shì zhī shuāi rén jiē xí yú bèi gōng sǐ dǎng zhī
呜呼！自世之衰，人皆习于背公死党之
xíng ér wàng shǒu jié fèng gōng zhī dào yǒu zhòng xiàng ér wú
行，而忘守节奉公之道。补公：公理。死党：为私党而死。有重相而无
wēi jūn yǒu sī chóu ér wú yì fèn rú qín rén zhī yǒu rǎng hóu bù
威君，有私仇而无义愤。如秦人知有穰侯，不
zhī yǒu qín wáng yú qīng zhī yǒu bù yī zhī jiāo bù zhī yǒu zhào wáng
知有秦王；虞卿知有布衣之交，不知有赵王。
gài jūn ruò zhuì liú jiǔ yǐ
盖君若赘旒久矣。穰侯，秦昭王相魏冉。虞卿，赵孝成王相，解其相印，与魏齐亡。〇引战国时事作陪衬，见列国无王，习已成风。波澜绝妙。补布衣之交：指魏齐。赘旒：谓装饰品。赘，连缀。旒，旌旗飘带。
yóu cǐ yán zhī xìn líng zhī zuì gù bù
由此言之，信陵之罪，固不
zhuān xì hū fú zhī qiè bú qiè yě qí wèi wèi yě wèi liù guó
专系乎符之窃不窃也。深一层说。其为魏也，为六国
yě zòng qiè fú yóu kě qí wèi zhào yě wèi yī qīn qī yě
也，纵窃符犹可；深文。其为赵也，为一亲戚也，
zòng qiú fú yú wáng ér gōng rán dé zhī yì zuì yě
纵求符于王而公然得之，亦罪也。深文。

suī rán wèi wáng yì bù dé wéi wú zuì yě
虽然，魏王亦不得为无罪也。上因罪信陵，而并罪侯生、如姬。此处又以罪魏

王作波澜，潆洄映带，议论不穷。兵符藏于卧内，信陵亦安得窃之？信陵不忌魏王，而径请之如姬，其素窥魏王之疏也；补忌：畏忌。径：直接。素：平素。窥：觉察。疏：疏忽。如姬不忌魏王，而敢于窃符，其素恃魏王之宠也。补恃：依仗。木朽而蛀生之矣。插喻巧妙。古者人君持权于上，而内外莫敢不肃。立此二语，渐收拾前文。补肃：敬畏。则信陵安得树私交于赵？赵安得私请救于信陵？如姬安得衔信陵之恩？补衔：感念。信陵安得卖恩于如姬？补卖恩：以小恩惠收买他人。履霜之渐，岂一朝一夕也哉？《易》曰："履霜坚冰至。"又曰：其所由来者渐矣，非一朝一夕之故也。由此言之，不特众人不知有王，王亦自为赘旒也。如此立论，方是根究到底。补不特：不但。

故信陵君可以为人臣植党之戒，魏王可以为人君失权之戒。两语双结，全局俱振。补植党：树立党羽。《春秋》书"葬原仲""翚帅师"，嗟夫！圣人之为虑深矣。庄公二十有七年，"秋，公子友如陈，葬原仲"。公子友，即季子也。如陈，私行也。原仲，陈大夫。隐公四年，"秋，翚帅师"。翚，鲁卿羽父也。宋公乞师，翚以不义强其君，固请而行，无君之心兆矣。书"葬原仲"，以戒人臣之植党。书"翚帅师"，以戒人君之失权。此圣人之深虑也。○结意凛然。

诛信陵之心，暴信陵之罪，一层深一层，一节深一节，愈驳愈醒，愈转愈刻。词严义正，直使千载扬诩之案，一笔抹杀。

报刘一丈书

宗臣

数千里外，得长者时赐一书，以慰长想，即亦甚幸矣。何至更辱馈遗，则不才益将何以报焉，谢馈遗。(补)长者：对长辈的尊称。馈遗：馈赠。不才：自谦之称。书中情意甚殷，即长者之不忘老父，知老父之念长者深也。谢念及其父。(补)殷：深厚。

至以“上下相孚，才德称位”语不才，相爱情深，方有此语。(补)孚：信任。称位：能胜任。称，相称。语：告诉。则不才有深感焉。夫才德不称，固自知之矣。提过。至于不孚之病，则尤不才为甚。二句伏后案。(补)尤：尤其。甚：严重。

且今世之所谓孚者①，何哉？借“孚”字一转，生出无数议论。日夕策马候权者之门，(补)策马：驰马。权者：指当时权臣严嵩、严世蕃父子。门者故不入，则甘言媚词作妇人状，袖金以私之。㊟故不入：故意不进去通报。甘言媚词：奉承谄媚的话。私：贿赂。即门者持刺入，㊟即：尽管。刺：指名帖。而主者又不即出见②，尊严若神。立厩中仆马之间，㊟厩：马房。仆马：仆从与乘马。恶气袭衣袖，即饥寒毒热不可忍，不去也。抵暮，㊟抵：至。幕：傍晚。则前所受赠金者出，报客曰："相公倦，㊟相公：指宰相。谢客矣。客请明日来。"即明日，又不敢不来。曲笔一接，刻画尽致。㊟即：至。夜披衣坐，闻鸡鸣，即起盥栉，盥，洗手。栉，梳发。走马抵门③。㊟走马：骑马奔跑。门者怒曰："为谁？"则曰："昨日之客来。"可发一笑。则又怒曰："何客之勤也？岂有相公此时出见客乎？"厉声不堪。客心耻之，至此亦觉难受。强忍而与言曰："亡无奈何矣，姑容我入。"㊟奈何：办法。姑：暂且。容：允许。门者又得所赠金，则起而入之，又立向所立厩中。故意描摹。㊟向：原先，指前一天。幸主者出，南面召见，则惊走匍匐阶下。㊟幸：庆幸。南面召见：面朝南坐着召见，言权者待客傲慢。古代以坐北朝南为尊位。匍匐：趴伏。主者曰："进！"则再拜，故迟不起；起则上所上寿金。㊟寿金：谓献给主者的礼金。主者故不受，则固请；主者故固不受，则又固请。叠句妙。㊟固请：谓坚决地请求。然后命吏内纳之④。㊟内：收下。则又再拜，又故迟不起；起则五六揖始出。历叙丑态如画。㊟揖：拱手行礼。出，揖门者曰："官人幸顾我，㊟即"幸官人顾我"。官人：尊称门者。幸：希望。顾：照顾。他日来，幸亡无阻我也⑤！"门者答揖。大喜，奔出。马上遇所交识，即扬鞭语曰："适自相公家来，相公厚我！厚我！"且虚言状。写马上两"厚我"急语，神情逼肖。㊟交识：相识的人。扬鞭：高举马鞭。适：刚才。厚：厚待。即所交识，亦心畏相公厚之矣。相公又稍稍语人曰："某也贤，某也贤。"闻者亦心计交赞之。㊟心计：心领神会。交赞：谓一齐称誉。此世所谓"上下相孚也"，以冷语结前案。长者谓仆能之乎？以下乃言不孚之病。㊟仆：自称之谦辞。

前所谓权门者，自岁时伏腊一刺之外，即经年不往也。㊟岁时伏腊：犹言逢年过节。伏腊，夏伏冬腊，泛指节日。经年：常年。间道经其门，则亦掩耳闭目，跃马疾走过之，若有所追逐者。

④间：偶尔。道经：路过。若：好像。
斯则仆之褊哉⑥， （sī zé pú zhī biǎn zāi）

④斯：此。则：就是。褊：狭隘。
以此常不 （yǐ cǐ cháng bú）

见悦于长吏⑦， （jiàn yuè yú zhǎng lì）
仆则愈益不顾也。 （pú zé yù yì bú gù yě）
④长吏：指长官。
每大言 （měi dà yán）

曰："人生有命，吾惟守分尔矣⑧**！"** （yuē rén shēng yǒu mìng wú wéi shǒu fèn ěr yǐ）
④分：本分。
长者闻 （zhǎng zhě wén）

此⑨**，得无厌其为迂乎？** （cǐ dé wú yàn qí wéi yū hū）

一段道出自己气节。以少胜多，笔力峭劲。
④得无：能不。迂：迂腐，不通人情。

乡园多故， （xiāng yuán duō gù）
④故：事情。
不能不动客子之愁。至于 （bù néng bú dòng kè zǐ zhī chóu zhì yú）

长者之抱才而困，则又令我怆然有感。 （zhǎng zhě zhī bào cái ér kùn zé yòu lìng wǒ chuàng rán yǒu gǎn）
④怆然：悲伤貌。

天之与先生者甚厚，亡无论长者不欲轻弃之， （tiān zhī yǔ xiān sheng zhě shèn hòu wú lùn zhǎng zhě bú yù qīng qì zhī）

即天意亦不欲长者之轻弃之也。 （jí tiān yì yì bú yù zhǎng zhě zhī qīng qì zhī yě）
④言刘一丈的才德禀赋很好，不用说是你自己不愿轻易抛弃它，就是老天也不希望你轻易抛弃它。

幸宁心哉⑩**！** （xìng níng xīn zāi）
④宁心：犹安心。

是时严介溪揽权，俱是乞哀昏暮、骄人白日一辈人，摹写其丑形恶态，可为尽情。末说出自己之气骨，两两相较，薰犹不同，清浊异质。有关世教之文。

〔校记〕

① "世"，原缺，据《宗子相集》补。
② "者"，原作"人"，据《宗子相集》改。
③ "抵"，原作"推"，据《宗子相集》改。
④ "内"，原作"纳"，据《宗子相集》改。
⑤ "亡"，原作"无"，据《宗子相集》改。
⑥ "哉"，原作"衷"，据《宗子相集》改。
⑦ "常"，原作"长"，据《宗子相集》改。
⑧ "尔矣"，原作"而已"，据《宗子相集》改。
⑨ "此"，原作"之"，据《宗子相集》改。
⑩ "乡园多故"至"幸宁心哉"一段，据《宗子相集》补。

吴山图记

归有光

吴、长洲二县，在郡治所，【补】郡：指苏州府。治所：地方官署所在地。分境而治。【补】境：地界。而郡西诸山，皆在吴县。先提清吴山。其最高者，穹窿、阳山、邓尉、西脊、铜井，而灵岩，吴之故宫在焉，【补】吴：吴国。尚有西子之遗迹。灵岩独另写，妙。【补】尚：还。西子：西施。遗迹：指吴王夫差为西施所造的馆娃宫旧址。若虎丘、剑池及天平、尚方、支硎，皆胜地也。而太湖汪洋三万六千顷，七十二峰沉浸其间，则海内之奇观矣。太湖又另写，妙。○以上叙次山水，作两番写，错落多致。【补】汪洋：宽广无际。海内：国内。古谓我国疆土四面临海，故称。

余同年友魏君用晦为吴县，未及三年，以高第召入为给事中。【补】同年：科考中同科考中的人，互称同年。魏君用晦：魏体明，字用晦，侯官（今福建福州）人，明嘉靖四十四年（1565）任吴县知县，隆庆二年（1568）迁刑科给事中。为吴县：在吴县做县官。高第：谓吏部考绩优等。给事中：官名，明代于中央六部置给事中，掌侍从规谏、稽察六部等职。

君之为县有惠爱，百姓扳攀留之，不能得，而君亦不忍于其民，由是好事者绘《吴山图》以为赠。叙出图山之由。㊟扳留：挽留。好事者：热心人。

夫令之于民，诚重矣。㊟令：县令。诚：确实。重：重要。令诚贤也，㊟诚：如果。其地之山川草木，亦被其泽而有荣也；㊟被：蒙。泽：恩泽。令诚不贤也，其地之山川草木，亦被其殃而有辱也。忽起一峰，文情排宕。君于吴之山川，盖增重矣。异时吾民将择胜于岩峦之间，㊟异时：他日，指将来。胜：胜地。岩峦：山峦。尸祝于浮屠、老子之宫也，固宜。一顿。㊟意谓在佛寺或道观为魏君向神祈祷，这本来就理所应当。尸祝：本指祭祀时的主祭人，这里用如动词，谓祈祷、祝福。浮屠之宫：指佛寺。老子之宫：老子被道教尊为祖师，老子之宫即道教的神庙道观。固宜：理所当然。而君则亦既去矣，何复惓惓于此山哉？又拓开一笔。㊟去：离开。惓惓：念念不忘。昔苏子瞻称韩魏公去黄州四十余年，而思之不忘，至以为思黄州诗，子瞻为黄人刻之于石。㊟子瞻：苏轼，字子瞻。韩魏公：韩琦，北宋仁宗时为相，封魏国公。黄州：今湖北黄冈。然后知贤者于其所至，不独使其人之不忍忘，而己亦不能自忘于其人也①。借魏公美用晦，绝妙引证。㊟所至：谓所至之处。其：指其所至之处。

君今去县已三年矣。一日，与余同在内庭，㊟内庭：指内院。出示此图，展玩太息，因命余记之。点作记。㊟展玩：展示赏玩。太息：长叹。噫，君之于吾吴，有情如此，如之何而使吾民能忘之也！结有余韵。㊟如之何：怎么。

因令赠图，因图作记，因赠图而知令之不能忘情于民，因记图而知民之不能忘情于令。婉转情深，笔墨在山水之外。

〔校记〕

①“已”，原作“已”，据《震川先生集》改。

沧浪亭记

归有光

浮图文瑛浮图，释氏之称。文瑛，僧之号也。居大云庵，环水，即苏子美名舜钦。沧浪亭之地也①。提明来历。亟求余作《沧浪亭记》，曰：“昔子美之记，记亭之胜也。请子记吾所以为亭者。”㊟沧浪亭：苏州名园，原为五代吴越广陵王钱元璙的花园，后归北宋文学家苏舜钦。苏舜钦在园内建亭曰“沧浪”，并作《沧浪亭记》，取意《孟子·离娄上》：“有孺子歌曰：‘沧浪之水清兮，可以濯我缨；沧浪之水浊兮，可以濯我足。’”遂因亭名园。亟：屡次。胜：风景优美。

yú yuē xī wú yuè yǒu guó shí
余曰：昔吴越有国时，吴越王钱镠，临安人，唐末据杭州，梁封为吴越王，谥武肃。传国四世，至宋太祖时入朝，国亡。○落想甚远。

guǎng líng wáng zhèn wú zhōng zhì nán
广陵王镇吴中，㊟广陵王：钱元璙，钱镠第六子，封广陵郡王。吴中：苏州地区。治南

yuán yú zǐ chéng zhī xī nán qí wài qī sūn chéng yòu yì
园于子城之西南②；㊟治：修建。子城：内城。其外戚孙承佑，亦

zhì yuán yú qí piān dài huái hǎi nà tǔ
治园于其偏。㊟偏：旁边。迨淮海纳土③，入赵宋。㊟迨：到了。淮海纳土：宋太宗太平兴国三年（978），钱镠之孙钱俶降宋，宋封钱俶为淮海国王。纳土，献纳土地，即归附。

cǐ yuán bú fèi sū zǐ měi shǐ jiàn cāng
此园不废。苏子美始建沧

láng tíng zuì hòu chán zhě jū zhī cǐ cāng láng tíng wéi
浪亭，遗迹在苏州府学东南。最后禅者居之，㊟禅者：指和尚。此沧浪亭为

dà yún ān yě yǒu ān yǐ lái èr bǎi nián wén yīng xún gǔ yí
大云庵也。亭变为庵。有庵以来二百年，文瑛寻古遗

shì fù zǐ měi zhī gòu yú huāng cán miè mò zhī yú cǐ dà yún ān
事，复子美之构于荒残灭没之余，此大云庵

wéi cāng láng tíng yě
为沧浪亭也。庵复为亭。下发感慨。㊟构：指建筑原貌。

fú gǔ jīn zhī biàn cháo shì gǎi yì cháng dēng gū sū
夫古今之变，朝市改易。㊟朝市：朝廷和集市。尝登姑苏

zhī tái wàng wǔ hú zhī miǎo máng qún shān
之台，㊟台名，在姑苏山上，相传为吴王夫差所筑。望五湖之渺茫，㊟五湖：太湖。渺茫：辽阔貌。群山

zhī cāng cuì tài bó yú zhòng zhī suǒ jiàn
之苍翠，太伯、虞仲之所建，㊟太伯虞仲：周文王祖父太王古公亶父之长子和次子，两人因欲让位于三弟季历（周文王之父），同避江南，建立吴国。

hé lǘ fú chāi zhī suǒ zhēng zǐ xū zhǒng lǐ
阖闾、夫差之所争，子胥、种、蠡

zhī suǒ jīng yíng jīn jiē wú yǒu yǐ ān yǔ tíng hé
之所经营，㊟子胥：伍员，字子胥。种蠡：文种和范蠡。今皆无有矣。庵与亭何

wéi zhě zāi suī rán qián liú yīn luàn rǎng qiè bǎo
为者哉？合挽庵与亭一笔，写得淡然。㊟何为：算什么。虽然，钱镠因乱攘窃，保

有吴越，国富兵强，垂及四世，诸子姻戚，乘时奢僭，宫馆苑囿，极一时之盛。顿宕。[补]攘窃：抢夺。垂：流传。奢僭：奢侈僭越。而子美之亭，乃为释子所钦重如此。缴转。[补]为：被。释子：释迦弟子。钦重：敬重。可以见士之欲垂名于千载之后④，不与其澌然而俱尽者⑤，则有在矣。澌，冰索也。○一篇曲折文字，主意只在此一句。[补]澌然：消亡。

文瑛读书，喜诗，与吾徒游，[补]吾徒：犹我辈。呼之为沧浪僧云。点睛。

忽为大云庵，忽为沧浪亭，时时变易，已足唤醒世人。中间一段点缀，凭吊之感，黯然动色。至末一转，言士之垂名不朽者，固自有在，而不在乎亭之犹存也。此意开人智识不浅。

〔校记〕

①“之”，原缺，据《震川先生集》补。
②“南园”之“南”字，原缺，据《震川先生集》补。
③“海”，原作“南”，据《震川先生集》改。
④“之后”，原缺，据《震川先生集》补。
⑤“其”，原缺，据《震川先生集》补。

青霞先生文集序

茅坤

青霞沈君，名炼，字纯甫，会稽人。由锦衣经历上书诋宰执。〔补〕锦衣经历：官名。锦衣，即锦衣卫。经历，掌管文牍之事。诋：指责。宰执：本指宰相，明初废丞相，代之以内阁大学士，此指大学士严嵩。宰执深疾之，〔补〕疾：憎恨。方力构其罪，赖明天子仁圣①，特薄其谴，徙之塞上。先生抗疏言严嵩父子误国，请戮之以谢天下。诏榜之数十，谪出塞外。〔补〕构：陷害。薄：减轻。谴：罪责。徙：流放。当是时，君之直谏之名满天下。横插一句，妙。已而君累然携妻子，出家塞上。〔补〕已而：不久。累然：抑郁不得志貌。会北虏数内犯②，而帅府以下，束手闭垒，以恣虏之出没，不及飞一镞以相抗；〔补〕会：适逢。北虏：指北方蒙古俺答汗部。数：屡次。束手：谓停止抵抗。闭垒：坚闭城垒。恣：任凭。镞：箭。甚且及虏之退，则割中土之战没者与野行者之馘以为功。〔补〕甚且：甚至。中土：指中原。馘：古代战争中割取所杀敌人的左耳以计数献功。而父之哭其子，妻之哭其夫，兄之哭其弟者，往往而是，无所控吁。旷职冒功，毒害生民，今古一辙。〔补〕往往：处处。无所：无处。控吁：控诉。吁，呼告。君既上愤疆埸之日弛，而又下痛诸将士之日菅刈我人民以蒙国家也③，指上一段言。〔补〕疆埸：犹疆土。埸，国界。菅刈：谓割草似的残杀。菅，茅草。刈，割。数呜咽欷歔；而以其所忧郁发之于诗歌文章，以泄其怀，即集中所载诸什是也。出诗文之有集，多少曲折。〔补〕呜咽：低声哭泣。欷歔：叹息声。发：表现。

诸：各个。什：篇章。《诗经》中《雅》《颂》部分多以十篇为一组，称之为"什"。

jūn gù yǐ zhí jiàn wéi zhòng yú shí ér qí suǒ zhù wéi shī
君故以直谏为重于时，㊟故：本来。而其所著为诗

gē wén zhāng yòu duō suǒ jī cì shāo shāo chuán bō shàng xià zhèn kǒng
歌文章，又多所讥刺，稍稍传播，上下震恐，

shǐ chū sǐ lì xiāng shān gòu ér jūn zhī huò zuò yǐ
始出死力相煽构，而君之祸作矣。宰执、帅府恨先生切骨，窜名白莲教中，戮于边。

○先生垂名千载，全从此祸得来，未足为恨。㊟稍稍：逐渐。煽构：造谣诬陷。作：发生。

jūn jì mò ér yì shí kǔn jì suǒ
君既没（殁），而一时阃寄所

xiāng yǔ chán jūn zhě xún qiě zuò zuì bà qù
相与谗君者，寻且坐罪罢去；㊟阃寄：寄以阃外之事，就是托以军事重任，此指边防将领。阃，城郭之门。寄，托付。相与：共同。寻：不久。且：即。坐罪：获罪。

yòu wèi jǐ gù zǎi zhí zhī chóu jūn zhě yì
又未几，故宰执之仇君者亦

bào bà
报罢。㊟报罢：古代官民上书言事，朝廷拒不采纳，宣令退去叫"报罢"，此云"罢官撤职"的委婉说法。

ér jūn zhī mén rén jǐ
而君之门人给

jiàn yú jūn yú shì póu jí qí shēng píng suǒ zhù ruò gān juàn kè ér
谏俞君，于是裒辑其生平所著若干卷，刻而

chuán zhī
传之；㊟给谏：给事中，官名，明六部皆设此官，掌侍从规谏，稽察六部之弊误，有驳正制敕违失之权。裒辑：搜集编纂。

ér qí zǐ yǐ
而其子以

jìng lái qǐng yú xù zhī shǒu jiǎn
敬，来请予序之首简。出作序意。㊟首简：书的开篇，卷首。

máo zǐ shòu dú ér tí zhī yuē
茅子受读而题之曰：㊟茅子：茅坤自称。

ruò jūn zhě fēi gǔ
若君者，非古

zhī zhì shì zhī yí hū zāi
之志士之遗乎哉？喝一句。㊟非：岂非，难道不是。

kǒng zǐ shān shī zì
孔子删《诗》，自

xiǎo pán zhī yuàn qīn xiàng bó zhī cì chán yǐ xià qí zhōng
《小弁》之怨亲，《巷伯》之刺谗以下，其忠

chén guǎ fù yōu rén duì shì zhī shí bìng liè zhī wéi fēng
臣、寡妇、幽人、怼士之什，并列之为"风"，

shū zhī wéi yǎ bù kě shèng shǔ
疏之为“雅”，不可胜数。㊟弁：快乐。怨亲：怨恨亲属。巷伯：寺人，宦官。刺谗：讽刺谗言。幽人：隐士。怼士：愤世之士。风：闾巷之歌谣。疏：分列。雅：朝廷之乐歌。胜：尽。

qǐ jiē gǔ zhī zhōngshēng yě zāi
岂皆古之中声也哉？㊟中声：谓中正平和之声。

rán kǒng zǐ bú jù yí zhī zhě
然孔子不遽遗之者，㊟遽：尽。遗：舍弃。

tè mǐn qí rén jīn qí zhì
特悯其人，矜其志，㊟特：只是。悯：哀怜。矜：同情。

yóu yuē fā hū qíng zhǐ hū lǐ yì yán zhī zhě
犹曰“发乎情，止乎礼义”，“言之者

wú zuì wén zhī zhě zú yǐ wéi jiè yān ěr
无罪，闻之者足以为戒”焉耳。删《诗》不必皆中声，独见其大。

yú cháng
予尝

àn cì chūn qiū yǐ lái
按次春秋以来，㊟按次：按次序考察，意谓阅读文献作品。

qū yuán zhī sāo yí yú
屈原之《骚》疑于

yuàn
怨，㊟疑：类似。

wǔ xū zhī jiàn yí yú xié
伍胥之谏疑于胁，㊟胁：胁迫。

jiǎ yì zhī shū yí yú
贾谊之疏疑于

jī
激，㊟疏：奏疏。

shū yè zhī shī yí yú fèn
叔夜之诗疑于愤，㊟叔夜：嵇康，字叔夜，三国魏人。

liú fén zhī duì
刘蕡之对

yí yú kàng
疑于亢。㊟亢：刚直。刘蕡：唐人。

rán tuī kǒng zǐ shān shī zhī zhǐ ér póu cì
然推孔子删《诗》之旨而裒次

zhī dāng yì wèi bì wú lù zhī zhě
之，当亦未必无录之者。上引《小弁》《巷伯》，此引屈原、伍胥诸人，俱以孔子夹写，正极力推尊处。㊟裒次：搜集编排。

jūn suī mò ér hǎi nèi zhī jìn shēn dà fū zhì jīn yán jí
君虽没殁④，而海内之荐搢绅大夫，至今言及

jūn wú bù suān bí ér liú tì
君，无不酸鼻而流涕。㊟荐绅大夫：官员士大夫。

wū hū jí zhōng suǒ zǎi
呜呼！集中所载

míng jiàn chóu biān zhū shí shì lìng hòu zhī rén dú zhī qí
《鸣剑》《筹边》诸什，试令后之人读之，其

zú yǐ hán zéi chén zhī dǎn ér yuè sài yuán zhàn shì zhī mǎ ér zuò
足以寒贼臣之胆，而跃塞垣战士之马，而作

zhī kài yě gù yǐ
之忾也，固矣！二十三字，作一气读。㊟试：假使。令：让。跃：使腾跃。塞垣：边塞。作：激发。忾：义愤。固：必然，一定。

tā rì
他日

guó jiā cǎi fēng zhě zhī shǐ chū ér lǎn guān yān qí néng yí zhī yě hū
国家采风者之使出而览观焉，其能遗之也乎？

yú jǐn zhì zhī
予谨识志之。应“遗”字收。㊉采风：搜集民间歌谣。谨：恭敬。识：记。

zhì yú wén cí zhī gōng bù gōng jí dàng gǔ zuò zhě zhī zhǐ yǔ
至于文词之工不工，及当古作者之旨与

fǒu fēi suǒ yǐ lùn jūn zhī dà zhě yě yú gù bú zhù
否，非所以论君之大者也，予故不著。结有余波。㊉工：精美。当：符合。

先生生平大节，不必待文集始传。特后之人，诵其诗歌文章，益足以发其忠孝之志，不必其有当于中声也。此序深得此旨，文亦浩落苍凉，读之凛凛有生气。

〔校记〕

①“明”，原缺，据《茅坤集》补。
②“虏”，原作“敌”，据《茅坤集》改，下二“虏”字同。
③“之”，原缺，据《茅坤集》补。
④“虽”，原作“既”，据《茅坤集》改。

lìn xiāng rú wán bì guī zhào lùn
蔺相如完璧归赵论

wáng shì zhēn
王世贞

lìn xiāng rú zhī wán bì rén rén jiē chēng zhī yú wèi gǎn yǐ
蔺相如之完璧，人人皆称之①，予未敢以

wéi xìn yě
为信也。赵惠文王时，得楚和氏璧，秦昭王欲以十五城易之，赵王使蔺相如奉璧西入秦。相如视秦王无意偿赵城，使其从者怀璧从径道亡，完璧归赵。○劈手一断。

fú qín yǐ shí wǔ chéng zhī kōng míng ér zhà zhào ér xié qí
夫秦以十五城之空名而诈赵②，而胁其

bì shì shí yán qǔ bì zhě qíng yě fēi yù yǐ kuī zhào yě
璧，是时言取璧者，情也，非欲以窥赵也。情，谓诈赵之情也。秦非欲谋赵，其情止欲取赵之璧。㊟胁：以武力强迫。情：真实意图。赵得其情，则弗予；不得其情，则予。得其情而畏之，则予；得其情而弗畏之，则弗予。此两言决耳，奈之何既畏而复挑其怒也？予璧，畏也。复怀以归，挑其怒也。○此段言止有予与弗予两说，不当既予而复怀归。㊟予：给。奈之何：为什么。

且夫秦欲璧，赵弗予璧，两无所曲直也。㊟且夫：况且。曲直：是非，理亏理直。入璧而秦弗予城，曲在秦；秦出城而璧归，曲在赵。欲使曲在秦，则莫如弃璧；畏弃璧，则莫如弗予。相如谓赵王曰：“秦以城求璧，而赵不许，曲在赵。赵予璧，而秦不予赵城，曲在秦。”此言赵弗予璧，亦无所曲。以辨其“赵不许，曲在赵”之说。㊟莫如：不如。夫秦王既按图以予城，又设九宾，斋而受璧，其势不得不予城。秦王从相如之言，斋戒五日，设九宾礼于庭，引相如受璧，势不得不予赵城也。○作一扬。璧入而城弗予，相如则前请曰：“臣固知大王之弗予城也。㊟固：本来。夫璧，非赵宝也[3]；而十五城，秦宝也。今使大王以璧故而亡其十五城，㊟使：如果。十五城之子弟皆厚怨大王，以弃我如草芥也。既不可以城易璧。㊟厚：深。草芥：草和芥，喻轻贱之物。大王弗予城而绐赵璧，(补)绐：欺诈。以一璧故而失信于天下，臣请辞④，就死于国，以明大王之失信。”又不可以璧易信。(补)就死于国：死于秦国。国，指秦国。秦王未必不予璧也⑤。此段代为相如画策，璧可以还赵，而直亦不在秦。今奈何使舍人怀而逃之，而归直于秦？(补)奈何：为什么。舍人：亲近属官，即手下人。是时秦意未欲与赵绝耳。令秦王怒而僇(戮)相如于市，(补)令：假如。武安君秦将白起。十万众压邯郸，而责璧与信，邯郸，赵都。(补)压：逼近。一胜而相如族，再胜而璧终入秦矣。(补)族：灭族。

吾故曰：蔺相如之获全于璧也，天也。言相如归璧，而获全无害者，乃一时之幸，非人力也。若其劲渑池，赵王与秦王会渑池，秦王请赵王鼓瑟，相如亦请秦王击筑，是劲渑池也。(补)劲：强硬。柔信平⑥，相如一旦位在廉颇之右，廉颇羞为之下，欲辱相如，相如尝畏避之。廉颇负荆谢罪，卒相与欢，是柔廉颇也。(补)柔：安抚，友好。信平：指廉颇，封信平侯。则愈出而愈妙于用。所以能存赵者⑦，天固曲成之哉⑧！余波作结。(补)存赵：保全赵国。固：的确。曲成：曲意成全。

相如完璧归赵一节，至今凛凛有生气，固无待后人之訾议也。然怀璧归赵之后，相如得以无恙，赵国得以免祸者，直一时之侥幸耳。故中间特设出一段中正之论，以为千古人臣保国保身万全之策，勿得视为迂谈，而忽之也。

〔校记〕

①“人人”，原作“人”，据《弇州四部稿》改。
②“而”，原缺，据《弇州四部稿》补。
③“宝也”，原作“璧乎”，据《弇州四部稿》改。
④“辞”，原缺，据《弇州四部稿》补。
⑤“予”，原作“返”，据《弇州四部稿》改。
⑥“信平”，原作“廉颇”，据《弇州四部稿》改。
⑦“存”，原作“完”，据《弇州四部稿》改。
⑧“成”，原作“全”，据《弇州四部稿》改。

徐文长传
xú wén chángzhuàn

袁宏道
yuán hóng dào

xú wèi zì wén cháng wéi shān yīn zhū shēng shēng míng jí shèn
徐渭字文长，为山阴诸生，声名藉甚①。㊟山阴：今浙江绍兴。诸生：明代称已入学的生员，即秀才。藉甚：盛大。藉，盛，大。

xuē gōng huì jiào yuè shí qí qí cái yǒu guó shì zhī mù
薛公蕙校越时，奇其才，有国士之目。㊟薛公蕙：薛蕙。校越：考校越中诸生。越，指绍兴府。国士：一国杰出之士。目：看待。

rán shù jī lǚ shì zhé jué
然数奇，屡试辄蹶。通篇从“数奇”二字著眼。㊟数奇：指命运不好。辄：总是。蹶：挫败，失败。

zhōngchéng hú gōng zōng xiàn wén zhī kè zhū mù
中丞胡公宗宪闻之，客诸幕。㊟中丞胡公宗宪：指浙江巡抚胡宗宪。客诸幕：做幕府幕僚。诸：之于。幕，幕府，古代将帅的府署。

wén cháng měi jiàn zé gé yī wū jīn
文长每见，则葛衣乌巾，㊟穿葛布衣，戴黑色头巾。

zòng tán tiān xià shì hú gōng dà xǐ
纵谈天下事，胡公大喜。

shì shí gōng dū shù biān bīng wēi zhèn dōng nán jiè zhòu zhī shì
是时公督数边兵，威振东南②，介胄之士，㊟指军人。介胄：披甲戴盔。介，铠甲。胄，头盔。

xī yǔ shé xíng
膝语蛇行，㊟跪着说话，弯着腰而行。

bù gǎn jǔ tóu ér wén
不敢举头，而文

长以部下一诸生傲之，议者方之刘真长、杜少陵云。其才、其品，固足增重。㊟方：比作。刘真长：东晋人刘惔，字真长。杜少陵：唐代诗人杜甫，自号少陵野老。会得白鹿，属嘱文长作表，表上，永陵喜。㊟会：适逢。表：贺表。永陵：明世宗之陵，此代指明世宗。公以是益奇之，一切疏记③，皆出其手。㊟疏记：指奏章公文。文长自负才略，好奇计，谈兵多中，视一世士无可当意者④，然竟不偶。应“数奇”。一结。㊟一：每个。世士：当世之士。当意：合意。不偶：不遇，不得志。

文长既已不得志于有司，接“屡试辄蹶”。㊟有司：指考官。遂乃放浪曲蘖⑤，恣情山水，走齐、鲁、燕、赵之地，穷览朔漠。㊟曲蘖：酒。恣情：纵情。穷：尽。朔漠：北方大漠。其所见山奔海立、沙起云行⑥、风鸣树偃⑦、幽谷大都、人物鱼鸟，一切可惊可愕之状，一一皆达之于诗。“其所见”至此，作一气读。㊟偃：倒伏。达：表达，表露。其胸中又有勃然不可磨灭之气，㊟勃然：兴起貌。英雄失路、托足无门之悲，故其为诗，如嗔如笑，如水鸣峡，如种出土，如寡妇之夜哭，羁人之寒起。诗评新确。㊟失路：喻不得志。嗔：怒。羁人：旅客。寒起：寒夜起程。虽其体格时有卑者，然匠心独出，有王者气，非彼巾帼而事人者所敢望也。巾帼，妇人冠。○极抑扬之致。○此段论其诗，是袁石公之文，即是徐天池之文，悲壮淋漓，睥睨一世。(补)体格：风格。卑：卑下。匠心：指文学构思。事人：奉承人。望：相比。文有卓识，气沉而法严，(补)法：章法。不以模拟损才⑧，不以议论伤格，韩、曾之流亚也。并论其文。(补)模拟：模仿。格：格调。韩曾：韩愈和曾巩。流亚：同一流人物。文长既雅不与时调合，(补)雅：向来。时调：时俗，此指当时的文风。当时所谓骚坛主盟者，文长皆叱而奴之⑨，故其名不出于越，悲夫！总承诗文一结，正见数奇不偶。(补)骚坛：文坛。奴之：视之如奴。喜作书，笔意奔放如其诗，挽诗一笔，妙。苍劲中姿媚跃出，(补)姿媚：犹妩媚。欧阳公所谓"妖韶女，老自有余态"者也。并论其书。(补)欧阳修《水谷夜行寄子美圣俞》："作诗三十年，视我犹后辈。文词愈清新，心意虽老大。譬如妖韶女，老自有余态。"妖韶：妖娆艳丽。余态：谓风韵犹存。间以其余，旁溢为花鸟，皆超逸有致。并论其画。○文长诗文字画，皆自性中流出，不假人工雕琢者也。(补)间：间或。余：指余力。旁：另外。超逸：高超。致：情趣。

卒以疑杀其继室，下狱论死。张太史元汴力解，乃得出。(补)卒：后来。继室：续娶之妻。论：定罪。力解：竭力解救。晚年愤益深，佯狂益甚。显者至门，或拒不纳；(补)佯狂：假装疯癫。显者：指达官贵人。或：有时。

时携钱至酒肆，呼下隶与饮；极写不可一世之状。补酒肆：酒店。下隶：地位卑贱之人。或自持斧击破其头，血流被面，头骨皆折，揉之有声；补揉：按摩。或以利锥锥其两耳，深入寸余，竟不得死。宁为玉碎，无为瓦全。可伤可痛。周望言："晚岁诗文益奇，又挽诗文，妙。补周望：陶望龄，字周望，会稽（今浙江绍兴）人，袁宏道之友。无刻本，集藏于家。"余同年有官越者，托以钞录，今未至。补同年：科举考试中同科考中的人，互称同年。余所见者，《徐文长集》《阙编》二种而已。然文长竟以不得志于时，抱愤而卒。数奇不偶，一语收住。

石公曰：补袁宏道，自号石公。先生数奇不已，遂为狂疾；狂疾不已，遂为囹圄。补已：停止。囹圄：牢狱。古今文人牢骚困苦，未有若先生者也。虽然，胡公间世豪杰，永陵英主，幕中礼数异等，是胡公知有先生矣；补间世：隔代。礼数：礼节。异等：不同别人，指做幕府幕僚时，胡宗宪以宾客之礼待之。表上，人主悦，是人主知有先生矣，独身未贵耳。补表：指前面所说的《献白鹿表》。独：仅仅，唯独。先生诗文崛起，一扫近代芜秽之习，百世而下，

zì yǒu dìng lùn hú wèi bú yù zāi
自有定论，胡为不遇哉？ 生则见知于君臣，没则见重于后世，身虽不贵，未为不遇也。㊹崛起：突出。芜秽：芜

杂秽浊。胡为：何为。不遇：不遇于时，不得志。

méi kè shēng cháng jǐ yú shū yuē ⑩ wén cháng wú lǎo
梅客生尝寄余书曰⑩："文长吾老

yǒu bìng qí yú rén rén qí yú shī yú wèi
友，病奇于人，人奇于诗。" ㊹梅客生：名国桢，字客生，官至兵部右侍郎。**余谓**

wén cháng wú zhī ér bù qí zhě yě wú zhī ér bù qí
文长，无之而不奇者也。无之而不奇， ㊹奇：奇特。**斯**

sī
奇特。

wú zhī ér bù jī yě bēi fú
无之而不奇也。 ㊹斯：则。奇：数奇。**悲夫！** 赞语亦极咏叹之致。

文长固数奇不偶，然而致身幕府，为天子嘉叹，不可谓不遇矣。而竟抱愤而卒，何其不善全乎？非石公识之残编断简中，几埋没千古矣！

〔校记〕

① "藉"，原作"籍"，据《袁宏道集笺校》改。
② "振"，原作"镇"，据《袁宏道集笺校》改。
③ "记"，原作"计"，据《袁宏道集笺校》改。
④ "士"，原作"事"，据《袁宏道集笺校》改。
⑤ "蘖"，原作"蘗"，据《袁宏道集笺校》改。
⑥ "云"，原作"雷"，据《袁宏道集笺校》改。
⑦ "风"，原作"雨"，据《袁宏道集笺校》改。
⑧ "模"，原作"摸"，据《袁宏道集笺校》改。
⑨ "奴"，原作"怒"，据《袁宏道集笺校》改。
⑩ "余"，原作"予"，据《袁宏道集笺校》改。

wǔ rén mù bēi jì
五人墓碑记

zhāng pǔ
张溥

wǔ rén zhě gài dāng liǎo zhōu zhōu gōng zhī bèi dài
五人者，盖当蓼洲周公之被逮， ㊹蓼洲周公：周顺昌，号蓼洲，吴县

人，被宦官魏忠贤陷害，死于狱中。

激于义而死焉者也。

入手便提出五人来历。㊟焉：兼词，于之。

至于今，郡之贤士大夫请于当道，即除逆阉废祠之址以葬之①，且立石于其墓之门以旌其所为。

点墓碑。㊟郡：指苏州府。当道：当权者。除：整治。逆阉：指太监魏忠贤。旌：表彰。

呜呼，亦盛矣哉！

夫五人之死，去今之墓而葬焉，其为时止十有一月耳。

㊟去：距离。墓：用如动词，修墓。焉：于此。止：只。

夫十有一月之中，凡富贵之子，慷慨得志之徒，其疾病而死，死而湮没不足道者亦已众矣，况草野之无闻者欤？

㊟慷慨：意气激昂。湮没：埋没。不足：不值得。已：太，甚。草野：指民间。

独五人之皦皦，何也？

史公云：“死或重于泰山，或轻于鸿毛。”良然。㊟独：唯独。皦皦：明亮洁白，此谓声名显赫。

予犹记周公之被逮，在丁卯三月之望。

㊟犹：还，仍。望：农历每月的十五日。

吾社之行为士先者，

㊟吾社：指复社。行：品行，德行。为士先：作为士人表率。

为之声义，敛资财以送其行，哭声震动天地。

吴民好义如此。㊟声义：声张正义。敛：募集。

缇骑按剑而前，问：“谁为哀者？”众不能堪，抶而仆之。

抶，击也。㊟缇骑：逮捕人犯的吏役。按剑：以手抚剑。前：走上前。堪：忍受。仆之：使之倒下。

是时以大中丞抚吴者毛一鹭。㊟抚：任巡抚。为魏之私人，周公之逮所由使也。㊟私人：党羽，亲信。所由使：由他主使。吴之民方痛心焉，㊟痛心：痛恨。焉：之，指代毛一鹭。于是乘其厉声以呵，则噪而相逐。㊟呵：责骂。噪：谓骚动。中丞匿于溷藩以免。一时义勇如见。㊟溷藩：厕所。既而以吴民之乱请于朝，按诛五人，曰：颜佩韦、杨念如、马杰、沈扬、周文元，点五人姓名。㊟既而：不久。按：查办。即今之僇然在墓者也。句宕甚。㊟僇然：相并相集在一起。

然五人之当刑也，意气扬扬，呼中丞之名而詈之，谈笑以死。㊟当刑：受刑。意气：神色。扬扬：谓自若如常。詈：骂。断头置城上，颜色不少变。㊟颜色：脸色。不少：犹毫无。有贤士大夫发五十金，买五人之脰而函之，卒与尸合。㊟发五十金：支付五十两银子。脰：颈项，此指头。函：装入棺材。故今之墓中，全乎为五人也。写五人凛凛若生。

嗟乎②！大阉之乱，缙绅而能不易其志者，㊟缙绅：插笏于绅带间，官宦的装束，借指官吏。四海之大，有几人欤？文情开拓。而五人生于编伍之间，素不闻诗书之训，激昂大义，

dǎo sǐ bú gù　yì hé gù zāi
蹈死不顾，亦曷故哉？此言五人之死义为尤难。㊟编伍：指平民。古代编制户籍，五家为伍。素：向来。诗书：指儒家典籍。训：教导。蹈死：赴死。不顾：不顾惜。曷：何，什么。故：缘故。**

qiě jiǎo zhào fēn chū　gōu dǎng zhī bǔ　biàn
且矫诏纷出，钩党之捕，遍

yú tiān xià　zú yǐ wú jùn zhī fā fèn yì jī　bù gǎn fù yǒu zhū
于天下，卒以吾郡之发愤一击，不敢复有株治，**㊟矫诏：假托君命发布的圣旨。钩党：相牵连的同党。党，指东林党。卒：终于。发愤：激于义愤。株治：牵连治罪。**

dà yān yì qūn xún wèi
大阉亦逡巡畏

yì　fēi cháng zhī móu　nán yú cù fā
义，非常之谋，难于猝发。**㊟逡巡：迟疑不决。非常之谋：指篡位之谋。猝：突然。**

dài shèng
待圣

rén zhī chū ér tóu huán cáo lù　bù kě wèi fēi wǔ rén zhī lì yě
人之出而投缳道路，不可谓非五人之力也。**怀宗即位，谪魏忠贤凤阳看皇陵，忠贤行至阜城，知不免诛殛，因自经死。○此言五人之死，关系甚重。㊟圣人：指崇祯帝。投缳：自缢。缳，绳圈。

yóu shì guān zhī　zé jīn zhī gāo jué xiǎn wèi

由是观之，则今之高爵显位，暗指魏党。**

yí dàn dǐ
一旦抵

zuì　huò tuō shēn yǐ táo　bù réng róng yú yuǎn jìn　ér yòu yǒu jiǎn fà
罪，或脱身以逃，不能容于远近，而又有剪发

dù mén　yáng kuáng bù zhī suǒ zhī zhě
杜门，佯狂不知所之者，**㊟抵罪：抵偿其罪。剪发杜门：剃发为僧，闭门不出。佯狂：装疯。所之：所去的地方。**

cí rǔ rén jiàn xíng　shì wǔ rén zhī sǐ　qīng zhòng gù hé rú zāi
其辱人贱行，视五人之死，轻重固何如哉？**将此辈与五人两两相较，尤妙在不说煞。㊟辱人：可耻的人品。贱行：卑贱的行为。视：比较。**

shì yǐ liǎo zhōu zhōu gōng　zhōng yì bào
是以蓼洲周公，忠义暴

yú cháo tíng　zèng shì měi xiǎn　róng yú shēn hòu
于朝廷，赠谥美显，荣于身后；**㊟是以：因此。暴：显扬。赠谥：指崇祯帝谥周顺昌“忠介”。美显：

ér wǔ rén yì dé yǐ jiā qí tǔ fēng　liè qí xìng míng yú
谓美名彰显。**而五人亦得以加其土封，列其姓名于大堤之上。**㊟加其土封：增修其坟墓。列：刻。**

fán sì fāng zhī shì　wú yǒu bú guò ér
凡四方之士，无有不过而**

谓美名彰显。

dà dī zhī shàng

bài qiě qì zhě　sī gù bǎi shì zhī yù yě
拜且泣者，斯固百世之遇也！

五人至今犹生，谁谓五人之不幸哉！
㊸斯：此。固：确实。遇：际遇。

bù rán　　lìng wǔ rén zhě bǎo qí shǒu lǐng　yǐ lǎo yú hù yǒu zhī xià
不然，令五人者保其首领，以老于户牖之下，

㊹不然：如果不是这样。令：假如。
老：老死。户牖：门窗，代指家。

zé jìn qí tiān nián　rén jiē dé yǐ lì shǐ
则尽其天年，人皆得以隶使

zhī
之，　㊺尽：终。天年：指自然寿数。
隶使：谓当奴仆加以驱使。

ān néng qū háo jié zhī liú　è wàn mù
安能屈豪杰之流，扼腕墓

dào　fā qí zhì shì zhī bēi zāi
道，发其志士之悲哉？

反掉一段，文势振宕。㊻安：怎么，岂。屈：使
动用法，使……屈身。扼腕：以手握腕以示惋

惜、愤慨。墓道：墓前。
发：抒发。悲：哀痛。

gù yú yǔ tóng shè zhū jūn zǐ　āi sī mù zhī tú
故予与同社诸君子，哀斯墓之徒

yǒu qí shí yě　ér wèi zhī jì　yì yǐ míng sǐ shēng zhī dà　pǐ fū
有其石也，而为之记，亦以明死生之大，匹夫

zhī yǒu zhòng yú shè jì yě
之有重于社稷也。

点出作记意。㊼徒：空。匹夫：指平民百姓。
社稷：代指国家。社，土神。稷，谷神。

xián shì dà fū zhě　jiǒng qīng yīn zhī wú gōng　tài shǐ wén qǐ
贤士大夫者，冏卿因之吴公、太史文起

wén gōng　mèngcháng yáo gōng yě
文公、孟长姚公也。

点出贤士大夫，应起作结。㊽冏卿：太仆寺卿。周穆王
命伯冏为太仆正，故称太仆寺卿为冏卿。因之吴公：吴

默，字因之。太史：翰林院修撰。明代修史之职归翰林院，故称翰林
为太史。文起文公：文震孟，字文起。孟长姚公：姚希孟，字孟长。

议论随叙事而入，感慨淋漓，激昂尽致。当与史公伯夷、屈原二传，
并垂不朽。

〔校记〕

①"逆"，原作"魏"，据《七录斋诗文合集》改。
②"乎"，原作"夫"，据《七录斋诗文合集》改。

附 录

校勘用书书目

《十三经注疏》〔清〕阮元校刻 中华书局 1980 年影印本

《春秋左传注》杨伯峻编著 中华书局 2016 年版

《春秋经传集解》〔晋〕杜预集解 上海古籍出版社 1988 年排印本

《国语》上海师范大学古籍整理组校点 上海古籍出版社 1978 年版

《战国策》〔西汉〕刘向集录 上海古籍出版社 1985 年排印本

《战国策笺证》〔西汉〕刘向集录 范祥雍笺证 上海古籍出版社 2006 年版

《史记》〔汉〕司马迁撰 中华书局 1959 年点校本

《汉书》〔汉〕班固撰 中华书局 1962 年点校本

《后汉书》〔宋〕范晔撰 中华书局 1965 年点校本

《三国志》〔晋〕陈寿撰 中华书局 1959 年点校本

《晋书》〔唐〕房玄龄等撰 中华书局 1974 年点校本

《新五代史》〔宋〕欧阳修撰 中华书局 1974 年点校本

《贞观政要集校》〔唐〕吴兢撰 谢保成集校 中华书局 2003 年版

《楚辞集注》〔宋〕朱熹撰 蒋立甫校点 上海古籍出版社 2001 年版

《文选》〔梁〕萧统编〔唐〕李善注 上海古籍出版社 1986 年排印本

《全唐文》〔清〕董诰等编 中华书局 1983 年影印本

《宋文鉴》〔宋〕吕祖谦编 齐治平点校 中华书局 1992 年版

《新书校注》〔汉〕贾谊撰 阎振益/钟夏校注 中华书局 2000 年版

《诸葛亮集》段熙仲/闻旭初编校 中华书局 2014 年版

《陶渊明集》逯钦立校注 中华书局 1979 年版

《骆临海集笺注》〔唐〕骆宾王著 〔清〕陈熙晋笺注 上海古籍出版社 1985 年排印本

《王子安集注》〔唐〕王勃著〔清〕蒋清翊注 上海古籍出版社 1995 年排印本

《李白集校注》瞿蜕园/朱金城校注 上海古籍出版社 1980 年版

《李遐叔文集》〔唐〕李华撰 上海古籍出版社 1993 年影《四库全书》本

《樊川文集》〔唐〕杜牧著 上海古籍出版社 1978 年排印本

《杜牧集系年校注》吴在庆撰 中华书局 2008 年版

《韩昌黎文集校注》〔唐〕韩愈撰 马其昶校注 上海古籍出版社 1986 年版

《柳宗元集》中华书局 1979 年排印本

《小畜集》〔宋〕王禹偁撰 上海书店出版社 2015 年影《四部丛刊》本

《洛阳名园记》〔宋〕李格非撰 文学古籍刊行社 1955 年排印本

《范仲淹全集》〔清〕范能濬编集 薛正兴校点 凤凰出版社 2004 年版

《司马光集》李文泽 霞绍晖校点整理 四川大学出版社 2010 年版

《李觏集》王国轩校点 中华书局 1981 年版

《欧阳修全集》李逸安点校 中华书局 2001 年版

《嘉祐集笺注》〔宋〕苏洵著 曾枣庄/金成礼笺注 上海古籍出版社 1993 年版

《苏轼文集》孔凡礼点校 中华书局 1986 年版

《经进东坡文集事略》〔宋〕苏轼撰 〔宋〕郎晔选注 庞石帚校订 文学古籍刊行社 1957 年排印本

《栾城集》〔宋〕苏辙著 曾枣庄/马德富校点 上海古籍出版社 1987 年版

《曾巩集》陈杏珍/晁继周点校 中华书局 1984 年版

《临川先生文集》〔宋〕王安石撰 中华书局 1959 年排印本

《宋濂全集》黄灵庚编辑校点 人民文学出版社 2014 年版

《诚意伯文集》〔明〕刘基撰 上海古籍出版社 1991 年影《四库全书》本

《刘伯温集》〔明〕刘基著 林家骊点校 浙江古籍出版社 2016 年版

《逊志斋集》〔明〕方孝孺著 徐光大校点 宁波出版社 2000 年版

《震泽集》〔明〕王鏊撰 上海古籍出版社 1991 年影《四库全书》本

《王鏊集》吴建华点校 上海古籍出版社 2013 年版

《王阳明全集》〔明〕王守仁撰 吴光等编校 上海古籍出版社 1992 年版

《宗子相集》〔明〕宗臣撰 上海古籍出版社 1993 年影《四库全书》本

《震川先生集》〔明〕归有光著 周本淳校点 上海古籍出版社 1981 年版

《茅坤集》张梦新 张大芝点校 浙江古籍出版社 2012 年版

《弇州四部稿》〔明〕王世贞撰 上海古籍出版社 1993 年影《四库全书》本

《袁宏道集笺校》钱伯城笺校 上海古籍出版社 1981 年版

《七录斋诗文合集》〔明〕张溥撰 伟文图书出版社 1977 年影明刊本

ISBN 978-7-5506-4175-4

9 787550 641754 >

定价：89.80元